U0468349

中国艺术研究院基本科研业务费项目 2022-2-3

缪天瑞纪念文集

中国艺术研究院音乐研究所 编

文化藝術出版社
Culture and Art Publishing House

《缪天瑞纪念文集》编辑委员会

顾　　　问：田　青

策　　　划：刘东升　李宏锋　冯卓慧　缪裴言　缪裴芙

编　　　委：翟风俭　陈　乾

图 片 编 辑：刘晓辉

编　　　务：张春香

缪天瑞
（1908年4月15日—2009年8月31日）
2009年摄于寓所

1. 浙江省瑞安市莘塍镇南镇村的缪家老屋大门（此屋 2003 年被列为瑞安市文物保护单位。缪天瑞的曾祖父缪鹿坪是当地有名的乡绅）
2. 缪家老屋西轩（缪天瑞生活和工作过的地方）
3. 缪家老屋（1908 年 4 月 15 日，缪天瑞出生于此）

②

③

1. 缪天瑞祖父缪寿枢（1866—1929）（在当地筑桥修路、兴修水利、创办学校）
2. 缪天瑞祖母项氏（1869—1949）
3. 缪天瑞父亲缪炯（1887—1919）
4. 缪天瑞母亲钱蕴华（1885—1957）
5. 在日本留学时的缪天瑞父亲缪炯（右）与叔父缪晃

⑤ 叔父 父视

1. 1925年，左起：刘百骞、黄执中、唐贽、缪天瑞、张任天、×××、王公望、王宗等上海艺术师范大学同学合影
2. 1927年，缪天瑞与同学创办温州艺术学院（左起：侯宗谷、金作镐、吴成均、王公望、张任天、缪天瑞、陈垂平）

2

①

1. 1929 年，缪天瑞翻译约瑟夫·列文著的《钢琴基本弹奏法》
2. 1930 年，缪天瑞（前排左二）在武昌艺术专科学校与学生合影（1930—1932 年，缪天瑞在该校教授乐理和钢琴）

①

1. 1932年，缪天瑞（前排左）、钱君匋之弟钱君行（前排右）、钱君匋（后排右）等在杭州西湖合影
2. 1934年，江西省推行音乐教育委员会管弦乐队，部分成员合影（前排左起：缪天瑞、李九仙、×××、李元庆；后排左起：钱曾葆、缪天华、方大堤、赵年魁）

1. 1934年，江西省推行音乐教育委员会管弦乐队在南昌湖滨公园音乐堂演出，弹钢琴者为缪天瑞，指挥者为程懋筠
2. 1941年，缪天瑞（后左）与张洪岛（前右）、陈振铎（前左）等重庆青木关国立音乐学院的同事合影

②

1. 1942年，缪天瑞（二排中）与国立福建音专学生合影
2. 1942年，缪天瑞（中立者）与国立福建音专合唱队成员合影

②

①

1. 1943年，与国立福建音专师生合影（前排左起：小提琴教授尼哥罗夫、卢前校长、钢琴教授曼哲克夫人、大提琴教授曼哲克、缪天瑞、刘天浪）
2. 1944年，缪天瑞（后排左二）与国立福建音专校长萧而化（后排左三）及学生们合影

1944年，在国立国立福建音专成立两周年庆祝典礼上师生合影（前排左十为缪天瑞、左十六为校长萧而化）

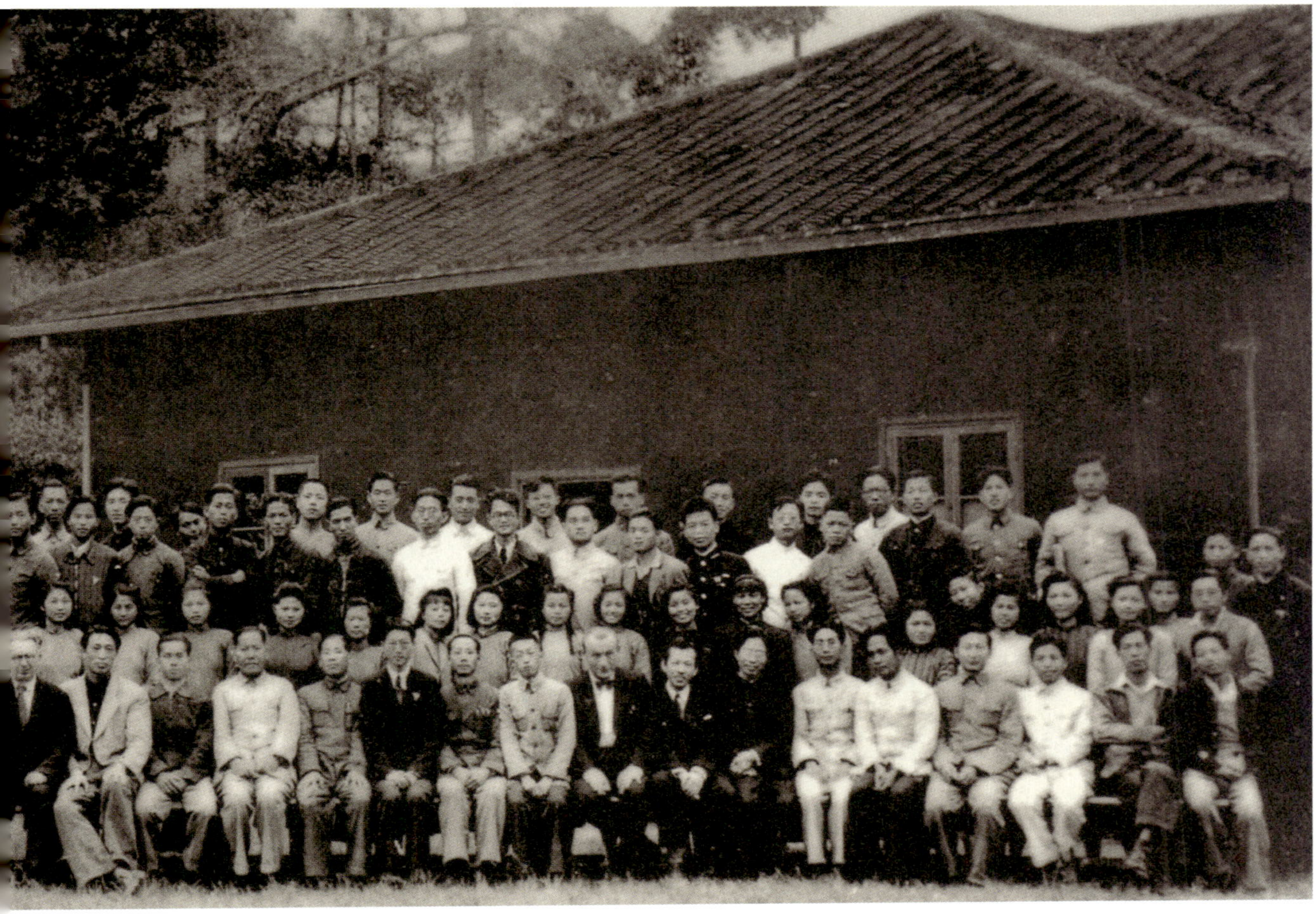

1. 1945年9月，国立国立福建音专三师二届全体同学欢送缪天瑞老师（后排左五）
2. 1945年9月，国立国立福建音专五本四学生欢送缪天瑞老师（后排左六）

国立福建音专珠四欢送
缪师合影 卅年九月廿日

②

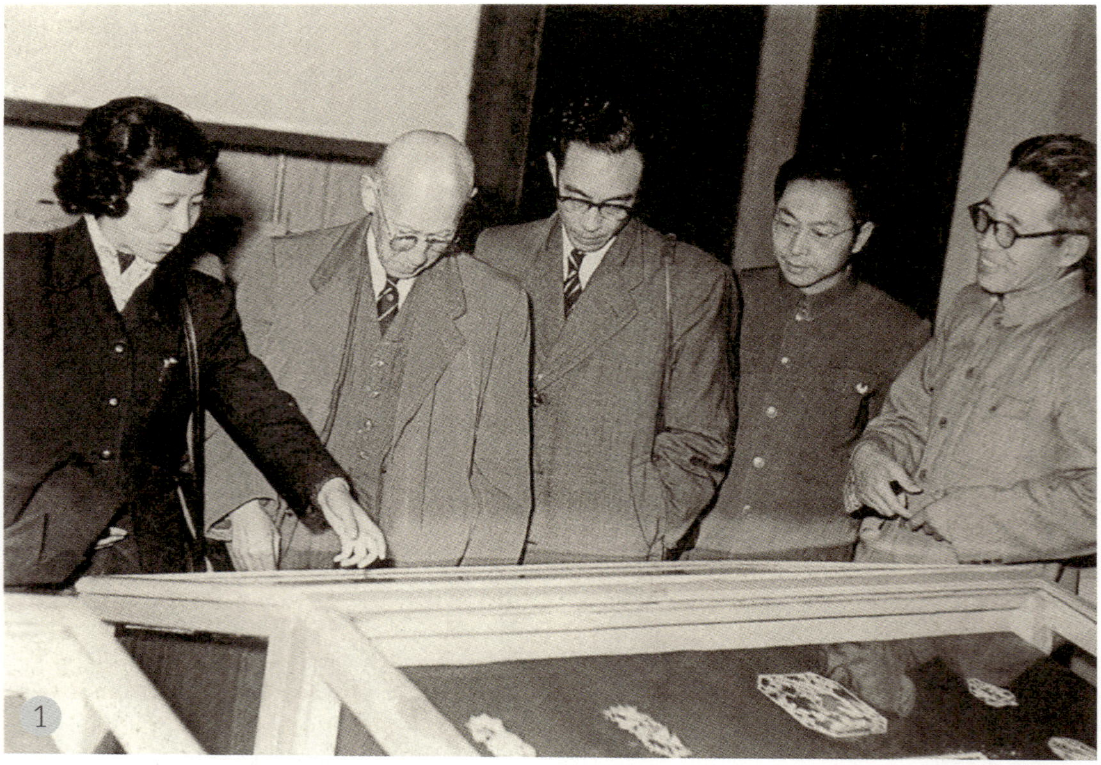
1

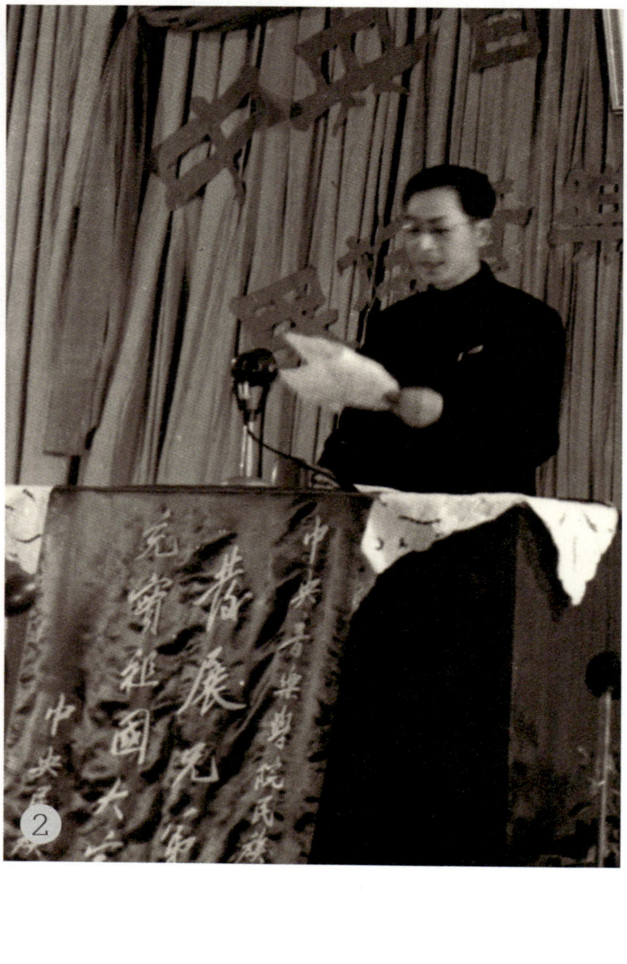
2

1. 1954年，缪天瑞（右二）陪同日本音乐学家田边尚雄（右三）、田边秀雄（右四）考察民族音乐研究所展品
2. 1954年3月27日，民族音乐研究所建所典礼上，中央音乐学院副院长缪天瑞讲话
3. 1955年8月，全家合影。前排左起：缪裴慈、缪夫人林蕡、缪天瑞；后排左起：缪裴言、缪裴芙、缪裴菡

1956年，国立国立福建音专校友参加第一届"全国音乐周"时在颐和园合影（前排右十为缪天瑞）

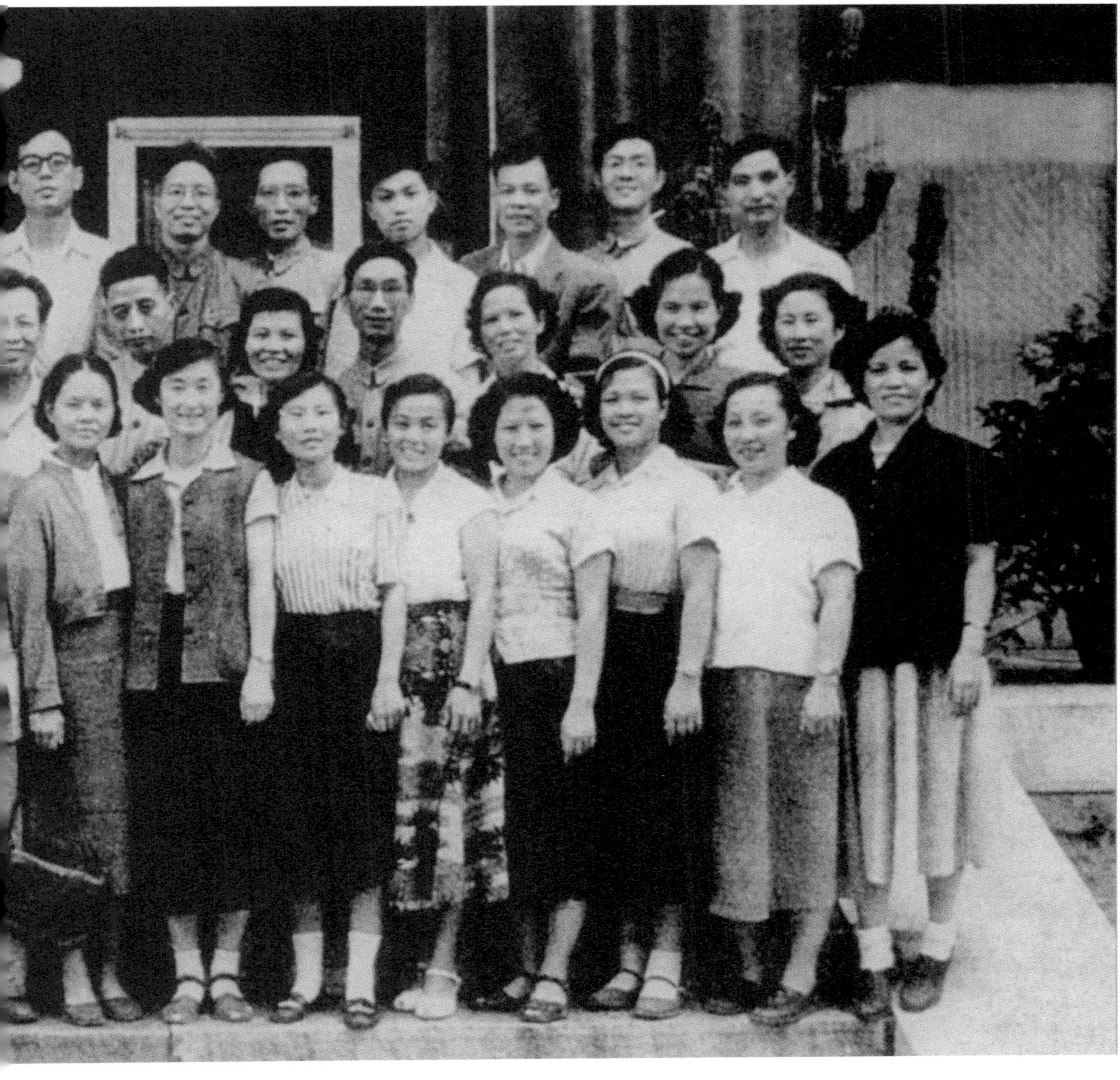

1. 1957年，中央音乐学院附中成立时师生合影（二排左四起：黄飞立、郑华彬、赵沨、黄沅礼、缪天瑞、夏之秋、廖辅叔、李凌）
2. 1958年，苏联小提琴家马卡连柯（右三）在中央音乐学院演出后与缪天瑞（右四）、赵沨（右一）等合影

②

1. 1959年7月30日，缪天瑞与天津音乐学院附属音乐中学三年制第一届毕业生合影（前排左起：张俊杰、蔡良玉、司心慈、万昭、金韶、严安思、丘天虎、王凤岐、李贺仁、高燕生；中排左起：康少杰、董兼济、唐华光、刘子华、缪天瑞、孙振、许勇三、王新生、马瑞华、程延庆、田申、吕水深；后排左起：徐君亮、孙履瑞、钱国桢、吉米德、董树华、杨长庚、郑景玄、赵砚臣、袁幼樵、施光南、梁茂春）
2. 20世纪50年代，中央音乐学院副院长缪天瑞（左一）赠奖状给苏联专家尼·康·库克琳娜

②

①

1. 20世纪50年代末，缪天瑞（前排右）迎接捷克四重奏团
2. 1961年，李凌（右二）到天津看望缪天瑞（左四）等音乐学院校友时合影

1. 20世纪60年代，缪天瑞（后右三）与高自成（后右一）、曹正（后右二）、曹东扶（后右四）、吴景略（后左一）、赵玉斋（后左六）等民族器乐系教师在北京中央音乐学院合影
2. 1976年，参加"全国音协第四届代表大会"时缪天瑞（左六）与黄飞立（右三）、陆华柏（左四）等国立福建音专校友合影

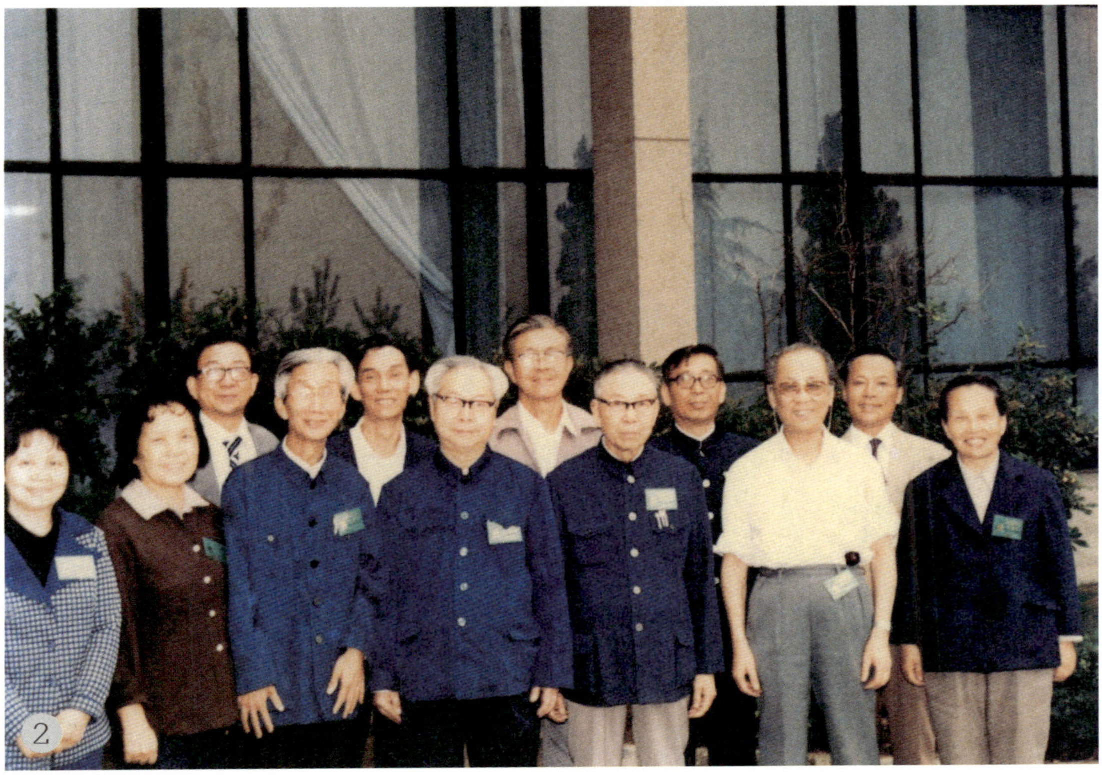

2

1. 1978年，缪天瑞（右）与天津音乐学院副院长陈继续交谈
2. 20世纪70年代末，缪天瑞（右）与贺绿汀合影

2

①

②

1. 20 世纪 70 年代末，缪天瑞在天津音乐学院工作时留影
2. 1980 年，《中国大百科全书》（音乐卷）编委会在北戴河开会期间合影（右二为缪天瑞）
3. 1980 年 5 月，全国音协召集的中国古代音乐史工作座谈会后全体代表合影（前排左起：吉联抗、蓝玉崧、缪天瑞、赵沨、吕骥、孙慎、曹安和、郭乃安、张文倩；二排左起：夏野、周畅、何为、廖辅叔、曹正、李石根、傅雪漪、冯文慈、陈家浜、王迪、李姐娜；三排左起：许健、张荣明、冯洁轩、赵后起、黄翔鹏、乔东君、杜六石、袁炳昌、朱舟、刘明澜；四排左起：甘亚梅、张泉、付景瑞、张伯杰；后排左起：刘再生、田青、伊鸿书、吴钊、周柱铨、苏木、袁家俊、杨匡民、刘东升、冯惠）

1. 1981年，缪天瑞（三排右二）与在上海工作的国立福建音专校友合影
2. 1981年，缪天瑞（右一）会见西德钢琴家比林（左二）夫妇
3. 1981年，缪天瑞（右）与美国指挥家齐佩尔交谈

②

③

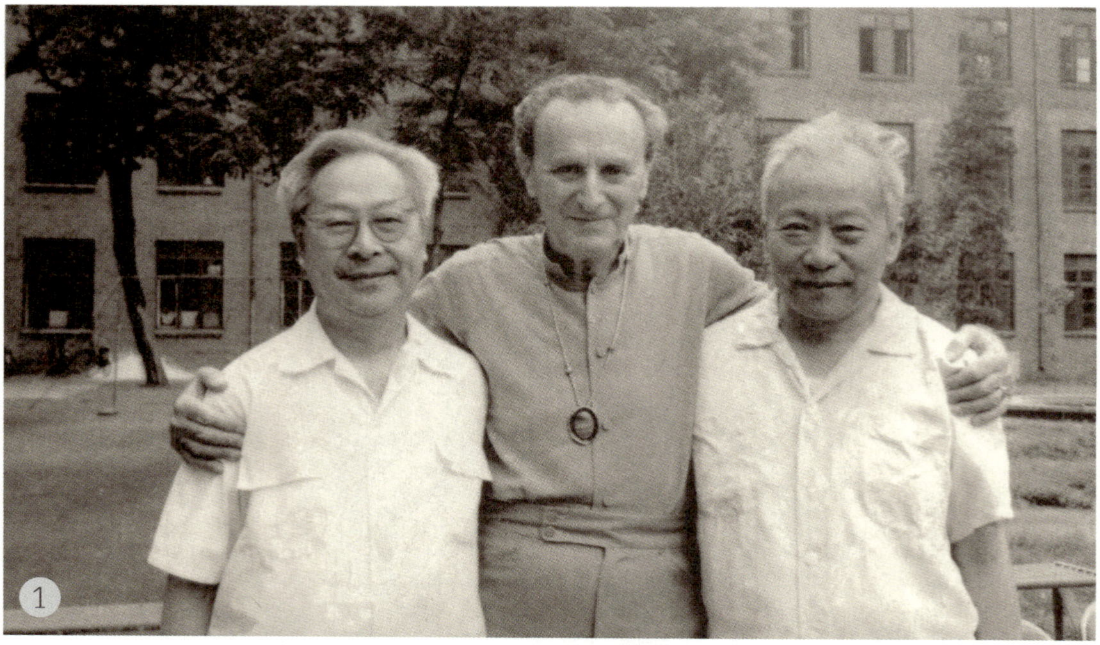
1

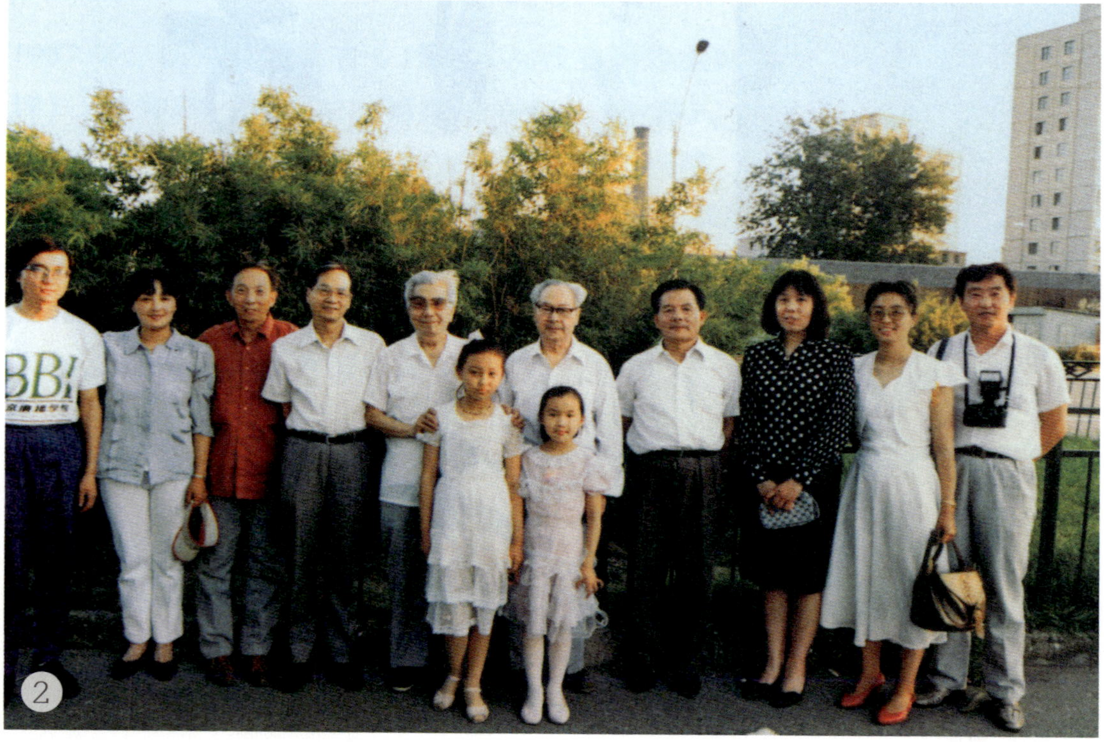
BBI
2

1. 1981年，缪天瑞（左）与美国指挥家齐佩尔（中）、许勇三在一起
2. 1982年，缪天瑞（右五）与杨秉荪（右四）、老志诚（左五）、杜鸣心（左四）等在北京新源里合影
3. 1982年于山海关留影（左起：汪毓和、缪天瑞、李佺民、吕骥、关立人、黄礼仪）

1. 1982年春节，缪天瑞在北京新源里寓所与国立福建音专校友合影（后排右起：何芸、何方、王鼎藩、肖而侠、叶林、杨碧海、唐敏南、赵方辛；前排右起：肖远、缪夫人、缪天瑞、黄飞立）
2. 1982年，缪天瑞（左一）主持参加天津音乐学院首届硕士研究生论文答辩会时与江定仙（左二）、肖淑娴（右一）、许勇三合影
3. 1982年，缪天瑞（左一）在《中国大百科全书》音乐舞蹈条目审稿会上发言

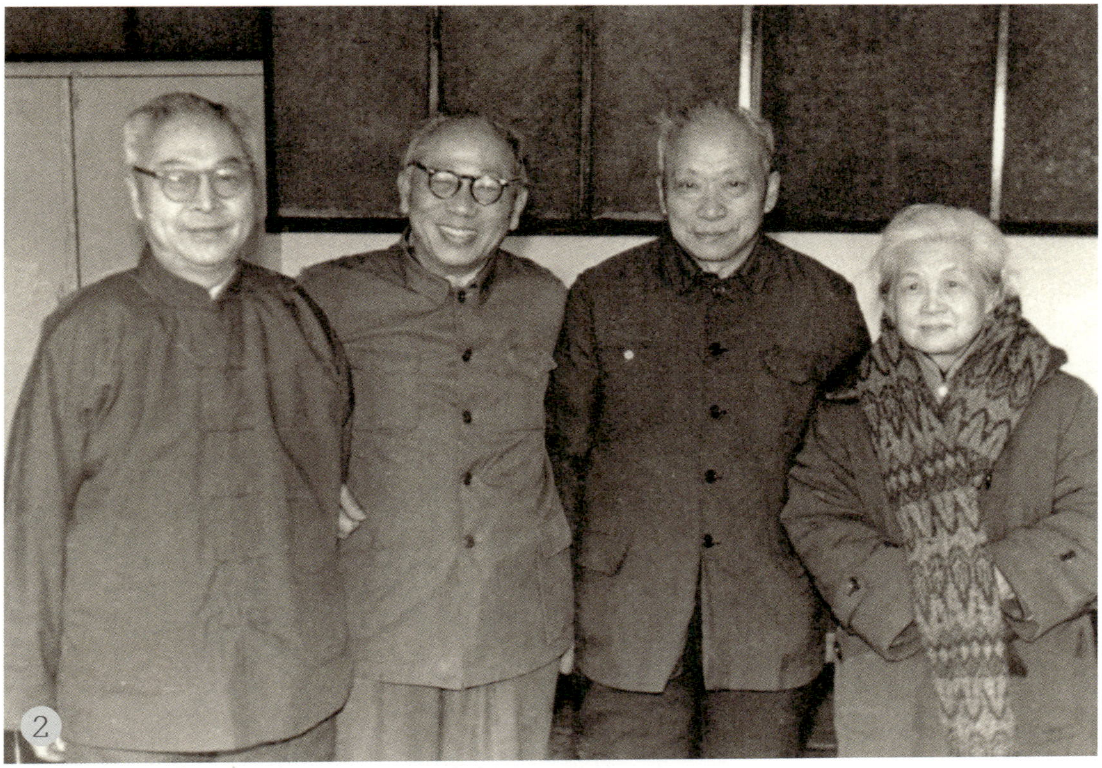

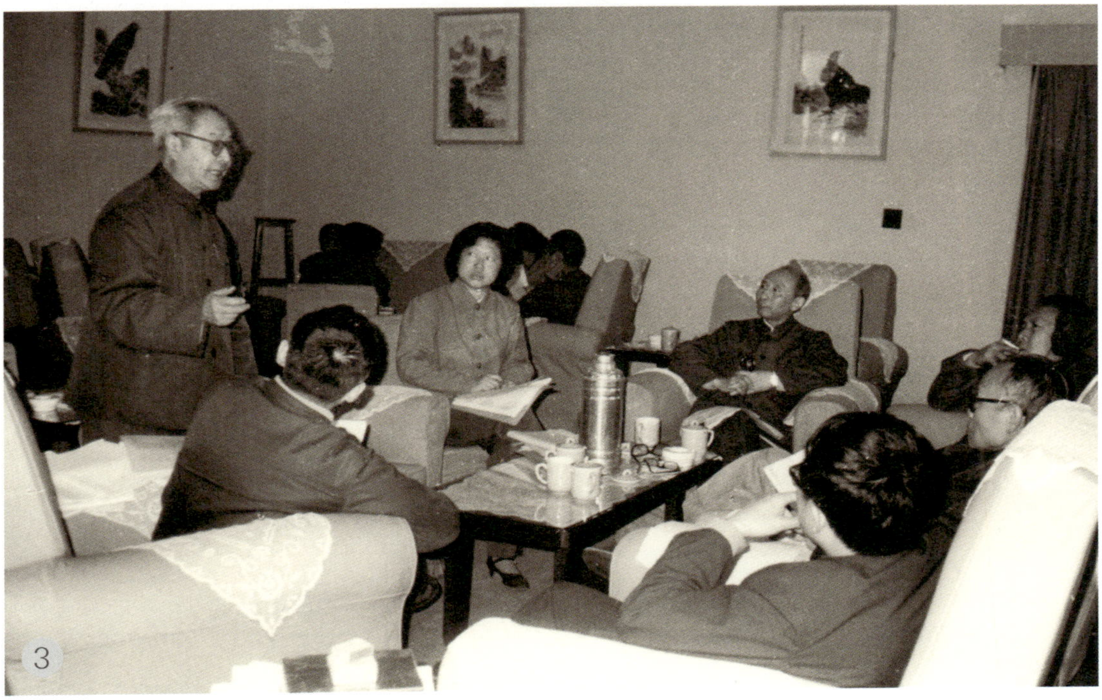

1. 1982年秋，《中国音乐词典》编辑部成员合影（前排左起：侯涛、范慧勤、吉联抗、缪天瑞、郭乃安、周沉、何芸、章鸣；后排左起：王凤岐、刘东升、黄翔鹏、吴钊、乔东君、许健、李佺民、简其华）
2. 1983年，缪天瑞离津赴京时与天津音乐学院领导、教师合影（前排左起：杨雁行、钱国桢、赵砚臣、冯献忠、乔鸿弟、黄廷贵、杨今豪、缪天瑞、朱化民、张森林、丁长安、宋木之、李长荣等；后排左起：徐荣坤、夏仲恒、陈长玉、尹富、李树凯、王景杭、刘德魁、王士达、杨立中、陈继续、王域平、×××、王翘玉、宋国生、陈恩光、马景祁、严正平）

②

①
②

1. 1984年，缪天瑞与《音乐研究》编委会成员合影（前排左起：谌亚选、李纯一、赵沨、缪天瑞、吉联抗、李业道；后排左起：祖振声、汪毓和、于润洋、关也维、伍雍谊、黄翔鹏、毛继增）
2. 1984年11月，缪天瑞（前右四）在日本访问时留影
3. 1984年夏，中国艺术研究院音乐研究所建所30周年学术研讨会全体人员合影（第一排排左起：赵宽仁、陈地、叶鲁、周加洛、杨光、蓝玉崧、李纯一、缪天瑞、张庚、于润洋、何芸、伍雍谊、李石根、周大风、董维松、曹汝群；第二排左起：于文艳、万昭、蔡良玉、李久玲、耿生廉、汪毓和、易人、王耀华、赵后起、简其华、乔建中、孙继南、马炬、苏琴、文彦、王迪、王秋萍、张佩吉、关伯基、许健；第三排左起：黄爱民、×××、何乾三、周艳霞、吴毓清、张前、陈自明、×××、杨匡民、付景瑞、金文达、施正镐、章鸣、华蔚芳、张式敏、伍国栋、夏铭竹、张春香；第四排左起：王宁一、鲁松龄、章珍芳、毛继增、×××、×××、蒋咏荷、×××、周畅、吴钊、丁承运、宋扬、乔东君、向延生、蒋一民、谢天吉；第五排左起：×××、李兵、郝建明、刘东升、王昭仁、×××、×××、×××、苗晶、金经言、费邓洪、曹明申、祁文源、×××）

1. 1987年，国立国立福建音专校友参加校史讨论会时合影（前排右八起为缪天瑞、蔡继琨、赵沨）
2. 1988年1月25日，《中国音乐学》第一届中青年作者优秀论文奖颁奖大会暨新闻发布会，缪天瑞（左）向一等奖获得者王安国授奖
3. 1988年3月24日，缪天瑞八十寿辰时与前来祝寿友人合影（左二起：何方、赵方华、何芸、缪夫人、缪天瑞、黄翔鹏、叶林、郭乃安）

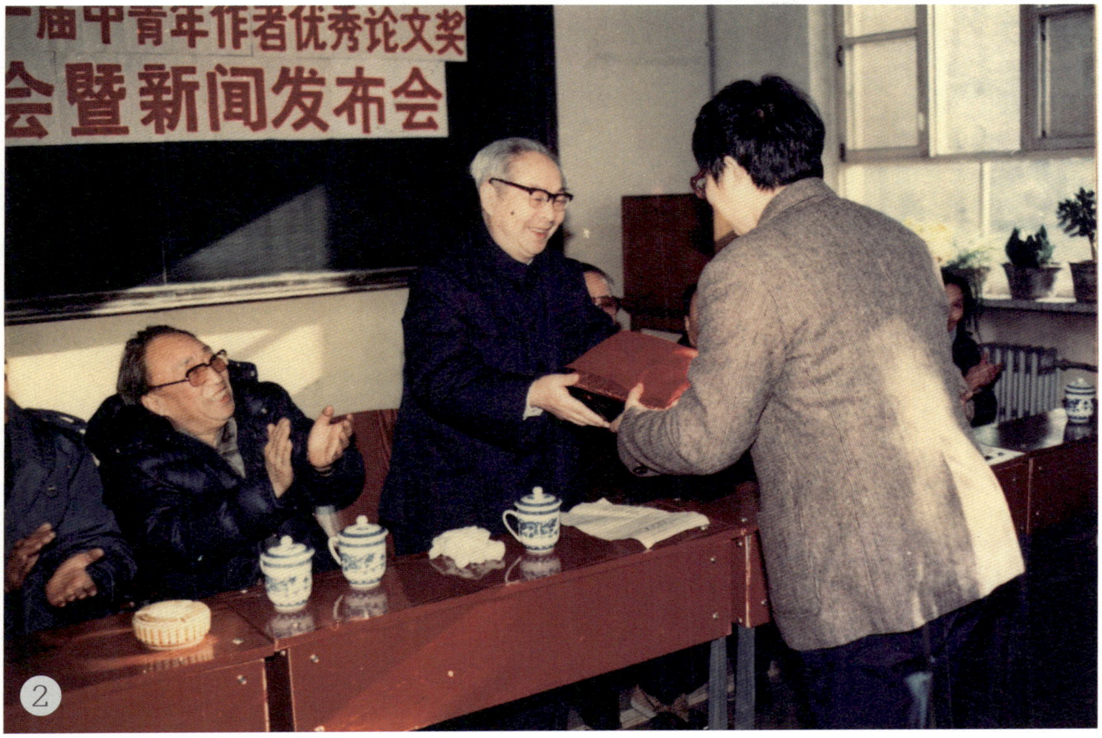

②

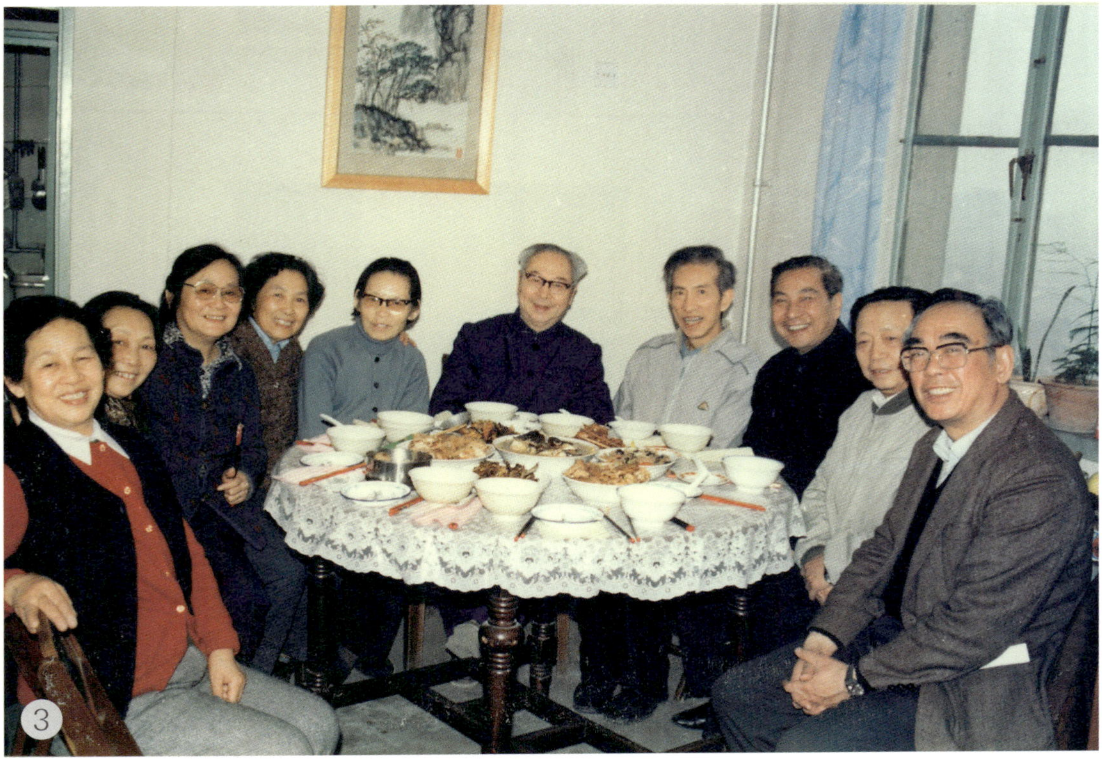
③

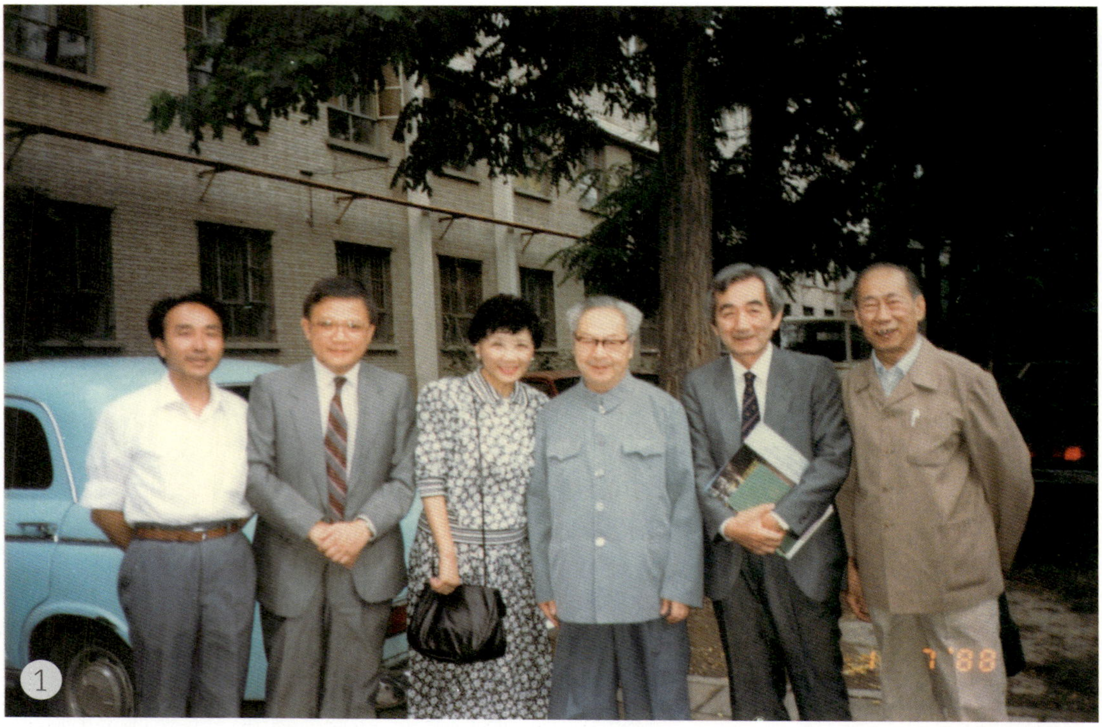

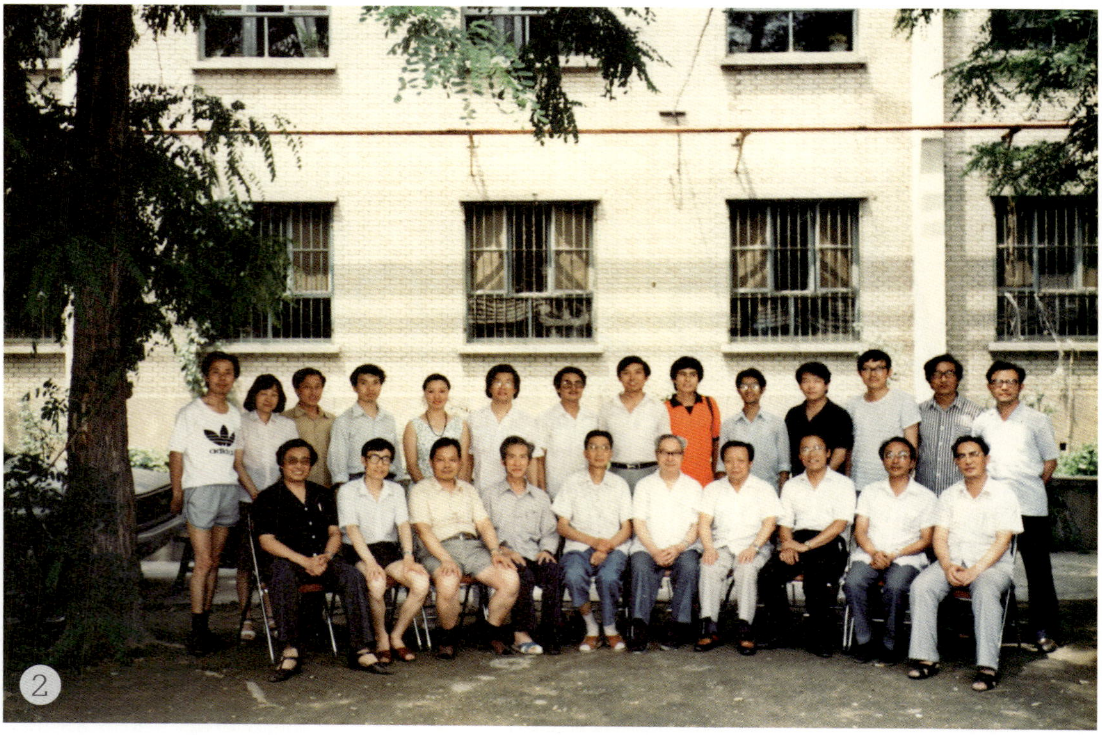

1. 1988年7月，李焕之、许常惠、缪天瑞、费明仪、刘靖之、王宁一在音乐研究所合影（右起）
2. 1988年毕业的全体音乐系研究生与导师及音乐研究所领导合影（前排左起：魏磊、薛艺兵、王昭仁、黄翔鹏、李纯一、缪天瑞、郭乃安、乔建中、王宁一、伍国栋；后排左起：杨晓鲁、陈露茜、景蔚岗、高兴、刘红军、张振涛、王子初、韩宝强、方建军、费邓洪、杨宪明、何建军、居其宏、缪也）
3. 1988年10月，缪天瑞在天津音乐学院建院30周年大会上致辞

1. 20世纪80年代，缪天瑞（右三）与天津音乐学院学生在一起
2. 20世纪80年代，缪天瑞（右四）与天津音乐学院学生在一起
3. 20世纪80年代，缪天瑞（右一）与黄翔鹏（左一）、李纯一（左二）等接待日本友人

②

③

1. 20世纪80年代，缪天瑞（左）与谭抒真合影
2. 20世纪80年代，小提琴家谭抒真（二排左五）到天津音乐学院讲学时与缪天瑞（二排左四）等天津音乐学院师生合影
3. 1992年6月27日，中国艺术研究院研究生部音乐学系韩宝强博士学位论文答辩会后与参会人员及音乐研究所部分人员合影（前排左起：龚镇雄、黄翔鹏、缪天瑞、郭乃安、包紫薇；后排左起：项阳、伍国栋、韩宝强、乔建中、张振涛、崔宪）

缪天瑞纪念文集 | 055

②

③

①

②

1. 1993年2月,《中国音乐词典》(续编)编辑部成员合影(前排左起:章鸣、黄翔鹏、伍雍谊、缪天瑞、乔东君、宋扬;后排左起:范俊英、刘东升、何芸、周沉、范慧勤、文彦、简其华)
2. 1993年2月,中国艺术研究院音乐研究所离退休人员合影(前排右起:康昌其、乔东君、曹安和、缪天瑞、章鸣、黄翔鹏、伍雍谊、董正;后排右起:袁荃猷、张淑珍、王秋萍、简其华、索保华、文彦、杨喜珍、何芸、宋扬、张家仙、周沉、李文如、范慧勤、王迪、孙幼兰、朱魁岭、赵敬文、孟宪福)
3. 1995年,缪天瑞(前右)在天津博爱里原住所与王莘(前左)夫妇及其家人及缪力(后右)合影

1. 1997年1月，缪天瑞（前）与天津音乐学院院长石惟正（后左）、党委书记杜金岭合影
2. 1997年4月，在京的国立福建音专校友祝贺缪天瑞（前排左二）九十寿诞、黄飞立（前排右二）八十寿诞合影
3. 1998年，缪天瑞（二排中）在"缪天瑞先生学术思想研讨会"上与参会人员合影

缪天瑞纪念文集 | 059

②

③ 缪天瑞先生学术思想研讨会

1. 1998年，天津音乐学院建院40周年校庆时缪天瑞（左）与院长姚盛昌步入会场
2. 1998年，在"缪天瑞先生学术思想研讨会"上，缪天瑞（左）与《音乐百科词典》副主编陈应时合影

②

1. 1998年3月，庆祝北京天津音乐学院校友会成立、缪天瑞（后排左六）院长九十华诞合影
2. 1999年4月，缪天瑞（左）与蔡继琨合影
3. 1999年，《音乐百科词典》正副主编合影（左起：高燕生、缪天瑞、陈应时、范慧勤、吕昕）

缪天瑞纪念文集 | 063

②

③

1

2

1. 1999年8月，缪天瑞（前排左三）与在台湾的国立福建音专校友蔡丽娟（前排左一）、汪精辉（前排左二）及北京校友合影
2. 2001年6月21日，中国艺术研究院音乐研究所举办祝贺曹安和、缪天瑞、李纯一、郭乃安喜获"金钟"终身荣誉奖座谈会（前排右起：孙慎、郭乃安、缪天瑞、李纯一、薛若琳；后排右起：向延生、乔建中、范慧勤、文彦、李文如、孟宪福）
3. 2006年，缪天瑞（前排中）98岁寿辰与胞妹（左一）及堂弟、堂妹合影

① 庆祝缪天瑞先生百岁华诞座谈会暨《缪天瑞文存》、《百岁学人缪天瑞》首发式　2007.7.12 人民大会堂浙江厅　北京

②

1. 2007年7月12日，庆祝缪天瑞先生百岁华诞座谈会暨《缪天瑞文存》《百岁学人缪天瑞》首发式合影
2. 2009年1月22日，时任文化部副部长欧阳坚（右三）、中国艺术研究院副院长刘茜（前排右一）、音乐研究所所长张振涛（后排右一）等慰问缪天瑞（后排右三）
3. 2007年岁末，缪天瑞先生为温州大学音乐学院题词：切磋现代乐艺，发扬民族精华

1. 2013年4月15日，温州大学纪念缪天瑞先生诞辰105周年暨铜像落成揭幕仪式
2. 2013年4月15日，温州大学纪念缪天瑞先生诞辰105周年暨铜像落成揭幕仪式，全体参会者合影

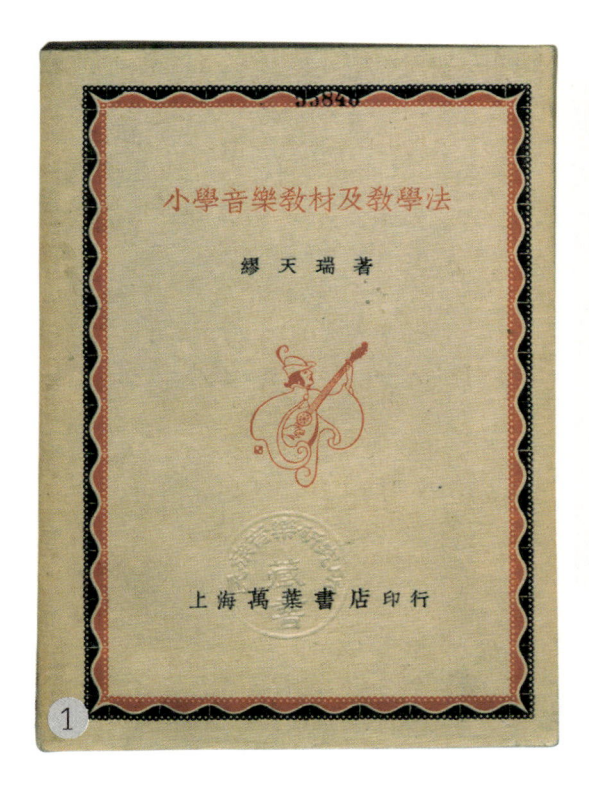

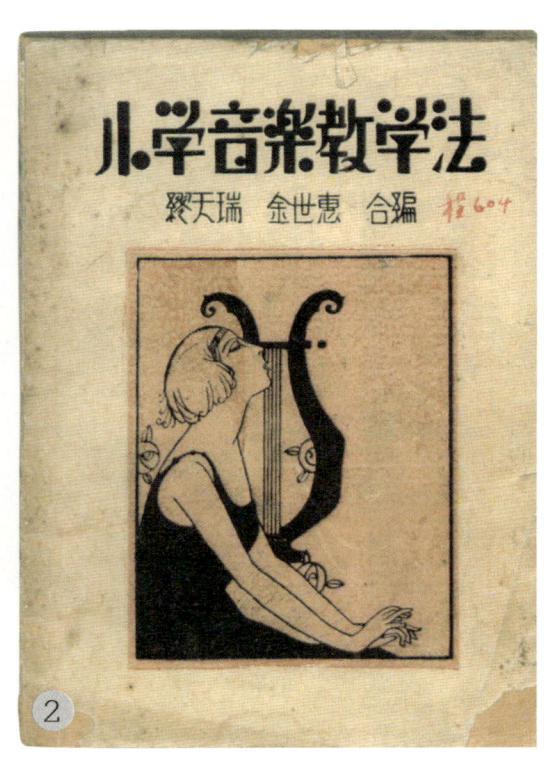

1. 《小学音乐教材及教学法》书影（缪天瑞著，1947）
2. 《小学音乐教学法》书影（缪天瑞、金世惠合编，1933）
3. 《律学》（第三次修订版）书影（缪天瑞著，1950）

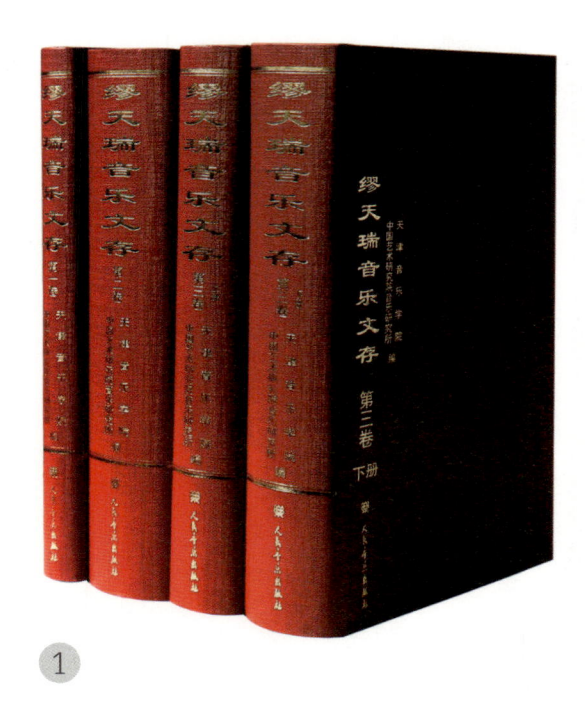

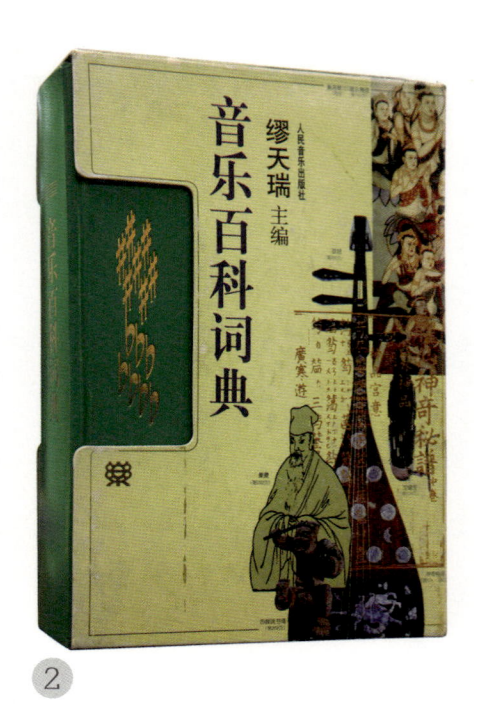

1. 《缪天瑞音乐文存》（缪天瑞著，2007）
2. 《音乐百科词典》（缪天瑞主编，1998）
3. 缪天瑞是《中国音乐词典》（1984）、《中国音乐词典（续编）》（1992）主编之一

1. 2001年6月,缪天瑞获首届中国音乐"金钟奖"终身荣誉勋章
2. 2001年6月,缪天瑞获首届中国音乐"金钟奖"终身荣誉勋章荣誉证书

大才大智仁者寿

——《缪天瑞纪念文集》序

田 青

缪天瑞（1908—2009）先生，是我国著名音乐学家、律学家、翻译家、音乐教育家。从19岁时即公开发表一系列文章、译著、音乐书籍，20世纪前半叶即已在中国音乐界享有盛名，其文章影响了数代音乐人，不知道有多少音乐家在年轻时由其著作启蒙而踏上音乐之途。1949年，他以台湾交响乐团副团长的身份携妻女冒险乘小船渡过台湾海峡回到大陆，积极参与音乐院校的创建，曾先后任中央音乐学院副院长、天津音乐学院院长、中国艺术研究院顾问，数十年树桃培李，为我国音乐事业的健康发展，为我国音乐学的建设孜孜不倦、兢兢业业，晚年主编《中国音乐词典》等大型辞书，一直到百岁高龄，依然关心着词典的修订、补充，真正做到了"春蚕到死丝方尽，蜡炬成灰泪始干"，是全国音乐学界共同敬仰的学术泰斗和做人的榜样。

弘一法师曾手书《格言联璧》中的这副联句："有才而性缓，定属大才；有智而气和，斯为大智。"用此形容缪天瑞先生，则再合适不过。讲到才智，因为先生的"性缓"与"气和"，因为先生一贯的低调，也因为先生后半生大多在默默无闻地做着耗时费工又不被常人关注的编撰辞书的工作，所以，在当今的文化界甚至音乐界，知道他的人并不多，知道他的过人的"才智"、巨大的贡献和在音乐界享有的崇高地位的人更少。但是，"缪天瑞"这三个字，在20世纪30年代至50年代，曾经是当时学习音乐的莘莘学子或音乐爱好者心目中闪着金光的名字，曾经是起码三代音乐人的启蒙者、领路人和"超级"偶像。他当年发表的音乐文字，涉及音乐教育、钢琴、作曲、配器、乐器法、中外音乐史、中国传统音乐、西方古典音乐、音乐美学、音乐评论等几乎全部音乐学的内容，其中在古代中国号称"绝学"的律学，更是经他之手，与西方的声学与音乐科学实现了融合，成为一个有高度实用价值的现代学科。读者稍微翻一番本书中的"缪天瑞著作年表"，就会惊讶于先生著作之丰、之广、之勤，发表年代之早。

我也是从我亲历的一件小事中才认识到先生在过去的巨大影响。我1973年以"工农兵学员"的身份考入天津音乐学院作曲系，1977年毕业留校任教。当时，先生是院长，对我关怀有加。一天，曾在杭州歌舞团和杭州市群艺馆担任过领导职务的作家、音乐家徐星平先生来访，他比我年长十多岁，我们过去并不认识，我毕业后不久因为拟写《冼星海传》，曾到杭州访问冼星海夫人钱韵玲女士，才在杭州与他相识。因为他写过《弘一大师》，敬仰弘一法师，而我也有同样的感情和相同的研究工作，遂成为文友。那天，他来天津音乐学院我的琴房看我，我送他走时，路过同楼层的缪院长办公室。当时，缪院长正好开着门，我们从他门前经过时我轻声对他说:"这是缪院长。"他随口问:"谁?"我说:"缪天瑞。"没想到,他立刻停住脚,瞪大眼,问:"缪——天——瑞?他还活着?!"我吃惊于他的吃惊!我说:"当然!现在是我们院长。"徐星平不肯走了,极其恳切地跟我说:"我从小学音乐,就是看他的书,都是以前出版的老书,我以为他是上世纪的人,早就过世了!我能不能见见他?"于是,我只好引他进了院长办公室。他当时对缪院长深深鞠躬和握手时的激动、兴奋的神情,我至今历历在目。出门后,他一直不停地跟我说,没想到他居然看到了"活着"的大师,看到了他年轻时的偶像和引领他踏上音乐之途的"古人"。

由于先生在当时的巨大影响,中央音乐学院1949年在天津创建之初,他即成为创建者之一。1958年,中央音乐学院搬到北京,留下一部分人员与河北艺术师范学院音乐系合并,成立天津音乐学院,先生任院长。几十年如一日,为学院的建设兢兢业业,对学院的专业设置、教师的使用,尤其是青年教师的培养,不但呕心沥血,而且敢于打破常规,尽最大可能为学院选拔培养后继人才。我们那一届,1973年入学,是"文革"中招收的第一届学生,虽然号称"工农兵学员",但大都是"上山下乡"的知识青年。当时学院还没有音乐学系,我的专业是作曲,一直在作曲系学习。按照所谓"教育革命"的要求,大学一律学制三年,但作曲系老师们一致认为作曲系的课程较多,三年实在不够,没法安排课程,是缪院长跟上面反映实际情况,顶着压力,冒着被戴上"资产阶级复辟""反对教育革命"的帽子,硬是把作曲系的学制定为四年。现在看来,根据不同专业的实际需要增加一年学制不是什么大事,但在"文革"中,却是"冒天下之大不韪"的大事,很可能招来"资产阶级反攻倒算"的批斗。

三年级的时候,先生发现我读书较多,也有些文字能力,有意让我在音乐学方面深造,就特别安排我拜原中央音乐学院的黄翔鹏先生为师,破例安排我每周去北京的中国音乐研究所求教于黄先生。当时的学术环境与人与人的关系,简单到今天的人不能理解。没有机关对机关的繁文缛节,更没有一分钱的"授课费",黄先生就是凭着缪院长的一张字条,"白白"教了我将近一年。四年级的时候,缪院长和作曲系的杨今豪主任即破例安排我给三年级的学生开"中国古代音乐史"的课,是对我莫大的信任,也是一个锤炼和考验。1977年毕业时,同学们都面临分配工作的问题,只有我不用操心,因为我已经是"老师"了。当然,对缪院长和杨今豪先生的栽培,我没齿难忘,只能以努力工作来回报。

1978年,黄先生给我写信,告诉我中国艺术研究院将招收研究生,嘱我立刻报名。我拿着黄先生的信去找缪院长,缪院长看了信,没说好,也没说不好,只用他一贯缓和的语调轻轻问我:"你……走了,你的课谁教呢?"我当时不可能有其他选择,不可能只考虑自己的前途而辜负缪院长和学校的栽培。直到两年后缪院长调到中国艺术研究院任顾问,主编《中国音乐词典》等一系列大型工具书,我才报考中国艺术研究院第二届研究生并得以正式"入门",成为杨荫浏、黄翔鹏的硕士研究生。有一次,缪院长已经90多岁了,我去看他,故意跟他开玩笑,假装埋怨他说:"当年您不放我,让我晚上了三年研究生,结果评职称也晚了好几年,房子也分不上……"他知道我并不在意这些,只是一种"撒娇",逗他高兴,满脸慈祥地笑着说:"你……不是很好吗?"

说到缪院长的和蔼、慈祥、好脾气，天津音乐学院的老人都有很深的同感。他和所有人说话，包括下属和青年学生，都是轻声轻气、和颜悦色，没有人见过他发脾气或严厉地批评谁。但"好人好欺负"，他在学校虽然贵为院长，又有很高的社会身份，是天津市政协副主席，但因为"文革"中受到过不公正对待，而且那段时期"工人阶级领导一切"，知识分子是"臭老九"的错误观念一时难以消除，所以给他开专车的司机，居然也敢"欺负"他。有一次他去看病，司机把他送到医院门口，说句"我有点事，先走了"，就可以扔下他不管。还有一次更可气，那时候国庆节要游行，北京是在天安门广场，天津是在海河广场搭的一个"观礼台"。他作为观礼嘉宾，游行结束后，发现司机已经开车走了。老先生为观礼，换了新衣服，居然口袋空空，连坐公交车的5分钱都没有，只好一个人走回家。我曾经就此事愤愤不平地问过他，他却依然是不愠不怒、轻声轻气地说："他一定是有要紧的事。"

但是，他的好脾气和与世无争，却绝不是没有原则和胆小怕事，在大是大非面前，他却表现出超出人们想象的正义感和勇气来。1976年1月8日，周恩来去世。校方执行上面的指示，严令不准开追悼会。我当时还是学生，血气方刚，对"四人帮"的倒行逆施愤然于心，便跟几个同学说："他们不让开，我们自己开！"那时候，人同此心，心同此理，我一出头，便一呼百应。我的琴房成了"临时组委会"，周围同学，全听我指挥，男同学布置会场，女同学做花圈，用一天时间便组织了一个追悼会。我不但写了挽联和花圈中大大的"奠"字，还连夜写了一篇悼词。我记得悼词的第一句便是："毛主席教导我们说：'村上的人死了，开个追悼会，用这样的办法，寄托我们的哀思。'"由于当时政治环境的严酷，这个学生自发的追悼会，只有很少的教师参加。但开会前十分钟，缪院长突然让人通知我他要参加。于是，我跑到他的办公室，把等在那里的缪院长搀扶到了会场，给他胸前别了一朵女同学手工做的白花。在我"擅自"代表"天津音乐学院全体师生员工"致悼词的时候，缪院长，天津音乐学院的一院之长，一直站在我身后，像一座默默的高山。在那一刻，他不但表现出他平时被"好脾气"深藏起来的坚定、勇敢，表现出他身上传承自千年中华传统中"士"的品格、操守、风范，也让人们看到这个当年坐着小船回到大陆的知识分子，依然是一个始终和人民站在一起的真正的爱国主义者。

缪院长的后半生，几乎全部被他主编的几部工具书填满。因为编撰辞书是千秋大业，是要交给历史评判的学术大厦的基础，每一个字、每一个词条，都要字字确凿、不容损益，更不能有错误。在封建王朝，这类重要的工具书比如《康熙字典》都是皇帝亲自下旨，集中当时最著名的学者费尽心血才能在前人的基础上完成的。其中主持撰修者，不但是朝廷大员，也都是一流学者。所以，一部《中国音乐词典》（包括"增订版""续编"和姊妹篇《音乐百科词典》）的完成，是中国音乐界的大事，也是中国文化界的大事。这样一个主编，不但需要对中国音乐有全面、深刻、正确的掌握，还要有"领袖"的眼界，能够总领全局、立柱架梁、结构全书、规定体例，还需要有广博、精湛、多学科的专业知识，知人善任，知道哪位学者精于哪个专业，可以承担哪个词条，团结和集聚全国音乐学界的学者通力合作，凝聚了三百多位学者的智慧，终于完成了这部跨世纪的学术工具书。而且，能够在十数年的时间里，仔细通读以百万字计的全部书稿，做到了字斟句酌、对学术负责、对历史负责。应该说，有缪天瑞做《中国音乐词典》的主编,是中国音乐学之幸;而有了这几部音乐工具书,现在和未来的音乐学子才有了可靠、可信赖的"永远的老师"。

行笔至此,又想到当年的一个"笑话"。好像是1975年左右,中央的一份大报纸登了一篇报道,称东北一个普通工人靠一己之力、"敢想敢干",做了一件文化界知识分子"臭老九"们不敢做也做不成的"大事"——编著了一本几十万字的《音乐百科词典》,是"工人阶级"登上上层建筑的巨大贡献,是"无产阶级文化大革命"的伟大成就。不久,上面将词典的"初稿"送到天津音乐学院,让我们作曲系的"工农兵学员"帮助"编辑",以便尽快出版。我们打开一看,才知道这根本不是"初稿",更不是"词典",只是一个外行从一大堆红卫兵"扫四旧"时抄来的不同时代、不同版本的音乐类旧书中不加任何判断(他也无从判断)、见一条抄一条抄到一起的一堆废纸,没有分类、没有编目、没有索引。更可笑的是,此人完全没有基本的音乐常识,比如,光一个贝多芬,便在不同地方以悲多汾、裴多芬、比独芬、白堤火芬、培得词芬等当年不同的译名当成不同的音乐家介绍。我们拿给缪院长看,他只是不停地笑,说:(上世纪)30年代,就有个叫刘诚甫的人"编过"这样一部"音乐词典",胡拼乱凑,没法用。后来,我们以"工农兵学员"的名义写了一个类似鉴定的意见,表示"尚不成熟","不宜出版",希望这位"天才"继续努力。这个"笑话"唯一的"正面"效用,可能也是促使缪院长将后半生全部投入音乐词典编著工作的动力之一。没有专家们下功夫编辑一部真正的音乐词典,总会有人"胆大包天",把这样一个严肃、专业的工作玩成笑话。

2002年,音乐研究所给缪天瑞、李纯一、曹安和、郭乃安几位先生颁发了一个"终身成就奖",那时候音研所正值经济困难之时,连做个像样的奖杯或奖状的钱都没有,所领导便让我给每个获奖者撰写一幅字。记得给缪院长写的是:

律书经天,词典纬地;
树桃培李,一世清誉。

真的,有很多大学者、大人物,或有大成就、大创造,名高一时,但像缪院长这样"一世清誉"、几乎没有任何非议的不多,能健健康康地活到101岁的更不多。古人常说"仁者寿",岂非至言哉?!公虽去,恩长在!此生此世,不敢忘也。仅以拳拳之心,略记先生之一二,权以为序。

2022年夏

目 录

学术研究

辛勤耕耘　潜心探索
　　——音乐理论家缪天瑞……………………………………………………………何　芸　003
当代音乐史不会忘记
　　——记音乐教育家、音乐学家缪天瑞教授………………………………………叶　林　010
缪天瑞先生的学术人生……………………………………………………………………高燕生　016
学贯中西　一代宗师
　　——现代律学学科的开拓者缪天瑞先生……………………………………………陈应时　021
缪天瑞《律学》重印版序…………………………………………………………………杨荫浏　026
律学的目的性与倾向性……………………………………………………………………杨荫浏　028
律学研究无止境
　　——读增订版《律学》的体会………………………………………………………陈应时　030
学术人生不老　《律学》之树常青
　　——读缪天瑞先生《律学》著作有感……………………………………………韩宝强　035
对《律学》（第三次修订版）的一点意见
　　——谈谈开管、闭管及管口校正……………………………………………………陈正生　038
我国音乐教育研究的一位开拓者
　　——缪天瑞先生音乐教育思想研究…………………………………………………缪裴言　045
缪天瑞普通音乐教育思想对后人的启迪…………………………………………………陈其射　055
缪天瑞的音乐教育思想与贡献……………………………………………………………杨和平　062
简论缪天瑞音乐教育成就和音乐教育思想………………………………………………杨雁行　074
缪天瑞著《小学音乐教材及教学法》中适用于今日素质教育的若干观点……………孙从音　079
缪天瑞音乐教育思想研究
　　——纪念缪天瑞先生逝世二周年……………………………………………………汪　洋　083
缪天瑞的音乐美学研究
　　——《音乐美学史概观》简评………………………………………………………梁茂春　092
西方音乐美学译介的先行者——缪天瑞…………………………………………………冯长春　095

缪天瑞先生的东方乐制研究 ······ 饶文心 103
关于译作《钢琴弹奏的基本法则》 ······ 高燕生 108
略论缪天瑞编译的该丘斯音乐理论各书的体系 ······ 倪　军 113
缪天瑞先生对我国西洋乐器译名统一的贡献 ······ 朱京伟 117
父亲在福建音专 ······ 缪裴芙 123
缪天瑞台湾时期音乐活动考 ······ 汪　洋 129
简析缪天瑞的《音乐百科词典》 ······ 国　华 142
读《音乐百科词典》 ······ 耘　耘 151
音乐工具书的新葩
　　——评《音乐百科词典》 ······ 景月亲 158
博及中外、囊括古今的音乐巨典
　　——缪天瑞主编《音乐百科词典》中的治学思想和方法 ······ 管谨义 162
他见证了中国音乐百年发展的巨大成果
　　——在缪天瑞百年华诞座谈会上的发言 ······ 张　弦 179
百岁学人缪天瑞 ······ 张振涛 181
世纪学人的音乐遗产
　　——怀念音乐理论家、教育家缪天瑞 ······ 赵　倩 185
世纪人生　百年学问
　　——为缪天瑞先生百岁诞而作 ······ 赵仲明 187
百岁学人的百岁耕耘
　　——缪天瑞先生百岁之年学术研究的回忆 ······ 郭树群 199
缪天瑞的学术贡献与历史地位 ······ 杨和平 202
乐坛夫子　学苑师范
　　——贺缪天瑞先生百岁华诞 ······ 冯长春 206
纯真携智慧远行
　　——跟随缪院长学习的点滴感悟 ······ 韩宝强 212
百岁学人的人生感悟
　　——父亲的"敢于放弃"和从不放弃 ······ 缪裴言 217
感受平凡的神奇
　　——读缪天瑞先生《音乐随笔》有感 ······ 韩宝强 221
百年风雨　焯烁珠玑
　　——介绍《缪天瑞音乐文存》 ······ 李宏锋 225
《缪天瑞音乐文存》序 ······ 姚盛昌 229
《缪天瑞音乐贡献评述》序 ······ 汪毓和 231
在《缪天瑞先生学术思想研讨会》开幕式上的讲话 ······ 赵宋光 234

在《缪天瑞先生学术思想研讨会》开幕式上的讲话……………………乔建中　237
在《缪天瑞先生学术思想研讨会》开幕式上的讲话……………………姚盛昌　239
在温州大学纪念缪天瑞先生诞辰105年暨铜像落成揭幕仪式上的讲话………缪裴慈　241
缪天瑞：人生朝露　艺术千秋……………………………………………温　文　243
缪天瑞与温州音乐家往事钩沉……………………………………………王文韬　247
缪天瑞与《音乐教育》……………………………………………………汪　洋　257
缪天瑞与《音乐教育》……………………………………………………国　华　263
对缪天瑞《律学》与吴南薰《律学会通》的比较………………………刘　曦　272
根深叶茂　庇荫后人
　　——记缪天瑞对我国音乐术语标准化和词典编纂工作的贡献………韩宝强　275
关于缪天瑞先生开掘音乐能力测试训练的一则史科…………………姜　夔　282
缪天瑞与该丘斯作曲理论体系在中国的编译和传播……………………汪　洋　284
缪天瑞的音乐编辑思想研究
　　——以台湾音乐期刊《乐学》为例……………………………………王阿西　297
缪天瑞在"福建音专"的历史及其贡献………………………张昱煜　赖登明　305
对缪天瑞先生治学观的研究………………………………………………陈　思　313

纪　念

贺缪天瑞先生百岁华诞……………………………………………………钱仁康　321
我和缪天瑞同志……………………………………………………………李　凌　322
我们敬爱的老师缪天瑞……………………………………………………何　方　327
一张珍贵的照片
　　——引起我的回忆与思考………………………………………………张　翼　330
缪天瑞教我当院长
　　——为庆贺缪老九十华诞而作…………………………………………厉　声　332
深切缅怀缪天瑞先生………………………………………………………徐荣坤　337
仁者寿
　　——敬贺缪天瑞先生百岁华诞…………………………………………王次炤　341
等闲识得东风面
　　——怀念缪天瑞先生……………………………………………………姚盛昌　344
我的良师　我的榜样………………………………………………………罗秉康　346
可敬的缪天瑞先生…………………………………………………………王士达　352
缪天瑞先生办学思想一二…………………………………………………狄少华　354
师资建设二三事……………………………………………………………王柏华　358

记缪天瑞先生几件事…………………………………………………………胡立峰　360
回忆缪老在天津音乐学院…………………………………………………马金山　362
音乐教育的先驱　学术研究的楷模
　　——回忆和纪念缪天瑞先生………………………………………刘东升　368
感受大师风范　聆听音乐人生
　　——缅怀教育家缪天瑞先生………………………………………王文韬　376
天涯多芳草　流水有知音
　　——纪念音乐学家缪天瑞先生诞辰110周年……………………王文韬　387
勤奋好学的一生　笔耕不辍的一生
　　——怀念父亲缪天瑞…………………………………………………林　剑　396
一叶扁舟险渡海峡…………………………………………………………缪裴芙　400
艺德双馨
　　——祝贺缪天瑞师百龄华诞………………………………………叶　林　403
父亲的四次"百岁"生日………………………………………………………缪裴芙　408
我的大哥有写作狂…………………………………………………………缪天华　411
爸爸是个词典迷……………………………………………………………缪裴芙　416
怀念外公缪天瑞……………………………………………………………贺　星　420
缪天瑞先生九十华诞随笔…………………………………………………高燕生　422
逝者如斯　弦歌相承
　　——缅怀温州籍音乐家缪天瑞先生………………………………王文韬　427
忆缪天瑞老师………………………………………………………………游任遂　430
音乐编辑家缪天瑞的精彩人生……………………………………………龚　蓓　432
人生朝露，艺术才是千秋…………………………………………………李　煞　436
缪天瑞于温州二三事考……………………………………………………陈　莹　440
两位温州籍的中国音乐家
　　——陈田鹤与缪天瑞的故事………………………………………洪振宁　442

访谈录

缪天瑞谈怎样写成他的《律学》
　　——访问记……………………………………………………黄大岗　黄礼仪　449
《音乐百科词典》
　　——第一部中国人的音乐百科辞书…………………………………赫　兴　453
缪天瑞谈《音乐百科词典》…………………………………………………贺　星　457
历任院长访谈录……………………………………………………吴新伟　吴晓丹　462

仁慈智慧　学术人生 …………………………………………… 韩宝强　468
音乐创作的民族化问题
　　——缪天瑞先生采访报告 ………………………………… 吴　静　472

年　表

缪天瑞年谱简编 …………………………………………………… 汪　洋　479
缪天瑞著作年表 …………………………………………………… 翟风俭　499
缪天瑞自述 ……………………………………………………………………　517

编后记 ……………………………………………………… 翟风俭　陈　乾　520

学术研究

辛勤耕耘　潜心探索
——音乐理论家缪天瑞

何　芸

　　音乐理论家、音乐教育家缪天瑞，笔名穆静、穆天澍、徘徊等，是浙江温州瑞安县（今改市）莘塍南镇人。生于1908年农历三月十五日（阳历4月15日），曾祖父是地主，祖父辈时家境已衰落。祖父喜好音乐、书画，善吹洞箫，曾组织一些业余乐手在家里合奏丝竹音乐。缪天瑞幼小时便喜欢站在祖父身边，听他吹箫。

　　家乡旧俗，祭奠死人要请和尚或道士做道场。这些职业的宗教音乐班子，唱奏的实际上都是民间音乐。每次做道场都吸引着幼小的缪天瑞，他跟在和尚或道士们身边学唱，学会了一些曲牌，留给他极为深刻的印象。他就在这样的音乐环境与熏陶中成长。

　　约10岁时，缪天瑞发现祖父住房楼顶的一间房子里存放着许多破旧的民间乐器，喜出望外，像发现了宝库一样。他把这些破旧的乐器拿出来，自己动手修理，并试着演奏。从此以后他开始自学二胡和打琴等。

　　缪天瑞6岁就读莘塍镇聚星小学，后转入瑞安县小学。当时小学虽有音乐课，但只学唱歌，不许学生奏乐器。世俗的偏见，认为吹吹拉拉是"下九流"。天瑞有一次在上国文课时，把双手放在抽屉里练习二胡的拉奏法，被老师发现，受到责骂。

　　缪天瑞11岁小学毕业后入瑞安县立中学。这时课余学习音乐已被允许。他认识一位"票友"郑剑西，拉得一手地道的京胡。郑剑西教他学习京胡正规的运弓法和指法，学习生、旦等行当严格的过门等。天瑞又与同学一起向艺人学习整本京剧，准备演出（后未遂）。并在校外学习风琴谱，开始接触西方的多声部音乐。

父亲缪子明是留日学生，学业未竟便患伤寒病故于日本。留下两男两女，缪天瑞为长子。叔父缪澂中也在日本学医，父亲临终时，叔父答应负责供养他的一个孩子到成人就业。

15岁中学毕业后叔父供缪天瑞读大学。他在中学时音乐和英语学得较好，便由一位中学音乐教师段光尘推荐，保送到上海专科师范学校（由吴梦非、丰子恺等主办，初名上海专科师范学校，后改名上海艺术师范大学、上海艺术大学等）音乐科学习。

1923年，缪天瑞开始了专业音乐的学习，主科是钢琴，师从钟慕贞、毛月娥等，并从吴梦非、丰子恺、宋寿昌等学音乐理论，从丰子恺学日语。由于在中学时风琴已有基础，所以学习钢琴进步较快。当时学习条件很差，一周只能在星期天排上琴点，其他时间都靠"打游击"来练琴。由于他勤奋好学，仍获得优异的成绩。在校学习期间，他常在校外音乐会上任钢琴独奏或伴奏。他还在校内段光尘开的昆曲班上学习，参加校方公开演出的昆剧《惊梦》，在乐队里演奏二胡，又常参加由学生会组织的民族器乐合奏。有一段日子，他的生活得不到接济，只能靠包饭的同学分一点饭给他吃，艰难地维持着半饥饿的学习生活。

在上海艺术师范大学期间，缪天瑞有机会接触到社会上的音乐活动。几乎每周日必去听上海工部局管弦乐队的星期音乐会。该乐队当时由意大利指挥家梅帕器（Mario Paci）任指挥，演奏节目大多为西洋古典音乐作品，在当时获远东最高水平的美誉。缪天瑞经常在该乐队举行音乐会前看中文报刊介绍，了解曲目及作品情况，届时便到演奏厅楼上后座的免费席聆听音乐。通过欣赏这个乐队的演奏，他逐渐了解了世界上许多音乐大师，如贝多芬、莫扎特等人的作品，对他学习西洋音乐具有深刻的影响。

1926年，缪天瑞从上海艺术师范大学音乐系毕业，开始了音乐教育的生涯。先后在温州中学附属小学、温州艺术学院、上海新陆师范学校、上海同济大学附属中学、上海中华艺术大学等地任音乐教师。

1930年，缪天瑞与上海艺术大学文学系学生林蕡女士结婚，此后家庭负担逐渐加重。当时上有祖母、妈妈，下有弟妹、子女，需他夫妇二人养活八口之家。为了生活，也为了教学质量的提高，他开始翻译和著书工作。先译日文的音乐著作，后发现日文书大多从英文版转译，他又开始译英文版的音乐著作，并常与日文版对照着翻译。此时他翻译《钢琴基本弹奏法》[①]（1929年[②]），创作《小学新歌》（1929年）和《中学新歌》（1929年）各一册，编辑《中国民歌集》（1933年），编译《世界儿歌集》（1935年）等。曾以"穆天澍"之名翻译了日本兼常清佐的《论音乐艺术的阶级性》，刊《北新》半月刊4卷12号（1930年6月16日）。

1930年至1932年，缪天瑞在武昌艺术专科学校任教，教授基本乐理和钢琴等。出版《乐谱的读法》[③]（1933年）、《对位法概论》[④]（1933年）。

[①] [俄]列文著，修订本改名《钢琴弹奏的基本法则》，人民音乐出版社1981年版。
[②] 其年代为出版年代（有的书成书较早，而出版年代较晚），下同。
[③] [日]门马直卫著，缪天瑞编译：《乐谱的读法》，大江书铺1933年版。
[④] [日]伊庭孝著，缪天瑞编译：《对位法概论》，开明书店1933年版。

1933年至1938年，缪天瑞在江西省推行音乐教育委员会任乐队钢琴演奏员，在音乐会上负责大提琴、小提琴的伴奏，担任钢琴三重奏等的钢琴部分，偶尔担任独奏节目。不久接替萧而化主编《音乐教育》月刊，从征稿、阅稿、改稿、写稿到有关印刷等事务，均由他一人承担。后来李元庆、张贞黻到音教会后，协助他做些编务工作，他的工作量才略为减轻。他白天做编辑工作，晚上时有演出，第二天仍按时上班。此外，他尚有视察中小学音乐教学的任务，每个学期或学年，他要把南昌市几十所中小学视察一遍。过分的劳累，使他患了神经衰弱病，并种下了日后习惯性失眠的病根。

有一次，缪天瑞与李元庆、邵维等谈到鲁迅先生十分重视弱小民族的文学、音乐方面如何反映进步思想的问题。此后，他们就积极搜寻这方面的材料，由张贞黻的夫人张志渊（笔名巴淑）从英文刊物中翻译了一些新俄罗斯的音乐（即苏联音乐）文稿，《音乐教育》月刊出了《苏联音乐》专号（1937年7月）。这个专号从各方面反映当时苏联的音乐情况。缪天瑞接触了中共地下组织成员吕骥，并得到他的帮助，受到进步思想的影响，使刊物能与新时代精神相一致。《音乐教育》先后还出版了《中国音乐问题》（1934年8月）、《小学音乐教育》（1934年1月）、《乐曲创作》（1935年1月）、《救亡歌曲》（1936年10月，原名《国防歌曲》，因当局认为"国防"为共产党口号，未被通过）等专号。月刊曾刊登《哀悼一位民族解放的战士》（原名《悼念鲁迅》未通过，故改名）。并接受吕骥的建议，刊登了一些民歌，又在刊头上用了拉丁化新文字。《音乐教育》在5年内共出版57期，内容涉及古、今、中、外音乐的各个领域，是当时出版时间最长的音乐刊物，对当时专业音乐工作者和业余音乐爱好者产生了深刻的影响。这时期缪天瑞出版了以前所译的两部书《歌曲作法》[①]（1934年）和《作曲法》[②]（1935年）。

抗日战争全面爆发后，缪天瑞回到温州，重登讲台，在温州师范学校任音乐教师。当时，全国人民抗日救亡的呼声四起，他从各种刊物中，汇集了大量的救亡歌曲，作为教材在全校教唱，大大地激发了学生的爱国精神和抗日热情，也使他本人认识到聂耳和冼星海等作曲家的创作风格和充满革命激情的气质。

过去缪天瑞在家庭、学校、社会受到音乐的熏陶和教育，后来以传授音乐知识作为谋生的职业，很少接触到音乐与政治关系的问题。自从在江西省推行音乐教育委员会，接触了吕骥、李元庆、邵维等后，受到进步思想的影响，并表现在《音乐教育》编辑内容中；又从许多抗日歌曲中，领会了作曲家怎样运用音乐艺术来鼓舞人民大众奋起抗战，思想上有所提高，认识到音乐作为一门艺术，不仅能陶冶性情，还可以作为武器，发挥它的战斗作用，产生广泛、深刻的社会影响。

1939年年底，缪天瑞赴重庆，在国民政府教育部与江定仙、陈田鹤、胡彦久共同编辑《乐风》双月刊。该刊第一期发表了向隅、唐荣枚介绍延安鲁迅艺术学院的文章，同时刊登了李凌、赵沨主编的《新音乐》广告，随即被勒令停刊整顿。

---

① ［英］E. 纽顿著，缪天瑞编译：《歌曲作法》，商务印书馆1934年版。
② ［日］黑泽隆朝：《作曲法》，缪天瑞译，上海大东书局1935年版。

一年后，另设"乐风社"，社长熊乐忱推荐缪天瑞主编《乐风》月刊。这份刊物由教育部次长亲自审稿，并要申报作者的住处和职业。尽管审查甚严，仍登载过解放区的《陇东道情》等歌曲。但毕竟束缚太多，工作困难重重。1941年至1942年1月，缪天瑞在重庆青木关国立音乐院兼课，任教乐理、钢琴（钢琴不足常以风琴代替）及和声学（代李抱忱课）。

在重庆时，日机轰炸很厉害，经常要跑防空洞。后迁居山区，吃的是压仓米，食后肚子发胀；没有电灯，点的桐油灯，烟大光小，夜间工作只得点两盏灯，满屋子烟，呛得透不过气。若打开窗户，风又容易把灯吹灭，只得忍受烟熏。多年来缪天瑞大都利用晚间来译著，当时他与张洪岛等同住一室，他们和杨荫浏、曹安和都是喜欢晚上用功的，大家都尝到点桐油灯之苦。

1941年冬，福建省立音乐专科学校（1942年9月改为国立福建音专）校长蔡继琨聘请缪天瑞任该校教授兼教务主任。1942年1月，他离重庆到达福建永安上吉山，先后任教和声学、曲式学、对位法、音乐欣赏、音乐教学法等课程。后学校曾五易校长，而缪天瑞一直担任音乐理论教授兼教务主任。这对于教学的稳定性、连续性，起了相当重要的作用。

在教学思想上，缪天瑞重视基础训练，坚持学用一致。对师范专修科的课程设置，从实际需要出发，围绕着如何培养合格的音乐师资来安排一专多能的课程。

缪天瑞授课，讲解透辟、生动，使学生能很快掌握要领。他那认真、细致、严谨、勤奋的治学精神，师生们都深为敬佩。当时教师缺乏，他一人经常同时开数门理论课，而和声学是必修课，他同时教授几班和声学，班上人数又多，当时没有供专业用的教科书，他就在夜间编译《和声学》[①]教科书，并修改同学们的和声习题；上课时选择做得较好的习题和较差的习题，弹给同学们听，以示比较，并说明理由；又发动进步较快的同学，帮助进步较慢的同学，只在必要时，才由他自己直接改题。这种集体教学法，在教授和声学开始部分，还是很好的办法。他还依据该丘斯以分析作品为理论基础的方法，对西方音乐作品，从曲式和对位两个方面详细分析，然后编译了该丘斯的《曲调作法》[②]和《对位法》[③]（一部分）作为教材。他认为一个音乐理论家，必须具有较高的钢琴视奏能力，但学校的钢琴很少，他只好在风琴上坚持练习。后来他同十多个师生一起，凑钱合买了一架旧钢琴。为了解决对位法教学的需要，他就在这架钢琴上弹奏巴赫的《十二平均律钢琴曲集》。很少创作的缪天瑞，此时写了一首合唱曲，由其弟缪天华（任福建音专国文教师）作词，题为《从军别》，内容是宣传抗日的。在校内演出时，他自任伴奏。

缪天瑞待人诚恳、宽厚，善于团结人一道工作。那时福建音专在音乐理论教学上，有普劳特、该丘斯、柏顿绍等几种不同理论体系同时并存，但教授们都能相互尊重、共同切磋，没有门户之见。缪天瑞对同学和蔼可亲，作风平易近人，大家经常在晚上聚集在他的宿舍里听唱

[①] 后经整理出版。[美]该丘斯著，缪天瑞编译：《和声学》，上海万叶书店1949年版，新音乐出版社1953年版，音乐出版社1956年版。

[②] 后经整理出版。[美]该丘斯著，缪天瑞编译：《曲调作法》，上海万叶书店1949年版，音乐出版社1955年版。

[③] 后经整理出版。[美]该丘斯著，缪天瑞编译：《对位法》，上海万叶书店1950年版，新音乐出版社1954年版。

片，欣赏音乐。同学有困难，他大力相助。部分同学因学力不够，面临退学窘境，他偕同有关办事人员，设法使同学继续就读。当时生活艰苦，一件褪了色的棉布长衫，他穿了几年。学生每餐只有半竹筒糙米饭，加一小撮盐水煮黄豆，他也不例外。他有严重的胃病，偶尔吃一小碟豆腐，或买一小块糕点，就算是改善生活了。

缪天瑞的思想早就有鲜明的倾向性，同学们的课外进步活动，他积极支持和参加。当时同学中一位中共地下组织成员，曾把《新华日报》转载的毛主席《在延安文艺座谈会上的讲话》秘密传给他阅读，使他受到了启发，把有关普及与提高关系的观点运用在他日后的著述和工作中。

1944年初夏，校内发生国民党逮捕学生事件，缪天瑞和同学们一起，请求校长萧而化出面保释被捕同学。由于此事，福建省国民党当局找他谈话，加以威胁。1945年9月，缪天瑞终被国民党省政府点名令其"自请离职"，离开福建音专返回故乡。

在家乡，缪天瑞写成第一部著作《小学音乐教材及教学法》，该书以他1927年任小学音乐教员时的感性认识为基础，从1933年起开始收集材料，酝酿达十年之久才写成（1947年）。[①] 书中较早提出儿童柔声歌唱、美感教学法、儿童器乐教学和多声部、涉及教材民族化问题等。又整理《乐理初步》[②]（1948年）和《音乐散论》（未出版）。

1946年，缪天瑞应蔡继琨之邀赴台湾，在台湾省交响乐团先后任编译室主任和副团长，主编该团出版的《乐学》双月刊（1947年）。主办不定期的唱片欣赏会，介绍交响乐作品。他整理出版《音乐的构成》[③]（1948年）、《曲调作法》[④]（1949年）、《和声学》[⑤]（1949年）和《曲式学》[⑥]（1949年），同时开始整理《律学》，在《乐学》发表的开始几章，后出版单行本[⑦]（1950年）。

1949年，中华人民共和国成立前夕，缪天瑞辗转秘密得知让他立即离台回大陆工作的消息。他避开当局对去大陆者的审查、扣押，不办离境手续，于1949年5月间偕同夫人和女儿，乘一位商人朋友包揽的小帆船，经由基隆港（其他港口已一律封锁）秘密离开台湾。在顺风时一天一夜便可到达温州，但不幸船在海上被风浪颠簸漂荡，无法前行，半途又遇上暴风。他和小女儿都病倒，吐泻不止。幸好，后来终于风静浪平才转危为安，船在海上漂荡了100个小时，终于在温州瑞安东山靠岸，踏上刚解放的祖国大地。

事后才知道，原来是吕骥得到周扬授意，邀请一些港台海外知名音乐家，如马思聪等返回大陆工作，此事是委托李元庆设法通知缪天瑞的。回到家乡他即与有关部门联系，知道上级要他到天津中央音乐学院工作。因为当时交通十分困难，数月后才到达天津。

---

① 根据该书自序。
② ［英］T. H.柏顿绍著，1953年修订。
③ ［美］该丘斯著，1964年修订。
④ ［美］该丘斯著，1963年修订。
⑤ ［美］该丘斯著，1962年修订。
⑥ ［美］该丘斯著，1985年修订。
⑦ 修订于1965年，1983年增订。

1950年，中央音乐学院建成后，缪天瑞先后任研究部主任、教务处主任、副院长（1957年兼民族器乐系主任）。当时中央音乐学院尚处于初建阶段，他与各级领导共同探索创办新的音乐学院，以适应新社会的需要。1954年起聘请苏联和东欧的大批专家，如何学习苏联，成了新的课题。同时他又主编《人民音乐》月刊（1950年），加上各种社会活动、外事活动等，这些事对他都是新的课题。

1954年，缪天瑞出席在捷克斯洛伐克举行的"布拉格之春"音乐节、国际德沃夏克研究会议，发表论文《论德沃夏克》。

这时期，缪天瑞整理旧作出版了《对位法》[①]（1950年）和《儿童节奏乐队》（1950年）。他本拟编译出版一套《该丘斯音乐理论丛书》，包括《音乐的构成》《曲调作法》《和声学》《曲式学》《对位法》（以上已基本完成）、《大型曲式学》和《应用对位法》共7部书，由于琐事缠身，无法兼顾，就把已译好的《应用对位法》开始部分，连同原文交给陆华柏去完成。陆华柏继续编译，不幸稿件在"文化大革命"中全部被烧毁。后陆华柏重新编译，作为该书的上卷出版《创意曲》（1986年）。《大型曲式学》则由许勇三译成（1982年）。

1958年，缪天瑞任河北音乐学院（天津音乐学院）院长[②]，兼任河北省文化局副局长。这期间他又面临一些新的课题，诸如：地方音乐学院的办学方针问题，"面向何处"问题，由于师范学院音乐系并入，如何避免该系变成"小音乐院"问题。为了解决这些问题，他首先要了解下情。当决定学院主要面向河北省时，他视察河北省内北至张家口、南至邯郸各个地区的艺术活动和人才需要。也视察过天津市文化馆、中小学校、幼儿园的音乐教育活动，又以一个相当长的时间全面了解学院附属中学的情况，以供教学改革的参考。

1963年，缪天瑞认为音乐理论界应当有一部较完善的音乐词典，遂与音乐出版社何士德、吉联抗合作，尝试编辑音乐词典。曾撰写、译出一些词目释文，编定词目一本。此项工作最终因人力不足而未能继续进行下去。当时做好的一部外国音乐词典的词目卡片，本来可供日后编辑词典时参考，可惜在"文化大革命"中全部被烧毁！

在"文化大革命"中，缪天瑞以莫须有的"台湾特务""反动学术权威"等罪名，被打成"牛鬼蛇神"，强迫他烧锅炉、修防空洞、积肥等力所不及的重体力劳动，并不断被斗争。一个具有强烈爱国心，不顾个人安危回归大陆，为祖国勤勤恳恳作了不少贡献的学者，不仅身心受到严重摧残，更可惜的是荒废了珍贵的十年光阴。

"文化大革命"后，缪天瑞见到张洪岛，共同回首往事，他无限感慨地说："在青木关，点的是桐油灯，吃的是陈米饭，但那时成书不少。现在迁到大城市，住的是楼房，有光亮的电灯，吃的是鱼肉，但写的东西大大减少了。因为时间都被诸多无效的会议、频繁的各种运动占去了，真可惜啊！"

在第五届全国人民代表大会会议上，缪天瑞与天津代表团一起，受到周恩来总理的接见，

---

① 后经整理出版。[美]该丘斯著，缪天瑞编译：《对位法》，上海万叶书店1950年版，新音乐出版社1954年版。
② 详见本书"缪天瑞年谱简编"。

当周总理知道缪天瑞是天津音乐学院院长时说："……一定要把天津音乐学院办好。"后来周总理逝世，在"四人帮"不准举行的追悼会上，缪天瑞把铭记在心的周总理的话传达给与会同志，并悲痛地说自己没有实现周总理的嘱托，对不起总理（当时天津音乐学院已被"彻底砸烂"，改为天津艺术学院），他怀着满腔悲愤向周总理在天之灵申诉，也表示他对"四人帮"倒行逆施罪行的讨伐。

"文化大革命"后，缪天瑞把"文化大革命"后期任教时所写的讲义整理成《基本乐理》（1979年，1985年修订），又为《英汉辞海》翻译部分音乐词目（1988年）。

缪天瑞曾任全国文学艺术界联合会委员、天津文学艺术界联合会名誉主席、天津市政协副主席、中国律学学会名誉会长等，为第3—6届全国人大代表。

1980年，中国艺术研究院音乐研究所和中国大百科全书出版社邀请缪天瑞主持编辑音乐词典，他欣然应诺，因为这是他的夙愿。1983年调中国艺术研究院音乐研究所任研究员。负责主编《中国音乐词典》两卷（1984年、1992年）。并担任硕士、博士研究生的导师工作。参与《中国大百科全书·音乐 舞蹈》的编辑工作，任音乐部分的编委副主任（1989年）。

1984年11月，缪天瑞率领民族乐队赴日本访问演出，并考察日本中小学音乐教育体制。

缪天瑞的治学态度一贯严谨、认真，一丝不苟，精益求精。他的译著每再版一次，必有修改。半个多世纪以来，他夜以继日、孜孜不倦地工作，刻苦勤奋，教学相长。他的译著达30余种，尤其是律学的著述，开辟了音乐理论研究的新领域，博得了国内外同行的赞誉，并产生了广泛而深刻的影响。京、津、穗、沪各地新一代律学家所获得的许多新成就，无不和他直接或间接的培养与鼓励相关。律学学会推选他担任名誉会长，不是一般地尊重前辈，而是表达了后生学子们对他的衷心拥戴。

在音乐教育方面，缪天瑞强调文化课的重要性。重视中小学和幼儿音乐教育，使普及与提高相结合。强调洋为中用和发展中国民族音乐。他认为办地方音乐学院，应有地方特色。几十年来，他为建立和完善我国音乐教育体系，改革教材和教学方法，培养音乐师资队伍，造就突出的专业人才，作出了卓越的贡献。

多年来缪天瑞做了许多默默无闻、为音乐教育事业铺路和奠基的实际工作。这种不为名不为利的贡献精神，很值得我们好好地学习和发扬！

缪天瑞现已年逾八旬，仍数十年如一日，伏案笔耕，正如他自己所说："要把'文化大革命'时期失去的时间夺回来。"1984年，他受人民音乐出版社委托，主编《音乐百科词典》，这几年来他日夜为此书操劳。然后，他准备再次修订《律学》，解决一些地方戏曲的音律问题，补充近年来律学研究的新成就，使其更臻完善。为振兴和发展我国的音乐理论，他将继续作出更多的贡献。

原载向延生主编《中国近现代音乐家传》第一卷，春风文艺出版社1994年版，第766—778页

何芸：生于1924年，女，中国艺术研究院音乐研究所原副所长、研究员

当代音乐史不会忘记

——记音乐教育家、音乐学家缪天瑞教授

叶 林

在我们当中,生活着一位现已年逾 90、仍在埋头治学的老音乐家,他就是缪天瑞老先生。缪天瑞先生是当今健在的几位年纪已超过 90 岁的音乐先驱之一。他毕生从事音乐活动已达七十多年,从未间断。他既是当代中国新音乐发展的见证人,又是其中孜孜不倦、埋头苦干的耕耘者。其道德风范一直为人们所崇敬。一个人活到 90 岁固然不容易,而毕生勤奋、谦恭自律、高风亮节、言教与身教都堪为人师表者,则更不容易。缪天瑞就是这样的一位长者。

今年 10 月,欣逢天津音乐学院四十周年校庆,同时又举行了"全国第三届律学学术讨论会"和"缪天瑞先生学术思想研讨会"。这三个活动都和缪老先生有密切关系。缪先生是天津音乐学院创始人之一和首任院长,同时又是中国律学学会的名誉会长,是中国现代律学学科的开拓者。为此专程赴天津亲临会议。我是缪老师的学生,以福建音专校友会的名义也前往参加了全过程。四天的会议及活动,感触很深,其中特别值得提出的有如下几点:

一、缪天瑞先生所走过的道路是中国新音乐先驱具有代表性的一种类型,其历史作用和贡献不可忽视

20 世纪的中国,有两个突出的矛盾:其一是关系到民族存亡的反对日本帝国主义侵略的殊死斗争;其二是两种社会制度的深刻矛盾。这一对矛盾相互交织、此起彼伏,决定了几代中

国人的命运。八九十岁的老人们可以说都经历了这场风云激荡斗争的全过程。这当中，以上海为发源地的国防文学、国防音乐和国防电影是中国共产党所领导的革命文艺思潮和组织活动的核心，以阳翰笙、夏衍、田汉等为先驱的共产党人团结了一大批革命音乐骨干力量，遍布大江南北，并向解放区源源不断地输送大量新鲜血液，聂耳、冼星海、任光、麦新等的音乐作品成为时代的号角。这无疑是一代音乐运动的主流。与此同时，在这时代的特定环境下，中国优秀的知识分子也在选择自己的道路，他们有许多人当时并不是马克思主义者，生活在国民党统治区，但是有民族觉悟，有艺术良知，不与反动势力同流合污，努力耕耘，做音乐启蒙普及工作和培养专业人才的工作，同时也参与了抗日救亡的呼号，创作了不少优秀的作品，包括音乐作品和理论专著。这类音乐精英人才不是少数，他们所作出的历史贡献也是十分巨大的，应该浓墨重彩大书一笔。过去我们受"左"的思想影响，对此重视不够，大多只是看到革命音乐的主流，甚至认识不到在这主流当中也存在着更丰富的内涵，包括着更多的力量。过去造成这种现象的原因，如果不是由于某种"正统"观念和宗派情绪，最少也是认识不足。包括我国的音乐史，立论也是偏颇的居多。这个问题，恐怕也是到了全面认识、拨乱反正的时候了。当然，这些音乐家们所走过的道路也是复杂多变的，有许多已经成为马克思主义者；有不少人屡被扣上"资产阶级知识分子"的帽子，在历经各种政治运动的磨难之后，仍然抱有信心，高风亮节，令人敬重。"条条大路通罗马"，在社会改革开放的新时期，这些力量终于凝聚在一起了，给他们以应有的评价和历史地位，仍然是当前应该做的事。

缪天瑞先生可以说是这一类先驱中有突出表现的佼佼者。他不是喜欢摇旗呐喊的活动家，他却是辛勤踏实的做实事的人。他是吴梦非、丰子恺、刘质平等的门人，继承着李叔同、沈心工的传统，以"科学救国""教育救国"为己任，坚持"学堂歌曲"的音乐启蒙工作。这并不是从言论，而是从他的音乐实践中体现出来的。缪天瑞先生19岁毕业于音乐教育家吴梦非等人创办的上海艺术师范大学音乐科后，就从事音乐启蒙教育工作，前后达6年之久。这期间，他同时开始音乐教材的编写和翻译引进工作，出版了《论音乐艺术的阶级性》《西洋音乐故事》《钢琴基本弹奏法》《中国民歌集》《风琴钢琴合用谱》《中学新歌》达6种。平均每年都出版一种，不谓不勤奋。他的理论贡献和音乐教育一开始就结合得非常紧密，他的治学精神也开始为人所知。1933年便被江西省推行音乐教育委员会聘请，接替萧而化主编《音乐教育》月刊。至1938年，五年内共出版了《音乐教育》近60期，这是一个难得的数字，内容涉及古今中外音乐的各个领域，在国内影响很大。这期间，他接触到李元庆等一些进步人士，和吕骥取得联系，在《音乐教育》月刊开辟过《苏联音乐》《中国音乐问题》《救亡歌曲》《音乐教育情况》等专栏，充分体现了中国知识分子的时代责任感和艺术良知。

紧接着，1939年，他赴重庆，与胡彦久、江定仙、陈田鹤等共同编辑《乐风》双月刊。在1940年1月发行的第一期就发表了向隅、唐荣枚介绍延安鲁迅艺术学院的文章，并且刊登了李凌、赵沨主编的《新音乐》广告，马上就被勒令停刊整顿。一年后，由缪天瑞主编《乐风》月刊。可是这份刊物审查甚严，由国民党教育部次长亲自审稿，并要申报作者的住处和职业，工作困难重重，使他深尝到当时两种社会制度矛盾冲突的滋味，同时也加深了对旧社会的不满。

1941年8月，缪天瑞受聘兼任重庆国立音乐院讲师，1942年3月任国立福建音乐专科学校教授兼教务主任，直至1945年被迫自请辞职离校，共3年多时间，获得了举校师生的尊敬和爱戴，桃李满门，成就甚丰。他除了繁忙的教务主管工作外，还先后担任和声学、曲式学、对位法、音乐欣赏、音乐教学法等课程。这几年内，福建音专曾五易校长，而缪天瑞一直主持教务，对教学的稳定和连续起了重要的作用。这期间，社会矛盾日益加深，音专屡屡发生逮捕学生、殴打教师事件。因为缪天瑞总站在进步学生一边，替学生说话，终于被点名令其"自请离职"。1946年，缪天瑞辗转到了台湾，在台湾省交响乐团先后任编辑室主任和副团长，主编该团出版的《乐学》双月刊，并整理出版了《音乐的构成》《曲调作法》《乐理初步》和《曲式学》等理论译著。

国民党政权崩溃时，有的人忙于奔逃台湾，追随国民党。而缪先生却反其道而行之，避开审查、扣押，不办离境手续，从台湾回到大陆，为中国的音乐教育埋首耕耘，竭尽心力，至今又是五十个年头。

中华人民共和国成立后，缪天瑞先后任中央音乐学院研究室主任、教务主任、副院长和天津市文化局副局长，天津音乐学院院长兼河北省文化局副局长，天津市文联名誉主席、天津市政协副主席、第三届至第六届全国人大代表，中国律学学会名誉会长等职务。1983年任中国艺术研究院音乐研究所研究员，主编《中国音乐词典》，并担任硕士、博士研究生的导师工作。参与《中国大百科全书·音乐 舞蹈》的编辑工作，是《音乐卷》编委副主任之一。1989年离休后，他的学术工作从来没有中断过。

由此可以看出：缪天瑞先生所走过的道路，是中国这一类型知识分子走过的一条具有代表性的道路。作为无党派人士，他一直是中国共产党的朋友。作为音乐教育家和理论家，他辛勤劳动了七十年，为音乐事业贡献毕生、硕果累累。作为音乐的先驱和长者，他的思想品质、道德风貌、艺术良知，也堪为一代师长。

二、缪天瑞的学术贡献和治学风范，堪作为我们音乐界学习的楷模

缪先生的音乐著作和译著甚丰，计达三十种之多，所编刊物和学术文章还不计在内。他的论著有几个特点：最突出的一点是关怀普及启蒙音乐教育，使普及与提高相结合。他重视编歌集、编音乐普及教材、编《音乐百科词典》，考察日本中小学音乐体制、创作《小学音乐教材及教学法》一书，无不与此有关。其次，他的译著大多离不开教学实践和教学相结合，洋为中用。他编译的《歌曲作法》（E. 纽顿原著）、《对位法概论》（伊庭孝原著）、《作曲法》（黑泽隆朝原著）、《乐理初步》（柏顿绍原著）以及美国近代音乐理论家该丘斯著、主编的一整套系列理论著作《音乐的构成》《曲调作法》《曲式学》《和声学》《对位法》共五种，全都编译出来，作为培养音乐院校专业学生的教材。缪先生的译著有不少地方并不只是照章硬译，而是加以实用性的通俗化，尽量把书的内容阐述清楚，容易弄懂。在福建音专的时候，缪先生在教课前还做

充分的准备，经常先把书中的习题预做几遍，把和弦连接的多种可能性都掌握好，并加以比较，态度十分认真。因而学生的进步很快，收益很多。

特别值得提出的是他的力作《律学》一书。缪先生从20世纪30年代起，就已经开始研究律学，前后已超过半个世纪，可以说是自王光祈以后当代的第一人。记得远在1946年，我们在福建音专创办了一本名为《音乐学习》的刊物，其中第一期就刊登过缪先生的一篇文章《升C音和降D音一样高么？》，这是我所知道的缪先生最早发表的一篇有关律学的文章。按照音乐常识，演奏弦乐器的人都知道，他们的演奏并非采用纯粹的十二平均律。小提琴在演奏临时升记号音时，手指总是向半音程的上方音紧靠，演奏降记号音时则向半音程的下方音紧靠，而不是把手指按在全音的中间，这样才会感觉准确。这就是升C音总比降D音高的原因，它们是不相等的。不过，为什么会是这样的，我们当时只知其然而不知其所以然。要弄清这里面的道理，就要靠律学。原来这里面有纯律与十二平均律之分，有各种民族乐制的差别，这里面有七平均律、五度相生律，还有三分损益律和纯律并用的琴律等，相当复杂。这都是和人们的审美心态、审美习惯相适应的，也存在着一个历史发展过程和民族文化交流的过程。我们当时对此大都不甚了了，而且被那么复杂的计算方式吓怕了，望而却步。然而，缪先生的研究却不断深入，时隔四年之后，在1950年就出版了他的理论专著《律学》。

我们有些人出了一本书，就想喘一口气，过快地画上句号。缪先生可不是这样，他锲而不舍，从未停止继续探索。50年来，在《律学》初版的基础上，竟然重写了3次，每一次都不是小修小改，而是大拆大卸。1965年，时隔初版15年后，缪先生刊行了第一次修订版，改变了以纯律为标准的观点，改用十二平均律为标准，从新的角度来考察乐律的问题，这是等于重写的大改动。1983年，时隔第一次修订版18年之后，缪先生又刊行了增订版，这次增订版不仅又是大拆大卸，还把八章增至十章，把律学原理和律学的应用放到同等重要的地位，既重视它们的历史面貌，又重视它们的实践意义，把原来的第一次修订版又一次提高到一个崭新的水平。到了1996年，又相隔了13年，《律学》的第三次修订版又出版了。这次的修订又出现了新的内容和新的面貌，增加了20世纪以来世界各国学者乐律研究的新成果和新形势，增加了各民族乐制的新材料和运用情况。从以上的简略介绍中，可以看出缪先生对乐律的认识在半个世纪以来正在不断深化。从这四个版本修订充实过程中，充分显示出他锲而不舍的治学精神和虚怀若谷的兼容并茂的学术眼光。

律学是一门艰深的音乐基础理论。目前通行的以键盘乐器为代表的十二平均律，在欧洲是一次历史性的大变革，统治了世界乐坛200多年。有了十二平均律，才有可能使乐音的相互关系以及和声的功能体系得以规范和完善，产生了难以数计的各种古典音乐流派的音乐作品，发展和丰富了世界音乐文化。然而，十二平均律并不是唯一的乐律，许多其他乐律自然并存，对不同地区、不同民族的音乐风格和艺术特色起着不可忽视的作用。它们又是和不同地区、不同民族的社会文化、审美习惯紧密相通的。对它的研究，还需要向更深层次扩展，从艺术美学、艺术社会学、艺术心理学和民族学上进行考察，强调它的实践性和现实意义，它既是兼容的，又是实践的，不能和世界割裂，也不能和实践割裂。缪先生的研究，其最可贵的地方正在于此。他一版比一版向这目标靠近，第二次增订版就把律学的原理和应用实践放到同等的地位；第三次修订版则大量地介绍世界各国律学研究新的进展情况和材料。这个研究方向如果得到重视和宣扬，这种"五十年磨一剑"、咬定青山的韧劲如果得到肯定和发挥，我们律学界的研究进展一定会更加迅速，队伍一定会更加壮大。

三、缪先生对后人的影响，不仅是学术上的影响，而且还有艺德方面的影响、做人的影响和思想风范的影响

他默默耕耘，数十年如一日。如众所周知，在工作中，缪先生极少在公开场合露面，有些活动即使参加了，也是沉默寡言，只是在注意听，注意思索，从不居高临下，不高谈阔论。他谦虚谨慎，平易近人，待人处世都十分谦逊，自律极严，既重视言教，更重视身教。这次在"缪天瑞先生学术思想研讨会"上，他的发言说的全是他的不足之处，说他做了那么长时间的工作，译著过那么些理论，待人接物肯定有不少错误，请求大家帮助。这完全是发自肺腑之言，不是客套，令人十分感动。我还清楚地记得，在起草国立福建音专校史的时候，他多次告诫，要实事求是，特别是对他的评述，不要夸大，因为许多事情都是经过大家研究和一起做的，不是他一个人的功劳。还有一件事特别令人难忘：1998年春节，北京的福建音专校友聚会，集体审读校史稿。缪先生闻讯也欣然参加，他以90岁的高龄，竟和大家一起坚持坐了整整三个多钟头，听我们把草稿通读了一遍。这种认真的态度对一位90岁的老人来说，实在是难以想象的。他在听过了以后，只说了一句话，要我们注意核实史料，实事求是。这种默默贡献、谦和勤奋、实事求是、沉着踏实的思想作风和工作作风，贯穿在缪先生的一生。几十年来，我从没有听到缪先生说过半句自我居功的话，有的只是谦虚和实事求是的精神。

这使我们认识到：音乐的思考决不应只是一种孤立的思考，它必须和社会的思考、做人的思考结合起来，这就是"艺德双馨"。艺与德的关系应该是前者服从后者。那种洁身自爱、与世无争，只是集中精力关门搞学问的那类艺德，也是可贵的，因为它最低限度在过去不与落后的势力同流合污，在今天也不为音乐的单纯商品化出卖自己的灵魂。但是，作为艺德的崇高要求，更需要我们把音乐这种精神力量用身体力行的风范体现出来，让人们从言教和身教中受到影响，懂得追求什么和鄙弃什么，懂得应该怎样做人。这就是说，要懂得音乐，首先要懂得怎样做人，懂得把做人的准则和自己的音乐事业结合得更好。这才是我们毕生所追求的一种崇高的艺德。缪先生过人的地方，正是由于他十分重视这种艺德，身体力行，他所给予后人的这种影响是不能低估的。现在我们这个社会，在艺德方面，令人失望的东西比令人珍惜的东西更加可贵！缪先生对后人的影响，不仅是学术上的影响，治学风范的影响，更有做人的影响，艺德的影响。这是一种时代的华彩，它是无价的。

缪先生现仍健居北京,并仍在为中国音乐文化事业的发展著书立说。我们祝他健康长寿。

原载《天津音乐学院学报》1998年第4期

叶林(1922—2016),曾任文化部艺术局专员、音舞处处长

缪天瑞先生的学术人生

高燕生

1998年3月，欣逢缪天瑞先生九十华诞。同年10月5日，天津音乐学院主办"缪天瑞先生学术思想研讨会"，叶林、赵宋光、陈应时、乔建中、向延生等著名学者，以缪先生一贯身体力行的实事求是精神，客观评介并热情讴歌缪先生对当代音乐事业的杰出贡献。我获益良多，特写成本文。文中引用多位学者的论文处，谨此致谢。

缪先生于农历戊申年（光绪三十四年）三月十五日，出生在历史悠久的浙江省瑞安县（今改市）莘塍南镇村。11岁父亲病故后，在叔父抚养和祖父支持下，1923年入上海专科师范学校（吴梦非先生等人创办，后多次更名，毕业时为"上海艺术师范大学"）音乐科，师从吴梦非、丰子恺、宋寿昌、钟慕贞、毛月娥等，主修钢琴。1926年毕业后，在温州任音乐教师。次年与同学们一起创办温州艺术学院。该校一年后因债台高筑，被迫停办。1928年秋，得傅彦长先生（上海艺术师范大学教师）相助，为上海一家小书店谱写活页歌曲维生，又在几所学校教音乐。1929年1月首次出版个人创作和填词的《中学新歌》，7月首次翻译出版《钢琴基本弹奏法》。

1930年至1932年，任武昌艺术专科学校教师，教乐理和钢琴，发表《西洋音乐故事》（《青年界》连载，西洋音乐史共10章），译文《论音乐艺术的阶级性》（《北新》半月刊，署名穆天树）等。1933年至1938年，任江西省推行音乐教育委员会钢琴演奏员、中小学音乐教学视察员，接替萧而化先生任《音乐教育》月刊主编，集采编、征稿、撰稿和印刷出版于一身，5年共出版57期。此间结识李元庆、吕骥等音乐家，刊载多首救亡歌曲，介绍苏联音乐；又发行《中国音乐问题》《小学音乐教育》等专号。著有《中国音乐史话》，译有《对位法概论》

《作曲法》等。

1939年10月，他赴重庆教育部音乐教育委员会参与主编《乐风》双月刊，因创刊号载有介绍鲁迅艺术学院的文章和《新音乐》（李凌、赵沨主编）的广告，被停刊整顿；1941年至1942年改为月刊，他终因工作困难而离开。

1942年3月，缪先生应国立福建音乐专科学校的聘请，任该校教务主任、教授，主教和声、对位、曲式、作品分析、钢琴等多门课程。1945年夏，因同情并救助被捕进步学生遭"自请离职"而被撤职。1946年10月，应台湾省交响乐团邀请，先后任该团编辑室主任和副团长，主编台湾省首种音乐期刊《乐学》双月刊，其中连载专著《律学》开头几篇，具有特别重要意义。此后数年间，相继出版专著《小学音乐教材及教学法》，译本《乐理初步》，编译该丘斯原著的《音乐的构成》《曲调作法》《曲式学》《和声学》《对位法》和专著《律学》等。

1949年春，缪先生从台湾返回大陆，在天津任刚刚组建的中央音乐学院研究室主任和教务主任，后任该院副院长；1958年中央音乐学院迁京，他接受河北省政府邀请，留任天津音乐学院院长。1983年7月赴北京任中国艺术研究院音乐研究所研究员，并作为硕士、博士研究生导师。1989年5月离休。此间为中国音乐高等教育辛勤耕耘40载。同时陆续修订出版了他的全部重要著作和译著，参与主编《中国音乐词典》《中国大百科全书·音乐 舞蹈》，出版专著《基本乐理》，为《英汉辞海》译部分音乐词目等。离休后仍笔耕不辍。他从1983年起主编的、全部由中国人自己编写的、汇集音乐多门学科新成果并充分显示中国特色的首部《音乐百科词典》（各项词目6600余条，200万字；参与编撰者200多位），由人民音乐出版社于1998年出版。

缪先生为中国音乐事业，在大半个世纪间竭尽心力，锲而不舍，贡献卓著，是备受尊崇的音乐教育家、理论家和翻译家。

缪先生对于中国音乐教育事业是一位开拓者。他从1926年（18岁）任小学音乐教师起，直至1989年（81岁）离休的63年中，从事中小学音乐教育（含中等师范教育和艺术中专教育，1926—1932，1938—1939）7年，高等音乐专业教育（1941—1945，1949—1983，1983—1989）45年，教遍钢琴演奏、作曲技术理论、音乐史、音乐教学法、基本乐理等众多学科的主干课程，亲手创建过艺术学院（温州，1927）和参与建立音乐学院（天津，含附中、附小，1959），并任过中小学音乐教学视察员（1933—1938）、文化局副局长（1955，1960）等职务。他对中国社会的深刻了解和异常丰富的音乐教育实践经验，是他形成科学的音乐教育思想和构建完整的音乐教育体系的根基。

缪先生撰写出版的第一部专著《小学音乐教材及教学法》（1947），是他集中阐述社会音乐教育（特别对少年儿童音乐启蒙教育）思想和方法的重要著作。书中论及唱歌教材选择法、听唱教学法、视唱教学法、唱歌一般教学法、发声法与音高矫正法、合唱教学法、其他音乐活动、音乐测验与记分法、设备及其他；强调歌唱与欣赏、唱游、器乐、知识、创作相结合；务求适合儿童（对象）兴趣、能力和发展的需要；提出"本国民歌，不能轻视，应视其性质，多多采用为教材"；教法要"以普及音乐教育为目的""使儿童对唱歌发生兴趣，从唱歌得到快乐""养成唱歌上所需的各种技术""以唱歌表现自我",倡导"儿童的自发活动"和"创造性的表现","先有应用,后有理论";等等。综合体现出他在普通音乐教育思想方面力主实现的三个目标,即"首先是美感教育""必须适应儿童特点"和"民族音乐的教育"。这一思想体系"旨在向青少年进行音乐审美教育,提高民族音乐文化素质"(详见他主编的《音乐百科词典》"普通音乐教育"条)。引用钱君匋先生为《小学音乐教材及教学法》所写的"序言":"我们这样大一个中国,而又复有如此多的音乐教育工作者,前此竟无像这样的一本好书出现——对于音乐教学法谈得如此周详而新颖。"在半个世纪后的今天来看,这个评介仍极贴切。缪先生那时的思想与当前"从应试教育向素质教育转轨"的教育方针又多么合拍。

缪先生的高等音乐专业教育思想体系,突出表现在他任天津音乐学院院长24年的成果中。他一整套科学的、行之有效的管理方法,其要点其一是从实际出发。在充分调研的基础上,对学校的性质特点、主攻方向、培养目标定位,并以此统一全院人员的认识。其二是制订相对稳定的教学进程计划。为确保稳定的教学秩序,完整地设计全学程课目门类的比重、总学时、学年课时分配(含作业学时)和考核方法等。他一贯强调应不断拓宽知识结构,鼓励一专多能和因材施教,以理论与实践的紧密结合,加强基础知识和技能培养;授课方式坚持少而精和启发式。其三是一贯重视师资队伍建设。包括系统的师资建设长远规划,选定重点发展的专业学科,制订新老教师的培养进修计划,新课程正式开设的法定程序(确定足够的师资、先编出教材、经过研究或讲座试用、经教研室以上逐级审查合格后,纳入教学总计划),教研室工作以充分开掘艺术民主和教学个性、提高教育质量为中心等。其四是坚持一整套以实施授课计划为核心的教学管理制度。如强调要求教师对学生作充分调研,向教研室提出分析报告和教学计划,经广泛听取各方面意见建议,由教师修订教学方案后实施,授课记录定期接受主管部门检查等。

缪先生的音乐专业教育思想总体上把握四条原则。即在社会需要和实际可能之间准确定位,突出特色;在基础建设和长远规划之间力求眼前短期行为与总目标的协调一致,注重决策的前瞻性和保持后劲;在办学不可或缺的人才物力方面坚持以教学为中心带动学院各项工作健康发展;在办学规模和效益的关系方面强调健康稳定持续的发展,力主大学、中学和小学"一条龙"(现阶段狠抓中小学打好基础,比抓大学更重要),以完善的管理机制和不断改善的教学条件作保证。正是由于他充分掌握音乐教育的自身规律,从长期的实践出发来认识真理,故而总是能够十分自觉地贯彻党的教育方针和文艺方向,并使之切实落到实处。另外,他从不追名逐利。虽然他的知识十分渊博,理论根基颇深,他却格外谦虚谨慎、虚怀若谷,故而能够紧密团结群众,最大限度地调动全体师生员工的积极主动精神,赢得人们的尊敬和信赖。

作为著名音乐理论家,缪先生尤其对乐律学的研究有突出贡献,他是举世公认的我国现代律学学科奠基人之一。

"律学"作为独立学科,在我国,早在明朝朱载堉就已经提出。到现代刘复、王光祈、杨荫浏等学者也作出过不少贡献,但他们并未作系统而周密的考虑。在西方,对律学的研究,往往只作为音乐声学、音乐史学或和声原理研究的一部分,没有真正形成独立的学科。而缪先生最重要的著作《律学》从 1947 年成书，1950 年出版，后 3 次修订出版（1965、1983、1996），历时半个世纪，记录了他呕心沥血为开拓现代乐律学学科所作的努力。该书从初版起一直保持的五方面基本内容（律学的研究范围和基本原理、律学的研究方法、律制的构成、律学的发展历史和律制的应用），为我们构建了现代乐律学学科完整体系的框架，从而把朱载堉创立的律学学科，开拓成为具有现代化和国际化的一门学科。同时，为把一般音乐学习者引进律学之门，该书独具教科书般系统全面和循序渐进的特色。

《律学》初版共 8 章，由浅入深地讲授律学基础知识和世界古今存在的种种律制，并教会初学者在掌握音律计算法后，能较易识别各种律制和理解各个学派的律学理论。缪先生在初版"自序"指出："我相信本书是关于律（学）的全盘学问最浅显的书。读过本书，以后在别处看到关于律（学）的理论，就不致再发生困难了。"

如果说初版《律学》是一本"律学入门"，随着缪先生自己研究的不断深入，他为使该书成为普及和提高相结合的律学专著而一再修订。三次修订版本虽在总体结构有所调整，但编写体例无大改变。内容不断充实和更新，篇幅也由初版的 80 页扩展到首次修订为 122 页（调整章节布局，新增"亚洲非洲若干民族乐制""今天律的应用问题"和附录"音律表"）、第二次增订为 283 页（"律史"扩充为"中国律学简史""欧洲律学简史""四分之三音体系史料"，附录加入"音分值和频率对照表""专名、人名索引"），直至第三次增订达 326 页（按第二次增订版结构作内容修订和补充）。修订各版广泛吸收国内和世界范围内律学研究的新成果，使人们看到他一直站在律学研究的前沿，在为该学科建设而不懈努力。

缪先生的《律学》对东方乐制的论述，涉及中国、阿拉伯、伊朗、日本、印度、印度尼西亚、泰国、缅甸、土耳其 9 个主要国家和地区的民族乐制研究，是其律学研究的独具特色的重要组成部分。这不仅是该领域独树一帜的贡献，更将为推动民族音乐学对东方音乐的研究，发挥持久的重要基础作用，奠定下坚实硕大的理论基石。

自从缪先生的《律学》问世，过去律学研究仅限于少数专家的情况根本改观。该书以其可读性和知识性，向广大读者有效地传授了律学基本知识，引导音乐界甚至科技界许多人士步入律学研究的殿堂，大批青年学者成长起来，并在 20 世纪 80 年代形成了我国律学研究的一次高潮。耐人寻味的是，一部《律学》著作造就出一批批律学研究的生力军，而他们研究的新成果又吸纳入《律学》的各次修订版。这不仅是缪先生治学数十载所始料未及的大收获，更是当今世界一大奇妙美景。

缪先生作为著名翻译家，译书涉及音乐的各个方面。他精通日、英两国文字，21 岁（1929 年）出版首部译本《钢琴基本弹奏法》。此后为编辑和教学工作需要，翻译或编译过大量文献，涉及作曲技术理论、键盘演奏艺术与技巧、音乐史学、音乐美学等广泛领域；翻译音乐理论书籍多达 11 种，尤以该丘斯原著 5 种作曲技术理论教材（见上文）影响颇深。此系列编译本未出版前就曾用作福建音专（1942—1945）和声学、曲式学等课程教材。

缪先生译作一贯主张从实际需要和易被我国读者理解出发，强调在忠实于原著者学术体系和内容的前提下，力求文笔流畅，表述清楚，通俗实用。这一特点，在缪先生编译该丘斯一系列作曲技术理论的各书中表现得特别显著。为了便于读者，他常在书中加入"译者注"或小标题，必要时加入整个补充部分，以至调整其部分而重写。例如，他编译《曲式学》（修订本）全书一仍其旧的各节内，另加小标题；并于书末加入附录"参考曲目"，列出书中引述的乐曲，以便读者遇到时查阅。又如，《和声学》书末加入附录"和声学的应用"，这是译者从原著者另一本和声学著作中引来加入的，对读者从和声学进入学习作曲时可起桥梁作用。再如《音乐的构成》（第二次修订版）编译本，全书突出原著者对各种音乐表现手段的理论体系的总述，并把最后一章根据原著者曲式理论体系，用乐谱详加表述。诸如此类，可见缪先生的这套作曲技术理论的编译本，具有"再创造"的性质。

缪先生异常审慎对待译文观点和文字表达的正确态度，还充分体现在他主编《音乐百科词典》的众多词目释文中。他对撰写外国音乐部分的释文，无论人名或物名，都坚持要求撰文必须对照多种不同文字的外国音乐词典，特别要仔细对照英文《新格罗夫音乐与音乐家辞典》和俄文《音乐百科词典》等。遇有相互矛盾处，更须经专门调查研究、分析论证，并亲自参阅多部外国语词典和史料审定，务求去芜存菁，一丝不苟。

缪先生事业各方面的成就辉煌，贡献卓著。他的人格魅力和治学风范更为人所敬仰。他大半个世纪的埋首耕耘，从事每项工作的最根本目标，总在于为了推进中国音乐事业的健康发展而育人。在教学岗位，他一贯鼓励学生放眼全社会，用社会思考来指导音乐思考，强调音乐的历史内涵和社会内涵，与民族兴衰和社会发展同呼吸共命运。他洁身自爱，与世无争，虽一心治学，却以朴素的良知救助过进步学生。他朴实无华，平易近人，从不颐指气使，居位自傲。他对工作一贯实事求是，严肃认真，在知识和科学面前人人平等。他要求别人做到的必先自己做好。为抓教学质量管理，他曾亲自审阅批改过全部专业教师的授课计划；为确保他主编的《音乐百科词典》的质量，他亲自审定修改几乎全部的文字，以求尽量减少或防止错漏。他淡泊名利，正直不阿，高风亮节。在《音乐百科词典》中，凡由他审改的文稿，甚至由他重写的文稿，总要按原作者署名。凡由他主编的词典，从不列主编人自己的人名词目。

缪天瑞先生值得世人学习的方面还有很多很多。我敬佩他的灼见真知，尊崇他的治学风范，更仰慕他的人格魅力。他曾这样说过："一个人本身及其著作（作品）能否留传后世，非由个人'人造'决定，得由历史和后人决定。人不仅要放眼看世界，也应放眼看'自己'。"

我衷心祝愿缪天瑞先生福寿无疆！

原载郭树群、周小静编《音乐学论文集》，上海音乐学院出版社 2005 年版，第 210—217 页

高燕生（1940—2013），天津音乐学院教授

学贯中西　一代宗师

——现代律学学科的开拓者缪天瑞先生

陈应时

缪天瑞先生是 20 世纪我国现代音乐史上著名的音乐学家。他于农历 1908 年三月生于浙江省瑞安县（今改市），1926 年毕业于上海艺术师范大学音乐科之后，在温州、上海等地的师范学校担任音乐教师。其后，1933 年至 1938 年任江西省推行音乐教育委员会编辑。1939 年至 1941 年任重庆音乐教育委员会编辑兼任国立音乐学院讲师。1942 年至 1945 年任国立福建音乐专科学校教授、教务主任等职。1949 年至 1958 年任中央音乐学院教务主任、副院长。1959 年至 1983 年任天津音乐学院院长。1983 年调入中国艺术研究院音乐研究所任顾问、研究员，音乐学硕士、博士研究生导师。他为国家培养了大批音乐人才，对我国的音乐教育事业作出了巨大的贡献。他从事音乐教育工作期间，还主编过《音乐教育》(1933—1938)、《乐风》(1940—1942)、《乐学》(1947)、《人民音乐》(1950)、《中国音乐词典》(正编、续编)(1984、1992)、《中国大百科全书·音乐 舞蹈》(1989，任编辑委员会副主任)等多种音乐期刊和辞书，又曾撰写过《中国音乐史话》(1933)、《小学音乐教材及教学法》(1947)、《律学》(1950)、《基本乐理》(1979)等多部音乐理论专著。除此之外，他还编译了美国音乐理论家该丘斯的一整套作曲技术理论著作，其中包括《音乐的构成》(1948)、《曲调作法》(1949)、《和声学》(1949)、《曲式学》(1949)、《对位法》(1950)；其他编译的尚有《钢琴基本弹奏法》(1929，俄国列文原著)、《作曲入门》(1930，日本井上武士原著)、《乐谱的读法》(1933，日本门马直卫原著)、《对位法概论》(1933，日本伊庭孝原著)、《歌曲作法》(1934，英国 E. 纽顿原著)、

《音乐美学要义》（1934，德国里曼原著）、《作曲法》（1935，日本黑泽隆朝原著）、《乐理初步》（1948，英国柏顿绍原著）等。

在缪天瑞先生的学术著作中，最为重要的一部当推《律学》。这部著作，成书于1947年，初版于1950年由上海万叶书店出版；其后又有三个修订版，即1965年由音乐出版社出版的"修订版"，1983年由人民音乐出版社出版的"增订版"，1996年由人民音乐出版社出版的"第三次修订版"，此书从成书到"第三次修订版"出版，前后正好经历了半个世纪。它记录了缪天瑞先生呕心沥血为开拓现代律学学科所作的努力，也是学贯中西的缪天瑞先生成为我国当代律学一代宗师的最好见证。

对于"律"的研究，在我国有着悠久的历史，但在古代常将"律"和天文历法合在一起研究，故就有了"律历"之称；后又将"律"和基本乐理合在一起研究，故又有了"乐律"之称。直至明代，律学家朱载堉在他的《乐律全书》中有《律学新说》和《乐学新说》二书，始将"律"和"乐"分离，各自成了相对独立的两门学科，称之为"律学"和"乐学"。

在西方，也有和我国"律"一样的内容（各种律制）存在。但他们对于"律"的研究，或作为音乐声学的一个部分，或作为和声学原理的一个部分，或作为音乐史的一个部分，始终没有形成相对独立的学科，因此，在西方的语言文字中，至今还没有一个能和中文"律学"一词相对应的名称。

缪先生的《律学》虽然沿用了明代律学家朱载堉的"律学"，但朱载堉的律学是集在他之前中国古代律学研究成果之大成，而缪先生的《律学》则是放眼世界、集古今中外律学研究成果之大成，从而将朱载堉创立的律学学科，开拓成具有现代化和国际化的一门学科。

说起对于我国现代律学学科的开拓，我们当然不会忘记刘复、王光祈和杨荫浏等另几位先行者。但他们对于现代律学学科建设的贡献，主要在于引进国外现代化的律学研究方法，应用于律学研究或梳理中国古代的律制，或作东西方乐制的比较，因此他们对于如何建设现代律这门学科并没有作系统而又周密的考虑。而《律学》一书，从初版起一直保持了以下五个方面的基本内容：（1）律学的研究范围和基本原理；（2）律学的研究方法；（3）律制的构成；（4）律学的发展历史；（5）律制的应用。从而为我们构建了现代律学学科既系统而又全面的框架。因此，它是一部现代律学学科建设的重要著作。

我们知道，任何一门学科的建立，足够优秀的研究成果的积累是必不可少的。但是，如果一门学科没有一部或数部归纳总结前人研究成果用于培养接班人的教科书，那么，学科即使已经建立起来，它最终也会因无人问津而变成一门"绝学"，从而自然消亡。有鉴于此，缪天瑞先生把写《律学》一书的着重点放在了如何将一般音乐学习者引入律学之门。他在初版《律学》的"自序"中这样说："'律'就是构成音阶的每个音；它与音阶同是音乐构成的基础。律在音乐中这么重要，可是在今日的音乐理论中，它却是十分生疏，且最多被人误解的一门——在我国和外国，都是一样。这原因大约在于：直至现在为止，关于律的这门学问，还没有一部为一般音乐学习者而写的有系统的入门书。就是为此，我立意写这样的一本书。"

基于以上的写作目的，这就决定了《律学》一书和其他律学专题研究的论著在内容上有所不同，它必须具有其应有的全面性和系统性。

初版《律学》共八章：第一章"导论"，讲授律学的基本知识（律学的研究范围及在整个音乐学中的地位、音的性质、律的计算法、国际标准高度）。第二章"五度相生律"。第三章"纯律"。第四章"平均律"（即十二平均律），分别说明这世界通行的三种律制的生律法。第五章"音程值计算法"，专门介绍由法国数学家瓦拉创用的常用对数值、德国音乐学家里曼创用的一数八度值、英国比较音乐学家埃利斯创用的十二数八度值（即音分值）和日本音乐学家田边尚雄创用亦为我国音乐学家王光祈所采用的六数八度值等各种音程值不同的计算方法。第六章"三种律制的比较与应用"，将第二、三、四章论述的三种律制所构成的音阶各音在音高方面的差异作了比较，并解释了这三种律制的具体应用。第七章"律史"，按古代、中古和近世三个历史时期，整理出了在欧洲和中国历史上先后出现的各种律制。第八章"结论"，对我国的用律问题提出了作者的见解，这种由浅入深教科书式的编写体例，对律学的初学者全面了解律学这门学科有着极大的好处。读者不仅可以通过此书懂得诸多律学基本知识和知道世界上古今存在的种种律制，而且在掌握了各种音律计算法之后，就能较容易地去识别各种律制和理解各个学派的律学理论，因此对于这部初版《律学》，缪先生在"自序"中有这样的自我评介："我相信本书是关于律的全般学问最浅显的书。读过本书，以后在别处看到关于律的理论，就不致再发生困难了。"

初版《律学》在1950年1月15日出版发行之后，当即受到了读者的欢迎，由于此书供不应求，万叶书店不得不一再重版，就在我手头所存的1953年3月20日版《律学》版权页上得知，在这短短的三年多时间内，此版已是此书的第四次印刷了。

如果说作为一本律学入门书，则初版《律学》已完全能胜任这一任务。但缪先生并不满足于此。随着自己研究的不断深入，他抱着精益求精的态度，锲而不舍地对此书一再修订，使之成为普及和提高相结合的一部律学专著。

缪天瑞先生修订《律学》，至今已作了三次。

第一次即1965年由音乐出版社出版的"修订版"，"修订版"保持"初版"全书八章的结构不变，但对全书的总体结构有所调整，将其第一章"导论"中的"律的计算法"抽出和第五章"音程值计算法"合并为"音律计算法"作第二章，又将"平均律"和"三种律制的比较与应用"两章合并成第五章"十二平均律"，在"律史"一章后增"亚洲非洲若干民族乐制"一章，原书的"结论"扩充成"今天律的应用问题"一章，其后又增加附录"音律表"。全书的篇幅由原来的80页增至122页。

第二次即1983年由人民音乐出版社出版的"增订版"。"增订版"将"修订版"之"律史"一章扩充成"中国律学简史""欧洲律学简史""四分之三音体系史料"三章，"今天律的应用问题"一章更名"今天各种律制的应用问题"，附录又增"音分值和频率对照表"和"专名、人名索引"。全书十章的篇幅由原来的122页增至283页。

第三次即1996年由人民音乐出版社出版的"第三次修订版"。"第三次修订版"仍保持"增订版"十章的结构，除将第八章"四分之三音体系史料"更名为"阿拉伯－伊朗律学简史"、第九章"亚非地区几种民族乐制"因原有的非洲若干乐制不够系统而删去后更名为"亚洲地区几种民族乐制"和第十章"今天各种律制的应用问题"更名为"律制的应用"外，主要在各章内容上作修订补充。全书的篇幅由原来的 283 页增至 326 页。

从以上所列《律学》一书的修订情况来看，此书所采用由浅入深的编写体例，自始至终保持不变；全书的框架结构，仅作内部调整或有所扩充，亦无大的改变，但全书的篇幅由初版的 80 页增至修订版的 122 页、增订版的 283 页，到第三次修订版的 326 页，已是原来初版的四倍多。尤其是律学史部分，增补的材料最多，可能由于当时资料条件的限制，初版《律学》仅设"律史"一章，分古代、中古和近世三个历史时期，主要只讲欧洲和中国的律学发展历史。但自增订版起，则将欧洲和中国分开，各列律学简史，又增属于四分之三音体系的阿拉伯、波斯律学简史。这样按不同的地区和体系记录律学的发展历史，在律学的发展脉络上就体现得更加清楚。增订版《律学》，还根据中国律学发展的特点，首次将中国律学史分为三个历史时期：（一）三分损益律发现时期（约在前 8 世纪至前 3 世纪的春秋战国时期）；（二）探求新律时期（约自前 3 世纪至 10 世纪的汉朝至五代）；（三）十二平均律发现时期（即 16 世纪明代律学家朱载堉发明"新法密率"）。第三次修订版又增第四个历史时期，即自 1911 年至今的"律学研究的新时期"，首开了记录整理自公元前 8 世纪至今我国律学史的先河，是迄今我国律学发展史年限跨度最大的一次梳理。

《律学》的各次修订，均注意到要把律学的入门者步步引向深入，因此书中除了介绍律学基本知识、论述不同律制的生律方法和律学发展历史之外，还特别强调律制的应用，并提出了一些今天各种律制的应用问题。如十二平均律的应用，小提琴演奏、声乐和管弦乐的音律问题，我国民族音乐的律制问题等，又在历次版本的《律学》中，不时地向读者提出还需要继续研究的律学课题。如七弦琴的音律，民间多声部音乐中纯律音程的可能性，中立音的协和性，戏曲音乐和民族器乐中多样的装饰滑音的音律上的规律性，对我国民族民间音乐进行广泛音律计算和律制核定，等等。

《律学》广泛吸收当今世界范围内的律学研究成果，从而在内容上不断更新和扩充，从中我们可以看到站在律学研究前沿的缪天瑞先生为律学学科建设所做的努力，也从一个侧面反映了自 20 世纪 50 年代至 90 年代律学研究的蓬勃发展。

就我国情况而言，过去的律学研究，似乎与一般人无关，历来只是数得清的少数几个律学专家的事。但自从《律学》问世之后，情况就有了根本上的改观。《律学》以由浅入深和生动的文笔，向读者传授了律学的基本知识，破除了长期笼罩在人们头脑中律学高不可攀的神秘思想，它不仅吸引了音乐界的人士，而且也吸引了科技界的人士进入律学研究领域，从而至 80 年代形成了一个律学研究的高潮（如果不发生"文化大革命"，则这个律学研究高潮很可能会提前在 20 世纪 60 年代或 70 年代出现）。在 20 世纪 80 年代，曾经召开了两次全国性的律学学术研讨会，又成立了中国律学学会（缪天瑞先生担任名誉会长），一大批年轻的律学研究者崭露头角，发表了大量的律学研究成果，渐渐成了我国律学研究的中坚力量。在这些年轻的律学研究者中，有的是直接授业于缪天瑞先生门下的弟子，但只占少数，而绝大多数是通过学习缪天瑞先生的各版《律学》而进入律学殿堂的。富有意味的是，不同版本的《律学》在不同时期内造就了一批又一批的律学研究新生力量，而这些律学研究新生力量的研究成果，又被吸收到《律学》的修订版中，或被记录在第三次修订版《律学》(中国律学简史)一章的"第四时期——律学研究的新时期"一节之中。这也是《律学》耕耘数十年的一大收获。

一部律学著作开拓了一门现代化的律学学科，造就了一大批律学研究人才，这是当今世界的奇迹，相信今天所有受益于各版《律学》的律学研究者，都会由衷地感谢我们的老师——尊敬的缪天瑞先生。

祝愿他健康长寿。

原载《天津音乐学院学报》1998年第3期
陈应时（1933—2020），上海音乐学院教授

缪天瑞《律学》重印版序

杨荫浏

律学对于音乐的重要性，是远比一般音乐学习者所想象的为高。它本身受了环境的要求而产生，产生之后，又转而刺激音乐学习者们与物理学习者们，推动他们去追求更完备的定律法。在一乐器与另一乐器对于定律方面的相矛盾，以及旧有乐律与新起乐律相矛盾的情形下，律学会在各个时代中不断地在寻求解决的道路。所以，对于乐器的改良、配合与新创，律学可以说是背后主要动力之一；过去是如此，现在及以后，在音乐文化得到更大的发展时，律学将更加见得它的重要性。

但律学怎样写才好？那是一个难题。要写得浅显，便不容易精确；要写得精确，便会变成枯燥无味。本书著者深入浅出，用生动的文笔写成本书，头头是道，一丝不乱地由开卷写至卷末，由前面准备后面，由常识引到对专门问题的了解。这种设身处地、体谅学习者的态度，这种把握材料、适宜处理的手法，是我们所可以欣喜的。

中国古代论律的书，为数很多，历代在这方面有很多的研究与发明，但其中也有些理论会叫我们走错道路。记得我过去曾在盲目的努力中，虚费过很多时间，甚至会为了解久与音律牵涉在一起的阴阳五行问题，而学习了好些算命和奇门等无聊的江湖玩意儿。我在学习那些玩意儿中所得的结论，不过如此而已：阴阳五行与各律绝无关系，古人爱讲阴阳五行的，往往倒是对于音律不能彻底了解的。这是迷信部分。还有些封建学者们，爱用象征的说法，如"宫为君，商为臣"之类，以强调封建统治者的"高贵尊严"，从而达到他们蒙蔽人民、巩固统治地位的目的；现在我们可肯定地说：这也与音律绝不相干，它们是音乐政客们依着封建帝王的愿望，用来欺骗人民的。这是封建性方面。读了本书，我们对律学便有相当的基础，能够认识到我国历代对律学有怎样的贡献，同时能够区别出迷信部分与封建性，从而加以剔除。

本书主要是说明五度相生律、纯律与平均律三种律制各自的产生法，和它们相互间的异同之点。对这三种律制的了解，可以说是对于任何其他律制的了解的重要基础。本书的目标，不是在处理比较律学的问题，故三种律制以外，不论及其他律制；这非但是合理，而且是当然的。

在1949年初版序中我所曾提出的少数问题，已得作者采纳，据以改入本版中间；本序的缩短，正说明了作者虚心接受意见，勇于修改的优点。

1953年2月11日修改于京津车上

原为缪天瑞《律学》重印版所作的序，上海万叶书店1953年重印版（初版为1950年）

杨荫浏（1899—1984），曾任中国音乐研究所所长、研究员，中国艺术研究院顾问

律学的目的性与倾向性

杨荫浏

研究律学，有其目的性。就今天来说，它应该为社会主义的音乐建设服务。能否达到此目的，是同作者的认识不能分开的。

在1949年之前，即本书初版的时候，作者和我一样，都还只能从纯数理科学的角度去看音律问题。同一本律学，在作者有了新的认识而对它进行了不少修改之后的新的版本，却与前很不相同了。一开头，他就从三类音乐理论谈起，通过对音乐理论较全面的鸟瞰，来明确律学在音乐理论中的地位。之后，他提出了一个极为重要的论点，就是：律的"自然法则，是在社会意识的制约下，服从于音乐实践的"。

正因为从实践的观点出发，他就有力地向读者提出了"实验"的要求。从实践的观点出发，他就不会是孤立地为律学而律学，而是为了服务于音乐的实践而研究律学；是联系了生活发展、社会意识看律学的；是联系了音乐结构、审美观点、演出要求等看律学的；是在音乐历史的向前发展的要求中间去估价某种乐律的价值的。

在修订版中，作者在纯律的理想与平均律的实用之间，在数学的精确性与变通性之间，摆脱了旧时学者常取的那种对立的、绝对的、片面的看法，而辩证地提出了科学的看法。我觉得，这种看法，会有利于目前对资本主义颓废没落的音乐的斗争。

从历史上看来，乐律在表面上虽然好像是一个纯科学的问题，但它却不可避免地关系到音乐的实践，而音乐的实践则反映着思想的斗争，因之，从实际上它从来就曲曲折折地反映着它和思想斗争的关系的。

我国的音律史，在封建时代，长时期处在萌芽的音律科学与封建迷信思想对立的阶段。那时候，政治上的愚民政策反映到律学方面，是和阴阳五行，君、臣、民、事、物等东西牵缠在一起的社会等级观念和乐律神秘主义。这种理论，到了资本主义时代，在新的科学面前，就站不住脚了。它在现代，基本上已不能起什么作用。

从国际的情形来看，资本主义时代的律学，是提高了一步。它有了科学性，的确能有更多的说服力。但它仍然有它的局限性、片面性。这种局限性、片面性，在一定程度上，也曾经模糊了现实生活中音乐发展的道路。这主要表现在对纯律的片面强调，因而对平均律或乐律主流的问题，起了模糊的作用，把一部分乐律研究的力量引向不利于现实发展的烦琐主义。

今天，乐律理论的发展可能又到了另一个阶段。国际间已渐渐有人根据了对实际演奏的测音，而提出对乐律理论的存在是否有价值的问题。测音本来是科学的，但根据测音的结果而引申出来的论点，则不一定完全是科学的。当前西方流行的否定乐音明确性的抽象派音乐、电子音乐、具体音乐以及否定调性的十二音体系音乐之流，是一种反动倾向，而提倡这类音乐者则正想从根本上推翻一切乐律体系。绝对否定乐律体系的论点，是不是足以助长这些反动倾向的发展呢？是不是正适于为那些由否定音阶调性而至于否定乐音明确性的颓废音乐服务呢？若如此，则思想斗争在律学问题上的反映，已是又一次鲜明地显露出来了。我对国际音响学近年来的倾向，因为研究得不够，所以没有多大的发言权。但唤起注意，以便进一步研究批判，看来极有其必要性。

从这本新的律学，可以学得很多东西，其中我认为重要的，是律学的目的性和倾向性；而这是由于作者在认识上得到了提高所致。这一点，对我说来，也是一种极为重要的启发。

本文原为缪天瑞《律学》修订版所作的序，写于1963年3月6日，音乐出版社1965年版；收录于《杨荫浏音乐论文选集》，上海文艺出版社1986年版，第351—353页

杨荫浏（1899—1984），曾任中国音乐研究所所长、研究员，中国艺术研究院顾问

律学研究无止境
——读增订版《律学》的体会

陈应时

《律学》增订版（缪天瑞著）已由人民音乐出版社出版。此书初版刊行于1950年，修订版刊行于1965年。我是由初版《律学》引入律学之门的，也是它的忠实读者。下面是读了增订版《律学》之后的心得体会。

一、入律学之门并不难

初版《律学》是在20世纪50年代初我从书店中和《乐理初步》（缪天瑞编译）一起买到的，那时刚初中毕业，只是一名唱简谱歌曲的业余音乐爱好者，买《律学》书，是出于一种好奇心；在基本的五线谱乐理知识还不具备的情况下，要读懂此书自然有困难，因此翻了几页就看不下去了，而且还产生了一种"律学"高不可攀、望而生畏的心理。但当我读完了《乐理初步》一书之后再去读《律学》时，就觉得似乎入律学之门并不难了，反而产生了对律学的浓厚兴趣。

初版《律学》，从律学的基本知识（研究范围、音的性质、律的计算法、国际标准高度等）讲起，再分别说明三种通用律制（五度相生律、纯律、十二平均律）的生律法，而后对三种律制进行比较，又在"律史"一章中介绍了古今中外的各种律制。这种由浅入深的编写体例，对于初学者有极大的好处。因此一直认为，《律学》是我国唯一的一本律学教科书；我们这一代的律学爱好者所具有的律学知识，多半是从《律学》一书中获得的。

增订版《律学》，基本上保持了初版和修订版中由浅入深的编写体例，但在内容上大大地充实了：单从篇幅来看，增订版约为初版的三倍多，由于增订版充实了许多律学实例，因此就比初版和修订版更容易读懂。

初学律学最头痛的便是一些律学名词概念，往往读过就忘，每当读下去它们再次出现时，不用说能明白它们的意义，有时连它们在书中何处出现都找不到。现在增订版《律学》书后增加了"附录三"——本书专名、人名索引，标明每一个专名、人名在本书中出现的页码，这对于初学者有极大的好处。当读者在阅读过程中遇到已经读过但又忘记了的律学名词概念时，就可以很快地从索引中找到此名词在本书中的出处；可以在反复查看的过程中，渐渐熟悉生疏的名词；难记的名词，也就不会成为我们学习的障碍。

有人认为没有高深的教学程度是不能学律学的，据个人学习体会并非如此，只要具备初中程度教学基础的人就能读懂《律学》。在律学计算中，较多的是连小学生也能做的分数加减乘除，而且现在电子计算器相当普及，许多烦琐的律学计算程序，都可以由一般小型的电子计算器来承担，要求得律学计算数字，是轻而易举的事。因此，认为没有高深数学水平不能学律学的顾虑是多余的。

二、学习律学要和律学实验相结合

自修订版《律学》起，著者一直强调学习律学要和实验相结合。增订版《律学》又更具体地为一般目前不可能使用现代测音器的读者着想，以自制弦测音器或用乐器做律学实验。

回忆最初读初版《律学》的时候，当时由于只注重读书，不知道应该结合做律学实验，因此就读读停停，停停读读，望着一大堆律学数字，都不知道哪个高哪个低，即使从字面上知道孰高孰低，也不知道它们在音律上究竟相差多少。后来沈知白先生见我对律学有点兴趣，给我出题目要我研究七弦琴音律，此时才开始把学习律学和做律学实验相结合起来。我那时和一般读者一样，没有条件去使用现代测音器，唯一的实验器便是七弦琴。我从《律学》一书中得知古琴十三徽各徽的弦长比，又按书中的生律法，在古琴上调出五度相生律和纯律音阶；此时，《律学》书中的一大堆律学数字都能通过实验，不仅变成一个个可以听得见的乐音，而且在同一根弦上，还能看得见各音振动发音部分在长度上的差别。例如七弦琴减字谱中的十一徽，就是《律学》书上说的频率比 5/4，十徽八分接近于《律学》书上说的频率比 81/64；它们之间在音高上的差别，就相当于《律学》书上说的"普通音差"。通过实验，渐渐发现我国七弦琴曲谱以明末清初为界，分别采用纯律和三分损益律（即五度四度相生律）；又据我国古代文献记载，对初版《律学》中著者提出的"我以为中国应当有纯律理论的发生"这一推断进行了论证。[1] 此时，我不仅对律学产生了浓厚的兴趣，而且还把它列为自己要终生研究的课题。

---

[1] 参见陈应时《论证中国古代的纯律理论》，《中央音乐学院学报》1983 年第 1 期。

用增订版《律学》所介绍的自制弦测音器或利用现成的弦乐器作律学实验，这是两千年前我国汉代律学家京房（前77—前37）所使用过的"京房准"式的律学实验方法，以后又一直被历代的律学研究者采用。根据我国目前的实际情况，采用这种方法来引导律学爱好者入律学之门，还是比较切合实际的好方法。当然如果有关部门能生产一种价廉物美的小型测音器，对于律学爱好者进行律学实验，将提供更大的方便。

使用现代化测音器械来作律学实验，有时也会出现一些新的问题。例如对秦腔苦音音律的测定，增订版《律学》据姜夔同志所测的数据，将其列入五声体系和四分之三音（中立者）体系的结合范围，但1983年第3期《中央音乐学院学报》发表的李武华同志《关于陕西民间燕乐音阶的音高测定及其它》一文，根据他所测定的数据，认为秦腔苦音的音阶属于纯律。这种测音数据的差别，可能是由于以下原因所造成：（1）所用测音器不精密；（2）各自所用的测音器型号或性能有所不同；（3）测音技术不完善；（4）被测人所提供的音响不一致。所以，对于律学的初学者来说，不妨仍然使用"京房准"式弦律器实验方法，也许更可以收效些。

三、律学研究无止境

《律学》一书从初版到增订版刊行，前后相隔三十多年，一共改了三次，对照这三版《律学》来读，就会觉得在内容上后一版都比前一版要充实，在论述上后一版都比前一版详细。但令人惊异的是：尽管后一版比前一版更为完善，而书中提出在律学上需要继续研究的问题时，却是后一版比前一版更多！因此就不能不使人发出"律学研究无止境"的感慨来。

初版《律学》，在律制问题上提出以纯律为标准律，并从纯律的角度来看待阿拉伯和印度等民族律制。修订版《律学》改变了初版中的上述论点，提出了以十二平均律为标准律，同时与别种律制相适应的观点。又认为阿拉伯等民族的乐制属于另一种乐制体系——四分之三音体系，并增加了"亚洲非洲若干民族乐制"一章。增订版《律学》保存了前二版《律学》中之精华，最引人注目的是著者又提出"注意律制和调式的密切关系"这一新的观点。我们从书中新加进的许多调式实例来看，确如著者所说，"律制不可能脱离调式而孤立地存在"。

以往的律学研究，一般只注意音阶构造或乐器上的品位、柱位，没有和音乐的调式联系起来。增订版《律学》提出了在研究中"注意律制和调式的密切关系"，这就使律学研究和具体的音乐作品更紧密地相联系起来，而不使律学仅仅成为纸面上的东西，这往往是律学研究者或爱好者容易忽视的一个方面。增订版《律学》联系调式来研究律制，就标志着著者对律学研究进入了一个新的阶段。

修订版《律学》曾提出了初版《律学》中未涉及的我国民族音乐用律问题，其中最使人受到启发的是这样一段话："不能认为，解决了我国民族音乐目前用律问题，就意味着律学对我国民族音乐已完成其任务。律学还负着其他重要的任务。应该对现存的古典音乐（如七弦琴音乐）与大量的民间音乐，进行律的研究。例如，七弦琴上纯律的实践情况如何？具有多声部丰富经验的侗族音乐等的纯律音程可能性如何？中立音的协和性如何？……存在于戏曲音乐与民族器中的多种多样的'装饰滑音'（作为装饰用的滑音）的规律性如何？等等。这些都是今后律学的课题，需要我们做深入的研究。"在增订版《律学》中，著者已对上述修订版仅提出而未作专门研究的某些问题有所解答。如对我国古代是否存在纯律的实践和理论的问题作了肯定的回答："古代中国既有纯律的实践，又有纯律的理论。""在器乐曲七弦琴谱上，纯律音程的应用，很早就已存在。"并列举《碣石调·幽兰》谱和姜白石的七弦琴调弦法来加以证实。对于中立音的问题，书中又专门新设了"中国等地的中立音程"一节，根据已有的测音数据来加以论述。但著者在增订版结束部分还是这样说："民族音乐的音律方面的研究，是民族音乐研究中重要的一环。目前这方面的研究工作，还没有得到应有的开展。利用现代先进的测音技术，参考外国的测算方法，对我国各民族人民的民族民间音乐和戏曲音乐等进行广泛的音律测算和律制核定，例如，对七弦琴等古代乐器演奏上律制的测定和研究，对戏曲音乐的调式结构的测定，又如对各方面的演奏演唱者的演出进行音律分析，得出我国民族音乐中装饰音、装饰滑音和吟音等的规律，等等，都是今天律学研究的重要任务。完成好这项任务，对进一步推动我国民族音乐向前发展，将起一定的作用。"

如果说初版《律学》把读者引入了律学之门，那么修订版、增订版《律学》又继而把入门者引到了无止境的律学研究中去。使我们觉得在当今的律学研究中，不仅在于重复前人的一些论述，而且还有许许多多新的课题要去开拓。

有不少音乐论著，虽然许多作者以谦虚的口吻，在文末或书末都要加上几句"限于水平，祈求读者批评指正"之类的客气话，但像修订版、增订版《律学》那样，著者能真正指出自己未加深入研究而又认为有其重要意义的问题，是不多见的。我们后来者不仅希望从前辈学者有关论著中学到某一学科或专题的有关知识，而且更感兴趣于知道前辈学者在学术研究中尚遗留下来的问题，以便继续在这些问题上去下功夫。因此，修订版、增订版《律学》不仅授以读者律学知识，而且还向读者提出新的目标，让大家继续去进行探索。如果我们真正能按照《律学》著者所提出的问题去继续研究，那么，一定能获得新的研究成果，从而对律学研究作出新的贡献。

四、为振兴中华而研究律学

增订版《律学》的另一重大修改，就是改正了前二版以欧洲历史为中心来写各国历史的"欧洲中心论"的历史观点，现把原来的"律史"一章，分成"中国律学简史""欧洲律学简史"和"四分之三音体系史料"三章。这样，我们在"中国律学简史"一章中，就可以更清楚地看到我国自古以来律学发展的脉络。当我们读到早在 2500 多年前的先秦时期，已经有了《管子·地员篇》的"三分损益律"记载，河南信阳春秋编钟，湖北战国编钟的乐律铭文和实物，都证明了当时在世界上出众的律学水平；至迟在公元 6 世纪的梁朝，我国七弦琴上已经应用了纯律音程；我国不仅在公元前 6 世纪的周代已经把一个八度分为十二律，并在世界上最先给十二律定了名，而且到明代的朱载堉，在公元 16 世纪已完成了十二平均律的计算。此外，在我国的律学史上，还涌现了京房、荀勖、钱乐之、何承天、王朴、蔡元定等一批卓越的律学家，他们的律学成就，是我们中华民族光辉的古代文化的组成部分，也足以能够激发起我们的民族自尊心。我们的律学史，与我国的民族经济史密切相关，我们只能痛惜我国的封建社会延续得太长了！民族经济得不到发展，我们曾经一度在世界上处于遥遥领先地位的律学，就只能停留在原有的水平上！

著者在书中指出："目前这方面的研究工作，还没有得到应有的开展。"现在，各行各业都在为振兴中华而迅速改变面貌，在我国的律学这个领域中，相信也一定会有更多的志士仁人共同努力，会把我国社会主义时期的律学水平，提高到应有的高度。

原载《中国音乐》1984 年第 1 期
陈应时（1933—2020），上海音乐学院教授

学术人生不老 《律学》之树常青

——读缪天瑞先生《律学》著作有感

韩宝强

　　1950年，上海万叶书店出版了一本名为《律学》的著作，该书篇幅虽仅有80页，却是我国现代史上第一部真正意义的律学专著。其作者便是我国音乐学家和音乐教育家、今年已96岁高龄的缪天瑞先生。

　　律学，作为音乐理论的一个组成部分，简单地讲，就是研究乐音高度的学问。但要把这个看似简单的问题了解清楚却也并不容易。第一，这是一个跨学科领域，既与音乐理论中的音阶、调式、和声等问题紧密联系，又涉及乐音的物理性质和计算方法，对生活在"偏科"严重的中国教育环境中的人来说，声学和音乐毕竟分属文、理两科，要想同时兼通音乐与数理并非一桩易事。第二，中国律学研究源远流长，对律学研究之重视世界独一无二。若从春秋时期的乐官州鸠谈论有关乐律问题算起，中国有文字记载的律学研究至少已有2000多年的历史，涉及律学的文献汗牛充栋，单就《二十四史》来说，其中就有十六部单辟章节记述乐律问题，其他讨论律学的著作亦多不胜数。由此而言，如何在律学理论的"浩海"中觅得真经，对任何人来说都非轻而易举之事。正由于具有这种"横跨文理""文献浩瀚"的特点，律学在理论界又有"绝学"之称。

　　缪天瑞先生《律学》的问世，扫去了人们对这门学科的隔膜与畏惧。正如20世纪著名漫画家、音乐普及先行者丰子恺先生在为《律学》所作的序中所言："今观缪天瑞之稿，条理井然，文字畅明，使音乐学者，人人可读，此诚今日音乐界之福音也。"丰先生的话既是对

《律学》的评价，也道出了缪先生的初衷，即要写一本为"一般音乐学习者而写的有系统的入门书"[①]。

正是在这一理念的支撑下，著者以清晰、简明的语言，将律学从古代天象、历法、度、量、衡、阴阳五行乃至社会政治等诸多事物中剥离开来，与学科的母体——音乐紧密结合起来。众多读者由此意识到：律学并非常人无法企及的"玄学"，更不具诠释天地宇宙之道的功能，其研究的全部问题和解决方法皆来自活生生的音乐实践。

1965年，缪天瑞先生又出版了《律学》修订版，其主要变化是改变了初版《律学》中对纯律作用的看法。如作者在"后记"所言："旧版提出以纯律为标准。这种观点是不切实际的。纯律只是一种理想，过去是否严格实行过，是个疑问。"[②]修订版的另一特色，则是充实了有关律的应用方面的内容，尤其对中国民族音乐实践中存在的乐律问题以及解决方法的建议，对当时民族音乐理论界颇具启发。著者在书中提出的"十二平均律是能够适应我国民族音乐风格"的论断，已经被今天的音乐实践证实。

时隔18年之后，缪先生《律学》增订版（即第二次修订版）于1983年问世，该版的突出特点是从民族音乐学角度，重视世界各国的律制、乐制的特点和历史发展过程，专设"中国律学简史""欧洲律学简史""四分之三音体系史料"和"亚非地区几种民族乐制"等章节，为律学和民族音乐学研究工作者提供了丰富的乐律学资料以及观点、方法上的启发。该书让人不胜感慨的另外一个因素，是作者对律学孜孜以求的执着精神。众所周知，在1966—1976年，中华大地曾经发生过一场不堪回首的文化浩劫——"文化大革命"，此时的中国学术界就像时钟突然停摆一样陷入死寂。而对于时任天津音乐学院院长的缪先生来说，头顶"反动学术权威"的帽子，批判、劳改之事自然无法逃脱。但就是在那样的恶劣环境中，缪先生依然没有停止对律学问题的思考和写作。由此，笔者不禁联想起中国历史上另一位著名乐律学家、十二平均律计算方法的首创者——明世子朱载堉。嘉靖二十九年（1550），在父亲朱厚烷被其伯父诬告而削爵、禁锢于安徽凤阳之后，朱载堉"筑土室宫门外，席藁独处者十九年"。在此期间，朱载堉依然发奋攻读，写下了大量乐律著作。两相对照，古今学者品格如出一辙。

20世纪80年代以后，缪先生主要致力于音乐辞典的编撰工作，先后任《中国大百科全书·音乐 舞蹈》《中国音乐词典》《音乐百科词典》等辞书的主编，但律学研究工作并没有停顿。1996年，《律学》第三次修订版再次问世，该书全面反映了这位律学老人的不倦思索。特别值得注意的是，书中加入了"第四时期——律学研究的新时期"一节，历述1911年以来音乐家和学者致力于律学研究的成果和律学研究机构、教学等发展的形势，不仅使人们对律学这门古老学科的生命力有了新的认识，同时也能体会到当时已年逾古稀的音乐老前辈对学科发展反应之敏锐。

记得在1984年召开的我国首届律学学术讨论会上（地点在北京京丰宾馆），许多与会者由

[①] 缪天瑞：《律学》自序，上海万叶书店1950年版。
[②] 缪天瑞：《律学》（修订版）后记，音乐出版社1965年版。

衷感言：正是缪天瑞先生的《律学》，把我们领进了律学研究的大门。纵观20世纪以来的律学发展，《律学》一书在中国近代律学研究和发展中实际上起到了奠基石的作用。当今的律学研究，在研究者状况、研究题目和研究条件方面都发生了很大变化，主要体现在研究者的人数显著增多，学术联系更加密切，成立了专门的律学学会（缪先生为荣誉会长），培养出了专门的律学研究人才。自1986年以来，中国律学学会已经召开了三次学术年会，今年将在杭州召开第四次学术年会，其中议题之一就包括"音乐院校中的律学教学""现代电子乐器与乐律学研究"等与当代音乐教育和实践紧密相关的问题，而这些成就的取得，无不与缪天瑞先生的《律学》有关。

如果把1950年初版的80页的《律学》视为一株纤纤幼苗，经过先生数十年心血的辛勤培育，1996年出版的《律学》俨然已经长成一棵枝繁叶茂的参天大树，更令人不可思议的是，54年前栽下这棵树苗的缪天瑞先生，虽已96岁高龄，却依然在音乐理论的园地中辛勤耕作着。几天前当笔者登门拜访时，发现老人正在对德国音乐理论家里曼的《音乐美学要义》译稿做最后的润色工作，而当天正值2004年春节除夕之时。真可谓，人生有年，学术无涯！

谨以此文祈盼缪先生学术人生不老，《律学》之树常青。

原载《人民音乐》2004年第5期

韩宝强：生于1956年，中国音乐学院音乐科技系原主任、教授，曾任中国艺术研究院音乐研究所研究员、副所长

对《律学》(第三次修订版)的一点意见
——谈谈开管、闭管及管口校正

陈正生

1996年1月,人民音乐出版社出版了缪天瑞先生《律学》的第三次修订版。缪天瑞先生80多岁高龄,如此执着,实乃是我等后辈的楷模。笔者1955年加入南京乐社。1956年即受到甘涛老师"律学"和"音乐声学"的启蒙教育,教科书便是1950年上海万叶书店出版的缪天瑞先生的著作《律学》。细观缪天瑞先生每一次所修订的《律学》,都有较大的改动,改动的目的乃是努力使律学的理论研究切合律学的应用实际。将缪先生第三次修订版的《律学》同以往几版比较,虽然更为完善,但是笔者认为,仍有欠妥当之处。现就《律学》中有关音乐声学的问题,谈一点本人不同的意见。

一、开管与闭管

缪先生说:"管子有'开管'和'闭管'两种。在开管,两端是敞开的。在闭管,一端是开口,另一端是封闭的。大多数的管乐器,如竹笛、双簧管、大管等的管子,都属于开管。中国的律管、排箫等的管子,都属于闭管;木琴的共鸣筒的管子,也是闭管。"

关于管乐器的声学属性,历来都认为只有开管和闭管两种。究竟是否仅有开管和闭管两种,这是一个尚值得讨论的问题,暂留待下文讨论。现在先讨论关于开管和闭管的问题。

从管乐器的声学性质上区分,有开管和闭管之别,但是从管乐器的形态上区分,却是比较困难的。首先,"两端是敞开的"(即管子的两端与外界大气相接)是开管,但"一端是开口,另一端是封闭的"管乐器却不一定是闭管。就缪先生所列举的管乐器来说,竹笛由于两端与外界大气相接,属于开管,律管、排箫的管子由于下端的掩没或堵塞,属于闭管;但是双簧管与大管的下端虽然开启,那含于口中的哨子究竟算不算与外界大气相接呢?若说双簧管与大管含于口中,不算完全封闭,因此它是开管,那么单簧管的吹奏情形与双簧管完全相同,为什么又是闭管而不是开管了呢?对于这一问题,缪先生没说清楚。《律学》对开管乐器和闭管乐器作了举例说明,但是人们要从《律学》书中的举例分清什么是开管乐器、什么是闭管乐器,恐怕是困难的。

正因为从管乐器的形态上区分其声学性质困难,所以才又有人想根据泛音(倍音)来区分。尽管缪先生没有明确说明这一点,但是在管乐器的声波图示中所暗示的也正是这问题:所谓"开管可以发生所有的倍音""闭管只能发生单数的倍音",这些倍音可以通过超吹被激发成基音。从道理上说,这说法是不错的。但是就管乐器的演奏实际来说,其情形又要复杂得多。例如,就常见的箫笛来说,有6个音孔,尽管7个二倍音都能被激发,但是三倍音中从20世纪50年代至今,只有一半勉强激发成声;假若被激发成声,其音域就可以达到3组了。再就闭管乐器来说,有很多种类的三倍音是很难激发成声的,单簧管就是借助了"泛音孔"才能吹出三倍音,中国的管子,由于其量度比较大,三倍音才容易吹响,我国的笙和巴乌,根本就吹不出泛音。因此,要借助泛音来区别开管乐器和闭管乐器,那是辨认不全的。

管乐器的种类繁多,无法列举完全,利用倍音区分又不可靠,那么该用何种方法来区分开管乐器和闭管乐器呢?笔者认为,还是根据乐器的形态来区分比较可靠,从管乐器的形态上来区分开管乐器和闭管乐器,显得浅显、明快。

如何从乐器形态上来区分管乐器的声学性质呢?笔者经过对众多管乐器声学性质的分析,并从形态上进行分类,最后得出以下结论:以边棱音为激振源的笛类乐器,末端封闭的(如闭管律管、排箫)为闭管乐器,而末端开启的(如箫笛)为开管乐器;所有的簧哨乐器,其吹奏的一端或含于口中,或与唇紧密接触,其管子为圆柱形的(如管子、筚篥、单簧管)为闭管乐器,而其管子为圆锥形的(如唢呐、双簧管、大管,以及各种号角)都为开管乐器。这里最为值得注意的是单簧管和萨克斯管。请看,单簧管为闭管乐器,而萨克斯管却是开管乐器。谁都知道,萨克斯管的头子除了大小以外,与单簧管的头子并没有什么两样。它们的区别在何处呢?这区别就在于管子的形状:萨克斯管撇开弯曲的管型不论,其形状是圆锥形的,而单簧管除去末端的喇叭口外,其形状是圆柱形的。用这种方法区分开管乐器和闭管乐器,无一例外,也不必一一举例。

这儿唯一难以区分开管乐器或闭管乐器之类属的,那就是竽、笙。笙嘴虽然与唇紧密接触,但笙苗是插于笙斗之中的,笙斗中就有空气,而笙是一管一音,又吹不出泛音。关于笙究竟属于开管乐器还是闭管乐器,笔者盼望高明赐教。

就簧哨类乐器来说,何以"圆柱形的管子为闭管乐器,圆锥形的管子为开管乐器"?愚以为,圆柱形的管子,其声波为平面波,而圆锥形的管子,其声波为球面波。就此问题,笔者曾求教于我国一位有名的声学专家。这位专家认为，在管乐器上还不存在形成球面波的条件；原因是管乐器上不存在产生"点声源"的条件。笔者自知，就音乐声学而言，虽然早就有所接触，但就其实质而言，笔者完全是门外汉，因此就管乐器上是否能形成球面波的条件全然不懂。但就抽象思维而言，若说管乐器上截然不存在产生球面波的条件，也未必可信。笔者以为，这"点声源"与"点光源"是完全可以类比的。太阳的体积是地球的130万倍，看上去是一个大火球，由于它离地球太远，我们不就承认它是点光源吗？管乐器上的圆锥到一定的锥度为什么就不可能成为点声源了呢？笔者的这一认识也许是错误的，但从簧哨乐器之管子的形态上区分，是完全符合实际的，那么产生的根源是什么，还得敬请专家们能作出合理的解答。

缪先生说："中国的律管、排箫等的管子，都属于闭管。"这说法并不全面，比较全面的说法是，"中国古代的律管，除了朱载堉所设计的36支异径律管外，其余的都属于闭管"。何以知道朱载堉的异径律管是开管呢？朱载堉在《律学新说·吹律第八》中说："凡吹律者，慎勿掩其下端，掩其下端，则非本律声矣。"朱载堉的这一说明，不就说明他那律管为开管？至于其余的律管为闭管，在《律学新说》中也能找到证明。朱载堉说："尝以新律使人试吹，能吹响者十无一二。往往因其不响辄以指掩下端，识者哂之。"[①] 这岂不正说明开管律管要远比闭管律管难吹？须知，朱载堉的36支异径律管上统有1分7厘6的"豁口"，而其余的律管则无；有豁口的律管当开管吹，"能吹响者"尚"十无一二"，无豁口，其难吹程度更可想而知了！

现在再来谈谈管乐器是否仅有开管和闭管两种。从簧哨乐器来看，确实只有开管和闭管两种，但是以边棱音为激振源的笛类乐器来说，恐怕就不那么简单了。笛类乐器不仅有开管类型的笛、箫、篪、直笛（竖笛），有闭管型的排箫，此外还有一种开管与闭管结合型的乐器，如埙、拱宸管、吐良和口笛。埙和拱宸管是古代乐器，吐良是少数民族乐器，口笛是新产生的乐器。埙是梨形体，当各个音孔掩没时它显然是闭管，而当音孔逐个开启后便奏出音阶，它也就由闭管逐步渐变成了开管。拱宸管、吐良和口笛乃是同一种类型，即将一支竹管的两端封闭（口笛吹奏基音时以指将两端掩没），近中间部分开一吹孔，吹孔两端各开几个音孔（指孔），以开启指孔及各指孔的不同组合而奏出音阶。这种管乐器，演奏时由于指孔的逐个开启，它还应该是闭管乐器吗？显然不是，至少不是真正的闭管乐器了。由此看来，笛类乐器中，除了开管乐器和闭管乐器而外，还有一种介乎于二者之间的综合类型。这也该是管乐器的实际，除"洋埙"而外，只有中国有而外国无的实际。既然有这种类型，《律学》书恐怕应该有所述及。

二、声波图示

缪先生在《律学》中说："开管和闭管的气柱振动的状态是不相同的。"接着介绍了开管和闭管的基音和倍音的声波图示。

我们若将管乐器的声波图示与弦乐器的声波图示进行比较，就不难看出，管乐器的声波图

---

① 朱载堉：《律学新说》，人民音乐出版社1986年版，第42页。

示乃是脱胎于弦乐器的声波图示。弦振动时的基音声波图示表明，弦长等于二分之一波长，同样，开管乐器基音的气柱长也等于二分之一波长；它们之间的差别只在于象限不同而已。至于闭管乐器的声波图示，也不难看出乃是开管乐器声波图示的移用。我们不该否定抽象思维在科学研究中具有重要作用，但是得看所作的抽象是否能符合实际。笔者认为，《律学》中的开管和闭管的声波图示，至多只能符合管乐器的部分实际，并不切合管乐器的全部实际。

　　首先就开管乐器和闭管乐器来说，图示上所说的开管乐器的两端与外界大气相接，因此两端是波腹，中间是波节，闭管乐器的一端是波腹，另一端是波节。但是我们不难看出，这种开管乐器的声波图示，只能符合箫笛之类以边棱音为激振源的乐器，至于闭管乐器的声波图示，同样也只能符合排箫这样的以边棱音为激振源的乐器。若说簧哨乐器中作为闭管乐器的管子、筚篥、单簧管的一端是波腹，一端是波节，那么簧哨乐器中作为开管乐器的唢呐、双簧管、大管、萨克斯管，以及各种号角，其两端能是波腹吗？显然说不通。由此可见，这些声波图示只能说明笛类乐器中的开管乐器和闭管乐器，绝不能概括管乐器的全部。

　　退一步说，假若这些声波图示所反映的只是笛类乐器，那么这些声波图示能否概括笛类乐器的全部呢？前文已经提及，笛类乐器中还有拱宸管、吐良和口笛。既然开管的笛类乐器，其两端与外界大气相接，故而两端是波腹、中间是波节，如箫笛；闭管的笛类乐器，由于一端封闭，吹奏的一端与外界大气相接，故而封闭的一端是波节，开启的一端是波腹。由此我们完全可以推导出以下结论：与外界相接的是波腹，封闭的一端则是波节。若此，就以口笛来说，当我们封闭两端，同时掩没所有音孔时，口笛的两端岂不成了波节、中间成了波腹？此时口笛（拱宸管和吐良亦然）的声波图示岂不与开管乐器相同而仅仅是象限不同？假若口笛的两端开启，那么岂不是中间及其两端都成了波腹？我们能证明此音是前一音的高八度吗？更有应该引起我们思考的问题，那就是此时的口笛若掩按住音孔只开启两端，所发出的音是否为基音呢？若是基音，此音的声波中间及两端皆为波腹，吹孔两旁各有1个波节；假若吹口开于口笛的正中，此时口笛的声波岂不就是一个完全波？由此可见，就拱宸管、吐良和口笛来说，声波图示显然就很难表示。由此可见，这所谓的开管乐器和闭管乐器的声波图示，连笛类乐器的实际也概括不全。笔者以为，以上事实正说明音乐声学正是物理学研究中的薄弱环节，显然是音乐家无法胜任的。

三、管口校正量

　　人们都知道，通过计算可以计算出弦上的准确音位，但是在管乐器上却无法做到，故2000年前的京房就指出，"竹声不可以度调"。竹声真的不可以度调吗？否！竹声是可以度调的，只是当时没有掌握"竹声度调"的关键"管口校正量"而已；只要掌握管口校正量，就能计算出管乐器上的准确音位。关于管口校正量，这是一个十分困扰人的问题，尽管时时有人谈及，可笔者认为，这所谈及的仅是复杂的管口校正的万一而已。笔者在这儿并无夸张的意思。缪先生《律学》中所提及的管口校正量，笔者认为就并不符合管乐器的实际，当然也就无法付诸实际应用。这一事实也正反衬了管口校正的复杂性。

《律学》中首先引据的是马容的研究：管长为内径的 8 倍以上时，在开管，气柱长度约等于管长加内径；在闭管，气柱长度约等于管长加内径之半。缪先生还说："管口校正的计算法是十分复杂的；除了管子长度、它与内径的比例、管壁的厚度（特别是管口的厚度）、管子的形状（特别是管子的各个部分的内径有大小时）之外，还有测验时温度、气温（送气温度）、送气力度等，都会对校正数产生影响。"

缪先生力图使管口校正的研究能符合管乐器的应用实际。但是叙述不仅过于简略，所引马容的管口校正研究所得的数据也过于简略。简略之处就表现在没有介绍马容所求管口校正数据的条件。正因为不知马容关于管口校正量求得的方法，也就谈不上获知这两个管口校正量的适用条件。依笔者所了解的管口校正的生动情况推知，马容所得的这两个量若非特例，是无法符合实际的。假若真的开管的管口校正量是闭管之倍，而且管口校正量又那么小，这所谓的管口校正量是否可以忽略不计？至于管长是管径的 8 倍以上，我国古代作为闭管的黄钟正律管，依据典籍的记载，长 9 寸、径 3 分，岂不是管长为管径的 30 倍？今日所用的筒音为 d^1 的洞箫，有效管长（从吹孔至调音孔）约为 52 厘米，内径约为 1.6 厘米，管长乃是内径的 32.5 倍。若此，为闭管的同径十二律管，其管口校正量为内径之半，那么当黄钟为 0 音分时，太簇为 200.37 音分，林钟为 688 音分……试想，京房据此何以会得出"竹声不可以度调"的结论？若真的开管的管口校正量为闭管之倍，那么是否有一端开口就有一个为半径的管口校正量呢？本人自知浅薄，但也有 40 余年的箫笛制作实践：在确定洞箫调音孔的位置时，所确定的气柱长为管长加 3.4d 至 3.7d（d 为管内径——这校正量的大小视两端的管径差而定）。笔者在制作洞箫时，用这算式所定的基音音孔（调音孔）的位置是符合实际的。由此可见，马容所得出的这两个管口校正量，并不具有普遍性。

关于闭管律管的管口校正量，杨荫浏先生在《中国音乐史纲》中曾用它计算过"历代黄钟正律"音高。至于杨荫浏先生用这一律管频率计算公式所算出的"历代黄钟正律"音高，笔者曾撰文认定它不可信；笔者认定不可信的乃是律管频率计算公式中所选用的声波速度，并非管口校正量不可靠。杨荫浏先生在闭管律管频率计算公式中，所用的管口校正量为 5d/3，对于这个量，笔者曾做过验证，认为还是基本可信的。但这个量竟是马容所得出之量的 3 倍！

还有一个值得我们注意的问题。箫笛演奏者，可以借助吹奏时口风的俯仰而使箫笛的音高产生 40 音分以上的变化：当口缝的位置后移时音就升高，口缝位置前移时音就降低。这一现象是每一个箫笛演奏者都知道的。箫笛上音高产生这一变化的原因，乃是因为口缝位置的前后移动，导致管端校正量发生变化的缘故。

何以知道箫笛口缝位置的前后移动而导致了音高的浮动，乃是管口校正量的变化所引起的呢？这有以下事实可以证实。口缝位置的变化，若不是因为管口校正量的发生变化而引起了音高变化，那么各个音孔之间的音程不会发生变化。如今由于口缝位置的变化，在音高发生变化的同时，各个音孔之间的音程也随之发生明显的变化，从而反证了口缝变化时必引起管口校正量变化的这一事实。这儿由于口缝位置的前后移动而引起的管口校正量的变化，乃是箫笛吹奏一端的管端校正量的变化。

口缝位置变化所引起的管端校正量的变化是不难验证的。当口缝位置后移时，箫笛的音增高，同时上方3个音孔的音程增宽，下方3个音孔的音程变窄；若前移，在箫笛音高降低的同时，上方3孔的音程变窄，下方3孔的音程增宽。这一现象是能够用公式证明的。为了节省较多的篇幅，故而将其省略。口缝位置变化所引起的管端校正量的变化，在演奏中有着实际应用的价值，民间艺人就是将这口缝变化、口风力度的些微变化，同时与"叉口"（交叉指法）结合起来，从而达到在一支均孔笛上转全7调之目的的。

这一事实不仅说明管端校正量是一个变量，同时也说明作为开管乐器的箫笛上的管口校正量不等于内径。

至于马容所说的管长为内径的8倍以上，这一限制条件也不严密。因为这8倍以上仅仅是下限，而没有提及上限。笔者根据自己的研究得知，管乐器的基音要被激发，它还得受量度的限制。所谓量度，就是管内径与管长的比值。当管长超出内径的一定倍数时，管乐器的基音就无法激发成声，吹奏出来的只能是泛音；量度越小，吹出的泛音越高。当然，量度大，基音容易吹出，但高次泛音的吹奏也就受到了抑制。此外，管乐器基音被激发的量度还受吹奏方法的影响。例如黄钟正律管的量度为0.003，由于律管特殊的吹律方法，它的基音能被吹响，若用吹奏洞箫一样的方法吹奏，无论你吹奏技术如何高超，基音都无法吹出来，吹出的只能是比基音高十二度的第2泛音。

这段文字中"温度、气温（送气温度）、送气力度等，都会对校正数产生影响"的提法，也是欠妥当的。因为管乐器的频率与管内声波速度成正比，与气柱长度成反比；频率受气柱长度影响，管口校正会改变气柱的长度，而温度只影响声波速度。至于箫笛演奏时口缝位置的前后移动是会改变管口校正量的，而送气力度只是改变了边棱音的频率之故，这并不是一回事。

四、管口校正的物理根据

关于气柱振动，缪先生说："管内气柱振动时，气柱的一部分要突出在管口的外面，即气柱延伸到管口的外面；可见气柱的长度不等于管子的长度，而比管子稍长。因此，按照音的一定高度来计算管子的长度时，必须作'管口校正'。"这"气柱延伸到管口的外面""而比管子稍长"的学说，姑且称之为"惯量说"。对产生管口校正原因的这一认识，乃是物理学家的一般认识，很少有例外。1986年10月，在河南郑州召开的朱载堉纪念会上，我国著名声学家马大猷先生曾提出，这"惯量说"未必符合产生管口校正原因的全部实际。可惜马老的这一思想，当时未能引起人们的普遍注意。

管乐器的音高同气柱的长度成反比，与声波速度成正比；也就是说，当管子的长度不变时，气柱越长，频率越低，管子内的声波速度越快，频率越高。当管长不变时，气柱的增长，只能求助于管口校正量的增大，声波速度的增加，只要求管内温度的增高。这儿值得注意的问题是，同一支管乐器，在极短暂的时间内，可以使它的频率产生明显的变化。此时产生变化的原因是管口校正量的变化而引起的？看来不是。前文已经提及，箫笛可以凭借口缝位置的前后移动，使音高产生 40 音分以上的变化。口缝位置的前后移动所产生的音高变化，固然可以理解为管口校正量的增减，可也有不合理的地方。试想，口缝前移时音就降低，是因为气柱增长？后移后音就升高，是因为气柱减短？这现象与"惯量说"显然是不相容的。

笔者自 1956 年开始学制箫笛。在笛子制作时，常将基音定得比标准音高一点。过去一直认为，由于音孔的开挖，可能使气柱增宽，因而使频率降低。近年笔者才发现，原来笛子制作过程中使频率降低的原因，乃是膜孔上所贴笛膜的影响；不贴笛膜时的音最高，紧笛膜的音稍低，宽松的笛膜音最低。这一情况能说明什么问题？此时的气柱显然没有发生变化，气温也不会产生明显变化，笛膜的有无与松紧乃是变化的根本原因。

更有一件未曾被人们注意的有趣问题，那就是笔者在制作箫笛时，曾有意识地在吹孔的上端开一直径不足 1 毫米的小孔，笔者把这小孔称为音高调节孔。打开这一小孔，箫笛的整体音高就会升高 60—70 音分，若有意识地改变这音高调节孔的孔径，还可以调节箫笛的音高。这时箫笛音高的升降，是因为箫笛管口校正量的增减，即气柱的伸缩？这伸缩的原因乃是因为气柱的惯量？

以上所述的乃是笔者所摸索出的点滴。但笔者以为，仅此一点也足以证明管乐器声学研究的复杂性。毫无疑问，这些问题的解决，得仰仗物理学家；但物理学家的研究，看来也有待演奏家及制作技师的提供：音乐家、物理学家、乐器制作师的密切合作，必能使音乐声学获得重大进展。

1999 年 3 月

原载高燕生、刘连捷主编《缪天瑞音乐生涯》，河北教育出版社 2000 年版，第 92—102 页

陈正生：生于 1937 年，曾任上海艺术研究所研究部副主任

我国音乐教育研究的一位开拓者

——缪天瑞先生音乐教育思想研究

缪裴言

本文所论"音乐教育"系指"普通音乐教育"。"音乐教育"按广义的理解，包括"专业音乐教育"和"普通音乐教育"。"普通音乐教育"就是指中小学和幼儿园的音乐教育，也有称之为"基础音乐教育"或"国民音乐教育"。按照习惯"音乐教育"一词可以狭义地理解为"普通音乐教育"，正如"教育学"这个概念一般指"普通教育学"。故本文中"音乐教育"一词，凡未另加解释者，均指"普通音乐教育"。

缪天瑞先生70余年来大部分时间从事专业音乐教育的教学、编辑、著述和行政工作，只是在早年短暂地从事普通音乐教育及相关工作。但是缪先生对于普通音乐教育的重视和关注，以及音乐教育理论和思想，却值得我们深入学习、研究。

缪先生从事普通音乐教育及相关工作，是在以下几个阶段：1926年至1927年在浙江温州中学附属小学任音乐教师，1928年至1929年在上海滨海中学、上海同济大学附中任音乐教师，1933年至1938年在江西省推行音乐教育委员会任《音乐教育》杂志主编，并兼任中小学音乐教育视察员。1928年和1938年先后在上海新陆师范学校和温州师范学校任音乐教师，1941年和1942年先后在国立音乐院"音乐教员讲习班"和国立福建音乐专科学校主讲音乐教学法课程。此后，主要是结合编辑、著述工作从事音乐教育研究。

缪先生几十年如一日的漫长笔耕生涯中，有关音乐教育研究的成果，除了出版《世界儿歌集》《儿童节奏乐队》《中学新歌》等中小学音乐教学资料外，主要有以下三个方面：主编《音乐教育》杂志，刊载音乐教育文章及论著；音乐教育研究专著《小学音乐教材及教学法》；主编《音乐百科词典》，编入音乐教育词条。其中，尤以音乐教育研究专著《小学音乐教材及教学法》集中反映了缪先生的音乐教育思想。

一、缪天瑞主编《音乐教育》杂志，刊载音乐教育研究文章及论著

《音乐教育》（月刊）杂志创刊于 1933 年 4 月，由江西省推行音乐教育委员会主办，为该会会刊。自创刊至 1937 年 12 月终刊，历时 5 年，共出刊 5 卷 57 期。从 1 卷 6、7 期合刊起由缪先生编辑，自 3 卷 1 期起缪先生任主编。

《音乐教育》杂志是我国最早的一个音乐教育刊物。为登载音乐理论文章、音乐作品，包括音乐教育研究文章和适合中小学音乐教学使用歌曲的综合性音乐期刊。刊出包括音乐论文、音乐史料、音乐评论、音乐教育、音乐技术、乐曲解说、音乐家传记及故事、声乐知识、歌曲、音乐问答和音乐消息等多方面的稿件。该刊曾出版各种专号，如"小学音乐教育""中国音乐问题""乐曲创作""苏联音乐""音乐教育情况"。其读者大部分为音乐教育工作者，主要是中小学音乐教师。当时经常在该刊上发表文章和作品的有贺绿汀、吕骥、青主、赵元任、刘雪庵、钱君匋、章枚等。

当时全国和许多省市教育部门都设有推行音乐教育委员会，为什么唯有江西刊出音乐教育杂志呢？其原因除了省教育厅出资外，重要的是要有人来做事。当时《音乐教育》的编辑工作实际上是"一人独揽"。缪先生当时除了担任杂志主编，还担任中小学音乐视察员和乐队钢琴演奏员。1937 年《音乐教育》停刊后，偌大的中国在半个世纪里竟没有一个专门的音乐教育刊物，直到 20 世纪 80 年代才又有了浙江音协主办的《中小学音乐教育》(1983 年创刊) 和国家教委委托人民音乐出版社主办的《中国音乐教育》(1989 年创刊) 这两个音乐教育刊物。

浏览该刊"小学音乐教育专号"和"音乐教育情况专号"两期目录，便可概括了解当时杂志和音乐教育研究状况。

《音乐教育》第 2 卷第 1 期"小学音乐教育专号"（1934 年 1 月）

目录

□歌曲（曲名从略）

（20 首，作者有陈田鹤、刘雪庵、钱君匋、贺绿汀、江定仙等，包括英美儿歌，瑞典、美国、捷克民歌和舒柏特的歌曲，均为适合小学音乐教学的歌曲）……………1～24

歌曲说明……………………………………………………………………………………25

□论著

低年级的音乐教育……………………………………………………………………易之 33

苏联的小学音乐教育………………………………………………黑田辰男作、吴承均译 39

小学音乐教材的今昔………………………………………………………………钱君匋 53

音乐中的思想和情感……………………………………Bonser 作、欧阳采薇译 67
黎锦晖一流剧曲何以必须取缔……………………………………程懋筠 71
□调查
适用的小学音乐科用书（审查小学音乐科用书报告）……………缪天瑞 76
□漫谈
小学音乐教学漫谈………………………………………………光毅、缪静 81
瓦格纳的童年……………………………………………………………廖辅叔 96
□特载
五线谱实际教学问题研究………………………………………………程懋筠 103
□教师论坛
唱歌的导引法……………………………………………………………晏即曙 115
小学音乐教学的环境及方法……………………………………………刘忠谋 118
音乐科在小学教育上的重要……………………………………………李世骏 121
选择小学唱歌教材的标准………………………………………………李垂铭 123
小学音乐教育要点………………………………………………………蔡敏然 124
音乐会的功用……………………………………………………………曾学惠 125
关于民曲的话……………………………………………………………朱士成 126
□本会要闻
播音报告……………………………………………………………………128
民众娱乐指导委员会第八次会议纪录…………………………………136
本会第六次会议纪录………………………………………………………137
开办小学音乐教师寒假补习会……………………………………………139
本会庆祝元旦音乐会节目…………………………………………………140
附本省乐闻一则（南昌女中元旦音乐会）………………………………142
民众娱乐指导委员会组织大纲……………………………………………143
工作报告（廿二年十二月份）……………………………………………145
□编后

《音乐教育》第五卷第 11、12 期合刊"音乐教育情况专号"（1937 年 12 月）

目录
□乐谱
中华我中华（Fleming 曲）………………………………………赵元任作词和声 1
卢沟桥畔（白序之词）……………………………………………………何安东 2
送战士（丘絮絮词）………………………………………………………曾雨音 3

乐曲说明······7
□音乐教学情况专号
半年来矫正儿童错误的经过······赵鸿章 1
六年来教学的印象······王抒情 4
中学音乐教学经验······刘已明 11
一个乡村师范的音乐教学······俞铍棠 17
音乐教育与音乐教师······天浪 27
我们的歌咏团······刘锡藩 31
四年来的小学音乐教育······倪筱遂 35
做了两月的小学音乐教师以后······张人隽 41
我的音乐教学经验谈······戴春碧 42
川北一角的音乐教育及其它······廖正斌 45
简谱正谱教学的迁移问题······流云 49
浙江东阳小学音乐教育的情况······李福臻 53
在困难的小学音乐教学中所发生的感想······罗境 56
□专刊以外
驳陈洪教授的"国歌节奏修改刍议"······居滇 64
管弦乐与打乐器（乐器浅说4）······缪天澍 68
小学音乐教学法6（岐丁斯著）······欧漫郎译 81
□问答栏
补答钱秀华君······章枚 92
□其它
本会工作报告······100
本刊第5卷分类索引······102
写在终刊号之后······程懋筠、缪天瑞 112

《音乐教育》杂志发表了相当一批音乐教学经验和音乐教育探讨性文章，以及对各地音乐教学活动的评论、报道，文章论及音乐教育教学的各个方面。"小学音乐教育专号"中教师论坛的7位作者和"音乐教育情况专号"中的13位作者均为各地中小学音乐教师。可见刊物的理论水平和联系音乐教育的实际情况，刊物受到第一线音乐教师的重视和欢迎。

当然，该刊是综合性的音乐期刊，并不是每一期都有这么多音乐教育研究文章。但是综观全部，属于音乐教育理论和实践的文章和论著占有相当分量。连载的论著有：

小学音乐教学法 ［美］岐丁斯（T. P. Giddings）著 欧漫郎译
序；第1章：效率；第2章：唱歌；第3章：信口唱歌；第4章：节奏（载5卷4

期）；第 5 章：读谱（载 5 卷 5 期）；第 6 章：个人唱歌（载 5 卷 6 期）；第 7 章、8 章、9 章（5 卷 8、9、10 期缺资料）；第 10 章：喉音测验（载 5 卷 11、12 期）。

音乐教育论 ［日］青柳善吾著 易之译

（一）学校教育的音乐的意义（载 2 卷 11 期）；（二）音乐教育的目的（载 2 卷 12 期）；（三）音乐教材的意义（载 3 卷 2 期）；（四）唱歌教材的本质及其种类（载 3 卷 3 期）；（五）教材的选择及编排（载 3 卷 4 期）；（六）教材余论（载 3 卷 5 期）；（七）唱歌指导过程（载 3 卷 6 期）；（八）基本练习（载 3 卷 7 期）；（九）发声指导（载 3 卷 8 期）；（十）鉴赏指导（载 3 卷 9 期）；（十一）作曲指导（载 3 卷 10 期）；（十二）器乐指导（载 3 卷 11 期）。

音乐教育心理学 邹敏、铁明合著

（载 5 卷 1 期、2 期、3 期、5 期、6 期）

儿童音乐教育讲座 胡敬熙著

（载 4 卷 1 期、2 期、6 期、10 期）

儿童音乐生活的内容及其指导 ［日］北村久雄著 曾葆译

（载 4 卷 2 期、3 期、4 期）

美国岐丁斯著《小学音乐教学法》出版于 1928 年，日本青柳善吾著《音乐教育论》出版于 1933 年。当时《音乐教育》杂志翻译、刊载这些音乐教育理论应该说是及时的，无疑对我国音乐教育研究产生积极影响。当时我国作者发表的《音乐教育心理学》，文中就引用许多国外研究成果。这些说明从学术角度看，当时我国音乐教育研究与发达国家的差距不大。遗憾的是在以后相当长时期里，除了 20 世纪 50 年代学习过一些苏联音乐教育理论外，我们的音乐教育研究便"与世隔绝"了，直到 1983 年才有章枚先生翻译出版美国《音乐教育心理学》[1]，此书根据 1931 年纽约版翻译，但已时隔半个多世纪。1994 年我国出版"填补空白"的《音乐教育心理学》，其实早在 20 世纪 30 年代我国就已有论著发表。在此世界音乐教育高速发展、变革之际，封闭隔绝只能导致落后，扩大差距，以致如今我国音乐教育研究滞后，音乐教育理论体系尚属初创，音乐教育专著寥寥（如音乐教育学、音乐教育心理学等），不少音乐教育工作者对音乐教育理论仍相当陌生。由此，我们可以认识缪先生在当时编辑、发表音乐教育研究文章的开拓意义和学术远见。

二、缪天瑞的音乐教育研究专著《小学音乐教材及教学法》

缪先生专著《小学音乐教材及教学法》，1947 年上海万叶书店出版，当年再版，1948 年第

---

[1] ［美］詹姆士·L.穆塞尔、梅贝尔·格连：《音乐教育心理学》，章枚译，四川人民出版社 1983 年版，更名为《中小学音乐课教学法》。

3版，1949年以后又发行了数版。该书于1996年被收入《中国学术名著提要·艺术卷》（复旦大学出版社）。这是一本理论和实践密切结合的音乐教学法研究专著。

关于该书的写作背景和过程，作者在"自序"中说："远在抗战以前，我便开始本书的材料的搜集，那时我在江西省推行音乐教育委员会主编《音乐教育》月刊，同时担任中小学音乐视察工作。《音乐教育》要经常登载学校音乐教育方面的文字。因此我从国内外的书籍上搜集音乐教学法方面的理论，从视察工作上记录实际教学的情形，想在《音乐教育》上先行发表，预备将来出一本专书。工作开始不久，抗战就开始，《音乐教育》也停刊了。我回到故乡，当一个师范学校的教师，我就在这个学校的简易师范一年级学生间，将音乐教学上若干问题，试作实验。1940年，我赴重庆主编《乐风》，这刊物实际为教育部主办，几乎完全以中小学音乐教员为对象，于是我又继续搜集音乐教学法方面的资料，想在这刊物发表。这时教育部在国立音乐院举办了一个'音乐教员讲习班'，我担任音乐教学法的课程。我就根据历年所搜集的音乐教学法资料，写成一个大纲，作为讲义，这便是本书的初稿。1942年，我离渝赴闽，任教国立福建音乐专科学校，我又担任该校师范科的音乐教学法的课程。我把音乐教学法的初稿，重新整理一次，作为教材。可是我总没有工夫把它整个写出来。想根据学生的笔记加以整理，也终于没有实现。一直到去年，抗战胜利，我又回到故乡，接到老友君匋兄来信，问我有什么关于儿童音乐方面的文稿可以出版，我才决定根据旧稿写成本书。"

该书广泛吸收20世纪初期国内外音乐教育理论研究成果，并结合当时中小学音乐教学实际，用简明、朴素的语言，提出作者对音乐教育理论和音乐教学方法的见解。该书的地位和价值，正如钱君匋先生"序言"所说："我们这样大一个中国，而又复有如此多的音乐教育工作者，前此竟无像这样的一本好书出现——对于音乐教学法谈得如此周详而新颖。"

在20世纪40年代以前，我国音乐教学法研究专著确实为数不多，据《中国音乐书谱志》记载仅记有以下7本：《小学唱歌教授法》（［日］石原重雄著，沈心工译辑，1905年）；《德国国民学校与唱歌》（王光祈编著，中华书局）；《新课程小学校音乐科教学法》（胡敬熙著，商务印书馆）；《小学教师应用音乐》（朱稣典著，中华书局）；《小学音乐科教学法》（陈仲子著，商务印书馆）；《音乐教育通论》（贾新风编，商务印书馆）；《小学音乐科教材教法》（许为通编著、丰子恺校订，上海春明出版社）。缪先生撰写本书时，不仅参考了当时的中文著作，还参考了多种英文和日文音乐教育研究著作。该书正文前列有参考文献22种，除中文著作10种以外，英文著作有［美］格肯斯《学校音乐教学导论》（K.W. Gehrkens: *An Introductrion to School Music Teaching*）、［美］诺哈维克《音乐教学法》（H.B.Nohavec: *Normal Music Methods*）、［德］纽曼《儿童音乐教学法》（E. Newman: *How to Teach Music to Chilcren*）、［美］岐丁斯《小学音乐教学法》（T.P. Giddings: *Grade School Music Teaching*）等8种，日文著作有《最新儿童发声法》（［日］草川宣雄）、《音乐教育论》（［日］青柳善吾）、《唱歌教授法要领》（［日］工藤富次郎）等4种。正因为作者广泛搜集、参考了国内外音乐教育研究资料，才有可能写出这样"周详而新颖"的一本好书。

《小学音乐教材及教学法》全书共9章52节，并附唱歌教材举例37首歌曲，乐曲10首

（带有钢琴伴奏和节奏乐谱）。第1章：唱歌教材选择法；第2章：听唱教学法；第3章：视唱教学法；第4章：唱歌一般教学法；第5章：发声法与音高矫正法；第6章：合唱教学法；第7章：其他音乐活动（论及唱歌游戏、器乐教学、欣赏教学和创作教学）；第8章：音乐测验与记分法；第9章：设备及其他。

该书主要论述小学音乐唱歌教学，同时也论及唱游、欣赏、器乐、创作等音乐学习领域。当时国内外音乐教学的主要内容是唱歌。结合着进行一些音乐欣赏和音乐知识教学，器乐、律动和创作教学等领域的出现，是随着达尔克罗兹、奥尔夫、柯达伊等新的音乐教学法而出现，特别是20世纪中期以来在发达国家得以普及。而我国则是在20世纪80年代改革开放以来发展起来的。该书在当时除了主要研究唱歌教学以外，还涉及唱游、器乐、创作等领域，对于我国自有学堂乐歌以来一直是以唱歌为主的音乐教学来说，无疑是"先进的"。即使在今天，在中小学音乐教学中进行包括欣赏器乐、创作和律动等内容的综合性教学，仍然是面临的一个新课题。

关于唱歌教材选择问题，书中指出：要从音域、音程与音阶、拍子与节奏、反复与结构，结构与声部，以及题材与歌词等方面考虑，选择适合儿童兴趣、能力和发展的歌曲。书中还着重提出要采用中国民族民间音乐作为教材内容的主张。指出："本国民歌，不能轻视，应视其性质，多多采用为教材。"在37首"唱歌教材举例"中包括江西、湖北、四川、广东、山东、河北、内蒙古民歌10首，占"唱歌教材举例"近三分之一。

关于唱歌教学方法问题。该书着重阐明四个方面问题：

第一，听唱教学法和视唱教学法。书中用两章篇幅详细阐述听唱法和视唱法的优缺点和具体做法，尤其是从听唱法到视唱法的过渡，主张"先有应用，后有理论，先有零星的认识，后做系统的整理"，并着重介绍"指谱唱歌法"。关于乐谱和唱名法，作者主张"五线谱与简谱兼用"，"教儿童音乐，只要把音乐本身教得好，用什么谱，不是重要的问题，只要这个谱不会妨碍音乐本身"，"能用五线谱自然很好，如果有困难，就不必勉强"，"一般中小学校，及一般歌咏团体，以普及音乐教育为目的，可用首调唱名法"。

第二，唱歌一般教学法。书中指出："唱歌教学有三个目标：第一，使儿童对唱歌发生兴趣，从唱歌得到快乐；第二，使儿童养成唱歌上所需的各种技术；第三，使儿童学会以唱歌表现自我。三者不可偏废。"作者认为："为要获得识谱的技术，使儿童做枯燥的视唱练习，为要获得美妙的歌喉，使儿童做单纯的发声练习，这在一般学校，实不相宜。呆板而乏味的技术练习，与乐理上名词背诵一样，都会使儿童失掉学习的兴趣，不是正当的教学法。"

第三，提倡头声唱歌，防止儿童大声"喊歌"。作者指出："提倡头声唱歌，要而言之，不外两点，即：轻声唱与多唱高音。""将高声区（头声）向下扩充，则音温柔而悦耳，可以一扫胸声的粗暴。""头声发声，用o韵比a韵为佳。""儿童发声求质的美，不求量的大。"

第四，注重合唱，提倡多声部教学。作者指出："轮唱可用作合唱的准备。"

关于唱游教学方面，书中认为："唱游实际包括着唱歌游戏、听音动作与唱歌表演三者。"

关于欣赏教学方面，指出：欣赏教学的"价值在于儿童养成谛听与记忆的能力，并且借此记取了若干乐曲""所选乐曲必须是有价值的名曲，富有特征，而儿童所能够理解者"。作者还主张进行欣赏教学的"记忆比赛"。

关于器乐教学方面，该书介绍了节奏乐队与节奏乐器，并指出"乐器的学习，在儿童都很有意义"。

关于创作教学方面，书中提倡："儿童的自发活动"和"创造性的表现"。并主张"引导儿童创作歌曲""这种歌曲的创作，于儿童音乐发展上，非常重要"。

书中还介绍了当时国外几种著名的音乐测验，如西肖尔（S.E.Seashore）音乐能力测验、希尔布朗（E.K.Hillbrand）音乐测验、库瓦尔瓦塞－鲁西（Kwalwasser－Ruch）音乐测验等。

该书阐述的许多观点，在半个世纪后的今天读来，仍可体会到它的学术价值和指导意义。针对音乐教学中许多焦点问题，例如：听唱法和视唱法问题，使用简谱和五线谱问题，固定唱名法和首调唱名法问题，唱歌教学中的识谱教学问题，儿童唱歌使用头声唱法问题，小学音乐教学中的唱游教学、器乐教学、创作教学问题，音乐能力测验等。其中有些问题经过数十年的探索，有些已有定论，有些至今仍未得到明晰认识，其实在缪先生的这本著作里，对许多问题早已有所论及，有些则是经过了时间的检验，为正面或反面经验所证实。

三、缪先生主编《音乐百科词典》，编入"音乐教育"词条

缪天瑞先生的晚年，从20世纪80年代开始主要从事4部音乐词典的编辑工作，即《中国音乐词典》（1984）、《中国大百科全书·音乐 舞蹈》（1989）、《中国音乐词典》（续编）（1992）和《音乐百科词典》（1998）。由于多方面的原因，前面三部音乐词典中虽然设置了若干音乐教育方面的条目，但是从总体上看，音乐教育方面的内容与其在整个音乐中的地位相比，与国外同类音乐词典相比较，其条目比重是不够的。缪先生曾有过增加音乐教育内容比重的想法，但终未实现，这恐怕与我国音乐教育理论自身的薄弱，以及音乐界和教育界长期忽视音乐教育是分不开的，改革这种观念和格局亦非易事。缪先生出于对音乐界重视音乐教育的期望，也出于为加强音乐教育研究做一点实事，在他主编《音乐百科词典》时，增加了音乐教育部分的比重，专门设置了音乐教育部分，增加了音乐教育条目，以促进我国音乐教育理论的建设与发展。

《音乐百科词典》中"音乐教育"部分条目近100条，约3万字。其中有"音乐教育学""普通音乐教育""中小幼音乐教材及教法""中学音乐教学大纲""小学音乐教学大纲""儿童早期音乐教育""幼儿园音乐教育纲要""中小学课外音乐教育""中小学唱歌教学""中小学欣赏教学""中小学创作教学""中小学识谱教学""中小学音乐知识和技能教学""中小学音乐教学计划""儿童歌唱发声法""儿童音域""变声期""唱歌缺陷儿童""听唱""视唱""范唱""唱游""律动""中小学音乐教室及教学设备""体态律动""节奏反应""音乐游戏""儿童节奏训练""儿童节奏乐队""儿童简易乐器""奥尔夫儿童音乐教育体系""柯达伊音乐教学法""音乐才能测验"等，此外还包括一批中小学音乐课常用的歌曲和欣赏曲曲目。缪先生在确定音乐教育条目时，认真对照中外有关词典和资料，反复斟酌，对重要的音乐教育条文亲自撰写、修

改，力求准确恰当。

体现在缪先生音乐教育专著和所编辑的杂志、词典中的音乐教育思想，笔者以为主要的有以下三点：

第一，强调"普通音乐教育首先是美感教育"。他认为："普通音乐教育旨在向青少年进行音乐审美教育，提高民族音乐文化素质。中、小、幼音乐教育是全面发展教育中美育的重要组成部分。普通音乐教育的本质是美育。美育与德育、智育、体育相互促进，相辅相成。"（《音乐百科词典》"普通音乐教育"条）这样就将普通音乐教育和专业音乐教育从本质上加以区别，避免了普通音乐教育"专业化"的倾向（指混淆了普通音乐教育与专业音乐教育目标和方法的区别，在儿童音乐教育中采用某些专业音乐训练的办法）。

第二，注重"音乐教育必须适应儿童特点"。他认为无论是音乐教材的选择还是教学方法的应用，都必须"注意切合儿童的兴趣与能力，以及适应其发展的需要"。这样就使音乐教育适应儿童的生理和心理特征，避免了普通音乐教育"成人化"的倾向（指忽视儿童年龄特点，在儿童学习音乐中不适当地采用成年人的方法）。

第三，重视"民族音乐的教育"。主张多用民歌、民间音乐作为中小学音乐教材，这样就在吸收国外音乐教育理论、方法的同时，避免了"洋化"的倾向。

这些问题似乎多为"老生常谈"，缺少新意。然而，我们回顾半个世纪以来我国音乐教育的历程，乃至深入观察当前音乐教育实际，探讨这些问题仍然具有现实意义。

缪先生素来"下笔十分慎重"（《小学音乐教材及教学法》自序），体现了科学、严谨的治学态度，他一方面注意搜集、学习、研究国内外的资料，另一方面注重、分析实际情况。在文字上反复斟酌修改，力求准确无误。例如为了写好或改好词条，常常对照几个国家的不同版本词典的相关条文。这种科学严谨的治学态度正是缪先生在音乐教育研究领域获得卓著成果的基础。

笔者认为，研究缪天瑞先生的音乐教育思想，还要注意到他对音乐教育的重视和关注。众所周知，国民音乐教育是整个音乐事业的基础。普通音乐教育不但为专业音乐教育提供"人才"，更为音乐事业提供"市场"。只有中小幼音乐教育的普及，才会有亿万音乐爱好者和高水准的音乐听众，音乐事业才能繁荣昌盛，也才会有整个民族素质的提高。当前社会音乐生活中的许多问题，诸如高雅音乐、民族音乐面临的困难，其根源都与我们长期忽视普通音乐教育有关。从教育角度看，美育是全面发展教育的重要组成部分，音乐教育对于提高人的素质、培养一代新人具有不可替代的独特功能。尽管我国普通音乐教育有过曲折的历程和面临着困难的现实，但是，可喜的是自改革开放以来，在邓小平理论特别是"面向现代化，面向世界，面向未来"方针指引下，我国的音乐教育已经走出低谷，近年来得到前所未有的进步。学校音乐教育的改革与发展，需要各方面的重视和支持，包括专业音乐教育方面的关注和指导。综观世界音乐教育，有许多著名的音乐家，如柯达伊、奥尔夫、达尔克罗兹、卡巴列夫斯基、齐佩尔等，他们给予普通音乐教育极大的关注，并亲自参与实践，在理论和实践上取得了很大的成就。柯达伊被推举为世界音乐教育学会（ISME）名誉主席就是一例。期望我国有更多的音乐家能像缪先生那样关注、重视、参与普通音乐教育，我们的国民音乐教育定会有更大进步。

原载《天津音乐学院学报》1998 年第 4 期

缪裴言：生于 1937 年，曾任天津市五十四中教师、教务副主任，原天津市教研室音乐教研员、音乐教研室主任

缪天瑞普通音乐教育思想对后人的启迪

陈其射

我国当代著名温州籍音乐学家和音乐教育家缪天瑞先生于 2009 年 8 月 31 日辞世，享年 101 岁。新闻媒体纷纷以"音乐学术泰斗""巨星陨落"为标题进行了报道，媒体所用标题恰如其分，缪先生一生从事音乐教育工作，从从事普通音乐教育到从事专业音乐教育历时 57 年之久，他较早地接受了世界先进的音乐教育理念，20 世纪中叶便形成了一套普通音乐教育思想，今天我们研究它，对改变当下急功近利的音乐教学行为、"技能至上"和"唯科学"的匠化观念有着极其重要的意义，对扭转"受其业而不解其惑、受其技而不解其艺、受其能而不解其情"的音乐教学现状有着积极的指导作用，综观缪先生的普通音乐教育思想，它涵盖了音乐教育的个性化、人文化、人本化、审美化和情感化五个方面，这五个方面的问题，恰恰是当下我国各层次音乐教育从知识技能教育向素质教育转型、从精英教育向大众教育转型过程中亟待解决的问题，缪先生竟然在 60 年前便早有此先见，怎不叫人感到惊叹呢！本文试图从这五个闪烁着素质音乐教育光环的问题上面，阐释缪先生普通音乐教育思想对后人的启迪，以求同道者共同关注和思考，携手促进我国音乐教育的快速发展。

一、个性化的音乐教育思想之启迪

缪先生早在 1947 年就认为音乐教育要突出个性，他倡导"以唱歌表现自我"[①]，倡导"儿童

---

① 缪天瑞：《小学音乐教材及教学法》，上海万叶书店 1947 年版，第 24 页。

的自发活动"和"创造性的表现"①。他认为音乐教育"必须适应儿童特点"。缪先生在这里虽然只提到了儿童,但儿童音乐教育是普通音乐教育的基底,这两种音乐教育之目的、性质和意义完全相同,只是因不同年龄层次采取不同方法而已。儿童音乐教育与普通音乐教育的目的都在于培养学生对音乐的兴趣爱好,发展学生感受和表现音乐的能力。自发行为、自身感受和自我意兴的表达正是音乐教育中凸显素质教育的重要手段。音乐教育的个性化是人对自身尊严的日益重视和对个体存在价值不断追求的结果,也是对唯科学的音乐共性化思维的突破。人本教育中的个性,既指学习者的主体意识,也指音乐教学过程中音乐和非音乐因素蕴含的有利自我意兴表现的各种成分。音乐创作、欣赏等理论课和表演技能课均可通过教学内容使教学双方得到主体意兴的充分表达。主体意识的觉醒给学生通过音乐表现、发挥和创造个性提供了广阔的天地,也使其获得了自我欣赏和自我陶醉。自我,是一种本质,强化自我,就是强化艺术高度,没有这个高度,也就谈不上艺术的深度。近年来,不少人深刻地认识到个性化在音乐教育中的重要地位;从而更加关注学生的心态、情态和神态,尽量摆脱说教性,向平等、亲切和自然的对话性靠拢。以真诚与友情、心灵与心灵的沟通诠释音乐的真谛,努力使教学内容、过程和行为成为优美、真实、快乐、平易和易学,使每个学生均能在教学中发挥其长,在愉悦的心情中增长学养、提升人格和净化心灵。在当今个性化的音乐教育中,不少教师开始关注和把握学生的个性升华,逐步引导学生的精神从表现"自我"的个性中升格,融入更广大、更深邃和更丰富充盈的"大我"之中。

二、人文化的音乐教育思想之启迪

在普通音乐教育中是突出"专才"还是"通才"的问题上,缪先生认为:普通音乐教育是"提高全民族的音乐素质,面向广大年轻一代而实施的音乐教育。包括中学、小学、幼儿园的课内外、校内外音乐教育。是全民义务教育的一部分……与德育、智育、体育相辅相成、相互促进"②。普通音乐教育中的素质教育是以全民音乐素质的提高为目标,专业音乐教育中的素质教育是以一专多能为目标,它们是金字塔的底基与塔尖的关系。"一专多能""抓好专业学生的文化课"是音乐教育的人文化思想,是对单一目标的"专才体系"的突破,是向多种、多元和多学科文化知识为学习对象的宽口径"通才体系"的发展。长期以来,我国高等师范音乐教育是以音乐技能训练为主,还是"人、艺、文"并举③,是一个始终没有解决的问题。在当今大众教育的形势下,这一问题更凸显出来。20世纪以后,甚至现代科技也出现了人文化的发展趋势,作为人文教育范畴的音乐教育则更需要与时俱进,在加强音乐素质和能力培养的同时,要坚持知识、能力和素质的协调发展和综合提高,实现多元目标的通才教育模式,谨防以"工

---

① 缪天瑞:《小学音乐教材及教学法》,上海万叶书店1947年版,第18页。
② 缪天瑞主编:《音乐百科词典》,人民音乐出版社1998年版,第478页。
③ "人、艺、文"并举是原浙江温州师范学院提出的培养口号,"人"指育人,"艺"指专业知识、技能和艺术修养,"文"指文化知识和人文素养。

艺"替代"人文"。针对这一要求，一些新的人文化的办学口号应运而生。如"加强基础[①]、淡化专业[②]、优化结构[③]、综合培养[④]"，以新的人文化的音乐教育理念来更新"一专多能"培养口号。实践早已证明："一专多能"的口号实质上只强调了"一专"而轻视了"多能"，淡化了人文内涵。突出"一专"是精英教育背景下的办学理念，在当今大众教育的形势下，应改为"多能一专"[⑤]。即以实现"多能"为前提的"一专"，而不是以"一专"为目标的"多能"。为达此目标必须使每位学生都懂得：音乐教育在知识、能力结构上的特点是先"面"后"点"、先"博"后"专"，必须使学生了解：音乐学习涉及极为广泛的知识面，只有"一专"不但难以满足社会人才市场的需求，也难以使某一专项达到更高和更完美境界。要积极引导学生发挥个人潜力，把勤学苦练与"多能一专"的实践变成一种自觉行动。学生只有确认了努力方向，才能跳出艺匠模式，向"知识、专业、志趣和品格"合一的方向发展，这远比培养专项人才更高、更难。"博"在音乐教育中不仅包括音乐各科，还包括姊妹艺术和息息相关的各种文化知识。为适应大众教育的需要，应不断促进学生知识的多元性、素质的全面性和心理品质的健康性。宽口径、厚基础的音乐教育，并非以"博"代"专"；而是"博""专"共进，和谐发展。使学生在未来复杂、多元的社会中，不但能持续挖掘潜能适应社会，也能在广博的知识底蕴上显现个性专。[⑥]

三、人本化的音乐教育思想之启迪

缪先生认为，音乐教育必须以育人为本；音乐教育必须尊重自身规律；音乐教育必须在社会需要和实际可能之间准确定位；（各层次音乐教育）应突出各自的特色。人本化的音乐教育思想是缪先生普通音乐教育思想的重要组成部分，即在音乐教育中重视人的尊严，能够充分调动人对音乐知识技能最有成效的思索、想象和联想，充分挖掘人的潜力，并不断使其作用于人的精神世界，从而获得人格提升，以人为本就是在音乐教育过程中始终知道我是谁；我想成为什么样的人；我应该怎样去实现自我设计；如何在音乐学习中表达和领悟人情、人本、人道和人的七情六欲等复杂感情。人本不是孤独的，也不是超尘的，当它作为人的自然属性时，音乐教育表现出对个体独特的生活感受和喜怒哀乐的尊重；当它作为人的社会属性时，音乐教育表达出对美好人生的追求，对自律、自爱和自强等高尚人格的崇尚，闪烁着人本之光、生命之光，缪先生提倡的"人本化"音乐教育是相对"技艺化"提出的，这是自古以来就有的两种教育模式和教育观念[⑦]。孔子提倡的是"人本化"的音乐教育，宫廷教坊梨园提倡的是以"技艺

---

① 加强基础是指加大音乐和文化基础课程。
② 淡化专业是指音乐专业课程的浓缩优化，做到少而精。
③ 优化结构是指优化知识结构和课程结构。
④ 综合培养是指对音乐修养、师范素质和技艺能力的培养。
⑤ 这一培养口号是陈其射在广东肇庆市全国第三届国民音乐教育改革研讨会上发言中提出来的。
⑥ 参见陈其射《音乐教育新机智》，中国文史出版社2005年版，第66页。
⑦ 修海林：《"人"与"艺"：中国传统音乐教育两种体系的存在与启示》，《音乐研究》1994年第2期。

化"为主的音乐教育,前者是以素质教育为前提,内蕴了伦理道德,是拓宽了内涵的德育;后者是以"一技之长"为目标,是训练音乐表现手段和能力为主的教育。二者的价值取向迥然不同、互相冲突,但又相互关联、相互渗透。如何实现音乐教育的人本化呢?《乐记》曰:"德成而上,艺成而下。"[1]虽然《乐记》表面上是论述衡量音乐作品的标准,但实质上它深刻地表明了对音乐教育"人(德)""艺(技)"关系的态度,显现了古人对音乐教育的人本化的思考。由于历史的原因,西方音乐教育体系首先在我国专业音乐教育中得到不折不扣的执行,高等师范随后移植,在执行和移植过程中,过分偏重汲取"技艺"因素,忽视了对其中存在的"育人"因素的了解和借鉴,因而音乐教育出现了严重的"重艺轻人"的现象。面对多元知识结构信息时代的社会挑战,学生除具备专业技能外,更需要有思想、有抱负、有丰富的精神境界和高尚的道德情操,对国家、民族和人民怀有深厚情感和责任感,我们很难设想一个毫无理想,思想贫乏狭隘,只考虑个人私利,对社会感情淡漠的人能成为好的音乐人才。然而,国门大开,形形色色的音乐思潮蜂拥而入,势必对师生的世界观、人生观和音乐教育观、价值观产生影响。在这种情势下如何实施音乐教育的人本化呢?这确实是我们面对的严峻而棘手的任务,《大学》云:"欲治其国者,先齐其家;欲齐其家者,先修其身;欲修其身者,先正其心;欲正其心者,先诚其意。"修身、正心和诚意既是人本化的手段也是其目的,在某种意义上说,音乐教育的人本化是最带普遍性和根本性的问题。自古至今在关于音乐教育观念和模式的探讨中,诸多争论与分歧莫不与此关联。当今,我国高等师范音乐教育中的专业课程设置、教学内容改革和师生行为规范等众多具体问题,实质上都与音乐教育在方向上对"人与艺"的选择有关。强调音乐教育的人本化,就是强调人在音乐教育中的独立地位,而不是强调考试和比赛,把人变为考试和比赛的奴隶。倘若音乐师生已淡化了专业比赛获奖的多少,技术等级的上升,专业单项成绩优秀比例的提高,而着意于德智体的全面发展,音乐和非音乐综合能力的提高,总结、评判和借鉴前人音乐经验能力的上升,着意于知识、人格、情性、毅力、耐力、自信心、专注力和适度感等人的智力因素和非智力因素的完善,音乐教育的人本化便获得了显著成效。要实现音乐教育的人本化,其措施有五:一是营造有利于学生思想品德健康成长的音乐环境;二是专业教学人本化,充分调动广大教师教书育人的积极性,发挥言教、身教的影响力;三是将音乐作为一种直觉知识的重要媒体,成为人与精神力量之间交流的手段;四是注意挖掘音乐本体内蕴的力量和哲学价值,以及更深广意义上的道德价值,用音乐的这种特殊功能完善人性;五是潜移默化地沟通音乐与深层自我的联系,搭起音乐与人的内心、直觉、冥思和潜意识世界的桥梁,以达到"以乐教和,大音陶情"[2]的人性升华。在音乐教育中,学生不仅掌握了多种多样的文化知识和音乐技能,同时也学会了做人、学会了思考、学会了敬业、高尚了情操和澄清了品格,那么,音乐教育的人本化理想便近在咫尺了。

---

[1] 吉联抗:《乐记译注》,音乐出版社1958年版,第35页。
[2] 此条是浙江温州大学音乐学院的院训,其意为"以音乐教育人获得和谐,以最美的音乐陶冶人的情性"。

四、审美化音乐教育思想之启迪

缪先生认为，音乐教育首先是美育，普通音乐教育是"提高全民族的音乐素质，面向广大年轻一代而实施的音乐教育，包括中学、小学、幼儿园的课内外、校内外音乐教育，是全民义务教育的一部分。普通音乐教育是美育的主要内容之一，是全面发展教育的重要组成部分，与德育、智育、体育相辅相成、相互促进。普通音乐教育的本质（核心问题）是向学生进行审美教育"[①]。缪先生这种审美化的音乐思想教育是素质教育和人性升华的重要内容。

高等师范音乐教育的审美化突出地表现在对"灵性与悟性""他娱与自娱""理性与生命"和"先验与即兴"的把握，在当今高等师范音乐教育中，对这四对互相关联又互相矛盾的审美对象的选择，是音乐教育带根本性的方向问题。在"灵性与悟性"的音乐教育审美中，前者是先天赋予人的聪明才智，是自然的，遗传基因的素质；后者是通过人的后天努力不断成长起来的对事物和现象的认识和理解能力。前者在人的音乐学习和实践过程中不断被发现和改造，是人本化音乐教育中人化了的自然美；后者在人的音乐学习和艺术实践中不断蕴积，是音乐教育中升华了的人性美。高等师范音乐教学改革的实践告诉我们，老师要及早地发现学生的灵性和悟性，注意二者的平衡，尤其要关注对学生"悟性"的引导和提升。在"他娱与自娱"的音乐教育审美中，前者偏重"娱人"目的，是学生对老师各种规范的悟化，是教师为主导的"寓教于乐"的教学模式，是教师对学生的评析和审美活动；后者偏重"娱己"目的，是音乐的非认识性规律，追求音乐个性的别具一格，"寓学于乐"、自得其乐，是学生在音乐教育过程中抒发的自我意兴，是学习者自觉地将主体放到自我欣赏和能力评估的主导位置，通过自赏、自评，达到自信、自爱和自娱的审美目的。要实现高等师范音乐教育的人本化，就必须尽快改变"他娱"为主导的课堂教学现状，积极主动地去鼓励和激发学生在学习过程中"自娱"行为的发挥。在"理性与生命"的音乐教育审美中，前者更多地强调对音乐知识技能理性认知的审美，强调音乐逻辑的严谨性和有序性，强调音乐构成与主题意义的同构性和深刻性，重在再现和描绘情感的可信性，着意于音乐形式"趋于意义的理性状态"的张力方向，偏重对音乐技巧形式的欣赏，音乐形式美的意识中积淀了大量的理性内容；后者更多地强调人在音乐教育过程中的内在生命体验和感性经验，更多地强调人的自我意兴的表达，重情、重意、重生命享受，它是自然状态的生命形式，偏重音乐表现，刻意创造音乐的开放性联想。实践证明，适当控制纯理性灌输的教学形式，更加突出人的生命形式在音乐教育中的活力，对实现人本化的音乐教育大有裨益。在"先验与即兴"的音乐教育审美中，前者视有充分准备的音乐表演行为和严格规范的技术训练为审美理想，以纯技术程度为准则，强化音乐的固化和程式化行为，强调定级定量的技术尺度，崇尚再现音乐作品的准确性和二度创作行为的有限性，强调用机械的逻辑方式，拆散装卸、分解组合音乐学习过程和表演行为，认为音乐艺术只有在先验的、量化的、预知性的和有准备的音乐行为中才能达到完美；后者主张千姿百态的、自然的和即兴的音乐行为，强

[①] 缪天瑞主编：《音乐百科词典》，人民音乐出版社1998年版，第478页。

调学生在音乐传承中始终保持创造意识，以即兴的二度创作的音乐行为主导、引领其他方面的发展，无拘束地探求自我超越性的体验，提倡音乐训练的整体性、直观性、随机性和适用性，较少采用定级定量的技术尺度，推崇即时瞬间的、与众不同的、与前不同的、创新精神的和自由二度创作的音乐表演。在多年高等师范教育改革的实践中，笔者深切地感受到高等师范音乐教育中的"先验与即兴"是相依互补、缺一不可的，在音乐教育中对即兴音乐行为不屑一顾、过分强调有准备的先验行为的今天，应该特别关注人在学习音乐过程中的即兴行为的发挥，以及由此产生的创新思维的弘扬。

五、情感化的音乐教育思想之启迪

在音乐教育中是突出"情感"还是"技能"问题上，缪天瑞认为，应该使儿童对唱歌发生兴趣，从唱歌中得到快乐。音乐教育中的素质教育特别表现在教学双方的情感沟通和心理感悟之上，科学的理性使音乐教育获得了惊人的快速发展，规范化的音乐技术、科学化的理性知识和严密的逻辑思维，形成了牢不可破的专业教学的共性模式，成为 20 世纪音乐教育的坚实基础。然而，无情感的声音变成了动人的音乐，无意识的音符组成有生命的音乐形象，这些并非靠单纯掌握了音乐技术和音乐理性认知就可达到。音乐是艺术，它必须以人的情感和想象为特性，必须以音乐审美创造去再现和表现人的情感理想。音乐教育的情感体验反映在教学双方的情感沟通和心理感悟之上，二者在情感交流中不断获得音乐审美的需求和满足，逐步提升音乐情感的层次，陶冶人的意志和精神，潜移默化地达到完善人格之目的。

在科技迅猛发展的今天，在不少人眼中，音乐教育的绝对科学化已成为定式，科技是音乐的绝对主导力已是必然，"技术至上"毫无疑问地成为音乐教育必须遵循的准则。严峻的现实迫人深思：音乐教育正在异化，它背离了其本质，违背了艺术与科学的辩证原则，模糊了二者的界限，与"以人为本"的大众音乐教育方向背道而驰。今天，我国高等师范音乐教育中出现的种种弊端均与此有关，音乐教育本位的复归，是以音乐情感为载体的育人和树人，是以提高音乐修养为前提的素质培养。为此，音乐教育关注的应是人对音乐的基本感受和情感体验，这种感受和体验的获得不是仅依靠外在的灌输、技术的训练，而是人在亲身参与过程中自发、自然地获得。音乐教育关注的应该是人在音乐情感交流中获得的艺术精神和人文内涵，艺术精神是以情感为主体的知觉、理想和意念构建的多彩的精神世界，人文内涵是以情感为载体的音乐和非音乐素质，二者相辅相成构成"以人为本"音乐教育的核心。它不但关系到人的原创能力与人格层次的提升，甚至涉及民族存亡、国家强弱与社会进退。从"乐以载道，大音陶情"的角度看音乐教育，它不是一种教育模式、教育方式或课程体系、课程内容，而是以把握和激发音乐情感为主的人本教育理念，它突出的不仅仅是音乐的表演水平，而是通过音乐情感诱发和唤醒人原本具有的潜能，"以人为本"音乐教育的精髓早已超出了音乐的本体意义。在科技全方位地影响、改变和引导音乐教育发展的今天，新的音乐教育现象和问题层出不穷，因而需要特别关注音乐情感的把握、交流和激发，不断求得音乐教育回归人本的理想。[①]

缪先生全面的普通音乐教育思想给后学启迪是深远的，尤其在科学成为最强劲文化的今天，尤其在音乐的科学化思维主宰了音乐教育，成为音乐教育基底的今天，后学更应从缪先生全面的普通音乐教育思想中认识到"科学教育"只有与"人本教育"相辅互补、相反相成、携手共进、交叉渗透并形成整体，这两种音乐教育才能相得益彰，音乐教育改革才能走出徘徊不前的篱障。

原载《温州大学学报（自然科学版）》2010 年第 4 期

陈其射：生于 1947 年，曾任温州大学音乐学院院长、教授

---

① 参见陈其射《音乐教育新机智》，中国文史出版社 2005 年版，第 32 页。

缪天瑞的音乐教育思想与贡献

杨和平

缪天瑞,笔名穆静、穆天澍、天澍、裴回。1908年4月15日出生于浙江瑞安市莘塍镇南镇村,他登坛施教,翻译教材,编写曲例,编纂辞书,是我国著名音乐辞书编纂家、律学家、翻译家、教育家。缪先生少年时在莘塍小学、瑞安中学学习,在叔父缪晃的支持下,在课余时间学习音乐,学会弹风琴和拉京胡。1923年6月,考入上海专科师范学校音乐科,师从吴梦非、丰子恺、宋寿昌等学习音乐理论,从钟慕贞等学习钢琴。1926年毕业后,从事音乐教育工作,先后在浙江温州中学附属小学、温州艺术学院、上海新陆师范学校、中华艺术大学、武昌艺术专科学校等校任音乐教员。1928年9月,先后任上海新陆师范、上海滨海中学、上海同济大学附中和上海艺术师范大学音乐教师,并为上海一家小书店谱写活页歌曲。1929年7月,首次翻译出版《钢琴基本弹奏法》,后改名为《钢琴弹奏的基本法则》。1930年9月,赴武昌艺术专科学校任教师,教授乐理和钢琴,至1932年1月。1933—1938年在江西省推行音乐教育委员会主办的《音乐教育》月刊任主编,并在该会管弦乐队担任钢琴演奏员。1939—1941年在重庆国民政府教育部音乐教育委员会任编辑,主编《乐风》。1942—1945年在国立福建音乐专科学校任教,教授和声学、曲式学、音乐史,兼教务主任。1946年任台湾交响乐团编辑室主任、副团长,主编《乐学》。1949年5月从台湾回到大陆。中华人民共和国成立后,先后任中央音乐学院研究部主任、教务处主任、副院长,天津音乐学院院长、天津市政协副主席,兼任天津市文化局副局长和河北省文化局副局长等职。曾当选为天津文学艺术界联合会名誉主席、天津音乐家协会名誉主席、中国音乐家协会理事等。1980年任中国艺术研究院音乐研究所研究员,从事音乐辞书的编纂工作。曾当选第三、四、五、六届全国人民代表大会代表。中国艺术研究院音乐研究所博士研究生导师。1954年曾出席在捷克斯洛伐克举行的国际德沃夏克研究会议，并发表了论文。1991年起享受国务院政府特殊津贴。1999年荣获文化部第一届文化艺术科学优秀成果特别奖。2001年，中国音乐家协会首届金钟奖授予缪天瑞终身荣誉勋章。

一、音乐教育思想

（一）普通音乐教育思想

缪天瑞先生从事普通音乐教育及相关工作，主要集中在1926年至1938年间，其间他曾任教于温州中学附小、温州艺术学院、上海滨海中学、上海新陆师范学校、上海同济大学附中、上海中华艺术大学和武昌艺术专科学校，1938年在江西省推行音乐教育委员会任《音乐教育》杂志主编，并兼任中小学音乐教学视察员、钢琴演奏员等；同时出版《世界儿歌集》《儿童节奏乐队》《中学新歌》等中小学音乐教学资料、音乐教育研究专著《小学音乐教材及教学法》。从中体现出的普通音乐教育思想主要有：

首先，重视普通音乐教育。普通音乐教育是整个音乐事业的基础，只有中、小、幼音乐教育普及了，音乐事业才有根基，也才有持续发展的可能，才会带来音乐爱好者队伍的壮大和音乐听众水准的提高。专业音乐教育中有专门学科，普通音乐教育中也存在各种音乐教育理论和不同体系的教学法，普通音乐教育提高了，将会极大地影响专业音乐教育的水平，并对国民文化素质产生根本影响。

其次，普通音乐教育的本质是审美教育。普通音乐教育是美育的重要内容，目的是陶冶学生情操，塑造健全完美之人。如唱歌教学，缪先生提到三个目标：第一，使儿童对唱歌产生兴趣，并从唱歌中得到愉悦；第二，使儿童学会唱歌所需的各种技术；第三，使儿童学会以唱歌来表现自我。这三个目标，实为审美教育的三个原则，要实现这三个目标，就要有与之相配合的教学方法，教师就必须注意：一要多鼓励，少批评；二要保持学生审美的完整性，不要轻易打断学生的表现；三要示范改正和鼓励学生自动改正相结合。如此，学生的审美情操才能愈来愈得到提升和完善。普通音乐教育就是审美教育，审美素质的提高是最终目的。因此，在教育过程中要避免普通音乐教育"专业化"的倾向。[1]

再次，普通音乐教育必须适应教学对象特点。无论是音乐教材的选择还是教学方法的应用，都必须以对象的兴趣与能力为依据，为适应其发展的需要对教材和方法进行研究和取舍。缪先生特别提醒中、小、幼教师注意学生年龄不同，声区和发音方法亦不同，不能盲目训练。儿童声区分为"头声"和"胸声"，要用头声歌唱，不用胸声，且儿童要轻声唱，多唱高音，求质不求量。另外，在儿童教学中多采用活动性质教学，如做游戏、唱歌表演、儿童节奏乐

---

[1] 参见缪裴言《我国音乐教育研究的一位开拓者——缪天瑞先生音乐教育思想研究》，《天津音乐学院学报》1998年第4期。

队、儿童自行编曲等。如此，避免普通音乐教育"成人化"的倾向。[1]

最后，重视对我国民族音乐的教育。在吸收借鉴国外优秀音乐教育理论和教育方法的同时，要切实做到"洋为中用"，多将民歌、民族音乐纳入中小学音乐教材，他在《小学音乐教材及教学法》中指出："本国的民歌，不能轻视，应视其性质，多多采用为教材。"[2] 避免普通音乐教育"洋化"的倾向。[3]

（二）专业音乐教育思想

缪天瑞先生从事专业音乐教育及相关工作近半个世纪，曾任教温州师范学校、国立音乐院；1942年应国立福建音乐专科学校之聘，任教务主任、教授，主教和声、曲式、对位、作曲、作品分析、钢琴等主干课程；1949年到1958年先后任中央音乐学院研究室主任、教务主任和副院长；1958年参与新建天津音乐学院，后任院长、硕士研究生导师直至1983年；1983年赴北京任中国艺术研究院音乐研究所研究员，硕士、博士研究生导师等，其间编译国外音乐理论著述十余部，不啻为我国第一代音乐教育专家。缪天瑞先生的专业音乐教育思想可分为两部分，其一为专业音乐院校办学思想，其二为专业音乐教育教学思想。

缪天瑞先生的专业音乐院校办学思想，集中体现在他创建并管理天津音乐学院的24年历程中。从1959年到1983年，天津音乐学院经历了初建时的生机勃勃、1964年"四清运动"以后的混乱萧条、1975年"整顿教学"后的恢复发展三个时期，几度枯荣，在缪天瑞先生的一套行之有效的办学体系下，终于挺过难关而兴盛繁荣，成为较早就颇具影响力的高等音乐学府。总括而言，缪天瑞办学思想有：

第一，建院伊始，地方院校就必须明确自己的实际定位。在充分调研的基础上，找出社会需要和教学目的之间的结合点，突出特色，由学校的地位性质、人才特点确定学校的学术方向、培养目标，并在全院上下统一认识，大家齐心了，院校才会办得好，办得长。

第二，制订相对稳定的教学进程计划，就如施工前需要蓝图一样，办学前也要完整地设计全学程科目门类的比重、总学时、学年课程分配、作业学时、考核方法等，确立毕业生规格，并且这个设计必须切合实际而又相对稳定，如此才能确保稳定的教学秩序，有的放矢。

第三，创立严谨而行之有效的教学管理机制，这是提高教学质量的根本保障。为了建立独特的教学模式，缪天瑞先生曾亲自收集到苏联的、日本的和欧美的三套教学方案，大家讨论，结果是各取所长，无一照搬。他建立了一整套院级、系级、教研室级的三级管理制度，中心环节在教研室工作规则。[4] 规范化的建章立制，就使教学有了保障。

第四，加强软件和硬件的建设，即重视师资队伍的建设和教学设施的完善。充足而有后劲

---

[1] 参见缪裴言《我国音乐教育研究的一位开拓者——缪天瑞先生音乐教育思想研究》，《天津音乐学院学报》1998年第4期。
[2] 缪天瑞：《小学音乐教材及教学法》，上海万叶书店1947年版，第11页。
[3] 参见缪裴言《我国音乐教育研究的一位开拓者——缪天瑞先生音乐教育思想研究》，《天津音乐学院学报》1998年第4期。
[4] 参见马金山《回忆缪老在天津音乐学院》，载高燕生、刘连捷主编《缪天瑞音乐生涯》，河北教育出版社2000年版，第154页。

的师资是完成教学目的、提升教学质量的根本保证，而教学设备的合理配备和利用是达到教学预期成果的必备条件。缪先生从建院初期就立好了长远的师资建设计划，能请的请，不能请的或没有的自己培养，制订新老教师的培养计划，确保师资的稳定性和可发展性。对于教学设备，缪先生特别注意添置乐器和办好图书馆。他倡导师生借用乐器的办法，图书馆管理借阅的制度，都很好地保证了教学质量的提高。①

缪天瑞的专业音乐教育教学思想，不仅体现于他的办学生涯中，也体现于他的著作中。他的专业音乐教育教学思想主要有：

第一，音乐教育是在人文学科、社会学科基础上发展的学科，缪天瑞先生一贯强调必须拓宽知识结构，不能重艺轻文、重技轻艺，要加强文化基础，拓宽专业知识面。尤其对于外语，缪老更是认为必须从附中、附小抓起，要打破"单打一"（只重视学好一门主科）的局面，不能忽视文化基础课的学习，文化课水平低的问题若不解决，就无法实现音乐教育的现代化。

第二，音乐教育要与实践相结合，专业设置、专业方向、专业科研等方面从一开始就要与社会接轨，服务社会的需要。缪天瑞积极鼓励学生在学好专业基础的同时，积极参加艺术实践，占领"三台"，即舞台、电台、电视台②，做到音乐教育切实服务社会。

第三，提倡"洋为中用"、发展中国民族音乐。对于音乐教育上历来就有的"全盘西化"和"主张复古"两种意见，缪天瑞主张弃糟取精，不偏其一，不废其一。

第四，重视"一条龙"专业音乐教育，主张从附小、附中、大学一条线培养专业音乐人才，在附小附中阶段就狠抓基础，比抓大学更重要。

第五，"一专多能"思想。缪天瑞把"一专多能"的教育思想视为全面打好基础的一个组成部分，是培养人才具有广泛适应性和真正高质量的教育体系的长远需要。③ 他提倡在熟练掌握一门专业特长的同时，另具备其他学科的知识，即"复合型人才"，这样才真正能符合社会的实际需要。就"一专多能"问题，缪天瑞在1998年就曾说过如下一段话（有删节）："一专多能是我在教学上一直主张的大方向问题，它不只是个教学方法改革或关系就业的问题。这是造就音乐人才的大问题，现在中国的教育改革也正朝着这个方向走。世界各国的大人物，包括马克思，都是多能的。就连江南丝竹老艺人都是多能的。据说，现在的音乐院校，文化与外国语水平已经降到了最低点，这怎么得了！连文化都没有了，哪还谈什么'一专多能'。听说高等院校将要大调整，不同专业间的隔膜将要被撕破，我非常支持这样的改革。要想把金字塔造得高，就要把底盘打得宽，'博'是'高'的基础。我始终坚信，无论叫'一专多能''多面教育'或'素质教育'，要加强文化基础，拓宽专业知识面，都切合今日的教育体制改革，而且

---

① 参见马金山《回忆缪老在天津音乐学院》，载高燕生、刘连捷主编《缪天瑞音乐生涯》，河北教育出版社2000年版，第154页。
② 参见杨雁行《简论缪天瑞音乐教育成就和音乐教育思想》，《天津音乐学院学报》1998年第4期。
③ 参见狄少华《缪天瑞先生办学思想一二》，载高燕生、刘连捷主编《缪天瑞音乐生涯》，河北教育出版社2000年版，第162页。

都有利于今日的教育体制改革，有利于人才的培养和民族素质的提高。"①

缪天瑞先生的音乐教育思想自成体系，已趋完备，以上所论缪天瑞音乐教育思想，无论是普通音乐教育思想和专业音乐教育思想，还是专业音乐教育中的办学和教学思想，都是互为补充、互相贯通的，体现了缪天瑞先生近80年音乐生涯的思想内涵，对当今的音乐教育依然有着重大的现实指导意义。

二、主要音乐贡献

缪天瑞先生作为20世纪我国音乐界的引路先锋，在音乐教育、音乐翻译、律学研究、词典编译等方面都具有突出贡献，对中国音乐事业具有不可估量的价值。

（一）践行我国音乐教育

缪天瑞自1926年上海艺术师范大学毕业，就开始从事音乐教育工作，至1983年离开天津音乐学院，教学生涯已逾半个世纪，喻其桃李满天下一点都不为过。具有如此丰富的教学实践经验、办学治学经验，教学足迹遍至小学、中学、大学、师范院校以及专业音乐教育的音乐教育家，其音乐教育思想对中国音乐教育事业的影响不容忽视，他的音乐教育理论已成为中国音乐教育事业的宝贵财富。在任教最初的15年间，缪天瑞基本从事普通音乐教育②，其间，他相继出版了适应教学需要的教材资料和著作，如《世界儿歌集》《儿童节奏乐队》《中学新歌》等，并出版专著《小学音乐教材及教学法》，这些成果都集中反映了他的普通音乐教育思想。《小学音乐教材及教学法》一书的地位和价值，可参见钱君匋先生在"序言"中的定位，他说"我们这样大一个中国，而又复有如此多的音乐教育工作者，前此竟无像这样的一本好书出现——对于音乐教学法谈得如此周详而新颖"③。该书结合当时国内教学的主要内容，主要论述小学音乐唱歌教学，兼及器乐、唱游、欣赏及创作等领域，结合音乐知识进行教学。对于教材的选择，书中指出：要从音域、音程与音阶、拍子与节奏、反复与结构、结构与声部及题材与歌词等方面进行考虑，选择适合儿童兴趣、能力和发展的歌曲。④关于唱歌教学法的问题，书中阐明四个方面的问题：首先是听唱教学法和视唱教学法，主张五线谱与简谱兼用，使用"指谱唱歌法"，以普及音乐教育为目的，可用首调唱名法。其次，唱歌一般教学法，唱歌教学有三个目标：一是使儿童对唱歌发生兴趣，从唱歌得到快乐；二是使儿童养成唱歌上所需的各种技术；三是使儿童学会以唱歌表现自我。三者皆重要，不可偏废。再次，唱歌技巧上提倡头声唱歌，防止大声"喊歌"，提倡轻声唱歌和多唱高音。最后，注重合唱，倡导多声部教学。关于唱游

---

① 狄少华：《缪天瑞先生办学思想一二》，载高燕生、刘连捷主编《缪天瑞音乐生涯》，河北教育出版社2000年版，第162—163页。
② "音乐教育"按广义的理解，包括"专业音乐教育"和"普通音乐教育"。"普通音乐教育"就是指中小学和幼儿园的音乐教育，也有称之为"基础音乐教育"或"国民音乐教育"。参见缪裴言《我国音乐教育研究的一位开拓者——缪天瑞先生音乐教育思想研究》，载高燕生、刘连捷主编《缪天瑞音乐生涯》，河北教育出版社2000年版，第34页。
③ 《缪天瑞音乐文存》第二卷，人民音乐出版社2007年版，第585页。
④ 参见缪裴言《我国音乐教育研究的一位开拓者——缪天瑞先生音乐教育思想研究》，载高燕生、刘连捷主编《缪天瑞音乐生涯》，河北教育出版社2000年版，第42页。

教学方面："唱游实际包括着唱歌游戏、听音动作和唱歌表演三者"；欣赏方面：欣赏教学的价值在于使儿童养成谛听与记忆的能力，借此记取若干歌曲，并指出所选乐曲必须是富有价值的名曲，且儿童能够理解者。针对器乐教学，书中介绍了节奏乐队与节奏乐器，这方面，另一专著《儿童节奏乐队》中指出儿童节奏乐队的目的在于训练儿童的节奏感、音乐合奏能力和启发儿童学习音乐的兴趣；他认为儿童节奏乐队对于培养儿童的注意力、开发儿童的创造力、养成儿童的集体意识和习惯等都具有深刻的意义。关于创作教学方面，提倡"儿童的自发活动"和"创造性的表现"，并主张"引导儿童创作歌曲"。《小学音乐教材及教学法》这本书中举出的这些问题，对于现今的小学音乐教学仍具有学术价值和指导意义。1942年，缪天瑞赴福建音专任教，专业音乐教育成为他教育事业的重心。除了繁忙的教务主管外，他亲自教授和声学、曲式学、对位法、音乐欣赏、音乐教学法等课程，并亲自编写教程，翻译该丘斯的理论著述，成为专业音乐教育的教材。中华人民共和国成立后，他先后担任中央音乐学院研究室主任、教务主任、副院长，并创建天津音乐学院，培养专业音乐人才。无论是在正值政治动荡的福建音专，还是在遭遇不安局势的天津音乐学院，缪天瑞都作为学校主干，以其不畏不屈的精神和海纳百川的气度，力保学生的正常学习生活，尤其是在天津音乐学院期间，经历"文革"浩劫后，他又一手撑起教育教学的大旗，继续培养音乐中坚人才。在20世纪中国音乐教育曲折的进程中，缪天瑞的努力保证了音乐教育，尤其是专业音乐教育的发展。值得一提的是其视"一专多能"的教育思想为打好基础的一个组成部分，是培养人才具有广泛适应性和真正高质量的教育体系的长远需要。他认为这是造就音乐人才的大问题。专业音乐教育贡献另一方面的体现是，他所培养的一代又一代的音乐教育人才，为中国音乐教育事业不断提供后备力量，在其音乐教育初期（1926年至1933年）就培养了刘天浪、陆华柏等一批优秀的音乐人才；在福建音专任教期间（1942年至1945年）培养出汪培元（上海音乐学院教授）、孟文涛（武汉音乐学院教授）等音乐专家；在中央音乐学院时期（1949年至1958年）培养了大量高级专门人才；而天津音乐学院时期（1958年至1983年）是历时最长、最坎坷也最辉煌的时期，在艰难之时缪天瑞稳定骨干教师，调动他们的积极性，其中包括许勇三、吕水深、周美玉、黄雅、严正平、廖胜京、陈恩光、王仁梁、王东路、康少杰、罗秉康等专家学者，并从优秀学生中定向培训，培养一批青年教师骨干，如高燕生、杨长庚等，使天津音乐学院成为国内颇有影响力的高等音乐学府，为国家培养了一届又一届的栋梁之材。[①] 究此，缪天瑞先生在音乐教育上的贡献又何以能一言以蔽之呢？

（二）译介外国音乐著述

缪天瑞在上海艺术专科学校就读期间，就已开始翻译国外先进的音乐理论著述，毕业后第三年，生活尚不稳定之时就翻译出版了《钢琴基本弹奏法》（[俄]列文原著，1929年）。其后，他的翻译工作便一发不可收，1930年4月与6月先后翻译出版《作曲入门》（[日]井上武士著）、《论音乐艺术的阶级性》（[日]兼常清佐原著、署笔名穆天澍译）；1934年6月出版

---

① 以上材料参见杨雁行《简论缪天瑞音乐教育成就和音乐教育思想》，《天津音乐学院学报》1998年第4期。

《歌曲作法》（[英] E. 纽顿原著），7月在《音乐教育》《乐学》上发表《音乐美学要义》（[德]里曼原著）译文；1935年出版《作曲法》（[日]黑泽隆朝原著）；1948年出版《乐理初步》（[英]柏顿绍原著）；同年起至1950年系统翻译美国音乐理论家该丘斯的音乐理论著作《音乐的构成》《曲调作法》《曲式学》《和声学》《对位法》等；在从教育岗位上退任后，仍"译趣"不减，先后于1996年、2000年和2005年翻译《西方音乐美学史鸟瞰》[①]、《起曲和毕曲——欧洲著名作曲家怎样处理乐曲的开始和终结》[②]，出版《音乐美学要义》[③]。译作涉及作曲技术理论、键盘演奏艺术与技巧、音乐美学、音乐史学等广泛领域。领域虽然广，然并不泛泛，缪天瑞选择的翻译对象，都是着眼于原著的科学性、先进性和实用性，以行家的眼光在充分鉴别和研究的前提下进行选择的。这点在其第一部译作《钢琴基本弹奏法》就显现出来。他选择此书首先在于著者列文本身为钢琴家和钢琴教育家，是19世纪至20世纪之交的俄国钢琴学派年青一代的杰出代表；任世界最著名的培养国际表演大师的朱利亚德音乐院的钢琴教授时撰写了这本书，是20世纪20年代以来世界钢琴演奏艺术甚为流行的学派的著述，"体现着钢琴演奏和教学上至今仍未减色的一个优秀学派"。缪天瑞指出"著者提出，弹奏钢琴时应当用指尖的衬有肉垫的部分去触键，手指触键时只用掌指关节（即手掌和手指连接的关节）的运动，以便产生'美音'；放松腕部作为产生美音的辅助作用；以及在纤巧弹奏时以手臂'飘浮在空中'的感觉来代替通常所谓的'放松'等等"，同时又提到"这些基本法则，在今天的钢琴演奏和钢琴教学上仍然是广泛被人采用的一个学派的方法。在提出对美音的要求的同时，著者强调打好基础，重视手（演奏）耳（听觉）并用，以及注意表现内容等等，则不仅限于钢琴学习，而且对于其他乐器学习，以至整个音乐学习，都是适用的"。[④]这些语句充分表明，他是着眼于整个音乐教育的高度，以宏观的视野，采微观的钢琴教学领域，通过当时钢琴表演艺术普及的急需来引导人们遵循科学有效的途径正确进入音乐之门，通过"打好基础、手耳并用、表现内容"来领悟音乐表演的真谛，从而受到音乐之美的教育与熏陶。其次，缪天瑞翻译论著主张从实际需要和易被读者理解出发选择翻译对象，并在忠于原著者的学术体系和内容的前提下，力求以流畅的文笔通俗易懂地进行表述。这一点极为明显地体现在所译之美国音乐理论家该丘斯的音乐理论体系中。这一系列编译本未出版前曾被用作福建音专的课程教材，影响颇深。这一整套音乐丛书包括《音乐的构成》《曲调作法》《曲式学》《对位法》《和声学》五本。《音乐的构成》是作者在广泛分析欧洲古典作品的基础上归纳一定的音乐法则，构成一套完整的音乐理论体系；《曲调作法》从18、19世纪的音乐大师（如巴赫、海顿、莫扎特、贝多芬、勃拉姆斯、瓦格纳等）的作品中归纳出构成曲调的法则；《曲式学》中，作者把整个曲式学分成三大类：主音体音乐曲式学、复音体音乐曲式学、大型混合曲式学；该丘斯的《对位法》一书打破了"先学和声，再学对位"的通常惯例，把和声与对位融为一体，认为和声和对位是不能分开的。该丘斯

---

① [英]格雷原著，缪天瑞译，《中国音乐学》1996年第3期。
② [美]该丘斯著，缪天瑞译，《黄钟（武汉音乐学院学报）》2000年第3期。
③ [德]里曼著，缪天瑞、冯长春译，约5万字，上海音乐出版社2005年版。
④ 《钢琴基本弹奏法则·译者序》，载《缪天瑞音乐文存》第三卷下册，人民音乐出版社2007年版，第1239页。

被称为美国音乐之父,是一位成功的音乐教育家,培养了大量的音乐人才,他的独树一帜的音乐理论体系至今仍有不容低估的影响,他的学生如 H. 汉森、H. 考威尔等均为 20 世纪音乐理论和创作领域的领军人物。[①] 这也是缪天瑞选择编译他的论著的原因,该丘斯此丛书出版后不过十来年,就被翻译出来,显出译者对音乐理论前沿的敏锐的感知能力,若非他的翻译,也许至今我们也不会有如此一套该丘斯的完整的体系丛书。缪天瑞翻译并不照本宣科,而是根据读者的理解能力加入许多小标题和译者注,甚至补充或重写整个部分,加入参考书目及乐谱说明,以读者简便理解为目的,这已远远超出翻译的范围,这些译著,实为译者的再创造。同时他在《乐理初步》译者序中提出乐器的译名新方案,与现行的译名已十分相近,他的推动,极大地促进了西洋乐器在我国的普及和发展。

(三)奠定律学学科基石

缪天瑞成为律学家的先兆来自 20 世纪 30 年代在江西省推行音乐教育委员会工作之时。当时他身兼数职,其中之一是在定期不定期的音乐会中替小提琴、大提琴独奏者弹奏钢琴伴奏,并相应演奏小提琴、大提琴和钢琴三重奏的钢琴部分。其敏锐的听觉发觉到,升 C 和降 D 两个音虽然在钢琴上是同一个键,但在小提琴和大提琴上是不同的,音高略有差异。接着,演奏大提琴的同志告诉他,事实确实如此,他们在演奏这两个音时按弦的位置就是不一样,演奏升 C 音时,常把此音紧靠上方的 D 音,而演奏降 D 音时则常把此音紧靠下方的 C 音。缪天瑞随后找到拉倍大提琴的人,发现两音的按弦位置比在大提琴上相距更远。由此,他首次获得律学的感性认识,虽因工作繁忙而未深入研究,但这次的发现深深印于脑海,成为他日后钻研律学的引子。当他 20 世纪 40 年代到福建音专任教时,就抽空细读王光祈有关律学的书,并查阅英文、日文的有关书籍,不懈地探索终于使他知道升 C 和降 D 音高不同的缘故在于提琴等弓弦乐器是五度相生律所致。于是,在 1946 年,他在福建音专学生刊物《音乐学习》第 1 期上发表一篇文章——《升 C 音和降 D 音一样高么?》,由此,缪天瑞步入律学研究领域,并以其随后几十年的研究为中国律学发展做出了极大的贡献。1947 年,缪天瑞以极其简陋的测算工具和辛勤的笔算,参考德国音乐理论家克雷尔的《音乐通论》,以十二平均律、五度相生律和纯律三分法分别写成三篇研究律制的不同的文章,连同导论发表在台湾交响乐团的季刊《乐风》上(他同时已经写好了全书的初稿)。1950 年,他的第一部律学专著《律学》问世。书名虽然沿用我国明代律学家朱载堉的"律学"这一学科名称,但内容上却大有开拓创新,从初版起,《律学》就一直保持如下五个方面的内容:律学的研究范围和基本原理;律学的研究方法;律制的构成;律学的发展历史;律制的应用。初版的《律学》共 8 章,第一章"导论"中讲授律学的基本知识,第二章"五度相生律",第三章"纯律",第四章"平均律",第五章"音程值计算法",第六章"三种律制的比较与应用",第七章"律史",第八章"结论"。如此体例的编写,使初学者能全面了解律学这门学科,缪天瑞在"自序"中这样说道:"我相信本书是关于律的全般学问最浅显的书,读过本书,以后在别处看到关于律的理论,就不致再发生困难

---

① 参见倪军《缪天瑞翻译的该丘斯的音乐理论体系简介》,《天津音乐学院学报》1999 年第 2 期。

了。"① 而事实也确实如此。

《律学》成书后，缪天瑞并不只限于此，而是以精益求精的态度对律学不断探索，对《律学》进行增补修订，使之成为一部真正意义上的律学专著。1965 年，《律学》刊行修订版，改变初版以纯律为标准的观点，而改变成以十二平均律为标准，同时与其他律制相适应的论点；并且修改初版从纯律角度来看待阿拉伯等民族乐制，提出阿拉伯等乐制属于另一种乐制体系——四分之三音体系，因而增加了"亚洲非洲若干民族乐制"一章。1983 年刊行增订版，增加篇幅至十章，增补了诸如从民族音乐学的角度重视世界各国的律制特点及发展过程；将"律史"一章分为"中国律学简史""欧洲律学简史""四分之三音体系史料"三章；各章都配合民族乐制，加入较多的民族调式；并本着深入浅出的语言意向调整用词，对律学难题作了详细说明。1996 年第三次修订出版，是其结合 20 世纪 80 年代以来律学研究的新资料和新成就进行增补和修改。② 其中，《律学》根据中国律学发展的特点，在第二次修订的增订版中首次将中国律学史分为三个历史时期，即春秋战国三分损益律发现时期、汉朝至五代探求新律时期、明代朱载堉的"新法密率"——十二平均律发现时期，第三次修订版增加了第四个历史时期，即 20 世纪至今的"律学研究的新时期"。这种律学史的研究，首开了记录整理自公元前 8 世纪至今我国律学史的先河，是迄今为止我国律学发展史年限跨度最大的一次梳理。③《律学》几经修订，历时四十余年，与时俱进，已成为普及和提高相结合的一部律学专著。这本书的价值远不在于引导人们入门律学，而是通过这本《律学》及其发展，从中可以看到 20 世纪下半叶我国律学研究的发展；并且它的出现，改变了律学研究过去少有人问津的情况，打破了长期笼罩在人们头上"律学研究高不可攀"的神秘思想，吸引了音乐界及科技界的人士进入律学研究领域，带来 20 世纪 80 年代全国律学研究的一个高潮。20 世纪 80 年代，缪天瑞倡导成立了中国律学学会，一大批年轻律学研究者出现并发表大量研究成果，成为我国律学研究的中坚力量。不同版本的《律学》造就了不同时期的律学研究生力军，而他们的研究成果又被吸纳入《律学》这一专著中，也成为其数十年不懈耕耘的一大收获。④ 他以放眼世界的胸襟，集古今中外律学研究成果之大成，以一部律学专著开拓一门具有现代化和国际化的律学学科，并造就了一大批律学研究人才，在当今世界堪为奇迹。

（四）编辑出版音乐辞书

与其翻译能力一样，缪天瑞编撰能力极强，但这却并非在他青中年就显示出来，而是在离开音乐教育一线，古稀之年在中国音乐研究所作研究的时候。其实在长期从事音乐教育工作过程中，他已经深深感受到音乐工具书的缺乏和迫切的需要，早在 20 世纪 30 年代初，就已经独

---

① 陈应时：《现代律学学科的一位开拓者》，载高燕生、刘连捷主编《缪天瑞音乐生涯》，河北教育出版社 2000 年版，第 105 页。
② 参见《缪天瑞音乐文存》第二卷，人民音乐出版社 2007 年版，第 234—240 页。
③ 参见陈应时《现代律学学科的一位开拓者》，载高燕生、刘连捷主编《缪天瑞音乐生涯》，河北教育出版社 2000 年版，第 105 页。
④ 参见陈应时《现代律学学科的一位开拓者》，载高燕生、刘连捷主编《缪天瑞音乐生涯》，河北教育出版社 2000 年版，第 105 页。

自编写了一本袖珍式的《音乐小词典》，后因自觉水平太低而在中途停止印制。随后在此基础上，他又编成一本五万字的《音乐小词典》初稿，但在日本进犯上海时全部失落。20世纪60年代初，在天津音乐学院工作时期，又会同音乐出版社的编辑，准备编一部中型音乐辞书，但这一次的努力又夭折于"文革"十年中！三次的努力未果，却更激发了缪天瑞决心编成音乐辞书的斗志。1983年从教育岗位离休后，他便欣然应中国艺术研究院音乐研究所及中国大百科全书出版社的邀请，离开天津的精致楼房，搬至北京的简陋寓所，发出"此生编不成音乐辞书死不瞑目"的豪言，会同音乐研究所同人齐心协力编辞书，上下一心，干劲十足，仅花三年就编成了《中国音乐词典》。并且一不做二不休，又由此班人马加足马力，1992年又出版《中国音乐词典》（续编）。此外，《中国大百科全书·音乐 舞蹈》亦由他负责制定全卷的词目初稿，其工作之繁重是可想而知的，1989年得以出版已是非常难得，但缪天瑞仍对自己未能使它达到理想境地而遗憾不已。这三部书编成后，他对词典的痴迷仍不减，要完成当年的夙愿，将原来构想的《音乐词典》扩充为《音乐百科词典》，且"百科"两字力求涵盖人类历史古往今来全部与音乐相关的内容，他深知道，这样一本词典是中国音乐界不可或缺的，便以极其旺盛的精力，对这一挑战义无反顾，召集100多号人共同参与。鉴于外国音乐词典常以欧美音乐为主，缺少对亚非拉音乐的重视，编写之初，缪天瑞就确立一个宗旨，力求弥补其他各种音乐词典的缺陷，并且立词目不照搬外国音乐词典。由此，他建立了词典的以三大支柱——中国音乐、欧美音乐、亚非拉音乐三者为主题，展开宏大的词目框架。同时，他非常重视声乐词目、音乐教育词目。对于各类词目的条文，他都亲自拟定提纲，提供给约稿人，其后亲自修改，对外国音乐条目都认真对照后方确定。但不论是加工过甚至重写过的条文，一律署原作者的姓名，他尊重别人的劳动成果由此可见一斑。缪天瑞倾注暮年全部心血编成的这部《音乐百科词典》终于在1994年完稿，并于1998年正式出版发行，它的出现，标志着中国音乐辞书建设上了一个新的台阶，是20世纪百年以来中国音乐辞书建设中的一个里程碑式的文本。《音乐百科词典》所具有的综合性特征和所体现的高度的编撰水平，使它得到了出版界和音乐界的高度评价，获得了2000年"第十二届中国图书奖"。在综合音乐辞书领域中，它首次正视了许多外国音乐家对于中国新音乐影响的存在，使这些音乐家的名字和事迹在正式出版物中有据可查；收录的许多词目具有时代性特征，使音乐辞书的内容与日益发展的社会同步进行，具有与时俱进的意味；综合音乐辞书的词目具体化、客观性，使这本词书具有实用性的特征，是主编者音乐无国界、文化无大小的学术思想的具体表现。这一项系统的庞大工程，离不开缪天瑞的不懈追求，他在框架设计和词目编撰等具体方面的突出贡献使音乐辞书取得了前所未有的成绩，在中国近现代音乐的发展历史上具有里程碑的意义。[①]

缪天瑞的编译成果少有人可以匹及，他借此会同其他音乐同人共同打下了中国教育事业、中国音乐美学事业、中国音乐理论建构等中国音乐事业的基础，并在有生之年不遗余力地不断充实，为中国音乐生命不断注入新的活力，其贡献不言而喻。

---

① 参见国华《简析缪天瑞的〈音乐百科词典〉》，《中央音乐学院学报》2006年第3期。

（五）编辑多种音乐刊物

1933年，缪天瑞受聘于江西省推行音乐教育委员会后，就接替萧而化主编该会会刊《音乐教育》（月刊）。这是我国最早的一个音乐教育刊物，其对象定位为中小学音乐教师，自创刊至1937年12月终刊，历时5年，共出版了5卷57期。缪天瑞从第1卷第6、7期合刊起编辑，至第3卷第1期起主编。该刊物刊载音乐理论文章、音乐作品、音乐教育文章及教学歌曲等。历经1926年至1933年在小学、中学、中华艺术大学、武昌艺术专科学校等音乐教师的职任，他对基层音乐教育有着深入了解，对社会层面的需求有着直观的认识。他翻译编写了许多专业音乐知识的文章发表，如《中国音乐略史》《中国古代音乐的流弊和现代音乐的趋向》等。同时刊载具有现实意义的国内外音乐教育研究论著，如连载美国岐丁斯原著《小学音乐教学法》[1]；日本青柳善吾原著，易之译的《音乐教育论》[2]；邹敏、铁明合著的《音乐教育心理学》[3]，介绍借鉴美国穆塞尔和格林合著的《音乐教育心理学》[4]等。此外，刊物还连载了音乐技术理论和音乐知识讲座，如"和声学""曲调作法""音乐理论初步""乐式学讲座""音乐史"等。对于国外较新的论著，如美国该丘斯的音乐理论知识丛书，缪天瑞在其问世十年后就及时翻译出来，为音乐界提供了国际最前沿的音乐知识。经常在该刊物上发表文章和作品的有贺绿汀、王光祈、吕骥、青主、赵元任、刘雪庵、钱君匋、江定仙等，缪天瑞曾采纳吕骥的意见，每期都刊载我国各地的民间歌曲。《音乐教育》开辟过"小学音乐教育专号""中国音乐问题专号""乐曲创作专号"，1935年以后，发表抗日救亡作品、论文，出版"全国音乐界总动员特大号""救亡歌曲特辑""苏联音乐专号"等，发表进步倾向的音乐作品，充分引导并体现了中国音乐知识分子的时代责任感和艺术良知。《音乐教育》虽然只存在了短短五年的时间，却在传播西方音乐理论知识、音乐教育体系的建立和社会问题的研究上起到了巨大的作用。《音乐教育》停刊后，至20世纪80年代前，近半个世纪我国没有再出现专门的音乐教育刊物，这份《音乐教育》就更显得弥足珍贵了。1939年，缪天瑞赴重庆与胡彦久、江定仙、陈田鹤共同编辑《乐风》双月刊。创刊伊始，便确立了编辑方针：为着整个音乐创作的发展，大量发表抗战创作歌曲。在创刊号上就选定了多首乐曲，如陈田鹤创作的钢琴曲《血债》，卢冀野、应尚能的《拉纤行》，老舍作词、刘雪庵谱曲的《军民联歌》等，更有一首随后一炮打红的钢琴伴奏独唱艺术歌曲，即贺绿汀根据当时重庆进步刊物《文摘》中的一篇散文诗谱曲的《嘉陵江上》，发表后就迅速传遍大后方的每一角落，歌曲后来还被翻译成了英文，将抗战精神传到了国外。此外，创刊号上还刊登了多篇音乐评论的文章，其中就有缪天瑞的《天然音阶的构成》一文。由于创刊号上刊登了署名荣森（即唐荣牧、向隅）报道延安的一篇《鲁艺音乐系近况》的文章，《乐风》被当时国民政府停刊整顿。1941年复刊后，内容还是配合抗战时期音乐教育的发展，但终因工作困难而停滞。1946年，缪天瑞辗转到台湾后，又主编台湾省交响乐团的《乐学》

---

[1] 原著出版于1928年。
[2] 1935年7月第3卷第7期，原著出版于1933年。
[3] 1937年第5卷第6期。
[4] 原著出版于1931年。

双月刊，在此刊上，发表了 3 篇律学研究文章，但不久亦因时事困难而终刊。1950 年，又同张文纲合编《人民音乐》月刊，共出 12 期。可见，缪天瑞充分认识到音乐刊物的重要性，并且身体力行，为音乐教师素养的提高、音乐教育事业的发展、音乐知识在社会上的传播都起了极大的促进作用。

原载杨和平《先觉者的足迹——李叔同及其支系弟子音乐教育思想与实践研究》，上海音乐出版社 2010 年版，第 133—147 页

杨和平：生于 1961 年，浙江师范大学音乐研究所原所长、教授

简论缪天瑞音乐教育成就和音乐教育思想

杨雁行

在缪天瑞 75 年的音乐生活中，有 46 年是在音乐教育岗位上，他的学术思想、专业成就也集中体现在音乐教育事业上。现仅就缪天瑞音乐教育成就、音乐教育思想，做初步的论述。

一、缪天瑞的音乐教育工作和成就，集中在四个时期

（一）音乐教育初期

1926—1933 年，缪天瑞毕业于上海艺术师范大学后，先后在温州中学附小、温州艺术学院、上海新陆师范学校、上海同济大学附中、上海中华艺术大学和武昌艺术专科学校任教。缪天瑞曾师从吴梦非、丰子恺等我国近代史上最杰出的教育家，这为他在音乐基础和技能、治学思想、写作能力和工作精神上打下良好的基础。19 岁的缪天瑞从谋生就业一开始先挑择了音乐教育这个职业，为他以后的成就铺垫了基础。这 6 年虽辗转流动，他始终认认真真地教学，并在教学的同时配合教学撰写、译写教学法和音乐理论方面的著作，这包括《中学新歌》（1929 年 1 月，三民图书公司出版，他创作和填词）、《钢琴基本弹奏法》（1929 年 7 月，俄国列文原著，三民图书公司出版）、《西洋音乐故事》（1929—1930 年，西洋音乐史十一章，《北新》半月刊连载）、《风琴钢琴合用谱》（1930 年 1 月，三民图书公司出版）、《论音乐艺术的阶级性》（1930 年 6 月，日本兼常清佐原著，发表在《北新》半月刊）。这些论（译）著展示出年轻的缪天瑞的理论才华和写作水准，理论上的成就反过来指导和促进了他的教学。这期间他培养过刘天浪（1913—1986）、陆华柏（1914—　）等一批优秀的音乐人才。

（二）福建音专时期

1942—1945年，缪天瑞应蔡继琨校长之请到国立福建音专，任该校教授兼教务主任。在此以前，由于他著、译了《中国民歌集》（1933年4月）、《乐谱的读法》（1933年5月）、《中国音乐史话》（1933年8月）、《对位法概论》（1933年10月）、《歌曲作法》（1934年6月）、《音乐美学要义》（1937年7月）、《世界儿歌集》（1935年5月）、《作曲法》（1935年5月）等许多音乐著作，尤其是1933年3月至1938年3月他主编《音乐教育》月刊57期，内容涉及古今中外音乐各个领域，对音乐界和音乐爱好者产生深刻影响，这些使缪天瑞成为全国有影响的音乐理论家和学者。此时的缪天瑞正值中青年，风华正茂，他的音乐思想已臻成熟，学识渊博，精通日、美两国文学，作为教授、教务主任，他的工作使福建音专成为当时仅有的几所高等音乐学校中办学正规，成绩斐然的学校。这期间培养出汪培元（上海音乐学院教授）、孟文涛（武汉音乐学院教授）等一批优秀音乐专家，为以后中国音乐事业的发展做出了积极贡献。

（三）中央音乐学院时期

1949—1958年，从我国最高音乐学府——中央音乐学院开创伊始，41岁的缪天瑞就参加了该院的工作，历任教务处主任、副院长等重要职务。此前，缪天瑞因主编《乐学》（1947年，共4期），编写《小学音乐教材及教学法》（1947年6月），尤其是翻译了英国柏顿绍的《乐理初步》（1948年3月）和美国该丘斯一整套音乐技法（即音乐形态学）方面的著作《音乐的构成》（1948年8月）、《曲调作法》（1949年4月）、《曲式学》（1949年5月）、《和声学》（1949年11月）、《对位法》（1950年7月），使他成为全国著名的音乐理论家、翻译家。他在中央音乐学院工作勤勤恳恳、一丝不苟，在党委领导下对教学管理工作抓得深入细致，建立了良好的教学秩序，产生很好的教学效果，为新中国的音乐事业培养了大量的高级专门人才。与此同时，缪天瑞在科研上也取得了突破性进展，他的《律学》（1950）出版，是从物理学、乐律学和音乐学交叉学科的角度，开创了音乐学的新的系统学科，他是新型的律学学科的奠基人和开创者。他还出版了《儿童节奏乐队》（1950年5月）并出版《乐理初步》修订版（1952年12月）。

（四）天津音乐学院时期

1958—1983年，这25年是缪天瑞教育生涯最重要、最坎坷也是最辉煌的时期。

首先，缪天瑞是天津音乐学院的创建人，第一任院长。天津音乐学院是在中央音乐学院由天津迁往北京时，留得部分教师、干部为骨干，在河北省委、政府领导下建立起来的地方音乐学院。在建院的筹备工作，学院的学科设置，教师骨干队伍的稳定和建设，教学设备和财力的筹措、协调等方面，他呕心沥血，全力以赴，做出巨大贡献。

在学院的初建中，教师、干部队伍最为重要。缪天瑞在师资队伍建设上采用了三个步骤：一是稳定从中央音乐学院留得的骨干教师的情绪，调动他们的教学积极性，他们是许勇三、陈振铎、吕水深、周美玉、黄雅、严正平、廖胜京、陈恩光、王仁梁、王东路、康少杰、罗秉康等专家学者；二是从外调入一批著名的表演家和学者充实教师队伍，如胡雪谷、季文艺等；三是从优秀学生中在学定向培训，边学习边教学，选拔培养一批青年教师骨干，如高燕生、杨长庚、梁茂春等。在干部队伍建设上，他尊重党的领导，团结外来干部，与河北省派进的领导刘子华、厉声、赵森林等团结协作，使天津音乐学院在建院初期就建立了良好的管理系统和思想政治工作系统，开创了良好的工作局面。由于缪天瑞的学术地位影响和天津音乐学院全体教职工学生的努力，很快天津音乐学院就成为全国除中央、上海、沈阳外第四所建院较早颇有影响、很有成就的高等音乐学府，其中由许勇三、廖胜京、陈恩光、王仁梁、张国雄组成的作曲技术理论学科，王东路、康少杰等组成的音乐学学科在全国也属上游地位。

其次，天津音乐学院在创建时已处在"左"的思想的干扰之下，尤其是十年动乱的破坏，缪天瑞始终以艺术家的良知，理论家的冷静从不改变他对音乐教育事业的执着追求和拳拳爱心，他从不计较个人的得失荣辱与地位的变化沉浮，而是脚踏实地地搞好教学和科研。十年动乱遭受迫害，他无怨无悔、不计前嫌，只要有了工作条件，就全身心投入音乐研究和教育事业中去。

最后，粉碎"四人帮"之后，由缪天瑞主持教学工作后，他在党委领导下，狠抓教学秩序整顿、师资队伍的重建和新的学科建设，并锐意改革，使学院工作在拨乱反正的基础上，又向前大大进步。这期间，缪天瑞在面向全国招生，扩大生源，多层次办学，建立新的学科，开展学院音乐艺术研究等方面都做出积极的努力并产生良好的效果。

四十年来，由缪天瑞开创并主持工作的天津音乐学院历经创建、发展、挫折、腾飞几个时期现在已硕果累累、桃李满天下。在培养人才上：20世纪60年代培养出施光南、阿拉腾奥勒、石惟正、赵砚臣、陆金山、高燕生、董金池、黄小龙、管文宁等，70年代培养出努斯勒提瓦吉丁（艾维新）、姚盛昌、田青、林金元，80年代培养出伍嘉冀、王小勇、腾格尔、杨通八、陈士宾、韩宝强、宋飞、刘玉婉、曲比阿乌、白海波、张志成等优秀的有影响的音乐家。在科研成果上：产生了《律学》《基本乐理》《小提琴演奏法》《二胡演奏艺术》《二胡演奏法》《巴托克研究论文集》《美国音乐论文集》等。在目前学院各系及附中、研究所等9个教学、科研部门中有8个部门的主要领导和艺术带头人都是由缪天瑞在主持工作期间培养的人才。缪天瑞对天津音乐学院的建设可以说成绩巨大、影响深远。

二、在缪天瑞长期的音乐教育实践中，形成了较为系统的音乐教育思想，归纳为如下六个方面

（一）大音乐教育思想

缪天瑞从不孤立地、封闭地研究，实践音乐教育，总是从更高的层次、更广的范围去认识音乐教育。首先是把音乐教育作为美育的重要内容，去培养、塑造健全完美的人，这些思想是继承了蔡元培、丰子恺先生的思想基础的发展；其次是音乐教育是在人文学科、社会学科基础上发展的学科，缪天瑞强调音乐教育不能重技轻艺、重艺轻文。这些思想对今天的音乐教育实践有着积极的现实意义。

（二）音乐教育服务社会的思想

缪天瑞主张音乐教育与实践结合，服务社会，不是指培养学生将来走向社会一般意义上的服务社会，而是从一开始的专业设置、专业方向、专业教育、专业科研中的全过程都要服务社会。他的这个思想浓缩了西方大学 200 年的发展的功能，即西方大学从知识传授—教学与科研结合—服务社会的三个阶段。缪天瑞的音乐教育实践从一开始将教学、科研、服务社会三位一体。缪天瑞最早提出在音乐学院开设手风琴专业，他与钢琴教授郭汀石先生说："手风琴是群众喜爱的乐器，是社会急需的专业，要搞好这个专业。"在他的指导下，天津音乐学院手风琴专业从无到有，今天成为全国最有影响和特色的专业之一。缪天瑞积极支持学生在学好专业基础的同时，更多地参加艺术实践，提出"占领三台"（即舞台、电台、电视台）。这些在专业设置和学生实践中的积极经验，丰富了他音乐教育服务社会的思想。此外，在缪天瑞编辑 57 本《音乐教育》月刊、编辑各种音乐词典等工作，也体现了这一重要思想。

（三）主张一专多能的思想

在音乐专业教育中，缪天瑞主张一专多能，提倡在熟练掌握一门专业特长的同时，具备另一二种音乐技能和知识，即今天所说的复合型人才。这种专业培养方向性的指导思想，与音乐教育服务社会的思想是一脉相承、相互呼应的。因为社会需求是多层次、多侧面的，只有一专多能的复合型音乐人才才能更好地服务社会。

（四）重视中小学和儿童音乐教育，使普及和提高相结合的思想

缪天瑞认为中小学和儿童的音乐教育尤为重要，他在一生的音乐教育中注重这方面工作的经验、作法、教材、教法，并亲自编写《中学新歌》(1929)、《音乐教育·小学音乐教育》专号（1934）、《世界儿歌集》(1935)、《小学音乐教材及教学法》(1947)、《儿童节奏乐队》(1950)、《小学歌曲集》(天津音乐学院附中附属音乐小学编，1960 年由他倡议并亲自选材，为农村孩子选编)，1984 年，他率团赴日本演出中考察了日本中小学音乐教育状况。缪天瑞重视中小学和儿童音乐教育的思想是具体体现他的大音乐教育思想的重要方面。音乐教育水平的提高来源于国民音乐的普及，并服务于普及，而音乐普及应侧重儿童，从中小学生做起，从而提高国民美育和整体素质。

（五）强调洋为中用和发展中国民族音乐的思想

缪天瑞是著名的音乐理论翻译家，一生中翻译了大量的西洋音乐技术理论及音乐学理论著作，产生广泛的影响。但在缪天瑞的音乐教育实践中，他不全盘照搬西方音乐，而是强调洋为中用和发展中国民族音乐。从"五四"以来，在如何发展中国音乐上历来就有"全盘西化"和"主张复古"两种主张之争，缪天瑞对这些思潮进行了批判、扬弃和合理继承，并借鉴西方音乐理论基础，为中国民族音乐的理论做出重要贡献，他的专著《基本乐理》采用了中国民族音乐为谱例，使西洋乐理为中国音乐所用；他与吉联抗、郭乃安主编《中国音乐词典》及其续编是迄今为止最权威的中国民族音乐理论辞书，该书的分类体系、学科基础借鉴，对比了西方理论，具有中国民族特色。在天津音乐学院学科建设上，也加强了民族民间音乐专业，请民间艺人上大学课堂，使天津音乐学院民族器乐水平居于全国前列。

（六）专业音乐教育强调系统性和基础性的思想

缪天瑞主张办好附中、附小，为高等专业教育打好基础，赞同音乐教育"一条龙"（即附小、附中、大学连贯一气），他反对和抵制十年动乱中"四人帮"在天津代理人不准附中学生直考大学的"左"的干扰。在大学的专业教育，强调系统的训练和教育，在"左"的思想干扰的情形下，他提出以教学为主，按"一、一、八"的比例，即一分政治、一分劳动、八分专业训练、教学。

以上六个方面的思想，互为联系，互为补充，体现了缪天瑞在46年音乐教育生涯乃至70年的整个音乐生涯中的思想内涵。它既是中国的儒家正乐、乐教思想为主体思想的批判继承，又是借鉴西方近代科学音乐理论成果的集中反映，并在一定程度上体现出我国特定的时代特征。

原载《天津音乐学院学报》1998年第4期

杨雁行：生于1949年，天津音乐学院音乐研究所原副所长、教授

缪天瑞著《小学音乐教材及教学法》中适用于今日素质教育的若干观点

孙从音

提起缪天瑞教授，人们都会赞不绝口地称他为卓越的音乐教育家、音乐理论家、音乐翻译家。这些称号是众多的音乐工作者发自内心的共鸣。

缪天瑞教授1926年毕业于上海艺术师范大学后，即回家乡温州，在温州中学附属小学任教，后辗转20多个工作岗位，至1989年离休。作为音乐教育家，他60多年来为音乐教育事业倾注了大半生的辛劳和心血，受他教益的学生数以千计。他教过小学、中学、大学，培养过硕士生、博士生，有不少弟子成为闪烁中国乐坛和国际乐坛的明星。

正当我国教育从应试教育向素质教育转轨之际，我重温了缪天瑞教授于1947年6月由上海万叶书店出版的《小学音乐教材及教学法》，这是以他1927年任小学音乐教师的感性认识为基础，从1933年起开始收集材料，酝酿达10年之久才写成的第一部著作。新中国成立前，在我国许多小学音乐教师还不大了解音乐教育对儿童成长过程的重要性，也不懂得音乐课教材的选择方法和课堂教学方法的情况下，这本书的面世，正好满足了许多教师的需求。它像一本小学音乐教师实用手册，包括的内容全面，有唱歌教材选择法、听唱教学法、视唱教学法、唱歌一般教学法、发声法与音高矫正法、合唱教学法、其他音乐活动、音乐测验与记分法，以及设备、乐器维修和唱名法等，真可谓一部小学音乐教师必备的小百科全书。

这部书之所以受到读者的欢迎，是因为作者以自己多年的教学实践总结为主，参考国内同行的经验并吸取国外先进理论写成。它不仅内容丰富，而且在阐释原理时非常得体，用简练的语言，在扼要的叙述后，从实用出发讲解上课的全过程，使初上讲台的教师获益匪浅。

下面，我照原书的前后次序，分析缪先生用了哪些教材和教法来对儿童进行音乐教育的——我就其中能与今日的素质教育接轨的几个方面，来简要地说一说。

在第1章"唱歌教材选择法"中，他提出了一个重要的问题："本国的民歌，不能轻视，应视其性质，多多采用为教材。"[①] 他不仅提出这一主张，而且在这一章中列出适合儿童歌唱的民歌（或改编的民歌）10余首作为实例。其中有一首《打雷》[②] 是一首很好的民歌，又是一首极好的儿童歌曲。它是把自然界的噪音美化为引起儿童审美意识的艺术杰作。如果我们从众多的民歌中去选择，一定可以找出许多既是艺术杰作又适合儿童歌唱的民歌，大大地丰富了小学音乐教材，为教材的民族化起了很好的作用。

缪先生在第4章"唱歌一般教学法"中讲到唱歌教学的三个目标：(1) 使儿童对唱歌发生兴趣，从唱歌中得到快乐；(2) 使儿童养成唱歌所需的各种技术；(3) 使儿童学会以唱歌表现自我。这三个目标，是实现唱歌审美教育的三个原则问题。这三个问题从表面来看，只是教学方法，但实际关联着审美意识问题。下面将引用著者直接或间接讲到的这些问题。

缪先生告诫音乐教师在教学中要注意：(1) "多鼓励，少批评"。什么叫少批评？不是说有三处错只说两处。而是一处一处地指出。这一次说一个地方不对，第二次再说另一个地方应该怎样唱。不要一下子举出许多缺点，使孩子觉得自己一无是处，丧失信心。(2) 儿童唱歌中途，教师不要发现哪儿有错就马上停下来说一通，要等一首歌唱完了以后再提意见。(3) 对于儿童唱错的地方，要用"示范改正"和"自动改正"相结合的办法去纠正。即有时教师示范正确唱法，有时教师只说什么地方有什么问题，让学生自动改正；学生改正后，教师加以鼓励，学生就会很高兴。[③] 这是要儿童在唱歌中保持完整的审美情趣，且富有主动性，有利于儿童唱歌时能表现自我。

缪先生特别告诫教师：儿童声区通常分为两种，即"头声"与"胸声"。在音质上，头声清澈、明朗、单薄，胸声沉重、雄厚。未学过正式唱歌发声法的儿童，只知道用胸声，而不知道还有头声的存在。头声发声时，声门稍启，声带面积缩小，振幅也小，振动急速，而仅声带边缘极小部分振动。头声发声与胸声发声最显著的不同处，在于前者仅用声带边缘振动，同时将共鸣传送至头腔。儿童发声法的专门学者都极口说胸声有害，应当用头声歌唱。胸声的害处是：(1) 胸声发音时，声带须全长、全幅又全厚振动。儿童声带纤弱，不胜此种重负。故胸声发音极易疲劳，结果会使声音越唱越低。儿童唱歌时音调低，不能入调，多由于用胸声歌唱的缘故。(2) 高年级的儿童若用胸声歌唱，会使变声期延长。若在变声期间依然用胸声歌唱，则过变声期后不能再发出美妙的歌声。(3) 胸声发声时，后咽喉僵硬，不能运动自如。为要歌唱而更须大声叫喊，结果使声带加厚，至于不能振动，乃由假声带代其振动。街上叫卖儿童常有这种现象。(4) 用胸声唱歌，只能作机械的发声，不能表情。倘用头声唱歌，则上举一切都可

[①] 缪天瑞：《小学音乐教材及教学法》，上海万叶书店1947年版，第11页。
[②] 缪天瑞：《小学音乐教材及教学法》，上海万叶书店1947年版，第18页。
[③] 参见缪天瑞《小学音乐教材及教学法》，上海万叶书店1947年版，第59页。

避之。总之，儿童唱歌要轻声唱，多唱高音；儿童唱歌求质的美，不求量的大。儿童即使轻声唱歌，仍能传远。这是因为头声发声方法正确又有共鸣使其扩大，使其美化，而能够传达很远。① 缪先生在结束这一节的阐述时，还语重心长地说："社会上有许多人竟不能唱好一首歌，他们所以如此，焉知不是少时大声喊唱，损坏声带，失去唱歌其本兴趣所致。去者已矣，今后应当特别注意。"

在讲到合唱时，缪先生认为，每个学生都要做到口唱一部，耳听他部。……使儿童有清楚的和弦感觉。②

在第7章"其他音乐活动"中缪先生讲到唱歌游戏，实际包括"唱歌游戏""听音动作""唱歌表演"三个内容。从音乐教育来说，后两者价值更高。作者对这三个内容作了解释：（1）在游戏中插入唱歌或歌唱式的呼唤，叫作"唱歌游戏"。（2）儿童对音的节奏和高低等的反应，用身体或动作表现出来，叫作"听音动作"。（3）将曲调或歌词的内容用有节奏的动作边唱边表演，叫作"唱歌表演"。这在音乐教育上有重大的意义。③ 今日称为"体态律动"，是一门新的教育学科。

缪先生又讲到"节奏乐队"。书中认为，节奏乐队是由儿童用简易的打击乐器对一首器乐曲或声乐曲，击出它的节奏或节奏的变化。其目的，主要是发展儿童的节奏感，培养出合奏的能力，为他日合唱、合奏打下基础。④ 在开始时，教师可编一个打击乐器的总谱，指导学生演奏。以后，不用节奏谱，由儿童视乐曲的表情，作创造性的演奏。缪先生认为这种带创造性的演奏很有价值。他提倡在教师辅导下，儿童自己动手制作简易乐器。这样，可为学校节省开支，更重要的是培养儿童的创造力。

讲到创作时，缪先生说："我在听音动作、唱歌表演与节奏乐队各方面，均提到儿童的自发活动、创造性的表现。在唱歌方面，亦是如此，即引导儿童创作歌曲。儿童既获得唱歌能力之后，就有把生活中的一切经验化为歌曲的倾向。"他说，很"可能有新鲜的感情，与独出心裁的音的进行"。⑤ 这就是可贵的创造性。对这种创造性要给予鼓励。较好的作品可在班上教唱。不要求学生自己记谱，老师可以听孩子唱，代为记谱。为了培养每个学生的创造力，要发动全体学生都参加这种活动。

最后，我以缪先生作为"听音动作"而写的一首歌曲《团结起来》⑥ 作为本文的结束。这首歌的歌词如下：

　　（1）我们都是小工人，小工人，小工人，
　　　　我们都是小工人，样样事都能，

---

① 参见缪天瑞《小学音乐教材及教学法》，上海万叶书店1947年版，第66—70页。
② 参见缪天瑞《小学音乐教材及教学法》，上海万叶书店1947年版，第76页。
③ 参见缪天瑞《小学音乐教材及教学法》，上海万叶书店1947年版，第80页。
④ 参见缪天瑞《小学音乐教材及教学法》，上海万叶书店1947年版，第92页。
⑤ 缪天瑞：《小学音乐教材及教学法》，上海万叶书店1947年版，第98页。
⑥ 缪天瑞：《小学音乐教材及教学法》，上海万叶书店1947年版，第83—84页。

　　　　造公路，造铁桥，造飞机，造大炮，
　　　　我们都是小工人，样样事都能。
（2）我们都是小农夫，小农夫，小农夫，
　　　　我们都是小农夫，不怕多辛苦，
　　　　早出门，晚回家，风又吹，雨又打，
　　　　我们都是小农夫，不怕多辛苦。
（3）我们都是小军人，小军人，小军人，
　　　　我们都是小军人，勇敢向前进，
　　　　过峻岭，过高山，过大湖，过小滩，
　　　　我们都是小军人，勇敢向前进。
（4）大家都是中国人，中国人，中国人，
　　　　大家都是中国人，相爱又相亲，
　　　　要团结，要合作，来建设，新中国。
　　　　大家都是中国人，相爱又相亲。

　　这首歌曲显示出缪先生在成书时（1946年）就深信"新中国"必将来到，引导儿童以自身作为"工、农、兵"而欢唱。

1998年9月

原载高燕山、刘连捷主编《缪天瑞音乐生涯》，河北教育出版社2000年版，第60—64页
孙从音（1921—2014），天津音乐学院教授

缪天瑞音乐教育思想研究

——纪念缪天瑞先生逝世二周年

汪 洋

在 20 世纪中国音乐的历史长河中，涌现出许许多多为中国音乐事业献身的先行者。缪天瑞（1908 年 4 月 15 日—2009 年 8 月 31 日）先生的音乐生涯从一个角度、一个侧面揭示出 20 世纪中国音乐文化的发展历程，他的音乐成就客观反映了 20 世纪中国音乐事业前进的步伐。缪天瑞先生在近 90 年的音乐人生中，为中国音乐事业竭尽心力，贡献卓著，在音乐教育、音乐理论研究、音乐翻译、音乐刊物和大型音乐辞书的编纂等五个领域做出了辉煌的成就。

特别在音乐教育领域，他是我国音乐教育事业的开拓者，其一生的绝大部分时间都是在教育岗位上度过的。1926 年从上海艺术师范大学音乐科毕业后，从事普通音乐教育，后从事专业音乐教育，一直到 1983 年离开天津音乐学院，1989 年离休于中国艺术研究院。缪先生从教小学、中学、师范、艺术中专到成为高等音乐学院的一院之长，漫长而丰富的音乐教育工作经历证明了他的音乐教育实践是全方位的，理论和研究活动基本都服膺于音乐教育的目的，并紧紧围绕着音乐教学的需要进行。

一、音乐教育道路及其相关教学成就

缪天瑞先生一生从事的音乐教育分为两个阶段：普通音乐教育 16 年（含中小学音乐教育、中等师范教育、艺术中专教育和中小学音乐视察员，1926—1932、1933—1937、1938—1939、

1939—1941，其中 1933—1937、1939—1941 这 8 年虽然没有从事实际音乐教育工作，但先后担任面向中小学音乐教育的《音乐教育》和《乐风》杂志的主编，在 1933—1937 年还任江西省中小学音乐视察员）和高等专业音乐教育 46 年（1941—1945、1949—1983、1983—1989）。

1926 年，缪天瑞在上海艺术师范大学音乐科（1923 年入校时为上海艺术专科师范学校，师从于吴梦非、刘质平、丰子恺、徐希一、钟慕贞等人，专修钢琴[①]），毕业后回温州任温州中学附属小学音乐教师。第二年与同学们一起创办温州艺术学院，一年后由于债务问题被迫停办。1928 年秋天起先后在上海新陆师范、上海滨海中学、上海同济大学附中和上海艺术师范大学教授音乐。1930 年至 1932 年任武昌艺术专科学校教师，教乐理与钢琴。1933 年至 1938 年担任江西省推行音乐教育委员会管弦乐队钢琴演奏员，中小学音乐教学视察员及《音乐教育》主编。《音乐教育》停刊后，缪先生便从南昌回到温州师范学校担任音乐教师直至 1939 年。

在从事普通音乐教育的 16 年间，缪先生首次出版个人创作和填词的《中学新歌》（1929 年 1 月，上海三民图书公司），编译《钢琴基本弹奏法》（［俄］列文原著，1929 年 7 月，上海三民图书公司），编译《世界儿歌集》（1935 年 5 月，上海开明书店）等。虽然《音乐教育》杂志办刊的 5 年（1933—1938）缪先生没有在教学一线，但由于他前 7 年的基层教学经验使他对基层音乐教育状况有了较深入的了解，所以一直担任江西省中小学音乐教学视察员，并利用《音乐教育》杂志这个平台，对当时普通音乐教育工作者面临的实际问题提供一些解决办法以及指导性的意见，并出版"小学音乐教育"专号。像许多著名音乐家如贺绿汀、青主、陆华柏、李元庆等处女作都首发于《音乐教育》，连当时远在美国留学的钱学森先生都投稿介绍当时西方流行的现代音乐。[②] 在主编缪天瑞宽阔的胸襟和严谨的学术态度下，《音乐教育》杂志不仅成为国内 20 世纪 30 年代音乐教育界也是音乐学术界最具影响力的期刊，对当时的音乐教育产生了重要的影响。1939 年 10 月，缪天瑞在重庆教育部音乐教育委员会与胡彦久、江定仙、陈田鹤一起主编的音乐杂志《乐风》也完全以中小学音乐教师为对象。

从 1941 年 8 月开始，缪天瑞先生兼任重庆国立音乐院讲师，教授乐理，并在"音乐教员教习班"讲授音乐教学法课程。1942 年 3 月，应福建省立音专校长蔡继琨之邀，赴福建永安任该校教务主任、教授，教授和声、对位、曲式、作品分析、钢琴等多门课程，并担任师范科的音乐教学法课程。1945 年 8 月，因同情并救助被捕学生而遭"自请离职"，离开福建音专回到家乡。1946 年 10 月，又应蔡继琨之邀，到台湾任台湾省交响乐团编辑室主任，主编《乐风》杂志，后任副团长，一直到 1949 年 5 月回大陆。

1949 年 8 月之后，缪天瑞在天津刚刚组建的中央音乐学院担任研究室主任和教务主任，后任副院长。1958 年，中央音乐学院迁京，他接受河北省政府邀请，留任天津音乐学院院长，直至 1983 年。1983 年 7 月赴北京任中国艺术研究院音乐研究所研究员，1989 年 5 月离休。

[①] 缪天瑞：《致力办学的音乐理论家吴梦非老师——纪念吴梦非老师逝世 25 周年》，载缪天瑞《音乐随笔》，人民音乐出版社 2009 年版，第 255 页。原文刊登于《天籁（天津音乐学院学报）》2005 年第 4 期。

[②] 参见缪天瑞主编《音乐教育》，江西省推行音乐教育委员会主办，1935 年第 7、8 期"美国通讯""机械音乐"。

在高等音乐专业教育的46年中，缪先生埋首耕耘、呕心沥血，他分别在国立福建音专、中央音乐学院和天津音乐学院任教和担任领导职务。其中国立福建音专的三年半时间，被缪先生称为在新中国成立前印象最深刻的一段日子。在福建永安这个相对偏僻远离战火的小山村，缪先生专注于教学、管理和研究工作并广揽人才，像黄飞立、刘天浪、陆华柏、唐学咏、萧而化、李嘉禄、王沛纶、德国籍曼哲克夫妇、保加利亚籍尼格罗夫等都在该校教书。因而桃李满门，培养了一大批卓有成就的音乐家，像汪培元、孟文涛等（包括现今在台湾的如颜廷阶、陈镦初等许多音乐家）。同期成就也甚丰，像该丘斯的理论丛书《和声学》《曲式学》《对位法》，都相继被翻译作为教学讲义。

在担任中央音乐学院研究室主任、教务主任、副院长的9年间，勤勤恳恳地抓教学管理工作，良好的教学秩序为中国的音乐教育事业培养了大量的高级人才。在天津音乐学院的25年是缪天瑞最重要、最辉煌、最坎坷的25年，既经历了辉煌（1958—1963），又遭遇了无奈（1964—1976），又面临着第二次创业（1976—1983），但缪先生始终以人才培养为中心，狠抓教学管理、师资队伍、教学设施等建设，使天津音乐学院的教学质量得到全国同行的首肯。因此对天津音乐学院来说，他成绩巨大、影响深远。

1983—1989年，缪先生调任北京中国艺术研究院音乐研究所研究员，主要任《中国大百科全书·音乐 舞蹈》编委副主任、《中国音乐词典》及其续编主编、《音乐百科词典》主编。虽然，这6年间的主要任务是辞书编纂，但他仍不忘音乐教育。首先，在这几部词典中他都设置了音乐教育词目，特别是《音乐百科词典》中有关"音乐教育"的词目达100条，3万字（词目共6600余条）。同时，他还担任博士生导师，指导学生搞学术研究。

从事高等音乐教育的同时，缪先生仍然思考着普通音乐教育。当年国立福建音专既有培养专业突出人才的五年制本科，又有培养较高水平中小学音乐师资的三年制和五年制师范科。1947年出版的缪天瑞第一本专著《小学音乐教材及教学法》（上海万叶书店出版），就是缪天瑞从小学音乐教师一直到国立福建音专担任"音乐教学法"课程等大量教学实践的经验总结和理论提升。这是一部既继承中外优秀音乐教育理论又有个人创新的普通音乐教育通论著作，至今在普通音乐教育领域仍具有很高的学术价值。1950年他又编写了《儿童节奏乐队》（上海万叶书店出版）一书。1984年又率民族乐器演奏小组赴日本访问并考察日本中小学音乐教育。

二、音乐教育思想研究

缪天瑞从事音乐教育实践工作达62年，这整整占去了他音乐生涯的一大半。62年的教学工作，他教遍了作曲技术理论、音乐史、钢琴演奏、基本乐科、音乐教学法等众多学科的主干课程。从一线的小学教师开始，先后担任中学、师范、艺术中专音乐教师、中小学音乐视察员，一直到高等音乐学院的院长；他亲手创立温州艺术学院（1927），参与建立天津音乐学院（1958）。所以，全方位的音乐教育实践经验以及对20世纪中国社会发展的深刻了解，构建了缪天瑞完整的音乐教育体系，并形成了缪天瑞科学音乐教育思想的根基。他的教育尊重艺术规律，以育人为根本，普通与专业音乐教育并重提高全民素质、艺术与文化并进提倡一专多能、办学与社会结合突出专业特色、教学与实践结合强化实践环节、"洋为中用"发展民族音乐、"请进来、送出去"重视师资建设等思想，至今仍有现实的指导意义。

（一）普通与专业音乐教育并重提高全民素质

缪先生的专业音乐教育实践为 46 年，普通音乐教育实践仅为 16 年，但缪先生一直关注普通音乐教育。他认为这两者没有高低之差异，只是教育的内容和培养的方法不同，培养性质的不同。他认为"普通音乐教育的本质是向学生进行审美教育"[①]，提高民族音乐文化素质，要注重激发和培养儿童的学习兴趣，适合儿童特点以及其发展的需要。普通音乐教育应以如何更好地实施美育为出发点和归宿点。在专业音乐教育上，他则强调系统性、基础性和规范性，要定位准确、突出特色，要有相对完整、稳定的教学进度计划以及以授课计划为依据的教学内容和教学方法的监督管理机制，要重视师资队伍建设等。同时，他非常强调高等音乐教育自身的基础，即办好附小、附中的重要性。他提倡附小、附中、大学一条龙的办学模式，确保专业人才的良好基础。在天津音乐学院初创之时，他就主张着眼于抓好附中。

缪天瑞一直认为普通音乐教育是专业教育赖以发展的基础。普通音乐教育的发达，从战略高度来看，不仅影响着专业音乐教育，而且关系到全国人民的文化素质，决不能可有可无、等闲视之。普通音乐教育一方面为专业音乐教育发现人才、准备人才，另一方面又为专业音乐的发展提供主要的受众与欣赏者。整个中国音乐事业的提高，必须要有民族整体音乐素养的明显提高作为依托。反过来，专业音乐教育应该关注普通音乐教育，要与有经验的普通教育音乐工作者联手，推动普通音乐教育的相关教学、科研与创作。

因而，缪天瑞音乐教育思想中第一个非常重要的思想就是专业和普通音乐教育并重，两者之间没有高低贵贱之分。这种观念促使他一直在思考普通音乐教育，像《小学音乐教材及教学法》的出版就是缪先生前半生从事普通音乐教育实践的一个总结，虽然当时他已在台湾交响乐团担任《乐学》主编；而且像《儿童节奏乐队》也是在中央音乐学院期间完成出版的。甚至到了北京的中国艺术研究院工作，1984 年还去日本专门考察中小学音乐教育，归国后把访问所得，"书面告知天津音乐学院附中，作为课程改革的参考"[②]。

不仅如此，他还强调专业音乐教育、普通音乐教育与社会业余音乐教育紧密结合，要开放办学、开放提高，通过多层次、多渠道地举办各种类型的进修班、专修班、函授班、夜大学等来提高全社会的整体音乐文化素质，从而推动全民族的整体音乐水平。天津音乐学院在 20 世纪 60 年代初期的各类业余学生就达到 400 多人（全日制学生才接近 900 人）。

笔者认为，缪天瑞出生正值中西方文化大碰撞、新旧制度大冲突的时代，他选择的是一条"新学"的道路。作为李叔同先生的第三代传人（他师从吴梦非、丰子恺，吴梦非、丰子恺师

---

① 缪裴言：《音乐教育研究的一位不倦的开拓者——缪天瑞先生音乐教育思想研究》，载《缪天瑞音乐生涯》，河北教育出版社 2000 年版，第 45 页。

② 缪天瑞：《回忆吕骥同志》，载缪天瑞《音乐随笔》，人民音乐出版社 2009 年版，第 278 页。原文刊登于《人民音乐》2002 年第 2 期。

从李叔同），他所追求的"效法西乐，改良旧乐，创造新乐"的目标使其一开始就以"音乐启蒙""教育救国"为己任。"欲改造国民之品质，则诗歌、音乐为精神教育之一要件。"① 这种以提高全民音乐素质为终身追求的思想贯穿于他百年人生之中。

2007年春节之前，笔者在编《百岁学人缪天瑞——庆贺缪天瑞百年华诞影集》图册之时，有一次缪先生告诉我，他给家乡温州大学音乐学院写了一封信，告诉他们要培养好的音乐人才，要自己办附中并办好附中。虽然，温州大学音乐学院不像中央音乐学院、天津音乐学院那样是一个独立的单位可以办附小、附中，但先生极其重视音乐教育基础的思想可以窥知一二。

（二）艺术与文化并进提倡"一专多能"

缪先生认为音乐学习与研究者需具备综合知识结构。他曾说过2004年他先后撰文纪念他的老师吴梦非和丰子恺两位先生就是为了提倡综合的艺术教育思想。他认为现今的艺术教育分工过于明细，老师和学生的知识结构越来越单一。他要求艺术与文化永远要并进，学生整体文化素质的提升是培养真正音乐人才的前提，并提倡"一专多能"。

"要想把金字塔造得高，就要把底盘打得宽，'博'是'高'的基础，这难道不是尽人皆知的道理嘛！1996年，我曾将日本国立音乐大学附中开设文化课的情况，书面介绍给天津音乐学院附中，并希望他们改变'单打一'的局面。不知后果如何。我始终坚信，无论叫'一专多能''多面教育'或'素质教育'，要加强文化基础，拓宽专业知识面，都切合今日的教育体制改革，而且都……有利于人才的培养和民族素质的提高。"② 比如当时天津音乐学院附中的韩伟原来是学习小提琴的，但文化课底子非常好，后来就成了词作家，施光南许多好歌曲都是他创作的歌词。

1998年10月，天津音乐学院40周年校庆期间，他对某些同志说："一专多能是我在教学上一直主张的大方向问题，它不只是个教学方法改革或关系就业的问题。我早在天津音乐学院多次提出，却无人赞同，所以从来没有认真实施过。这是造就音乐人才的大问题，现在中国的教育改革也正朝着这个方向走。过去上海音乐专科学校（1949年以前）就设有主科和副科（不知道现在如何）。美国也早就重视'多面教育'，一个学生从一个大学毕业以后，还可以再读不同专业的第二个大学。世界各国的大人物，包括马克思，都是多能的。我知道日本有一所医科大学，不仅有学生交响乐队，连指挥、独奏全是业余的，但水平很不错。日本国立音乐大学附中毕业生可以顺利地考入其他专业大学。我们过去也是如此，就连江南丝竹老艺人都是一专多能的。而眼下我们的学生却入学是《十面埋伏》，大学毕业考试还是《十面埋伏》。据说，现在的音乐院校，文化与外国语水平已经降到了最低点，这怎么得了！连文化都没有了，那还谈什么'一专多能'。"③

笔者认为缪先生提出的"一专多能"含义是非常深刻的。首先，文化素质是前提，没有这个基础，一切都是空中楼阁。其次，要求学生应具备一门专业特长，同时还应具备与本专业相

---

① 梁启超：《饮冰室诗话》，连载于《新民丛报》第4—95期，1902—1907年。
② 狄少华：《缪先生办学思想一二》，载《缪天瑞音乐生涯》，河北教育出版社2000年版，第163页。
③ 狄少华：《缪先生办学思想一二》，载《缪天瑞音乐生涯》，河北教育出版社2000年版，第162页。

近的专业技能，如二胡专业要兼学板胡、京胡等，琵琶专业兼学柳琴、月琴等。再次，在通晓音乐本专业特长的同时，熟知在音乐范畴内与本专业相距较远的专业，如作曲专业学习琵琶等。最后，在掌握音乐本专业之后，具备其他大艺术门类如美术的相关能力甚至是人文科学乃至自然科学的修养。在先生看来，如何让音乐与科学精神相通，艺术与科学联合是人才培养的最高境界。

（三）办学与社会结合突出专业特色

缪天瑞先生提出办学一定要在社会需要和实际可能之间准确定位，地方院校要根据自己的实际定位，突出专业特色，而不是一味追大同、追大全。1958年，天津音乐学院组建初期，大部分的教师和员工都是从中央音乐学院留下来的，所以大家在工作中不自觉地采用原中央音乐学院的做法。所以缪先生就和大家交流："中央院的许多做法都是我们所应该学习的，但是在学习的过程中要经过我们自己的消化。因为我们是地方性院校，面对着和他们不同的实际和客观需要。我们的一切设想都要从我们的实际出发，这不是孰高孰低的问题。"[①] 特别值得一提的是，缪天瑞先生为建立独具特色的教学模式，亲自收集苏联、日本和欧美三套教学方案，民主讨论，最后各取所长，自成一体。事实证明，缪先生当时的教育思想是完全正确的，当时培养的人才非常符合社会的要求，现在这些人都已成为各类教育、文化、宣传系统的业务骨干和领导。

1959年，在当时历史条件下，由于手风琴的轻便和社会文艺活动的需要，手风琴成为群众最喜爱的乐器。因此，缪先生最早提出在音乐学院开设手风琴专业，认为这是社会急需的专业，要设立并要办好这个专业。他鼓励当时的钢琴系专业学生都要学会，并要求钢琴系先开出手风琴副科，等成熟之后再开出主科。在他的指导下，天津音乐学院手风琴专业从无到有，直至今天成为国内最有影响和特色的专业之一。

另外，他对音乐学院师范专业的社会定位也极为明确。他认为师范生毕业后的工作主要面向普通音乐教育，所以"对师范专修科的课程，从实际需要出发，围绕着如何培养合格的音乐师资来安排"[②]。不要一味按表演模式走。他要求师范专业的每位学生都必修钢琴、声乐、音乐理论，还要选修一两种乐器，这样培养出来的学生，不仅会弹、会唱、会作曲，而且会演奏一两种西洋或民族管弦乐器。笔者每次到北京看望缪先生，他都问我们学校音乐教育专业的办学情况，他不止一次地语重心长地对我说，一定要把握地方性、师范性音乐教育的培养目标，不能照抄音乐学院模式，否则影响下一代啊！

（四）教学与实践结合强化实践环节

缪先生按照艺术教育规律办学，始终以教学为中心。不管在福建音专、中央音乐学院，还是天津音乐学院期间，他先保证教学秩序和规范，哪怕福建音专处于当时烽火连天的战争背景，中央音乐学院初建时期的历史关系，以及天津音乐学院建院初期的社会大政治环境——

---

① 厉声：《缪天瑞教我当院长——为庆贺缪老九十华诞而作》，载《缪天瑞音乐生涯》，河北教育出版社2000年版，第146页。

② 何方：《我们敬爱的老师缪天瑞》，载《缪天瑞音乐生涯》，河北教育出版社2000年版，第48页。

1964年搞"四清"运动、1965年春天的"下乡办学"等，都丝毫没有动摇缪先生的教学中心理念。同时，他又坚持开放办学。特别是在福建音专担任教务主任和教授时，他容许教学内容体系的多样化和互相尊重、互相切磋。以理论作曲课的教学为例，缪天瑞先生、萧而化先生、陆华柏先生三人采用"三家"不同的理论体系教学，缪先生全力介绍该丘斯的理论体系，萧而化全力介绍普劳特的理论体系，陆华柏全力介绍柏顿绍的理论体系。像这样各人介绍一家理论体系的做法在音乐学院的教学上是很少见的。

在教学为中心的同时，缪先生提倡要强化艺术实践和勇于创新。他非常关注艺术实践和教学的紧密结合。在理论指导下进行实践，学生们的学习主动性和目的性会有显著提高，进一步促进教学质量。同时，在保证课程教学的前提下，艺术实践的活动会使教师与学生在各种舞台演出中得到锻炼和提高。在教学中心与突出实践环节的相互促进带动下，天津音乐学院在建院的四年之后，就显示出教学的重大成果。特别在1963年天津市第二届音乐周期间，天津音乐学院排演的四场音乐会充分展示了建院以来教学、艺术实践和创作方面的成果。以至于当时看演出的原文化部艺术局局长周巍峙对原中央音乐学院院长赵渢和原上海音乐学院院长贺绿汀说"老三"要赶上来了。

当然，缪先生赞成艺术实践必须为教学服务，但前提是学校必须确保正常的教学秩序，根本目的要为培养人才打好坚实的基础。因此，艺术实践的开展必须要有明确的方向和目标，并且作适度的安排。如中央音乐学院建院初期在苏联专家的帮助下排演歌剧《奥涅金》片段，由于事先没有计划，导致全院停课，影响了正常教学；又如为准备1963年天津音乐周的演出，当时的钢琴老师曹克恩半年没有上课。这两件事缪先生一直挂在嘴边，觉得非常遗憾。所以，缪先生认为，专业音乐教育教学必须与艺术实践结合，强化艺术实践，但艺术实践必须按教学计划进行，按不同专业，规定适度的时间和适当的方式，这样才能配合教学，有利于教学。

（五）"洋为中用"发展民族音乐

作为著名的音乐翻译家，缪先生一生翻译了大量的西方作曲技术理论、音乐学和钢琴演奏理论著作。但在其音乐实践中，不全盘照搬西方音乐，而是强调"洋为中用"和发展民族音乐，一以贯之地坚持音乐教育的民族化。缪先生首先提倡教材的民族化。他在《小学音乐教材及教学法》一书中提出"本国民歌，不能轻视，应视其性质，多多采用为教材"[①]。因而在唱歌教材举例中有各地民歌10首，占曲例近三分之一。这样为教材的民族化起了很好的示范作用。又如在他的专著《基本乐理》中就选用了大量的民族音乐谱例，使西方乐理为中国音乐所用。同时，在担任江西省推行音乐教育委员会《音乐教育》主编时，就于1937年第1期开始登载各地民歌，以供当时教学和研究使用。

其次是音乐创作和理论研究的民族化。缪先生认为不能照搬西方，要借鉴西方的作曲技术理论研究、整理我们的民族音乐，创造具有民族性的新音乐。"从传统的里面吸取新的东

---

① 缪裴言：《音乐教育研究的一位不倦的开拓者——缪天瑞先生音乐教育思想研究》，载《缪天瑞音乐生涯》，河北教育出版社2000年版，第42—43页。

西。从传统走向创新，这并不等于没有根。根据传统走向创新，不是没有根的创新。"①"我的文章《欧洲音乐的和声发展述要（下）》里面就讲到，当时列宁就提出了继承传统与创新相结合的方针。他指出，人类文化艺术的发展是一个在继承以往优秀成果的基础上不断创新的历史过程。'即使美是"旧"的，我们也必须保留它，拿它作为一个榜样，作为一个起点。为什么只因为"旧"，就要抛弃真正的美，拒绝承认它，不把它当作进一步发展的出发点呢？为什么只因为那是"新"的，就要把新的东西当作供人信奉的神一样来崇拜呢？那是荒谬的，绝对是荒谬的。'……所以在以后的半个多世纪里，苏联在音乐方面，既重视俄罗斯民族音乐，又重视其他各民族音乐，兼顾到了古代传统音乐与民间音乐两个方面。"②"赵元任创作的东西，从曲调开始，他是一个语言学家，从前的吟诗有一种调式，他把中国吟诗的方法用到音乐上来，用到曲调上来，然后他又想到和声也有曲调，他做的比较现实，也在探索这条道路，可以说他是中国最早进行民族化探索的老先生。"③又如专著《律学》对中国民族音乐的律制问题进行了探讨，并提出民间多声部音乐纯律音程的可能性、戏曲音乐和民族器乐中多样的装饰滑音音律上的规范性、我国民族民间音乐的音律级算和律制核定等继续研究的民族音乐律学课题。

最后，缪天瑞先生提出部分专业要民族化。特别是民族乐器，先行成立"器乐系"，等有师资后再独立创建"民乐系"；声乐系中增设民族声乐专业；另外在理论作曲专业上，要努力向民间学习，向戏曲、曲艺等其他艺术学习，并聘请民间艺人到学校讲学，在继承民族传统和借鉴西方先进作曲技术的基础上努力创新，走自己的路。例如在中央音乐学院建院初期，唱法上有"洋土之争"，两个争论得很厉害，在周恩来总理"先分后合"的建议下，缪天瑞先生和李凌先生提出选择一些同志进行试验，向老艺人学习戏曲、曲艺和民歌，整理出可靠的、有系统的民族唱法，因而在西洋传统歌唱方法的民族化和群众化方面得到全方位实践，取得了较好的成绩。笔者在选编《百岁学人缪天瑞——庆贺缪天瑞百年华诞影集》图册时，缪先生还为未找到当时民间艺人来天津音乐学院授课的相关影像资料而感到十分遗憾。

（六）"请进来、送出去"重视师资建设

缪先生师一直以来把师资队伍建设作为办学的首要地位来考虑。一个学校要提高知名度，必须培养高质量的学生，要做到这一点，至关重要的是要拥有一支高水平的师资队伍。笔者2001年考上研究生去看望缪先生时，他就询问我读书后，原单位的课程由谁来教，原单位师资情况如何等，这些都反映了缪先生对师资队伍建设的高度重视。

他刚到福建音专的时候，师资非常缺乏，他就到处发信，广揽人才，像顾西林、顾宗鹏（均教二胡）、刘天浪（教基本乐理）、黄飞立（教指挥）、章彦（教作曲）、卢前、陆华柏（教作曲、和声）、薛奇逢（教声乐）、徐立德（教小提琴）等人都在福建音专任教过。当时李嘉禄先生还是一个不知名的青年，在缪先生的极力推荐下，也留在福建音专教钢琴，后来成为上海音乐学院钢琴系主任。

---

① 吴静：《音乐创作的民族化问题——缪天瑞先生采访报告》，《音乐创作》2006年第3期。
② 吴静：《音乐创作的民族化问题——缪天瑞采访报告》，《音乐创作》2006年第3期。
③ 吴静：《音乐创作的民族化问题——缪天瑞采访报告》，《音乐创作》2006年第3期。

天津音乐学院建院初期，各方面的师资非常奇缺。"能请进来的请进来，请不到的自己专门培养，或者选派优秀学生到中央院和上海院，请他们代培。"①如当时民乐专业的师资很弱，而民乐又是重点发展的专业，因此，缪先生亲自拟定教学计划，按师资建设的目标进行培养，采用"请进来、送出去"的方式，多方面培养师资，后来民乐专业从器乐系分出来，独立创建民乐系。又如在缪先生的极力争取下，原中央音乐学院附中新中国首届四年制理论作曲专业（施光南班）的25名高才生全部留下直升天津音乐学院本科，而且大部分同学送到北京上专业课，目的是为学校理论作曲教师的培育打下坚实基础。又如当年毕业于匈牙利李斯特音乐学院小提琴专业的陈继续老师属于天津市歌舞团，最后在缪先生和其他同志的多方努力下调入天津音乐学院任教。

在培养新师资的同时，缪先生也利用各种优越条件鼓励老教师再提高，为他们的进修提供各种经济保障。他不仅考虑当前的教师规划，还根据学校定位和专业设置的规划，未雨绸缪，制订出相应的师资建设长期规划，充分考虑学校未来的发展。"要开设一个新的专业甚至就是想要开设一门新的课程，也首先要准备好称职的和足够的师资，让他们先编出教材，经过开副科或开讲座的方式进行试用，可以了，再正式开设。在这个问题上是不能有盲目性的，只讲需要不看可能是不行的，否则就要误人子弟。"②

缪天瑞音乐教育实践活动及其音乐教育思想的形成是同中国音乐文化百年发展同步的。他继承了李叔同、丰子恺等人的教育思想，突出音乐教育的社会功能和人格完善功能，强调用社会思考指导音乐思考，强调音乐的历史内涵和社会内涵与民族兴衰和社会同呼吸共命运。他一生以此为目标，并以此作为音乐生涯的重要出发点。

他坚持按艺术教育规律办学，普通音乐教育和专业音乐教育并重提高全民素质、艺术与文化并进强调"一专多能"、办学与社会结合强调"专业特色"、教学与实践结合突出实践环节等音乐教育思想都是建立在以提高全民族整体素质的基础之上，以有利于人才培养的目标为宗旨。

缪先生对音乐教育的重大贡献和成就远非这篇文章所能概括和归纳。选择这个课题研究，是基于他在中国近百年的音乐教育实践过程中所形成的具有一定影响的音乐教育思想和我们现今的音乐教育观是如此惊人地吻合，因而研究其思想具有重要的借鉴价值和重大的现实意义。

缪先生的音乐教育生涯就像是一本厚厚的音乐百科全书，他的每一页都需要我们怀着无比敬仰的心情去慢慢品味和学习。正值缪先生逝世二周年，谨以此文表达笔者对舅公的怀念之情。

原载《中国音乐》2011年第4期
汪洋：生于1976年，浙江音乐学院副院长、教授

---

① 厉声：《缪天瑞教我当院长——为庆贺缪老九十华诞而作》，载《缪天瑞音乐生涯》，河北教育出版社2000年版，第147页。

② 厉声：《缪天瑞教我当院长——为庆贺缪老九十华诞而作》，载《缪天瑞音乐生涯》，河北教育出版社2000年版，第147页。

缪天瑞的音乐美学研究

——《音乐美学史概观》简评

梁茂春

我们深深尊敬的缪天瑞老院长,是著名的音乐教育家、音乐理论家。作为一位对中国音乐理论发展有着重要贡献的人物,缪院长的成就主要体现在他的音乐律学的专著中,也体现在他的一系列音乐专著和翻译著作上。今天我不谈缪院长这些鸿篇巨制的成就,而只是从他发表的浩如烟海的文章中摘取一小篇,来谈他对音乐美学的研究工作。

我选择的这篇文章就是发表在《新音乐》第3卷第4期(1941年11月出版)上的《音乐美学史概观》一文。

我感到缪院长的这篇文章有三个显著的特点:一是驾简就繁,二是通俗易懂,三是辩证观念。大家知道,就音乐美学这样高深、玄虚的学问来说,要做到这三点是如何的不容易!

先说第一个特点——"驾简就繁"。他能够驾驭极其简练的笔墨和极其清晰的思路,把极其繁杂的西方音乐美学史的梗概说清楚了。缪院长的文章大约只有2600字,就将从古希腊的柏拉图、亚里士多德直到20世纪30年代的音乐美学的演变流向作了一个宏观鸟瞰式的考察,把2000多年来的欧洲音乐美学发展概括得清清楚楚,真正做到了"言约意远"。

缪院长在文章的一开头,就开门见山、提纲挈领地指出:"自古以来,关于音乐美学,在原则上便有着两种不同的见解,一种为形式音乐美学,一种为内容音乐美学。"形式音乐美学,今天通常称为"自律论音乐美学";内容音乐美学,今天称为"他律论音乐美学"。这样,缪院长就将古往今来的音乐美学两大流派呈现在我们的面前,并将从柏拉图、亚里士多德到李斯特、舒曼的"内容音乐美学"学派,以及从毕达哥拉斯、非罗得摩斯到汉斯利克的"形式音乐美学"学派,进行了粗线条的归纳和划分,还对这两个学派此起彼伏的斗争脉络进行了清楚的勾勒,使我们能够对错综复杂的西方音乐美学的发展线索有了一个大略而清晰的认识。

这种高度的驾简就繁的分析、归纳方法,对我们研究、分析纷繁复杂的各种音乐现象提供了明确的依据。

再说第二个特点——"通俗易懂"。音乐美学本来就是一门令人感到变幻莫测的高深学问,它往往是哲学家关在书斋里冥思苦想的结果。一些哲学家在哲学领域往往有旷代的才华,然而一遇到音乐问题往往显得束手无策,或者讲了许多玄妙空洞的、脱离音乐实际的大道理,使本来就难以理解的音乐美学问题变得更加玄虚和抽象。缪院长在这篇论文中,能够以一位音乐理论家的清醒思路,把十分复杂的音乐美学问题讲得通俗易懂,内涵宏博而外貌平实,保持了他的一以贯之的朴实文风,这实在是一件非常困难的事。

例如,他不采用难于理解的"他律论"和"自律论"这音乐美学的两个较难理解的概念(这两个概念在1929年以后就开始采用了),而采用"内容音乐美学"和"形式音乐美学"这一对相对容易理解的概念,避免了许多难以说清的理论问题。

第三个特点——"辩证观念"。音乐美学历史上这两个水火不相容的对立学派的争论,经历了千余年针锋相对的斗争,其实它们之间本来就存在着互相补充、互为交融的可能性,就音乐实践的发展来说,它们又存在着谁也离不开谁的辩证关系。缪院长正是洞察了这种历史发展的辩证关系,掌握了认识问题的辩证观念,所以能够在他的文章的后半部分写了这样一段话:"近代的内容音乐美学的胜利,在某种程度内,可说在于内容音乐美学与形式音乐美学的和解上。形式音乐美学中,也有健全的要素,内容音乐美学把这些健全的要素接受过来,改正了自己的偏见,使自己丰富化。领导两者接近又和解的原动力之一,是'心理学的音乐美学'。"19世纪末到20世纪初,西方实证性的自然科学,包括生理学、心理学获得发展,并成功地运用到音乐美学研究上面来,促成了"音乐心理学"的迅速崛起,这就使他律论音乐美学和自律论音乐美学能够走向交融和互相吸收,从而使音乐美学更加增强了指导音乐实践的可能性。

缪院长在这篇文章的最后一段写道:"到最近,更有社会学的音乐美学的出现,这是新兴的学术之一,正待新时代的音乐学者去研究哩。"社会音乐学作为音乐美学的一个分支,是20世纪20年代才开始出现的,直到现在仍可以说是一门新兴的学科。缪院长在40年代初发表论文时,已经注意到这门新兴音乐理论学科的出现,足可以证明他一直在关注着音乐美学理论的最新进展。

缪院长的这篇论文发表于1941年年初李凌等人主编的进步音乐期刊——重庆的《新音乐》上,这在某种程度上代表了缪院长当时的一种鲜明的政治态度。

1941年年初,正是抗日战争的中期,缪院长当时正在重庆青木关国立音乐院兼课,住在山区。吃得太差,又没有电灯,每晚在桐油灯下读书、写作。桐油烟气太大,又不能开窗,因为风会将灯火吹灭。在烟熏火燎之中,年轻的缪天瑞(当时他33岁)在孜孜不倦地读书、翻译、写作。这种刻苦钻研的精神,永远值得我们认真学习,永远能够裨益后人。

缪天瑞先生并不是以研究音乐美学为职志的，但是他认为音乐美学是一切音乐理论研究的基础，因此他对音乐美学产生了浓烈的兴趣，并以敏锐的感觉把握了西方音乐美学发展的脉络，写出了这篇观点极其鲜明、条理极其清晰、逻辑极其严密的论文。在中国音乐美学文献中，它也是第一篇研究西方音乐美学史的论文，因而有着特别重要的历史价值。

缪院长在音乐理论方面的研究成果好像是一个大海，他的这篇短短的论文，只是沙滩上的一个贝壳。我把这个贝壳介绍给大家，希望大家能够进一步了解那广袤无垠的大海。

原载《天津音乐学院学报》1998年第4期
梁茂春：生于1940年，中央音乐学院教授

西方音乐美学译介的先行者——缪天瑞

冯长春

引言

音乐美学，作为研究音乐立美、审美实践及其普遍规律的一门艺术学科，其在中国的输入与初步研究，可以上溯至 20 世纪 20 年代。翻阅 20 世纪上半叶关于音乐美学研究的并不丰富的文献史料，可以发现，当时的音乐美学如同整个音乐学研究一样，仅仅是处于起步、探索阶段。但从这个起步阶段，既可看到中国古代音乐美学思想在欧风美雨下的固守国粹，亦可窥见西学东渐后传统音乐观顺应历史的自省与嬗变，更可发现西方音乐美学思想输入中国后对新音乐实践的极大影响。中国音乐美学由古代形态向现代形态转变的重要动力与基本特征之一，就是对西方音乐美学思想的引进与吸收。在主动学习、引进西方音乐美学思想的过程中，一些具有留洋经历或熟谙外语的音乐家与知识分子做出了重要贡献。缪天瑞即是其中之一。

一、缪天瑞音乐美学译文辑要

缪天瑞（1908—2009），笔名穆静、穆天树、徘徊等，浙江瑞安人，著名音乐教育家、理论家和翻译家。1923 年，缪天瑞进上海专科师范学校音乐科，从吴梦非、丰子恺、宋寿昌等学习音乐理论，并从钟慕贞等学习钢琴。1926 年毕业后至 1949 年间，主要从事教学、编辑和研究工作。新中国成立后，历任中央音乐学院研究部主任、教务处主任、副院长和《人民音乐》主编、天津音乐学院院长等职，"文化大革命"中遭红卫兵抄家并被下放劳动，1983 年调入中国艺术研究院音乐研究所工作，为音乐辞书编纂和博士研究生培养做出了重要贡献。

在近 80 年的音乐生涯中，缪先生出版论著与音乐译作达 20 余部，特别是在他主办《音乐教育》杂志的几年间发表了大量音乐译文。这些音乐译文主要集中于乐理和作曲技术理论领域，音乐美学所占比重并不大。但是，这些为数不多的音乐美学译文，对 20 世纪上半叶尚处于铺路奠基的中国音乐美学而言，作为一砖一瓦都显得尤为重要。

目前所见，缪先生早年涉及音乐美学的译文主要有以下几篇，皆发表于 20 世纪 30 年代。这些译文分别是：

1.《论音乐艺术的阶级性》，[日] 兼常清佐著，载《北新》半月刊 1930 年 6 月第 4 卷第 12 期；

2.《历代哲人们的音乐观》，[英] Cecil Gray 著，载《音乐教育》1933 年第 1 卷第 4、5 期合刊；

3.《音乐表现的原质底要素——音的高度、强度及进行状态》，[德] H. 里曼著，载《音乐教育》1934 年第 2 卷第 7 期；

4.《关于绝对音乐与标题音乐》，[英] Cecil Gray 著，载《音乐教育》1934 年第 2 卷第 2 期；

5.《音乐解剖学》，[日] 门马直卫著，载《音乐教育》1935 年第 3 卷第 1 期；

6.《音乐美学的历史底瞥见》(《音乐美学讲话》之一)，[日] 小泉洽著，载《时事新报》副刊《星期学灯》1933 年 4 月 23 日第 3 张第 3 版；

7.《音乐的要素》(《音乐美学讲话》之二)，[日] 小泉洽著，载《时事新报》副刊《星期学灯》1933 年 6 月 11 日第 4 张第 1 版；

8.《音乐美的享用》(《音乐美学讲话》之三)，[日] 小泉洽著，载《时事新报》副刊《星期学灯》1933 年 10 月 29 日第 3 张第 3 版、11 月 5 日第 3 张第 3 版、11 月 12 日第 3 张第 4 版连载；

9.《音乐的形式》(《音乐美学讲话》第四章)，[日] 小泉洽著，载《音乐教育》1935 年第 3 卷第 10 期。

其中，《历代哲人们的音乐观》和《关于绝对音乐与标题音乐》两文，节译自英国音乐学家塞西尔·格瑞（Cecil Gray）的《音乐史》一书最后一章。60 余年后，缪先生把此书最后一章全部译出并结合 20 世纪 30 年代的译本加以整理，以《西方音乐美学史鸟瞰》为题发表于《中国音乐学》1996 年第 3 期。《音乐表现的原质底要素——音的高度、强度及进行状态》一文节译自德国音乐学家胡戈·里曼（Hugo Riemann）的《音乐美学要义》一书，70 年后缪先生与笔者合作据英译本全文译出，先是在上海音乐学院学报《音乐艺术》连载，后于 2005 年由上海音乐出版社出版了单行本。译自门马直卫和小泉洽的音乐美学论著虽系日本学者所作，但由于明治维新以来，日本现代文化艺术包括科学研究基本是学习西方的结果，因此，说其是西方音乐美学思想的转译当无不妥。至于带有鲜明左翼特征的《论音乐艺术的阶级性》，另当别论。

二、缪天瑞音乐美学译文的主要内容

中国音乐美学由古代形态向现代形态、由传统音乐美学思想向基于新音乐实践的美学思想的转型与嬗变，始于五四新文化运动时期。萧友梅、蔡元培是最早具学科意识并对西方音乐美学理论做最早引介的学者。此后，青主、王光祈、黄自等音乐家进一步为西方音乐美学思想的输入做了力所能及的努力。萧友梅、蔡元培、王光祈等大多是对音乐美学的学科概念及其研究对象做了粗略的介绍，青主是把西方表现主义美学引入中国音乐界的第一人，黄自则最早结合音乐心理学和音乐欣赏，把自律论和他律论意义的音乐美学思想做了较为深入的论述。不过，从专门的音乐美学译介来看，缪天瑞先生的贡献丝毫不逊于前述音乐家。

翻阅缪天瑞先生当年在油灯下翻译的这些音乐美学译文，深感对于20世纪上半叶草创中的音乐美学学科而言，弥足珍贵。特别是格瑞和里曼的论著，已经使读者可以大致了解到西方音乐美学思想发展的基本概况、音乐美学的学科性质、范畴和研究方法等问题。

《历代哲人们的音乐观》一文，把西方史上著名哲学家关于音乐的本质认识做了大致的梳理。从柏拉图、亚里士多德到中世纪基督教神学思想，再从文艺复兴到康德和浪漫主义运动时期的谢林、叔本华，从音乐观的角度对历代哲学家的美学思想做了简要的归纳。

《关于绝对音乐与标题音乐》一文篇幅不长，通过对汉斯立克的绝对音乐美学思想与西方音乐艺术实践的比较，作者格瑞更倾向于为标题音乐所表现出的他律论美学思想作出辩护。缪先生在译文的篇首则指出作者的意见"大体上或者可以看作折中说的一种"。不管缪先生如何评价格瑞的音乐美学观，此文以有限的篇幅对绝对音乐和标题音乐的美学思想所做的简约论述，已经基本展示了这两种互有抵牾的音乐美学思想的核心内容。翻阅这一时期的音乐美学文献可以发现20世纪30年代初在国内介绍绝对音乐和标题音乐美学思想的译文寥寥无几，缪先生算是先行者了。

《音乐表现的原质底要素——音的高度、强度及进行状态》一文，篇幅较长，基本是《音乐美学要义》一书第一章的完整译文。当年缪先生是以日译本为主，参照德文本译出。2005年新出版的中译本则是以英文本为主，参照德文本译出。相隔70年的两个译本除行文略有调整外，都尽可能做到了信、达、雅的翻译要求。里曼的《音乐美学要义》是西方近代融汇音乐心理学研究音乐美学问题的代表作。第一章主要是从音乐表现的美学意义，结合审美主体的心理机制，对各种音乐表现要素的一般的审美特征做出了具有实践意义的论述。其中一些观点直到今天依然对我们有所启发，比如音乐表现要素与审美心理机制之间的联觉效应、人声音域的听觉经验对音乐审美体验的影响等。

日本音乐学家门马直卫所著《音乐解剖学》与小泉洽所著《音乐美学讲话》，也是基于西方音乐知识体系和美学话语的文献，两书的共同特点是通过对音乐语言、音乐形式的分析，进而试图总结其音乐表现的美学意义，论据和结论则都是西方音乐与西方美学思想。

《音乐解剖学》，即今日所谓音乐分析学，译文节选自日本音乐学者门马直卫的同名著作。作者自言这一称谓是从德国音乐学体系借鉴而来。此文的主要内容是着眼于如何从音乐技术分析入手，进而深入如何理解音乐的形式与内容问题。除了欧洲音乐历史维度的观照，行文中还间接提到了自律论美学与他律论美学的主要观点及其分野问题。

小泉洽《音乐美学讲话》第四章"音乐的形式"是目前不难看到的一篇译文，曾被收入《二十世纪中国音乐美学文献卷》[1]，但本书的前三章却从未见有人论及，译文的内容更是难于一见。从"音乐的形式""译者言"可知，《音乐美学讲话》全书共五章，但缪先生大概只翻译了四章，其中前三章于1933年在上海《时事新报》副刊《星期学灯》连载。《时事新报》是新文化运动时期具有重要社会影响的一份报纸，其副刊《星期学灯》在当时的文化界亦具有较大影响，鲁迅就曾在该报发表小说、文章。缪先生在其主编《音乐教育》杂志上发表的《音乐的形式》一文则是继《星期学灯》所发三章译文后的第四章。至于本书最后一章即第五章的译文则无从知晓，既无文献线索，亦未曾听缪先生谈起。而且，由于《星期学灯》是非音乐类报刊，因此已经发表过的前三章也没有人注意到了，遑论阅读与研究。缪先生在《音乐的形式》一文"译者言"中称"早有意要给这篇短文出一单行本"[2]，但直到先生去世，这一单行本也未见出版。缪先生晚年出版的《缪天瑞音乐文存》中收录了不少译著，但小泉洽的译著却缺失。笔者猜想原因大致有二：一是因为本书最终未能全文译出，不完整；二是缪先生本人可能也没有精力去查找70多年前《星期学灯》上发表的前三章，这就使《音乐美学讲话》一书的中译本面貌更为残缺不全，难以收录《文存》当中。笔者要感谢中国艺术研究院音乐研究所硕士研究生栾皎钰同学，是她代笔者在国家图书馆复制了《星期学灯》上的《音乐美学讲话》前三章译文，使我们今天能够看到这份几乎被历史尘封了的音乐美学文献。

把《星期学灯》连载的前三章和《音乐教育》发表的第四章连贯起来看的话，可以发现，小泉洽的《音乐美学讲话》一书主要是对西方音乐美学史及音乐美学基本常识的简要介绍。内容涉及音乐美学作为感性学的学科缘起、形式美学与内容美学的分歧、形而上研究方法与形而下研究方法的不同、音乐审美与音乐欣赏、音乐形式的构成要素及其美学特点等。现在看来，这些内容都是西方音乐美学理论的基本常识，但就国内音乐美学学科的草创阶段而言，却是当时少有的西方音乐美学知识的普及性读本。[3]

值得一提的是《论音乐艺术的阶级性》一文。此文发表于上海北新书局出版的《北新》半月刊。北新书局1925年创办于北京，主要出版经营新文化运动时期文学组织新潮社的书刊，1927年后迁至上海。《北新》半月刊系该书局迁至上海后创办。该刊在20世纪30年代具有非常鲜明的左翼倾向，鲁迅等左翼文学家常为该刊撰稿。受国际普罗文学运动的影响，20世纪20年代初，日本也开始出现左翼的普罗文学运动，并一直持续到30年代初。新文化运动时

---

[1] 王宁一、杨和平主编：《二十世纪中国音乐美学文献卷》（1900—1949），现代出版社2000年版。
[2] 缪天瑞：《音乐的形式》，《音乐教育》1935年第3卷第10期。
[3] 笔者已通过学界同人拜托日本学者搜寻小泉洽《音乐美学讲话》一书，希望在看到第五章内容后能够对这本小书进一步做出较为完整的介绍。

期，一些比较有影响的左翼文学家、理论家大都有留日的背景。因此，"五四"以来，中国文学艺术所受到的左翼影响，除社会主义国家苏联外，另一个重要的理论来源就是日本。

《论音乐艺术的阶级性》一文原作者兼常清佐是一位深受普罗文艺思想影响的学者。现在看来，此文不具备音乐美学的学术品格，算不上严格意义的音乐美学文献。作者把音乐艺术的世界分划为资产阶级和无产阶级两大阵营，并试图论证资产阶级音乐与无产阶级音乐的联系与区别，同时对资产阶级音乐艺术作出了尖锐的抨击，对无产阶级革命音乐则充满同情和憧憬。从1928年9月至1930年9月，译者缪天瑞先生先后在上海新陆师范、上海滨海中学、上海同济大学和上海艺术师范大学音乐系任教。这篇译文发表于1930年6月，可知缪先生是在上海翻译的这篇文章，而后发表于具有左翼倾向的《北新》半月刊。

笔者在中国艺术研究院攻读博士学位期间，也是由于合作翻译《音乐美学要义》一书的需要，曾经常拜会缪先生，其间的谈话内容常涉及中国近现代音乐史以及先生本人的音乐经历。2003年9月1日和11月2日，缪先生在两次谈话中提及他翻译《论音乐艺术的阶级性》一文时的情况。缪先生回忆，受当时上海"左联"的影响，他翻译了《论音乐艺术的阶级性》一文。此后他主编《音乐教育》杂志时，也刊登过一些有关音乐阶级性的文章。他还说，左翼文艺思想在当时的音乐界影响并不大，抗战爆发后的作用才日渐壮大。不过，尽管当时左翼文艺思想在音乐界的影响并不大，目前来看也未见《北新》半月刊在当时的音乐界留下过更多痕迹，但不管这两者的实际影响究竟如何，检索当时的音乐文献可以发现，《论音乐艺术的阶级性》可能是20世纪30年代最早一篇论及音乐的阶级性，特别是提出无产阶级的"新兴音乐"这一概念的文章。要知道，"新兴音乐"是30年代初左翼音乐家们常提的一个口号。周扬翻译的《苏联的音乐》虽然也论及无产阶级革命音乐问题，但其出版却是《论音乐艺术的阶级性》发表两年之后的事情了。

有意味的是，在缪先生晚年由其亲自选定篇目出版的《缪天瑞音乐文存》中，没有收录此文。

三、对信、达、雅译风的不断追求

值得一提的是，与当时乃至今日许多拗口的音乐译文相比，缪先生的翻译风格可谓尽可能追求信、达、雅的译文境界。我们不妨引述一段略窥其一二："总之，一切乐曲的结合法，所根据的美的法则，与上述的标准乐曲的法则一样，在于以统一均齐律为基础而加以变化，即于多样性之间求统一性，或于统一性之间求多样性。"[①]

上述译文可谓言简意赅，概况了丰富的美学内涵。

对信、达、雅的追求可以说贯穿了先生一生的音乐翻译生涯。我们不妨摘取两段同一出处的译文加以比较：

---

① ［日］小泉洽：《音乐的形式》(《音乐美学讲话》第四章)，《音乐教育》1935年第3卷第10期，第83页。

所以，在各个时期，在种种的情况与环境之中，音乐被哲学者们视为理解宇宙本性的钥匙，视为数学的一种形式，视为现实的模仿，视为现实的理想化，视为改良或颓废道德的方法，视为传达宗教真理的工具。要之，常视为想象得到的一切种类的"内容"的具象，否则便视为除了官能快乐以外，别无他物的东西。①

　　由上述可见，在不同的时代，在各种的情况和环境下，音乐被哲学家们不断变化地视为打开宇宙性质的钥匙，视为数学的一种形式，视为现实的模仿，视为现实的理想化，视为转移道德的手段，视为获致文学结果的方法，视为情绪的表现，视为宣扬宗教真理的工具，一言以蔽之，视为想象得到的一切"内容"的具象，否则就被视为除官能快感以外，别无他物。②

　　这两段同一出处的译文节选自塞西尔·格瑞（Cecil Gray）著《音乐史》之第17章 An Outline of Musical Aesthetic（音乐美学概述）部分，第一段译文系20世纪30年代初译出，发表时题为《历代哲人们的音乐观》；后一段译文系20世纪90年代末译出，先生在期颐之年把塞西尔·格瑞著《音乐史》第17章全文重新翻译，并以《格雷评述西方音乐美学史》为题重新发表。对比来看，在原文内容没有大的修订的前提下，第二次译文较之于第一次译文在概念的使用和内涵的界定上显得更为清晰且行文更为流畅。

　　此外，翻阅20世纪20—40年代的中国音乐期刊可以发现，这一时期发表音乐译文最多的是缪天瑞先生主编的《音乐教育》。自1933年4月创刊至1937年12月停刊，在总共57期中发表的译文近百篇（含连载文章）。其中音乐基础理论和作曲技术理论数量最多，其次就是音乐美学和音乐史。综观缪先生一生的音乐学研究与翻译，除乐律学外，其他基本集中在这几个领域。而且，作为其最重要的研究成果——律学，也是与音乐基础理论和音乐史学密不可分的。因此，从《音乐教育》的学术旨趣，也可窥见缪先生本人的学术倾向，而那些近百篇的音乐译文，对于那一时期西方音乐文化的引介所起到的重要作用，自然不言而喻了。

四、缪天瑞的音乐美学思想

　　缪天瑞先生在一些译文中通常会写有简短的译者附言，但这些译者附言大都客观简要介绍译作的主要内容和观点，很少直接表露译者本人的音乐美学观点，我们也就只能从缪先生选择何种音乐美学思想的文章加以译介的角度，略窥其本人的音乐美学观念、揣测其音乐美学的旨趣。当然，这种想象性的推理毕竟不如阅读先生本人的音乐美学著述从而能够更为直接地了解他的音乐美学思想。不过，先生很少就他本人的音乐美学思想发表专论，1941年发表于《新音乐》（第3卷第4期）的《音乐美学史概观》一文，或许能够使我们更进一步地了解他本人

---

① 原载《音乐教育》1933年第1卷第4、5期合刊，转引自王宁一、杨和平主编《二十世纪中国音乐美学文献卷（1900—1949）》，现代出版社2000年版，第493页。
② 原载《中国音乐学》1996年第3期，转引自《缪天瑞音乐文存》第1卷，人民音乐出版社2007年版，第212页。

的音乐美学思想。

在这篇文章中，缪先生开篇即指出："'音乐美学'是研究音乐的感受，音乐的理解及其条件与音乐的效果及其原因的一种学术。"这一定义的核心内容是对研究对象的界定。从"音乐感受""音乐理解""音乐的效果"进而深入音乐感受与理解的条件和音乐效果实现的原因，实际上就把音乐艺术从感性到理性、从体验到理解以及音乐的主体间性和音乐的功能等问题均涵盖其中，甚至由此而涉及的更为广阔的美学问题，均纳入可能的范围之内。在明确音乐美学的研究对象、范畴等基本问题后，缪先生将笔墨主要集中在介绍西方音乐美学史上形式美学和内容美学的分野中来。一部西方音乐美学史，影响最巨的也就是以这两者为代表的自律论和他律论音乐美学思想。缪先生本人的评价显示出他并不认同这两种各自走向极端的美学观点，与他评价格瑞一样，他本人的音乐美学思想大致也是倾向于折中。因此，缪先生指出，形式美学和内容美学终要走向和解，而引领两者走向和解的就是心理学的音乐美学。

至此，不难看出缪先生音乐美学思想所受里曼《音乐美学要义》的影响。就在《音乐美学要义》2005年重新翻译出版之际，缪先生与笔者讨论撰写的"译者序"中，也特别指出了该书"调和绝对音乐与标题音乐之间关系""着重心理学的应用"和"融入音乐的听赏"三大特点。我们从缪先生《音乐美学史概观》中关于音乐美学的定义以及他关于折中形式美学和内容美学的观点、强调音乐听赏（感受、理解）作用的论述中，是否已经比较清晰地看到他本人基本的音乐美学思想了呢？

如前所述，"五四"后对西方音乐美学的引入，萧友梅、青主、王光祈、黄自等人都作出了不同程度的贡献，但与缪天瑞相比，他们更多的是通过自身留学过程中对西方音乐美学学习、消化后的一种个人理解的转述，比如萧友梅对里曼音乐美学思想的借重，青主对表现主义美学思想的介绍等。缪天瑞先生则并非如此。除了他自己撰写的《音乐美学史概观》一文外，其他几篇文章都是忠实翻译西方和日本学者的原作，从而使读者可以更为清晰地了解西方音乐美学思想的真实面貌。不管其实际影响如何，这些译文毕竟清晰而较为全面地向国内传递了西方音乐美学的基本概念、术语、范畴、视角与方法，对于草创中的音乐美学学科而言真的是具有重要的建设意义。笔者无意对引进西方音乐美学思想的翻译与转述这两种方式加以价值比较，只是想借此表明，在忠于原作的西方音乐美学译介方面，缪天瑞先生毫无疑问是一位先行者。

进一步而言，从缪先生译介的上述几篇比较重要的音乐美学文献来看，有一条比较清晰的学术理念贯穿其中，那就是他对音乐艺术的美学思考始终面向音乐本体，关于音乐的阶级性问题似乎只是他音乐观成长、成熟中的一个插曲，他此后的音乐观念没有再囿于阶级分析的局限，而是更多地面向独立音乐形式的审美价值。就音乐美学学科建设而言，这样一种基于音乐本体分析的音乐美学旨趣，在这一时期应该是领先时代的，具有超前性的特点。当然，这或许也与他曾经翻译、撰写了大量有关音乐技术理论著述的经历有关。

结语

  笔者在与缪天瑞先生长达十余年的交往中，深为感佩先生渊博的学识、严谨的治学态度和平易近人的长者风范。面对先生，就像是面对一部厚重的音乐史书。笔者最后想说的是，有关缪先生在乐律学、音乐教育、音乐辞书编纂、西方音乐技术理论翻译等领域之贡献的研究，学界已多有论述，但作为西方音乐美学思想译介的先行者，他在中国近现代音乐美学学科发展史上的贡献却并未引起足够的关注与重视。当我们回顾20世纪上半叶中国音乐美学学科筚路蓝缕的草创之路时，缪先生的足迹是不能忘记与忽略的。

  谨以此文纪念缪天瑞先生！

原载《天津音乐学院学报》2015年第4期
冯长春：生于1971年，上海音乐学院音乐学系教授

缪天瑞先生的东方乐制研究

饶文心

缪天瑞先生在他的《律学》中，将东方诸国的乐制作为其律学研究的重要组成部分。其中的有关章节是现今在国内所能见到的唯一较全面、系统地论述东方乐制的著述。在我国，对世界民族音乐的研究是一个方兴未艾、前景广阔的学科。无论是从该学科研究性质的最初起步，还是深入研究的某个阶段，可以说均与民族乐制的研究紧密相关。其研究成果直接影响到民族音乐学整个学科的进步。自我国音乐学先驱王光祈先生之后，国内从事东方乐制基础理论研究的学者寥寥无几，而缪先生却几十年如一日埋头苦干、日积月累，辛勤地在这个领域里默默耕耘着。由于有了缪先生承上启下的研究，给后来的研究者从一开始就踏上了一块登堂入室的台阶，一条探幽索隐的便道。使他们少走了许多弯路、节省了许多时间。其深远意义还不止于此，缪先生对东方乐制的阐释不仅是律学研究领域独树一帜的贡献，而且这块坚实的理论基石为我国民族音乐学东方音乐的深入研究，将持久地发挥着重要作用。

一、缪先生的东方乐制观

缪先生在他的《律学》共10章的内容中，前五章侧重于律学原理，后五章侧重于律学的应用，而其中用三章的长大篇幅对东方乐制进行了专门论述。它们分别为第6章"中国律学简史"、第8章"阿拉伯—伊朗律学简史"、第9章"亚洲地区几种民族乐制"，唯有第7章"欧洲律学简史"属于东方乐制的范畴之外。按世界三种乐制的划分体系，东方乐制便占了其中两种。这就决定了东方乐制的论述在《律学》中所占的重要位置。因此，就缪先生的东方乐制思想展开专门的讨论，就显得具有特别的意义。

缪先生将东方诸国的乐制作为其律学研究的重要组成部分，一方面是东方乐制本身的历史性与客观性决定了它的重要地位，另一方面说明著者对东方乐制研究的深刻认识与科学定位。尤其是缪先生摒弃了"欧洲中心论"的思想，站在辩证唯物主义和历史唯物主义的立场上，平等地看待各民族乐制。对阿拉伯、印度、日本和东南亚国家的乐制作了详尽的介绍和阐释。可谓史料与分析结合，理论与应用并重。

首先，缪先生据三种乐制的划分理论对它们在世界的流行地区和国别分布上做了重新概括和修改，使之在宏观与微观上更为合理。尤其是，缪先生持一种求实的精神，有感于非洲和拉丁美洲的乐制资料目前暂时缺乏，以及亚洲方面的资料也不能满足需要，期望有待于日后作进一步的研究。同时，缪先生认识到，印尼甘美兰乐制的独特性以及印度次大陆和土耳其的民族乐制，基本上是属于一种多变化的七声音阶体系，均很难将它们归入三种乐制体系的某一种之中。缪先生预言，经过进一步的研究，待将来乐制资料充实丰富了，不仅可以丰富三种乐制体系的划分法，而且还有可能改变这种划分法。

二、缪先生对东方乐制的阐释与比较研究

缪先生对东方乐制的论述涉及中国、阿拉伯、伊朗、日本、印度、印尼、泰国、缅甸、土耳其9个主要国家和地区的民族乐制。由于众所周知的原因，本文仅就中国以外的东方乐制进行讨论。

缪先生在"导论"中首先就"乐制"这一范畴作了理论规定，即指对律制与音阶的研究。同时就东方乐制研究在律学中的研究范围作了明确的规定。它"包括律学史（某一国或某一地区律学研究和实际应用的历史）和比较律学（从世界范围对各民族的乐制作比较研究）"。缪先生鲜明地指出："由于律制与音阶关系十分密切，因为律学不可能离开音阶而孤立地存在；特别是研究亚洲地区的民族乐制时，由于音阶构造多种多样，更须把律制和音阶并列提出，以便研究各地区的民族乐制。"通观各章，缪先生对东方乐制的阐释可谓脉络清晰、条理分明、图文并茂；资料翔实、旁征博引；论述深入浅出、见解独到。尤其值得一提的是，缪先生对测算音分值、频率比、音值差等图式的表达简洁明了、独具匠心、自成一体。

解释一种乐制的起源往往要比论述一种乐制本身困难得多。重要的是要寻求一种理论依据，并运用该理论对所研究对象进行论证，其结论才会使人信服。缪先生正是这样，针对某种音程现象，力求作出合理的解释。譬如，在述及"中立音"这样一个古今中外莫衷一是的复杂问题时，缪氏并未采取回避的态度，而是创见性地提出："可以认为，中立音发生于某些倍音，至少与倍音有关。……就四分之三音的本身来说，可以认为是11倍音距12倍音的音程。中立六度（835音分）就其在音阶中的位置来说，可以认为与13倍音（841音分）有一定的关系；就其频率比看来，又可视为11倍音距18倍音的音程。"

由于在东方音乐中存在有各种三大律制以外的音程，它们一直是一百年来民族音乐学研究争执不休的论题。理论家们在这个问题上并没有达成共识。缪先生在第9章"亚洲地区几种民族乐制"中集中讨论了这些有关问题。如在论述"中国的中立音问题"时，缪先生认为，对某种民族乐制测音的准确性，会因时、因地、因人、因器等诸因素而受到影响和制约，从而会使某一项测定数据产生这样或那样的不同结果。针对这一情况，缪先生提出对某测音结果在适当范围内加以调整，基于在整体上能显示出某种乐制的特点，并按倍音列原理来制定一种"规范化"乐制，作为标准，以供比较的设想。至于各人对乐制的基本特点的看法不尽相同，则采取了"待日后加深研究，逐渐统一"的对学术不断追求的态度。

在"阿拉伯—伊朗律学简史"一章里，缪先生参阅和引用了当代东西方学者对地区音乐研究的专述，缪氏融会贯通地对阿拉伯、伊朗律史发展的各个重要时期和阶段作了系统与精辟的阐释。缪氏首先指出了受"四分之三音"影响的西亚与北非诸国家与地区，这些以阿拉伯民族为主体的国家在乐制方面、在音乐革新方面，或多或少地均受到阿拉伯伊朗传统音乐的影响。缪先生在总结阿拉伯律史的同时论述道，在阿拉伯音乐发展过程与西方乐队产生矛盾时，理应采取积极态度，"因为特定调式中的特殊音律，正是民族音乐的基础 至少是基础之一。在世界性的音乐语言中，有了四分音等显示出阿拉伯音乐的特征，这才是阿拉伯音乐健康发展的道路"。

在论述中国的中立音问题时，缪先生将其与阿拉伯乌德演奏家和音乐理论家札尔札尔（Zalzal, ? —791）的中立音进行了比较，并阐明其产生的原因和同异的道理。譬如，缪先生认为，"中立音徵调式"中的"中立三度"（$\frac{11}{9}$ 347）比札尔札尔"中立三度"（$\frac{27}{22}$ 355）虽然低8音分，但在实质上两者是相同的。缪先生特别注意到在"中立三度"（$\frac{11}{9}$ 347）与"中立七度"（$\frac{11}{6}$ 1049）这两个中立音之间构成一个纯五度关系：（$\frac{11}{6}$ 1049）-（$\frac{11}{9}$ 347）= 702。从倍音列的角度看这个音程，其频率比为（$\frac{3}{2}$）。这样一来，便可说明这些音程与倍音列之间存在某种内在的联系。

在"日本的民族乐制"一节中，缪先生首先概述了日本古今律制的律名、律高产生的情况，而后对日本的民族调式做了阐述。日本的民族乐制侧重于音阶理论的研究，缪先生择其中具有代表性的四种理论分别加以阐述与分析。它们是：

1. 上原六四郎提出的"田舍节"与"都节"两种划分及上行与下行两种形式的调式音阶理论。

2. 明治年代与西方大、小音阶相适应而产生的"大调性去四七音阶"和"小调性去四七音阶"。前者属于无半音五声调式，后者属于有半音五声调式。

3. 田边尚雄提出的"阳音阶""阴音阶"与"阳调式""阴调式"的民族调式理论。缪先生指出田边尚雄所说的音阶和调式的含义与习惯上含义的差别。同时，缪先生概括了田边尚雄的调式变形理论，并分析阴阳调式变形，其间的同异以及与田边尚雄理论的同异。

4. 小泉文夫提出的"四度三音列"音阶体系。

在"印度次大陆的民族乐制"一节中，缪先生详细阐述了古代印度文化、乐制理论的形成、发展与演变。列举了婆罗多《乐舞论》与娑楞伽提婆《乐海》中的音阶理论，并就其中的线索做了精确的计算与分析。如"什鲁蒂"（s'rati［梵文］，印度二十二律音单位名称）与二十二律、不同的计算法而产生的不同音阶结构、乐制理论与"拉伽"（ràga［梵文］，印度音乐中一种曲调程式）分类法的关系、南北地区的各种"音阶型"等，并与中国的古音阶和清商音阶、欧洲现代音阶、中世调式音阶做了比较。缪先生结论性地指出，印度次大陆近代的乐制，基本上可视为一种多变化的七声音阶体系。最后，缪先生对古代什鲁蒂理论进行了评述。

在亚洲地区的诸民族乐制中，印度尼西亚独特的甘美兰乐制最具有争议性，历来为东西方学者探索不止。甘美兰乐器是一套以各类击奏乐器为主体的、具有固定音高的乐器群，它们包括各种形制的锣和铜排琴。对甘美兰乐制研究的焦点，首先在于对这些固定音高乐器的测音研究。缪先生一开始就说明了在乐器与理论研究者之间形成的主客观差异并由此产生的争议，随后逐一介绍、分析和比较了东方乐制研究的奠基人埃利斯（Alexander John Ellis，1814—1890，英国音乐声学家和语音学家）和印度尼西亚本土学者的测算和结果。缪先生指出甘美兰乐制中出现的某些音程类似于四分之三音与由中立音造成的四分之三音有着本质上的区别。

需要补充的是，缪先生对在该节中所引用的测音数据源自哪种具体乐器乃至乐器的具体音域并未加以说明，这也许受到资料来源的限制。但如不对此加以说明，恰恰影响到人们日后的深入分析和研究。这是因为，一支完备的甘美兰乐队，拥有众多的固定音高乐器，而这些乐器（即便是同一乐器）在不同的甘美兰乐队中，其音高均存有种种差异，甚至同一件乐器在不同的音域中也有差异。譬如，荷兰民族音乐学家孔斯特（Jaap Kunst，1891—1960）（缪先生在书中误为德国学者）在爪哇作的实地测音，基本上仅限于铜排琴"戴蒙"（děmung），该乐器至多7块琴键，缺少高八度音。可以判断，所有的八度音均为孔氏本人根据低八度音的频率作的加法而已。因为甘美兰乐器调音的独特性，很少出现在1200音分这样的高度上。而完全依赖于这些数据进行研究，很难得出切实可靠的结果。因此，只有尽可能获得更多的对优质甘美兰乐器的精确的测音数据，才可能在综合分析、比较的基础上论证出可信的结论。

东方乐制的研究向来是复杂多样、扑朔迷离。如果从埃利斯《论各民族的音阶》（*On The Musical Scales of Various Nations*，1885）算起，中外学者在这个领域已奋斗了110多年，并且至今仍然有诸多问题悬而未决。我认为，缪先生东方乐制研究中最闪光的思想之一，是提出了"倍音列规范化乐制"的重要研究方法。缪先生认为，"音乐中所用的各种高度的音（或律），视律制的不同，或多或少地根据于倍音原理"。又说："倍音原理属于自然法则。在律制中，自然法则是基础；但是必须看到，在律制中对自然法则在一定程度内进行调整，是完全可能的。所以，律制并非都是照原样地依照自然法则。……在律制中，对自然法则也是有所选择的。……

在音乐艺术中应用自然法则（包括对自然法则进行调整或有所选择）时，即受民族爱好或当时的文化思潮的支配，并为当时的科学技术的力量所左右。"缪先生这一思想对东方乐制的研究具有重要的理论指导意义。缪先生并先后在有关章节中对这一思想做了多次的强调和阐释。他富有创见性地指出中立音的起源与倍音列的关系，显示出一位律学家敏锐的洞察力。这就为日后深入研究东方乐制中类似中立音等有关问题开拓了一条新路。事实上，我国学者近年来在东方乐制的研究领域所迈出的几步（如对印度尼西亚甘美兰音体系的研究），从一个侧面又印证了缪先生的这一思想。

综上所述，缪先生对东方各民族乐制所进行的综合阐释，是继王光祈先生东方乐制思想的进一步发展，是我国在东方乐制研究领域中独树一帜的贡献。作为一部学术专著，《律学》为我国民族音乐学东方音乐的深入研究，奠定下一块坚实的理论基石。它像一泓蕴含着持久生命力的源泉，使后来的学者不断地从中汲取到学术的养料，使我国律学研究的园地枝繁叶茂、欣欣向荣。

1998 年 9 月

原载高燕生、刘连捷主编《缪天瑞音乐生涯》，河北教育出版社 2000 年版，第 109—116 页
饶文心：生于 1958 年，浙江艺术职业学院教授，中国音乐学院中国乐派高精尖创新中心东方音乐研究院首席专家

关于译作《钢琴弹奏的基本法则》

高燕生

作为音乐教育家、音乐理论家的缪天瑞先生是钢琴演奏专业出身。早在他15岁进入上海专科师范学校音乐科接受系统的专业音乐教育时（1923），就以钢琴为主课。大学毕业（1926）后，很长一段时期里，钢琴教学和演奏在他的多种工作中占有相当重要的地位。他曾是自己参与创办的温州艺术学院（1927）和武昌艺术专科学校（1930—1932）的钢琴教师，兼教乐理；后在江西省推行音乐教育委员会的正式职务是钢琴演奏员、编辑兼中小学音乐教学视察员（1933—1938）；到重庆教育部音乐教育委员会参与主编《乐风》（1939—1942）时，他的工作虽已转以编辑和著述为主，却与国立音乐院的教授和其他演奏家们交往笃深，常为小提琴家张洪岛等举行的音乐会任钢琴伴奏；在国立福建音乐专科学校任教务主任期间（1942—1945），他主要教授全部作曲技术理论课程，但仍未放弃钢琴教学；1949年从台湾返回大陆后，到天津任中央音乐学院研究室主任和教务主任（1949—1958，后任副院长），此间仍偶与张洪岛合作演出。缪天瑞先生的钢琴生涯30余载，却未能留下一点儿录音，也难得见到几份节目单（如在《音乐教育》月刊中），仅见一张参与江西省推行音乐教育委员会管弦乐团演出的合影，还模糊不清，实在是一大憾事。

缪天瑞先生翻译出版［俄］列文（Josef Lhevinne，1874—1944，美籍俄国钢琴家、钢琴教育家）原著《钢琴弹奏的基本法则》的小册子，是在1929年初版时译为《钢琴基本弹奏法》一书的第二次修订版本（1981年，人民音乐出版社）。其目的当然是为钢琴教学所用，而他在译者序（1981年该书修订版）中所言："著者强调打好基础，重视手（演奏）耳（听觉）并用，以及注意表现内容，等等，则不仅限于钢琴学习，而且对于其他乐器学习，以至整个音乐学习，都是适用的。"这充分表明，他是着眼于整个音乐教育的角度，以介绍钢琴弹奏的正确方法为例，引导世人去循着科学有效的途径而顺利地迈入音乐之门，"打好基础"、"手耳并用"、注意"表现内容"，从而真正领悟音乐表演的真谛，并从中真正受到音乐美的教育和陶冶。

缪先生选择列文的原著，首先在于它"体现着钢琴演奏和教学上至今仍未减色的一个优秀学派"。这一判断的根据在于：列文身为钢琴家和钢琴教育家，从1885年入莫斯科音乐院，师从萨福诺夫（1852—1918），学生时代即在音乐大师鲁宾斯坦（1829—1894）指挥下演出钢琴协奏曲，1891年以获金质奖章的优异成绩毕业，不久即获A.鲁宾斯坦国际钢琴比赛首奖（柏林，1895），1900年始任教，后做莫斯科音乐院钢琴教授（1902—1906），他实在是19—20世纪之交的俄国钢琴学派年青一代的杰出代表。1907—1919年迁居德国柏林期间，一直活跃在欧洲乐坛，为那时欧洲钢琴艺术的发展做出积极的贡献。在此基础上，移居美国后，1922年任世界最著名的培养国际音乐表演大师的摇篮朱利亚德音乐院（1905年建立，初称音乐艺术学院，1926年始用今名）的钢琴教授时，撰写出版了《钢琴弹奏的基本法则》（1924），应当视作自20年代以来世界钢琴演奏艺术甚为流行的学派的著述。并且，该书旨在讲授钢琴演奏的基本观念、学习方法和基本技巧，这对学习演奏者和钢琴教师都很有借鉴价值，而且对中国钢琴表演的普及也非常急需。此外"这些基本法则……是广泛被人采用的一个学派的方法"（译文译者序第1页）。据此人们可以清晰地了解到，缪天瑞先生选定把列文的这本原著译出，是着眼于原著的科学性、先进性和实用性，同时也足以表明译者本人是以行家的眼光，在充分鉴别和深入研究的前提下确定翻译的。

缪天瑞先生的翻译工作特别强调译作的广泛实用价值和"洋为中用"。这从他于1989年8月为李嘉禄（1919—1982，上海音乐学院钢琴系教授）先生著《钢琴表演艺术》作序中也可窥见一斑，当为佐证。他评价该书"论证丰富""足以说明他的博学和分析的缜密"。他善于掌握"基本原则"，"提出过硬的技术，但不放过审美的重要性，还提出注意整体观念的必要"等。这同样是缪先生自己从事创造性劳动的真实写照！

列文原书最初分期发表于美国音乐杂志，1924年结集刊印英文单行本，1929年即由缪天瑞先生译成中文（三文图书公司出版，上海）刊行。该中文译本1951年修订重版。1978年，苏联钢琴家、音乐教育家、音乐学家G. M. 科岗（Gregori Mikhaylovich Kogan，1901—?）根据原英文本初次刊行俄译本，并附有译者序文（对该书作了较高评价）和注释。1979年，缪先生再次核对英文原本和刚出版的俄文译本。出版了第二次修订的中文译文（人民音乐出版社，1981），书名照英文原本改为《钢琴弹奏的基本法则》。

这一漫长的过程表明，列文在1924年阐述钢琴演奏技法的论点，相隔50多年后，不仅仍得到同样是钢琴艺术大国的苏联的认可，它的俄译本于1978年由苏联当代钢琴演奏大师科岗首次译出，也更加有力地证明了列文提出的一系列钢琴演奏法则和艺术观点，在列文1944年去世后的30多年，仍作为主流之一，对音乐表演艺术发挥着重要的指导作用。而缪天瑞先生自1929年首次译出中译本后，仍一直密切关注着这个领域的动态，及时发现科岗俄译本的价值,在此基础上,对中译本作出第二次修订,以指导和推动我国钢琴演奏艺术乃至其他音乐表演艺术事业的健康发展。只为一本翻译的小册子,缪先生如此专注地投入了他多半生的心血,其中的深刻意义在前文引用缪天瑞先生中译本第二次修订版译者序中已有明显提示。

若与他在 1989 年为李嘉禄先生著《钢琴表演艺术》作序中所言相联系,"钢琴以其表现力的丰富和专业音乐学习的必由之路而越来越受到社会各阶层的青睐,因此如何打好坚实技术基础,又如何登堂入室,窥其奥秘,就成为广大音乐爱好者和钢琴学子所共同关心的问题……这本《钢琴表演艺术》在这时出版,值得音乐界同人庆贺"。这段话道出了缪先生强调为提高中华民族音乐素质,"打好坚实技术基础"是前提;学习钢琴则是"登堂入室"的"必由之路"。

下面,以《钢琴弹奏的基本法则》(中译第二次修订本,1981)的译者注释为据,试窥缪天瑞先生在他所说"做得比较完善"背后更宽泛的内涵。

首先,这次的修订,是在 1929 年初次中译本和 1951 年修订重版基础上,经请"罗秉康同志根据俄文本作了核对",又请"景霶同志根据英文本""个别地方""加以核对"。从直译的角度,作为译著,已臻完善。但他请罗秉康同志"译出俄文本注释,加在本书内"。同时加入诸多"汉译者注",就自然超出了英文原著的范围。经统计,全书注释 46 条,俄文版(科岗)注 17 条,占总条数的 37%,汉译者(缪天瑞)注 29 条,占总条数的 63%。

科岗俄文版注中,除介绍圆舞曲之王 J. 施特劳斯(子),同时介绍进行曲之王苏萨以及拉斐尔前派画家罗塞蒂和爱·本恩·琼斯之外,在译文伊始介绍波兰钢琴家霍夫曼的学术见解非常有必要。因为科岗的俄译注释的主要目的在于引用或参照其他名家的言论来强调列文体系的正确、科学和实用价值,而占俄译注释条目 70% 的总共 12 条"译文解释"中,直接引自霍夫曼的文字就占了 6 条(占 50%)。此外,科岗自己评介的注释 2 条:一条是"按现在的观点,开始教儿童识谱,死记硬背,并不合理"(汉译本 1981 年版第 3 页注释①);另一条是"原著者列文的这个意见是对的。然而……"(汉译本 1981 年版第 18 页注释③),科岗指出了列文以后对"真正美的声音"观念的新发展。而其他 4 条引用别人意见来印证原书观点的俄译注释中,只有 1 条讨论"背奏"能力和效果方面,科岗以"拉赫玛尼诺夫就背得很快,而且记得很牢"为例,表示了对列文观点的些许异议。所以,科岗的注释唯一目的仅在于更加突出列文原著在学习钢琴表演艺术方面的价值。

汉译者缪天瑞先生的注释着眼点则在从中国当前音乐生活的实际情况,立足于在有限内容范围尽可能地介绍知识、传递信息。充分考虑到中国读者接受、理解和掌握的便利。这与科岗俄译本的主旨有本质区别;比较之下,汉译本就显得"比较完善",读者适用范围更广,价值也更高。

1981 年汉译本译者序中写道:"在这本书里,著者列文以钢琴学习者和钢琴教师为对象,以讲座的形式,用散文的体裁,讲述了钢琴弹奏各个方面的基本法则。……这些基本法则,在今天的钢琴演奏和钢琴教学上仍然是广泛被人采用的一个学派的方法。"这段话说"以钢琴学习者和钢琴教师为对象",但不等于仅适用于普及。因为该书"讲述了钢琴弹奏各个方面的基本法则","在今天的钢琴演奏和钢琴教学上仍然是广泛被人采用的一个学派的方法"。接下去的一段话又明确提示，此书"对于其他乐器学习，以至整个音乐学习，都是适用的"。这就为本书勾勒出最广泛适用性的范围。足以表明这本小册子具有很高的社会价值。然而，面向"学习者"和"教师"，则是缪天瑞先生翻译此书的初衷和关注的焦点。注重音乐教育特别是普及钢琴演奏，以为我国音乐事业的发展打下坚实基础，正是缪天瑞先生音乐教育思想体系的一个带有根本性的重要组成部分。这就是：为了中国音乐事业的高水平，必须要以民族整体音乐素养的明显提高作为依托。这个思想，在即将跨入 21 世纪的今天，值得引起一切音乐工作者的高度重视。

在缪天瑞先生汉译本注中，除对"波希米亚人"解释作"指今捷克人"（第 6 页，注释①）外，人名注释涉及 17 世纪的意大利乐器制造者克利斯托弗、公元前的古罗马诗人维吉尔（Publius Vergilius Maro，前 70—前 19）、19 世纪的意大利作曲家兼钢琴家布索尼、意大利男高音歌唱家卡鲁索（1873—1921）等，跨度很大。在人物简介中顺便介绍给读者的信息，诸如最早的键盘乐器（羽管键琴，也称古钢琴）一般认为产生于 1709 年（这是对克利斯托弗的简介）；苏联钢琴家涅高兹专著《论钢琴表演艺术》有中译本（这是对科岗俄文版注的加注）；波兰钢琴家霍夫曼各种有关钢琴演奏的著作，都有日文译本（这也是对科岗俄译注释的加注）等。这种方法可以为细心的读者提供超出本书内容以外的许多背景材料，以丰富读者的知识。

在介绍常识类的汉译者注中，缪天瑞先生不仅涉及音乐领域的知识，诸如齐特拉琴（今汉译为"齐特琴"，Zither；见《音乐百科词典》，人民音乐出版社，1998 年）的形状、构造和奏法；在美国常有人对儿童进行形象化的识谱教学，但并不一定有效（这是针对科岗不赞同列文强调"初学者必须学会记谱法的全部知识"、反对"死记硬背"而阐明汉译者自己的另一种观点；第 3 页，注②、①）；对半连奏记谱法的相关解释（第 7 页，注①）；关于爵士音乐和"拉格泰姆"的简介（第 8 页，注①）；提醒读者注意波兰钢琴家肖邦有 3 首练习曲是遗作，无作品号（第 10 页，注③）；讲解乐理"等音变换"（第 13 页，注①）和"绝对音高"的概念（第 15 页，注②）；介绍在列文原著很少提及而在中国普遍使用的立式钢琴"制音器"的构造（第 26 页，注①）等，就连中国人不习惯用"英时"丈量长度也加注予以换算（第 24 页，注①）。真是考虑得非常周到，细致入微。

为了更贴近中国读者的需要，缪天瑞先生对著作有适当改动、解释或稍加补充的部分，例如，汉译本（1981 年版）第 18 页注①和③，指出汉译者在这页文字中删去原著中的一个小标题（"业余钢琴家天生的佳良触键"），而在另一处添加了一个小标题（"把琴键压到底"）。这是基于译者对原文的深入研究。笔者感到，缪先生删去的那个小标题，不仅由于它表面上的文字不通畅或不明确，更在于缪先生觉察到列文行文的自相矛盾之处：原作所指"天生的佳良触键"在正文中却是"偶然学会"而"获得"的，连他们"自己都不知其所以然"。对于这样一个原作者没能说明白的缺憾，缪先生仅用改变标题的办法，就很巧妙地处理清晰了：一方面，删掉原有小标题，除去了"天生的佳良触键"（小标题）的提法，就避免了它与"自己都不知其所以然"的自相矛盾（除去了矛盾的对立面）。另一方面，因小标题删去使前后两段文字相连，而使读者自然理解为原作提出"业余钢琴家"学习过程中经常遇到的一种现象、存在的一个问题，尚待作出解答。此后，缪先生另加入"把琴键压到底"的小标题，从弹奏基本方法的角度直截了当地道出了解决问题的关键，使原作难以自圆其说的矛盾完全化解了。这是汉译者多么精巧而审慎的创造！

又例如：汉译本第 5 页注①，旨在把原著者另一个关于论及肖邦 C 小调夜曲（作品 48，第 1 首）主题中的休止符问题解释得更清楚。列文以演奏家的角度强调了"休止的感觉"的重要，因此而对在总体音响不间断时如何会产生休止感这种现象可能会感到困惑（"问题到底何在，我不知道"。——见第 5 页正文第 2 段）。而缪天瑞先生在汉译注中，以音乐理论家的角度，用"曲调是构成音乐的各种表现手段中起主导作用"的理论，引导读者把曲调声部单独抽出来观察体会，即可发现"问题就在于休止发生在曲调上"，困惑也就随即迎刃而解了。事实上，列文并非不懂得这个浅显的道理，他在第 5 页正文第 3 段提出的解决办法（"想象这曲调发自与钢琴音色不同的乐器，如双簧管或圆号"）和缪先生的按理论指导把曲调声部单独抽出来弹奏，本来就是一回事。

再例如：汉译本第 43 页注①对列文举莫扎特（今译"莫差特"。——见《音乐百科词典》）"用鼻子去弹奏一个音"而"受谴责"的例子的解释，以及第 4 页注①引用白居易《琵琶行》中的诗句来形容列文描述沙里亚平（今译"夏利亚宾"。——见《音乐百科词典》）演唱休止符时"自然流露"的感觉等，都是为使中国读者更易领会和加深理解。

缪天瑞先生 3 次为翻译列文《钢琴弹奏的基本法则》这本很有价值的小册子付出的心血，半个多世纪以来给中国钢琴演奏艺术事业和音乐普及教育的发展，做出了有益的贡献。在翻译这本小册子中表现出缪天瑞先生治学一切为了推动中国音乐文化事业前进的思想，以及他处处为服务对象着想、深入浅出、细致缜密的治学态度，更值得学术界同人学习和借鉴。

1999 年 4 月 8 日

原载高燕生、刘连捷主编《缪天瑞音乐生涯》，河北教育出版社 2000 年版，第 84—91 页

高燕生（1940—2013），天津音乐学院教授

略论缪天瑞编译的该丘斯音乐理论各书的体系

倪 军

  作为翻译家的缪天瑞先生，他的译著涉及音乐的各个方面。缪先生精通日文与英文两国文字，1929年，他以21岁的年龄出版首部译著《钢琴基本弹奏法》。后来，又因为工作需要，或翻译或编译过大量的涉及音乐各个层面和领域的文献资料。他所翻译的音乐著作达11种之多，其中尤以与该丘斯有关的5本作曲技术理论著作影响深远。甚至可以这样说，没有缪天瑞先生，该丘斯的音乐理论体系恐怕至今难以以比较完整、准确的面貌与我国广大音乐工作者见面。该丘斯的一套音乐理论丛书包括《音乐的构成》《对位法》《和声学》《曲调作法》和《曲式学》共5本，绝大部分由缪天瑞先生在20世纪40年代编译，先由上海万叶书店出版，后由人民音乐出版社再版。

  柏西·该丘斯（Percy Goetschius，1853—1943）是美国当代音乐理论家、教育家。1873年进入德国斯图加特音乐院，师从列伯特（Siegmontd Lebert，1821—1884）和布鲁克纳（Anton Bruckner，1824—1896）学习钢琴，从法伊斯特（Tmmanue Faisst，1823—1894）学习作曲。1876年始在母校任教，并常为德国各种音乐杂志撰写评论文章。1885年获教授职称。1892年回到美国，受聘于纽约叙拉古大学和新英格兰大学，教授和声、音乐史和钢琴。1896年至1905年私人教授和声和作曲，后于1905年至1925年任纽约音乐艺术学院音乐理论和作曲专业领导，并执教。该丘斯共出版了13本专著（涉及和声、对位、曲式、音乐史等），音乐作品数十部。

该丘斯的《音乐的构成》是根据其理论体系，对音阶、音程、和弦、变化音、曲调、节奏、和声外音、对位和曲式等音乐要素进行综合性概述。作者在广泛分析欧洲18—19世纪古典作品的基础上，归纳成一定的音乐法则，构成了一套完整的音乐理论体系。他在《音乐的构成》中所陈述的理论体系，在和声学方面，第一是"五度相生"；第二是音阶体系的"一元论"。五度相生表现在该丘斯把音乐构成中若干要素都归于五度链，把五度链作为和弦关系的准绳和调的根源。"一元论"表现在作者认为只有一种音阶，亦即大音阶；小音阶是大音阶的变形。他反对把大小音阶并列的"二元论"；而音阶的"一元论"便是该丘斯"和声一元论"的基础。该丘斯在《音乐的构成》中指出："在所有的音阶中，只有一个基础的天然音阶，这便是今日的大音阶。这音阶凭人们的直觉而生，故必符合于自然法则。所有别的音阶，不管它叫什么名称，不管它为何种技术上的目的而使用，都无非是这个'天然音阶'的变形。"[①] 而音阶的产生，则又与作者的"五度链"（即"五度连环"）密不可分。通过从C音开始的连续上行纯五度和一个下行纯五度，就构成了C调大音阶的基础。[②]

而正是该丘斯和声理论中的五度连环，形成了其具有特色的和声体系。他的《和声学》原文名为《音关系的理论和实用》(*The Theory and Practice of Tone relations*, 1892)，因为著者认为音乐构成中所有的音的结合，都根据于"音与音的关系"，即"音关系"；而和声学在音乐理论中是音的结合的基础。他的《和声学》属于"功能和声体系"。他认为，一个调的基本三和弦是主和弦、属和弦与下属和弦，其他各级和弦相对3个基本三和弦而言，都是"副和弦"。Ⅵ、Ⅲ、Ⅱ各级和弦分别视为主、属、下属和弦的代替和弦。Ⅶ级和弦是属七和弦省去根音的不完全和弦。他还用此五度连环来测定各和弦比较上的重要性（用来划分和弦的等级）和各调的相互关系，乃至规定变化音的准则。此外，他对于和弦本身与和弦外音作了简明的界定，亦即，和弦到5个音为止，5个音以上的音都归入和弦外音，而且该丘斯把所有的和弦外音都归入"邻音"的原则内，使得"邻音"的概念扩大。他在《和声学》的第四篇"和声外音"中指出："和声外音必为某和弦音（即和声内音）的高一度或低一度的邻音"[③]。他进一步阐述，和弦外音要待它所依附的和弦确定以后才能确定，而且特别要根据它与后面和弦的关系如何来确定。该丘斯根据进行方式的不同，把和弦外音分为4种，即持续音、延留音、先现音和（狭义的）邻音。

《曲调作法》一书从欧洲18—19世纪的音乐大师（如巴赫、海顿、莫扎特、贝多芬、勃拉姆斯、瓦格纳等）的作品中归纳出构成曲调的法则，因此，该书对研究这个时期音乐家的作品无疑是值得人们认真学习和借鉴的。在这本书中贯穿着该丘斯"一元论"的思想。例如，对作曲家的作品，他通常只标明调，而不标明调式，因为在该丘斯的音乐理论体系中只有一个音阶，即大音阶；小音阶是大音阶的变体。他在《曲调作法》的第五章"小调"中再次指出："小音阶是大音阶的变形，并非另一独立的音阶。在音乐中只有一个天然音阶，这便是大音

---

① [美]该丘斯著，缪天瑞编译：《音乐的构成》，音乐出版社1964年版，第3页。
② 参见[美]该丘斯著，缪天瑞编译《和声学》，音乐出版社1962年版，第3页。
③ [美]该丘斯著，缪天瑞编译：《和声学》，音乐出版社1962年版，第150页。

阶。"① 他认为大音阶的曲调进行中，Ⅰ、Ⅲ、Ⅴ各级音都是静音，Ⅱ、Ⅳ、Ⅵ、Ⅶ各级音都是动音；但动音由分解和弦构成时，无此特性。

该丘斯把整个曲式学分成3大类（或3个阶段）：第一类是"主音体音乐曲式学"；第二类是"复音体音乐曲式学"；第三类是"大型混合曲式学"。第一类以一个曲调为主，加上和声伴奏而成。它的曲式包括乐句式、乐段式、联合歌式等各种曲式。第二类是由两个或两个以上的独立曲调交织而成的一种乐曲类型。第三类则综合以上两种曲式，作高度逻辑性的发展，构成回旋曲式和奏鸣曲式。《曲式学》属于第一种类型。《曲式学》在理论体系方面有两个重要的特点：其一，该丘斯在阐释曲式的发展时，从乐句式起，到乐段式、歌曲式以至以后的回旋曲式与奏鸣曲式，都始终遵循着一条路线进行；其二，该丘斯对曲式从小到大，从乐句式到联合歌式的一系列曲式的各种扩充法和不同类型，都做了十分细致的分析。这里特别要提到的是，该丘斯在《曲式学》的第127节中提出"雏形三段式"（incipient three-part form）。他认为，雏形三段式的"第1段至少是完全的乐段（也可能更长），其第2段、第3段则仍照缩小的曲式，都用一个乐句"。第1段在原调或转入其他调作全收束。通常大调转入属调，小调转入关系大调或其他近关系调。第2段只有1个乐句（但可能扩充），用明显的属和弦收束，以引出第1段的重现。第3段也只有1个乐句，因此只能重现第1段的前半或开始部分。但第1段是并行乐段而"第2段开始必同于第1乐句"（等于"全个第1段的开始"）时，第3段只能重现第1段的第2乐句；如果第1段是对比乐段时，则第3段"重现"第1段的"第1乐句（局部或全部）"，以符合"回到开始"的原则。例如，贝多芬的《A大调钢琴奏鸣曲》op.2，no.2第2乐章的主题就是这样的情况。② 这种情况，许多理论家都把它看作二段式（亦即把第2、第3段合并做第2段），但该丘斯却认为是三段式。他认为"形式的决定，应凭内部组织"（开始—转折—返回开始），而非外表。由于这是第1乐段首部（局部或全部）的重现，虽然形式短小（仅为1个乐句），"但难以具备三段式的雏形"。

该丘斯曾写过两本有关对位法的著作，一本为《对位法》，另一本是《应用对位法》。这两本对位法虽然不相互衔接，但有一定的连续性。《对位法》主要涉及有关对位法的基本练习和运用。而且该书打破了"先学和声，后学对位"的通常惯例，把和声与对位融为一体，在学对位同时学和声。该丘斯在《对位法》的原书序中指出："和声与对位是不能分开的。"他认为，掌握和弦及其运用的最合理、最好又最快的方法，就是从1个声部开始，到2个声部、3个声部，最后到4个声部。《对位法》就是在这种指导思想下写成的。

该丘斯的对位法，基本上以巴赫的创意曲和赋格曲的创作实践为基础，但《新格罗夫音乐与音乐家辞典》"该丘斯"词条中，对该丘斯的这一做法似乎有所贬议，认为他不重视古代对位法；然而，该丘斯在《对位法》一书中所采用的教学方法（亦即把和声与对位放在一起同时学习）仍然是值得人们深思的。

---

① ［美］该丘斯著、缪天瑞编译：《曲调作法》，音乐出版社1963年版，第25页。
② 详细内容请参见该丘斯著、缪天瑞编译《曲式学》，人民音乐出版社1985年版，第138—140页，而上海万叶书店1949年初版为第92—94页，第84节。

作为一位成功的音乐教育家，该丘斯被称为美国音乐之父[1]，他一生培养了大量的音乐人才。而他独树一帜的音乐理论体系，对后世产生了至今仍然不容低估的影响。他的学生中，汉森（Howard Hanson，1896—1981）、考埃尔（Henry Cowell，1897—1965）均在20世纪的音乐理论和创作领域成为风云人物。

缪天瑞先生一贯主张译文应该从实际出发，以容易被中国的读者理解为准，强调力求在忠实原作者的学术体系和内容的前提下，行文流畅，阐释清晰，通俗易懂。在翻译该丘斯的5本音乐专著中，缪先生的这一特点就显得特别突出。缪先生为了使广大读者方便阅读学习，在编译时增加了许多小标题或译者注，有时甚至补充整个部分或重写整个部分。例如，对《曲式学》一书，修订本中按照各节的内容增加了小标题，并且在全书的末尾处加入附录"参考书目"，列出了该书引用的乐曲，以便读者查阅。缪先生在对《音乐的构成》作第二次修订时，为了更便于读者把握原作者的理论体系，他还根据该丘斯的曲式理论体系配上乐谱详细说明。又如，在《和声学》书末加入附录"和声学的应用"，这是编译者从原著者另一本和声学中引来加入的，对读者从和声学进入学习作曲时可起桥梁作用。这已经远远超出翻译或一般编译的范围，是缪先生在彻底理解、掌握该丘斯理论体系以后的"再创造"。这在他编译《曲式学》的译者序中已有所披露。他写道："我编译本书，当初只作为教课用的讲义，现值付印，乃加以改编与增加；所以'编'的成分较多。但理论上未出原著者的体系一步；书中篇、章、项、节的区分，亦一仍原书（1926年，第17版）之旧（人民音乐出版社1985年版，第2版又有许多扩充和改动——倪注）；只有文字说明上常将原书加以平易化，若干实例加以换动与补充；又为节省篇幅，将'参考'部分重加调整。"而缪先生编译该丘斯音乐理论各书的主旨，按今天的话说，是旨在通过音乐理论的普及而求提高人们的"音乐素养"。这也在他编译《曲式学》的译者序中有所披露。他写道："作曲技术学习者，迫切需要曲式学，绝无疑义。但是，即使是演唱技术学习者……也一样需要曲式学的修养。……倘不绝对明白所演唱的乐曲的构造……结果必使其演唱……失掉生动与精神。……使其演唱只有躯壳而无灵魂。"我想，正是为了普及的目的，他才选定编译的方法和介绍该丘斯的音乐理论体系。因为他说："该丘斯的理论体系，以简易见称。他的曲式理论，也是如此。"

作为老一辈的音乐理论家，缪天瑞先生无论做学问，还是做人，都是我们年轻一辈学习的楷模。我们敬仰缪先生做学问孜孜不倦、认真负责、精益求精的态度；敬佩缪先生对知识的真知灼见。

衷心祝愿缪先生健康长寿！

1999年2月

原载《天津音乐学院学报》1999年第2期
倪军：生于1963年，武汉音乐学院图书馆研究馆员

---

[1] 引自David M. Thompson, *A History Theory in the United States*（The State University Press）1980年第2版的相关章节。

缪天瑞先生对我国西洋乐器译名统一的贡献

朱京伟

西洋乐器的译名问题，是随着20世纪初中国人开始主动从外国引进西洋音乐的进程而出现的。我国在引进西洋乐理之初，借用了许多日本人创译的音乐术语，对此，笔者曾以专文探讨过。[①] 但是，乐器译名的情况却大不相同。因为，日本在明治初年从欧洲引进西乐时，除了"洋琴、风琴"等个别词外，几乎从一开始，就使用日语的表音字符"片假名"去音译西洋乐器的名称。比如：Violin→ウイオリ、Viola→ウイオラ、Violoncello→ウイオロソヤロ、Flute→フルト等。[②] 显然，在这方面汉语无法仿照日语的方法，只能由中国人自己解决译名问题。

一、乐器译名的初步形成与不统一局面的持续

在我国近现代音乐史上，20世纪初曾留学日本的曾志忞是第一个提出比较完整的西洋乐器译名方案的人（见表1）。

[①] 参见朱京伟《近现代以来我国音乐术语的形成与确立》，《中国音乐学》1998年第2期。
[②] 这是明治十八年（1885）前后的译法，与现在日语的拼写法略有不同。

表1 20世纪初有代表性的乐器译名

	曾志忞[①]（1904）	萧友梅[②]（1920—1928）	王光祈[③]（1920—1928）	丰子恺[④]（1925）
Violin	四弦提琴	小提琴	小提琴	怀娥铃
Viola	大提琴	中音提琴	中提琴	微渥拉
Cello	大四弦提琴	大提琴	大提琴	赛洛
Double bass	最大提琴	低音提琴	低音提琴	杜蒲尔罢斯
Harp	竖琴	箜篌	竖琴	哈泼
Guitar	六弦琴	—	低音琵琶	—
Mandolin	—	—	高音琵琶	—
Piccolo	横小笛	短笛	—	—
Flute	横笛	长笛	洋笛	弗柳忒
Clarinet	竖笛	簧簧管	洋箫	克拉理耐忒
Oboe	—	洋管	洋锁喇	渥薄
Bassoon	大立笛	—	—	—
Saxophone	—	索士箫	沙克索风	—
Cornet	喇叭	铜号	小洋号	—
Trumpet	喇叭号筒	小喇叭	洋喇叭	忒朗拜
Horn	号角	—	洋号角	杭
Trombone	喇叭	细管喇叭	伸缩喇叭	忒隆蓬
Tuba	—	吐巴铜管	大洋号	—
Piano	洋琴	钢琴	钢琴	披雅娜，洋琴
Organ	—	风琴	风琴	风琴
Xylophone	—	—	取律风	木琴
Triangle	三角铁	—	三角乐器	—
Timpani	—	旋转鼓	定音鼓	—

曾志忞在没有前例可循的当时，能够一举提出这样的乐器译名法，充分表明了他的首创精神和远见。曾志忞的乐器译名完整地使用了意译的方法，在引进西乐之初，多数中国人更容易接受这种译法。而且他的译名具有一定的系统性。译者把弦乐器一律译成"～琴"，而把木管乐器统统译成"～笛"的形式。虽然译者没有做任何说明，但从日后我国乐器译名趋于统一的过程来看，这一点是富于远见的。

继曾志忞之后，萧友梅、王光祈、丰子恺等人的乐器译名也在音乐界具有一定的影响。

---

① 曾志忞译：《乐典教科书》，[日]铃木米次郎原本，1904年。
② 萧友梅：《普通乐学》，北京大学音乐研究会《音乐杂志》第一卷第4期（1920.6）起连载；萧友梅：《普通乐学》，上海商务印书馆1928年版。
③ 王光祈：《西洋音乐与戏剧》，上海中华书局1925年版；王光祈：《西洋乐器提要》，上海中华书局1928年版。
④ 丰子恺：《音乐的常识》，上海亚东图书馆1925年版。

萧友梅乐器译名的主要长处体现在弦乐器部分的译法上。"提琴"一词的使用始自曾志忞，但若把曾译的 4 种弦乐器排在一起，则显得词形不够工整，缺乏相互识别性。而萧译毫不拘泥地从曾译中脱化出来，"小提琴、大提琴"是状琴形之大小，"中音提琴、低音提琴"是取琴音之高低，思路明白清晰。其次，他创译了"长笛、短笛、钢琴"等名称，传承至今。尤其是"钢琴"，当时已有"洋琴"流通在先，就更感到萧译的魄力。

王光祈乐器译名的特点主要也在弦乐器方面，他在吸收萧译的基础上，进而将"中音提琴"改为"中提琴"。这一改动，不单是省去一个字，其实它把提琴的译法，一律按乐器形状的大、中、小统一起来，既规范了词形，又具有良好的识别性。此外，还应该注意到，"定音鼓"一词是由王光祈首先拟译的。

上述萧译与王译，基本上采用的是意译的方法。与此相对，丰子恺的乐器译名是音译法。主张采用音译的人一般认为，中西乐器之间的差距很大，用意译的方法，难以正确地表述西洋乐器的特性；而如果完全抛开译名直接使用原文，对大多数中国人来说又过于陌生。音译则是介于二者之间的折中方法。

以上 3 人的乐器译名各有特色，由于他们在音乐界颇有名气，常有后来人全部或部分地照搬沿用。可以说，他们继曾志忞之后，在 20 世纪 20 年代代表了我国乐器译名的基本走向。

二、缪天瑞先生对乐器译名统一的贡献

我国从日本引进音乐术语始自 20 世纪初，到 20 年代末至 30 年代初这一过程基本结束，我国音乐术语的体系也在引进过程中逐步形成和确立。相比之下，乐器译名统一的进程显得比较迟缓。

进入 20 世纪 30 年代以后，随着译介西乐活动的发展，形形色色的乐器译名有增无减。较常见的是部分吸收前人的译法，再加上自己的拟译。特别是大行其道的音译乐器名，因为没有一个译音用字的统一方案，难以品评高下，结果是各家自执一端。这种局面的存在，对西洋音乐在我国的普及和发展毫无益处。

直到 20 世纪 40 年代末，主要是由于缪天瑞先生的主张和推动，乐器译名的统一才向前迈进了重要的一步。缪天瑞先生关于乐器译名的意见，最初发表在《乐理初步》（1948）的译者序中，现引用如下："书中的名词的译语，我尽量在已流行的译语中，选用其适合者。……惟在乐器一项，我试用一种新的译法，即将直吹木管乐器一律译作'管'，再视其性质与大小，而（分）别'单簧管'（Clarinet）、'双簧管'（Oboe）、'大管'（Bassoon）、'英国管'（English Horn）、'萨氏管'（Saxophone）。铜管乐器一律译为'号'，依大小长短而（分）别为'短号'（Cornet）、'小号'（Trumpet）、'长号'（Trombone）、'大号'（Tuba）、'法国号'（French Horn）等。这样可与已有的弦乐器与横吹木管乐器上的大小长短的译法——如'小提琴'（Violin）、'中提琴'（Viola）、'大提琴'（Violoncello）、'最大提琴'（Double Bass）、'短

笛'（Piccolo）、'长笛'（Flute）相一致，而易于一般人的理解与记忆。"①

一望而知，这种译法已与现行的译名十分相近。缪天瑞先生是在比较和综合已往各种译法的长处的基础上提出新译名方案的。提琴类以及长短笛的译法取自萧友梅、王光祈等人，但缪译并非机械地照搬，而是从乐器外形的大小长短出发，据此归纳出使译名系统化的可贵思路。在此之前，"小号""大号""单簧""双簧"等词语也曾零星出现过，但缪译把直吹木管乐器一律译作"管"，铜管乐器一律译作"号"，而与已有的其他译名接轨的思路是全新的，具有创造性。一种成熟的术语或译名体系，往往在系统性和识别性两方面显示出优势。缪译的思路正好与这一评价术语优劣的客观规律相符合，使其有可能成功。

这种译法的形成有其过程。《乐理初步》的译者序谈到，1935 年，该译本曾在缪先生自己主编的《音乐教育》杂志上连载。经查阅当时的译文，发现缪先生当年的乐器译名，除提琴类之外，均为音译，如克拉里纳特（Clarinet）、奥波（Oboe）、披可洛（Piccolo）、夫吕特（Flute）等②。1937 年，在该杂志刊登的《关于翻译音乐名词的通信》一文中，缪先生开始谈到译名有必要系统化的问题。他说："有人把 Violin 译为'小提琴'，把 Cello 译为'大提琴'，同时把 Viola 译为'中音提琴'，把 Double Bass 译为'低音提琴'。前两者是根据乐器的形状（大小）来译，而后二者则根据音域译。这四种有密切关系的弦乐器，在译语上实有系统化的必要。照音域译，很难确定，如 Viola 在管弦乐中虽常为中音（Alto），有时亦为次中音（Tenor），Cello 虽常为次中音，有时亦为上低音（Baritone）。故不如都照形状译为：小提琴（Violin）、中提琴（Viola）、大提琴（Cello）、最大提琴（Double Bass）。"③

可见，缪先生后来把这一思路进一步应用到提琴类以外的其他乐器上。

缪译最终能得以推广，除了译名本身具有的优点之外，还应考虑到其他一些因素的影响。据缪先生自述，20 世纪 40 年代末，当时刊行音乐书籍的主要出版社上海万叶书店，曾请他提交一份乐器译名的一览表，以供编辑出版物时统一译名之用。④ 这种在内部率先统一译名的方法，看来万叶书店是认真实行的。表 2 列出的是新中国成立前后乐器译名的变化情况，从中可以明显地看出缪译对后来者的影响。

表 2　新中国成立前后乐器译名的变化

	缪天瑞[5]（1948）	译名初拟[6]（1951）	李元庆[7]（1952.1）	瞿希贤[8]（1952.6）
Violin	小提琴	小提琴	小提琴	小提琴
Viola	中提琴	中提琴	中提琴	中提琴

---

① ［英］柏顿绍著，缪天瑞编译：《乐理初步》，上海万叶书店 1948 年版。
② 实际上，译本在《音乐教育》上连载的时间是 1936 年 1 月至 7 月，共 7 次，题为《音乐理论初步》。
③ 欧漫郎、缪天瑞：《关于翻译音乐名词的通信》，《音乐教育》第 5 卷第 4 期，1937 年 4 月。
④ 为撰写本文，笔者曾两次拜访缪天瑞先生，向他请教和核实当时的有关情况。
⑤ 缪天瑞编译：《乐理初步》，上海万叶书店 1948 年版。
⑥ 中华全国音乐工作者协会、中央音乐学院研究部编：《音乐术语统一译名初拟（乐器部分）》，载《音乐技术学习丛刊》第一辑，上海万叶书店 1951 年版。
⑦ 李元庆译：《乐器法》，上海万叶书店 1952 年版。
⑧ 瞿希贤译：《管弦乐法原理》（2 册），上海万叶书店 1952 年版。

续表

	缪天瑞（1948）	译名初拟（1951）	李元庆（1952.1）	瞿希贤（1952.6）
Cello	大提琴	大提琴	大提琴	大提琴
Double bass	最大提琴	倍大提琴	最大提琴	低音提琴
Harp	—	竖琴	竖琴	竖琴
Guitar	—	六弦琴	六弦琴	吉他
Mandolin	—	曼陀林	曼陀林	曼陀林
Piccolo	短笛	短笛	短笛	短笛
Flute	长笛	长笛	长笛	长笛
Clarinet	单簧管	克拉管	单簧管	单簧管
Oboe	双簧管	欧波管	双簧管	双簧管
Bassoon	大管	巴松管	大管	大管
Saxophone	萨氏管	萨克管	—	—
Cornet	短号	短号	短号	短号
Trumpet	小号	小号	小号	小号
Horn	法国号	法国号	法国号	法国号
Trombone	长号	长号	长号	长号
Tuba	大号	大号	大号	大号
Piano	—	钢琴	钢琴	钢琴
Organ	—	风琴	风琴	风琴
Xylophone	—	木琴	木琴	木琴
Triangle	—	三角铁	三角铁	三角铁
Timpani	—	定音鼓	定音鼓	定音鼓

表 2 中的《音乐术语统一译名初拟（乐器部分）》是提交"学术名词统一工作委员会"审定之前的征求意见稿，也刊登在上海万叶书店出版刊物上。该刊发行 3 期后停刊，乐器部分以外的音乐术语统一工作，此后几年内未见有下文。译名初拟中把直吹木管乐器译为"管"，铜管乐器译为"号"的译法，可以说直接来自缪译。而与缪译不同的几个音译词均未能推广。李译与瞿译都是由上海万叶书店出版的，并都经过缪天瑞先生的审阅（见二书译者序和附记），所以与缪译基本一致，细部略有出入。李译的"六弦琴"有可能取自译名初拟，其实，早在 20 世纪初曾志忞已经这样译了。瞿译使用音译词"吉他"，并回到"低音提琴"的译法，是他对缪译的小小修正。与瞿译完全一致的，还有丰陈宝译《管弦乐法》（上海万叶书店 1953 年版）等书。

由此可见，尽管《音乐术语统一译名初拟（乐器部分）》是以比较正式的形式发表的文件，但从实际所起的作用来看，万叶书店等在译名统一上起步更早，影响似乎也更大。由于上海万叶书店等出版部门的推动，以及有关部门主持的术语统一工作的进展，到 20 世纪 50 年代中期，统一的乐器译名大致已推广至全国，查阅一下这个时期的音乐出版物，便可发现其中的乐器译名，已和现在通行的基本一致了。

　　1956年，以中国音乐家协会和中央音乐学院的名义编发了《音乐名词统一译名初稿》（音乐出版社），标志着包括乐器译名在内的音乐译名审定工作基本完成。1957年，《简明音乐辞典》（上海音乐出版社）出版，这本辞典采用的术语译名主要以《音乐名词统一译名初稿》为依据，但因其简明实用，发行量大，影响超过《音乐名词统一译名初稿》。其中，乐器译名在1951年的《音乐术语统一译名初拟（乐器部分）》的基础上又作了几处调整，即克拉管→单簧管、欧波管→双簧管、六弦琴→吉他、曼陀林→曼多林。

　　综上所述，从20世纪初到40年代，我国在乐器译名上一直持续着百家争鸣的局面。直到新中国成立前夕，由于以缪天瑞先生为代表的新思路的出现，才使译名统一取得突破性的进展。缪天瑞先生是我国音乐界的老前辈，他在乐器译名统一的历史进程中做出的积极贡献，和他对音乐理论发展所做出的其他贡献一道，是值得我们永远铭记的。

1998年11月

原载高燕生、刘连捷主编《缪天瑞音乐生涯》，河北教育出版社2000年版，第65—73页

朱京伟：生于1957年，北京外国语大学日语系教授

父亲在福建音专

缪裴芙

90岁高龄的父亲在他漫长的经历中，工作单位将近20个，时间长短不一，短的一年半载，长的达数十年，而半个世纪前在福建音乐专科学校（简称"福建音专"）度过的3年多时光，是新中国成立前给他留下印象最深刻的一段日子。他时常跟我们讲起那时的工作和生活，讲那里的同事和学生。在北京有福建音专校友一二十人，每年春节必有聚会，平时来了外地校友也要聚一聚，这种聚会，他只要身体情况允许，总是要参加的。他说，这是那种特殊的环境里，师生在同甘共苦、团结一致、共同奋斗中凝结成的友谊；这种友谊特别纯洁，特别深厚，所以经久不衰。

福建音专诞生于抗日战争烽火连天的岁月，地址在福建西部山区永安县上吉山。当时全国有3所高等音乐院校：重庆国立音乐院、上海音乐院和福建音专。上海沦陷后，东南数省有志于音乐的青年，纷纷来到福建音专，使这个僻静的小山村成了培养大批音乐人才的摇篮。

笔者没有机会进入这所学校，但耳濡目染，知道除蔡继琨为首任校长外，还有卢前、萧而化、梁龙光、唐学咏任过校长；知道外籍教师有保加利亚的尼哥罗夫、德籍犹太人曼哲克夫妇；还认识在北京的许多校友；也知道当时生活艰苦，但师生们勤奋向上，关系和谐；校内琴声叮咚，校外溪水淙淙……现在就父亲记忆所及的一些往事，加上《福建音专校友通讯》（简称《通讯》）所载文章的片段，缀成此文。

一、初到音专

父亲回忆道:"大约 1941 年还在重庆时,福建音专校长蔡继琨邀我赴闽工作。1942 年元旦刚过,我与去报考福建音专的学生李广才等一行,从重庆动身,历 20 多天到达福建永安。时夜幕已降,我急于到达目的地,便速找电话告知蔡校长,蔡接电话后马上派人来永安用轿子接我。从永安到吉山,山路崎岖,天黑更是难行,两个多小时才到学校,在校长室门前停下。我与蔡校长相见,简单寒暄几句,即在校长室临时搭床睡下。多日路途劳顿,沉睡一宿,醒来天已大亮了。

"次日我被安顿在曼哲克教授夫妇住的那幢房子里居住,环境幽静。从此,学校简易厨房每日为我多添一个竹筒,内盛 4 两红米饭加几粒黄豆作为份饭。晚上有昏暗的电灯,供电不足用煤油灯,这比重庆的桐油灯已升了一级,晚上可以读书写字了,我很满意。当时我穿着一件灰布棉袍,福建天气热,蔡校长叫人给我做一套淡灰色中山装换上,穿着也显得整齐合时了。"

二、广揽人才

父亲回忆道:"到校后蔡校长告诉我的第一件事是学校师资缺乏,从基础课到各专业课,教师都是不够或缺乏,要我设法张罗。我除了首先自己开和声学等课之外,就是到处发信,聘请教师。不久,顾西林先生、顾宗鹏先生(均教二胡)及刘天浪先生(教基本乐理)等陆续到来。"

黄飞立先生在《通讯》第 4 期《到校后的最初印象》一文中说:"1941 年底,太平洋战争爆发,上海租界也沦陷了,我不能再留在上海,便约定和章彦(作曲家)、程静子一起去重庆。由于水陆交通都被破坏,我们便取道福建,无意中得知永安有一所音乐专科学校,就决定顺便去看看。到了永安学校所在地,幽静的环境给我们留下一个新鲜深刻的印象。卢前校长和缪天瑞教务主任,都是以前不认识的,热情地接待我们,带我们参观了校园,介绍了学校的情况。他们听说我们从上海来,又是搞音乐的,便不由分说要我们留下。我们便中止去重庆的旅途,参加了福建音专的教学工作。"

父亲回忆道:"我知道萧而化先生留学日本已经归来,就函请他来任教;他后来接替卢前,当了第三任校长。以后还有陆华柏先生(教作曲、和声)、薛奇逢先生(教声乐)、徐志德先生(教小提琴)等人陆续来到学校。"

罗惠南同学在《通讯》第 10 期《回忆国立福建音专时期的陆华柏教师》一文中说:"陆华柏教授应国立福建音专教务主任缪天瑞教授的聘请,于 1943 年的冬天,从广西动身,经广东韶关及江西赣州、瑞金,辗转到达福建战时省会永安。由缪天瑞教授亲自到永安接他和他的夫人。学校十分尊重他,把他安排在学校小山上小巧玲珑的洋房里,与一些外国教授、专家住在一起。"

父亲回忆道:"有一天,一个素不相识的青年来找我,说自己能教钢琴。他抱了一捆乐谱,还有演出节目单（都是西方古典、浪漫乐派名家的经典作品）给我看，他就是李嘉禄先生。我看他天真而有朝气，手掌大，手指长，正是天生的钢琴人才，就大胆地介绍给卢前校长，说是钢琴教师正缺人。他一听就答应留下他了。20世纪70年代有一次李嘉禄先生与我闲谈中，说到他当年进福建音专手续只花了几个小时，若在今日非得两三个月不可。"

陆华柏先生在《通讯》第3期《抗战后期的福建音专》一文中说："我在音专教书的这段时期，校长是萧而化先生，教务主任是缪天瑞先生。用现在的话来说，他们两位是学校的'领导'，这是'专家治校'，因为他们两位都是学者型的人物。……缪天瑞，浙江温州人。他不但是个温文尔雅的学者，而且办事有条理，精细周到，有管理学校、领导教学工作的才能。同时他为人平和，善于团结人一道工作。音专当时处在各种条件十分困难的情况之下，仍然办得兴旺发达，这是与缪先生的惨淡经营分不开的。"

三、师生之间

父亲回忆道："音专学生非常珍惜难得的学习机会，都很用功。由此而感到钢琴太少了。于是由师生个人出资联合外出找琴，购琴，但琴还是不够。"

父亲1989年为李嘉禄先生《钢琴表演艺术》一书所作的序言中说："……当时由于处在战争环境，钢琴设备不能满足众多师生的需求，他（李嘉禄）就在夜间练琴，直至深夜。这对当时同学相率在夜间练琴，起了促进作用。那时整个校园内，通宵达旦，琴声不绝。特别在秋冬寒夜里，听得格外清晰。这一景象曾引起我无穷感慨，写过一篇短文《谁知琴中音，声声皆辛苦》，登在校刊上。这种'寒夜琴声'虽已时隔半个世纪，至今犹萦绕在我脑际，未曾忘怀。"

黄飞立先生1989年在首届校友代表大会上的发言中说："……我总不能忘记，我和李嘉禄先生、张慕鲁先生，白天不便和同学们争琴练习，只好等熄灯以后，我们三个人轮流开夜车。前面一个人练两小时，便去叫醒第二个人再练两小时，等第三个人练完回房间睡一会，号兵的起床号就吹响了。"

父亲回忆道："当时学生生活十分艰苦，许多人缺衣少食。有一天刘天浪先生对我说，有个从广东来的学生，叫叶翼如（后改名叶鲁），没考上，身无分文，他边落泪边说无路可走了。我一听顿时愣住了。天浪说：我倒有个主意，叫他在教务处刻蜡板，有点收入，明年再考。我说这个办法好。该生后来遂愿考上了。"

"有一次，国民政府教育部下了一个文，说我们录取的学生中，有大批学历不合规定，不准入学。这对于学生简直是晴天霹雳。全校沸沸扬扬，有的学生茫然地说'我们上哪儿去呢'。我去找卢前校长，说无论如何要设法把学生留下来，不能赶他们走。卢说：'对，没有学生，我们还办什么学校！'后来我与教务处的同事们商量，把学历不够的学生档案，分别加以'改造'，或改名字或换学历等，使之符合上面规定，这样总算敷衍过去。"

方观昌（陈平）同学在《通讯》第4期《忆良师》一文中说："1943年初，我怀着学成一名音乐家的憧憬，千里迢迢奔向永安……报考了5年制本科。当时经过考试，我与施君凯、唐敏南二人都达到录取标准，但公费名额学校规定只取 2 名。如按考试成绩，施的专业课、普通课总分最高，其中一个公费名额非他莫属。另一个名额，我与唐相比，专业课她比我强，普通课她比我弱，而我的总分又比她高。只是她早已是尼哥罗夫的学生，是个小提琴人才。我想，作为公费生，我是命定不能录取了，如读自费，我是靠伯父养活的穷学生。看来只有'乞讨'回乡了。可是当我正为自己前途忧虑时，顾西林老师却告诉我，说是缪天瑞老师认为'你们三人都是有培养前途的学生'……经校务会议讨论……我们三人都被作为本科公费生录取，我才得到进入音乐学府学习的机会。而缪老师也就在我心目中留下了难以磨灭的'惜才'的良师印象。"

四、课余生活

父亲回忆道："音专师生在假期里经常组织到校外演出，这一方面可以让他们在社会上锻炼自己，同时宣传抗日救国，为群众服务。演出队所到之处，深得各方好评。"

包三金同学在《通讯》第 9 期《在漳州撒下种子》一文中说：1943 年，福建音专黄飞立教授、尼哥罗夫教授、杨碧海、杨桦等人，从永安途经龙岩、南靖来到漳州，抵漳后即组织在漳校友和当地音乐爱好者及部分进德女中、寻源中学、龙溪中学的师生举行音乐会。音乐会先后在漳州光明剧院和东板后礼拜堂演出，节目有黄飞立的中提琴独奏，尼哥罗夫的小提琴独奏，杨碧海的钢琴独奏和清唱剧《长恨歌》等。……此次演出，得到了漳州有关部门的大力支持，演出获得了圆满的成功。……福建音专给人们留下了良好的印象和美好的回忆。"

何为在《通讯》第 9 期《忆福建音专》一文中说："我们也举办过郊游野餐的活动。离开校园，来到荒郊野外，搭起灶来野炊，尽情地享受着大自然所赐予的愉快。参加这一活动的不仅有一大群年轻的学生，教授中缪天瑞、黄飞立等先生也愉快地和我们在一起。"

父亲回忆道："这次野餐，同去的还有历史教师郑书祥。我们席地而坐，郑讲了些目前抗战的形势，我则根据重庆的情况随便说了一些音乐方面的事。不料此次活动竟被说成是重大政治聚会。

"由于时局动荡，社会矛盾日增，校内外一些反动分子搜查学生作业和日记，从而抓走了一些学生。我尽自己的力量，资助被捕学生，送衣物给他们，并要求校长把学生保释出来。后来学生大部分陆续返校，个别到了解放区，陈宗谷等三个人被送往集中营。"

何芸（何雪瑜）同学在《通讯》第 10 期《永远怀念我的母校》一文中说："当年被当局无理逮捕的同学被押离永安解往崇安集中营时，郑书祥先生冒着风险参加送行，并即兴在纸烟盒上写了一首短诗，题为《赠三囚徒》(即金希树、陈宗谷和周鉴冰校友)：

中国农民烘火笼，让灰烬埋着红炭，
这样，久久，久久地，散发着温暖，
还有，还有，保存着火种，

还有，还有，保存着火种！

他写好后交给池志立（何方），趁握别时传给陈宗谷，鼓励被押走的同学。"

父亲回忆道："虽然发生过一些令人难过的事，但在音专的几年，思想上是愉快的。校园处在山清水秀的幽静环境之中，附近溪水缓缓流过。福建天气炎热，从元旦后不久，一直到 9 月间，都可以游泳。几乎每天晚饭之后，在夕阳的余晖中，我都要在清澈见底的溪水中畅游一番。既欣赏大自然的美景，消除一天的疲劳，又锻炼了身体。"

张慕鲁先生在《通讯》第 3 期《我心中的福建音专》一文中说："永安时期的福建音专，在我心中大致可概括为：环境比较清幽，教学条件较好；学习非常努力，音乐空气浓厚；生活比较艰苦，但精神面貌愉快。……燕溪靠音专的一段水面较宽，水流也较平静，除中间一小段外，水都不超过一人深。水清见底，水底是鹅卵石，是一个天然游泳场。每到夏天，师生均来此游水解暑，给大家带来了许多欢乐和情趣。"

父亲回忆道："有一次，我游得太远了，到了水较深的地段，觉得体力不支，一时心慌了，紧急呼救。幸而杨桦同学在不远处，很快过来拽住我，帮我游到岸边。后来此事在同学中传为笑谈。"

五、编译教材

父亲回忆道："我所开的课，几乎都编有讲义。和声学、曲式学、对位法，我都根据该丘斯的理论书逐章编译，提早付印，上课时分发给学生。后来加以整理，《和声学》和《曲式学》都先后正式出版。只有《应用对位法》，我结合学生钢琴课用巴赫的《创意曲集》作教材，没有完成，后交给陆华柏先生请他续写。陆写完后在'文化大革命'中被红卫兵全部烧毁，只得重写后出版。遗憾的是，只出了第一分册陆就去世了，我也无力续写。再无第二册了。"

陆华柏先生在《通讯》第 3 期《抗战后期的福建音专》一文中说："容许教学内容体系的多样化和互相尊重、互相切磋，这一条也是福建音专的好学风。以作曲理论课的教学为例，萧而化先生、缪天瑞先生和我就显然是根据三'家'不同的理论体系进行的。萧而化先生在教学中全力介绍普劳特的理论体系……缪天瑞先生在教学中则全力介绍该丘斯的理论体系……我觉得柏顿绍的《音乐教程》内容简明扼要，颇适合于音乐师范专修科的程度和需要，便试着根据这一理论体系进行。像这样各人介绍一家理论体系的做法，当时在国统区其他音乐院校也是少见的。"

六、偶试创作

父亲回忆道："大约 1944 年秋天，我忽然想到自己长期从事理论教学活动，没有创作实践，是个缺陷。理论研究与创作实践理应相互结合，相互促进。我就根据弟弟天华（在音专教国文）的一首诗《从军别》（宣传抗日），写成一首大合唱（内含合唱、男女声独唱，最后以合唱结束）。写成后在王沛纶先生指挥下由学生合唱团演出。李惠莲和叶林分别担任女高音和男高音独唱，我自己弹钢琴伴奏。演出后陆华柏先生评论说，抒情性的开头合唱和男女声独唱写得还可以，最后战斗性的合唱不够劲，结束得缺少力度，原因是作者没有这种生活体验，云云。我点头称是。我搞创作确实没有生活，同时我不善于用激情来构思一个作品。从此以后，我只有一心用逻辑思维浮沉于理论的海洋中，而放弃凭形象思维在创作的太空中遨游的幻想了。"

七、"自请离职"

父亲回忆道："1945年夏天，新校长唐学咏到任，给我发了下个学年的聘书。不料在8月间的一天，唐校长来找我，说：政府认为你在这里教书不合适，你就以'自请离职'回去吧。与此同时，校内多处贴出'打倒缪天瑞'的标语。而另一方面，各班级同学纷纷请我吃饭送行、合影留念。遭受同样待遇的还有陆华柏先生。"

罗惠南同学在《通讯》第10期《回忆国立福建音专时期的陆华柏教师》一文中说："1945年秋，陆华柏教授被莫名其妙地通知'驱逐出校'，同时被驱逐的还有缪天瑞教授。当时陆老师因事出突然，他毫无思想准备，便立即找唐学咏校长询问。唐校长说，是福建省政府电话指示的，必须立即执行，没有商量的余地。"

父亲回忆道："我悄悄地收拾简单的行李，准备离校。弟弟天华送我到永安，仍不放心，在永安伴我住了一宿，又送我挤上去南平的长途汽车。天华一再嘱咐我一路小心。几日后，终于平安到家。"

在1998年第11期《艺术通讯》（文化部艺术司主办）上，叶林撰写了《当代音乐史不会忘记——记音乐教育家、音乐学家缪天瑞教授》一文，我摘录一段作为本文的结束语："1941年冬，缪天瑞受聘任福建音乐专科学校教授兼教务主任，直到1945年被迫离校，共三年多时间，获得了举校师生的尊敬和爱戴，桃李满门，成就甚丰。他除了繁忙的教务主管工作外，还先后担任和声学、曲式学、对位法、音乐欣赏、音乐教学法等课程。福建音专曾五易校长，而缪天瑞一直主持教务多年，对教学的稳定性、连续性起了重要的作用。这期间，社会矛盾日益加深，音专屡屡发生逮捕学生、殴打教师事件。缪天瑞都站在进步学生一边，被国民党当局找去谈话，加以威胁，替学生说话，终于被点名令其'自请离职'。"

1998年12月

原载高燕生、刘连捷主编《缪天瑞音乐生涯》，河北教育出版社2000年版，第51—59页

缪裴芙：生于1931年，女，北京市十一学校教师

缪天瑞台湾时期音乐活动考

汪 洋

前言

缪天瑞（1908年4月15日—2009年8月31日）先生是中国当代著名的音乐学家、音乐教育家，也是20世纪中国乐律学研究的奠基者和开拓者，同时，他在作曲技术理论编译和音乐刊物、音乐词典编纂等方面也成绩卓著。从早期的小学教员、音乐编辑到后来的中央音乐学院副院长、天津音乐学院院长、中国艺术研究院博士生导师，缪天瑞为中国音乐教育乃至音乐文化事业辛勤耕耘、鞠躬尽瘁近80年。在百年音乐人生中，缪天瑞于1946年10月至1949年5月担任台湾省交响乐团编译组主任、副团长，主编《乐学》期刊[1]的经历鲜有人关注。虽然时间短暂，但其在台湾省交响乐团的一系列音乐活动，为台湾良好音乐生态环境的积极营造奠定了重要的基础。所以，台湾时期音乐活动考证应该是缪天瑞研究中的重要一环，不应被忽视。缪天瑞先生在台湾省交响乐团任职期间究竟有哪些音乐活动？这些音乐活动对当时音乐生态的改良以及后来台湾音乐文化环境的发展产生何种影响？甚至于这些音乐活动体现那一代音乐人怎样的音乐表达与家国情怀？本文尝试从资料查阅、回忆访谈以及相关的实地考察入手，对以上问题进行考证探讨。

---

[1] 缪天瑞一生中在音乐刊物编做出过辉煌业绩和独特建树，持续70余年，分别是：1933年在江西主编《音乐教育》月刊，1939年在重庆与胡彦久、江定仙、陈田鹤共同主编《乐风》，1946年在台湾主编《乐学》，1950年与张文纲共同主编《人民音乐》，1985年任《中国音乐学》名誉主编。

一、台湾省交响乐团成立的社会背景和初期沿革

台湾与大陆,同根、同宗、同文,一脉相承。16 世纪之后,由于明、清政府的腐败无能和国外列强的掠夺侵略,台湾先后沦陷于荷兰、西班牙和日本的殖民式统治,历经荷兰、西班牙时代①、明郑清领时代②和日据时代③。台湾"光复"初期,由于政治、经济与文化环境的瞬息转变,整个社会动荡不安且变化多端。如政治上台湾从 50 年日本化统治的一个极端转化为中国化瞬间开始的另一个极端,其中的起伏变化尤为剧烈。地方政权的更迭、民族认同的转换以及法定语言的改变等,种种此类的变化都使民众面临着极大的不适应。经济上,虽然台湾在日本人统治时代,已经有了现代化、工业化的基础,但由于"光复"后台湾省行政长官公署的接收工作、经济政策与粮食配给制度的失败、大量大陆军民的涌入以及日本原料供应的中断,导致台湾社会物价飙涨,物质短缺,从而形成恶性循环,通货膨胀、失业、偷窃、抢劫等一系列社会问题日趋严重。

光复一年半的台湾,经济情事却异常可悲,政治上不能上轨道,产业的复兴不进,接收工厂大半停顿,失业者日渐增加,物价暴涨不息,财政不能确立,仍靠增发纸币维持。眼见大多数的人民生活困苦难堪,民生安定至今只是模糊的远景。过去的一年半期间,专注意接受日产,对民生安定拿不出整套有效的办法来……④

通货膨胀的现象造成物价一日数涨,往往一日之间价格就变动了好几次。在老人们的回忆中也不乏"买东西必须带一麻袋钞票上街"⑤的例子。

虽然身处这样的逆境,刚刚摆脱皇民化统治的台湾文学艺术界却抱着改造社会的雄心壮志,并充满着炽热期待,人人都希望重建新世界、新秩序——"新的台湾,新的文化"。"战后知识分子在政府公权力瓦解或松动的情况下,大量投入改造社会、教化社会的文化生产线,成为台湾文化史上难得一见的黄金时代。"⑥这段时期,随着大陆音乐家的陆续加入⑦和大陆音乐的涌进,台湾社会的音乐文化进入了百花齐放、多元复合的黄金阶段:日本人占据时期被禁演的戏曲如台湾歌仔戏⑧等可以上演,20 世纪 50 年代之后成为禁忌的"左"倾歌曲可以演唱,京剧、上海 20 世纪 30 年代的流行歌曲也被大家热议和追捧,再加上日本占据时期占主流地位的

---

① 从 1624 年 8 月 26 日,荷兰军队在台南安平开始对台湾的经营,一直到 1661 年 12 月,明郑成功收复台湾。
② 从 1662 年明郑成功收复台湾一直到 1894 年中日甲午战争,清廷战败,签订《马关条约》,割让台湾。
③ 1894 年中日甲午战争,日本殖民台湾开始到 1945 年第二次世界大战结束日本投降,台湾归还中国。
④ 佚名:《如何建设台湾经济》,《台湾民报》1947 年 1 月 6 日。
⑤ 邱诗珊:《台湾省交响乐团与台湾文化协进会在战后初期(1945—1949)音乐之角色》,硕士学位论文,台湾大学音乐学研究所,2001 年,第 119 页。
⑥ 邱诗珊:《台湾省交响乐团与台湾文化协进会在战后初期(1945—1949)音乐之角色》,硕士学位论文,台湾大学音乐学研究所,2001 年,第 70 页。
⑦ 1945—1949 年,大批大陆出身的音乐家到台湾,如蔡继琨、萧而化、戴粹伦、缪天瑞、张锦鸿、康讴、李永刚、李中和、沈炳光、王沛纶、周崇淑、司徒兴城、汪精辉、施鼎莹、郑秀玲、李九仙等,有的在乐团中工作,有的在学校里工作。
⑧ 流行于台湾省和福建厦门、漳州、晋江等闽南语系地区,以及东南亚华侨居住区。音乐曲调十分丰富,既有悠扬高亢的"七字调""大调"和"背思调",又有民谣诉说式的"台湾杂念调",更有忧郁哀伤的各种哭调,并吸收台湾当地的民歌小调和部分戏曲音乐作为补充;生、旦、净、丑都用真嗓演唱,表演、角色、服装、脸谱和打击乐等方面基本上都取法于京剧。

日本传统音乐、日语歌曲等，可以说当年的台北成为日本、中国大陆和台湾文化的汇聚点。

1945年9月底，蔡继琨[①]跟随时任"台湾省行政长官兼台湾省警备司令"陈仪来台受降。陈仪喜好音乐并有意提倡音乐，所以命私交甚好的蔡继琨跟随到台湾拓展音乐事业，负责创办交响乐团和音乐学院两大重任。从1945年11月26日《台湾新生报》刊出"台湾警备总司令部交响乐团招训团员通告"的启事不到一个星期，在蔡继琨和李金土[②]、吕泉生[③]三人的游说和促成下，"把全省会拉的、会吹的，能来的全都找来"[④]，如王锡奇的"台北音乐会"，萧光明和王云峰的"稻江音乐会云峰管弦乐队"、郑有忠的"有忠管弦乐队"、吴成家的"兴亚管弦乐队"和张福星的管弦乐队等，"台湾警备总司令部交响乐团"将这些散落在台湾各地的民间乐团统统收编，并于同年12月1日正式成立，蔡继琨亲任团长兼指挥，团址临时设在台北市第三高女（现今台北第二女中）校舍[⑤]。交响乐团当时分设管弦乐队、军乐队和合唱队，加上乐团行政人员共计190余人，编制可谓当时远东之冠。成立仅半个月的"台湾警备总司令部交响乐团"经过一番练习之后，便于12月15日至16日在台北公会堂[⑥]举行首次演奏会，以合唱、管弦乐、管乐等形式演出11首曲目。1946年3月1日，由于受到国民党政府裁军会议之影响，原隶属于台湾警备总司令部的交响乐团改隶属为台湾省行政长官公署，奉命更名为"台湾省行政长官公署交响乐团"[⑦]，团址迁至台北市中华路174号栗颐寺（原台北的西本愿寺）。1947年"二二八事件"[⑧]之后，台湾行政长官公署走入历史，取而代之的是台湾省政府，乐团也随之改名为"台湾省交响乐团"。1948年3月，交响乐团保留编制，转型为民间团体，隶属于"台湾省艺术建设协会"，直至1951年1月，改隶属于教育厅，更名为"台湾省政府教育厅交响乐团"。

---

① 蔡继琨（1912—2004），出生于福建泉州市。曾赴日本东京帝国音乐学院，并以作品《浔江渔火》参加"日本现代交响乐作品"（日本黎明作曲家同盟主办）比赛获奖。先后创办福建音乐专科学校、福建音乐学院，更是到台湾创办交响乐团，被称为"台湾交响乐之父"。

② 李金土（1900—1979），出生于台北，曾留学东京上野音乐学校，先后任教于台北第二师范学校，台湾省立师范学院，著有《音乐欣赏法》《音感训练法》《新编初中音乐课本》等书，并组织过混声合唱团，并协助蔡继琨筹组"台湾警备总司令部交响乐团"。

③ 吕泉生（1916—2008），生于台中丰原，曾留学日本东洋音乐学校，1943年回台湾开始收集整理闽南民歌，并积极创作，著有《杯底不可饲金鱼》《摇囝仔歌》等歌曲，曾创办荣星合唱团，被称为"台湾合唱之父"。

④ 孙芝君:《记吕泉生教授的师大音乐讲座——光复前后台湾的音乐教育》，载《省交乐讯》1997年6月第66期，第15页。

⑤ 蔡继琨:《贺词》，载《台湾省立交响乐团五十周年庆团庆特刊》，台湾省立交响乐团，台中，1995年，第5页。

⑥ 现今台北市中山堂，当时未改名，1945年12月19日，即乐团演出3天后，台湾各地的公会堂统一改称为中山堂。

⑦ 赵广晖:《现代中国音乐史纲》，台湾乐韵出版社1986年版，第318页。

⑧ 导火线是1947年2月27日发生在台北市的一件私烟查缉血案而引爆冲突，触发2月28日台北市民的请愿、示威、罢工和罢市。从此，该事件由请愿转变为对抗公署的政治性运动，并爆发自国民政府接管台湾以来因贪腐失政所累积的民怨，以及台湾人和外省人之间的省籍冲突，从而迅速蔓延全台湾，演变为社会运动，最终导致官民间的对抗冲突与军队镇压。国民党政府在"二二八事件"缓和后又扩大镇压屠杀、实施清乡、逮捕枪决知识分子和民众，使"二二八事件"影响台湾长达数十年。

表1　1945—1949年台湾省交响乐团的名称更替和隶属表

时间	名称	隶属部门
1945年12月1日	台湾省警备总司令部交响乐团	台湾警备总司令部，军方性质，乐团成员具有军职
1946年3月1日	台湾省行政长官公署交响乐团	台湾省行政长官公署
1947年5月1日	台湾省政府交响乐团	台湾省政府
1948年3月1日	台湾省交响乐团	台湾省艺术建设协会，保留编制，转为民间团体

二、缪天瑞在台湾的音乐活动

"我和继琨的交往始于上个（20）世纪30年代，当时我在江西推行音乐委员会主编《音乐教育》月刊。大约是1936年，我从某报上得知蔡的管弦乐曲《浔江渔火》在日本获奖，我设法找到蔡的通信处，写信请他写一篇获奖作品的写作经过，不久就接到蔡寄来《我作〈浔江渔火〉的经过》一文，我马上把它发表在《音乐教育》1936年12期上。从此我与他书信不断，成了文字之交。"[①] 正如缪先生回忆，他与蔡继琨最初以编辑与作者的身份进行书信来往，后来成了忘年之交。"40年代我在重庆教育部音乐教育委员会任编辑，主编《乐风》月刊。时任福建音专第一任校长的继琨来教育部办理音专从'省立'改'国立'的事。……他跟我和张洪岛谈及福建音专师资十分缺乏，希望我们能去那儿。这番接触，蔡及福建音专给我留下了良好的印象，我稍作考虑就决定去了。"[②] 1942年2月，缪天瑞赴福建音专任教务主任。只可惜的是，两人共事又不到半年，同年8月蔡继琨便离开永安到重庆任职，1945年缪天瑞也离开福建音专回浙江温州老家。这两次的人生交集，虽然短暂，但可以看出蔡继琨非常认可缪天瑞的学品、人品及其编辑能力。因此，1946年10月，身为"台湾省警备总司令部交响乐团"团长的他又力邀缪天瑞到台湾担任交响乐团编译组主任（后被任命为交响乐团副团长），主编《乐学》期刊。"1946年10月，我在家乡接蔡从台湾写来的信，邀我去台工作。这时他已在台北组建了台湾交响乐团，他自任团长兼指挥，聘我担任乐团编辑室主任（注：应该是编译组主任）。这是我与蔡的第二次合作。"[③]

[①] 缪天瑞：《悼念蔡继琨先生》，载《音乐随笔》，人民音乐出版社2009版，第298—299页。
[②] 缪天瑞：《悼念蔡继琨先生》，载《音乐随笔》，人民音乐出版社2009版，第299页。
[③] 缪天瑞：《悼念蔡继琨先生》，载《音乐随笔》，人民音乐出版社2009版，第300页。

图1 缪天瑞获聘台湾省行政长官公署交响乐团（后改名为台湾省交响乐团）编译组主任任命书

图2 《乐学》第一号[①]

表2 1945—1949年台湾省交响乐团指挥及主要人员一览表

姓名	职务	毕业学校	来台时间
蔡继琨	团长兼指挥	东京帝国音乐学院	福建人，1945年
王锡奇	副指挥兼管弦乐队队长，第二任团长	日本神户音乐院	台湾人
缪天瑞	编译组主任，副团长	上海艺术师范大学音乐科	浙江人，1946年
汪精辉	演奏室主任，副团长	福建音专师资干部训练班	福建人，1946年
吕泉生	副指挥兼合唱队队长	东京东洋音乐学校	台湾人
马思聪	管弦乐队指挥	法国巴黎音乐学院	广东人，1946年
尼格罗夫	管弦乐队副指挥	捷克布拉格音乐学院	保加利亚人，1946年
王云峰	干事	东京神保音乐学校	台湾人
王沛纶	特约指挥	国立音乐专科学校（上海）	江苏人，1949年

在"台湾省警备总司令部交响乐团"成立之初，蔡继琨就想编辑一份大型刊物，但由于当时邮寄不便，只能用通讯方式配合音乐会演出，所以先后于1946年4月5日和5月8日出版两期《音乐通讯》。第一期是为配合台湾第一届音乐节音乐会的《音乐节演奏特辑》，主要内容有蔡继琨的发刊词，介绍交响乐团的文章以及音乐会节目单和乐曲解说。第二期发行时交响乐团已改名为"台湾省行政长官公署交响乐团"，因此服务与阅读的对象已从军人扩展至一般民众和各类学校。刊登的主要内容包括蔡继琨的"音乐工作者的新任务"，以及介绍美国现代音乐、台北音乐生活的文章，还有大陆各地乐讯和乐团近讯等。

在缪天瑞的主持编辑下，《乐学》内容比《音乐通讯》更为丰富、充实、多元，编辑更为

[①] 中国艺术研究院音乐研究所、温州大学音乐学院、中央音乐学院编：《百岁学人缪天瑞——庆贺缪天瑞百年华诞影集》，人民音乐出版社2007版，第120页。

严谨,被称为台湾第一份正式的音乐期刊。从 1947 年 4 月 30 日至 1947 年 10 月 31 日 6 个月共出版 4 期,内容涉及中西音乐论述、歌曲、音乐教育以及各地乐讯等。"关于刊名,当初我们定为《乐报》,将要出刊时,福建'国立'音乐专科学校成立乐报社,出了《乐报》,因此遂改名为《乐学》。"①

(一)介绍中国古代音乐的文章,4 期共刊登 6 篇。其中 4 篇由天华②撰写,每一期刊登 1 篇:《乐记的作者及其内容》《墨子的非乐》《史记里的音乐部分——乐书律书》和《乐本篇浅释——乐记浅释之一》;另外由黄友棣撰写的《中国历代雅俗乐之论战》和赵沨撰写的《从〈诗经〉的音乐看雅乐的音乐制度》两篇文章则刊登于第 4 期《中国乐学特辑》中。

(二)译介西方音乐及其西方音乐理论的文章是《乐学》刊登的主要内容之一,共 11 篇。由[法]康巴略著、雷石榆③译的《音乐的曲调要素与社会生活》《音乐的节奏要素与社会生活》《音乐与语文》《音乐与恋爱》分别刊登于每一期中。由[美]埃文著、王沛纶译的《指挥家的故事》中的《托斯卡尼尼》《斯托科夫斯基》和《交响管弦乐团》分别刊登于第 1 期、第 2 期和第 4 期。[日]屈内敬三著、张常惺译的《巴赫和亨德尔时代的音乐》刊登于第 1 期。刘文贞的《贝多芬的歌剧"菲黛里奥"的本事》和《贝利尼的歌剧"诺尔玛"和"梦游女"的本事》分别刊登于第 2 期和第 3 期。孟文涛的《标题乐派与印象乐派——近代欧洲音乐二大主流的评价》刊登于第 2 期。

(三)介绍音乐教育、音乐生活和交响乐团文章有 3 篇,分别是第 2 期汪培元的《谈学校音乐教育的建设》,第 3 期心余的《光复后的台湾音乐界鳞爪》,第 4 期史谛的《介绍中华交响乐团》。

(四)从数量上看,艺术歌曲占据《乐学》篇幅最多,4 期共刊登 17 首。其中蔡继琨身先士卒,亲自创作 4 首,陆华柏创作 2 首,其余刘雪庵、陈田鹤、刘天浪、曾雨音、汪培元、罗耀国、林超夏、姜希、陈清银、王云阶和刘瑞明各创作 1 首。

表 3 《乐学》刊登的创作歌曲一览表

期数	曲名	作曲、作词
第 1 期	太阳说的话	艾青词 罗耀国曲
	晚春	黄庭坚词 蔡继琨曲
	摇篮曲	儿歌 刘雪庵曲
	想卿卿	绥远民歌 陆华柏曲

---

① 蔡继琨:《发刊词》,《乐学》1947 年第 1 期,第 1 页。
② 缪天华(1914—1998),浙江温州人,缪天瑞先生的胞弟,笔名木孤、心余。先后在浙江温州师范、福建音专任教,曾任台湾复兴书局特约编纂、台湾师范大学兼任教授。
③ 雷石榆(1911—1996),广东台山人,曾留学日本中央大学,先后在台湾大学、河北大学任教,台湾舞蹈家蔡瑞月的丈夫。

续表

期数	曲名	作曲、作词
第2期	我啊！为什么还在彷徨	宋军词　林超夏曲
	秋令	林天兰词　蔡继琨曲
	紫竹调	民歌　王云阶编曲
	祝英台	云南民歌　刘瑞明伴奏
第3期	台北市民歌	姜琦词　陈田鹤曲
	黄昏	许建吾词　姜希曲
	忆家山	古词　蔡继琨曲
	造桥歌	熊佛西词　曾雨音曲
	燕语	儿歌　刘天浪曲
第4期	狩猎之歌	钢琴曲　陈清银曲
	我愿	力扬词　汪培元曲
	长相思	鲍照词　蔡继琨曲
	割莜麦	绥远民歌　陆华柏曲

（五）缪天瑞在《乐学》上共发表文章11篇。其中两篇《俾最的"阿莱城姑娘"》《罗西尼的歌剧"威廉·得尔"序曲》是配合交响乐团的演出而进行作品介绍的，分别发表在第3期、第4期上。以笔名穆静翻译的里曼著作《音乐美学问答》第二章"音乐的构成要素"一文发表在第1期上；编译的该丘斯著作《曲式学》第一编"乐句形式"前六章分别连载4期；最重要的理论著作《律学》前四章（"导论""五度相生律""纯律""平均律"）也分别连载4期。

表4　缪天瑞在《乐学》发表的文章

篇名	作者	期数
俾最的"阿莱城姑娘"	缪天瑞	第3期
罗西尼的歌剧"威廉·得尔"序曲	缪天瑞	第4期
音乐的构成要素	[德]里曼著、穆静译	第1期
律学	缪天瑞	4期连载
曲式学	[美]该丘斯著、缪天瑞译	4期连载

（六）丰富且翔实的各地乐讯。包括音乐教育方面：南京"国立音乐院"落成、开学的消息，上海音专、福建音专、广东艺专、台湾师范学院音乐系、浙江湘湖师范学校音乐科、广州中山大学师范学院艺术系、南京"中央大学"艺术系、苏州社会教育学院艺术科音乐组等学校招生、师资和课程介绍。社会音乐方面：南京"中央广播电台"节目介绍，"台湾行政长官公署交响乐团"演出信息与节目介绍，南京中英文化协会音乐会演出信息与节目单，广东艺专音乐演奏会节目单，南京"中央大学"艺术系主办的"胡伯亮钢琴独奏会"节目单，台湾省交响乐团第十次定期演奏会的节目单与露天音乐的演出预告，浙江省音乐协会成立与活动消息、青岛基督教青年会的音乐会节目单等。研究与出版方面：杨荫浏研究宋词曲家姜白石及其《白石

道人歌曲译谱》一书即将出版的消息、福建音专出版《音乐学习》、陈洪与丁善德主编的《音乐杂志》、宋文焕和苏世克的《儿童音乐》第 1 期、第 2 期内容介绍，赵沨编译的《和声原则》和《曲调与对位》出版内容介绍、王云阶译的《大音乐家的爱》内容介绍等。

（七）详细的稿约与酬劳。《乐学》期刊欢迎如中小学歌曲、独唱曲、合唱曲、各地民歌、译词及配词之歌曲等投稿；也欢迎著述、评论、翻译、乐讯等文字投稿。虽然《乐学》的编辑在台湾，但作者来自全国各地，并最终通过上海万叶书店向全国发行。乐曲稿酬从第 1 期到第 4 期，从每首 15000—30000 "国币" 涨到每首 60000—70000 "国币"，文字稿酬从第 1 期到第 4 期，从每千字 10000—15000 "国币" 涨到 30000—35000 "国币"，可见当时国内货币急速贬值和物价严重失控的状态。①

编辑《乐学》同时，缪天瑞还配合交响乐团进行社会音乐普及工作，举办唱片欣赏会。唱片欣赏会由缪天瑞担任解说，时间大多数放在晚上，地点主要选在台湾省交响乐团的演奏厅，有时也选在新公园音乐台或者交响乐团的音乐进修班教室，不收门票，民众可自由选座。唱片欣赏会的曲目以管弦乐和声乐作品（包括歌剧）为主，也有钢琴独奏曲和小提琴独奏曲。从表 5 中可以看出唱片欣赏会基本集中在 1948 年，这一年也是交响乐团在 1945—1949 年音乐会演出次数最多的一年。因而，缪天瑞也在报纸上撰文介绍音乐会演出曲目和指挥的一些情况，"每当乐团演出，我就在台北日报上撰文介绍演出的节目，并介绍蔡先生的指挥"②。

表 5　交响乐团主办的唱片欣赏会一览表

次数	时间	内容	地点
第 1 次唱片欣赏会	1948 年 5 月 3 日，早上 9 点	柴可夫斯基《胡桃夹子》，世界名曲多首 [由男高音阿育索（Ayuso）、花腔女高音阿尔特 – 库尔奇（Ailt-curci）和低音歌王斯派克斯本（Spaixpin）等演唱]	省交演奏厅
第 4 次唱片欣赏会	1948 年 6 月 27 日，下午 4 点	舒伯特《美丽的磨坊女》[男中音傅什（Fusce）演唱]，[法] 拉威尔《西班牙交响曲》(独奏：胡柏曼，维也纳交响乐团)	省交音乐进修班教室
第 5 次唱片欣赏会	1948 年 7 月 4 日，晚上 8 点	续听舒伯特《美丽的磨坊女》，李斯特第三交响诗《前奏曲》	省交演奏厅
第 6 次唱片欣赏会	1948 年 7 月 18 日，晚上 8 点	李斯特《匈牙利狂想曲》，世界名曲（著名花腔女高音加里库契演唱），柴可夫斯基《天鹅湖》	省交演奏厅
第 7 次唱片欣赏会	1948 年 7 月 25 日，晚上 8 点	比才四幕歌剧《卡门》（一）	省交演奏厅
第 8 次唱片欣赏会	1948 年 7 月 26 日，晚上 8 点	比才四幕歌剧《卡门》（二）	省交演奏厅

---

① 王阿西在《人民音乐》2015 年第 11 期发表的文章《缪天瑞的音乐编辑思想研究——以台湾音乐期刊〈乐学〉为例》中认为《乐学》期刊每期的稿费上涨归因于缪天瑞先生想从提高稿费这一手段来吸引更多的优质学者来投稿，显然这是作者没有深入了解当时台湾整个社会的经济形势而造成的误论。"光复"后，政府的经济政策未能成功，又未能有效接管工厂，造成员工失业、工厂减产、银行超发货币，导致通货膨胀极其严重，物价一日数涨，甚至达到买东西必须带一麻袋钞票上街的情况。因此，《乐学》稿费以及售价的上涨成为必然。可参看潘志奇《光复初期台湾通货膨胀的分析》，台北联经出版事业公司 1980 年版。

② 缪天瑞：《友情绵延 70 春》，载徐丽莎《台湾音乐馆资深音乐家丛书 7：德艺双馨——蔡继琨》，(台北) 时报文化出版企业股份有限公司 2002 年版，第 165 页。

续表

次数	时间	内容	地点
第9次唱片欣赏会	1948年8月8日，晚上8点	李斯特《死之舞》、名家歌剧选唱、俾最的"阿莱城姑娘"	省交演奏厅
博览会期间4次唱片欣赏会	1948年11月12日、19日、26日，12月3日晚	舒伯特《罗萨蒙德序曲》《未完成交响曲》、歌曲多首	新公园音乐台

（注：截至目前，第2、3次唱片欣赏会还未找到相关的文字记载。）

缪天瑞在台湾时期除编辑《乐学》、举办唱片欣赏会、撰文介绍音乐会演出等之外，仍笔耕不辍，继续写作与出版著作。其中专著《小学音乐教材及教学法》在1947年6月由上海万叶书店出版，作者在序言中写道："从1933年起开始收集材料，酝酿达10年之久，以自己多年的教学经验总结为主，参考国内同行的经验并吸取国外先进理论才写成的。"1948年8月，《音乐的构成》（[美]该丘斯著）编译本由上海万叶书店出版，同年9月，《和声学》（[美]该丘斯著）编译本由上海万叶书店出版，1949年4月，《曲调作法》（[美]该丘斯著）编译本由上海万叶书店出版……

三、缪天瑞在台湾音乐史上的历史贡献

缪天瑞从1946年10月到台湾，1949年5月离开台湾[①]，前后加起来仅仅两年零七个月，但是他和当时一批到台湾的大陆音乐家一样，对台湾的音乐文化发展特别是"光复"后台湾整个音乐生态环境的改良与营造做出了不可磨灭的贡献。

他编辑出版了台湾第一本音乐期刊。《乐学》的编辑延续了缪天瑞在江西主编《音乐教育》、重庆主编《乐风》时的一贯严谨风格，且文章、歌曲的大部分作者早先都与缪天瑞在江西时期、重庆时期合作过，由此可见主编的良苦用心和积极努力，从而奠定了《乐学》的学术水准和社会影响力。"缪天瑞是非常认真的人。我们在乐团时，他就专心编《乐学》，影响很大啊！"[②]"台湾省交响乐团，为了配合演出，普及交响音乐知识，提高听众审美情趣，当时还做了两件很有意义的工作：其一，由缪天瑞主编，于1947年在台北出版了《乐学》双月刊。其二，由缪天瑞主持并担任解说，于1948年在台北中华路改团练习堂，举办唱片欣赏会，一共9次……"[③]

从《乐学》的内容看，既突出传统文化，刊发中国音乐的内容，特别第4期定名为"中国乐学特辑"；同时又突出新音乐的理论建设，刊登有关西方音乐学理论、作曲技术理论以及介

---

① 参见缪裴芙《一叶扁舟险渡海峡》，载高燕生、刘连捷主编《缪天瑞音乐生涯》，河北教育出版社2000年版，第122页。
② 电话采访张灿（交响乐团成立时的第一批团员，担任第二小提琴），2013年7月21日，台北。
③ 田野：《夏天最后之玫瑰——忆原"交响乐团"》，《台声杂志》1987年第1期。转引自徐丽莎《台湾音乐馆资深音乐家丛书7：德艺双馨——蔡继琨》，（台北）时报文化出版企业股份有限公司2002年版，第63页。

绍西方音乐和音乐家的文章。这些被翻译文章的原著者都是当时国际著名的音乐学家，如康巴略是法国最重要的音乐理论家，里曼是享誉世界的德国音乐学家，该丘斯则是美国最重要的音乐理论家和教育家之一。所以《乐学》期刊为西方音乐理论的引介与传播以及中国新音乐的理论建设搭建了重要的平台。同时，缪天瑞也极为重视当代创作歌曲，4 期《乐学》共刊登 17 首歌曲，包括艺术歌曲、二声部合唱曲和钢琴器乐曲等，且作品的创作者在当时音乐界都占据重要地位，拥有一定的业界知名度，如刘雪庵、刘天浪、陈田鹤、蔡继琨、陆华柏、林超夏、曾雨音、王云阶等，从而为新音乐的创作以及音乐教育提供了重要支撑和教学需要。

作为在台湾出版的音乐期刊，有两首作品和一篇文章与台湾有关。第 3 期刊登的由陈田鹤创作的《台北市民歌》，是历史上第一首为台北市而写的歌曲，别具意义。第 4 期刊登的由陈清银创作的钢琴曲《狩猎之歌》是根据台湾高山曲调谱写而成，在台湾钢琴曲创作中具有一定的历史地位和贡献。同时第 3 期刊登的心余撰写的《光复后的台湾音乐界鳞爪》一文，成为研究台湾音乐史重要的参考史料。另外，音乐教育、社会音乐、研究和出版工作的各地乐讯为当时台湾民众提供了众多的音乐资讯，将台湾与大陆各地的音乐生活紧密联系起来，为今天音乐史研究保存了大量丰富而翔实的资料。

他亲自践行社会音乐教育普及工作。"只有整个国民的音乐素养提高，社会才能有进步发展。"[①]1948 年 5 月至 1949 年 5 月这一年间，他亲自担任 11 次唱片欣赏会主讲，介绍交响乐团演出节目，涉及内容多为西方古典主义和浪漫主义音乐，以管弦乐和声乐作品居多。"7 月 4 日的第一次的主题：管弦乐的基本知识，分别按弦乐器独奏、弦乐合奏，木管乐器独奏，木管五重奏及管弦合奏；逐一放送具有代表性的名曲唱片，并进行深入浅出的解说，等于上了一堂最生动的教学课。……7 月 26 日第 6 次的主题：介绍歌剧《卡门》，唱片动 30 面，连放了两个晚上。缪天瑞首先由梅里美的原作谈起，介绍了吉卜赛人的生活和风俗；接着，又分析了比才歌剧的艺术特点和其中一些唱段……之后，他说'柴可夫斯基最喜欢《卡门》了，认为从头到尾，都很迷人！'那么现在，让我们来欣赏这迷人的歌剧吧！……而从此，我也就成了个《卡门》迷。"[②] 可见，这样的活动安排对于提高当时民众的音乐审美能力以及后来台湾古典音乐的社会推广产生了很大的影响。

这个传统一直延续至王锡奇、戴粹伦、史惟亮、邓汉锦、陈澄雄任台湾省交响乐团团长期间。"为提升推广大众对音乐鉴赏力，与台北美国新闻处（USIS）订下合约，并借用美国新闻处之器材及电影巡回车（Bogan）行动双喇叭唱机、电影放映机、行动银幕、VOA 唱片、录音带、音乐影片等，定期在台北、基隆、新竹、台中社教馆及图书馆每月定期举行'音乐欣赏会'，每期赠送精致节目单以及乐曲解说（USIS 印赠）……风雨无阻，定期举行，连续 8 年之久。"[③]

---

① 与缪天瑞的访谈录音，2005 年 1 月 31 日，北京朝阳区广泉小区。
② 田野：《夏天最后之玫瑰——忆原"交响乐团"》，《台声杂志》1987 年第 1 期。转引自徐丽莎《台湾音乐馆资深音乐家丛书 7：德艺双馨——蔡继琨》，（台北）时报文化出版企业股份有限公司 2002 年版，第 63 页。
③ 颜廷阶：《戴团长粹伦教授就任省交之回顾》，载许瑞坤主编《怀旧与展望：戴粹伦教授纪念音乐会之专刊》，（台北）台湾师范大学音乐系友会 2000 年版，第 32 页。

他编译的该丘斯音乐理论丛书在台湾音乐界影响深远。早在20世纪30年代初，缪天瑞就开始致力于该丘斯音乐理论的翻译工作。《小学音乐教材及教学法》《音乐的构成》《和声学》和《曲调作法》都是缪天瑞在台湾时期由上海万叶书店出版；《律学》（1950）和《对位法》（1950年3月）也是缪天瑞离开台湾之后的一年内在上海出版。巧合的是，自1957年开始，台北淡江书局曾以缪天水的名字出版了一套该丘斯理论中译本，1971年淡江书局又出版此套书籍，1979年再次重版此套丛书。① 不难发现，虽然作者名有一个字不同，但书名一样、内容一样，淡江书局的这套丛书其实就是上海万叶书店缪天瑞编译丛书的"复印版"。由此可见，缪天瑞编译的该丘斯这套理论丛书在台湾音乐界很受欢迎，对于台湾专业音乐人才的培养发挥了重要的作用。"我当时要考师大，特地买了缪天水（即缪天瑞——作者注）翻译的《和声学》复习，我觉得这本书很好，结构、内容很清楚。"② "我有印象，当时读台湾艺专时，看过这套书，特别是《音乐的构成》《和声学》，对我影响很大。"③

据笔者调查，在1957年淡江书局这套丛书出版之前，台湾没有一套完整的中文版音乐理论丛书，仅有1953年台湾正中书局出版的《乐学通论》（康讴著）、1956年台湾天同出版社出版的《乐理入门》（张人模著）和台湾开明书店出版的《和声学大纲》（吴梦非编译）。像萧而化著的《基础对位法》（第一版）则于1959年5月由台湾开明书店出版，《和声学》上、下（第一版）分别于1960年和1961年7月由台湾开明书店出版，《时间艺术结晶法》于1964年3月由台湾开明书店出版。张锦鸿著的《和声学》于1957年12月出版，《基础乐理》于1965年11月由全音乐谱出版社出版，康讴的《基础和声学》于1960年2月由台湾正中书局出版。显然，这些不同的作曲技术理论丛书都是在这套丛书出版之后陆续出版的。

图3 台北淡江书局出版的署名缪天水的音乐理论丛书；《和声学》1957年版
（图片来源：笔者拍摄于台湾大学图书馆）

---

① 第3次是否出齐全套未知，因为截至目前笔者还没有找到所有译书的第3版。
② 吴桂荣（原台湾省交响乐团团员）访谈，2013年7月23日，台中。
③ 樊曼侬（毕业于台湾艺专，现任台湾省国际新象文教基金会董事长）访谈，2013年8月7日，台北。

表 6　台北淡江书局出版的署名缪天水的音乐理论丛书一览表

出版时间	1957 年 8 月 10 日	1957 年 11 月 10 日	1957 年 12 月 10 日
著作名称	《和声学》（［美］该丘斯） 《曲式学》（［美］该丘斯） 《对位法》（［美］该丘斯） 《乐律学研究》（［美］该丘斯）	《音乐的构成》（［美］该丘斯）	《曲调作法》（［美］该丘斯） 《乐理初步》（［英］柏顿绍）

结语

　　1945 年 8 月至 1949 年 12 月，台湾社会经历了三个时期——从"光复"到"二二八事件"、从"二二八事件"到"四六事件"、从"四六事件"到国民党逃迁至台湾，短短的 52 个月台湾政治风云数经变化；经济上遭受了战后的萧条以及接管后经济政策失败带来的物价暴涨，但文化上呈现短暂的自由放晴期，虽有日本文化的遗痕，但更多的是中国文化的强力影响，文化领域的中国化改造如火如荼地开展。相并行的是，音乐艺术从日本殖民统治后期的皇民化严格限制的政策中瞬间获得解放，便犹如雨后彩虹般地绚烂而短暂开放。音乐文化新秩序在片刻的自由化缝隙中得到发芽的契机，过去一直以来未能实现的音乐主张在此期间化为了具体的行动纲领。

　　"世界大战结束，于今已 9 个多月了。……现在我们既然已经赢得了战争，我们，就应该更进一步赢得了幸福，才算是完整地完成了这次战争的任务。……政治的安定，经济的恢复，这都是和平建设的主题，而战后文化的创造，应该尤其是贯串着各方面的灵魂，我们应有在文化上，亦即精神上，彻底地击毁了战时敌人，然后我们才可以说战争是彻底的胜利，和平是完全获得了保障。音乐在文化领域上的作用，以及它对于人类德育陶冶的力量，已经是众所周知的事，毋庸赘述。今日排在全国音乐工作者面前的课题，是如何配合着'建国'的伟大精神，专从事于音乐教育的推进。"蔡继琨在这篇刊登于《音乐通讯》第 2 期《音乐工作者的新任务》文章中清晰地表明从事音乐活动的根本宗旨和出发点——心灵的陶冶、品格的教化和社会的改造，而这个宗旨和出发点实施的平台与路径恰恰就是台湾省交响乐团。

　　缪天瑞作为交响乐团副团长、编译组主任，他在蔡继琨具体领导下，在一帮积极音乐人支持下，编辑出版台湾第一本音乐期刊——《乐学》，并亲自践行大众乐教理论，免费举行第一次音乐传播——唱片欣赏会……特别是《乐学》的编辑出版，一方面作为音乐文化传播媒介、作为音乐历史的参与者和记录者，为台湾音乐生态环境的积极营造奠定了良好的基础。另一方面，对于台湾学校音乐教育以及社会音乐教育也具有重要的推动作用，缪天瑞在台湾时期所从事的音乐事项不仅体现了台湾音乐情节的历时性发展，同时体现了他这一代音乐人共时性的音乐表达：希望将中国情结的凸显与西方音乐的译介互为结合；希望将音乐理论的建设与音乐创作的探索互为结合；希望将音乐传播、普及的紧迫感与音乐教育、理智启发的责任感高度融合；希望将音乐自身发展的建设要求与音乐启蒙和音乐救国的历史担当高度融合。

（本人在台湾大学进行缪天瑞音乐课题研究期间得到沈冬、陈澄雄、赵琴、徐丽莎、吴玲宜、林东辉、陆慧、佘聆等女士和先生的指导和帮助，以及谢雪如和吴漪曼女士等接受采访，在此一并表示诚挚的谢意！）

原载《音乐艺术（上海音乐学院学报）》2017年第3期

汪洋：生于1976年，浙江音乐学院副院长、教授

简析缪天瑞的《音乐百科词典》

国 华

中国近现代音乐辞书的建设与中国新音乐的发展有着密不可分的关系，其路程是不平坦的。在 20 世纪初学习西方先进音乐理论的热潮中，外国音乐表情术语的诠释和音乐家人名的翻译是当时音乐学习中的主要问题之一。因此，1949 年之前中国音乐辞书建设基本是围绕着以上的内容开展的，但较为零散、不成系统。1949 年至十一届三中全会近 30 年的时间，因为主客观等因素的影响，音乐辞书建设仍处于相当滞后的状态。20 世纪 80 年代至今所出版发行的音乐辞书，无论是质和量都得到了明显的改变。纵观中国音乐辞书的建设路程，从 20 世纪初的音乐术语翻译到建立我国自己的音乐辞书体系，与音乐学术研究水平的整体提高和音乐学者在此领域的努力工作是分不开的。1998 年，由缪天瑞主编的《音乐百科词典》[①]的出版发行，在中国近现代音乐的发展历史上具有里程碑的意义。

学科词典一般来讲是能够代表该学科的学术水平的，其主要内容涉及该学科术语的诠释问题，对于学术研究和具体实践工作影响巨大，是一个学科建设和学术研究中重要的组成部分。1985 年前后，我国的音乐辞书建设虽然取得了一定的成绩，但综合性音乐辞书还是该领域较为薄弱的环节。在这个现实状况下，1984 年人民音乐出版社委托缪天瑞，由他独立主编了内容包括"古今中外"，词目涉及面广的《音乐百科词典》，并于 1994 年完稿，1998 年 10 月正式出版发行，该书的出版标志着中国音乐辞书建设上了一个新的台阶。《音乐百科词典》所具有的综合性特征和主编者的编撰水平，得到了出版界和音乐界的高度评价，称其"既有实用

---

① 缪天瑞主编:《音乐百科词典》, 人民音乐出版社 1998 年版。

性，又有学术性"①，是"149 种获奖书目中唯一的一部音乐书目……也是由中国人自己编纂的第一部综合性音乐百科词典"②，并因此获得了 2000 年"第十二届中国图书奖"。

这本积累了缪天瑞 60 余年编辑经验，由全国 100 余名专家学者撰写的专业书籍，基本上代表了中国这时期音乐辞书建设的整体水平，它具有以下几方面的创新和显著特征。

一、显现出主编者对音乐社会实践的经验

缪天瑞的工作经历和取得的学术成果使他在音乐学术界中具有权威的声誉。他曾任职于音乐教学和研究单位；担任过许多具体的音乐课程的教学；从事过许多层面的教育工作；担任过单位的行政职务；等等。由此，缪天瑞在迄今为止 80 余年的音乐活动中，所经历的"事件"和所做出的贡献，是一般人所无法比拟的，并贯穿了中国近现代新音乐发展的各个阶段。

缪天瑞的音乐工作是多角度和多方位的，但对于音乐辞书却一直有一种情节在其中，他最早关注音乐辞书建设可以上溯到 20 世纪 30 年代。20 世纪 30 年代初期，他根据音乐学习者和音乐工作的实际需求，曾计划编译出版《音乐小辞典》，在准备印刷的时候却对已经编译的内容不满意，决定推迟出版。之后，在进一步完善内容的基础上准备出版时，却因战乱而把原稿毁灭③。1933 年，在他主编《音乐教育》（月刊）期间，从第 6、7 期（合刊）就开始刊载由萧而化撰写的《音乐辞典》，虽然其内容只是音乐表情术语和外国音乐家译名的范畴，但仍然给音乐学习者提供了很大的帮助。20 世纪 60 年代初期，缪天瑞在担任天津音乐学院院长期间，音乐出版社又计划让他主持编撰一本中型的音乐词典，并派了两位编辑协助他进行工作。在已经做了大量的前期准备工作的时候，却被突如其来的"文化大革命"干扰而被迫中断，已经收集到的大部分文字资料也遭遗失。1979 年，他又受中国大百科全书出版社的委托，开始投入有关《中国大百科全书·音乐 舞蹈》的编辑工作，并担任音乐卷的编委会常务副主任，负责起草词目工作。④

1982 年，他兼任《中国音乐词典》及《中国音乐词典·续篇》（人民音乐出版社 1984 年、1992 年出版）的主编；1984 年受人民音乐出版社的委托，开始独立主编《音乐百科词典》，并组成了 100 余人的编写队伍，经过了十几年的艰苦工作，于 1998 年 10 月正式出版发行。

音乐辞书是音乐学术研究和实践活动中重要的工具书，因为它所具有的客观性特征，其影响力在音乐学科中是其他书籍所无法比拟的。如果主编者加入自己的词目也无可非议，但在他所主张的"编书是为了方便读者，不是为了宣传自己"⑤的信念下，本文作者查阅了他所担任主编的《中国音乐词典》及《中国音乐词典·续篇》《音乐百科词典》等几本辞书的词目，也确

---

① 本刊记者：《获奖书简介》，《中国图书评论》2001 年第 1 期。
② 荃有：《〈音乐百科词典〉获中国图书奖》，《音乐研究》2001 年第 1 期。
③ 参见缪裴芙《爸爸是个词典迷》，载高燕生、刘连捷主编《缪天瑞音乐生涯》，河北教育出版社 2000 年版，第 201—206 页。
④ 参见缪天瑞《回忆往事　赏读作品——怀念定仙老友》，《中央音乐学院学报》2002 年第 3 期。
⑤ 此言来自笔者对缪天瑞的采访。

实是没有"缪天瑞"的词目，从而反映出他编撰音乐辞书中不为名利的优秀品质。

缪天瑞除了担任主编之外，还撰写了《音乐百科词典》中如"音乐""调""调式""调性"等音乐理论知识中的相关词目。据此，可以看出主编者既是《音乐百科词典》的统筹者，又是实际的撰写者。这与他熟知音乐技术理论内容和长期从事相关的翻译和教学工作关系密切，也反映出他在该领域有着较高的造诣。

二、词典的框架和词目设置具有鲜明的特征

音乐辞书成败的关键是看主编者的"框架"设计是否科学，以及统领"词目"编撰是否严谨。比喻之："框架"犹如一个庞大工程的图纸，"材料"是学科中的术语、技法、人物、体裁等方方面面，主编者就是设计师，如何将"材料"科学地进行组织，是主编者综合水平的体现；"词目"是"框架"的具体实施过程，撰写者就是关系到主体"建筑质量"的施工者，而这时主编就犹如"质量检查员"，在设计、组织、施工、检查等各个环节，主编的任何疏漏将直接影响到这一系统工程的科学性和完整性；简言之，《音乐百科词典》设计得是否完美，建筑质量是否合格，都与主编者有着密切的联系。

该词典较之当时已经发行出版的音乐辞书具有以下几方面的显著特征：

（一）信息量大，检索方便

《音乐百科词典》属于中型音乐辞书，正式的词目有 6600 余条，约有 200 万字。如果加入"索引"和"附录"等，全书收录了 8000 余个词目，在综合类音乐辞书中是较为罕见的，从而反映出这部词典大信息量的特征。

因为综合类辞书的词目较多，所以《音乐百科词典》在"索引"中采用了汉语拼音、字母、笔画三种排序方法，为不同查阅习惯的读者提供了方便。如以"音"字开头的词目，用笔画就可检索出 144 条。如该词典中就有"音乐词典"的词目。在缪天瑞主编过的《中国音乐词典》和《中国音乐词典·续篇》中，采用了"词目分类索引"和"笔画索引"两种索引类型；而在《中国大百科全书·音乐 舞蹈》中，则采用了"词目汉字笔画索引""词目外文索引"和"内容索引"三种类型。据此，《音乐百科词典》的有关索引部分的方式和方法，是参考了前三本书籍的优点而设置的。

此外，本文作者注意到在缪天瑞参编过的《中国大百科全书·音乐 舞蹈》《中国音乐词典》及《中国音乐词典·续篇》中均有分类目录，而《音乐百科词典》没有设立分类目录，只在"音乐"和相关的综合词目时，从学科的角度进行了总的分类。[①]《音乐百科词典》虽然没有单独设立分类目录，但是在他的框架设计过程中是严格按照学科分类进行的。从本文作者掌握的主编手稿（初稿）原件中，就记录有 52 个分支编号，其中常见的有乐理（224 条）、和声

[①] 2004 年 5 月中旬，笔者采访缪天瑞时他说道："一是情况较为复杂不好分。如有些钢琴家，既是作曲家，又是教育家或别的什么家，如果把他们分类的话，重复情况太多，否则不尊重历史。二是从购买者的角度考虑，还是不分的好。因为设立分类目录的话，必然会增加页码和篇幅，使价格提高，给购买者增加负担。"

（119条）、对位（32条）、曲式（55条）、体裁（180条）、乐派（52条）、律学（27条）等学科分类。还有鲜见的，如音乐节（14条）、音乐奖、比赛（19条）、亚非拉乐器（45条）、乐器部件（77条）、东南亚作曲家（34条）、音乐电声学（20条）、对中国有贡献的外国音乐家（15条）等。我们从中可以了解到主编的总体构想和若干带有创新意义的考虑。

（二）重视"非欧"的音乐内容，以多元文化作为词目的收录范围

国外同类音乐辞书收录的内容，普遍是以欧洲音乐体系为主要内容，并以收录和宣传本国音乐文化为其特征。《音乐百科词典》除吸收了这一经验之外，还在此基础上加以发展，收录有中国音乐及亚洲的朝鲜、韩国、日本、阿拉伯等地区和国家的音乐词目，体现出主编者尊重客观历史的态度。如在朝鲜、韩国有影响的音乐家就收录有王山岳、于勒（词目为"于勤"）、朴堧、洪兰波、李冕相、金玉成、金元均、许在福、郑京和[韩]、尹伊桑[韩]等，机构有"朝鲜人民军协奏团"等；日本音乐家有秋山和庆、门马直卫、铃木镇一、东教子等50余条（2万余字），日本音乐机构及作品46条（1.2万余字）；拉美作曲家收录有索拉（E. Soro）、桑迪（L. Sandi）等30余位（1.2万字）。

《音乐百科词典》注重世界多元文化的特征，摆脱了一些国外音乐辞书中以"欧洲"为中心的束缚。收录了非洲、拉丁美洲、东南亚、阿拉伯音乐、乐器等相关内容。作曲家如阿比拉多（Nicanor Abelardo，菲律宾）、阿卜杜勒－瓦哈卜（Muhammed Abdel-Wahab，埃及）、阿尔纳（Hasan Ferit Alnar，土耳其）、巴德代尔（Vishnu Narayan Bhakhande，印度）、卡卜利勒·伊本·艾哈迈德（Ai-Kalilibn Ahmad，阿拉伯）、卡西拉格（Lucrecia Roces Kasilag，菲律宾）等。乐器、乐队，如里克鼓（riqq，阿拉伯）、马何里乐队（mahori，泰国）、加美兰乐队[印尼]、缅甸竖琴[缅甸]、博那排鼓（bonang，印尼）等。音乐理论，如"拉伽"（raga），印度音乐文化中的一种音乐理论。

以上所收录的内容是国内外已经出版的综合音乐辞书中所少见的内容，主编者从世界音乐文化的角度出发，从中筛选出较为重要的、突出的、具有代表性的内容设立词目，体现出主编敢为人先的创新精神。

（三）词目呈现出涉猎面宽的特点

在一些社会音乐实践中常见的口头语、常用语，如"音盲""跑调""大嗓·小嗓""倒仓""音乐才能""音乐感觉"等均立词目；另一些是专业音乐术语中的习惯用语，如"连续八度"（即平行八度）、"连续进行"（即平行进行）、"连续五度"（即平行五度）、"两句体"（即上下句）等，因其都属于音乐社会实践中的不规范用语，所以在国内外已经正式出版的音乐辞书中一般是不单独设立词目的。但主编者从读者层面的角度考虑，收录了一些这类词目，也是为了更好地突出该书受众面宽的宗旨。此外，除音乐辞书通常均设有的参见条之外，《音乐百科词典》还收录了梁武帝（即萧衍）、梁州大曲（即凉州大曲）、廖尚果（即青主）等人物、曲名别称的词目，使其成为具有自己特点的"短条"。还将"少年儿童歌曲""音乐教育"中的相关知识设立了词目，这在当时已有的综合音乐辞书中也是没有的，具有开创性的意义。

(四)"专用术语"占较大的比例,综合条简练

音乐一般是按照音乐—表演、理论—分支学科—具体的技术手法、术语(包括非专业术语)和名称等 4 个层次进行分类的。

表 1

名称＼层次	1. 音乐	2. 表演、理论	3. 分支学科	4. 具体的技术手法、术语和名称
线条对位 密集和声 十二音技法	音乐	作曲技术理论	作曲技法 和声 作曲技法	线条对位 密集和声 十二音技法
换声区、换声点、 脑后音 换把、换音	音乐	表演学科	声乐 声乐 弦乐	换声区、换声点 脑后音 换把、换音
真实主义歌剧流派 机械音乐、机遇 音乐、点描音乐	音乐	理论研究	西方音乐史	真实主义歌剧流派 机械音乐、机遇 音乐、点描音乐
标准音高 心理声学	音乐	理论研究	律学 音乐心理学	标准音高 心理声学

如表 1 所示,《音乐百科词典》所收录的词目大多是深入第 4 个层次,也就是人们在日常音乐生活中常见到的较为直接和具体的技术手法、术语和名称,这些"独立条"的设立,使读者检索相关词目更加直接和便捷。此外,如"音乐""歌唱""佛教音乐"等信息量较大的综合词目,在全书中占较小的比例,并且字数也较少,使全书的词目呈现出简练的特征。

(五)新词目的收录,体现出与时俱进的特征

历史的进程是在不断地进步和发展的,音乐学科也必然随着人类科学研究的深入和学科视野的拓宽而发展。与此同时,新技术的发明和应用也会产生许多以前所没有的专用词汇或术语,并在广大群众的生活中产生较大的影响。如"电子音乐类"词目,在《中国大百科全书·音乐 舞蹈》中有 2 个综合条(1989 年版)、在《牛津简明音乐词典》(*The Concise Oxford Dictionary of Music*)中约有 15 条(1996 年英文版;2002 年人民音乐出版社第 4 版);但在《音乐百科词典》中却收集了 30 余条相关词目,如"电子音乐",介绍了该词目的历史及演变过程;"电子音响合成器",介绍了乐器的工作原理和产生的历史;"数码录音",一种以数码形式记录声音信号的方法,自 20 世纪 70 年代初逐渐发展起来;"数字式电子合成器"(见电子音响合成器);"模拟式电子合成器"(见电子音响合成器);"磁带合成音乐"(见电子音乐);"立体声""音乐图像学""音乐电声学""激光数码唱片""迷笛(MIDI)"等。主编者收录了许多随着新的应用技术所产生的词汇(术语),它们在国内外已有的音乐辞书中还较为鲜见,也体现出该书的与时俱进特征。

(六)强调苏联音乐词目

在中国革命历史时期和新中国成立后的十几年时间里,苏联的音乐家、乐曲和相关音乐机构,对中国人民的社会音乐生活和我国新音乐的发展产生过重大的影响。因为受到国家体制、意识形态等客观因素的影响,在西方国家的综合音乐辞书中这方面的内容收录得较少。主编者

以尊重客观历史的态度,将此类词目有意识地加以突出,仅是"苏俄作曲家"就收录了68条,约5.3万字,约占全书总量的2.7%。此外,如《喀秋莎》"俄罗斯无产阶级音乐家协会""苏军歌舞团""苏联作曲家出版社""苏联之友社音乐小组"等均设立了相关词目(因为篇幅的关系不一一列举)。它既体现了主编者尊重客观历史的一个方面,又为读者了解和查阅与其音乐生活有过紧密联系的相关内容提供了便利。

需要说明的是,在《音乐百科词典》开始编辑的初期和最终完稿期间,苏联的国家体制产生了变化,并更名为俄罗斯。但主编者以尊重历史的客观态度,在介绍作曲家、作品、机构等相关内容时,始终将社会主义时期称为"苏联"[①],而没有将其改称为如"前苏联"或其他与客观事实不符的字眼。

三、词典内容具有鲜明的中国社会主义特色

对中国近百年社会音乐生活具有影响的词目设立,是主编者尊重客观实际的显著特点,体现出了这本音乐辞书的创新与综合的特征。"创新"主要是收录了一些大多数音乐辞书以前所没有的词目。"综合"是将以前散见于《中国大百科全书·音乐 舞蹈》《中国音乐词典》及《中国音乐词典·续篇》等音乐辞书中的相关内容,在《音乐百科词典》中加以集中体现。

(一)在中国20世纪初音乐生活中有影响的中国音乐家

这类音乐家中如曾志忞、冯亚雄、高寿田等已经收录在《中国音乐词典》中,而柯政和、钱君匋、程懋筠等音乐家,对中国早期新音乐的发展做出过较大的历史贡献,但由于他们各自的政治信仰及所从事的一些音乐活动等原因,在当时出版的音乐辞书中均没有收录。这些著名音乐家的名字在相关的音乐论述和记载中时常会看到,但在各类音乐辞书中却极为鲜见,主编者意识到这些历史的"遗漏",而将他们的名字收录在《音乐百科词典》中,从中可以体现出两方面的特点:一是这一时期我国学术研究活动的氛围日益宽松;二是修正了各种原因所造成的历史遗漏,使该词典的内容更为客观和全面。

(二)有关中国音乐团体的词目

收录的这一类内容有音乐厅、合唱团、乐团、歌剧院、音乐院、音乐出版社等音乐团体的词目。如其中有左翼剧联音乐小组、鲁艺音乐系、河北音乐学院、词曲作家联盟等词目。这些词目有两种情况:一是它们中的一些词目在音乐历史上只是存在很短的时间,如"河北音乐学院"等,但是在音乐历史中确实是存在过,而其他的书籍中没有收录;二是尊重客观历史,收录了港、台大量的音乐团体词目,如香港中乐团、香港音乐学院、香港管弦乐团、香港演艺学院、香港儿童合唱团、台北市交响乐团、台湾师范大学音乐系、台湾艺术专科学校等。这两个方面的内容是国内其他综合音乐辞书所没有的,具有填补空白和创新的意义。

---

① 笔者认为,"苏联"是指"苏维埃联邦共和国"时期。如果称为"前苏联",就容易产生误读。

（三）对中国音乐作品词目的增加

这本书的"词典"特征，使它在中国音乐作品词目的收录上比较注重"面"的问题。这一类词目收录有歌曲、器乐曲等，范围包括古代、近现代部分。其中古代的如《立雪斋琴谱》《梅花三弄》《醉渔唱晚》等，近现代的如《草原小姐妹》（吴祖强、王燕樵、刘德海作曲）、《草原女民兵》（王竹林作曲）、《东方红·音乐舞蹈史诗》《阿美组曲》《红色娘子军》《红灯记》选段、《红珊瑚》等曲目是对当时音乐生活产生过较大影响的。其中也有一部分如《三大纪律八项注意》《洗衣歌》、革命交响音乐《沙家浜》、钢琴协奏曲《献给青少年》等是音乐辞书中较为鲜见的词目。

（四）中国港、台地区的代表性音乐家以及旅居国外音乐家的词目

收录了以往因为资料、历史和意识形态等因素，在国内出版的音乐辞书中较为少见的人物词目。如王沛纶、许常惠、史维亮、马水龙、萧而化、张昊、周文中、林声翕、吕炳川、李英（美籍华人）等。另外，在缪天瑞提供给本文作者的"人名录"（记载日期为1986年2月28日）中，还包括有李维宁、董麟、吴大江、郭美贞、赵梅伯、李献敏、李抱忱、林克汉、林昭亮、吴文修、戴粹伦等音乐家的名字。①

（五）对于中国近现代音乐发展具有特殊意义的外国音乐家

1. 20世纪50年代以前在中国工作过的外国音乐家的词目

外国专家在中国的教学工作，如苏石林、卫登堡、富华、查哈罗夫、弗兰克尔、丘林、梅百器（帕器）、曼哲克（夫妇）等，对中国专业音乐教育体系的建立和完善起到了积极的作用。其中，苏石林（苏联音乐家）从1929年至1956年在中国任教了将近30年的时间，先后在上海国立音乐专科学校、南京国立音乐学院、上海音乐学院任教，抗战时期还创办了"苏石林音乐学校"，他为中国声乐事业的发展做出过突出的贡献②。卫登堡（德国犹太音乐家），1938年2月流浪至上海，开始在中国的演出和教学生涯，1949年起在上海音乐学院教授小提琴，1952年在上海去世③。富华，1921年受聘于上海工部局管弦乐队，担任首席小提琴，1949年后在上海交响乐团任首席，1952年至香港定居④。查哈罗夫（苏联钢琴家），1929年开始在上海国立音专任教授，兼钢琴组主任，在校任教12年，1944年逝世于上海，先后培养了李献敏、李翠真、丁善德等早期的钢琴表演和教学人才，他在沪期间还经常参加社会各界举办的音乐会⑤。弗兰克尔（美籍德国作曲家），1939年在上海工部局管弦乐队任中提琴演奏员，1941年至1947年先后在上海国立音专、南京国立音乐院任作曲教授，先后教授和声、复调、曲式等课程⑥。丘林（苏联音乐学家），他的音乐技术理论丛书中的著作有许多均有中译本。曼哲克夫妇（德国犹太大提琴家），20世纪30年代在中国开始了长达30年的音乐教学生涯，先后任教于福

---

① 遗憾的是，在正式出版发行时却没有他们的名字。
② 上海音乐志编辑部、上海文化艺术志编纂委员会（编）：《上海音乐志》，内部资料，2001年，第616页。
③ 上海音乐志编辑部、上海文化艺术志编纂委员会（编）：《上海音乐志》，内部资料，2001年，第614页。
④ 上海音乐志编辑部、上海文化艺术志编纂委员会（编）：《上海音乐志》，内部资料，2001年，第622页。
⑤ 参见缪天瑞《音乐百科词典》，人民音乐出版社1998年版，第85页。
⑥ 参见缪天瑞《音乐百科词典》，人民音乐出版社1998年版，第108页。

建、山东、南京等地。

其中，梅百器（帕器）在中国工作了 27 年，于 1946 年 8 月 3 日病逝于上海宏恩医院。他所训练、指挥的上海工部局乐队当时号称是亚洲"第一号"的交响乐队，并对中国管弦乐队的发展起到过开创性的历史作用。中国音乐家如萧友梅、黄自、陈洪、黄贻钧、陈田鹤等均与他有过较为密切的交往。[1] 作为优秀的钢琴表演艺术家、教育家，他在业余时间一直从事钢琴教学工作，为我国培养了许多优秀的钢琴学生，如其后在中国和国外钢琴界较有影响的傅聪、朱工一、周广仁、董光光等均出自他的门下。

以上所列举的专家学者，有的长期、有的短期在中国进行音乐教学和实践工作，对中国近现代音乐的建设和发展起到过积极的作用。所以，他们中的许多人在中国音乐界的实际影响力远远超过在他们自己的国家，国外的音乐辞书没有收录，是可以理解的。但主编者从尊重客观历史的角度考虑，把他们收录在这本音乐词典中，给予这些外国友人应有的历史地位，也是符合中国音乐历史发展的客观实际。

2. 20 世纪 50—60 年代在中国从事专业音乐教育的苏联和东欧音乐家

在 1949 年后的 10 年间，我国制定了"派出去、请进来"的学习交流政策，该词典将后者中有影响的音乐家收录到词目中。这些音乐家如塔图良（苏联钢琴家），1955—1957 年在中央音乐学院钢琴系任教；巴拉晓夫（苏联指挥家），1955—1957 年在中央音乐学院指挥系任教；阿拉波夫（苏联作曲家），1955—1956 年应邀赴中国中央音乐学院作曲系任教，开设作曲、配器、作品分析等课程；克拉芙琴科（苏联女钢琴家、音乐教育家），1957—1959 年任教于中央音乐学院钢琴系；梅德韦杰夫（苏联歌唱家），1954—1957 年任教于中央音乐学院声乐系，主要在中国推广俄罗斯声乐学派；哥德施密特（瑞士音乐学家，后到东德），1955—1956 年先后在武汉、北京等地讲学，他曾是新中国成立后第一位以马克思主义思想为基础，系统阐述德国音乐的著名学者，为中国培养音响导演人才做了许多工作；康津斯基（苏联音乐学家、音乐教育家），1956—1957 年任教于中央音乐学院音乐学系，对中国音乐史学的建立产生了重大的影响。他们基本上是集中在中央音乐学院任教，他们的教学实践工作对我国专业音乐教育水平的提高和音乐教育体系的完善曾经产生过重大的影响。

3. 对于中国近现代音乐有影响的日本音乐家及其音乐理论

20 世纪初期，我国的许多音乐家如：曾志忞、李叔同、丰子恺等相继留学日本。学成回国后他们大多数从事创作、音乐教育等工作，并通过他们的教学、译著等形式，相应地把日本的音乐家、理论和教育方式、方法在具体工作中给予传授。因为，日本的音乐文化对于中国的音乐文化的早期建构产生过巨大的影响，如"学堂乐歌"中的填词歌曲，许多曲谱均选自日本的学校歌曲，所以，这类词目中收录了门马直卫、铃木镇一、斋藤秀雄、山田耕作等对 20 世纪中国音乐生活产生过实际影响的日本音乐家。其中如门马直卫的音乐理论著作具有通俗易懂的特征，我国早期音乐教育家丰子恺先生的许多音乐方面的通俗读物均译自他的著述。

---

[1] 参见笙龄《梅百器功过试析》，《乐览》2003 年第 4 期。

4. 对中国钢琴音乐教育有重大影响的音乐家如哈农、拜厄、布格缪勒等

哈农（阿农，法国钢琴家、管风琴家）作有多种钢琴练习曲、教材和论著，他创作的《哈农钢琴练指法》[①]具有科学性、实用性的特点，被普遍应用于初级钢琴教育。拜厄（德国作曲家）所作的《拜厄钢琴初级教程》，对初学者的综合训练方面具有通俗易懂的作用，在钢琴的基础教育过程中占有重要的地位，并在中国、日本等亚洲国家长期被用作钢琴学习的入门教材。布格缪勒（德国作曲家、钢琴家）"所作的钢琴练习曲集25首，……被普遍采用作儿童钢琴教材，沿用至今"[②]。但是，在中国当时已有的综合音乐辞书中却鲜见他们的词目，这种情况对于中国普通的钢琴学习者和钢琴教育而言是缺少客观性的。

综上所述，以《音乐百科词典》的出版发行为标志，中国音乐辞书建设形成了一个健康发展的良好势头，所取得的成绩是有目共睹的。归结起来主要是以下几方面：（1）音乐学术研究水平的不断提高，是辞书事业发展的根本源泉；（2）国家对这一事业的重视程度，影响到该事业顺利健康的良性发展；（3）国家体制和社会意识形态的稳定，对于这项事业的影响是巨大的；（4）音乐界的团结协作是这项事业健康发展的良好保证。

《音乐百科词典》是20世纪近百年以来中国音乐辞书建设中一个里程碑式的文本。在综合音乐辞书领域中，它第一次正视了许多外国音乐家对于中国新音乐影响的存在，使这些音乐家的名字和事迹在正式出版物中有据可查；收录的许多词目具有时代性特征，使音乐辞书的内容与日益发展的社会同步进行，具有与时俱进的意味；综合音乐辞书的词目具体化、客观性，使这本书具有实用性的特征，深受读者的喜爱；这部词典的"非欧"性特征，是主编者音乐无国界、文化无大小的学术思想的具体表现。

任何"个案"的成功，都是该"个案"发展过程中历史积淀的结果。音乐辞书编撰是一个庞大的系统工程，从广义上来讲，是音乐界集体的智慧和劳动的结果，但"个体"所起的历史作用同样是不可抹杀的。《音乐百科词典》所取得的成就，是中国音乐辞书百年发展和音乐界集体智慧的必然结果，并与缪天瑞先生60余年的不懈追求是分不开的，尤其是主编者在框架设计和词目编撰等具体方面做出的突出贡献，使中国音乐辞书取得了前所未有的成绩，并在中国音乐历史的发展中具有里程碑的意义。

原载《中央音乐学院学报》2006年第3期

国华：生于1963年，首都师范大学教授

[①] 该书从1981年至1995年，人民音乐出版社共计出版发行了约70万册。
[②] 缪天瑞：《音乐百科词典》，人民音乐出版社1998年版，第72页。

读《音乐百科词典》

耘 耘

正值缪天瑞先生 90 寿辰之际，他主编的鼎新力作——《音乐百科词典》历时十多年，喜获出版。这是先生辛勤笔耕的学术园地中最为骄人的硕果之一，也是他穷毕生精力了却的一桩最难了却的学术心愿。如今，当洋洋 200 万言，装帧精美的中国人自己编纂的第一部百科性的音乐工具书摆在我们面前的时候，谁不为先生卓绝的努力而动容！

《音乐百科词典》的编写，虽立意于风靡于世的辞书编纂热的涌动之中，但却未有"急功近利"之嫌。缪先生以其默默奉献、谦和勤奋、实事求是、沉着踏实的学术风范，团结几代音乐学人，共同致力于这部综合性音乐辞书的编写；可以毫不夸张地说，这是中国有新音乐以来，几代音乐家学术思考的瑰集。我们从词典撰稿人名单中可以看到近百人的巨大队伍，他们大体上可以分为三代：第一代是新中国成立前已从事音乐著述的作家，如吉联抗、冯文慈、孟文涛、曹炳范、汪培元、罗传开、钱仁康、缪天瑞、薛良等；第二代是新中国成立后开始从事著述的作家，如黄翔鹏、王迪、许健、李维渤、陈应时、黄晓和、乔建中、王宁一、冯洁轩、金经言、伍国栋、张静蔚、吴钊、苗晶、汪启璋、沈旋、高燕生、梁茂春、蔡良玉、石惟正、罗秉康、萧兴华、刘东升、万桐书、魏廷格、吕昕、范慧勤、缪裴言等；第三代是 20 世纪 80 年代以后参加著述的作家，如韩宝强、田青、吴犇、李曦微、何为、杨雁行等。群贤毕至，长幼咸集，各抒所长，撰写词典中相应词目的释文，这是这部词典所具备的科学性、准确性、全面性、前瞻性的必要保证。

十度春秋，在学术生命的长河中或许只是短暂的一瞬，但对于物欲横流、急功近利情状日甚的某些学界现实，却无疑是漫长的。《音乐百科词典》立项以后，由缪先生参与或负责编纂的《中国音乐词典》（正编，1984年）、《中国大百科全书·音乐 舞蹈》（1989年）相继面世。面对学术的发展，先生所做的工作是"调整思路""重新定位、重新设计、重新审稿"，并按照新的标准和要求对本书词目一一审定。在那些几经斟酌、概括精当的词目背后，我们看到了"板凳宁坐十年冷，文章不作半字空"的学术品格。正是在缪先生这位优秀学者的设计下，这部辞书实现了预期的目标："中国终于有了中国人自己编写的音乐百科词典，希望它能为中国音乐事业的腾飞起到有益的作用，并希望它成为年青一代的铺路石，让他们去谱写更美的篇章。"

综观全书，作为中国人自己编写的音乐百科词典，大约在如下一些方面或许更能体现出它的特色：

一、在一般综合性词目中注意介绍该词目所涉中国音乐的情况，以突出中国音乐辞书的特色。例如：

"和声学"（高燕生撰），词目释文在简明、清晰地勾勒出欧洲和声学多种体系之后，述及和声学中国风格发展历程的主要经验，要点处所附谱例9个中，中国作品就有6个。词目释文还列举从1928年赵元任的《中国派和声小试验》开始，到1984年童忠良的《近现代和声的功能网》出版等8种和声学著述；并总结了1922—1972年，从赵元任的《卖布谣》到王建中的《梅花三弄》等18首作品的和声运用经验；这样，读者就能够对中国和声学发展的历程和经验有了一个极简明的了解。

"音乐图像学"（金经言撰），是在20世纪初形成的较为年轻的新学科。该词目释文在准确的概念界定后，首先介绍了中国音乐图像学的重要成果，包括青海大通县上孙家寨墓地舞蹈纹陶盆、河南辉县出土铜鉴上的乐舞图、曾侯乙墓出土彩绘漆盒上的击鼓撞钟图等，从而使读者看到中国音乐文化在音乐图像学学科中的重要地位。

"乐器学"（孟文涛撰），是颇具特色的词目之一。首先，在词目释文中，作者将乐器概念的外延界定为包括无固定音高的节奏性乐器、能产生不同音高乐音的曲调性乐器、可列入乐器之属的少数生产工具和生活用具（手锯、杯碟），而将某些特制音响、现代派具体音乐的某些音响排除在乐器的概念之外，表现出撰稿人面对纷繁发展的音乐现象，把握学科科学性的良苦用心。在其后的乐器发展史、乐器制作的文字中，作者将中国乐器发端的史料与世界乐器发展和制作的史料融合在一起介绍，使我们感到中国乐器与乐器发展的历程共为一体，并有着重要的地位。作者根据这些史料所作世界上"多数乐器起源于亚洲和北非"的判断，也具有较高的学术起点。讲到乐器改革时，作者着重提出"自20世纪50年代以来，中国乐器改革工作有很大的发展"。接着列举我国各种民族乐器进行改革的主要情况。作者在介绍萨克斯和霍恩博斯特尔的乐器分类法之后说："分类体系如具科学性并能结合实际情况，其意义又非仅止于分类的条理清晰，更能从中看到表面似乎距离甚远而无关联的事物，却有其内在联系和历史渊源，有着文化流传和继承因素，这是科学分类法的主要优点和作用所在。"这已是方法论的叙述，显示出词目释文作者和编纂者的学识水平。总之，阅读这一词目，使读者感到作者的立足点在中国，但中国乐器学的发展并未脱离世界乐器学的发展历史。

与这一词目写法相类似的还有"民间歌曲"（乔建中撰），释文作者在总体介绍民歌的基本特征、社会功能、民歌在作曲中的运用、民歌体裁、民歌采集等诸项内容中，将中国民歌的相关内容融入。给人的印象是，既在世界音乐的范围内讨论民歌概念，又十分清楚地展示出中国民歌在其间的特殊位置。这样的词目释文能充分体现中国人编写的"音乐百科"的特色。

顺便提到，本词典较多地选立了中国民歌类词目，据不完全统计，包括民歌体裁、民歌作品、民歌曲式结构、民歌演唱活动等类别的词目达百余条。

此外，我们看到，在"音乐史学"（吕昕、陈应时撰）中，首先区分了音乐史和音乐史学这两个常易混淆的概念，同时在界定了音乐史学的基本内容后，将欧洲和中国音乐史学的发展并列展开。其立意在于让读者更准确地看待全球音乐文化，并重视中国音乐文化在全球音乐文化中的地位。在写法上与此相类似的词目还有"广播音乐"（王丹撰）和"电影音乐"（何方撰），二者基本上都是 20 世纪初在外域产生和发展起来的新的音乐艺术体裁，但对我国的影响和在我国的发展却非常迅速。为此，释文更多地着意于它们在中国从无到有，并取得长足发展的过程。

二、词典中将一批不见或少见于一般中外音乐词书而常见于我国文献中的名词列为词目，加以诠释。这些词目具有适应我国需要、填补空白的意义。例如"构成要素"（或称"表现手段"，缪天瑞撰），"音乐形象"、"音乐语言"、"内心音乐听觉"（均魏廷格撰），"解释"（吕昕撰）、"弱起说"、"高潮"（均高燕生撰），"音乐电声学"（吴江撰），等等。

三、1949 年前的一批机构、活动和人物，是近现代音乐史的重要组成部分。本词典收有这方面的词目有数十条，如"鲁迅艺术学院音乐系""陕甘宁边区作者协会""中国民间音乐研究会""北平左翼音乐家联盟""苏联之友社音乐小组""中国新兴音乐研究会""歌曲研究会""中国左翼戏剧家联盟音乐小组""民众歌咏会""国防音乐""抗日救亡歌咏运动""秧歌运动"等（除第二条为施正镐撰写外，其余均为徐士家撰），人名另设专条词目，不计在内。上列词目为"音乐社会学"在我国特定时期的发展，提供了极好的具体资料。

四、面对当代加强美育教育，完善素质教育体系的中国国情，几近将毕生精力献身于中国音乐教育的缪老，在词典编纂过程中果断决定增加普通音乐教育的词目量，使得以中、小、幼音乐教育为主体的普通音乐教育知识网络在词典中得以构建，从而成为本词典的又一重要特色，也为音乐教育的普及工作做了一件功德无量的好事。普通音乐教育知识网络共 80 余条，涉及音乐教育理论的词目如"音乐教育学""普通音乐教育""儿童早期音乐教育""小学音乐教学大纲""初中音乐教育大纲""幼儿园音乐教育纲要"等；有关音乐教学法的词目如"中小学音乐教材及教学法""音乐教学计划""综合音感教学法""达尔克罗兹音乐教学法"等；有关教学内容的词目如"中小学识谱教学""中小学器乐教学""儿童发声法""儿童节奏训练""唱游""听唱""范唱""音乐游戏"等；有关教学设备的词目如"中小学音乐教室和教学设备""儿童简易乐器""簧乐器乐队"等；有关音乐教材则选择了像《早操歌》《我们的田野》《我们是共产主义接班人》等一批音乐作品立目；此外，还选列了早期音乐教育家及有关普通音乐教育机构的词目，如"沈心工""李叔同""丰子恺""育才学校音乐组""江西省推行音乐教育委员会"

等。对于普通音乐教育如此细密设目的音乐辞书似极罕见。

五、苏联音乐在作曲实践、演出实践、音乐美学、作曲技术理论等方面，都对我国产生过重大的影响。作曲实践中，苏联群众歌曲如《祖国之歌》（即《祖国颂》）在新中国成立前即在群众中传唱，而且影响我国某些作曲家的实践甚深。鉴于苏联群众歌曲对我国影响较大，因而就本词典所收，特举几首如下：《红莓花儿开》《喀秋莎》《莫斯科郊外的晚上》《伏尔加船夫曲》《祖国之歌》《神圣的战争》《雾啊，我的雾》。音乐美学方面则编列了音乐学家"克列姆廖夫"（何乾三撰）、"阿萨菲耶夫"（罗秉康撰）、"丽萨"（波兰音乐学家，何乾三撰）等，介绍了他（她）们的音乐美学思想；音乐理论家列"斯波索宾"等；作曲家则列"肖斯塔科维奇""卡巴列夫斯基"等大量人名，介绍了他们的作品。本词典还特别将反映苏联音乐家经历曲折道路的过程的三个文件"联共（布）中央一九三二年决议""联共（布）中央一九四八年决议""苏共中央一九五八年决议"列为词目（均黄晓和撰），简述了文件内容。

六、鉴于中国音乐文化与周边国家的音乐文化有着久远的交流历史，以及东方文化间的自然亲和力，该词典还重视编列东方各国特别是日本、朝鲜、韩国等国家的重要音乐家和音乐作品的词目。例如日本歌剧《夕鹤》、朝鲜歌剧《卖花姑娘》，它们都是在中国人民音乐生活中产生过重要影响的音乐作品，作为"音乐百科"不能没有它们的位置。此外，对于朝鲜古代音乐家的介绍也是一般音乐词典不多见的。这样的词目包括朝鲜古代音乐史上的三大著名音乐家朴堧、于勤、王山岳。他们都对历史上传入朝鲜的中国音乐与朝鲜音乐的交融做出过贡献。而对于日本作曲家山田耕筰、团伊玖磨、芥川也寸志、黛敏郎、柴田南雄等，以及韩国女小提琴家郑京和等音乐家的介绍，则反映出当代日本、朝鲜和韩国音乐家在亚洲以及世界乐坛的影响。

七、在对外国音乐家的介绍中，重视对中国音乐建设有贡献的人物。这些人物大体上可以分为两类，一类是 20 世纪 20—30 年代已在中国传播西方音乐的重要音乐家。如组创上海工部局交响乐队并任指挥 20 年的意大利指挥家帕器，曾在哈尔滨格拉祖诺夫音乐学校、上海国立音专、南京国立音乐院及中央音乐学院华东分院任教达 30 余年的苏联男低音歌唱家苏石林，曾对我国钢琴专业教学起到过奠基作用的俄国钢琴家查哈罗夫，以及美籍俄国作曲家、钢琴家切列普宁（齐尔品）、意大利小提琴家富华等。他们为我国早期专业音乐教育及西方音乐在中国的广泛传播做出过重要贡献。另一类是在 20 世纪 50 年代，带着苏联人民的友谊，为中华人民共和国初创时的专业音乐教育做出过贡献的苏联音乐家。包括为新中国培养了一批声乐人才的苏联歌唱家梅德韦杰夫，曾在中央音乐学院开设和声课的苏联作曲家古洛夫，曾在中央音乐学院开设指挥、视唱练耳、打击乐等课程并指导合唱队和管弦乐队排练的苏联指挥家巴拉晓夫，曾在中央音乐学院开设作曲、配器、作品分析等课程的苏联作曲家阿拉波夫，曾在中央音乐学院从事钢琴教学的克拉芙琴科，曾在国立福建音乐专科学校、南京艺术学院执教大提琴的德国大提琴家曼哲克，曾在中南音乐专科学校执教德国音乐史的哥德施密特等。他们为新中国专业音乐教育事业的建设，为中国人对东欧音乐文化的了解和借鉴，做出了重要贡献。

八、本词典特别编列了有大量中文译本的外国音乐学家词目，他们的著述因译成中文而为我国不同时期的音乐教育提供了重要的教学参考。这些音乐学家及被释译的主要著述有：英国音乐理论家普劳特，他的中译本著作包括：《和声的理论与应用》，贺绿汀译（1936）；《曲式学》，中文译本名《曲体学》，朱健译（1952）；《应用曲式学》，中文译本名《应用曲体学》，中央音乐学院华东分院编译室译（1956）；《赋格曲》《复对位与卡农》，孟文涛译（1955）；《管弦乐法》，中文译本名《管弦乐法教程》，孟文涛译（1955）；《乐器法》，李元庆译（1951）。此外，美国音乐理论家该丘斯所著系列音乐理论教科书，大部分由缪天瑞编译，包括《音乐的构成》（编译本1948，修订1964）、《曲调作法》（编译本1949）、《和声学》（编译本1949，第7版1984）、《曲式学》（编译本1949，修订1985）、《大型曲式学》（中译本许勇三，1982）、《对位法》（编译本1950）、《应用对位法》编译本上卷《创意曲》（陆华柏译，1986）。这份规模不算很大的译著目录，真实地反映着从20世纪30年代到80年代，中国音乐学编译领域的心路历程。

九、对于欧洲作曲家，词目释文对其创作特点的归纳，一般不照抄外国音乐词典，而是以中国人自己的分析写出，从而体现了"中国音乐百科"的风格。比较典型的是"肖斯塔科维奇"条（罗秉康撰）。据撰写者说主要根据肖斯塔科维奇口述的《肖斯塔科维奇回忆录》以及《苏联音乐百科词典》、我国对他的专论、评论等作为基本素材，融合西方和苏联官方对他的研究，予以全面对照比较，审慎提炼，撰写成730余字的释文。释文关于肖斯塔科维奇早期创作特点的总结是这样写的："早期（1924—1936）继承柴可夫斯基'交响曲是内心活动的戏剧'的观念和穆索尔斯基讽刺歌曲的音乐表现手法，并进行'反学院派'尝试，寻求扩大调性、曲调富有棱角、节奏强烈、管弦乐织体透明、部分作品近似马勒的手法。"这里没有像某些辞书那样对各类作品特点作分别的罗列，而是抓住了这个时期创作的主导思想；当然，对于这种主导思想的分析和提炼体现着中国音乐家的思维特质，显示了撰写者力求客观、真实、科学的态度。此外，作为简明性百科词典，以其人为苏联20世纪音乐所作的奠基性贡献为基点，突现了这位卓越的作曲家的历史地位；并避若干历史争议而不论，这也不失为明智之举。

对欧洲主要作曲家的创作特点，词目释文撰写者沈旋并不照抄外国音乐词典而凭自己的心得体会写成。释文撰写者廖叔同对欧美小提琴、大提琴等演奏家词目的撰写，也是依自己的分析研究而写成。

对于外国作曲家释文后面所列的作品表，大多不照抄外国音乐词典，而是依凭国际性的唱片和录音资料，对照我国需要，另行制定，并按作曲家的不同特点对其作品做了不同的次序安排。

此外，还可以看出，各个部类的撰写人都能意识到，面对庞杂的资料，选择适合于我国读者需要的内容，写出精练的释文，是头等大事。

这些都表现出众多撰写人和词典编辑人员（包括主编、副主编及责任编辑）为了方便于读者，并提高词典品位，不惜费尽心机，着意创新的高尚精神。

十、适应当代学术发展整合化、立体化的趋势，本词典突出的特点之一是对一些重要词目采用了"参见"的编辑手法。这有两种作用：一种作用是为弥补本词典没有分类词目表的设置（中型音乐词典要做分类词目表，据说是非常困难的），特就部分词目设"总目和分条互相参见"的方式。例如，"音乐节"词目中，除了解释音乐节的性质内容外，将世界各国（包括中国）的各具体音乐节名一一列出，而在各个具体音乐节的词目后，均列"音乐节"为参见词目；使读者看到每个具体音乐节后，就会去查"音乐节"总目，了解本词典包含哪些国际性（包括中国的）音乐节。本词典中如"音乐比赛""音乐院""音乐厅""音乐流派"等，都作为部分的"总目"处理。

"参见"的另一种作用是起丰富、补充本词目或结合多条词目的作用。这样做的结果，可以使读者对某一词目建立起立体化的音乐知识框架。例如"和声学"，涉及互见和另立词目达57条之多，最后所列的参见目竟多达10个。"音乐美学"的参见目也多达9个。这样就保证了重点词目知识内容的深刻性和全面性，以及词目的学术质量。关于结合多条词目，举一例来说，"内心音乐听觉"（高燕生撰）属音乐心理学范畴，参见条包括"儿童早期音乐教育"（深入介绍构成内心音乐听觉的条件）、"音乐记忆"（扩充了发展内心音乐听觉的基本内容）、"绝对音感"（进一步阐释了发展内心音乐听觉的又一个重要条件）三条，结合起来读，"内心音乐听觉"就形成一种立体的印象，很适合当代社会对学术知识的要求。"音乐"一条则通过参见，列出本词典大部分主要的词目，几乎成了词典的框架。能够做到这一点，并非一蹴而就，它是编者扎实的学术功底和词典编纂学水准的出色反映。

十一、对于音乐作品词目的编列，在保持外国同类音乐词典容量的基础上增加了中国重要音乐作品的比例。释文原则不以音乐鉴赏分析为主，而是以作品体裁、曲谱版本、首演时间为主要内容，这应当说是从中国音乐生活的实际出发的。例如："二泉映月"（吴犇撰），列有7项，包括民间乐曲、小提琴曲、中国民族拉弦乐器合奏曲、弦乐合奏曲、二胡和中国民族管弦乐曲、钢琴曲、弦乐四重奏曲；"满江红"（张静蔚撰），列有6项，包括琴歌、学堂乐歌、队列歌曲、歌曲、合唱曲、管弦乐组曲。它们都较全面地反映了该词目所述音乐作品在中国音乐生活中的实际存在状况。这样做，便于人们根据需要进一步查找，也较好地体现出音乐百科的特色。

十二、反映词典编纂者学术水准的一些细微之处，还见于对一词有不同称谓或不同内涵的处理。首先是同一词目的异称、别名均分别立目，做互见处理。例如"爬山调"，这一民歌种类引申有"后山调""后套调""河路调""中滩调"等异名，均分别立目；又如中国多声部民歌之一"大歌"所包容的"嘎节""嘎窘""嘎老""嘎玛"等同种异称，也分别立目。这将方便对于同一词目的不同视点的考查。

其次是对同一人名或事物有不同译名的处理。例如："莫差特"亦译"莫扎特"，"蒙特维尔第"亦译"蒙泰韦尔迪"，"恰空舞曲"亦译"夏空舞曲"等，均分别立目备查。又如对于中国最早的正式专业音乐教育学校上海"国立音院"，考虑到不同历史阶段的名称变革和俗称与正式名称的不同，分别立"国立音专""国立音乐专科学校""国立音乐院"三目备查。显然，这些做法都是从中国音乐界的实际情况出发，体现了尽量为读者着想的编纂宗旨。

"横看成岭侧成峰，远近高低各不同"，当我们徜徉在《音乐百科词典》这林林总总、琳琅满目的音乐学知识长廊之中的时候,陡然涌动了这首唐诗的意境。以缪天瑞先生为首的词典编纂者们精心构筑的这一音乐知识画卷,使我们不断深化着"要识庐山真面目"的冲动,然而这涌动的知识之泉对我们心弦的永无休止的拨动,最终使我们明白,只有在漫长的音乐实践中不断地吸吮它的滋润,才能更清晰地把握它的"真面目",或许这也正是缪老和全体词典编纂者们最希望的事情吧。

1999 年 6 月 12 日初稿

1999 年 7 月 25 日修订

原载高燕生、刘连捷主编《缪天瑞音乐生涯》,河北教育出版社 2000 年版,第 190—200 页

耘耘(郭树群):生于 1949 年,天津音乐学院音乐学系教授

音乐工具书的新葩

——评《音乐百科词典》

景月亲

　　人们在工作、学习和研究过程中，常常会遇到一些疑难问题，这就需要借助一定的工具书来解决。工具书作为一种专门性的图书，其类型丰富，数量众多。特别是近年来，随着工具"文献"数量的迅速增长，各类型的工具书几乎已遍及每个学科的每一领域。尽管如此，人们检索某一方面的知识信息时，仍希望手头持有的一部工具书能尽可能多地解决相关查询问题。由缪天瑞主编、人民音乐出版社1998年10月出版的《音乐百科词典》就属于这样一部音乐工具书。

　　工具书在我国的编纂具有悠久的历史，音乐工具书的出现却相对晚了许多。20世纪30年代至70年代末，仅出版了寥寥数种音乐词典，步入80年代，这种状况得到了改观。一批优秀的音乐工具书——词典、手册、年鉴、百科全书、图录（鉴）、书目、索引等如雨后春笋般涌现在读者面前，显示出一派生机与繁荣景象。在词典的出版方面，有中国音乐、外国音乐的综合性音乐词典，又有各类专门性的名词术语词典、曲名词典、音乐人物词典、鉴赏词典、主题（旋律）词典等，其总数不下十余种，不仅满足了人们求知治学之需求，也展示了我国音乐工具书编纂和出版的骄人业绩。由人民音乐出版社推出的这部集古今中外音乐内容于一体的《音乐百科词典》（以下简称《词典》），以其收录词目内容的综合性、百科性独成一家，填补了音乐领域国内同类工具书的空白。笔者在拜读与实际应用之后，深感这是一部很有特色的音乐工具书。

作为一部百科性的专业辞书，《词典》内容丰富、覆盖面广，兼收古今中外音乐词目，如中外音乐家、乐器、乐曲、理论和表演术语、音乐学、表演团体、教育机构、著名乐器制作公司、音乐出版社等，无不在收录之列。条目内容的广泛性为《词典》的实用性奠定了基础。在条目的设计上，每类之下尽量详尽收录，一些"边缘性"条目，如"音乐文献学""音乐词典""乐谱""改编本"等，在国内现有的音乐辞书中一般难以查到，而通过《词典》均可使查询者得到比较满意的解说。在音乐学理论有关条目的释文中，对于一些不同的观点也尽可能提及，而非以"权威"论断一统了之。这一切充分体现出《词典》作为专业工具书的综合性和百科性，使之在同类工具书中脱颖而出。

客观地讲，当今国外出版的音乐工具书（包括国内早期所出的一些综合性或专业性辞书）在内容上都有一个共同的趋向，即以西乐为主，而对有关中国音乐的概括和介绍显得非常单薄。《词典》作为中国人编纂的第一部专业百科词典，在条目的取舍与内容的撰写上，充分考虑到了中国读者的需要，具有明显的中国特色。这一点首先表现在对中国的音乐家、乐器、乐曲、音乐机构团体以及其他一切有关中国音乐的名词术语等给予足够的重视和相当的比例，同时也对中国各民族民间音乐的乐种、体裁、形式等给予了系统、概括的阐述，因而具有广泛的知识性和可读性，"不仅为中国读者提供了方便，也为有兴趣了解中国音乐全貌的外国人士提供了参考"。而在西方传统音乐的类目设计上，"深浅适度，繁简得当"，力求适合中国读者的需要，以区别于一般的西方音乐工具书。

一般来说，一部专业辞书，如果其内容、规模、读者对象确定以后，功能应是衡量其科学性与实用性的重要依据，功能发挥越好，其价值也越大。《词典》的编者深谙这一切。全文洋洋200万字，6600余条目，近千页内容，集中于一部16开一卷本的《词典》当中，省却了多卷本工具书使读者来回翻检之辛苦。6600余条目在正文的排列，采用了科学实用的汉语拼音音序法，易于检索。辅助索引除了揭示条目形式特征的汉字笔画索引和西文索引外，参考人名索引的增设，则从条目内容的角度揭示出未立条目的音乐人物，属于一种主题分析性的人名索引，这在国内现有的工具书中是不多见的。多途径的检索功能，方便且实用，满足了人们不同角度的检索需求。文后所附的"常用表演术语"如一册简明的音乐译名词典或表情术语词典，更增加了《词典》科学实用的含量。

《词典》这种处处以读者为中心，处处为用户考虑的做法，还体现在许多细小的方面。例如，对外来语词目，均将外文加括号附于词目之后，并注明语种，相当于一部音乐双（多）语词典，为专业外语学习带来了方便。作曲家和理论家的释文中附有其主要作品或论著，均注明原作出版单位、出版或发表年代、修订年代、修订版次等，单立条目的作品或论著，其出版、发表的信息更加详细。这样做不仅为读者进一步查检提供了线索，又可使读者少走弯路，节省宝贵时间。对于内容密切相关的词目，《词典》的处理很有创意，即以复合词目的形式编排，中间用间隔号隔开，如"大音阶·小音阶""印象主义·印象派""畅·操·引·弄·吟·调"等，互相参照着予以解释，查阅效果非常好，使人记忆深刻。对于作品词目中包含体裁或副标题的情况，也采用间隔号分隔的办法，使人一目了然，如"东方红·音乐舞蹈史诗""红军不怕远征难·长征组歌"等；对需要加以简单说明的词目，紧接之后在括号中注明，如"施特劳斯，J.（子）""施特劳斯，J.（父）"；对词目中含有生僻字、多音字的情况，《词典》专门予以注音，如"吴歈（yú）""均（yùn）"。页眉不仅按音序给出该页条目的拼音，还附出当页条目的词头。如此等等，无一不体现出编者的良苦用心。其编排注重科学、强调实用，为这部词典的科学性与实用性注入了实实在在的内容，相信读者在使用过程中会进一步体会得到。

从"后记"中得知，《词典》自1984年开始筹划编纂，到1998年10月出版，历时十多年，许多人为之付出了辛勤的劳动，才使我们拥有了眼前这第一部中国人自己编纂的音乐百科词典。综览全书，我们发现，《词典》无论在框架的设计、条目的撰写以及具体的编排上，都有新的突破，表现出一种开放开拓的意识，这一切为该书最终成为优秀的工具书奠定了基础。然而，笔者认为，《词典》要在同类工具书中树立起自己的权威，在某些方面仍需要改进，下面试提三条：

其一，增设分类检索。《词典》现有的检索体系（音序、笔画、西文索引等）揭示的只是词目的形式特征，缺少反映全书整体内容的分类检索途径，在一定程度上影响了《词典》的揭示深度和功能发挥。而分类检索可以把"音乐"作为一个整体，将全书词目按照其内容的级别、层次及内在逻辑关系，立体式、全景式地展示出来，使条目的排列组合系统化，内容浑然一体，阅读起来具有知识的连贯性和系统性，并体现某种积聚性和互见性，因而可以增加工具书的揭示深度和检索功能。建议《词典》再版时，考虑增设分类目录，以弥补现有检索体系的缺憾，进一步完善《词典》的多途径检索功能。

其二，参见指引应再深入一步。《词典》广泛地应用了文献整理中的参照法（reference），这种方法可指引读者从工具书中的某一条目查到另一个条目，以揭示二者间的关系，扩大检索途径。与卡片式目录、索引不同，词典编成后，页码应是固定的，因此在参见的条目后直接注上其所在正文的页码，将会更加方便读者，免去其从头翻检的麻烦。这一做法，商务印书馆新版的《现代汉语词典》（修订本）就应用得非常好，看似细小、烦琐，然而应用效果却不言而喻。此外，一些理论方面的条目，可在释文或书后附上主要参考文献，既为词目释义的继续研究提供线索，又体现《词典》的严谨，使其体例更趋完善，以进一步增加《词典》的学术分量。

其三，个别类目的释文似可再做推敲。如《词典》717—718页的"音乐词典"（Dictionaries of music）条，释文将音乐词典分为综合性、分类性与专题性三大类。从逻辑上看，这种分法值得商榷；从具体内容上看，《词典》将其中的分类性词典又细分为地区词典和人名词典，地区词典所列举的《现代意大利音乐和音乐人名词典》《中国音乐词典》及其续编，究其实质也属于一种综合性的词典，至少在该地区领域，内容是属于综合性的。若依条目中的分法，"综合性"里面的《牛津简明音乐词典》内容以西乐为主，对中国音乐几乎没有涉及，归之为综合性音乐词典也失之偏颇。人名词典属于一种专科词典，是音乐专科领域一种专门性的词典。笔者认为，将音乐词典划分为综合性音乐词典和专门性音乐词典比较合适，取消释文中的分类性词典，其中的地区词典可归于综合性音乐词典，具体加以细分。专门性词典可包括原分类性词典中的人名词典与释文中专题性词典的几类——术语词典、乐器及声乐词典、主题词典和欣赏词典，再加上一种曲名词典。除此，该词目的类名为"音乐词典"，但在释文列举的"词典"中，不仅包括了各类中外词典，也包括了另外两类工具书即百科全书和古代的类书（相当于现代的百科全书），如苏联的《音乐百科全书》、美国的《音乐百科全书》、《中国大百科全书·音乐 舞蹈》及宋代陈旸编的《乐书》等。按工具书的分类，词典、百科全书、类书属不同类型的几种工具文献，所以释文的分类方法从文献学的角度看是不确切的。根据我国的传统，字典、词典和百科全书合称为辞书；再翻阅《辞海》，所谓"辞书"，即字典、辞典、百科全书、专科词典的统称。因此综上所述，将"音乐词典"这一类名改为"音乐辞书"会更合适一些。

"一部词典的出版之日，就是编者的遗憾之时。"的确，工具书的部头一般比较大，编撰、修订的时间跨度也相对较大，因而留有"遗憾"是在所难免的。《词典》历经十多年的编纂，对有关音乐院校、团体机构的介绍等，相关释文截止到20世纪80年代末，而改革幅度较大的20世纪90年代的状况均未作反映，这种"遗憾"是可以理解的。但是，作为以反映中国音乐领域为主的百科词典，对于灿烂的中国音乐文化重要组成部分的音乐书刊是不应忽略的。比较而言，《中国音乐词典》及其续编、《中国大百科全书·音乐 舞蹈》对中国书刊部分均给予了足够的重视。以笔者浅见，音乐书刊尤其中国书刊部分在全书类目体系中是不可或缺的。此外，一些相关名词（及术语）如"音乐文学""版本"（乐谱与音响资料的版本现象非常普遍）等，也应收入。

事实证明，编纂成一部优秀的工具书，总是需要经过多年不懈的努力。《新格罗夫音乐与音乐家辞典》历经百余年，反复修订，不断完善，才形成了目前的规模和影响。同样，《词典》作为我国第一部百科性的音乐词典，以200万字近6600条目的规模，出现这样那样的细节问题，亦在所难免，因而今后仍需反复锤炼，不断完善，才能最终减少"遗憾"而成为更优秀的工具书，在音乐辞书领域树立起自己的权威。

原载《音乐研究》2002年第3期

景月亲：生于1967年，女，西安音乐学院图书馆副馆长、研究馆员

博及中外、囊括古今的音乐巨典

——缪天瑞主编《音乐百科词典》中的治学思想和方法

管谨义

前面的话

　　1983年7月，年届75岁高龄的天津音乐学院原院长缪天瑞先生由天津调至北京中国艺术研究院音乐研究所工作。负责主编《中国音乐词典》《音乐百科词典》（当时称《简明音乐百科词典》），以及《中国大百科全书·音乐 舞蹈》（副主编，实为常务副主编），同时还担任硕士、博士研究生导师的工作。由于他当时为全国人大代表并在文联、音协中的兼职，同时还要参加各种必须参加的会议和各种学术讨论会，缪先生的繁忙可想而知。1984年春，缪先生借调我到中国音乐研究所，作为助手帮助他工作一年多时间。这期间除兼及缪先生的许多文字工作之外，主要是帮助先生编辑、组织《音乐百科词典》的工作。这期间缪先生严谨认真、精益求精、孜孜不倦、刻苦勤奋的工作精神，严于律己、待人和善的作风深深地感动着我并激励着我努力工作。与其说是我在帮缪先生工作，不如说缪先生在帮助我、教导我学习音乐知识的各个方面、学习组织材料的能力、学习做学问的方法、学习为人，尤其是学习缪先生为音乐理论事业的拼搏精神。缪天瑞是一所大学校，我在他那里学到了许多音乐的课程，受益之深是难以用言语简述的。如果说在我以后的工作历程中，诸如声乐史、声乐理论、音乐美学的研究中，甚至声乐教学的成绩中都饱育着缪先生对我的帮助和启迪，是学习缪先生工作精神的结果。他在 1998 年我付诸出版的《中国古代歌曲概论》的序言中写道："今年初，得知他自去年至今年已有三部专著交付出版社出版，即《欧洲著名音乐家评传》《读谱歌唱艺术》(与其他两同志合作)，以及本书《中国古代歌曲概论》，此外尚有《西方声乐艺术史》已完成大部。得知此消息，使我十分惊喜。这是他十几年以来在紧张的声乐教学工作之余，排除了生活上的种种苦恼和腰椎疾患的种种干扰，日夜辛勤工作的巨大成绩。他不仅在声乐教学上取得了相当的成绩，同时在理论研究上又取得了如此丰硕的成果，我表示由衷的钦佩。"显然，他对我的褒词是过誉的，我曾再三请他修改，遭到拒绝。我理解这是他对我的鼓励。但他序言中所提及的能排除种种"苦恼"和"干扰"，遏名利、绝是非，埋头教学和研究工作，都是学习先生治学精神于万一的结果。

回忆往昔，缪院长借调我去他身边工作，正是我旅途中"走麦城"之时。那时，他得悉我在困境中写了 50 万字的书稿，又经过再次考查我的理论知识，文字、外语的能力以后，才发出借调函。事实证明，缪院长不是"任人唯亲"，而是"任人唯贤"的工作作风。他之为人，不仅"唯善"，而且"唯严"(尤其是对待学生辈)。回忆我在他身边暂短工作的日子里，他对我的缺点从来直言不讳(但态度是友善的)。如有一次，我在先生面前对自己每天不分早晚长时间的工作有点自誉时，他就直言向我讲述了抗日战争期间他在重庆不仅没有热水洗脸，而且每晚点着桐油灯、冒着敌人飞机的轰炸、吃着陈米饭而成书不少的往事。相比之下，使我感到羞愧而无地自容。进而，他向我讲述了"君子责己、小人责人"的道理；凡君子者，应严以律己；唯小人者，才怨天尤人。这是先生"遏名利"、"绝是非"、专心治学、对国家无私奉献精神的高度升华的思想结晶。对先生的为人，在学生中几乎是有口皆碑的。这里使我想起毛泽东的一句话：一个人做一件好事并不难，难的是一辈子做好事而不做坏事。如果引申一下，我想道：一个人叫一个人称赞并不难，多数人都称赞则绝非易事。缪先生就是这样的一个人。

先生在古稀之年，而又在百忙的工作中，又加入了主编《音乐百科词典》的浩瀚工程，这本身就证明了他"鞠躬尽瘁""壮心不已"的报国之志，我们从中感到了先生的那颗滚烫的、不息跳动的爱国之心。几十年以来，缪先生始终为我国没有一部较完善的音乐词典而引以为憾。为此，在 20 世纪 60 年代初，他曾与音乐出版社的何士德、吉联抗合作，尝试编一部音乐词典。曾撰写并译出一些词目释文，编写词目一本。但因人力不足而未能进行下去。他曾编好一本外国音乐部分的词目卡片。可惜，这一切均在"文化大革命"中被烧毁。现在，不仅要"重圆旧梦"，而且要将"音乐词典"扩充为"音乐百科词典"。这加进的"百科"两字绝非易事。这两字的加入表示了该词典将包含地球上所存在的全部古今的音乐内容，其工程的浩瀚可以想见。又由于是他个人主编的课题，其人力、物力的艰难亦应在预料之中。但先生以超人的魄力和精力投入其中而义无反顾，从某种意义上讲这是先生晚年的"背水之战"。我有幸在这一时刻调先生身边工作，感触颇深。下面仅就编辑中的《音乐百科词典》及缪先生的治学思想和方法试述如下。

一、巨梁宏架

关于"音乐词典",缪先生曾说过:在国外也只有 90 年左右的历史,它的完成与完善往往需要几代人的努力(大意)。在我国,据悉,过去只有过知识性的小音乐词典,有翻译的外国音乐词典,20 世纪 80 年代出版了以中国传统音乐为内容的《中国音乐词典》(缪天瑞、吉联抗、郭乃安主编),但是全面地涵盖古今中外专业用的百科音乐词典至今没有,也正是音乐界所急需的。以往的外国音乐词典中的内容也多以欧美音乐为主,多忽略或较少涉及亚、非、拉及东欧的音乐。过去的音乐词典多以专业的人名物名为主,而少涉及古代的、民间的,尤其是少数民族的人名、物名。缪先生主编的《音乐百科词典》在保证主体质量、数量的前提下,有意地注意了弥补这方面的不足。

全部词目由三个主要大梁——中国音乐、欧美音乐、亚非拉音乐组成。以这三个方面为主铺展开宏大的词目框架。截至 1985 年秋,词目梁架的大致情况如下:

中国音乐方面

中国古代乐种、曲名、乐制、官职·················· 88 条
中国乐学······································· 82 条
中国律学······································· 33 条
中国曲式······································· 58 条
中国民歌、歌舞·································· 126 条
中国古琴音乐··································· 87 条
少数民族民歌、歌舞······························ 57 条
中国乐器······································· 105 条
中国乐种······································· 21 条
中乐演奏家····································· 22 条
中国戏曲······································· 28 条
中国近现代音乐·································· 120 条
中国近现代音乐作品······························ 暂缺
以上合计:827 条

欧美音乐方面

作品·· 1000 条
乐派··· 15 条
作曲家··· 365 条
指挥家·· 73 条
提琴家··· 133 条
钢琴家·· 71 条

乐器	150 条
理论家、美学家	68 条
声乐家	75 条
音乐节、乐团机构、比赛	46 条
爵士乐及作曲家	4 条
电子音乐	13 条
电声、录音、唱片	34 条
声乐术语	27 条
以上合计：	2074 条

亚、非、拉音乐方面

日本音乐	60 条
拉美人名	50 条
印度音乐	17 条
亚非拉乐器	31 条
亚非拉乐队	8 条
以上合计：	166 条

音乐理论方面

基本乐理	200 条
音乐学	27 条
律学	29 条
和声	100 条
对位	30 条
作曲、曲式、管弦乐法	50 条
音乐体裁	200 条
以上合计：	636 条

音乐教育方面

分支词目	75 条
音乐课常用曲目	103 条
以上合计：	178 条

此外：

| 声乐理论、术语 | 61 条 |

以上各方面总计 3942 条。以平均每条 500 字计算，总字数约在 1971 万字。当时（1984年秋）由于词目尚未完全修整完毕，释文亦未最终完成，该词目和字数均为约略概算之数字。但从这个约略的框架中，我们不难看出该词典工程的庞大，其涵盖面是空前的。撰稿人以北

京、天津、上海、武汉为主遍及全国各地。（至该书 1998 年出版时，词目已达 1 万多条，共 200 万字，撰稿者 90 余人）

关于选目，有的由缪先生亲自选出，有的由撰稿人或主要撰稿人提出，由缪先生审定，个别部分也有由我提出方案，先生圈定。选目和释文的总原则，缪先生提出"求其全面，重点突出"的八字方针。

二、释文原则

关于释文的总原则，缪先生曾提出五条指示：

（一）按照国际惯例。收词目较多，而释文较短（简明、精练、扼要）。

（二）本词典释文内容中、外分开。个别条目（如"和声"）有洋为中用的问题，可附上中国方面内容，中外合述。

（三）本词典一般的"事物"条，都先说现状，后述历史和发展（如"小提琴""二胡""歌剧"等），个别的按历史顺序分段落写。

（四）所附原文，一般用英语，习惯用德、法、西、希腊语者照用，但苏联、东欧仍用英语或用拉丁文拼音（如人名）。

（五）释文要求全面而有重点，语言精练而不失生动。

关于该词典人名写法。由缪先生亲自起草，复印后分寄各撰稿人，并标明"务请照下列次序写"的字样。内容如下：

（一）人名，生辰：写明年、月、日（要齐全）。

（二）又名：

（三）专业、籍贯：专业写作曲家、女钢琴家、二胡演奏家、音乐教育家、美籍中国作曲家等。不写音乐活动家，因"活动"不是专业。

（四）学历：一般只写与音乐有关者。在某校学习，写明起讫年代，如 1931—1935 年在国立音乐专科学校学习，校名不写简称，如"上海音专"等。"鲁艺"也要写全称。外国学校和教师附外文名（人名外文要写明姓和名）。

（五）工作经历：只写与音乐有关者。写明起讫年代，尤其是在同一机构任职三年以上者，务请写明起讫年代。社会活动，列至全国音乐家协会和各地分会主席、副主席为止。国外活动，列讲学比赛评委、比赛得奖等。不列一般友好访问。主编期刊（为某一机构），要注明起讫年代。

（六）艺术成就或艺术特征：不作评语，不说空话，此项有时亦可不写。

（七）作品：分类别排列。兼有管弦乐和声乐作品者，先列交响曲，次列重奏曲、钢琴曲等；后列歌剧、歌曲。专写歌曲者，先列主要歌曲。所有具体作品（包括歌曲）都要写明出版（或创作）年代。有歌曲集出版者（放在后面），写明主要歌曲收在《×××歌曲集》、出版社名、年代。

（八）著作：写明书名、出版社、年代。重要著作而未出单行本者，写明发表于某种期刊（某年某期）。译作写明原著者、原文姓名。

（九）个人主编期刊：写明刊名，自某年某月至某年某月，共出多少期。

（十）教师，不列学生名。

（十一）字数：作曲家一般写500字，著名者700字（包括作品名、著作名在内）。个别人可以超出一点。表演家（包括声乐、器乐、指挥家等）一般300字至500字。

缪先生并不是一般的只做一些原则性指示的主编，他不仅在每一个方面都有具体而明确的规格指示，甚至每一条释文都有具体的要求，好似他在辅导每一位撰稿人写每一条释文一样。例如在技术词目"奏鸣曲式"这一条，缪先生就曾专门口述内容与格式，由我记录下来，寄与撰稿人，兹引录如下：

奏鸣曲式（Sonata-form）写法

定性（词、句）先说现状。它的曲式结构列表，并举某一标准的乐曲的小节数，例如：

具体举例	呈示段小节数（1—?）		展开段（?—?）	重现段（?—?）		后奏段（?—?）
某作家、某曲	主题（何调）	副主题（何调）	用何材料	主题（何调）	副主题（何调）	—

具体举例最好是大调的，比较为大家所熟知的。可参考缪天瑞译的《音乐的构成》第177页，但不列乐谱。由于书与词典不同，分析法应比缪的译书较为简单扼要。

最后简略地叙述历史与发展。

这样具体的指示不仅给撰稿者带来极大的方便，而且保证了释文的质量。有问题，先生往往数次退稿责其重新改写。并且每次退稿时，先生都不厌其烦地，如前述《奏鸣曲式写法》一样详示具体的规格和要求。如有明显的错误，则直言不讳地指出，并做出正确的解释，使撰稿者口服、心服。多数撰稿者都有很深的体会：给缪先生写稿是一个学习的过程，是一个进修的过程，是一个探索真理的过程。

我自己就有无数次切身的体会。例如，有一次缪院长叫我写"丰子恺"（曾是缪院长的老师）一条。我先照人名中长条的规格写了700字。他看后不满意，认为太单薄，进而叫我不受字数限制，尽量扩充起来、丰富起来。于是我查遍了音研所图书馆甚至北京图书馆的资料，将其扩充到4000字左右。这次缪院长看后认为内容丰富了，但文字不简练，叫我进一步压缩至1200字，而且主要内容不能丢掉，要简洁、生动、重点突出，文字上能用两个字说清的不能用三个字。我花了很大的精力，在先生的辅导下又几易其稿，最后压缩至1200字左右，缪先生满意后才定稿。他就是这样手把手地教给我写文章和做学问的方法。他不仅对我这样，几乎对所有的撰稿人都是这样，从不放过释文中的任何错误，哪怕是很小的纰漏。对年轻的同志是这样，对年老的同志同样如此，在学术面前决不留情面。我在撰稿或改稿当中几次遇到有难以查找的小问题（例如某一有争议的或不清楚的年代）或学术上的某一疑难问题，这些问题在释文中也就是几个字的问题，但查找起来往往要花费很长的时间。为了省时间，有几次我就将此省略不写，或含糊地提一下想蒙混过关。给缪先生交审时，这几处地方我就担心，但也希望先生粗心一下侥幸过关。事实证明，凡我存有侥幸的地方，先生是决不会粗心放过的，不仅明确而严肃地指出此处漏洞，叫我去克服、去解决，有时或直接指出应怎样改或到哪里、哪部书里去查找等。从此以后或改文章或自己写文章我就再不敢有投机心理了，进而养成了在做学问上追根寻底，不达目的决不罢休的习惯。例如20世纪90年代我著述《中国古代歌曲概论》一书时，在元代散曲《夜行船套曲》（马致远词）中有一句歌词"葫芦提一任装呆"，这"葫芦提"是什么意思？我查遍所有词典（如《辞源》《辞海》）都找不到解释。为这三个字我整整用了一周的时间查找，最后在元代杂剧，关汉卿《窦娥冤》中找到了解释：葫芦提，犹言糊涂，《窦娥冤》中亦有"看葫芦提赏罚愆，着窦娥身首不完全"。元曲中用"葫芦提"甚多，好似那个时代戏曲中的土话，而今已不见用了。我常想，缪院长为什么有这么大的学问？他也没有留过什么洋，也没上过什么世界名牌大学，但他却好似一部活的音乐百科词典。不是因为他有什么"天才"，而是来自刻苦、认真、一丝不苟的钻研精神，几十年如一日，现在可以讲"近百年"来如一日了！鲁迅先生曾说过：任何一个人，只要能十年如一日地钻研一门学问，都可以成为一个专家（大意）。现在的中国学界，中国的音乐界，难就难在这个"十年如一日"了。总想在一个晚上就如歌星那样挣来大把的钱，成为歌唱家、音乐家，这怎么可能呢？如缪院长这样几十年、近百年如一日，怀着对音乐事业的赤子之心、呕心沥血、孜孜不倦的治学精神，在当今中国可谓少见矣！这也正是缪院长对学生的影响力、人格力量之所在，所谓"为人师表""身教胜于言教"，以及师生们、教工们，甚至所有与缪先生接触过、工作过的人都关心缪院长，热爱他、爱戴他，不是没有道理的。

在编写"音乐百科词典"的日子里，缪先生曾说过："世界上没有没有错误的书籍，没有没有错误的著作；但要通过我们的努力，尽量做到使错误更少些……"这正如真理一样，世界上没有绝对的真理，只有相对的真理，只有接近正确的真理一样。列宁说过：真理之所以成为真理，在于真理是朴素的（大意）。做学问也是这样，你要使自己的学术成果接近真理，就要付出艰苦的努力，就要在每一个环节上非常细心地、认真地去钻研，来不得半点马虎大意。在撰写外国音乐部分的释文上，无论人名或物名，缪先生均要求撰稿者尽量对照三国文字的外国音乐词典，即日本的《新音乐词典》、苏联的《音乐大百科词典》、英文的《简明牛津音乐词典》或《哈佛音乐词典》。如果这些音乐词典中有矛盾的地方，则以美国的《新格罗夫音乐与音乐家辞典》为准。但不可能撰稿人都熟悉三国语言，为解决这一问题，缪先生或请撰稿人依某一二国外语词典及其他材料先写完，然后请懂一国或第三国语言的同志对照另一国文字的词典印证或修改补充。如属人名，是哪国人则以所在国（或该地域）的词典为主，并参照其他词典补充之。如属重要条目，缪先生则直接请懂某国语言的同志提供翻译资料，撰稿人再考阅另一国资料写成，最后缪先生再参阅多国外语词典（主要是英文和日文词典）审定。那些提供翻译资料的同志（如河北艺校的于湘文同志，中国音乐学院的薛良同志）都是无偿的，作为报酬，先生往往请他们写几条署名的释文而已，此外再无其他，但大家都毫无怨言，都愿意无偿地为缪先生服务。这里面既体现了大家无私奉献事业的精神，又体现了缪先生人格的力量。

有些词条，缪先生既不迷信外国音乐词典，也不服从"俗称"，而以实事求是的精神提出正确的主张。例如俄罗斯在 19 世纪后半叶由杰出的作曲家巴拉基列夫、鲍罗丁、居伊、穆索尔斯基和里姆斯基·科萨科夫在彼得堡组成的友谊性的创作团体。这个团体在苏联音乐词典上称为"强力集团"，此外又有 3 个名称，即"五人团""巴拉基列夫小组""新俄罗斯音乐学派"。现在应当怎样为其定名？在先生的指示下，我们做了许多考证工作。该词条在我国的音乐大百科上没有专目，其他外国音乐词典上或称"五人团"或无此目；该作曲家成员除领导者巴拉基列夫是职业作曲家外，其余都是业余从事创作：穆索尔斯基是近卫军军官、行政官员，居伊是陆军军官，里姆斯基·科萨科夫是海军军官，鲍罗丁是医学博士、化学家。该集团产生于 19 世纪 60 年代，他们自己起名叫"巴拉基列夫小组"或"新俄罗斯音乐学派"，"强力集团"的名称是该集团成员、美学家、音乐评论家斯塔索夫在 1867 年授予的。该集团在 19 世纪 60 年代至 70 年代中期为极盛期，此后成员间在私谊和创作关系上出现裂痕，集体关系渐趋衰退。他们的创作实践重视吸收民间题材和曲调，同时注意吸取欧洲的音乐文化遗产，他们为俄罗斯民族乐派的树立有一定的贡献等。经过认真的考证和研究以后，缪先生在该词典上为其定名为"五人团"是很恰当，而且是实事求是的。在撰写此条之中我翻译了（苏）百科音乐词典中的该条为主要依据，而缪先生又专为此从"新日本音乐词典"将"五人团"条翻译下来供我参考。由此也可见先生极为认真负责的精神。

在"乐团"部分的条目中，有些演出团体，如波兰"马左夫舍歌舞团"在各类词书中都难以查到。由于他们在 1953 年、1960 年、1984 年曾三次来中国访问演出，在我国有一定的影响，缪先生就指示我查找他们几次来华演出的节目单，根据其中介绍撰写释文。经过查找北京和上海音乐出版社的目录，我们知道了该团演唱的歌曲曾汇编成《波兰民歌二首》和《马左夫舍歌曲集》在北京音乐出版社和上海音乐出版社出版。我们又将该歌本找来，在释文后面的文献部分写明，并注清出版社、年代，编者、译者姓名。这一切都是在有丰富经验的缪先生指导下完成的。

在乐器部分，为统一格式，缪先生特为此起草了"乐器写法格式"分寄各撰稿人，兹引如下：

乐 器 写 法（格 式）外 国 乐 器 附 英 文（一般）。

（一）形制。主要乐器，注明部件名称。

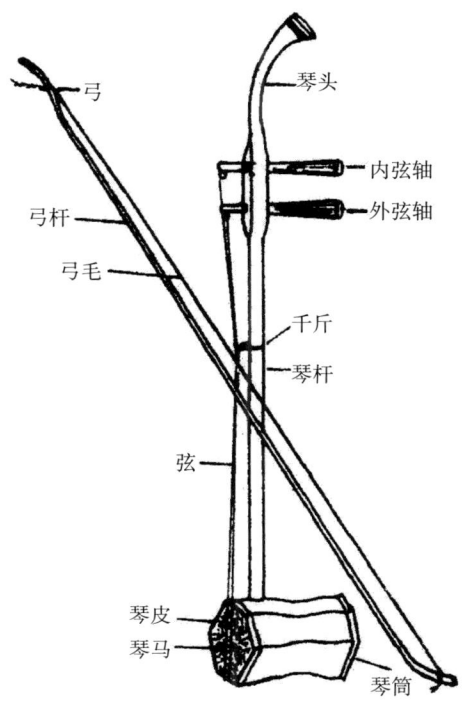

图 1　二胡

作图。

如二胡（见图1）：

[缪院长在图侧，又亲笔注明"这是指主要乐器。亚非拉乐器，不能如此细致（如果不可能）"]。

管乐器，吹口发音机构特殊者，可做详图。

（二）定弦、音域，均用五线谱。

（三）乐器演奏艺术上特性，特殊的技巧（不要太详，择主要的）。

（四）历史、发展（改革），可简单些。

（五）文献：提供读者参考的书物或文章。限于汉文，译文亦可。注明出版年代，或在某年某期某刊物上。以优秀者为限。短条不列此项。

（稿后署撰稿者姓名，并注明出稿根据，何书何文写成。）

关于亚、非、拉美、阿拉伯乐器部分，由于撰稿人×××同志工作繁忙等原因，缪院长就将他这方面发表的全部论文交与我，由我根据该论文并参考其他资料写成29条释文，先交×××同志审阅、署名，后由缪院长审定，其中也曾几易其稿。每篇释文中均以线谱示出该乐器的全部音阶，并绘详细乐器图、形制，有的还附演出图。这部分在一般的外国音乐词典中少见，而我们介绍得很详细，属本词典独具特色的部分。如上所述，像这样某同志根据某同志的资料为某同志撰稿，某同志为某同志提供资料、译文，而相互之间毫不计较报酬、名利，不争撰稿者、编者之名的情况在本词典撰稿者、工作人员中并非此一例，人们之间颇有点"共产主义"的味道，这都是由于缪院长的威信和人格力量之所在。

三、声乐行家

缪先生是声乐的内行家。这一点一般鲜为人知，我在参与编、撰"声乐分支"中深有所悟。关于《音乐百科词典》声乐分支，在缪院长的指导下从1984年至1989年，历时5年之久。除我之外，主要撰稿人尚有薛良、石惟正、汪启璋、孙玄龄（撰写戏曲声乐部分），以及陈应时（撰写古代歌唱家）、于湘文等同志。

该部工作由外国声乐人名的选目开始。我先根据各种资料选取了102名，包含了欧美各国、苏俄、东欧，以及亚、非、拉、澳的国家，其中标出每个国家所占的名额以及每位歌唱家较简单的介绍，交给缪院长审定。他的审定非常认真、仔细，几乎每一位他都要对照1—3部外文词典后才确定。有的我在原目的简单介绍中有误的，都给我改正过来。他最后圈定的79名都是被历史公认、在世界上有相当声望和影响的声乐家。经他删去的20多名都相当谨慎，有的并注明了原因。例如苏联现代歌唱家，在五六十年代唱片很多的比尤里－比尤里（Biuli-Biuli Maluegov, 1897— ）、格梅里亚（Gmeilia, 1903— ）、列米谢夫（Lemischev, 1902— ）、米哈伊洛夫（Mihai, 1893— ）、小彼得洛夫（Petrov, 1875 —1937）、列金（Reusen, 1895—

）等均被删去，而在他们前后的著名歌唱家夏里亚宾（Shaliapin F.I，1873—1938）、齐普尼斯（Alexander Kipnis，1891—1978）、涅什达诺娃（Heschdanova，1873—1950）、老彼得洛夫（Petrov，1806—1878）、索比诺夫（Sobinov, B. V，1872—1934）被列入；在他们以后的唱技高超的歌唱家阿尔希波娃（Irina Arkipova，1925— ）、维谢尼甫斯卡娅（Galina Vischenivskaia，1926— ）以及对我国近现代声乐艺术做出重要贡献的苏士林等均被列入。原来先生手头这些人的录音带或唱片均有，他经常与其他国家同期的著名歌唱家对比，凡逊色者删之、优秀者圈之。基于同一标准，他对美国歌唱家奥尔特豪斯、梅里尔、皮尔斯、托玛斯、沃伦、比斯法姆等删之，而对安德森、庞塞尔、普赖兹、罗伯逊、米勒斯等则圈之；对德国歌唱家，删去加斯基而加入我漏编的路德维希（女中音）和施瓦茨科夫甫（女高音）；加拿大，删去阿尔巴尼，而加入福雷斯特（女低音）等。我不厌其烦地列出这些删去、圈定和加入的部分人名，是为了向现代以及未来的声乐行家说明先生的声乐审美（多数他都有录音）是如此准确，选目工作是如此认真（有丰富的资料依据）和内行。对于有些歌唱家的国籍，我原归属有误，先生都做了正确的改正。如入美籍的希腊女高音歌唱家卡拉斯，应入希腊歌唱家部分；美籍俄国男低音齐普尼斯，应入俄国歌唱家部分；等等。这些改正都十分正确。对于有的声乐家，如美国的 G. 法拉（Farrar，女高音，1882—1967）和谢里尔·米勒斯（男中音），他指示我先查内容，然后再决定是否加入。西班牙是声乐大国之一，历史上（19世纪）有著名的声乐教育家加尔西亚父子为美声歌唱的现代化进程做出过重要贡献，20世纪又有著名的安赫莱斯（女高音）和多明戈（男高音）。因此缪先生很重视西班牙的歌唱家，对于其中的卡巴耶（Coballe Montserrat，1923— ）他先是叫我划掉，后又叫我加上，可见其中他进行了认真的推敲研究。我手头存有在选目时先生给我的一个条子："薛良列的著名声乐教师可收，意大利阉人收极少数；苏小百科看字数十行以上可收；苏大百科以长短取舍；限在70人以内可能否？"最后又专门写了五个醒目的字"多收教育家"。重视音乐教育、重视教育家是先生历来的思想，试想那些著名的歌唱家们享受着荣耀和金钱，而将他们培养成才的声乐教师们往往默默无闻，这是不公正的历史现实。因此，我们搞学术研究的不应忽视他们，这无疑是十分正确的。

关于声乐人名释文写法，缪先生的指示非常详细而具体，我们从他给石惟正的信中（由我根据他的指示起草，经他亲笔修改后、补充签名）可见一斑：

石惟正同志：
  你好！
  现请你为我编的《简明音乐百科词典》写声乐人名释文（目见另纸）。希能尽快完成。
  格式：
  ①定性句：如"意大利男高音歌唱家"等。
  ②简历：要求"简""概括"。
  ③特色、评价或贡献，突出重点。
  ④著作：书名、出版年代。

字数：

长条 700 字，中条 500 字，短条 200—300 字。16 条合约 5600 字，平均每条 350 字左右。由你定。（你现写的这部分可能有一个长条？余为中、短条，由你定）

注意事项：

①重点突出。

②集中各种材料之后（多查几本词典），去芜存精，切勿庞杂。

③标点分清：如"、"，""。"等，都请分清楚。抄写尽量工整。

④译名统一：地名参照《外国地名译名手册》。

⑤逻辑清楚。

⑥所有不常见的人名、剧名、曲名、地名、著作等均需附原文（尽量附英文）。

⑦后署撰稿者姓名。并注明本稿根据何词典写成。

⑧请分批写来。

此外，寄你一份我改的样稿，供参考（莉莉·雷曼）；用后一起寄回。对此条有何意见，也请提出。

祝好！

缪天瑞

1984 年 11 月 12 日

其中最后一句"对此条有何意见，也请提出"是缪先生亲笔加上去的。经他修改过的稿子仍如此虚心地向晚辈征求意见，该作风可贵之至。我想：正是由于缪院长始终如一地坚持这种治学的作风，才使他的学识超出一般，有相当的深度、广度，而少有错误。在这一点上，我们晚辈尤其应继承这种作风。

前面曾简述过，缪先生为保证释文的质量，他要求撰稿者参考多种外文资料。其中不少同志做默默无闻的翻译工作，河北艺校的于湘文老师即为其中之一。我引用几段缪先生给于湘文的信，以说明他对翻译资料（日译汉）的要求也是十分仔细而具体的：

于湘文同志：现请你帮助我翻译声乐家人名资料：《标准音乐辞典》人名 16 名（附有名单）；《新音乐辞典》人名 18 名（附有名单），还有一名"吉利"，后寄。

其中两份资料中重复的人名（见名单上"√"者）有 14 位。这些重复的，每二份中请选资料丰富的一份译；另一份中择其前份资料中没有的内容译出，标出译稿后面注明。译文只求明白、准确，不求修饰。字写清楚。

此外，人名、地名均不必翻译，在稿中写原文即可，由我们统一译。

请你先做此项工作，每译四五份就寄一批来。请抓紧。（1984.12.24）。

在另一封信（1985.1.9）中缪院长又写道：

这几位声乐家条目中，除地名外，其他如人名、剧院名、歌剧名，如果你熟悉的，请你译出来。

又，这几位声乐家译完之后，即着手写"音乐社会学"。

过去我请你写或译的，还有什么？请告我，我有时未留底。现正在整理整个词典的条目。

其实，据我了解，对每人的工作也并非没有留底。是为谨慎起见，请每人再写一份以进行校对。这正是先生工作谨慎之处，留待书出版时请出版社付资料翻释或撰稿费等。

为了修改声乐人名，缪院长亲笔为我起草了《外国歌唱家复查方案》（1988.7.1）。兹引如下：

①凡本世纪初出生而无卒年、月、日者，查"新牛津"等书，已去世者，加入卒年、月、日。Inter……（《国际音乐与音乐家百科大全》——管注）1985年版后有附录约200页可查；有的大百科亦有。

②原文"名"中"多"数者，如"新牛津""新Grove"的处理法：例如Isaac（Manuel Francisco）Albéniz，可写成Albéniz，Isaac。

③复查修改稿（第一页）有无把原稿（附页）的重要有用之处删去了？

④条头里，封号不写进原文姓名（指Sir），但在释文中可提。

⑤欧美用音乐院，不用音乐学院（后者中国、日本特有）。

⑥剧中人名（例如"塔蒂亚娜"），查对译音准确后，可删去原文。

⑦文字方面。首次登台演唱，"登台"二字可删。"演于"改为"演唱于"。"唱风"改为"演唱风格"。"擅于"改为"擅长演唱"。"首演"改为"首次演唱"。（"首演"只用于作品的首演。）

⑧"演唱《蝴蝶夫人》中的蝴蝶夫人或巧巧桑"，可简化，改为"主演《蝴蝶夫人》"（在一定范围内）。

⑨莱曼，L. 有二人（即莉莉·莱曼、罗特·莱曼），条头列同样二人，即都作"莱曼，L."，而列二条参见目：莉莉·莱曼、罗特·莱曼。

（作曲家中鲁宾斯坦，A. 有安东和阿图尔，同此处理。）

⑩生、卒于某地不提。

以上要求是正确而细致的，不仔细留心，这些小的错误和不当是难以发现的，例如"登台演唱"，作为歌唱家的演唱，既然演唱就必然会登台，所以"登台"二字实为多余；为区别演奏和演唱，"演于"就必须改为"演唱于"，这个"唱"字不能省；"唱风"并不代表"演唱风格"的省略词，没有这种定俗之称，因此必须改为"演唱风格"。同理，"擅于"改为"擅长演唱"；"首演"为"首次演唱"都是十分正确的。由此说明释文的撰写中虽要求词句简练，但不能任意简练，不能我想怎样简就怎样简，不能"造词"，"简练"到用词不准确，以致词意表达含混时就不能"简"。而该简的，如去掉"登台演唱"的"登台"二字，又是十分合理的。此处改正虽"小"，但正说明缪先生治学精神中的"细"与"严"。先生曾经说过：做学问与做人一样必须从小处着手，不能马虎；做人如果不拘小节，怎能做成大事呢？道理是一样的（大意）。这话，可谓至理名言。"复查方案"中的其余几条亦同属此理。

在外国歌唱家编辑过程的后期，有两件事给我留下很深的印象。其一是《苏士林》一条。苏士林，为我国培养了许多人才，许多老一辈的声乐家都向他学习过。过去音乐界始终认为他是白俄，是苏联革命后逃来中国的。经先生找上海熟悉的人撰稿后澄清了历史事实：苏士林同志是苏联革命后随修中东铁路的工作人员，由苏联共产党派往中国的。这样就使他的许多学生也不再是"白俄的学生"。恢复了历史的本来面貌。其二，有一次缪先生从1985年11月25日的《北京音乐报》（第三版）上看到一则消息："鲍里斯·什托科洛夫是苏联当今最负盛名的男低音歌唱家。行家认为他的声乐技巧可与本世纪初俄国著名男低音歌唱家夏里亚宾媲美……35岁获'苏联人民演员'称号……"这则消息引起先生的注意。这时我已调天津。他就请秘书把这则消息抄下来寄给我，并问我："此人是否收条？查对一下苏联音乐词典内容是否准确？收条是否有价值？"。我就根据"什托科洛夫"的译音，在《苏联音乐大百科》第六卷第418页上，查到了他的词条，内容上和《音乐报》的介绍相符。我就翻译下来，又改写为词条释文，收入本词典当中。此事虽小，除说明我选目工作中的疏漏之外，亦说明先生做学问之认真，无时无刻不注意收集资料并进而进行钻研的精神。受此事的启发教育，以后我也学习着随时注意收集资料：我准备了几个牛皮纸袋子，分门别类地收集报刊、杂志上有关中、外歌唱家、音乐家、声乐评论、论文资料；又将我手头所有的音乐杂志、学报上所有的声乐论文、评论及其他有价值的论文题目和所在期刊登记造册。事实证明，我这样做为日后撰写论文、文章以及专著的写作当中查找必要的资料提供了很大的方便。这正是向缪先生学习的结果。

1986年5月，先生来信征询我的意见，要我写几条中国现代声乐家释文，经我同意后，迅速地寄来了有关宝音格力德、喻宜萱、周小燕、郎毓秀、黄友葵的资料。并指示，如果资料不足可直接给这些同志去信索取资料；并特别嘱我千万不能参考《×××手册》以及某省出版的什么艺术家词典之类的书籍，错误百出，千万不能用（由此可见缪先生对音乐书籍之优、劣了解是很透彻的）。据此，我就亲自给以上同志去信索取资料，撰写释文，保证了这些词条的质量。其中喻宜萱、周小燕、郎毓秀、黄友葵同志不仅提供了丰富的资料，而且直接参与了他们释文的修改工作，其认真精神令我敬佩。其中与黄友葵先生的几次通信当中还结下了一定的笔墨友谊，她曾在信中表示如有暇希去南京一晤。然，当时我工作很忙不能即去，此后不久她就去世了，终未能见到"一代声乐教育家"是为至憾。该部分释文的撰写中，缪先生教我治学当中要善于鉴别书籍、资料的优、劣、真、伪，教给我取得第一手资料是最有价值的。这些，对我以后的教学和研究工作帮助很大。此外，还要特别指出，缪先生对我写的这部分释文的要求是非常严格的。由于我对自己文章的偏爱，释文的初稿写得略长了一些。先生看过后很不满意，回信作了严肃的批评，指出一定要我"仔细看"规格、写法、字数，按此写法去写。"不要照抄寄去的资料，只能比它简单，不能比它更多、更复杂。""字数以500字为准，最多不超出600字。""艺术成就要实的不要虚的，要特性的不要共性的。"他还特意修改了一条"郭兰英"作为样条供参考。在他的批评下，我认真地做了修改以后他才满意地通过了。此后在我的著、文当中（尤其是为缪先生写的）我再不敢有一点的马虎、大意。

声乐技术用语部分是先生叫我写释文最多的部分之一，共撰写了"声乐""歌唱""发声生理结构""歌唱的呼吸""声区""换声区""真声""假声""鼻音""美声歌唱""面罩唱法""半声唱法""轻吟唱法""约德尔唱法"等32条。先生特别注意这部分的撰文，他指出"声乐理论是当今音乐理论当中争论最多最易含混不清的部分，你一定要钻深、钻透后准确行文"。在先生的指导下，通过在研究中撰写该部释文，使我搞清了许多声乐界尚含混不清的理论问题。例如优秀的歌唱家们（尤其是男声）在演唱到换声区及其以上的音域时感觉是躲过声带歌唱才舒适，但歌唱生理学上讲声带闭合不良是造成声音嘶哑、漏气的主要原因，这种理论与实践的矛盾怎样解释呢？我通过对国外现代科技与发声生理方面的理论研究，得知这个问题本世纪国外已经解决，用空气动力学——"贝努里效应"已解释清楚，即歌唱者在演唱换声区及以上音域时，由于空气在喉部的流速加大，可以使本来分着的两条声带自动并拢。由于人的声带歌唱者看不到，又不受大脑皮层的直接支配，所以演唱者感觉是在开着声带歌唱，但实际上它已经良好闭合了。这一切已通过现代喉镜的观察得到证实。

再例如，西洋声乐理论中的"头声"、中国民族歌唱中的"脑后音"和"云遮月"是怎么回事？共鸣真的在头部吗？人的头部主要是脑浆，没有太多提供共鸣的空间，20世纪西方的声乐理论也已经解决了这个问题：决定"头声"的主要因素在喉咽腔，是由喉咽腔的特殊机理决定的，再配合适当的鼻腔共鸣（人的鼻腔是有共鸣空间的）而形成的。所以歌唱者一味地在"头部"下功夫永远找不见"头声"，一味地在"头部"追求"高位置"永远找不见高位置。我院王传娟老师在她的论文中曾写道："关于'位置'，对初学者一般我不强调声音的位置。实际上位置只是一种感觉，是一种结果，一种思维，不是手段……""我常强调只有在低感觉上（指喉部）才能出现高位置。"她的教学实践和现代声乐理论的研究正好吻合，是很正确的。

在"发声生理结构"条目的撰稿中，缪先生特别指示我一定要绘图说明，"声带"部分一定要列表，标出不同声种中声带的尺寸。我通过对声带尺寸的研究，发现了一个规律，即各声种间声带的尺寸是交叉的，如男高音15—20mm、男中音18—23mm、男低音20—28mm。从其中我们看出男高音最大的声带（20mm）大于男中音最小的声带（18mm），男中音最大的声带（23mm）大于男低音最小的声带（20mm）。这就说明了声带的大小不是决定划分声部的唯一标准，它和声带的厚薄，共鸣腔体的形状、大小，天然喉位的高低都有密切的关系。这些辩证的关系，这对我以后声乐教学实践中，解决学生的声部问题提供了极大的方便。

缪先生曾说过，国外音乐院校的声乐专业都要开设声乐理论课的，就连中小学的音乐课中也要讲授"歌唱生理"；然而我们的音乐院校中较少开设此课，说明声乐理论的研究在我国还很薄弱，也还不够重视。所以先生在本词典中特别重视声乐技术用语部分的选目和释文的质量。他希望这一部分能给予声乐理论研究方面提供简明扼要的提示。事实证明，在先生的严格要求和把关下，该部分不仅做到了这些要求，而且较以往的音乐词典要深入一些、全面一些、准确一些，这里面凝结着他的心血。

四、《音乐文学》的导师

1987年元月，缪先生从北京来信，要我写《音乐文学》的释文。信中说："请你补写一条《音乐文学》，我提供一些资料，只作为线索，由你写成专条，由于'词典'没有提到作词者，或者作词者在本词典没有地位。故设此条。注意：作品、词作者、作曲家都只能列代表人物。"两天以后（1月16日）又来信，特别指出"这条是重条，要突出作词者、诗人。资料不足，可请教中、外文教师"。

该条，中外音乐词典中均无，外国文学词典中偶有提及，也只寥寥数语。实际上，先生提供我的"资料"中已经列出了框架，即沿着中国、外国，从古至今的两条线列出所有重要音乐文学家及其主要作品。工作量是大的，但只要认真地钻进去也并不是很艰难的，因为他已提供给我"蓝图"。我明白先生的用心，他坚持要辅导我写这一条，正是要弥补这方面我知识的不足，正如在此以前他几乎要我在每一个分支中（例如亚非拉音乐、中国民乐乐种、乐理、和声、曲式等）改一部分稿件一样。先生的良苦用心，我是十分感激的。

缪先生虽然提供了"蓝图"，但《音乐文学》的定义却要求我自己写，这方面我院张俊老师、景霶老师、高燕生同志、石惟正同志都给我很大的帮助。开始的定义我写得啰唆而不清晰。

如："文学创作的体裁之一。一般指音乐中的歌词，歌剧和戏曲脚本的创作。泛指某些为器乐作品创作而提供的文学作品，如为谱写舞剧音乐而用的舞剧脚本，音乐中的朗诵词、标题音乐的说明词等。一般运用唱词、朗诵、对白等手段和音乐密切结合，通过一定的结构形式抒发感情、陈述情节、展开冲突、刻画人物，表达主题思想。它不同于一般的诗歌、小说、散文等文学作品的创作，在某种程度上它受到音乐规律（如音乐体裁、曲式结构）或舞台艺术规律的制约，同时它又为某些音乐作品提供依据和创作基础。"显然，这种定义反映了我思路中的庞杂与含混。

从这个思路出发，在初稿中我首先列举了中国自"诗经""楚辞"开始，经历秦汉"乐府"、两汉及魏晋的"相和歌"、南北朝的"孔雀东南飞"和"木兰辞"，唐代的"曲子"歌词，李白、白居易、刘禹锡、孟浩然、王维（这是因为1100多年以后，奥国的马勒用他们的诗创作了大型的声乐——管弦乐作品《大地之歌》），以及白居易的《琵琶行》，白居易、元稹的《五弦弹》，宋词中的苏轼、柳永、张元干、张孝祥、岳飞、辛弃疾、陆游、姜夔，宋代的"诸宫调"、"唱赚"、宋杂剧，元杂剧及关汉卿、王实甫、马致远的《窦娥冤》《西厢记》《汉宫秋》，明代"传奇"、明清小曲，本世纪以来的"学堂乐歌"、儿童歌舞剧、新秧歌运动、秧歌剧、新歌剧，沈新工、李叔同、易韦斋、韦瀚章及其作品和创作风格，田汉的戏曲改革及其创作，郭沫若、光未然、黎锦晖、塞克、安娥、贺敬之、毛泽东等的音乐文学创作及其主要作品。

外国部分，则从古希腊的"荷马史诗"开始，一直写到海涅、夏米索、歌德、莎士比亚、鲍依托、席勒、瓦格纳、霍夫曼、缪勒、彭特、雨果、小仲马、柏辽兹、斯克里布、罗西尼、皮阿维、拉马丁、普希金、托尔斯泰、梅依、里姆斯基·科萨科夫、亚当·密茨凯维奇，以及伊萨科夫斯基、福斯特等对音乐文学做的贡献及其创作特色和主要作品。

这样的写法，洋洋1万余字，不像词条，而像一篇庞庞杂杂、眉目不清的劣等文章，相当于一个中国音乐文学史和外国音乐文学史的简述。初稿寄缪先生后，虽然表扬我下了很大的功夫，但很不满意。指示：定义要简，内容要条理清楚，叫人一目了然，并要涉及中外（大意）。这里要说明一点，写释文期间缪先生并非只作原则性指示和引导（虽然这也是必要的），这期间他源源不断地寄给我许多资料或提供给我这方面进一步研究的信息。例如提供给我音乐专家分析研究唐·白居易的《琵琶行》以及唐·白居易、元稹的《五弦弹》的资料；田汉改编王实甫的《西厢记》和根据《金钵记》改编的《白蛇传》的资料；浙江省改编电影《十五贯》和《西园记》的资料；清代洪昇的《长生殿》、孔尚任的《桃花扇》的资料；以及古斯塔夫·马勒（Gustav Mahler，1860—1911，奥地利作曲家）的大型声乐与管弦乐作品《大地之歌》的资料等。

在他的严格把关和精心指导之下，《音乐文学》释文经过三稿以后逐渐成形。定义简练而明确了："为音乐创作（包括歌曲、歌剧和器乐曲等）提供歌词、脚本（包括脚本内容）或题材的文学作品。"

其中包括五个方面：

（一）作为歌曲、声乐套曲和带声乐的大型音乐作品的歌词。（其中涉及中外古今主要作家及主要作品）

（二）作为戏曲和歌剧的脚本。（涉及中、外、古、今）

（三）为器乐曲提供描写内容的文学作品（包括神话故事）。（涉及中外）

（四）描写音乐演奏的古代诗词。

（五）以音乐家故事为题材的文学作品。（主要是外国）

释文虽然只有3000余字，却囊括了古、今、中、外音乐文学的主要内容，基本体现了先生要求的"全面、重点"的原则，似乎是一个《音乐文学概论》的框架。其中的每一部分都凝结着先生关心、帮助、指导的心血结晶。

跋

缪院长用晚年的大部时间和几乎全部精力所主编的《音乐百科词典》已于1998年出版了。它交付出版部门以后又经历了很长的时间。作为参加这部词典的工作人员之一，此时的心情是怎样的呢？是喜是悲？是甜是酸？是苦是涩？难以表达，也许兼而有之吧！孕妇怀胎十月，该词典的怀胎15年，若从最初的构思选目开始算起则怀胎30余年。我们为新生儿的面世而欣喜。我们更敬重、钦佩她的"妈妈"——缪天瑞先生。这是先生用暮年的全部心血铸就的献给祖国的最珍贵的礼物。其中的字里行间跳动着先生热爱人民、热爱祖国的一颗伟大的心！闪灼着先生献身音乐事业的晶莹心灵！

该词典继《音乐大百科》之后，更全面、准确而精练地集数千年以来人类音乐知识之大成，在中国的音乐史和音乐词典专业立了一座丰碑。它的意义，相信后世会做出比我们更客观、更深刻的评价；它的价值，相信随着时间的流逝，会愈来愈显示出那珍珠般的曦曦之光。

我敬服先生知识的渊博，我更敬重先生的为人和治学的品德。《汉书·司马迁传》中有句为史家所乐道的话——"其文直，其事核，不虚美，不隐恶"，用此来总结先生的治学风格我以为是恰当的。

1998年7月3日于天津

原载《乐苑偶踪——管谨义音乐文集》，上海音乐学院出版社2006年版，第201—227页

管谨义：生于1939年，天津音乐学院声乐系教授

他见证了中国音乐百年发展的巨大成果

——在缪天瑞百年华诞座谈会上的发言

张 弦

今天，人民大会堂浙江厅喜气洋洋，八方宾朋欢聚一堂，同贺我国著名音乐教育家、音乐理论家、律学家缪天瑞先生百年华诞。请允许我代表中国音乐家协会，怀着欣喜和虔敬的心情，给我们的老寿星拜寿，祝缪天瑞先生生日快乐，福寿绵绵！

缪先生曾任《人民音乐》主编，是中国音协首届中国音乐金钟奖"终身荣誉勋章"的获得者，中国律学学会的会长，是改革开放国务院批准的第一批硕士、博士研究生导师，我国年事最高的著名音乐理论家、音乐教育家。缪先生为中国音乐事业做出了重大贡献，同时也见证了中国音乐百年发展的巨大成果。

作为音乐教育家，缪天瑞先生从事音乐教育工作 70 余载。先后执教于温州中学附属小学、温州艺术学院、上海新陆师范学校、上海滨海中学、上海同济大学附属中学、上海中华艺术大学、武昌艺术专科学校、福建音乐专科学校、中央音乐学院、天津音乐学院、中国艺术研究院。他关怀普及音乐启蒙教育，并身体力行地编选出版了《中学新歌》《风琴钢琴合用谱》《中国民歌集》《中外名歌一百曲》《世界儿歌集》等中小学音乐教学资料；他考察日本中小学音乐体制后，撰写出版了《小学音乐教材及教学法》一书，成为那个时代为数不多的音乐教学法专著；主编我国近代以来最早的音乐教育刊物——《音乐教育》杂志，以及《乐风》《乐学》等音乐杂志，刊载音乐教育文论，向国人介绍音乐基础知识、传递音乐学术信息、提供音乐学术交流园地；他曾亲手创建过温州艺术学院，参与创建天津音乐学院（中央音乐学院前身）。他长期担任音乐学院的领导职务,且坚持在教学和科研第一线,他的管理思想和办学理念给今天的办学者以深刻的影响。缪老桃李满天下,他的学生,甚至他学生的学生已成为20世纪以来我国音乐界的栋梁。缪老丰富的教学经验以及独到的音乐教育思想深刻影响并引领着我国音乐教育事业健康前行。

缪先生既是20世纪中国新音乐探索与发展道路上的见证人,又是一位孜孜不倦、埋头苦干的音乐教育的耕耘者。作为音乐理论家,在他近80年的学术生涯中,始终笔耕不辍,硕果累累。早在20世纪20年代,我国的音乐理论研究才刚刚起步之时,缪老就开始撰写音乐理论著作,翻译介绍英、日等国的音乐理论成果,其范围涉及音乐美学、作曲技术理论、音乐史学、钢琴演奏艺术与技巧等领域。迄今已出版专著、译著、编著30余部,主编过的学术刊物8种、辞书5种。其中,他翻译的美国音乐家该丘斯的系列音乐理论著作《音乐的构成》《曲调作法》《曲式学》《和声学》,成为20世纪中国专业音乐教育的教科书,为我国作曲技术理论的逐渐成熟和广泛传播奠定了基础。在音乐理论领域里影响了几代人;他创造性地提出乐器译名的新译法,为我国乐器译名的统一做出了历史性贡献;他那与音乐实践紧密结合、适应教学需要的翻译著述,深入浅出、审慎严密的翻译手法,成功地将几代人引入音乐殿堂。让人肃然起敬的是,在2005年、2006年,九十八九岁高龄的缪老又翻译出版了德国音乐理论家H.里曼的《音乐美学要义》,以及在天津音乐学院学报上介绍孔巴略的音乐社会学思想,数十年如一日的钻研热情,实为后生晚辈的榜样和表率。从20世纪80年代起,缪老从领导和教育岗位上退休后,凭着他那对音乐事业的炽爱和热情,将全部精力投入到编写音乐辞书中去。先后完成了《中国音乐词典》(正编、续编)、《音乐百科词典》以及《英汉辞海》(译部分音乐条目)和《中国大百科全书·音乐 舞蹈》的编写,实现了编纂我们自己的音乐词典之梦想。

作为律学家,缪老在我国律学界的地位是不可替代的。他研究律学已超过半个世纪,是我国现代律学学科的开拓者。对于律学这门一般人认为艰深晦涩的学问,缪老却知难而上,苦心研究。他的学术专著《律学》曾4次增订,从1950年初版的80页增至1996年版的326页,真可谓"50年磨一剑",这成为我国现代史上一部真正意义上的律学领域的奠基性著作。

缪老更是我们音乐界的一代师表,他以"人生朝露,艺术才是千秋"的人生观、世界观,以学贯中西、通古晓今的学人气质,以锲而不舍、刻苦钻研的探索精神,构筑起中国音乐学界的理论丰碑。缪老平易近人、德艺双馨。早年他以"科学救国""教育救国"为己任,淡泊名利,默默奋斗,数十年如一日。他为人处世的态度和纯正的学术思想深得音乐界后辈的赞誉,堪称我国音乐界和中国音乐事业发展的楷模。

今天,我们庆祝缪天瑞先生百年华诞,就是要提倡他严谨的、科学的治学态度,学习他近百年如一日锲而不舍的探索精神,他的人生历程伴随了中国音乐百年的伟大前进步伐,让我们再一次衷心祝愿缪天瑞先生寿比南山!

原载《中国艺术报》专刊《中国音乐》2007年7月27日

张弦:生于1947年,女,《人民音乐》杂志原主编、编审

百岁学人缪天瑞

张振涛

望九之年的学者不多，望九之年还在写作的学者更不多，而百岁高寿仍然笔耕不辍的学者简直就如凤毛麟角。文化界有巴金、季羡林，音乐界有廖辅叔、钱仁康，而像缪天瑞这样已达百岁高寿还在跨入21世纪后的几年间写出十余万字的学者，恐怕真是独步海内、绝有无双了吧！

中国艺术研究院音乐研究所研究员、著名音乐理论家、音乐教育家缪天瑞先生，1908年4月15日生于浙江省温州瑞安莘塍镇，他是第三、四、五、六届全国人民代表大会代表，历任中央音乐学院副院长、《人民音乐》主编、天津音乐学院院长、天津市政协副主席、天津市文化局副局长兼河北省文化局副局长，是改革开放后国务院批准的第一批硕士、博士研究生导师，1999年荣获文化部授予的"文化艺术科学优秀成果奖特别奖"。

1983年，已过古稀之年的缪天瑞先生，婉辞天津市政协副主席、天津音乐学院院长二职给予的优厚待遇，甘愿到中国艺术研究院音乐研究所当一名普通的研究员，静静地研究那伴随着"效凤凰之鸣而造律"的神话一起诞生的古老的乐律学。如同"中国音乐史"永远与杨荫浏的名字联系在一起一样，"律学"也永远与缪天瑞的名字联系在一起。他们奠基性的研究成果，让一个个具有古老传统却未按现代学术理念重新梳理的研究领域，在20世纪学开新境，化迷途为通途，变绝学为显学，也使这一个个研究领域永远与他们的名字联系在一起，而人们也将永远把他们的名字与中国近现代史那些创立了一个新兴学科的先贤们相提并论。

缪先生在学术领域的代表作《律学》历经四次增订，从1950年初版的80页，增至1965年"修订版"的122页，再由1983年"增订版"的283页，扩展到1996年版的326页。从

1947年成书到最后一次增订，整整跨越了半个世纪，他为《律学》最后一次写序时，已是八十有五了。一部学术著作历经如此大幅度的增修，也是学术史上少有的学案。作者那种决不故步自封和不断超越的进取精神、执着精神，可见一斑。因为他的《律学》，中国音乐学界创立了一个真正现代意义上的、与自然科学联系最密切的学科，并建立了一个因为首届会长的品格而学风崇实的学会。乐律学是音乐学中技术最繁难的领域，它强烈的民族特性和数理规律相互掺涉，向来乏阐义理。缪先生的叙述深入浅出，以简驭繁，尤其是后期著述中对欧洲中心主义的超脱，对世界各民族"音体系"的平等叙述，使那种因为数理规律掩盖了民族性的学术理念彰显出来，一旦揭示这种古今承用、体例相袭背后的规律，便有了提纲挈领，揭秘示滞之功。这截线头，一旦提起，在特定文化背景中生成的乐律学史的发展逻辑便大势可夺了。立此一规，寻词究例，古歌今唱，一理兼通。

　　缪先生对中国音乐界的最大贡献还有由他主持的《中国音乐词典》(正编、续编)、《中国大百科全书·音乐 舞蹈》、《音乐百科词典》等辞书的编辑出版工作。这一系列卷帙浩繁的词典，成为我国音乐界第一批权威的工具书。一个领域的工具书绝不是简单意义上的词典，编辑一个学科的辞书，就是要把代表着国家学术水平的知识体系梳理成序，归置列张，小至一个术语的规范隶定，大至一个概念的归纳界说，宏纲细目，按部就班，这就是学术界之所以看重一个学科辞书的意义，也是这项工作的价值所在，从某种程度可以说，它是一个学科、一个研究领域是否成熟的标志性成果之一。20世纪初，杨荫浏先生曾经感慨：什么时候可以有一本查找中国音乐知识的词典啊！杨先生带领中国的音乐学家们对传统音乐的大部品种进行了普查，为中国音乐的知识体系提供了基础性框架，但他没有来得及完成这项历史使命。完成这项由杨荫浏先生表达出的所有中国音乐家夙愿的使命，就落在以缪天瑞先生为代表的一大批心同此愿、志同道合的战友们身上了。缪先生以超常的勤奋埋首于这项烦琐繁杂、千头万绪的工作中，由于事必躬亲主编具有的崇高威望，由近百位学者参与撰写条目的词典终于没有辜负中国音乐界半个世纪的期盼，于杨荫浏先生离世的1984年面世了。《中国音乐词典》《中国大百科全书·音乐 舞蹈》出版后，被儿女们称为"词典迷"的缪先生似乎意犹未尽，如醉如痴，又一口气独自编辑了融会中西、数百万字的《音乐百科词典》。

　　缪先生使20世纪初中国人无处查找音乐术语概念，特别是中国音乐知识，渴望拥有自己国家音乐词典的梦想成为现实。他完成了自己大半生的夙愿，完成了老朋友杨荫浏先生的夙愿，也完成了所有中国音乐家的夙愿。

　　一个老人能够在夕阳中笑得那么灿烂，一定是完成了一件困扰了一个漫长时代、困扰了几代人愿望的人，缪先生就是这样的解铃人。

　　今天学习音乐的人，可以轻松地拿起一本词典，翻查想要寻找的答案，在这轻松的一翻中，历史的沉重，甚至历史的屈辱，已经一挥而去了。大家怎能不对让我们获得这轻松一翻的人投去崇敬的目光？

　　如果说在著述的空间中探索20世纪的学术难题成为他连年竞逐的目标之一，那么在教育的空间中普及音乐则成为他人生追求的另一目标。两条途径，一个主题；两种方式，一手向背。

　　如果把李叔同算作中国近现代史上的第一代音乐家，他的弟子丰子恺算作第二代音乐家，那么丰子恺的学生缪天瑞就是近现代音乐史上的第三代学人。他与老师和同代人一样不约而同地把精力转向学校，登坛施教，翻译教材，编写曲例，多所用心。因为亲历过中国的积弱，他急切地意识到，与其执笔撰文不如亲执教鞭来得痛快，他与同代音乐家们几乎都历任过一线上的小学、中学、大学音乐教师。他与先哲们一起经历了文化变迁的苦痛，也经历了文化变迁的欣喜。特别是1949年后和改革开放以来，他为中国专业音乐学院的建设立下了奠基之功。他读过的学士、硕士、博士学位论文不啻百篇，写过诸多充满感情和鼓励并令那些受鼓励者终生铭记的评语，一代一代后学正是从这些言传身教中感受着中国音乐学的学术传统。这也是缪先生自署学史和从业教育的心愿。

　　缪先生翻译的美国音乐家该丘斯的系列音乐理论著作《音乐的构成》《曲调作法》《曲式学》《和声学》等，是20世纪中国专业音乐教育的教科书，为中国作曲技术理论的逐渐成熟和广泛传播奠定了基础，影响了几代学人。历史上，一件事情的做成，往往需要一个特定的群体，一种风气的转变，往往需要一批新的学术著作。翻译国外教科书是迅速改变中国近现代音乐教育状况最简便、最快捷的途径之一。如今中国音乐学家撰写的教科书逐渐取代了几十年前音乐院校通用的外国教科书，但大家都明白，这是一个必须经过翻译、消化、创作的过程，最初搬来那几块奠基石的人，就是手勤脑勤的缪先生。这些充满文化自觉意识的工作没有人要求他去做，但他却自觉担负起承前启后者的责任。

　　望九之年后，缪先生主编的大型音乐辞书陆续出版了，老人家应该松一口气、颐养天年了，然而出人意料：刚刚跨入21世纪，孜孜不倦的缪先生就发表了8万字的学术论文《欧洲音乐的和声发展述要》，这是一篇简明扼要叙述了一个学科漫长发展史，若无长时间深入思考和资料积累绝难做到的长文。

　　让我们看一看进入21世纪以来缪先生著述的清单：

　　2000年：《音乐内心听觉在创作和演奏中的作用及训练问题》[《交响（西安音乐学院学报）》2000年第2期]、《起曲和毕曲——欧洲著名作曲家怎样处理乐曲的开始和终结》[《黄钟（武汉音乐学院学报）》2000年第3期]、《四数律浅释》(《中国音乐学》2000年第3期)。

　　2001年：《欧洲音乐的和声发展述要》(《中国音乐学》2001年第4期、2002年第1期连载)。

　　2002年：《回忆吕骥同志》(《人民音乐》2002年第2期)。

　　2003年：为韩宝强《音的历程——现代音乐声学导论》写"序"（中国文联出版社）、《民族乐器改良漫谈——韩宝强〈中国音乐声学理论与实践〉代序》[《天籁（天津音乐学院学报）》2003年第3期]。

　　2004年：《集多种艺术于一身的音乐理论家丰子恺老师——纪念丰子恺老师逝世三十周年》[《天籁（天津音乐学院学报）》2004年第4期]、《悼念蔡继琨先生》(《人民音乐》2004年第8期)。

　　2005年：《致力办学的音乐理论家吴梦非老师——纪念吴梦非老师逝世二十五周年》[《天

籁（天津音乐学院学报）》2005 年第 4 期]、《乐曲争鸣　律制常青——第四届全国律学会议书面发言》[《天籁（天津音乐学院学报）》2005 年第 4 期]、[德] 里曼《音乐美学要义》(上海音乐出版社，与中国艺术研究院博士研究生冯长春合译，5 万字)。

2006 年：《曹安和音乐生涯》一书"序"《难忘在昏暗的油灯下度过的岁月》(山东文艺出版社)、《纪念程懋筠先生》(《中央音乐学院学报》2006 年第 3 期)、《孔巴略的音乐社会学思想浅释》[《天籁（天津音乐学院学报）》2006 年第 2 期]。

2006 下半年，亲自编辑审阅了 100 万字的《缪天瑞音乐文存》。

谁也不会相信，也难以想象这些文章均出自一位望九高龄的老人之手，他竟然写出如此数量的著述。中国能有几个人，世界能有几人?! 他是音乐学的奇迹! 他是音乐学的骄傲! 他是生命的奇迹! 他是生命的骄傲!

近些年，他似乎有意识地系统撰写故人回忆录，许多文章感人至深。2006 年为《曹安和音乐生涯》一书作序《难忘在昏暗的油灯下度过的岁月》，读来令人潸然。如果让我们选择一位最有资格代表 20 世纪音乐发展史、亲历过这段风风雨雨全过程、至今依然可以记录其人其事的当事人，大概缪先生是空谷足音了。需要记述的人物他面谈过，需要评价的会议他参加过，需要考量的问题他斟酌过，需要总结的经验他早已走脑过肠了千百遍，只有他才是最有资格总结专业史从巨变到渐趋平稳发展、亲历了全过程的史官。无须说，他能在记述中脱口而出 20 世纪学术发展史中任何一门专业领域中的代表人物的名号以及他们的重要著述、代表曲目以及与这些人物相关的重大历史事件，都是概括史脉且勤于著述的积累之功。音乐界能有还健康地为这个大家庭贡献着智慧的老寿星真是福分!

面对这样一位创造力依然生生不息的百岁寿星，我们难以控制探询他百岁长寿秘诀的愿望，这个秘诀其实十分简单，那就是平和地对待每一天。今天，他平和地迎来了百岁华诞，就像他平和地迎来每一天一样。他起居规律，勤于用脑，黎明即起，即昏便息，即使大年初一，也伏案如常。"文化大革命"蒙羞，他处之泰然。让打扫厕所，他也认认真真，弄得那里窗明盆亮。多少人不堪受辱，自伐生命，他却通达健朗，善待生命。他胸怀宽广，如天无不帱，地无不载。为此，我们这许许多多的晚辈不仅对缪先生的治学精神无限敬仰，还从他那里得到生命的启迪。老人家鹤发童颜，瘦骨清相，那是只有长年埋首著述的学者才有的恬淡玉洁的形象。正是这样的形象，吸引着也鼓舞着一批批的学子走进学术研究的大门，也约束着、节律着后代学子的操守。

作为有着悠久历史和辉煌业绩的中国音乐学，我们为拥有这样高风亮节、高寿如松的一代宗师而自豪。

祝缪天瑞先生健康快乐，寿比南山。

原载《百岁学人缪天瑞——庆贺缪天瑞百岁华诞影集》，人民音乐出版社 2007 年版，第 Ⅶ 页

张振涛：生于 1955 年，中国艺术研究院音乐研究所原所长、研究员

世纪学人的音乐遗产
——怀念音乐理论家、教育家缪天瑞

赵 倩

2009年8月31日，一位慈祥谦和的世纪老人——缪天瑞永远地离开了我们，离开了他所钟爱的音乐事业。然而，缪先生就像是我们学术研究道路上的一盏明灯，时刻引领着我们的方向。

作为中国艺术研究院音乐学专业的学生，我们虽然没有机会直接跟随缪先生学习，但是每年先生的生日时，音乐研究所都会组织新入学的研究生看望先生，为他庆祝，并且聆听先生在学术、为人上对晚辈的谆谆教诲，这对我们每个人都是莫大的荣幸。

记忆中，先生鹤发童颜，脸上总是堆满了慈祥的微笑，话语之间总是闪现着智慧的火花，炯炯的双眼告诉我们他无时无刻不在思考……时间似乎还停留在2007年7月在北京人民大会堂为先生举行的"《缪天瑞音乐文存》《百岁学人缪天瑞——庆贺缪天瑞百年华诞影集》首发式暨著名音乐家缪天瑞先生100周岁华诞"上，来自全国各地的音乐学人齐聚一堂，为这位德高望重的世纪老人庆生。听着研究生们动情而唱的生日快乐歌，接过来宾们送上的鲜花，缪先生也显得格外开心。在简短的发言中，他只字未提自己的成就，而一再表达对那些关心他的人们的感激之情。先生谦和自律的精神可见一斑。

同样在缪先生百岁华诞时，时任文化部副部长的赵维绥对缪先生的学术造诣给予了高度评价："缪老百年如一日，累积的深厚学术造诣，充分体现在他所编纂的《中国音乐词典》（正编、续编）、《中国大百科全书·音乐 舞蹈》、《音乐百科词典》及令我们高山仰止的《律学》

等学术著作中，这些巨著在中国音乐界具有'开先河'及规范音乐学科的意义！从人品而言，对照当今的浮躁心态，在做学问时，能否像缪先生百年如一日、淡泊名利、不计得失、兢兢业业，或50年间反复修改一本书，反观那些在极短时间内滥造学术垃圾的所谓学者，我们更加感到缪老品格的高尚。"

缪先生对于中国音乐事业的贡献主要体现在四个方面：一是对律学的贡献。在他的重新梳理下，原本因繁难的数理规律而使大部分学者望而生畏的古老学科，得以在20世纪学开新境，由抽象、深奥而变得浅显易懂，由绝学变为显学。他的代表作《律学》使最初只属于极少数专家的知识逐步成为一个具有科学性和世界性的现代学术领域。二是在《中国音乐词典》（正编、续编）、《中国大百科全书·音乐 舞蹈》、《音乐百科词典》等音乐辞书的编辑出版方面。不管是术语的规范厘定，还是某个概念的归纳界说，都渗透了先生的心血和汗水。三是在音乐教育方面。他曾在小学、中学、大学任音乐教师，并为中国专业音乐学院的建设立下了殿军之功。作为中国艺术研究院音乐研究所的研究员，他曾为百余位学士、硕士、博士批阅学位论文，他充满感情的鼓励令那些音乐后学之辈终生铭记。四是在译介方面。缪先生精通英、日、德三国语言，他所翻译的该丘斯的系列音乐理论著作《音乐的构成》《曲调作法》《曲式学》《和声学》等，作为20世纪中国专业音乐教育的早期教科书，为中国作曲技术理论的逐渐成熟和广泛传播奠定了基础，并且深深地影响了几代学人。

缪先生不像其他老人那样颐养天年，充分享受晚年的安逸、悠闲。他每天仍然读报看书，坚持写作，在跨入21世纪后的几年间，他仍写出十余万字的学术论文。

中国艺术研究院音乐研究所所长张振涛曾统计过，在2000年至2006年间，缪先生在《中国音乐学》《人民音乐》《天籁》《交响》《黄钟》等音乐期刊上发表了12篇学术文章，与冯长春合作翻译了德国音乐学家里曼的《音乐美学要义》。2006年下半年，他亲自编辑审阅了100万字的《缪天瑞音乐文存》。而就在先生过完100岁生日之后，他还于2008年在《天籁》上发表了自己的回忆文章《我在天津音乐学院的二十三年》，完成了3本书的著述和修订工作，其中的《音乐随笔》是作为《缪天瑞音乐文存》的单行本发行。先生以其敬业的音乐学精神，着实为中国音乐界的所有同人上了一堂生动的示范课。

拥有如此精神的学者，怎能不被人们敬仰？怎能不成为中国音乐界的丰碑？怎能不成为每一位学者高山仰止的人生楷模？在如今音乐界急功近利、心态浮躁的情势下，能够重拾缪先生为中国音乐事业所留下的遗产，学习他胸怀豁达、执着学术、超然物外、谦和自律的精神，对于当下和未来的音乐学建设，将有着莫大的帮助。

"人生朝露，艺术才是千秋"是缪先生的感悟和人生轨迹的写照，也将成为我们的座右铭。斯人难再得，先生虽然离开了，但他的精神之树依然挺立，他对音乐事业的影响将不会停止。

原载《中国文化报》2009年9月19日
赵倩：生于1981年，中国艺术研究院曲艺研究所副研究员

世纪人生　百年学问

——为缪天瑞先生百岁诞辰而作

赵仲明

一、从音乐教师到一代宗师

1908年4月15日，缪天瑞出生在浙江省瑞安市莘塍镇南镇村的一户殷实人家。儿时的缪天瑞虽对中国传统国学有过涉猎，但毕竟当时正值中西方文化大碰撞、新旧制度大冲突的时代，受其影响，缪天瑞选择的是一条"新学"之路。1923年6月他考入上海专科师范学校（后为上海艺术师范大学）音乐科师从钟慕贞主修钢琴，同时师从吴梦非、丰子恺学习音乐理论。1926年毕业并先后执教于温州中学附属小学、温州艺术学院、上海新陆师范学校、上海滨海中学、上海同济大学附属中学、上海中华艺术大学、武昌艺术专科学校。从钢琴、乐理教学与音乐著作编译到1933年赴江西出任《音乐教育》主编前的10年，是缪天瑞由青年学子向"边缘人知识分子"过渡，并由钢琴、乐理教学向研究、写作、编译的第一次转型。其间，年仅19岁的缪天瑞首次在《新乐潮》杂志上发表了第一篇论文《曲的姿和曲的心》（1927年12月），20岁发表《中国古代音乐的流弊和现代音乐的趋向》（1928年），21岁创作、填词、编著出版了第一本著作《中学新歌》[①]，第一本编译著作《钢琴基本弹奏法》[②]。编译《西洋音乐故事》[③]、编写《风琴钢琴合用谱》[④]、编译日本音乐家兼常清佐著《论音乐艺术的阶级性》[⑤]等。

1933年3月至1938年3月是缪天瑞作为音乐期刊编辑生涯十分重要的5年。此前作为基层学校的音乐教师，在教学中积累了一定的实践经验，对外来音乐著作的编译，使他不满于他的现状，于是谋求更适合的职业。在友人推荐下，1933年应江西省推行音乐教育委员会的邀请，缪天瑞被聘为江西省中小学音乐教学视察员，出任《音乐教育》杂志主编。

20世纪20年代至30年代我国音乐期刊的总体状况十分杂乱，表面看起来种类较多，但由于种种原因而并不成熟规范，很多创刊后便停刊，以致并未对音乐研究与理论建设产生显著影响。按学术类别划分，大致存在以西洋音乐为主、以国乐为主，以及兼顾中西音乐的三大类型。

《音乐教育》1933年4月创刊，1937年12月停刊，共出57期，不仅办刊时间长达5年，重要的是由于缪天瑞主编宽阔、平易的学术胸襟与远见卓识，使得《音乐教育》所设专栏明显比其他刊物丰富，成为30年代国内最具影响力的期刊，许多著名音乐家的处女作首发于《音乐教育》，如贺绿汀（1933年11月第1卷第6、7期合刊）、陆华柏（1934年5月第2卷第5期）、李元庆（1935年7月第3卷第7期）、章枚（1936年7月第4卷第7期）、王云阶（1936年9月第4卷第9期）、王沛纶（1937年6月第5卷第6期）等。缪天瑞本人在主编《音乐教育》之余，也进入了第一次写作与编译高峰：《中国民歌集》[⑥]、《乐谱的读法》[⑦]、《中国音乐史话》[⑧]、《对位法概论》[⑨]、《歌曲作法》[⑩]、《音乐美学要义》[⑪]、《世界儿歌集》[⑫]、《作曲法》[⑬]等均完成于此时期。

1937年《音乐教育》停刊后，缪天瑞回到温州师范学校；1939年至1942年应重庆教育部音乐委员会邀请，与胡彦久、江定仙、陈田鹤等共同出任由该委员会主办的音乐杂志《乐风》主编；1941年8月至1942年2月兼任国立音乐院（重庆）讲师，任教乐理；1941年3月至1945年8月任国立福建音乐专科学校教务主任、教授；1946年10月至1949年5月任台湾省交响乐团编辑室主任，主编《乐风》（1947年4、6、8、10月，共4期），后任副团长。经过了8年的"休整"，缪天瑞在1947年至1950年短短的3年中，进入了他

[①] 缪天瑞：《中学新歌》，上海三民图书公司1929年版。
[②] ［俄］列文著，缪天瑞编译：《钢琴基本弹奏法》，上海三民图书公司1929年版，1981年修订时更名为《钢琴弹奏的基本法则》人民音乐出版社出版。
[③] 缪天瑞编译：《西洋音乐故事》，《北新》半月刊，1929—1930年连载。
[④] 缪天瑞编：《风琴钢琴合用谱》，上海三民图书公司1930年版。
[⑤] ［日］兼常清佐著，缪天瑞编译：《论音乐艺术的阶级性》，《北新》半月刊，1930年6月以笔名穆天树发表。
[⑥] 《中国民歌集》，上海三民图书公司1933年版，署名金世惠。
[⑦] ［日］门马直卫著，缪天瑞编译：《乐谱的读法》，大江书铺1933年版。
[⑧] 《中国音乐史话》，良友图书印刷公司1933年版。
[⑨] ［日］伊庭孝著，缪天瑞编译：《对位法概论》，开明书店1933年版。
[⑩] ［英］E. 纽顿著，缪天瑞编译：《歌曲作法》，商务印书馆1934年版。
[⑪] ［德］里曼著，缪天瑞编译：《音乐美学要义》，译文发表于1934年7月《音乐教育》《乐学》。
[⑫] 《世界儿歌集》，开明书店1935年版。
[⑬] ［日］黑泽隆朝著，缪天瑞编译：《作曲法》，上海大东书局1935年版。

的第二次写作和编译高峰：如《小学音乐教材及教学法》①、《乐理初步》②、《音乐的构成》③、《曲调作法》④、《曲式学》⑤、《和声学》⑥、《律学》⑦、《对位法》⑧、《儿童节奏乐队》⑨等。

1950年以后，缪天瑞由于先后担任了中央音乐学院研究室主任、教务主任、副院长，天津音乐学院院长、河北省文化局副局长、天津市音乐家协会名誉主席、天津市文联名誉主席、中国人民政治协商会议天津市委员会副主席，以及第三届、第四届、第五届、第六届全国人民代表大会代表等领导职务，写作和编译受到了一定程度的影响，但他仍然在繁忙的公务中抽余暇写作和修订他此前出版的旧著。如1957年修订《乐理初步》（［英］柏顿绍著）、1964年修订《音乐的构成》（［美］该丘斯著）、1963年修订《曲调作法》（［美］该丘斯著）、1985年修订《曲式学》（［美］该丘斯著）、1962年修订《和声学》（［美］该丘斯著），而他的《律学》专著自1950年初版后，于1965年、1983年、1996年做了3次重大修订。

从1983年起，缪天瑞任中国艺术研究院音乐研究所研究员，硕士、博士研究生导师。教学之余，他与吉联抗、郭乃安共同主编了《中国音乐词典》《中国音乐词典·续编》《英汉辞海》音乐条目翻译、《中国大百科全书·音乐 舞蹈》《音乐百科词典》等大型音乐类辞书。历史进入21世纪，尽管缪天瑞已是90多岁高龄的老人，但依然孜孜不倦、笔耕不辍，连续发表了《音乐内心听觉在创作和演奏中的作用及训练问题》《起曲和毕曲——欧洲著名作曲家怎样处理乐曲的开始和终结》《四数律浅释》《欧洲音乐的和声发展述要》《音乐美学基础》《回忆吕骥同志》《民族乐器改良漫谈》《集多种艺术于一身的音乐理论家丰子恺老师——纪念丰子恺老师逝世三十周年》《悼念蔡继琨先生》《致力办学的音乐理论家吴梦非老师——纪念吴梦非老师逝世二十五周年》《乐曲争鸣 律制常青——第四届全国律学会议书面发言》《孔巴略的音乐社会学思想浅释》《纪念程懋筠先生》等10余万字的重要论文，在学界传为佳话。更让人折服的是，值此缪天瑞百岁华诞之际，他还依然一丝不苟地亲手将自己80年来几百万字的学术成果逐字修订、逐篇编辑为《缪天瑞音乐文存》。

如果说普通人健康长寿的秘诀在于始终如一地保持着豁达、开朗的处世心态的话，那么杰出学者异于常人的除了丰富的学识、深刻的洞察力，以及缜密、独到的学术思想与治学精神外，更需要始终如一地保持着平易谦和的学术品格与超人的治学毅力，特别是当其呕心沥血80载的学术研究已硕果累累，开创的学科已蔚为壮观；当其已获得了无数的赞誉与褒奖之时，缪天瑞功成不居、荣辱不惊、淡泊明志、宁静致远的品格让我们看到了这位杰出学者的大家风范。

---

① 缪天瑞：《小学音乐教材及教学法》，上海万叶书店1947年版。
② ［英］柏顿绍著，缪天瑞译：《乐理初步》，上海万叶书店1948年版。
③ ［美］该丘斯著，缪天瑞编译：《音乐的构成》，上海万叶书店1948年版。
④ ［美］该丘斯著，缪天瑞编译：《曲调作法》，上海万叶书店1949年版。
⑤ ［美］该丘斯著，缪天瑞编译：《曲式学》，上海万叶书店1949年版。
⑥ ［美］该丘斯著，缪天瑞编译：《和声学》，上海万叶书店1949年版。
⑦ 缪天瑞：《律学》，万叶书店1950年版。
⑧ ［美］该丘斯著，缪天瑞编译：《对位法》，上海万叶书店1950年版。
⑨ 缪天瑞：《儿童节奏乐队》，上海万叶书店1950年版。

二、辞书情结：从外来乐器译名到中国人自己的音乐词典诞生

1983年夏天，75岁高龄的缪天瑞卸下了天津市政协副主席、天津音乐家协会名誉主席、天津市文联名誉主席以及天津音乐学院院长等职，携家人搬离了天津一所带花园的高级住宅，搬进了北京市朝阳区新源里居民小区一栋狭小的寓所。面对简陋的条件，缪天瑞没有丝毫不满和埋怨，涌动在他心头的是萦绕了长达半个多世纪的宏大学术构想——编写中国人自己的音乐词典。从此，他以超常的精力，废寝忘食地投入到《中国音乐词典》《中国音乐词典·续编》《中国大百科全书·音乐 舞蹈》《英汉辞海·音乐类词目》《音乐百科词典》等辞书的编纂工作之中。15年后，当这四部20世纪中国音乐史上最重要的巨著鸿篇基本完成编纂工作并陆续出版时，90岁高龄的缪天瑞依然没有让自己颐养天年，如若不是在家人善意的劝阻下，他还将继续编纂《音乐教育词典》《钢琴音乐词典》，以了却他半个多世纪的辞书情结。

也许有人问，究竟什么原因让缪天瑞对学术如此执着？究竟什么原因让他对辞书编纂痴迷了半个多世纪？缪天瑞深知，辞书不仅是方便音乐工作者和广大乐迷的音乐工具书，更重要的是，它还代表着一个学科的学术水平，代表着一个国家在某一研究领域的学术成就。它所包括的词目及其意义的诠释与学术的整体研究水平有着不可分割的关系，它所具有的客观性又是其他任何书籍无法比拟的。中国需要专业音乐词典引导普通民众更准确、更科学地理解、赏析、学习音乐，中国更需要有自己编写的，而且具有民族性、世界性、科学性、前瞻性的音乐词典。

19世纪末20世纪初"西学东渐"以来，随着西方作曲家及其作品名称、乐器以及音乐术语的大量涌入，如何准确、科学，且符合中文表述的翻译成为当时的普遍问题。当时使用的音乐术语中，大部分均从早期的日语翻译转译而来[①]，西方乐器的中文译名更比音乐术语麻烦得多，比如日本有"洋琴""风琴"等个别名词意译，其他大部分乐器译名均为日语片假名音译，显然，这样的译法对于汉语并无可取之处。20世纪初至30年代末，虽然很多音乐家都对西方乐器有过各种各样的翻译，如Violin，就有四弦提琴、怀娥铃等，Clarinet又有竖笛、篥管、洋萧、克拉理耐司等。[②] 但事实证明，这种一味追求"信、达、雅"，忽略了乐器与音乐学、乐器学、声学、律学等相关学科基本属性的译法，终将顾此失彼，不得要义。

1937年，缪天瑞在《关于翻译音乐名词的通信》中首次指出：

> 有人把Violin译为"小提琴"，把Cello译为"大提琴"，同时把Viola译为"中音提琴"，把Double Bass译为"低音提琴"。前两者是根据乐器的形状（大小）来译，而后二者则根据音域译。这四种有密切关系的弦乐器，在译语上实有系统化的必要。照音域译，很难确定，如Viola在管弦乐中虽常为中音（Alto），有时亦为次中音（Tenor），Cello虽

[①] 参见朱京伟《近现代以来我国音乐术语的形成与确立》，《中国音乐学》1998年第2期。
[②] 参见朱京伟《西洋乐器中文译名的形成与演变》，《中国音乐学》1999年第2期。

常为次中音，有时亦为上低音（Baritone）。故不如都照形状译为：小提琴（Violin）、中提琴（Viola）、大提琴（Cello）、最大提琴（Double Bass）。①

11年后（1948年）缪天瑞在《乐理初步》"译者序"中更为条理清晰、简明扼要地提出了成熟的观点：

> 书中的名词的译语，我尽量在已流行的译语中，选用其合适者。……惟在乐器一项，我试用一种新的译法，即将直吹木管乐器一律译作"管"，再视其性质与大小，而（分）别"单簧管"（Clarinet）、"双簧管"（Oboe）、"大管"（Bassoon）、"英国管"（English Horn）、"萨氏管"（Saxophone）。铜管乐器一律译为"号"，依大小长短而（分）别为"短号"（Cornet）、"小号"（Trumpet）、"长号"（Trombone）、"大号"（Tuba）、"法国号"（French Horn）等。这样可与已有的弦乐器与横吹木管乐器上的大小长短的译法——如"小提琴"（Violin）、"中提琴"（Viola）、"大提琴"（Violoncello）、"最大提琴"（Double Bass）、"短笛"（Piccolo）、"长笛"（Flute）相一致，而易于一般人的理解与记忆。②

显而易见，这绝非精通外国文字的普通翻译者可为，也绝非简单地做到"信、达、雅"便可成定案之事，若没有对中西方音乐的深刻研究以及十分周全的考虑，断不能如此明了地被国人接受并普遍推广。新中国成立后，西方乐器译名和外来音乐术语的统一得到了有关部门的重视，1956年中国音乐家协会和中央音乐学院编发的《音乐名词统一译名初稿》，象征着包括西方乐器译名在内的音乐译名审定工作基本完成。此后的辞书、文稿、书刊（包括乐谱）等出版物才逐渐统一了译名，并沿用至今。缪天瑞此前提出的种种译法，无疑对这项统一工作产生了非常重要的影响。

然而，缪天瑞独到的学术眼光看到的并不仅仅是外来乐器的中文译名，在所有译名的背后，他思考的是如何在将中国音乐与西方音乐、非西方国家与地区的民族音乐，乃至古今中外所有音乐的研究与对应的翻译中，创建出具有民族性、世界性、科学性、前瞻性，并且属于中国人自己的音乐工具书。正因如此，早在20世纪30年代初，当缪天瑞还是一名初出茅庐的青年时，就尝试性地编译过一本袖珍式的《音乐小辞海》。正当上海开明书店为辞典的正式出版刊出了广告，并投入排版之际，缪天瑞终因感到水平有限收回了文稿，为此还赔偿了开明书店的排版损失。但执着的缪天瑞并没有放弃，紧接着又编写了一本约5万字的《音乐小词典》，1932年"一·二八"事变，他将文稿送到了友人钱君匋家中保存，但不幸的是日军侵占上海后，这本尚未完成的词典文稿连同他的其他文稿一起失落了。如果说这是缪天瑞未了却的辞书情结的两次失败的话，那么，第三次失败则在20世纪60年代初他在天津音乐学院工作时。应

---

① 欧漫郎、缪天瑞：《关于翻译音乐名词的通信》，《音乐教育》1937年第5卷第4期。
② 缪天瑞：《乐理初步》译者序，上海万叶书店1948年版，第Ⅰ—Ⅱ页。

人民音乐出版社出版音乐词典计划之约，他在出版社两位编辑的协助下，完成了全部词目及其部分释文初稿，以及日后检索备查的全部卡片。但"文化大革命"又使这一出版计划彻底破灭（现除词目与部分释文初稿尚有油印本保存外，其余卡片均在"文革"中散遗）。正因为历史原因造成了缪天瑞编写词典的三次失败，因而十年动乱结束后，他倍加珍惜中国艺术研究院音乐研究所、人民音乐出版社、中国大百科全书出版社以及我国的英文专家王同亿托付他参与编纂《中国音乐词典》、《中国大百科全书·音乐 舞蹈》、《英汉辞典》（音乐类词目）、《中国音乐词典·续编》，以及《音乐百科词典》的重任。虽然这几部大型辞书的编纂工作从1983年起至1998年一直在不间断地运作，缪天瑞也从75岁一直工作到了90岁高龄，但他却如鱼得水，乐在其中。弟弟称他为"写作狂"[1]，女儿称他为"词典迷"，并回忆道："他几乎是没日没夜地在工作室'爬格子'，连吃饭睡觉都要去喊。星期天和节假日，整座办公楼没人，他却图个安静，一早就钻进了工作室，看门的工友以为楼里没人，竟几次把他反锁在楼内。"[2]

在缪天瑞主编的几部音乐词典中，最值得一提的是出版于1998年10月的《音乐百科词典》（副主编：高燕生、陈应时、吕昕、范慧勤）。这部"在中国近现代音乐的发展历史上具有里程碑的意义"[3]，同时"也是由中国人自己编纂的第一部综合性音乐百科词典"[4]，充分地体现了缪天瑞由来已久的辞书情结中内容涵盖"古今中外""词目涉及面尽可能广"的核心编纂思想。因而在全书洋洋200万字（923页），6000余个词目中，有很多词目不仅在同类音乐工具书中难以见到，在社科类的工具书中更为罕见，而这些词目在近现代乃至当代中国人的音乐生活以及音乐学术研究中却具有重要影响。此外，作为中国人自己编纂的第一部综合性音乐百科词典，缪天瑞的编纂思想及其亲手拟定的撰稿体例都最直接地影响了每一个撰稿人及其释文的深度与广度，以致成为该词典不同于其他同类词典的鲜明特色。仅以"乐器学""和声学"两个词目的释文为例，足见他作为主编与撰稿人独到的学识。

"乐器学"在中外很多音乐辞书中均未见专门的词目解释，即便是迄今仍具有权威性的《格罗夫音乐与音乐家辞典》（*The Grove Dictionary of Music and Musicians*）中亦然。但《音乐百科词典》中不仅可见有乐器学词目，而且该释文并不是简单的 Study of the Music Instrument，而是从音乐史学、音乐人类学、音乐声学，甚至乐器工艺学等学科的不同视角，在对"乐器"科学定义，并对其外延和内涵扩大化、概念化、抽象化、系列化之后，作为 Organology 的综合阐释。因而指出"乐器学"是："研究乐器的起源、形成、构成、性能、历史、分类和音响工艺对音乐的作用等的一门学科。"其内涵为"用于音乐的发声器具（除人声外）皆为乐器"。其外延界为：1. 包括无固定音高的节奏性乐器；2. 能产生不同音高乐音的曲调性乐器；3. 可列入乐器之属的少数生产工具和生活工具（如铁砧、手锯、酒盅、杯碟等）。与此同时，撰

---

[1] 缪天华：《我的大哥有写作狂》，载高燕生、刘连捷主编《缪天瑞音乐生涯》，河北教育出版社2000年版，第125—131页。
[2] 缪裴芙：《爸爸是个词典迷》，载高燕生、刘连捷主编《缪天瑞音乐生涯》，河北教育出版社2000年版，第201—206页。
[3] 国华：《简析缪天瑞的〈音乐百科词典〉》，《中央音乐学院学报》2006年第3期。
[4] 荃有：《〈音乐百科词典〉获中国图书奖》，《音乐研究》2001年第1期。

稿人又将某些特制音响（包括现代派具体音乐的某些音响）排除在所界定的乐器概念之外。可见主编与撰稿人在纷繁发展的音乐现象中，始终严格地把握着学科科学性的基本原则。在其后阐述乐器发展史以及乐器制作的释文中，撰稿人将中国乐器发端的史料与世界乐器发展和制作的史料融合在一起综合介绍，并对中国20世纪50年代以来的民族乐器改良进行了理论综述，使读者明显感到中国乐器与世界乐器发展的历程共为一体，并有着重要的地位。在介绍了萨克斯和霍恩博斯特的乐器分类学说之后，撰稿人这样评述："分类体系如具科学性并能结合实际情况，其意义又非仅止于分类的条理清晰，更能从中看到表面似乎距离甚远而无关联的事物，却有其内在联系和历史渊源，有着文化流传和继承因素，这是科学分类法的主要优点和作用所在。"[①]

作为音乐辞书的一个条目，"和声学"（Hanmony）历来都有因人因学科等不同角度的各科阐释，但《音乐百科词典》中的"和声学"却充分体现出了中国音乐学与中国音乐辞书的艺术特色。撰稿人在扼要地从欧洲和声学发展及其多种体系的特征，论及中国和声学的发展历程及主要经验（并附有谱例补充说明）之后，从学术史的角度对从赵元任的《中国派和声小试验》（1928），到童忠良的《近现代和声的功能网》（1984），以及已经出版的8种和声学著作给予了学术评价；从和声理论技法的角度分析总结了自1922年赵元任《卖布谣》至1972年王建中《梅花三弄》期间的18首中国有代表性作品的和声运用手法及其经验，简明、清晰地将和声学的基本原理以及中国和声学研究与运用的发展历程介绍给了读者。[②]

不难看出，以上两例释文既有方法论的叙述，又有学术史的评价，字里行间融入了更多撰稿人多年积累的研究心得以及主编的辞书编纂思想，而非人云亦云，照本宣科。诸如此类的精彩释文在《音乐百科词典》中举不胜举。如由缪天瑞本人亲自撰写的"协和"、乔建中撰写的"民间歌曲"、韩宝强撰写的"纯律"、罗秉康撰写的"肖斯塔科维奇"、黄晓和撰写的"联共（布）中央1948年决议"、魏廷格撰写的"内心音乐听觉"、徐士家撰写的"中国民间音乐研究会"等。它们的共同特点是主编与撰稿人都有着扎实的学术功底，不仅对所释词目的学科研究有着相当把握，而且本身就是该学科的专家。即便像"肖斯塔科维奇"这样的词目，撰稿人也没有照抄外国音乐词典，而是在参阅了大量俄文原著的基础上，结合我国音乐理论界的研究以及苏联官方乃至国际音乐界的评价才做出的释文。《音乐百科词典》再次体现了缪天瑞一贯坚持的"科学性、准确性、全面性、前瞻性"学术思想。从这个意义上讲，《音乐百科词典》了却了缪天瑞多年的辞书情结，实现了他在"后记"中所说的"中国人终于有了自己编写的音乐百科词典"的梦想。该书自出版以来得到音乐界、出版界"既有实用性，又有学术性"的普遍赞誉，获得2000年"第12届中国图书奖"，成为"149种获奖书目中唯一的一部音乐书目"[③]。

普通人感叹光阴似箭，岁月如梭，并为一生中踏踏实实地成就一两件事而满足，但缪天瑞开创出了中国音乐学一个又一个的学术领域，在中国当代音乐建设中产生了深远的学术影响。

---

① 缪天瑞主编：《音乐百科词典》，孟文涛撰写"乐器学"词条，人民音乐出版社1998年版，第752页。
② 参见缪天瑞主编《音乐百科词典》，高燕生撰写"和声学"词条，人民音乐出版社1998年版，第245—247页。
③ 荃有：《〈音乐百科词典〉获中国图书奖》，《音乐研究》2001年第1期。

三、律学：由一本书开创出的现代学术领域

如果说明代律学家朱载堉的《乐律全书》是中国古代律学研究的集大成者，而王光祈、刘复、杨荫浏等律学先行者对中国律学研究的主要贡献则在于应用国外的律学研究方法梳理中国古代律制和进行东西方乐制比较的话，那么缪天瑞的《律学》则将中国古代律学第一次置于世界性的学术平台，用更加开阔的学术视野拓展学术内涵，用科学分析深化学术意义，从观念上引导人们走出长期被"绝学""玄学"困扰的误区，从本质上破除律学给人们形成的神秘印象。它既是在丰富和完善前人研究的基础上为建立中国现代律学学科提供的一个宏观、系统、全面的理论框架，又是在20世纪中国音乐史上拓展和开创出的一个具有科学性和世界性的现代学术领域。更重要的是，缪天瑞"深入浅出，用生动的文笔写成本书，头头是道，一丝不乱地由开卷写至书末，由前面准备后面，由常识引到对专门问题的了解"[①]。年轻的晚辈沿着缪天瑞铺就的学术之路，意识到"律学并非常人无法企及的'玄学'，更不具有诠释天地宇宙的功能，律学研究的全部问题和解决方法皆来自活生生的音乐实践"[②]。

《律学》虽于1950由万叶书店出版，但该稿最早在《乐学》季刊上发表则是1947年，距今恰好整整60载。60年来，缪天瑞《律学》四易其稿，不断修订，从最初只属于极少数专家的知识逐步发展成为一个学科，乃至一个具有科学性和世界性的现代学术领域。

"非学无以广才，非志无以成学。"古往今来，人文学者的执着常常与科学家的痴迷有着惊人的相似。正如"万有引力定律"来自一个落地的苹果对牛顿的启示一样，缪天瑞萌发写作《律学》的初始念头仅仅源于20世纪30年代中期还是一名钢琴演奏员时对弦乐器和键盘乐器上 $^\sharp C$ 和 $^\flat D$ 两个音不解的困惑。[③] 难以置信的是，这一个很少被人留意的音高现象，竟让缪天瑞苦苦探寻了10年，并从此开始了对律学研究长达60年的生涯。1946—1947年间，他通过大量搜集和查阅古今中外关于律学研究的文献，在没有任何测音仪器和计算工具的情况下，靠笔算把从小提琴和自制测音工具上获得的测音数据进行研究后写成《升C音和降D音一样高么？》一文，1947年4月、6月、8月、10月连载于《乐学》第1、2、3、4号上的《律学》一文，标志着缪天瑞作为一名中国现代律学家的学术起步，同时也翻开了中国律学研究具有现代学术意义的崭新一页。60年来，缪天瑞与中国律学界新一代学者对于律学研究不断完善和不断深化的历程，便是这个学科从小到大、由浅入深、由表及里而成为当今具有现代性、世界性、科学性学术领域的真实写照。1950年1月15日，万叶书店将《乐学》杂志上的《律学》论文以单行本出版时，全书仅80页，缪天瑞42岁刚过不惑之年；第一次修订版1965年出版时，全书122页，缪天瑞57岁已近花甲；第二次修订版1983年出版时，全书283页，缪天瑞75岁年逾古稀；而第三次修订版1996年出版时，全书增至326页，缪天瑞竟已是85岁高龄的耄耋老人。在缪天瑞《律学》的引导下，半个多世纪以来中国新一代律学人才辈出，科研成

---

① 杨荫浏：《律学·序》，载缪天瑞《律学》，上海万叶书店1950年版，第Ⅲ—Ⅴ页。
② 韩宝强：《学术人生不老〈律学〉之树常青——读缪天瑞先生〈律学〉著作有感》，《人民音乐》2004年第5期。
③ 参见黄大岗、黄礼仪《缪天瑞谈律学》，《音乐研究》1989年第1期。

果丰硕，学科建设蓬勃发展。

　　《律学》作为一部诞生于60年前的教科书式专著，其学术视野之开阔，其理论架构之系统，甚至在80页短短的篇幅里竟囊括了"导论""五度相生律""纯律""平均律""音程值计算法""三种律制的比较与应用""律史""结论"等8个篇章，我们不得不为缪天瑞对系统理论的驾驭能力与学术上的缜密严谨而由衷地折服。由浅入深的教科书式体例不仅给读者展现了各种律制的基本特征，同时也提供了读者律学计算的基本方法，这无疑像是拿到了一把通往律学殿堂的入门钥匙。正如"自序"中所言："我相信本书是关于律的全般学问最浅显的书，读过本书，以后在别处看到关于律的理论，就不致再发生困难了。"[①]1965年的修订版中修正了初版中杨荫浏指出的一些问题，同时修正了原版本中"以纯律为标准是不切合实际的"，以及"以纯律的角度看待阿拉伯系统乐制也是不对的"错误。[②]1983年的增订版中，缪天瑞将1965年修订版中的"律史"一章扩展为了"中国律学简史""欧洲律学简史""四分之三音体系史料"3章，同时将原来的"今天律的应用问题"更名为"今天各种律制的应用问题"，附录又增加了"音分值和频率对照表""专名、人名索引"。1996年第3次修订版将增订版的"四分之三音体系史料"正式更名为"阿拉伯—伊朗律学简史"，原第9章中因对非洲若干乐制不够系统而删去，更名为"亚洲地区几种民族乐制"的部分进行了扩充和修订。1983年增订版中将中国律学史仅分为三个时期：1. 三分损益律发现时期；2. 探求新律时期；3. 十二平均律发现时期。1996年第3次修订版除增补了1957年河南长台关楚墓出土瑟篪钟，1978年湖北随州出土曾侯乙编钟涉及的一系列律学问题，最重要的是续写了《中国律学史》的第四个时期，即自1911年以来的"律学研究的新时期"。从学术史的角度看，这既是对我国律学发展自公元前8世纪至20世纪末所做出的一次史学梳理，同时也是对历史上各个时期的律学特征与律学价值做出的一次学术判定。此外，第3次修订版中，对十二平均律的应用、小提琴演奏、声乐和管弦乐的音律问题、我国民族音乐的律制问题，以及古琴音律、民间多声部音乐中纯律音乐的可能性、中立音的协和性、戏曲音乐和民族器乐中多样性的滑音、装饰音在音律上的规律性、对我国民族民间音乐进行广泛的音律级算和律制核定等多处论述，成为第3次修订版的学术特色，极大地丰富和完善了《律学》应有的学术内涵。

　　当然，我们不会忘记，《律学》的每一次修订，每一次完善，以及中国现代律学研究半个多世纪里所走过的每一个历程，都是凝聚着无数中国音乐学前辈学者与青年学人共同心血和努力的结果。正如《律学》的每一次再版出版后，缪天瑞都会接到来自四面八方的很多来信（有的甚至是与缪天瑞从未谋面的普通读者），来信除了对《律学》的赞美外，也有对所论及的学术观点的建议和意见，如指出将荷兰音乐学家孔斯特（Jaap Kunst）误译为德国音乐学家的错误，针对管律中开管、闭管和管口校正问题的商榷。[③]出版前，缪天瑞都会在专家学者中广泛搜集意见，以博采众家之长，1950年初版、1965年第1次修订版，以及1983年增订版正式定

---

　　① 缪天瑞：《律学·自序》，载缪天瑞《律学》，上海万叶书店1950年版，第Ⅶ—Ⅷ页。
　　② 缪天瑞：《律学》（修订版），音乐出版社1965年版，第121页。
　　③ 参见缪天瑞《四数律浅释》，《中国音乐学》2000年第3期。

稿前，他就是在先后听取了杨荫浏、李纯一、吉联抗、黄翔鹏、陈应时等诸位学者的建议才杀青付梓。其间，还特意委托天津乐器厂为他特制了一架用不锈钢制成簧片的手风琴式测音器，以改进和方便进一步的律学研究。这才是缪天瑞《律学》在中国现代律学学科中一步步发展的真实历程，这才是中国学者最具魅力的学术人生与学术品格。如若不然，我们断不能理解60年中《律学》四易其稿的真正缘由，如若不然，我们更不能真正领悟心无旁骛、孜孜以求、兢兢业业、一丝不苟80年的缪天瑞！

四、学者，学其所不能学也

缪天瑞一生著述等身，迄今为止，不含发表于各类专业音乐期刊上的论文，仅出版的著作就有20部。其中编著3部，译著12部，专著5部。中国近现代音乐史早期"效仿西乐，改良旧乐，创造新乐"的这段历史，也就是自19世纪末"西学东渐"以来中国几代"知识分子"在从中西文化大碰撞之中，甚至在中国古老的黄钟大吕废墟之上对西方音乐基本乐理、读谱法、演奏法、歌唱法，以及作曲法等的系列译介中得以逐步实现的历史。从这个意义上说，如将缪天瑞的学术渊源及其师承关系上溯至1923年考入上海专科师范学校，师从吴梦非、丰子恺为学术发展的起点，那么，由于吴梦非、丰子恺二师均分别自1911年、1914年起追随李叔同学艺，缪天瑞则理应被视为李叔同的第三代传人。有鉴于此，作为中国近现代音乐史上的第三代音乐家，我们说缪天瑞既是20世纪中国新音乐探索与发展道路上的见证人，同时又是其中孜孜不倦的耕耘者，绝不为过。

自20世纪20年代起，从萧友梅、王光祈至谭小麟、黄自，再至冼星海、马思聪等，他们中的绝大多数音乐家都有过或长或短的国外留学经历，学成归国后在致力于中国新音乐发展与探索的同时，几乎都有过或多或少、或写或译的音乐论文。然而，从缪天瑞从未有过出国留学经历，却反而有着诸多西方音乐理论编译著作的实际情况看，缪天瑞堪称一位奇才。他的一生为建立一种体系、一种标准而努力：从对西方钢琴弹奏法的介绍到对西式乐谱的解读，西方音乐基本乐理、和声到对位、曲式的系列译介，到萦绕在他心头长达半个多世纪的辞书情结与四易其稿的《律学》专著，无不说明缪天瑞作为学者深邃、缜密的体系化学术思考与科学、规范的治学态度。仅以他对美国当代作曲家、理论家柏西·该丘斯（Percy Goetschius，1853—1943）的作曲技术理论著作的系列编译为例，我们甚至可以断言，如果没有缪天瑞，我们至今也不可能对该丘斯理论有如此完整、如此准确的认识[①]：通过他对《音乐的构成》的翻译，我们对原著作者从构成西方音乐中音阶、音程、和弦、变化音、曲调、节奏、和弦外音、对位，以及曲式等音乐要素的初步认知，并从中了解到了西方古典音乐自格里高里圣咏以来的理论基础；通过他对《曲调作法》的译介，我们了解到了原著作者从巴赫、海顿、莫扎特、贝多芬、勃拉姆斯、瓦格纳等西方音乐大师作品中归纳出构成曲调的基本法则；通过他对《曲式

[①] 参见倪军《缪天瑞翻译的该丘斯的音乐理论体系简介》，《天津音乐学院学报》1999年第2期。

学》的译介，我们学到了西方"主音体音乐曲式学""复音体音乐曲式学"，以及"大型混合曲式学"及其各种曲式的经典范例；而通过他对《对位法》的翻译，我们了解到了该丘斯打破"先学和声，后学对位"惯例的缘由。其次，50 年后，当我们在《格罗夫音乐与音乐家辞典》的 "Percy Goetschius" 词目中看到作者对该丘斯不重视传统对位法的批评时，至少不仅能知其然而且还能知其所以然。[①]

学术界历来有多种多样的理论家。在实践型理论家的眼中，理论型理论家高屋建瓴、宏大叙事，但却不具有对音乐实践的指导意义；在理论型理论家的心目中，实践型理论家平铺直叙，不得要领，缺乏理论抽象的升华；甚至由于音乐的特殊性，在这些理论家中，又有着专业音乐教育和普通音乐教育（亦即国民音乐教育）之分。前者因自视其研究高深而或多或少地不将后者放在眼里，后者则又在日常丰富多彩的普及教育中视高深为无用。而复合型的理论家则兼备了各家之长，既能将高深的专业音乐教育做到深入浅出，又善于在普通音乐教育中循循善诱。因而复合型的理论家不仅有着极强的通用性，而且还具有特殊的适应性。即便是抽象、深奥的理论也绝不晦涩难懂，即便是最初浅的知识也能升华出一套理论。缪天瑞便是这样一位既能高屋建瓴地理论升华，又能将其理论精髓注入音乐实践之中，而且学术涉猎面广，学术视野开阔的复合型理论家。

缪天瑞的著述中除了专著、译著、编著外，最值得一提的则是《小学音乐教材及教学法》。它是缪天瑞的第一本专著，也是普通音乐教育领域至今依然具有很高学术价值的经典。它同样也在出版史上创下过奇迹：1947 年 6 月由上海万叶书店首版发行，当年再版，1948 年第 3 版，1949 年后又数次重印，1996 年收入复旦大学出版社编辑的《中国学术名著提要·艺术卷》之中。该书是缪天瑞从 1926 年上海专科师范学校毕业后任小学音乐教师，至 1942 年任重庆国立音乐院讲师期间大量教学实践的经验总结与理论升华，在广泛吸收借鉴当时国内外可及的音乐教育理论及其研究成果的基础上，提出具有个人创见的一部普通音乐教育通论。全书 9 章，52 节，中文参考文献 10 种，英文参考文献 8 种，日文参考文献 4 种，附有钢琴伴奏的 37 首歌曲及 10 首乐曲谱例。如果说 20 世纪 80 年代以来普通音乐教育中大量增加了器乐、律动以及创作教学等方法，而这些教学方法是随着对达尔克罗兹、奥尔夫、柯达伊等研究成果的引进与借鉴的话，那么，缪天瑞在三四十年代就敏锐而富有创见地提出如此系统、周全的教学方法，不仅具有"开拓性"和"先进性"[②]，同时显出了一个学者在理论建树上应有的预见性和前瞻性。

1998 年，音乐学家乔建中在"缪天瑞先生学术思想研讨会"上曾精辟、独到地把他一生在音乐教育、音乐理论研究、音乐翻译、音乐刊物和大型音乐辞书编纂等 5 大领域里创下的辉煌业绩与独特建树概括为"4 个 50 年"。即第 1 个 50 年：1926 年从上海专科师范学校毕业后，从事普通音乐教育，后又从事专业音乐教育，一直到 1983 年离开天津音乐学院；第 2 个 50

[①] Stanley Sadie：*The Grove Dictionary of Music and Musicians*, Volume 7. "Percy Goetschius", Macmillan Publishers Limited.1980,p.492.

[②] 缪裴言：《我国音乐教育研究的一位开拓者——缪天瑞先生音乐教育思想研究》，《天津音乐学院学报》1998 年第 4 期。

年：自 1933 年主编《音乐教育》，1939 年主编《乐风》，1946 年主编《乐学》，1950 年与张文纲共同主编《人民音乐》，至 1985 年出任《中国音乐学》名誉主编；第 3 个 50 年：从 20 世纪 30 年代起开始翻译西方作曲技术理论，至 1985 年其译著《曲式学》修订版出版，再至 1996 年译文《西方音乐美学史鸟瞰》在国内公开发表；第 4 个 50 年：完成于 1947 年的《律学》第 3 次修订版 1996 年出版。[①] 毫无疑问，这一评价既是对缪天瑞学术人生的最佳总结，也是对他在 20 世纪中国音乐史上所做贡献的最高褒奖；他既是令每一位晚辈学人高山仰止的学术楷模，更是每一位晚辈学人不慕虚荣、脚踏实地、求真求实、诚信治学的人生典范。

谨以此文衷心祝愿缪天瑞老人健康长寿！

原载《中国音乐学》2007 年第 2 期

赵仲明：生于 1956 年，中国音乐学院中国乐派高精尖创新中心编审

[①] 参见乔建中《在〈缪天瑞先生学术思想研讨会〉开幕式上的讲话》，载高燕生、刘连捷主编《缪天瑞音乐生涯》，河北教育出版社 2000 年版。

百岁学人的百岁耕耘

——缪天瑞先生百岁之年学术研究的回忆

郭树群

惊悉缪老驾鹤西去，顿感中国音乐学界痛失巨擘；无情的时光老人让一代学人永远失去了一处虔诚膜拜的精神家园。缪老淡泊处世的态度早已是学界尽知的；缪老潜心学术的执着也早已成为学界难有超越的楷模。我因编辑学报，编辑出版《缪天瑞音乐文存》，在缪老百岁之年的前前后后，与他有了一些工作上的往来。其间所窥见的这位先哲的精神世界，着实令人动容。

缪老2004—2005年，以九十六七岁的高龄为我院学报写过两篇文稿。一篇是《集多种艺术于一身的音乐理论家丰子恺老师——纪念丰子恺老师逝世三十周年》[1]（以下简称《丰老师》）；一篇是《致力办学的音乐理论家吴梦非老师——纪念吴梦非老师逝世二十五周年》[2]（以下简称《吴梦非》）。

缪老发表这两篇纪念文章，并不只是一般地对于恩师的纪念文字，而是饱含着他一生孜孜以求的对于我国音乐教育发展理念的关注，有着非常强烈的现实意义。在发表这两篇文章的前前后后，缪老曾注意到《中国音乐年鉴》落掉了《中国音乐教育》期刊，并希望将已由教委出

---

[1] 缪天瑞：《集多种艺术于一身的音乐理论家丰子恺老师——纪念丰子恺老师逝世三十周年》，《天籁（天津音乐学院学报）》2004年第4期。
[2] 缪天瑞：《致力办学的音乐理论家吴梦非老师——纪念吴梦非老师逝世二十五周年》，《天籁（天津音乐学院学报）》2005年第4期。

版了 20 年的刊物补上。当他注意到《中国音乐年鉴》有了"国民音乐教育"栏目后,竟近欢呼雀跃地说:"《中国音乐年鉴》出现了'国民音教'条目,真是大改变,可喜!"关于缪老发表这两篇文章的背景,缪老在给笔者的信中曾这样写道:

> 《丰老师》文我原是有所指的,不知说过没有?
> 李叔同先生提出"艺术综合论",丰老师是身体力行者,做得特别好。现在美国等中小学艺术课,包括音乐、绘画、工艺、戏剧等,由一个教师教。这是为了配合整个教育目的,培养"创造精神"而行的。这种综合教育,与目前中国音乐界,是完全相对立的,完全行不通的。中国音乐界是越分越细,中国古代音乐史,有地方分由三个人教——上古、中古、近古。
> 苏联为了与美国竞争上月球,科学方面分工甚细。这种分工细,为了一时权宜之计,也可以。但不能作为长远之计。我们学了苏联有过之而无不及,把许多课分得越分越细。我认为这是个方向问题。李岚清同志的主张,你一定看得清楚,我觉得他有眼光(先见之明)。

由此,我们看到缪老对中国音乐教育存在问题的症结看得是何等深刻!字里行间渗透着他对历史的感悟,对现实的洞察,以及对一种文化潮流的透彻把握。

缪老还曾明确告知我们"我写《吴梦非》老师文,拟续《丰老师》文登出"。可见缪老用心之深远、精诚。这是一位年近百岁的老一辈音乐家对我国音乐教育事业一腔赤诚的表达!

当我们品读这两篇文章的时候,更能感到其文字推敲之严密,文脉思路之清晰,真的是令人叹为观止!即或如此,缪老也将发表的过程看作不断提升文字品格的过程,曾多次修改已发到编辑部的稿件。这种对文字负责的精神,激励着我们这些专门做文字编辑工作者的责任心,纯化着我们的事业心。例如在《丰老师》文的发排过程中,我们就接到过缪老这样的改动意见。原文中有这样一句话:"《音乐入门》这本书深受读者欢迎,音乐专业者爱读,一般音乐爱好者也爱读……"缪老将这句话改动为:"《音乐入门》是一本普及音乐的读物,特别为一般音乐爱好者所爱读。"这样的改动使人明显地感到语句更精准,简洁、明确。事实上,一般情况下这样的句子不改也说得过去。可在缪老那里却是说不过去的。这种对自己所写文字精益求精的态度深深地感动着我们这些后学。

2006 年,天津音乐学院启动了《缪天瑞音乐文存》的编辑工作。对于这项工程,从 2006 年 5 月 22 日我们开始第一次与缪老接触时起,他就多次表示"力求留给后人的东西应是有用的";因此"'文存'求精不求多";并且强调"此次天津音乐学院拨出巨资出版《文存》,不只是为'存'、为'藏'。而求其对现实发生效用和影响,因此必须在质量上保证有所提高"。这就是一位百岁老人为自己定下的出版标准。为此,缪老在 2006 年 5 月至 11 月的半年时间里,以坚韧的毅力对其所著、译的 11 种著作进行了逐一修订,还编辑了论文集《音乐随笔》,并且与编委会有过 13 次书信来往。工作量究竟有多大,学人可以斟酌衡量。这对于一位百岁老人来说，无疑创造了一项中国学术研究工作的奇迹！缪老以有限的生命烛火实践着自己的诺言："我对《文存》的完成，以'计划'替代我的有限生命。"于是，我们在一丝无奈的生命悲凉中体悟到缪老毕生献身学术研究的赤诚。他"计划先把必须在生前完成的稿件（包括修改）在最近完成；把后人可以替我完成的书稿放在后头"。"春蚕到死丝方尽，蜡炬成灰泪始干"，前人描述的人生境界在缪老的百岁之年得到由衷的体现。

缪老做学问的求真精神还可以从下面的一些事情中有所反映。盛昌院长在为《缪天瑞音乐文存》所写的"序言"中曾提及："老院长 1958 年受命于周恩来总理创建天津音乐学院时已年届半百……"缪老本着求真的精神特来函告知我们，要将原文中的"受命于"改为"受勉励于"，将"创建"改为"要办好"，认为这样才更合乎周总理的原意。盛昌院长在序言中以作曲家的浪漫称"缪院长在我们这些工农兵学员心目中就如'天神'一样"。缪老则要求"'天神'二字请改，我当时尚未完全'平反落实'，同时'天神'用词太高了"。在笔者所写的《缪天瑞音乐文存》编后语"中有一句祈愿的话："愿《缪天瑞音乐文存》惠及后人，风韵长存！"也被缪老来函要求删去，"或改轻语义"。这就是我们所崇敬的缪老：一生存质朴，一世求真知！

呜呼！斯人已去，唯其人生足迹中铭刻的精神将永远激励我们！

原载《天津音乐学院学报》2009 年第 4 期
郭树群：生于 1949 年，天津音乐学院音乐学系教授

缪天瑞的学术贡献与历史地位

杨和平

伟大的时代产生伟大的人物,伟大的人物推进历史的发展。在 20 世纪音乐发展中,涌现出大批具有高度文化自觉的音乐学人,他们孜孜不倦地求索开拓、著书立说,为音乐事业做出重大贡献。缪天瑞就是其中的杰出代表。本文从缪天瑞鸿篇巨制的学术成就中取音乐美学视角,对他的音乐美学思想及历史贡献进行初步探讨。

一、音乐美学学科贡献

经历几百年的闭关锁国,我国音乐理论研究在鸦片战争以前几乎与外界隔绝,学习国际先进音乐理论成为一门学科建立的必备条件和迫切需求。缪天瑞在动荡不安的局势中,敏锐地觉察到这一点。自 1929 年,他便默默开始选择、翻译、介绍西方音乐美学论著,对我国音乐美学学科的建立与发展起到了奠基作用。如今,后学者和研究者都要从缪天瑞搭建的台阶起步,从中获益。

(一)译介评述:20 世纪初,如何对待西乐、如何辨别西方音乐思想,以及如何学习西方音乐理论,在当时是新的课题。就音乐美学学科理论成果的借鉴,缪天瑞开创了一条科学之路。他主张有选择地学习西方音乐思想,翻译理论著述的原著者都是公认的世界级音乐大师。如该丘斯(1853 — 1943)是美国当代音乐理论家、教育家,被称为"美国教育之父",培养了大量的音乐人才;列文(1874—1944),俄钢琴家和钢琴教育家,是 19、20 世纪之交俄国钢琴学派年青一代的杰出代表;H. 里曼(1849 —1919),德国著名音乐学家,被称为"一位真正的体系音乐学家""是现代音乐学中最早、最有创造力的学者和老师"[1]等。缪天瑞不仅着眼于当时代最前沿的音乐理论，同时紧扣时事之需，如他1929年选择的列文《钢琴弹奏的基本法则》是当时我国钢琴表演艺术的急需之书；该丘斯的音乐理论著述被作为讲义，其理论体系简单、易学，十分切合当时需要。在翻译文字的选择上，以容易被中国读者理解为准，为后辈学习借鉴西方音乐理论指明了道路。

（二）融合实践：缪天瑞翻译介绍西方音乐美学思想都是应时之需，将西方音乐美学理论与中国音乐理论实践紧密结合，这在译者序中已鲜明表现出来。他翻译整理并再版里曼的《音乐美学要义》，"鉴于本书原书在音乐美学文献中有较高的地位，其所植根的审美思想源于今日我们经常作为演奏、聆听的对象和学习、研究时作为借鉴的音乐作品"[2]。他翻译《曲式学》时使用的曲谱实例大多是钢琴曲，即使是乐队作品，也是用改编的钢琴谱，就是因为我国学习者都熟悉钢琴的缘故。他认为作曲技术学习者迫切需要学习曲式学，这是绝无疑义的，但即使演唱技术学习者，也同样需要曲式学修养。他编译《基本对位法》，是洞察到"西方古时候曾经从曲调与曲调相结合（即对位法）产生了'潜在和声'"，开近世和声学的先河；后来苏联从曲调与曲调相结合产生新的和声，为和声学发展提供新的资料，并且敏锐察觉到"今日我国民族曲调与民族曲调相结合已初露端倪。这种民族曲调互相结合，可能会引发新的和声，为建设我国民族和声提供资料"，因此他编译此书"如能在借鉴方面起一点作用，则幸甚矣"。[3]缪天瑞通过对音乐理论发展的敏锐觉察和对音乐实践发展脉搏的把握，切合我国音乐实践需要，将西方音乐美学理论与我国音乐实践相结合，为音乐实践提供了理论指导和基础。

（三）学科构建：缪天瑞作为20世纪中国音乐美学发展的先驱者之一，开拓了音乐美学发展的基本模式。他在《音乐教育》《乐学》等杂志上发表的一系列音乐美学文章，详细介绍西方音乐美学理论，并将这些理论运用于音乐实践。通过实践探索进一步学习，并融合传统音乐美学思想，开创具有中国意味的音乐美学学科。他关注音乐美学相关学科的发展，吸收音乐社会学、音乐心理学等相关学科成果，不断拓宽音乐美学的视域和内涵。我国音乐美学每一阶段的发展都顺和着这个模式，即学习西方—融合实践（运用）—结合传统双向学习—开创具有中国意味的音乐美学—关注新兴学科、深化发展。

二、音乐美学历史地位

（一）承续开拓：1920年以前，王国维、曾志忞、蔡元培、萧友梅等在文章中提出过美与审美情感的生理基础、音乐的社会功能、内容与形式等重要美学范畴（这些范畴多取自大美学），但却没有人运用"音乐美学"这一学科称谓，包括梁启超这样的有识之士和王国维这样

---

[1] ［德］H.里曼：《音乐美学要义》，缪天瑞、冯长春译，上海音乐出版社2005年版，第5页。
[2] ［德］H.里曼：《音乐美学要义》，缪天瑞、冯长春译，上海音乐出版社2005年版，第11页。
[3] 缪天瑞：《〈基本对位法〉译者序》，载《缪天瑞音乐文存》（第3卷）下册，人民音乐出版社2007年版，第816页。

的大美学家。[1] 直至 1920 年，萧友梅在《什么是音乐？外国的音乐教育机关。什么是乐学？中国音乐教育不发达的原因》一文中，首次使用"音乐美学"这个学科概念[2]，并在此后的《乐学研究法》中给予定位。如果说萧友梅第一次使用"音乐美学"学科概念，开启学科建构历史的话，那么缪天瑞后来发表的《论音乐艺术的阶级性》《历代哲人们的音乐观》《关于绝对音乐与标题音乐》《音乐表现的原质底要素》《音乐是否属于特殊阶级的》等，则为学科发展注入了丰富的内容与活力。他对西方音乐美学成果进行有目的、有选择、有创见的翻译介绍，涉及音乐美学的研究对象与性质、内容与形式、自律论与他律论、绝对音乐与标题音乐、音乐心理学、音乐的功能与作用、音乐美学史等，开拓了音乐美学学科更广泛的论域，成为今人研究音乐美学的重要历史文献。

（二）学科渗透：缪天瑞对待学术研究极为认真，对自己所涉足的领域总是反复斟酌。四五十年代，音乐美学研究步入成长期，音乐学人关注到音乐美学必须与社会实践相联系，要有自己的独立理论品格，出现了赵沨《音乐形式的偏爱》《什么是音乐》、麦新《音乐的本质是为战争或反战争》等文。这一时期，缪天瑞系统翻译了大量论著，该丘斯的系列音乐理论丛书就是在这时期完成的。他一生没有停止过建设的脚步，不仅翻译里曼的《音乐美学要义》等，还翻译了《音乐鉴赏须知》（Fanlkner）、《音乐解剖学》（门马直卫）、《音乐与经济条件》（S.彻摩达诺夫）等大量文章，并撰写出《曲的姿和曲的心》《中国古代音乐的流弊和现代音乐的趋向》等文及大量音乐理论普及著作。古稀之年，仍笔耕不辍，发表《西方音乐美学史鸟瞰》《音乐内心听觉在创作和演奏中的作用及训练问题》《孔巴略的音乐社会学思想浅释》等。他不仅以浩如烟海的文章建设音乐美学学科，而且将一系列研究成果运用于教学，为音乐美学培养了后续人才。

（三）引导学术：作为资深理论家，他对音乐美学学科发展有着敏锐的洞察力，能及时捕捉学科释放的新鲜气息及其发展方向。西方"自下而上"的音乐美学研究方法，系将自然科学成果应用于音乐美学研究。缪天瑞翻译的《音乐美学要义》就是里曼运用这种研究方法释义音乐美学的代表作。缪天瑞编译音乐美学著述时，已关注到音乐美学与音乐声学、音乐心理学等新兴学科的交叉关系。他认为："到最近，更有社会学的音乐美学的出现，这是新兴的学术之一，正待新时代的音乐学者去研究哩。"[3] 2006 年，近百岁高龄的缪天瑞在《天津音乐学院学报》发表《孔巴略的音乐社会学思想浅释》，可见他对引导学术的探索精神。

三、音乐学科一代楷模

（一）音乐教育家：缪天瑞从事音乐教育工作近 70 载，从事过包含中等师范教育和艺术中

---

[1] 参见王宁一《萧友梅与二十世纪的中国音乐学和音乐美学》，《音乐艺术》1994 年第 2 期。
[2] 参见王宁一、杨和平主编《二十世纪中国音乐美学文献卷（1900—1949）》，现代出版社 2000 年版，第 62—70 页。
[3] 缪天瑞：《〈基本对位法〉译者序》，载《缪天瑞音乐文存》（第 3 卷）下册，人民音乐出版社 2007 年版，第 866 页。

专教育在内的中小学音乐教育近20年，从事高等音乐专业教育近40年。他关怀普及音乐启蒙教育，曾编选《中学新歌》《风琴钢琴合用谱》《中国民歌集》《中外名歌一百曲》《世界儿歌集》等中小学教学资料，考察日本中小学音乐体制，撰写音乐教育研究专著《小学音乐教材及教学法》等，主编我国最早的音乐教育刊物——《音乐教育》杂志，以及《乐风》《乐学》等音乐杂志，刊载音乐教育文章及论著，向国人介绍音乐知识、传递音乐信息、提供音乐学术交流。他曾亲手创建温州艺术学院，参与创建天津音乐学院，其办学思想和管理理念给予今日办学者深刻教导。缪老桃李满天下，他的学生甚至学生的学生已成为音乐教育界的中坚力量。缪老丰富的教学经验及独到的教育思想，深刻影响并引领着我国音乐教育事业，是音乐教育事业的开拓者和领路人。

（二）音乐理论家：缪老翻译并撰写了许多音乐理论著述，涉及音乐美学、作曲技术理论、音乐史学、键盘演奏艺术与技巧等领域，多达11种，该丘斯的系列论著《音乐的构成》《曲调作法》《曲式学》《和声学》等成为专业音乐教科书，为作曲技术理论的成熟和传播奠定了基础。他提出的乐器译名的新译法，为我国乐器译名的统一做出了不可磨灭的贡献。20世纪80年代缪老从教育岗位退休后，投入大量精力完成《中国音乐词典》（正编、续编）、《音乐百科词典》及《英汉辞海》部分音乐词目和《中国大百科全书》音乐卷的编排，使学人无从查考音乐知识成为历史。

（三）乐律学家：缪老在我国律学界的地位没有人可以替代，是现代律学的开拓者，堪称王光祈之后当代律学研究第一人。1950年，他出版了让"一般人"走进律学学科的《律学》。其后，以虚怀若谷的胸襟、兼容并茂的学术眼光和锲而不舍的治学精神，让《律学》经过三次大拆大卸，50年磨一剑，日臻完善，成为集古今中外律学成果大成的第一部真正意义的律学专著。在他的引领下，律学学会成立，律学研讨会不断召开，律学研究和宣传日益活跃并为更多人所了解。

（四）著名音乐人：作为一位音乐人，缪老更是音乐界的一代师表。在学术上，缪老以"为乐不可以为伪"的务实理念，以"人生朝露，艺术才是千秋"的理想，以学贯中西、通古晓今的做学问的气势，以锲而不舍、刻苦钻研的研究精神，构筑了音乐学界的理论丰碑。在为人上，缪老德艺双馨，他辛勤踏实做实事，早年就以"科学救国""教育救国"为己任，淡泊名利、默默耕耘，数十年如一日。他洁身自爱，与世无争，一心治学，"文革"期间虽经受无端罪名带来的迫害，却胸襟宽广，正直不阿，高风亮节。无论对同辈对小辈，他都以礼相待，谦逊平和，从不居高临下，不高谈阔论。他的人格魅力和治学风范永远为后人所景仰。

原载《中国音乐学》2009年第4期

杨和平：生于1961年，浙江师范大学音乐研究所原所长、教授

乐坛夫子　学苑师范
——贺缪天瑞先生百岁华诞

冯长春

今年是著名音乐教育家、音乐学家、音乐翻译家、音乐编辑家缪天瑞先生百岁华诞，音乐界、教育界、文化界都在为缪老的健康长寿及其著作等身的音乐成就而表达着由衷的敬意和美好的祝愿之情。缪老是"五四"以来中国音乐文化发展的见证者和参与者，近一个世纪的音乐生涯中，缪老在音乐学研究的多个领域以及我国的音乐教育事业中做出了令人景仰的突出贡献。面对缪老就像面对一部丰厚的音乐书籍，打开其中的每一页，都使人获益良多而油生敬仰之情。缪老一生的音乐贡献远非一篇短文所能概括，本文不是对缪老音乐生涯的个人归纳，更谈不上是对缪老学术贡献的研究，笔者只是把在与先生交往中，从先生的言谈身教中所感受到的大师风范与点滴学术见解，忠实地记录下来，以飨读者，同时表达我对先生的崇高敬意和美好的祝愿之情。

一、对年轻学子的鼓励与关爱

我与缪先生的相识，始于10年前我在中国艺术研究院攻读硕士学位时。当时我正在为硕士学位论文收集资料，发现在1935年缪先生主编的《音乐教育》上刊载了一篇题为《关于音乐的欣赏》的文章，署名"健人"，与1930年黄自于《乐艺》发表的《音乐的欣赏》一文似乎存在今日所谓"复制"之嫌。经我的导师王宁一先生建议，我决定拜访20世纪30年代时任

《音乐教育》主编的缪天瑞先生。

我至今依然清晰地记得我第一次见到先生的情景。当时90岁高龄的缪先生还住在北京西三环昌运宫文化部宿舍一栋16层的楼房里（电梯只运行到15楼）。敲门进屋后，发现先生穿着一身旧式蓝色粗布衣裳，面带温和的笑容，正坐在书桌前静静地等候学生的来访。先生家中的摆设简单而朴素：房间没有任何的装饰，一些简单老式家具似乎已经陪伴先生走过了漫长的岁月，一张舍不得丢弃的藤椅已经看出多次修葺的痕迹了。最引人注目的则是书房里那一排摆满书籍的书橱和墙上挂着的一幅由先生的老师丰子恺先生书赠的画卷。

先生的平易近人与和蔼可亲，使我此后得以经常到先生那里请教问题。其时，先生正着手翻译德国音乐学家H.里曼的《音乐美学要义》一书。由于年事已高，先生看一些字体小的文章时开始离不开放大镜，因此，先生很希望我能接手翻译此书。由于译本是英文而非德文本，当时我就接受了先生的嘱托。尽管先生一再鼓励，记得当时对此书的翻译还是没有把握和缺乏自信。《音乐美学要义》是一本比汉斯立克的《论音乐的美》还要薄的小册子，但从我硕士毕业参加工作后开始时断时续地翻译，到2002年我再次考入中国艺术研究院攻读博士学位交稿时，一晃三年的时间已经过去了。翻译过程中我还参照了先生在20世纪30年代据日译本翻译的手稿，深为先生年轻时的勤奋与博学所打动。交稿后，先生开始对照德文本加以认真校订，其中个别难以翻译的德文句子，缪先生甚至专门拜托金经言先生写信向德国同行求教。译稿在交付出版社之前，先生还特地对我说了这样一句话："这是我此生最后一次出书，同时也是你第一次出书，我们都要认真。"我跟先生一起翻译这本音乐美学小册子的过程中，除了跟先生学着如何"信、达、雅"地翻译外文著作外，更重要的是在与先生的交往中，切身感受到了在渊博的学识之外，先生更有着对年轻学子真诚的关爱之情。

记得我在攻读硕士学位时，先生曾多次问我平时有没有时间听音乐，告诫我一定要多听音乐、经常在钢琴上弹奏作品，音乐学研究一定要和感性的音乐经验结合在一起；同时还叮嘱我，一定要掌握好一门外语。钢琴弹得好，读谱就快，外语学得好，看外国文献就方便。令我感动的是，先生甚至要送我一部他曾经使用过的音乐播放机，还说他有一架钢琴在天津，要是在北京的话就可以提供给我练琴之用。先生或许已经忘记他说的这些话，但我却一直铭记在心，其中不仅是对我个人学业的关心，更可看出先生作为一位长期从事音乐教育的老音乐家，对年轻学子的热情鼓励和真切关爱。

二、对音乐在素质教育中之作用的重视

先生一生涉及音乐教育、律学、作曲技术理论、音乐美学等多方面的研究，除具备坚实的音乐修养外，更有着丰富的人文科学乃至自然科学的修养。因此，先生主张从事音乐学习与研究者，一定要具备较为丰富的综合知识修养，尤其是要注重艺术和科学之间的联合；同时，对于从事其他学科的学习与研究者而言，良好的音乐修养可以激发他们的创造潜能，从而在科学研究的道路上取得更大的成就。

有一件事可以说明这一点。2003年3月的一天，我在中国艺术研究院的研究生部收到先生委托音乐研究所范慧勤老师捎来的几篇文章，其中一篇是《人民音乐》2002年第10期刊发的特稿《李岚清副总理在中央音乐学院庆祝教师节音乐会上的讲话》。李岚清同志在讲话中指出："教育创新……关键要有新的教育思想、教育观念、教育体制和教育方法，全面实施素质教育，努力提高教育质量。"在谈到关于科学创造与艺术创造和艺术教育的关系时，李岚清同志说："很多事实证明，艺术和科学是相通的。"文章援引达·芬奇、俄罗斯"五人强力集团"中的鲍罗丁等人不但在艺术上有极大的造诣，而且各自在科学发明、医学等方面都有出色的表现，我国的地质学家李四光创作了中国第一首小提琴曲《行路难》，以及最高科学技术奖的获奖者袁隆平教授也会拉小提琴等艺术与科学联姻的例子，强调了科学素养与艺术素养并举在科学创新与艺术创新上的重要性。因此，李岚清副总理希望"音乐艺术和其他的科学、学科之间架起一座桥梁，加强院校之间的合作，共同来实施和加强素质教育"，"培养更多的高素质创新人才，为祖国的繁荣昌盛，为中华民族的伟大振兴作出更大贡献"。文章写得生动而富有说服力，从中也可看出李岚清副总理对艺术教育、素质教育的关心与重视。缪先生是很认真地读了这篇文章的，从他在文章多处段落加下划线做标记以示重视即可看出。同年3月，在为韩宝强博士的专著《音的历程——现代音乐声学导论》所作的序言中，缪先生还专门摘引了李岚清副总理这篇文章中的重要观点，可见先生对文中观点是非常赞同的。在该书序言中，先生还进一步论述道："'音乐和科学相通'对于从事学习和研究音乐的人来说，确实是一个带有学术方向性的命题。我们学习或研究音乐理论和音乐技能时，不仅需要把握各种音乐现象，还要深入理解其科学本质，'知其然还要知其所以然'。"[①]

如李岚清同志所指出的那样，对于普通教育而言，重视音乐艺术与科学精神的培养，则与我们已经熟知的"素质教育"的理念密切相关。但是，当前社会确也存在这样一种观念误区，即对于并非专门从事音乐学习的一般学生而言，是否掌握一门音乐技能被视为"素质教育"的重要标志，但同时却忽视了专门从事音乐学习者是否应具备其他知识修养的素质要求。不夸张地说，很多专事音乐学习的学生，连一封文字通顺的书信都写不好。因此，缪先生强调从事音乐学习与研究者须具备综合知识结构的思想便具有极为重要的现实意义。先生还强调指出，作为音乐教师，特别应该具备一种综合的知识结构。2004年，先生先后撰文纪念他的老师丰子恺和吴梦非两位先生。在与笔者两次谈及撰写这两篇文章的目的时，先生都明确指出，这是为了"提倡一种'综合'或'融合'的艺术教育思想"。先生认为，现在的艺术教育是有问题的，"问题的关键在于分工过于明细，因此老师与学生的知识结构都越来越单一"，因此，音乐教育工作者应是一个"通才"而非"专才"。在先生看来，丰子恺、吴梦非等艺术教育家都是"通才"而非"专才"。

一个耄耋之年的音乐老人，依然在关心着音乐与科学、素质教育等事关国家与民族发展的

[①] 缪天瑞：《〈音的历程——现代音乐声学导论〉序》，载韩宝强《音的历程——现代音乐声学导论》，中国文联出版社2003年版，第1页。

问题，每念及此，不禁使人产生由衷的敬仰之情。

三、对当代音乐教育问题的批评

依笔者之见，先生对音乐教育的重视超过了对任何一个学术问题的关注。记得每一次与先生见面，先生谈得最多的就是音乐教育问题。而且，对于当前的普通音乐教育和专业音乐教育，先生都有着自己的思考和看法。

早在百年前的 1907 年，王国维就指出了学校唱歌的根本目的在于美育，而非以德育替代美育。王国维认为："虽有声无词之音乐，自有陶冶品性，使之高尚和平之力，故不必用修身科之材料为唱歌科之材料也。故选择歌词之标准，宁从前者而不从后者。若徒以干燥拙劣之辞，述道德上之教训，恐第二目的未达，而已失其第一目的矣。欲达第一目的，则于声音之美外，自当益以歌词之美。……循此标准，则唱歌科庶不致为修身科之奴隶，而得保其独立之位置欤。"[①] 王国维在 20 世纪初叶指出的学堂乐歌时期音乐教育中所存在的问题，在强调与重视美育的今天是否依然存在呢？

在缪先生看来，普通音乐教育就是通过音乐实施美育，美育是基础音乐教育的根本目的。但是，先生也指出，直到今天，在我们的中小学音乐教材中，依然存在过于强调音乐为其他目的服务乃至流于说教、失于美育的现象："许多歌曲的歌词内容，并不能给学生带来美的享受，也难以启发学生丰富的想象力和审美感知能力；学生上音乐课不是上德育课或其他课，而是为了获得音乐美的享受。"因此，先生认为，普通音乐教育应以如何更好地实施美育为出发点和归宿点。先生朴素而尊重教育规律的认识，对于正确认识普通音乐教育的根本目的，更好地实施音乐美育，无疑具有重要而积极的建设意义。

说起今天的专业音乐教育，很多人或许都有一种"大跃进"的感受。以笔者所在的山东省为例：在 17 个地市中，每一地市至少有一所高校有音乐系的设置，所有师范院校均下设音乐系或音乐学院，此外，一些综合性大学乃至个别专业性很强的理工科院校也都开设了专门的音乐系；每个音乐院系每年的招生数量多者数百人，少者几十人。笔者曾戏称音乐教育成了"唐僧肉"了。是什么促使音乐教育被如此"看好"？缪先生对此却颇为忧虑。2007 年 4 月缪老百岁华诞前夕，在与笔者再次谈及音乐教育问题时，先生颇有点儿激动地说："西方的音乐教育是很发达的，但西方任何一个国家都没有中国的音乐学院多，听说我们现在有 80 多个音乐学院了。"

先生是把全国许多艺术学院、师范大学中的"音乐学院"也包括在内的。的确，客观地讲，目前我国一些音乐院系在"量"上的不断增加并没有带来音乐教育在"质"上的提高。近年来，音乐考生的数量逐年递增，与此同时，各地高校的音乐院系也相应地扩大了招生计划。

---

① 王国维：《论小学校唱歌科之材料》，载张静蔚编《中国近代音乐史料汇编（1840—1919）》，人民音乐出版社 1998 年版，第 229—230 页。

但是，扩招带来的结果是，一些师范院校的音乐院系中，不但技术理论课自然而然地成为合堂大课，声乐、钢琴等表演性课程，也都早就出现了"齐唱""齐奏"的无奈之举。学生自身音乐素质的差异性在很大程度上被忽略掉了，代之而起的是一概而论的基本训练课，教育质量滑坡现象已经存在。更为严重的是，招生时的火爆现象和大学生毕业即失业的现实形成了强烈的反差。缪先生对目前出现的这种非正常现象也比较了解，每谈及此，先生都显得十分担忧。他以自己从事专业音乐教育的经历和当下专业音乐教育的现状进行对比后认为："现在的音乐教育，因为扩大招生和一些院校师资力量的薄弱，教学效果远不及以前学生数量少的时候；而且，这样下去，已经不仅仅是一个单纯的音乐教育问题，而是给社会带来了许多不安定的因素。"先生忧虑的这个问题，当然也不仅仅是音乐教育上的问题，它实质上反映了当前中国教育中依然普遍存在的应试教育、功利思想以及缺乏良性的社会宏观调控等诸多问题。这是值得我们警醒和反思的。

四、对中国近现代音乐历史的点滴反思

先生一生亲历中国近现代音乐文化的发展，对其中的体味远比一般人要深刻得多。因此，在与先生的交往中，我也经常会问及他对中国近现代音乐历史发展的认识和看法。先生有着惊人的记忆力，许多早年的音乐经历依然能够清晰地记得，同时也有着自己非常客观的认识与评价。先生曾谈及许多有关近现代音乐史上的问题，但在我印象里，在对历史的反思中，谈得最多的是"文化大革命"时期极左政治对音乐文化的钳制和对音乐家的迫害。2002年10月，缪老在一次和笔者的谈话中说："20世纪好多事情我是亲眼见过的，有的是亲自参与的。给我印象最深的就是'左'和'右'的斗争。事实上，每个人都有功有过，这是很正常的，只要我们不要忘记人家的贡献就够了。"

回想一生经历过的风风雨雨，先生不无感慨地说："由于打仗的缘故，我中学时就开始逃难，多少年来吃饭都成问题，'左''右'问题根本不算什么问题。我翻译该丘斯的书，都是在煤油灯下完成的。"回到现实中，先生笑着对我说："你们这代人比我们幸运、幸福，没有遭过我们当时受过的那么多的灾难。"先生从来有着淡泊、平和而乐观的心态，正是这种常人不多有的心态，使得先生能够从容面对一个世纪以来中国音乐界所经历的光荣与耻辱、辉煌与苦难。尽管先生追忆的"文革"时期极左政治对音乐文化的摧残早已成为历史云烟，今天的中国音乐文化的发展与繁荣亦非过去所可同日而语，但先生在百岁之龄、21世纪初叶的今天回顾与反思那段永远值得警醒的历史，对于未来中国音乐文化的健康发展，依然有着引人思索的积极意义。

熟悉缪老的人都深为缪老一生淡泊明志、笔耕不辍的精神所打动，先生堪称"乐坛夫子，学苑师范"。去年今岁笔者两次拜望先生时，先生都谈及正在将早年发表于刘天华主办的《音乐杂志》上的一篇记录整理民间音乐的文章中的曲谱加以改编，使之能为中小学音乐教育所用，其贯穿一生的"孺子牛"精神由是可见。回顾过去的百年，先生在80余年的音乐生涯中，

为中国音乐文化的建设做出了多方面的重要贡献。正如笔者在开篇所言，缪先生的贡献与成就远非一篇文章所可概括与归纳，面对缪老就像面对一部丰厚的音乐书籍，其中的每一页都值得我们充满敬意地细细品读与学习。值先生百岁华诞之际，在这篇短文的最后，笔者愿将最美好的祝愿献给尊敬的缪老，衷心祝愿缪老身体健康，再谱华章！

原载《人民音乐》2007年第8期

冯长春：生于1971年，上海音乐学院音乐学系教授

纯真携智慧远行

——跟随缪院长学习的点滴感悟

韩宝强

一、学从典出

我努力把思绪前伸到 26 年前。我跟缪院长的学习是从词典开始的。

在学界，工具书的多寡往往成为衡量一个学科发展是否成熟的标志。今日音乐学之所以能够在世界学坛立足，正是因为有了像《新格罗夫音乐与音乐家辞典》(*The New Grove Dictionary of Music and Musicians*)这样大部头的工具书。我国古代在书目、类书和字典等工具书方面颇有建树，但在词典和百科全书这类新型工具书出版方面却相对落后，具体到音乐辞书，直至 20 世纪 80 年代初，中国大陆甚至未出版一本具有自主知识产权的音乐词典。

作为中国现代音乐教育的重要奠基人之一，缪院长决意要改变这种状况。为此，他放弃天津音乐学院院长、天津政协副主席等职位，移师北京主持《中国大百科全书·音乐 舞蹈》《中国音乐词典》和《音乐百科词典》的编纂工作。恰逢此时，我考入先生门下攻读民族音乐学专业律学方向硕士研究生，自然而然与词典工作发生了联系。在此之前，自己专业是作曲，跟现在所有学作曲的学生一样，整天埋头于"四大件"和作曲主课，加之当时天津音乐学院尚未成立音乐学系，所有理论学科都归属在作曲系下面的教研室中，因此对音乐学理论的学习既不系统，也无方法。

我的入门学习始于为《中国大百科全书·音乐 舞蹈》和《音乐百科词典》撰写律学、乐理、舞曲等方面的词条。由于音乐理论基础薄弱，开始时感觉压力很大。缪院长教给我这样一个方法：查阅权威词典，阅读相关词条，归纳其优缺点，然后写出我们的词条。此法看似简单，但实践起来并非易事。首先，如何鉴别词典的权威性？记得自己当时在校内外图书馆翻遍所有能找到的音乐词典，包括格罗夫、柯林斯、牛津、哈佛等各种不同版本英文音乐词典和大英百科全书等，查阅、翻译、归纳。然而各词典之间的说法往往不一致，采信谁就成了问题。先生开始教我如何从编纂者知识水平、出版社权威性和综合实力以及出版年代的远近等方面来鉴别词典的权威性，又教我如何用互校的方法确定词条内容的可信度，同时还不厌其烦地告诉我不同规格（如大百科、简明百科、小百科）词典条目的撰写体例，等等。在先生耐心指导下，经过近半年努力，自己终于完成了百余条词目撰写任务。

现在回想起来，当时先生教我撰写词典条目的方法似乎并不复杂，却已包含了词典学、文献学、版本学、校勘学、考据学以及相关音乐专业等诸学科知识的传授。对于今日音乐学专业学生而言，这些知识或许唾手可得，但对于当年像我这样一个刚刚从音符转到字符的理论盲人来说，先生的指点宛如醍醐灌顶。这种"急用先学、学以致用"的方式，让我在较短时间内掌握了从事音乐理论研究工作的基本功，并享用至今。

如今这种方法已经应用于我的教学之中，尤其是对那些毕业于非音乐理论专业的学生来说，此法屡试不爽。我甚至认为，即使是音乐学专业出身的学生，用撰写词典条目来凝练文笔也是个不错的写作训练，词典条目讲究语言的精练和结构的严密，而大型条目还要概述历史发展、提供参考书目等，这些都属于音乐理论专业论文必备的属性。我以为，音乐学专业的学生一旦能够写好词典条目，就如同学习作曲的学生能够灵活驾驭"单三部"曲式，有了这个良好基础，自然有助于构筑未来的鸿篇巨制。

这里顺便讲一下网络工具书的利用问题。现在网络文化发展迅猛，许多同学经常利用网上工具书来查询问题答案。对此，我想提醒大家注意工具书的可信度问题。网上在线工具书虽然很多，但往往鱼龙混杂，与音乐相关且具较高学术价值和可信度的并不多。仅就笔者所见范围，目前我认为可以放心使用的，如英文版《牛津简明音乐词典》和《新格罗夫音乐与音乐家辞典》等（需要付费）①，中文版的音乐词典尚未发现。国内曾经有一个网站将缪院长主编的《音乐百科词典》搬到网上，但目前该网址已无法使用。词典不同于一般书籍，它是构筑规范化学科语言平台的基础，基础发生问题势必影响全局。网上资源使用起来固然方便，但在"方便性"与"可信性"二者不可兼得的情况下，我们必须取后者。

二、律以致用

从学习律学的第一天起，先生就提醒我，不要孤立地研究律学，一定要与音乐实践相结

---

① 网址：http://www.oxfordmusiconline.com;http://www.grovemusic.com。

合，否则没有出路。我的硕士和博士学位论文选题最后都与音乐实践紧密相关，因为我想到：一位与律学打了一辈子交道的学者给我的提示，绝对不会有错。

从音乐角度看，律学是研究音高准确性的学科，从春秋时代的乐官州鸠谈论有关乐律问题算起，中国的律学研究至少有2000多年的历史。历代律学家所关注的核心问题，是如何解决黄钟"周而复始"的难题。以今日熟悉的音乐概念为例，就是以C音为出发点，经过十二个纯五度音程的转变后，所生成的 #B 音会略高于C，音高差为24音分（相当于1/4半音）。二者因为不是等音，便不能实现"周而复始"。随着十二平均律计算方法的出现，古代律学家所关注的核心问题已经彻底解决，但新的问题仍等待律学研究者来解答，包括不同民族、地区音乐所使用的律制属性问题、乐器定律的准确性问题，不同律制乐器合奏产生的律制冲突问题，以及不同律制的听觉心理感知问题等。

在听取缪院长和黄翔鹏先生（我的副导师）的建议之后，我决定将陕北民间的律制属性问题作为硕士学位论文研究的题目。陕西民间音乐具有非常鲜明的地方特色，尤以其中的两个"偏音"（Fa、Si）的游移性引人注目。在我研究之前，已经有许多学者就偏音的律学属性提出自己的看法。有的认为是3/4音，有的认为是纯律，有的则认为是3/4音与纯律的结合。但我注意到，上述观点的提出都缺乏可靠的音高数据的支持。而解决这一问题的突破点，就是要找到一种能够测量实时乐音高度的方法，显而易见，这是个实践性极强、困难极大的课题，因为在当时，天津音乐学院不具备任何律学测音条件。在两位导师积极鼓励和具体指导下，我通过多次实验，最终采用一种"音响转换"的方式解决了测音问题[①]，并在数据分析的基础上完成了论文写作。这是国内第一次使用实时音乐音高测量的方式进行律学研究，此法后来又应用于新疆维吾尔族十二木卡姆的音律测量。

如果说通过撰写词典条目先生教会了我如何搜集和利用文献，那么对陕西民间音乐的测音实践则使我在应用律学研究方面有所收获，那就是真正理解了律学实践的重要性以及声学测音对于音乐理论研究的不可或缺性。这一理念在我后来博士学习阶段得以延续。为了让我更为系统地接受声学理论指导和实验训练，缪、黄两位导师干脆让我到以声学研究闻名的重要学府——南京大学信息物理系声学研究所，师从包紫薇教授学习一年。南大系统的学习不仅让我学到了现代音乐声学理论，也使我动手实验能力大为增强。为了完成音准感实验，我不惜花两个月时间在中国艺术研究院音乐研究所亲手参与设计、装修了一间标准听音实验室和一间测音实验室，缪院长为我的实验工作专门向文化部递交申请购置实验设备并顺利获批，这些实验条件不仅为我的音乐家音准感研究奠定了坚实的基础，也为全国律学测音和乐器改良研究提供了有力支持，成为文化部指定标准音乐声学实验室。

需要注意的是，目前国内律学研究仍然存在忽视律以致用的问题。譬如，由于缺乏与钢琴调律和乐器制造相关的律学教程，许多调律师没有从原理上理解十二平均律的生律方法，而只是通过死记师父告诉的拍音数来调音，由此导致无法进一步改进调律技术，提高调律质量。再

[①] 详见《音乐学习与研究》（《天籁》杂志的前身）1985年第2期。

譬如，由于缺乏基本律学常识，许多乐器制造者多年来一直靠经验来确定笛孔位置、弹拨乐器品相的排列，由此导致乐器发音不准，直接影响演奏音响效果。我国乐队演奏员和指挥长期漠视律制对音乐合奏音响效果的影响，导致乐队整体音响艺术水准低下，不可否认，这其中也有律学研究者不可推卸的责任。

笔者在此强调律学的实践性，绝非否定律学理论的价值，而是想把学习缪院长《律学》一书的最终感悟告诉读者，那就是先生在第一章中所言："律制不是孤立存在的，而是与音乐本身紧密联系。所以律学不可能只作数学的研究，而必然由于实际而涉及律学的应用和发展。"

三、胸怀至上

这里想讲一下对缪院长学术品格的感悟。

读大学的时候，我就听说缪院长曾经邀请教授中国文学课程的老师为《律学》书稿检查文法方面的问题，当时只感觉先生做学问的态度比较认真。后来接触先生多了，慢慢发现先生的做法不单单是一种认真的态度，而是一种海纳百川的学术胸怀和境界，它已经贯穿于先生的整个学术生涯之中。

读研究生期间，凡碰到不懂的问题去请教先生，大多数情况先生会告诉我谁是这方面的专家，让我直接去读这位专家的文章。开始以为这是先生忙于自己工作无暇顾及的缘故，但后来通过与先生讨论问题发现，先生其实早已看过这些文章，而且颇有自己的见解。那先生为什么不直接回答我的问题呢？现在想来或许有两种可能：第一，通过自己研读文献来解决问题有利于提高学生分析问题、解决问题的能力；第二，先生不愿意掠他人之美。对于后者，我可以找出许多事例加以佐证。

譬如先生在《律学》书中，凡与书中内容有关的学术成果皆详尽列出人名，无一漏过，哪怕只是提出一点修改意见指出某个频率值的错误！由于先生这种谦逊的人格魅力，律学界人士，不论门派，皆与先生保持良好学术关系，并主动帮助先生检查书中错误。也正是得益于众人相助，50多年来，先生的《律学》在初版的基础上做出3次重大修订，且每次都有观点改变、材料更新以及内容的添加。实事求是地说，一本《律学》从初版的数十页到今日数百页的规模，其中确实包含了诸多为先生宽广胸怀所倾倒的志士仁人的关心和贡献。

再譬如，在编纂《音乐百科词典》过程中，有些稿件质量一直无法提高，只能由先生亲自动手修改，有时修改量已经超过百分之九十，但先生依然坚持保留原作者名。他认为修改稿件是编者的天职，绝不能因为修改量多寡而抹杀他人的学术成果。然而与尊重别人学术成果呈鲜明对比，先生对自己的名誉却看得淡而又淡，最典型的例子，就是坚持不让自己的名字入典，理由是"主编不入典是一种惯例"。上学期间，遇见老师众多，学生脑海中难免会在老师之间做出价值判断。而年轻学生往往喜欢以学术水平高下"论英雄"。毕业到了研究机构，打交道的多是资深学者，且研究方向不同，学术水平的可比性已降至二线，取而代之的是什么？依笔者愚见，那就是学术胸怀。众所周知，当下一些权力者利用手中权力捞取学术虚名似乎已成常态，而少数不良脑力劳动者剽窃他人劳动成果的现象也已司空见惯，这种状况与缪院长"主编不入典"的学术胸怀两相对照，人格差异何等迥然！

先生海纳百川的胸怀还表现在敢于修正自己的观点。以《律学》的修订工作为例，1965年缪院长对《律学》作第一次修改时，就修正了其在初版《律学》中提出的以纯律为最佳律制的观点，而是强调应当以十二平均律为标准，同时与其他律制相适应的观点。1983年进行第二次修改时，增加了律学应用的篇幅，并从民族音乐学角度，重视世界各国的律制、乐制特点和发展过程。1996年的第三次修订版又吸收了20世纪以来世界各国学者乐律研究的新成果，增加了各民族乐制的新材料和应用情况，并修正了前面版本的错误。可以说《律学》修订过程本身就是一面镜子，将作者虚怀若谷、兼容并蓄的学术胸怀尽显读者面前。

四、纯真无疆

多年与先生接触，从未意识到先生的年龄问题。即使在2007年北京人民大会堂参加先生百岁诞辰的纪念会上，我也没有感觉到前面端坐的老师已是经历百年沧桑的老人，为什么会有这样的感觉？是因为他的嗓音没有那么苍老？是为他鹤发童颜的容貌所迷惑？还是为他那孩童般的灿烂笑容所打动？上述因素可能都有一些，但最主要的因素还是来自先生的心灵，这是我后来才逐渐发现的秘密。

毕业后，生活不再单纯，工作环境和人际关系都发生了变化，日常生活和工作总会遇到不愉快的事情，但我慢慢总结出这样一个规律，每次去探访先生，无论进去时的心境如何，出来时总是心旷神怡。这绝非故弄玄虚，仔细分析其实道理也简单，缪院长虽然年逾耄耋，但心灵却如同少年一样透明：他对新鲜事物的敏感、对工作学习的认真、对学生同事的热情、对社会不良事物的憎恶，乃至对美味食品的向往，统统写在他的脸上，没有丝毫隐藏，与这样纯真的老人进行对话，你会发现原有的世俗杂念已在不知不觉中烟消云散。

最近一次去拜访，与先生谈的是关于他的《音乐文存》修改问题。谈话中，这位年逾百岁的老人对自己文稿中存在的问题，其认真态度宛如小学生在修改自己的数学作业。这不禁使我想起众人对缪院长长寿秘诀的探讨，或许纯真而开阔的胸怀才是先生长寿的最大秘诀。

记得莎士比亚的戏剧中有一句经典台词："无瑕的名誉是世间最纯粹的珍珠。"

我为天津音乐学院曾经拥有缪院长这颗珍珠而自豪。

值母校建校50周年之际，承树群主编盛情之约，将跟随缪院长学习的一点感悟记下。由于时间间隔较长，疏漏和错误在所难免，诚望校友师长不吝指正。

原载《天津音乐学院学报》2008年第3期

韩宝强：生于1956年，中国音乐学院音乐科技系原主任、教授

百岁学人的人生感悟

——父亲的"敢于放弃"和从不放弃

缪裴言

我的父亲缪天瑞 1908 年 4 月 15 日生于浙江瑞安，今年是他的百岁华诞。在我们家人的心目中，他数十年来，总是那样安详地伏案工作。无论是在写作，还是在阅读，他的形象总是那样沉静、释然，像一幅淡定的国画，像一幅深蕴的油画。

父亲去年接受《温州都市报》采访时，问到他的养生之道，他说："我觉得最要紧的还是精神，把什么都放开。我当了 24 年院长，最后还是放弃，到文化部中国艺术研究院音乐研究所当研究员，编《音乐百科词典》。我想敢于放弃也是养生之道啊。"当问到他回眸百岁人生最大感悟时，他说："也没有什么感悟啊，我想——人生朝露，艺术才是千秋啊！"爸爸这段富于哲理的话，令我深思良久。

是啊，人生既漫长，也短暂。一生中哪些应该是"敢于放弃"的，哪些是不该放弃的？确实值得我们深思、抉择。"敢于放弃"既是爸爸的长寿之道，也是他的人生感悟。在他的人生岁月里，放弃了那么多——名誉、地位、财富、休闲、娱乐等。这些在他看来都像"朝露"一般短暂、轻薄；而对于学术研究、为人准则等，则是他从不放弃的"千秋"大事！

20 世纪 80 年代初，时任天津音乐学院院长兼任市政协副主席、市文联名誉主席，他放弃了，去当一名研究员，专心于音乐辞书的编辑。当时有人说：他要是留在天津比去北京会有好得多的政治待遇和生活照顾，后来在生活上也确是遇到了一些困难。在北京的 20 多年里，他参与了《中国音乐词典》（正编、续编）和《中国大百科全书·音乐 舞蹈》的编辑工作，主持了《音乐百科词典》的编辑工作，过的是纯粹而又寂寥的学者生活。

词典是能为音乐家"树碑立传"的，1990年前后，他在一封信中说：词典编者不为自己立条，这是惯例。自己不能为自己立传。《中国大百科全书·音乐 舞蹈》是一个违心的例外。（大意）他参与主编的《中国音乐词典》（正编、续编）和《音乐百科词典》囊括了数十位当代著名音乐家，唯独没有他自己的条目，而《中国大百科全书·音乐 舞蹈》，他是编委会四位副主任之一，自己是否立条会涉及他人，因此不得不违心从命。

当年他从台湾返回大陆，何尝不也是一种"放弃"。1949年，他擅离台湾省交响乐团副团长之职，带着妈妈和妹妹，搭乘十几吨小帆船，冒险越过海峡回到刚刚解放的老家浙江瑞安海边。后来曾有台湾杂志刊文说：当时有那么多人从大陆来到台湾，而缪先生却从台湾跑回大陆。当然，父亲的离台是因为他的进步倾向和遵照李凌等朋友的意见。正是这次选择为他日后的工作提供了条件。

父亲伏案执笔，旁无他顾。早年在老家昏暗的菜油灯下，抗战时期在福建山区透风寒冷的屋子里，甚至晚年生病住院时，他的手始终没有离开过笔。他从18岁参加工作，到81岁时离休，数十年如一日，几乎放弃了所有闲暇时光，没有节假日，没有星期天，正月初一也不例外。曾有假日上班被反锁在楼里不得回家的故事传为笑谈。他常为抓紧写作而回避不必要的会议，曾开玩笑地说："我逃会是出了名的，我实在是没有时间啊！"

他称自己的写作"惜墨如金"，的确是字斟句酌，一丝不苟。他每写好一篇文章或一段文字，总要标出需要推敲、补充的句段，或征求别人意见，或自己再三斟酌。编写词典，凡重要的词条都要和撰稿人反复商讨，几经修改方作定稿。他让我撰写儿童用大提琴和小提琴条释文，嘱我一定要到乐器厂调查相关数据，取得第一手准确资料方可下笔。为修改有关音乐社会学一文，他将德文原文版和英文版、日文版反复对照订正，还让我将日文版中的有些段落译出来对照修改，在翻译《音乐美学要义》时，德文书中有些没有把握的词句，他写信给在德国留学的外孙女询问。

去年，天津音乐学院和人民音乐出版社决定出版他的文集。从以往专著、译著中选择11本书，加上近期完成的《音乐随笔》，编成三卷本《缪天瑞音乐文存》。《缪天瑞音乐文存》绝大部分是再版书，出版社建议保留原样，尽快交稿。但他坚持对其中早年出版的书做较大修改，他说："只要我还健在，明知有错就不能不改。"于是拟订修订日程，每天上下午都趴在写字台上改稿。其中让我帮助修改的两本音乐教育类书，每个章节他都提出具体修改意见，我改过以后他还要再仔细订正。《曲式学》和《对位法》两本是50多年前出的书，纸张发黄，字体小，繁体字，看起来十分吃力，他一手拿放大镜，一手握笔，坚持自己动手修改，终在11月底交稿。

父亲认真、严谨和谦逊、严于律己也是终生不渝的。凡与他合作过的人都说他温文尔雅、遇事低调、谦虚谨慎、平易近人。1998年，在天津音乐学院举行的"缪天瑞先生学术思想研讨会"上，他发言的中心意思是请大家指出自己的错误。他说："我一辈子做了点事，是普通音乐工作者应当做的事，没有什么值得研讨的。倒是我所做的事和书中所写的，错误是不少的，希望大家都能指出来。"他凡见到别人文章里有对他的过誉评价，总要说明事实，有时还专门写信要求给予更正。他常以他的老师丰子恺先生和朋友钱君匋先生一生为例说："对一个人的评价不在当时，至少要在几十年后才有定论。"

20世纪70年代末，父亲的一位老朋友送来两瓶白酒，因为他的孙子考上了天津音乐学院，他说："学生是凭自己能力考上的，我要是收了他的礼，别人会以为是凭我的关系。"他让我设法把酒退回去，后来了解到该生父亲在天津某工厂工作，我就把两瓶酒送到工厂退回了。1980年，我女儿从天津音乐学院附中毕业报考中央音乐学院，当年中央音乐学院钢琴只招了一名比她大几岁的男生，女儿后来上了天津音乐学院，当时中央音乐学院谁也不知她是老院长唯一的孙女，事后有老师说：老院长怎么也不事先说一声呢。

父亲谦和的品格赢得全家和子女们的尊敬。父亲和妈妈相敬如宾、相濡以沫，共度75个春秋。2004年5月，93岁的妈妈病故，父亲哀痛万分，怅然若失。办完丧事后，大姐和我们不忍离去，我们决定轮流住在父亲家里与他做伴。父亲平静地说："你们各自回去吧，我已经想好了要做的事，我会安排好自己的生活的。"从那以后，他开始写一些回忆文章，回忆求学时的师友和同事以及自己学习音乐的历程，并整理、修改以前发表的文章，结集编成《音乐随笔》。一个如此高龄老人，不仅生活自理，而且每天仍坚持工作数小时，这对我们晚辈是无言的鞭策。每年五六月间，父亲总要在子女陪同下，来到十三陵妈妈树葬地献花祭奠。父亲和妈妈相亲相守的一生是我们后辈永远的楷模。

父亲尊重子女们的自主选择。我大姐和二姐十六七岁时先后参军，父亲都很支持。我初中毕业时，父母希望我继续上高中大学，但我决意和班上全体团员一起报考师范学校当小学教师，几经劝说不从，后来还是支持了我的志愿。后来我家四个子女和父亲母亲一样都成了各类学校的老师，我家是真正的教师之家。

去年，我在日记里曾写过一首短诗：

我不知道哪天是父亲节
也从来没有想过要过父亲节
我从来没有向父亲祝贺过父亲节
虽然父亲是我最尊敬、最思念的人
父亲从来没有给过我什么"谆谆教导"
但他对我的影响却超过所有的人
——无论是他的为人还是他的学识
想起父亲我总觉得自己"望尘莫及"
如今我也成了孩子们的父亲的父亲
不知道我是不是也在影响着他们
愿他们的人生都能胜过我

更希望他们的一生都能像我的父亲

原载《中国艺术报·中国音乐》2007年4月27日

缪裴言：生于1937年，曾任天津市五十四中教师、教务副主任，原天津市教研室音乐教研员、音乐教研室主任

感受平凡的神奇

——读缪天瑞先生《音乐随笔》有感

韩宝强

今年（2009）6月看望缪先生时，先生将他的《音乐随笔》送给我，并笑着对我说：这本书很好看，里面有很多我童年时候的事情。缪先生一生共出版20余部著作（不计各种重版），在我记忆里，这恐怕是第一次听到先生说自己的书"很好看"。

书是数十篇论文的结集，是先生在21世纪开始前后六年间陆续写出的，按内容分成三部分：第一部分是学术性论文，内容大体上涉及民族音乐、作曲技术理论和律学研究；第二部分是回忆性文章，"主要记录幼年和青壮年时期音乐生活"（书《自序》）；第三部分是纪念故友或受人委托写下序文一类的文字。我想先生所说"很好看"，或许是指其中的一些回忆早年学习音乐的文章，因为在这部分中，先生用近乎童稚的笔触描述了他在小学和中学时期一些有趣的学习音乐的场景。

晚上躺在床上翻开先生的书，光看目录就很吸引人，如《〈十景开场〉琐记》《难忘的钟老师——小学时期的音乐生活》《学习乐器趁年少——中学时期的音乐生活》……习惯于阅读先生学术著作的我，猛然间看到这样闲适、怀旧的题目，不禁产生一种轻松的感觉：先生似乎正在卸掉厚重的学术负载，重返年少时的纯真。而当我完全走进文字当中后，不仅验证了这种感觉，同时也增添了几分神奇之感。

一、神奇之一：恒久的定力

《音乐随笔》中有几篇文章，最后的改定日期为 2008 年 4 月，如《民族乐器改良漫谈》《〈十景开场〉琐记》《近世德国作家诗作中所描述的歌人》《学习乐器趁年少——中学时期的音乐生活》等，而此时先生恰好 100 周岁。虽然目前世界上百岁老人已不罕见，但在这个年龄还能从事写作的人我却从未听说过。2009 年 4 月 15 日在探访先生的时候听其家人讲，据小区办事处人员介绍，目前北京共有百岁老人 100 余位，但生活质量高的不多，而还能从事写作的恐怕只有缪先生一人。

记得先生在 1996 年第三次修订完《律学》后就曾对我说，不准备再写学术性东西了，因之前编辑《中国音乐词典》《中国大百科全书·音乐 舞蹈》《中国音乐词典·续编》《音乐百科词典》等几部巨著已经消耗太多精力。今后即便再写也只是写一点轻松的小文章（原意大致如此）。当时先生已是 91 岁高龄，说此言可谓实事求是：在这样的年龄，能够平顺生活已属不易，谁还奢望再从事艰深的学术工作呢？然而神奇就这样出现了，在准备"挂笔"之后，先生又完成了《欧洲音乐的和声史述要》《音乐内心听觉在创作和演奏中的作用及训练问题》等重要学术论文的写作，整理出版了三卷本的《缪天瑞音乐文存》，最后则是这本收官之作《音乐随笔》。这意味着，在先生说完"不准备再写学术性东西"之后，至少又审核了数百万字的稿件（文存），写出了几十万字的论文！

从 1927 年 12 月缪先生首次在《新乐潮》杂志上发表第一篇论文《曲的姿和曲的心》算起，直到《音乐随笔》的出版，先生总共笔耕 81 年，发表文字（包括主编词典）以数千万计，即便排除抗日战争、解放战争和"文化大革命"等一系列社会动荡的干扰，以及任天津音乐学院院长期间行政工作占用的时间，平均下来每年也要发表 10 余万字。在中国音乐理论界，具有这样纪录的人恐怕极少。更何况这些文字绝大多数为学术论文，非经一番分析、考据和计算（如律学）根本无法完成。若无恒久的定力，怎能不断研究长达 81 年！写到这里，不由得想起"文化大革命"时期曾经被人不断背诵的一句领袖名言："一个人做一件好事并不难，难的是一辈子做好事，不做坏事。"世上究竟有没有这样的人我尚不知道，但在身边，我却真实看到了像先生这样一位具有恒久定力、一辈子只搞学术、不搞权术的人。

二、神奇之二：始终如一的感恩心态

先生自 1949 年之后，一直享有较高的学术头衔并担当行政职务，但从先生回忆旧人的文章里，却感觉不到半点居高临下的口气。相反，字里行间充满谦逊和感恩。无论对少年时代的钟老师，青年时代的吴梦非、丰子恺等老师，还是对工作以后一起共事的杨荫浏、吕骥、程懋筠等同辈，先生总是在回忆他人的优点，以及曾经给予他的帮助，真切表现出一种由衷的"念念不忘"之情，在接近人生道路终点的时候依然如此，实在令人感动。

在《怀念潘怀素先生——潘怀素先生诞辰百年祭》一文中，先生体现出了在同道人遭受不公平待遇时的深切同情，同时也能看出先生对不同性格、不同见解之人的包容之心。先生也有愤怒，这点主要体现在他看到许多旧友在"文化大革命"中遭受到不平的待遇的反应（其实他本人也有相似的经历）。例如当他从钱君匋那里得知丰子恺先生在"文革"中屡遭批判的情形时，愤然说"那帮人（指批丰的人）真是'蚍蜉撼大树'，何其愚蠢和妄为"[①]！

感恩之情在每个平民身上都会体现，但与当下常见的实用主义的感恩迥然不同的是，先生无论何时（年代）何地（位），始终如一地保持着感恩之心，这绝不是所有人都能做到的。

三、神奇之三：惊人的记忆力

在《难忘的钟老师——小学时期的音乐生活》一文中，先生用近乎童真的笔触回忆起将自己引入音乐之门的钟老师，以及自己少年时期多彩的音乐学习生活。譬如有一段是这样写的：

> 他（指钟老师）教我们一班同学（大约有十多个人）唱《蜘蛛》歌，并教我们表演。《蜘蛛》歌的歌词，我还记得开始是经"蜘蛛结网在檐前，下——来……"曲调记不清了。当唱到蜘蛛在网上滚下来时，老师叫我们用手模仿蜘蛛的动作，两手做互动，这个动作很难做，许多同学做不好。老师叫我和另一个同学木长荣（邻村人）走出来，站到讲台边，面向同学，一边唱，一边表演。我非常害怕，不仅动作做不好，而且唱歌声音都颤抖了。

读到此处，令我忍俊不禁，同时感叹先生超人的记忆力，90多年过去了，先生不仅记得当时的场景，甚至说得出邻村同学的姓名。我曾问过先生当年是否写日记，不然如何能记住这些琐碎细节，先生回答说一生都没写过日记，所有事情都记在脑袋里了。闻此言我无语，同时感叹我们现在的记忆力似乎完全被计算机取代，什么事都要依赖机器来存储，久而久之，大脑的活动能力焉能不下降？

说到这，还要再讲一下缪先生神奇的音乐记忆力。缪先生在文集里有一篇专门研究音乐记忆的论文[②]，讲了一些音乐家音乐记忆的例子。其实，先生自己就有这方面的实际体验。

从20世纪90年代初开始，先生的听力开始衰退，至世纪末陡然下降，已经到了必须借助助听器才能与人沟通的地步。这让先生很苦恼，很多人都知道，缪先生是一位HiFi发烧友，平时喜欢用高品质的音响设备聆听音乐。听力不济，再好的音响设备也无济于事，后来先生干脆把音响设备送与他人。我曾问他没有设备如何听音乐，他说用记忆。他对我讲他的脑袋里已经存储了很多音乐，只要静下心来闭起眼睛，就可以顺畅地把所要欣赏的音乐源源不断释放出来，每个细节都不会错过。有一天下午去看他，他说他刚听完贝多芬《第六交响曲》，就是采用这种"默听"的方法。

---

① 缪天瑞：《集多种艺术于一身的音乐理论家丰子恺老师——纪念丰子恺老师逝世三十周年》，《天籁（天津音乐学院学报）》2004年第4期。

② 参见缪天瑞《音乐内心听觉在创作和演奏中的作用及训练问题》，《交响（西安音乐学院学报）》2000年第2期。

从音乐听觉心理学理论上分析，先生的经历可以实现。从事音乐声学教学多年，我知道声音现象本身就是大脑听觉神经对一定振动频率的反映，是脑神经活动的结果。一旦这种活动比较牢固地储存在大脑中，在一定条件下就可以重新调用出来。但这需要两个重要前提，一是牢固的音乐记忆力，二是庞大的存储容量，看来，缪先生一人二者兼备，怎不称奇！

随着媒体时代和"眼球经济"的来临，各种"神奇的人"层出不穷。有的人热衷在电视台露脸、发表"轰动效应"来制造神奇，有的人甘于默默耕耘，创造着平凡的神奇。从缪先生身上我们所能感受到的，正是这种神奇。

2009 年 10 月 26 日定稿

原载《天津音乐学院学报》2009 年第 4 期
韩宝强：生于 1956 年，中国音乐学院音乐科技系原主任、教授

百年风雨　焯烁珠玑
——介绍《缪天瑞音乐文存》

李宏锋

2007年7月12日，由中国艺术研究院音乐研究所、天津音乐学院和中央音乐学院共同编撰、人民音乐出版社出版的大型音乐文集《缪天瑞音乐文存》（以下简称《文存》）和《百岁学人缪天瑞——庆贺缪天瑞百岁华诞影集》，在北京人民大会堂浙江厅举行了隆重的首发仪式。百岁高龄、精神矍铄的缪天瑞先生亲莅会场，文化部副部长赵维绥及吴祖强、孙慎、王文章、王次炤等文化界、音乐界著名学者与会，共同庆贺缪天瑞先生百年华诞和《文存》的出版。

缪天瑞先生于1908年出生于浙江省瑞安市莘塍镇南镇村，是我国著名音乐辞书编纂家、律学家、翻译家、教育家。他从年轻时代起便登坛施教、翻译教材、编写曲例，将音乐作为自己终身奋斗的事业。1949年，缪天瑞从台湾返回大陆，投入新中国音乐建设，历任中央音乐学院副院长、天津音乐学院院长、河北省文化局副局长等职。1983年后，缪老担任中国艺术研究院音乐研究所研究员，1991年起享受国务院政府特殊津贴，1999年荣获文化部第一届"文化艺术科学优秀成果特别奖"，2001年中国音乐家协会首届金钟奖授予缪天瑞终身荣誉勋章。

缪天瑞先生是改革开放后，国务院批准的第一批硕士、博士研究生导师。他精通英、日、德三种语言，一生笔耕不辍，发表了大量学术专著、译著和文章。缪老还在古稀之年，主持编纂了《中国音乐词典》（正编、续编）、《中国大百科全书·音乐 舞蹈》、《音乐百科词典》等大型音乐辞书，为中国音乐事业的发展做出了突出贡献。这些学术成果，在《缪天瑞音乐文存》中都有着较为全面的体现。《文存》辑录了缪天瑞先生在音乐学研究领域的主要成果，共计130万字。该文集自筹备编撰到正式出版，总共不过一年左右时间，创造了我国大型音乐出版物出版周期最短的纪录，充分展示出缪老学术成就对后人的积极影响，以及他在音乐界的崇高威望。

《文存》共分三卷，第一卷名为《音乐随笔》，有选择地辑录了缪老不同时期的多篇音乐论文，系首次出版。这些论文从内容上可大致分为三个部分。第一部分为"音乐随想篇"，收录了作者在民族音乐、作曲技术和音乐学理论等方面较有代表性的文章，涉及民族音乐本体研究、曲式学、和声学、律学研究，以及音乐心理学、音乐社会学、音乐美学等诸多领域，具有重要的理论和实践价值。第二部分为"回忆篇"，文章均为缪老在21世纪所作，回忆了他幼年和青壮年时期的学习、工作经历。第三部分为"良师益友篇"，是缪老在八九十岁高龄所写的人物纪念文稿（包括为朋友著书或传记所写的序）。《文存》第一卷最后还附有《缪天瑞撰写、翻译、编辑书籍文稿存目》和《缪天瑞简明年谱》。这些资料，不仅使我们深入地了解到缪老的奋斗历程的学术心得，也为中国近现代音乐史的研究提供了宝贵资料。在《文存》第1卷的序言中，缪老以深情的笔触写道："古人云：'三人行必有我师。'这意思是，所有朋友、同事中有许多优点，都值得我学习。书中所纪念的人物，除吴梦非、丰子恺二位是我的业师外，其他领导、同事和朋友都是我的良师益友，他们的高尚思想和勤奋好学精神，使我一生中受到他们的甚多教益。"[①] 这种谦和谨慎、虚怀若谷的治学精神，为后辈学人树立了光辉榜样。

《文存》的第二卷是缪天瑞先生的专著，包括《基本乐理》（第二次修订版）、《律学》（第三次修订版）、《小学音乐教材及教学法》、《儿童节奏乐队》（修订版）四部著作。《基本乐理》一书的初稿写于1972年，以后数年多次修改，直至1979年才刊行出版，1985年刊行第一次修订版，2002年出版第二次修订版。这部《基本乐理》不仅包含基本概念、节奏、节拍、音阶、调式、音程、和弦、转调、移调等内容，还包含了一般基本乐理书籍所没有的关于曲式学、和声学、音乐声学的基本知识，为音乐学习者系统掌握音乐基础知识，奠定了较为全面的基础。值得一提的是，缪老的这部《基本乐理》在章节的设计与安排上也别具一格。例如，将音阶、调式部分放在音程之前讲述，将和弦内容放到和声学部分讲述，专门设立"拍子的演变"一章介绍各种节拍间的贯通关系，在各章的习题部分安排篇幅较多的视唱练习，等等。这些独具匠心的讲述，反映出缪老理论与实践相结合的音乐教学理念，为我国基本乐理的教材建设做出了重要贡献。

缪天瑞先生也是中国律学基础理论的奠基人。律学是一门音乐基础理论学科，在我国有着悠久的历史。缪天瑞先生在年轻时，认真研读了中国音乐界前辈王光祈先生有关律学的著作，并继承刘复、杨荫浏等我国现代律学研究先行者开创的业绩，写出《律学》一书，成为国内音乐学领域该学科的奠基之作。这部专著将古今中外有关律学的研究成果融会贯通，建构起一个科学、系统的学科理论框架，将一般音乐学习者引入律学之门，对普及、深化律学研究起到了

---

① 缪天瑞：《〈音乐随笔〉序》，载《缪天瑞音乐文存》（第1卷），人民音乐出版社2007年版，第1页。

无可替代的作用。《律学》一书于 1947 年写成，1950 年由上海万叶书店正式出版，1965 年由音乐出版社刊行修订版，1983 年由人民音乐出版社刊行增订版，1996 年出版第三次修订版。一部著作自诞生起，50 多年来一直得到作者的精心修订，可谓"五十年磨一剑"，这恐怕在学术界并不多见。这些充分反映出缪老严谨的治学精神和他对我国律学基本理论建设的高度重视。

缪天瑞先生还是中国音乐教育事业的开拓者之一。《小学音乐教材及教学法》是缪老的第一部著作，1947 年由上海万叶书店出版，重印四次。这是根据我国少年儿童音乐启蒙教育的需要而撰写的专著，论及唱歌教材选择法、听唱教学法、视唱教学法、唱歌一般教学法、发声法与音准矫正法、合唱教学法，以及歌唱游戏、音乐欣赏与音乐记忆比赛、音乐测验与记分法、风琴修理法等其他小学音乐教学涉及的内容，具有极强的教学指导意义。《儿童节奏乐队》（修订版）也是缪老半个世纪之前的著作，对儿童节奏乐队的组织、乐器的选购及配置、练习要点和编曲方法等都有较为系统的阐发，并附有多首儿童节奏乐队用曲。这些著作中提出的素质教育理念和儿童音乐教育的基本原则，对于今日的小学和幼儿园音乐教师来说，仍然具有十分重要的参考价值。

《文存》的第三卷是缪天瑞先生译著的结集，分上、下两册，包括《音乐美学要义》、《曲调作法》（修订版）、《和声学》（修订版）、《曲式学》（修订版）、《基本对位法》（修订版）、《音乐的构成》（修订版）、《钢琴弹奏的基本法则》等著作。《音乐美学要义》是德国近代音乐学家 H. 里曼的代表作，所论包括"调和绝对音高与标题音乐之间的关系"等内容，着重心理学在音乐审美中的应用，结合音乐声学和心理学观点研究音乐美学问题，并将与音乐美学密切相关的音乐欣赏等内容纳入其中，在音乐美学文献中拥有较高的地位。《钢琴弹奏的基本法则》是缪天瑞先生 21 岁时翻译的作品，作者为美籍俄国钢琴家、教育家列文。本书以讲座的形式，用散文的体裁讲述了钢琴弹奏的基本法则。缪老结合自己钢琴演奏的丰富经验，敏锐感觉到这部著作对于钢琴学习的重要意义。该译著自 1929 年由上海三民图书公司出版以来屡次重印、再版，充分说明缪老译著对钢琴教学发挥的重要作用。

文集中收录的缪老其他几部译著，即《曲调作法》（修订版）、《和声学》（修订版）、《曲式学》（修订版）、《基本对位法》（修订版）、《音乐的构成》（修订版），都是美国著名音乐学家柏西·该丘斯的专著。该丘斯的音乐理论著作，是从西方 18、19 世纪作曲家的作品中归纳总结创作规律而写成的，条理十分清晰。1939 年，缪老在重庆音乐教育委员会工作时，便开始翻译该丘斯的《音乐的构成》。当时正值抗日战争时期，科研条件十分艰苦，连煤油灯都没有，缪老的翻译工作只有在如豆的油灯下进行。据缪老回忆："有一次，我译完一段译稿放在桌上，开门出去一会儿，回来后却不见译成的稿件，遍寻不得，最后在墙角里发现一团纸灰，才知道我开门时风吹稿纸落在油灯火苗上烧毁了。我只好振作精神，在油灯下把稿子重写一遍。"[①] 缪老当年在极为艰苦的条件下，对该丘斯音乐学著作的系统翻译，为中国近现代作曲技术理论的

---

① 缪天瑞：《在油灯下译作——抗日战争时期的音乐生活》，载《缪天瑞音乐文存》（第 1 卷），人民音乐出版社 2007 年版，第 238 页。

成熟和传播奠定了坚实的基础,深深地影响了中国音乐界几代学人。

当然,由于时间紧迫,工作量大,《文存》在编订过程中也难免出现疏漏之处。例如,《文存》第一卷第3页"音乐随想篇"部分的《附言》"本文原为韩宝强所著《中国音乐声学理论与实践》而写的代序……"似乎应为该卷《民族乐器改良漫谈》一文的说明文字,系由于排版疏忽错放到"音乐随想篇"大标题之下。诸如此类的校对错误,希望再版时予以更正。

"老骥伏枥,志在千里。烈士暮年,壮心不已。"《文存》所录内容宏富、焊烁珠玑的篇篇文稿,将缪老坚忍不拔、持之以恒的治学精神淋漓尽致地表现出来,深深感动着每一个以音乐为职志的学人。缪老一生对中国音乐事业的贡献,可简要概括为四个方面,即用50年时间撰写和修改《律学》,使之成为该学术领域的奠基之作;主持编辑《中国音乐词典》(正编、续编)、《中国大百科全书·音乐 舞蹈》、《音乐百科词典》等辞书,在中国近现代音乐发展史上具有里程碑式的意义;系统翻译《音乐的构成》《对位法》《曲式学》等专著,为中国近现代作曲技术理论的成熟和传播奠定了基础;一生辛勤教学、诲人不倦,桃李天下、泽被海内。面对人生百年取得的如此辉煌的学术成就,缪天瑞先生却显得十分平静与坦然,用他自己的话来说,就是"人生朝露,艺术才是千秋"[1]。这是怎样的一种恬淡心境和崇高精神境界啊!让我们衷心祝福尊敬的百岁老人缪天瑞先生——身体康健、风华永驻、艺术之树常青!

原载《中国音乐教育》2008 年第 3 期
李宏锋:生于 1977 年,中国艺术研究院音乐研究所所长、研究员

---

[1] 温文:《缪天瑞:人生朝露 艺术千秋》,《音乐周报·中国音乐》2015 年 1 月 28 日。

《缪天瑞音乐文存》序

姚盛昌

百岁老院长的《文存》很快要出版,老院长坚持一定要我写几句。作为晚辈后生,诚惶诚恐,哪里敢下笔?但继而想到,天津音乐学院第一任院长的接力棒已经传到了我的手上,我有责任把以老院长为代表的传统发扬光大,这也正是老院长的深意,想到此,也就斗胆落笔了。

佛经有语曰:"无持布施。"有些类似我们所说的完全彻底为人民服务,而丝毫不求回报。此语用于描刻老院长形象最为贴切。老院长1958年受命于周恩来总理创建天津音乐学院时已年届半百,1978年在全国文代会上周总理又亲口对缪院长说:"要办好天津音乐学院。"几十年间,筚路蓝缕,艰难玉成,将学校办得生气勃勃,人才辈出。可在我和缪院长接触的几十年间,他从未谈到他的功劳和贡献,从未向组织向学校要求过什么。经常念叨的倒是建院初期帮助过学校建设的人们,谁谁如何做,谁谁如何说,一清二楚。还抱歉说当时他哪些事没有能做好,给后来者添了麻烦,等等。每次见缪院长,都有净化心灵之震动,同时庆幸有这样纯粹崇高而又亲切平和的老院长,为学校的后来者树立了人格的榜样。

缪院长百科全书式的学术风范,表现在早年的大量翻译、编写音乐理论书籍,中年在律学上卓有成就,晚年又主持编写了数部音乐辞书。所有这些,泽被几代音乐人。但缪院长始终不变地对每个人都是谦虚温和的。我第一次见缪院长是他来听我们班的视唱练耳课,姜夔老师和每个同学都大气不敢出。当时缪院长虽还未平反落实政策,但在我们这些工农兵学员心目中就如天神一样。更令我喘不过气来的是,姜老师让我到黑板前将听写的旋律默记下来。即使在平时,那已经是很"严重"的事了,更不要说缪先生在座。我都记不清当时是如何走到黑板边、如何默写旋律,只记得整个人处于"高原"状态,完全凭本能在做事情。幸运的是我全写对了，姜老师和大家都松了口气。回想起来，那是缪院长在考察我们这些工农兵学员到底是怎样的水平呢！后来呢，因为我的琴房就在缪院长办公室旁边，多次被缪院长叫过去和他分享国外寄来的新唱片，分享巴赫，分享帕莱斯特里纳……心浮气躁的年轻人，一进他的办公室，心就静下来，头脑变得清晰而活跃。博学深邃而又谦和亲切，如此奇妙地融合在一人身上，不说话，就感染了我们。想起孔子的话："天何言哉？"

我们学校的校训"追求完美，创造卓越"直接源自缪老和其他一些老先生。《音乐百科词典》得到了国家图书一等奖，这是对缪先生一贯工作的肯定。追求完美、一丝不苟的精神始终贯注在日常的细节中。记得2005年春节去拜望缪先生，他对自己刚发表的文章中有几个错别字耿耿于怀，一个字一个字地向我们解释，并叮嘱他那已经退休的儿子想办法去更正。为了这套《文存》的出版，缪先生每天都在看自己的书稿，仔细地修订更正，他说"要对读者负责"。这样的事业心和责任心是需要我们继承发扬的，也是目前我们这个社会最需要的。

想当年，缪院长从台湾乘17吨小帆船渡海回大陆，是多么的大智大勇！在他文质彬彬的书生气质外表下，有着多么博大高尚的心胸！我庆幸自己有这么一位可永做楷模的师长；我庆幸我们天津音乐学院有这么一位开辟新天地的首任院长；我庆幸我们中国的音乐艺术界有这么一位经得住时间考验的人文学者；我更庆幸人类中有这么一位可以和伟人们并肩的缪天瑞先生。

姚盛昌谨识

2007年2月7日于天津音乐学院

原载《缪天瑞音乐文存》，人民音乐出版社2007年版，序言

姚盛昌：生于1950年，天津音乐学院原院长、教授

《缪天瑞音乐贡献评述》序

汪毓和

首都师范大学国华同志的专著《缪天瑞音乐贡献评述》即将出版，他希望我给它写篇"序"。尽管最近身体不大好，我还是欣然应领了。因为，这个命题就是出自过去我鼓励他写的一篇博士论文，当时我考虑对缪天瑞这样一位学贯中西、毕生从事音乐教育、音乐研究的前辈大师，我们应该给予全面的学术性评述。当然，作为一篇学位论文讲，对作者的压力无疑是相当重的。经过3年的努力，并得到缪先生的亲切关怀和许多缪先生亲友、学生的帮助，论文最后获得了答辩通过。事后国华同志又做了进一步修订充实，终于成为一本专著即将与世见面，可以为今后大家对缪天瑞先生的深入研究奠定一个初步的基础。我相信对缪先生这样一位博学大师的研究，应该是我国音乐学界一个值得众人长久关注的重要课题，现在还只是一个开始。

关于缪先生一生的重要贡献，在国华同志的著作中已有了基本全面的概括，我不再重复了。我只想借此谈谈我与缪先生的一些个人接触中，谈点个人对他"为学""为人"的粗浅体会，以供读者阅读国华著作的补充。

我与缪先生的直接接触是在1949年冬中央音乐学院初创时期，但在我当时心目中，已对他有一定的崇敬。因为，正是在1949年春，我偶尔读到了上海万叶书店新出版的、缪先生根据美国著名音乐理论权威该丘斯的名著《音乐的构成》的译著。这本书的内容以其新颖的观点、严密的逻辑及其译文的清晰通畅，使我对音乐的理解和后来对西方多声音乐技法的学习，都起了豁然开窍的帮助，真是获益匪浅。另外，当时主持中央音乐学院日常工作的吕骥同志，在介绍缪先生如何经过千难万险、坐小船从台湾返回大陆，以实现参加祖国社会主义建设的生动事迹，也使我对这位"无党派"人士、文质彬彬的学者那种强烈爱国的精神由衷地敬佩！

随着祖国经济、文化建设的迅速发展，缪先生先后担任了中央音乐学院研究部主任、教务主任和建校后第一位得到提升的副院长（1954 年），协助吕骥同志对全院教学、科研等方面的主要助手。当时，吕骥同志在中国音协的工作越来越重，常常不得不以更多的时间待在北京[①]。马思聪院长也搬迁到了北京，只是上课时到天津。当时，院里还面临接待大批苏联专家先后要到学校教课，需要突击准备大量专家翻译以及各项与之相联的各种教学组织工作。接着，学院又开始了对 3 个新系（即民乐系、音乐学系、指挥系）的筹建。几乎有关学院的日常领导都落在缪先生一人身上。

缪先生对这样一种被动繁忙的局面，从未见他有任何埋怨，仍然埋头踏实、有条不紊地勉力应付。有时他还大胆起用一些年轻人协助工作，既适当减轻他的有关杂务，也锻炼了新人的成长。跟我有关的就是：在 1956 年院里决定派出一批教师及高班同学参与国家对全国少数民族的社会历史调查。缪院长就将所有派出的师生与院里的一些联络任务，交给仅是一个年轻教师的我来担任。由我批阅所有来往信件，反映他们下去后在工作和生活上所遇到的种种困难，也包括"调查组"与当地有关部门对我院派出人员的意见等。当然是由我根据这些来信所诉说的问题先向缪院长提出应如何解决的建议，或代他分别草拟复函的草稿等。这项工作我前后进行了一年多的时间，从中我不仅学到了课堂上学不到的实际工作经验，也使我从思想上感受到组织对我的信任和鼓舞。

中央音乐学院搬迁到北京后，缪院长任新建的天津音乐学院的院长。到"文革"结束后的 1980 年，我与缪院长分开了长约 15 年。一天，我在西苑饭店参加音协召开的创作会议，黎英海教授突然通知我在那里参加另一个会——《中国大百科全书·音乐 舞蹈》的筹备委员会首次工作会议。会议由百科出版社总编辑姜椿芳同志亲自主持，由缪院长对开展工作的具体设想和规划进行报告。事后委员会的秘书黄礼仪悄悄告诉，我是缪院长亲自点名要来参加的，也知道缪院长为了接受国家决定编辑出版这一空前规模的大型音乐辞书毅然放弃了天津诸多领导职务，已正式调到北京并担任这次筹备工作的主要负责人。这个会议像吕骥、贺绿汀、赵沨等领导均没有参加。之后，筹备工作的地点主要设在艺术研究院音乐研究所，"百科"仅派了两位工作人员做联络。我们在那里反复认真讨论了由缪院长草拟的"条目框架"草案，并基本对"框架"取得了共识。约半年后"音乐分编委会"才正式成立，添加了吕骥、贺绿汀为"主任"，加了赵沨、杨荫浏为"副主任"，但具体的实际领导仍由缪院长负责。应该说，在这开头的一年左右，工作的推进比较顺利以及组内人员彼此的心气也都很高。但是，后来"百科编辑组"派了一位很有能力和主见，但做事又有些主观武断的"音乐卷"的责任编辑。她在编委会外另行成立了一个 7—8 人的"工作参谋班子"，其任务除了帮助她做各项组稿的准备外，还对原来的条目框架进行全面的修改。他们认为原来的"条目框架"没有突出"百科"的特点，所设的条目大多数是一般"辞书"的"辞目"。他们事前似乎没有取得缪院长的充分同意，就拿出了一个新的"条目框架"提交大家讨论，实际上轻率地将缪院长原来定的"条目框架"给搁

[①] 中央音乐学院 1949 年建院于天津，1958 年迁至北京。

置了起来。这件事显然产生了对缪院长很不尊重的客观效果。但缪院长为了不影响组内的团结，为了不影响整个工作的进展，他从未对此公开提出不同的意见。他很大度地按照新的"框架"默默地认真做他应做的一切事情，只是对全体编委的大会他不再主持了，对带有决策性的工作也常常谦虚地让由其他领导做主了。

另外，还有一件事是在编委会讨论"人名上书"时，他提出了国际上"主编不上书"的原则。尽管后来"大百科全书总编委会"没有采纳他的意见，因为存在各卷的统一和"音乐 舞蹈卷"内也涉及另一些同志的不同看法。缪院长最后服从了大家的意见。但是，在与之同时由他任主编的《中国音乐词典》（包括后来补充的"续编"）中，上书的中国近现代音乐家相当多（包括大量比他年轻、资历浅的音乐家在内），而他还是坚持了自己的主张，反对将自己的名字作为专条上书。直到1998年出版的由他任主编的《音乐百科词典》中，仍贯彻他的主张将更多的其他老、中、青中国音乐家列入了相关条目，就是没有他自己的"人名条"。

从上述这些事例中，充分显示出他这种几十年一贯的、对工作高度负责的革命热诚以及一贯坦诚、善于听取不同意见、特别关心年轻后辈的学者风范和民主作风。

总的说，作为学生，我仅在中央音乐学院的初期直接聆听过为时不长的缪院长的课，但作为下级、后辈，我在缪院长的长达半个多世纪的领导下，从他的"为学、为人"中所得到的各方面的收获，实属"罄竹难书"。特别高兴的是缪院长现已高达"百岁"，至今仍清健于中国乐坛。这真是中国近现代音乐史上令人十分欣喜的、光彪史册之幸事！衷心祝愿缪院长健康长寿！

汪毓和

2007年4月

原载国华《缪天瑞音乐贡献评述》，首都师范大学出版社2007年版，序

汪毓和（1929—2013），中央音乐学院音乐研究所原所长、教授

在《缪天瑞先生学术思想研讨会》开幕式上的讲话

赵宋光

尊敬的缪先生，尊敬的天津音乐学院领导，各位专家、学者：

今天，我很高兴作为律学学会的一位成员，来庆贺缪先生的九十华诞。从狭义的角度来讲，我们永远不会忘记，缪先生是我们这个律学学会的创办人之一。在20世纪80年代，在纪念朱载堉《乐律全书》成书以及朱载堉诞辰450周年活动期间，缪先生就倡议我们要成立一个研究律学的学会。就在他的倡议和率领下，我们借当时的时机，把这个律学学会办起来了。回想起来，感觉我们学会办起来以后做的工作太少了。当然，我们各人都在书桌上、在学术研究领域里埋头做着工作，但在学术影响比较大的论坛上、在系统地宣传律学上，还做得很少。在此期间，缪先生又重新修订了他的名著《律学》，当我们召开第三次律学研讨会的时候，此书第三次修订版与我们见面了。在那次会议的筹办过程中，缪先生一直非常关怀，随时询问筹备情况，推动着这个研讨会的召开。

缪先生是我们律学学会的名誉会长，他一直非常关心这个领域的发展。直到今天乃至跨过本世纪以后，仍然还会是这样。由于有这样一位前辈在领路，我们后继者沿着前人的路走，就觉得非常踏实。这种情况显然与欧洲有很大不同。

从更广的范围来讲，今天我们回顾缪先生本世纪所走过的学术道路，有着很深的意义。与欧洲情况对比之下，我们更觉得这样做很有必要，这条路子是切实可靠的，是推动音乐科学向前发展的捷径。

我特别感觉到缪先生是学贯中西的。他对东方的、西方的音乐科学，都全面地、扎扎实实地进行研究。我们读过缪先生编译的成套著作。他对西方的音乐技术理论进行了系统的研究，并且通过译著介绍（有的是直译，有的是编译），系统地传播作曲技术理论知识。我感到，这件工作还没有哪一位中国学者像他那么做得如此系统，面这样宽。而他又特别抓住了律学领域。很多学者介绍西方技术理论时并没有很好地将律学根基做介绍。有些教了许多年欧洲和声学的老师就没有提供这些学术信息。但在缪先生的著作里就提到许多。在缪先生第一版《律学》里就提到差里诺（Giosephe Zarlino，1517—1590）等意大利、法国、德国、奥地利的音乐家。

缪先生的学问做得十分细致和深入。因为他牢牢把握住了数理，他将中国古代典籍里的律学加以整理、概括并条理化，使学者学习时眉目清晰，不被繁杂的名词概念困扰。关于数理在音乐和音乐学中的地位问题，是人们长期以来蔑视、歧视或认为应该批判的一种形式主义的观念。但缪先生坚信这条路是正确的、科学的道路，今天我们看出了它的科学价值。

改革开放以来，很多作曲家都醉心于所谓先锋派、现代主义那种标新立异、哗众取宠的创作，但缪先生仍带领着我们的队伍，紧紧把握音乐科学的根基的道路继续往前走。这一点，我们应该好好宣传。在当今这样一个商业浪潮、现代主义浪潮的国际时髦的氛围下，我们应该沿着这股强有力的潜流向前，做甘于寂寞的学问，哪怕十几年、几十年之内人们不理解，我们仍要做。我们从缪先生身上学到了这样一种精神，这是最最宝贵的财富。"学贯中西，通古晓今"，这样做学问的气势，作为我们这样一个学术群体，要牢牢把握住，在缪先生典范的指引下继续往前走。

今天，欧洲的技术理论和美学的分裂、隔离已经走上死胡同，而且对音乐创作往往起坏的作用，这是非常可悲的。但是，我们如果能够把握住音乐科学的根基，我们还可以继承欧洲人丢掉的他们的好传统，包括前古典的、古典的、浪漫主义的、印象主义的、他们认为已经过时的；在牢牢把握这些人类珍品的同时，更要对我们自己民族的传统、民间音乐里特有的表现手段加以总结。（那天，缪先生特别谈到了湖南花鼓，我不想在这里研究。）缪先生在这条路上走得相当超前。据说，欧洲人所瞧不起的一些民间音律现象，特别是在缪先生每次修订都要扩大的 3／4 音体系、阿拉伯体系（这是世人共知的阿拉伯音乐中固有的，实际在我们中国民间音乐乃至北欧民间音乐里也有这种现象）方面，缪先生寻找到许多材料。这本书已经不仅仅是我们自己民族的，而且是世界各民族的，具有人类文化总汇的气势。这个工作缪先生已经做了几十年，给我印象最深的是，每次《律学》修订版的这一部分总会扩大。我以为，我们今天作为中国人，还有责任把欧洲人丢掉的世界各民族的音乐文化的珍宝汇集起来，把它系统化。因此，我们的责任是重大的。

人们都说："现在是困惑。"可能是在《音乐教育》也这样说过：不知怎样往前走。到处都是困惑，没有人研究学问，都去搞市场了。但是我看不然，在缪先生的著作中已经画出了这样一条线，我们沿着他所提出的一个一个问题继续向前探索，我们就可以回答在《音乐教育》里面提出的问题。所以，这次研讨会的深远意义，是将缪先生的学术思想提到了一个新高度。

今天我的发言是作为我个人对这个问题的认识。前面是代表学会谈了缪先生对我们学会的关怀，后面是我个人对这个问题的看法。当然，很多见解未必能代表学会。借这个机会表达我衷心的期待。

最后，我要祝愿缪先生长寿、健康，永远领着我们向前走。盼望五年、十年以后，我们还在一起聆听缪先生的教导。

谢谢！

1998 年 10 月 5 日

原载高燕生、刘连捷主编《缪天瑞音乐生涯》，河北教育出版社 2000 年版，第 7—10 页

赵宋光：生于 1931 年，星海音乐学院原院长、教授

在《缪天瑞先生学术思想研讨会》开幕式上的讲话

乔建中

敬爱的缪老，尊敬的姚盛昌院长，尊敬的各位前辈、各位同行朋友：

首先，请允许我代表中国艺术研究院音乐研究所 40 多位离退休的老同志和 70 多位中青年同事，代表我们研究所所有缪先生的学生和学生的学生，向敬爱的缪老致以最美好的祝愿：祝他健康！祝他愉快！同时向组织这次研讨会的天津音乐学院表示诚挚的谢意！

20 世纪是中国音乐文化发生重大变革的世纪。这一变革的基本目标就是创造新的历史时代的民族音乐文化。而在推进这个潮流的变革中，涌现出一大批有高度文化自觉性的音乐新星，缪天瑞先生就是其中杰出的代表之一。在长达 70 年的音乐人生中，缪天瑞先生同时在音乐教育、音乐理论研究、音乐翻译、音乐刊物和大型音乐词书的编纂 5 个领域，做出了辉煌的业绩和独特的建树。我觉得，缪先生在这 70 年中，他在这 5 个领域里有许多个 50 多年：一个是他 1926 年从学校毕业后，从事普通音乐教育，后又从事专业音乐教育，一直到 1983 年离开天津音乐学院，这是第一个 50 多年。自 1933 年缪先生开始主编《音乐教育》月刊，1939 年又主编《乐风》，1946 年在台湾主编《乐学》，1950 年与张文纲共同担任《人民音乐》主编，到 1985 年出任《中国音乐学》的名誉主编，这是他的第二个 50 多年。他从 30 年代起开始翻译西方的作曲技术理论，一直做了几十年，直到 1985 年又出版了他编译的该丘斯《曲式学》的修订版，1996 年在《中国音乐学》第 3 期刊出他翻译的英国格雷原著《西方音乐美学史鸟瞰》，这又是一个 50 多年。这些西方音乐理论译著，成为几代人步入专业音乐领域的启蒙读物。他的《律学》完成于1947年，第四次出版是1996年，差不多又是一个50年。这本书已成为我们中国律学基本理论的奠基之作。他于1980年开始主编《中国音乐词典》（正编、续编）和《音乐百科词典》，出任《中国大百科全书》音乐卷编委会副主任，这些辞书都成为建立中国音乐知识体系和理论体系的基本架构工具书。就以上所列，缪天瑞先生已经成为20世纪创造中国新音乐文化，特别是在音乐教育、音乐理论研究、律学研究、音乐翻译、音乐辞书编写方面贡献最大的杰出代表之一。他是值得我们爱戴仰慕的一代宗师。

我们研究所十分幸运的是，在我们音乐研究所草创时期，也就是它的前身中央音乐学院研究室，就由缪先生出任主任，因此，他是我们音乐研究所的创始人。而他在1983年，也就是时隔30多年以后，当他从音乐教育战线上回到音乐研究领域，他又成为我们可敬可爱的导师，成了率领我们中国音乐理论体系的学术带头人。1994年，我们研究所建所40周年纪念活动期间，缪先生赠给我们的题词是："为乐不可以为伪。"这恰是他一生从事音乐工作的写照，也是鼓励我们不断进步的真言。我们一定要遵循古代乐人的这一遗训，也要以缪天瑞先生为楷模，认真、谦虚、一丝不苟，尊重历史、注重实践、不断积累，一步一步把中国音乐的研究推进到一个新的历史水平。

最后，再次感谢天津音乐学院举办这样一次隆重、简朴、充实的研讨会，再次祝缪先生健康长寿！祝研讨会圆满成功！

谢谢大家。

1998年10月5日

原载高燕生、刘连捷主编《缪天瑞音乐生涯》，河北教育出版社2000年版，第5—6页

乔建中：生于1941年，中国艺术研究院音乐研究所原所长、研究员

在《缪天瑞先生学术思想研讨会》开幕式上的讲话

姚盛昌

各位来宾、女士们、先生们：

今天我们欢聚在这里，专门研讨尊敬的缪天瑞先生的学术思想。我们为 90 高龄的缪先生的亲自光临而欢欣鼓舞。我相信，在缪先生的人格魅力和学术思想的滋润中，我们的大会一定会取得丰硕的成果而获圆满成功，并为我们音乐事业的发展增添动力。

厉声先生在他的文章《缪天瑞教我当院长》中说："我们这一代学音乐的人，大都是读缪老的课本入门的。"厉老师是指 60 岁以上的人。实际上，我这个 40 多岁的音乐工作者，也是从读缪先生编译的《音乐的构成》等书开始走向音乐的。所以，在新版《音乐的构成》出版时，我迫不及待地捧着新书，请他签字留念。老人家在我的书上写的是："请姚盛昌同志指正。"我当时的感觉真是无法形容。是缪先生译的这本书决定了我的人生道路，改变了我的一生。我是怀着崇敬和感激之情请缪先生签字的，可缪先生却以如此谦逊的态度来对待当年我才 20 多岁的小青年的请求。如此的人格魅力和精神境界，一直在滋润着我日后的人生。

我还记得，有一次在缪先生的办公室听羽管键琴唱片，那清澈的声音和深邃的思想，是和缪先生的形象化为一体留在我心灵中的。在座诸位肯定比我更多地了解缪先生。

佛教中有"无余涅槃，无相布施"的境界。实际上讲的是完全彻底、不求回报的思想，这是人类精神的最高境界。大家都会同意我的看法，我们尊敬的缪先生体现的就是这样的一种境界。

最后，我要祝缪先生健康长寿！同时，祝我们的大会圆满成功！
谢谢大家。

1998 年 10 月 5 日

原载高燕生、刘连捷主编《缪天瑞音乐生涯》，河北教育出版社 2000 年版，第 3—4 页

姚盛昌：生于 1950 年，天津音乐学院原院长、教授

在温州大学纪念缪天瑞先生诞辰 105 年暨铜像落成揭幕仪式上的讲话

缪裴慈

今天，我们应邀作为缪先生的亲属参加这个盛会，感到十分高兴。首先感谢温州大学的领导，感谢音乐学院的领导，感谢各位参会的老师、同学和朋友们对缪先生的 105 岁华诞的庆贺和赞誉。

温州是缪先生音乐生涯的起点。因为在 80 多年前，1926 年，缪先生 18 岁时从上海艺术师范大学毕业后，就在温州省立第十中学附属小学任音乐教师。1927 年，缪先生和同学们一起在温州创办了温州艺术学院，他任教务主任，兼教乐理、钢琴。1938 年 3 月，他离开江西回到家乡温州，在温州师范学校（也就是现在温州大学的一部分），担任音乐教师。在他的一生中曾三度在温州从事音乐教育工作，虽然每次时间都不太长，但却是他青年时代音乐生涯的开端。

缪先生漫长的一生都在从事音乐教育。20 世纪 40 年代，在福建音专，为了上课，在当时没有教材的情况下，只好自己动手翻译国外的文献，每天晚上，在煤油灯下，先修改同学的作业，然后翻译三天后上课要用的讲义。该丘斯的《音乐的构成》《和声学》《曲式学》都是这样翻译完成的。然而这个举动竟奠定了他一生的道路，他在这里找到了自己的乐趣，找到了自己最热爱的工作。

缪先生一生写了多少著作和文章？我想大致可以分为三个部分。第一是著述、译著和文章；第二是编辑音乐杂志；第三是编辑音乐词典。我特别要提及的是，要编一部中国人自己的音乐词典是缪先生心中多年的夙愿。他在完成了《中国大百科全书》音乐卷和《中国音乐词典·续编》的工作后，立即投入了《音乐百科词典》的编纂工作，这部词典从构思到出版花费了将近14年时间（1985年正式签约，1998年正式出版）。全书收录了8000余个词目，约200万字。他带领国内100多位专家学者，克服了无数难以想象的困难。尤其在框架设计、词目编撰等方面，都取得了重大突破和创新。然而，在缪先生参与主编的《中国音乐词典》（正编、续编）和他主编的《音乐百科词典》里，囊括了数十位当代著名音乐家，唯独没有他自己的条目。缪先生在解释很多人的疑问时，只是淡淡地说："这是国际惯例。"他常以他的老师丰子恺先生和朋友钱君匋先生的一生为例，说"对一个人的评价不在当时，至少要在几十年后才有定论"。这是缪先生的历史观和人生观。正因为如此，他才能够心态非常平和，处世十分低调，对待朋友和同事宽容大度。他平等地对待家人和子女，从来没有高声训斥过我们，并且尊重子女的人生选择。当亲友遇到困难时，他常常慷慨相助，不求回报。他对我们没有任何说教，但是他的勤奋、敬业、谦和、自律，深深地影响着我们，所有和他认识的人，都能感受到他的人格魅力。

缪先生从18岁参加工作到81岁时离休，在岗60多年。离休后继续工作，直到离世，整整工作了82个年头。他几乎放弃了所有闲暇时光，没有节假日，没有星期天。八十年如一日，笔耕不辍。特别是当听说中国艺术研究院音乐研究所和天津音乐学院要把他的著作汇集出版成《文存》以后，他更是晚睡早起，亲自编辑审阅。他不顾自己已是百岁高龄，每天仍旧工作六七个小时。在天津音乐学院和人民音乐出版社的共同努力下，《文存》终于在2007年出版了。老先生拿到精美的《文存》，那份欣慰和喜爱，至今还深深地留在我的脑海中。

缪先生从1949年离开家乡温州后，就再也没有回来过。然而他一生乡音未改，在我们家里，温州话是主要语言。每每见到温州来的同学、老师、记者、朋友，他都聊得很尽兴，并合影留念。他对故乡一往情深，他感谢母校瑞安中学给他的基础教育。他关注家乡的变化，特别关注家乡的音乐教育事业的发展。在这里我还要特别提及，中国艺术研究院音乐研究所、温州大学音乐学院、中央音乐学院共同编辑，由李岚清先生题字的《百岁学人缪天瑞——庆贺缪天瑞百岁华诞影集》，这200多张照片，不但使缪先生的形象永远栩栩如生，而且也展示了中国的百年音乐发展历程。今天温州大学又在音乐学院这个美丽的校园里为缪先生塑立了铜像，我们代表缪先生所有的亲属来这里见证这个令人激动的时刻。缪先生终于又回到了他阔别64年的故乡！在这里我代表所有的亲属再一次向温州大学，向音乐学院的领导、老师和同学们表示衷心的感谢！谢谢大家！

原载王文韬编著《乐坛鸿儒缪天瑞》，西南师范大学出版社2018年版，第68—69页

缪裴慈（林剑）：生于1947年，女，曾任河北省邯郸市文工团演奏员，原河北省艺术学校（今河北省职业艺术学院）教师、音乐科副主任

缪天瑞：人生朝露　艺术千秋

温　文

缪天瑞，浙江瑞安人，著名音乐教育家，音乐学家，音乐翻译家，音乐编辑家。他登坛施教，翻译教材，编写曲例，编纂辞书，不仅是中国音乐教育事业的开拓者之一，也是中国律学基础理论的奠基人。在他的音乐生涯中，出版的学术、翻译专著达30部，其中有《基本乐理》《律学》等，参与主编《中国音乐词典》《中国大百科全书·音乐 舞蹈》等。1983年起主编中国首部《音乐百科词典》，被誉为中国音乐理论界的泰斗。

一、皓首穷经，笔耕不辍

家乡瑞安中学的教育模式对缪天瑞后来的翻译工作和《律学》的成书起到了很大的作用。"瑞中老师对我的影响很大，学校格外重视汉语、英语和数学等课程。当时，老师特别强调背课文，不论是汉语还是英语都要背，不管懂不懂，不懂也得背！还有英语的语法课，书中没有中文，我们仍是背。不仅如此，我的家人还在暑假里送我上私塾，也是背课文。因此，后来我在大学里读书不怕背乐谱和背外语了。由于英语基础比较扎实，21岁时我就翻译了美籍俄国钢琴家、教育家列文的《钢琴弹奏的基本法则》一书，那是1929年。这比苏联翻译出版此书还早了50年，而且在国内一直发行了80年。说到《律学》一书，仍然与瑞安中学有关联。读中学时，我的数学特别是'几何''三角'学得不好，可是我的'对数'学得还可以，有心得。正因为我的对数基础不错，为我后来研究律学起到了重要的作用。如律学研究中时常要有对数的运用，我在中学学到的知识发挥了作用。"乐律学是音乐学中技术最繁难的领域，它强烈的民族特性和数理规律相互掺涉，长期以来被误认为"绝学""玄学"。缪天瑞在学术领域的代表作《律学》将中国古代律学第一次置于世界性律学研究的学术平台，书中的叙述深入浅出，以简驭繁，尤其是后期著述中对欧洲中心主义的超脱，对世界各民族"音体系"的平等叙述，使民族性的学术理念彰显出来，揭示出律学背后的规律，撩开其神秘面纱，极具提纲挈领，揭秘释滞之功。正如著名音乐学家杨荫浏所言："深入浅出，用生动的文笔写成本书，头头是道，一丝不乱地由开卷写至书末，由前面准备后面，由常识引到专门问题的了解。"正是立此一规，古歌今唱，一理兼通。

缪天瑞萌发写作《律学》的初始念头缘起于 20 世纪 30 年代中期，对弦乐器和键盘乐器上升 C 和降 D 两个音不解的困惑。令人难以置信的是，对这一音高现象的困惑，竟让缪天瑞苦苦探寻了 10 年，并从此开始了他在律学领域长达 60 年的学术研究与探索，"律学"也永远与缪天瑞的名字联系在一起。《律学》被三次修订，整整历经半个世纪。1950 年 1 月，上海万叶书店首次出版发行时，全书仅 80 页，缪天瑞 42 岁刚过不惑之年；第一次修订版 1965 年出版时，全书 122 页，缪天瑞 57 岁已近花甲；第二次修订版 1983 年出版时，全书 283 页，缪天瑞 75 岁年逾古稀；而第三次修订版 1996 年出版时，全书增至 326 页，缪天瑞竟已是 85 岁高龄的耄耋老人。缪先生这种绝不故步自封、不断超越的进取精神、扎实治学的态度，不能不发人深省。如今快餐式、炒菜式的著作泛滥天下，而"五十年磨一剑"的《律学》，其真正意义已远远超出它本身的价值。

缪天瑞还是个词典迷，早在 20 世纪 30 年代初，他还是个初出茅庐的青年时，就独立编写了一本袖珍式的《音乐小辞海》，上海开明书店开始排版，还刊出广告。后来，他终感自己水平太低，就让书店停排，并掏钱赔了一笔排版费。可是不久后他又在此基础上编成了一本 5 万字的《音乐小词典》初稿，但于"一·二八"事变时失落了。60 年代初，在音乐出版社两位编辑的协助下，他准备编一部中型音乐工具书，可惜辛苦整理的资料片毁于"文化大革命"。

三次失败并没有减弱他对编撰词典的痴迷。20 世纪 80 年代，当中国艺术研究院音乐研究所和大百科全书出版社邀请他参加编写词典时，他非常激动，也非常兴奋，欣然受命，并立即把家从天津搬到北京的一间简陋寓所。

刚到北京时，住所离工作室不远，已是古稀之年的他几乎没日没夜地在工作室"爬格子"，星期天和节假日，整座办公楼没有人上班，他却图个清静，一早就钻进工作室，看门的工友以为没人，竟多次把他反锁在办公楼里。那些年，无论是生病住院，还是外出开会、疗养，去哪儿他都带着稿子、书籍，词典最后一个附录的内容就是他在病床上完成的。

在中国音乐研究所的十几年里，缪老以近乎狂热的劲头，一口气参与编写了包括《音乐百科词典》在内的 3 部 4 本音乐词典，几部词典的编就，使缪老的晚年硕果累累，这不仅实现了他自己的夙愿，也圆了几十年来中国音乐人的梦，中国终于有了自己的音乐词典。

用 50 年时间撰写和修改《律学》一书，使之成为这一领域的奠基性著作；主持编辑《中国音乐词典》等辞书；终身施教，桃李满天下，教泽被海内；系统翻译了美国音乐理论家该丘斯的音乐技术理论著作，使之成为 20 世纪中国专业音乐教育领域最初的教科书。缪天瑞一生为中国的音乐理论研究倾注一生，呕心沥血八十载，即使其学术研究已硕果累累，开创的学科已蔚为壮观；即使已获得了无数的赞誉与褒奖，却始终如一地保持着平易谦和的学术品格与超人的治学毅力，功成不居、荣辱不惊。缪老先生一生学贯中西，所涉及的学术领域极广，开创出了中国音乐学一个又一个的领域，尤其在律学研究、音乐教育、音乐翻译、大型音乐辞书编纂四大领域里创下辉煌业绩与独特建树。

缪天瑞一生淡泊明志，皓首穷经，笔耕不辍，正如他的人生格言"人生朝露，艺术才是千秋"。

二、不积小流，无以成江海

缪天瑞出生于浙江瑞安莘塍镇南镇村的缪家老宅。缪家是瑞安的名门望族。缪天瑞的祖父缪寿枢喜好音乐和书画，善吹洞箫，五六岁时缪天瑞就喜欢站在祖父身边，听他吹箫。在莘塍聚星小学读书时，缪天瑞遇到了一位姓钟的音乐老师，他对缪天瑞影响很大：钟老师不仅教缪天瑞唱歌、弹风琴，还叫他根据歌词做表演，更时常让缪天瑞和一位叫木长荣的同学到教台前示范演唱，虽然缪天瑞很害羞，可是他却更加喜欢音乐了。到中学时，课余时间练风琴。缪天瑞11岁时父亲缪炯在日本留学中病故，叔叔缪晃将他抚养成人。缪晃从日本留学回来后，带来了现代思想，他看到缪天瑞喜欢音乐，非常支持，还从学校借来风琴让缪天瑞练习。缪天瑞在瑞安还向郑剑西先生学过京胡，郑剑西的教育方法很奇特，只给示范拉西皮、二黄一两次，接着就叫缪天瑞他们自己拉了。郑先生曾经送给缪天瑞一把京胡，可惜在上海读书时被人偷走了。从此，缪天瑞便与音乐结下了不解之缘。

中学毕业后，缪天瑞是由温州的段江尘先生介绍到吴梦非、丰子恺等创办的上海专科师范学校（后改名上海艺术师范大学）学习音乐的，主攻钢琴。"我与丰先生关系密切，学到了不少东西。记得一次丰先生在课堂上说'拍子'，墙上挂了一只时钟，摆锤左右摇摆，发出'嘀嗒、嘀嗒'反复的声音，我们仔细聆听，'嘀嗒'声中有轻有重。于是丰先生就指出，嘀嗒声的一轻一重（可能重声在后，也可能重声在前），这就是'二拍子'。把二拍子的第一拍加长，就变成三拍子，把两个二拍结合起来，就是四拍子。丰先生从生活说起，以实物表达无形的拍子，说得是多么新鲜啊，对我有很大的启发。"师从丰子恺的过程让缪天瑞始终记忆犹新。

1926年，缪天瑞艺大毕业后，回到了老家，"好不容易在温州中学附小找到了半职的小学教师"。翌年，他与同学王公望、陈垂平、张闻天、吴成钧，同乡金作镐、侯中谷等创办温州艺术学校，想自找出路，由于经营不善，一年后即告停办。就在他办学受挫、求职未着的时候，他开始了早期的音乐创作和文论的撰写，发表了《曲的姿和曲的心》《十景开场（或名十景闹场，俗名十样景）》和《恨》《乌鸦》两首歌曲，使处于人生低谷的他看到了一线光明。1933年至1938年，缪天瑞受聘于江西省推行音乐教育委员会，先在该会管弦乐队担任钢琴演奏员，后在该会主办的《音乐教育》月刊任主编，并担任该会的中小学音乐视察员。1939年至1941年，他受聘在重庆国民政府教育部音乐教育委员会任编辑，主编《乐风》双月刊，

1942 年至 1945 年在国立福建音乐专科学校任教授兼教务主任。1946 年 10 月，缪天瑞先生应邀赴台湾交响乐团工作，历任编译组主任、副团长，主编《乐学》。1949 年，国民党政权崩溃时，有些人忙于奔逃台湾，而缪先生却反其道而行之，从基隆港坐上一条运糖到瑞安的货船，回到了家乡。新中国成立后，缪先生先后任中央音乐学院研究部主任、教务处主任、副院长。1958 年，中央音乐学院从天津迁往北京，缪先生留下来组建天津音乐学院并任该院院长，这院长一当就是 24 年。

原载《音乐周报·中国音乐》2015 年 1 月 28 日
温文：生于 1988 年，广东省广东南华工商职业学院教师

缪天瑞与温州音乐家往事钩沉

王文韬

清末民初，时世动荡，干戈扰攘，诚如李鸿章所言，中华遭逢"三千年未有之大变局"。对于内忧外患、民生疾苦，仁人志士对其均有切肤之痛，试图通过效法西方新知，以求革故鼎新。就艺术而言，书法、诗文因受文人推崇而地位较高，其余几近边缘。随着蔡元培倡导"以美育代宗教"观念的开始，音乐艺术的地位略有提升。伟大的时代孕育杰出的人才，杰出的人才推进事业的发展。在中国音乐百年发展的历程中，涌现出较多具有高度文化自觉之先行者，他们孜孜以求、著书立说、不断开拓，为中国音乐事业的发展做出了突出的贡献。浙江温州籍音乐家缪天瑞（1908—2009）便是其中的杰出代表之一，也是20世纪中国律学研究的开拓者之一。他在作曲技术理论著述的编译、音乐辞书编纂等方面做出了一定的贡献。

一、浙南的音乐文化战士

1938年8月，因抗战全面爆发，缪天瑞在江西省推行音乐教育委员会主办了五年之久的《音乐教育》[①]，被迫停办。于是他回到家乡温州，不久之后，便受聘于温州师范学校工作。1996年9月26日，88岁的缪天瑞给温师旅沪校友会的信中这样写道：

---

① 《音乐教育》是月刊杂志，创刊于1933年4月，由江西省推行音乐教育委员会（隶属于江西省教育厅）主办，为其会刊。自创刊号到1937年12月终，历时5年，共计5卷57期，即1933年第1卷（1—9期）、1934年至1937年的第2卷至第5卷（每卷12期）。创刊时的主编为萧而化先生，从第3卷第1期起，由缪天瑞担任主编（缪天瑞从该刊第1卷第6、7期合刊起，从事编辑工作）。

> 我是温师在郑楼时的老师。我虽教了一年多，但对我获益甚多，主要是使我了解当时全国抗战歌曲的创作与流行情况。这种在工作中得到的学问，是书本上得不到的。①

当时，抗日烽火已燃遍中华大地，民众抗战呼声很高。校友游任遂回忆道：

> 上课时，缪先生一边弹琴，一边示唱，声音特别圆润响亮，即使跟学生一起唱，也能清楚地听到老师的声音。他每周除担任全校20多节课外，还组织课外音乐兴趣小组，让各班级中爱好音乐的学习较深的乐理，如和声学、对位学等。当时我们唱的都是抗战歌曲，一学期能唱几十支歌，聂耳、冼星海、吕骥、贺绿汀、陈田鹤……成为我们熟悉的名字。为了平时多练唱，每天三餐前，全校学生在操场上集队，每桌先出来一人去饭厅盛饭，这时队伍中走出一个"指挥"，领唱一、二支歌后才进饭厅。②

1938年，缪天瑞创作了《浙江省立温州师范学校校歌》，歌词由他的同事陈逸人创作。校友李森南回忆道：

> 记得缪先生第一次教我们唱校歌，"在此抗战建国期中，更要修养到个个是文化战士，民众先锋"那种飘逸的神情，是我今生所不能忘的。在夏季里，他穿着一套白帆布的西装，给我印象很深，走起路来，似也具深情雅致。③

2007年，百岁学人缪天瑞将这首70年前的校歌由原先的简谱誊写成五线谱。

就在缪天瑞回到家乡温州时，另一位影响力颇大的音乐社会活动家邹伯宗④也到了温州。邹伯宗是冼星海、吕骥的学生，抗战全面爆发后，他去浙江金华从事抗战宣传，1938年9月辗转来到温州。邹伯宗的到来，给浙南温州的抗战歌咏事业增添了新的力量，使温州成为全国影响力较大的抗战歌咏运动高地……邹伯宗废寝忘食、四处奔波，动员各行各业人员参加歌咏队，并主动到各机关、团体、学校教唱抗日歌曲。每遇集会或演出，都会由他指挥、教唱大家新歌。"经整理统计，邹伯宗先生共收藏各类歌曲5700余首，其中与抗战有关的

---

① 1997年9月27日，缪天瑞发给温州旅沪校友会的信。参见《温师旅沪校友通讯》1997年第13期。
② 游任遂：《忆缪天瑞老师》，载《温州师范学校建校60周年纪念刊》，温州师范学校，内部刊物，1993年，第169页。
③ 李森南：《青年求学在温师》，载《温州师范学校建校60周年纪念刊》，温州师范学校，内部刊物，1993年，第168页。
④ 邹伯宗（1915—2007），原籍浙江龙游，自1938年始，邹伯宗先生在温州生活了近70年，是温州现代音乐事业的开拓者之一。曾于1959年7月至1960年8月任教于温州师范学校。1941年4月，邹伯宗先生在温州创办了我国最早的儿童音乐刊物《儿童音乐》，其先后由新音乐研究社、儿童音乐出版社出版5期之后，于1944年3月停刊。福建音乐专科学校的宋文焕（宋军的曾用名）——缪天瑞先生的学生，在该刊发表歌曲，并与邹伯宗先生结下了深厚的友谊。1947年3月，由宋军、苏世克、陈建功主编的《儿童音乐》在香港复刊，共出版了7期。1958年，在中国音乐家协会的领导下，宋军在北京将《儿童音乐》再次复刊。至今，《儿童音乐》成了全国儿童音乐创作的园圃。

约 3000 首。"①

这便是缪天瑞耄耋之年记忆中的家乡浙江温州的抗战歌曲之流行情况。

二、$^\sharp$C 与 $^\flat$D 哪个高

1945 年 9 月，时任福建音乐专科学校教务主任的缪天瑞，因公开反对迫害进步学生，被迫"自请离职"。于是，他第二次回到家乡的温州师范学校任教近一年。这期间缪天瑞在教学之余，完成了他学术生涯之十分重要的译作及著作，包括美国音乐理论家该丘斯的《和声学》《曲式学》《应用对位法》及自己的代表著作《律学研究》（即《律学》）、《小学音乐教材及教学法》等。综观缪天瑞的重要研究成果，都离不开他的工作实践。在温州师范学校任教期间，他通过书信的方式，帮助福建音乐专科学校的同学们解决学习上遇到的各种困难。其中对"$^\sharp$C 与 $^\flat$D 哪一个高"的答复，开启了缪天瑞长达 60 多年的律学研究历程。同时，他以"公开信"的形式探讨了深奥的律学问题。缪天瑞在信中答道：

> 常常接到你们的来信，问我"$^\sharp$C 与 $^\flat$D 两音，到底哪一个高？"因为我最近正要完成一本小书《乐律研究》，心想你们不久即有机会看到我这本书，而对这问题可以不答自解。故一直未复；可是该书我写到乐律史的部分，因为若干参考书不在手头，不得不暂时搁笔，因此就先扼要地答复你们。②

缪天瑞通过古今、中外相关理论的比较，从科学的角度得出引领律学研究高地的结论：若在"毕氏律"，$^\sharp$C 高于 $^\flat$D；若在"纯律"，则 $^\sharp$C 低于 $^\flat$D。

缪天瑞所说的"毕氏律"就是希腊数学家毕达哥拉斯提出的"毕达哥拉斯律"（Pythagoras Tone-System）。该律制由五度相生而得各律，与我国古代的三分损益、隔八相生生律法相同，其生律方法如下：

$^\flat$C—$^\flat$G—$^\flat$D—$^\flat$A—$^\flat$E—$^\flat$B—F—⬚C⬚—G—D—A—E—B—$^\sharp$F—$^\sharp$C—$^\sharp$G—$^\sharp$D—$^\sharp$A—$^\sharp$E—$^\sharp$B

即每隔五度，产生一律。若由 C 上移五度，生 G，G 再向上进五度，生 D……若从 C 开始下移五度，生 F……以此类推，但这样生出来的律，并不在一个八度之内，因此要构成音阶，需作八度的移动。同时，缪天瑞取中央 C 以振频比予以计算。C 的振频为 261，G 的振频为 391.5，C—G 是纯五度，得出两音的振频比为 2∶3。而八度关系的音，其振频数翻倍，即振频比为 2∶1。若取 F、C、G、D、A、E、B 这七律，之后由低到高排列，便可构成"古代大音阶"C—D—E—F—G—A—B—C（高八度），这个音列的振频比依次如图 1 所示。

---

① 苏虹、邹伯宗：《三千抗日歌曲》，《温州日报》2005 年 6 月 11 日第 14 版。
② 参见福建音乐专科学校校刊《音乐学习》1946 年第 1 卷第 3 期封面及第 2—5 页的相关内容。

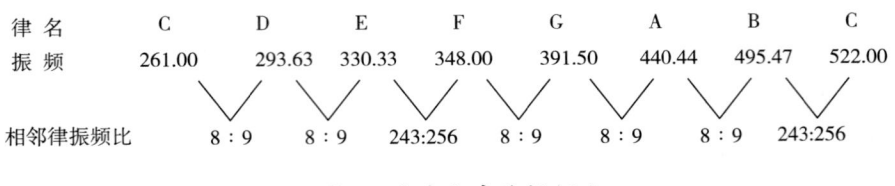

律　名	C	D	E	F	G	A	B	C
振　频	261.00	293.63	330.33	348.00	391.50	440.44	495.47	522.00
相邻律振频比		8∶9	8∶9	243∶256	8∶9	8∶9	8∶9	243∶256

图 1　古代大音阶振频比

可见，古代大音阶只含两种音程，即 8∶9 的"大全音"，243∶256 的"古代小半音"，且大全音要比古代小半音大二倍以上。

依据前述"毕氏律"得知，♭D 到 C 相距五个"五度"，两者的振频比为 256∶243，♭D 振频为 274.93，即 C—♭D 亦为古代小半音，而 C 到 #C 相距七个"五度"，两者的振频比为 2187∶2048，#C 的振频为 278.71，这样构成的半音要比 C—♭D 大，称为"古代大半音"，由此得出在"毕氏律"的古代大音阶中，#C 要高于 ♭D，但究竟高多少个音分，缪天瑞通过古代大半音减去古代小半音的方式予以数理计算，得出"毕氏音差"（Pythagoras Comma）为 531441∶524288。而构成"毕氏音差"的 ♭D 与 #C，相距十二个五度，为此，凡相距十二个五度，均可构成"毕氏音差"。

在"公开信"中，缪天瑞还就"毕氏律"（即五度相生律）与纯律进行了比较。他认为："乐律虽是音乐的基础，却被决定于当时的音乐与造成这种音乐的各种条件。"[①]"毕氏律"所生的古代大音阶，只有一种全音与一种半音，应用在曲调上极为自然，且在单音音乐时代非常合用。古希腊的音乐是单音音乐，故在那时，毕氏律应用较广。数千年来，无论它种乐律的理论发生，实际上我国一直沿用与毕氏律相同的乐律，但于中世纪时，西洋乐风趋于复音音乐，发觉古代大音阶并不适用于复音的同时结合，故有了纯律的产生——复音音乐促成纯律的应用，复音音乐同时又促成风琴、钢琴等键盘乐器的迅速发展，但同为复音音乐产物之键盘乐器，却与纯律不同，因为根据纯律，一组之内要分作五十三个音（键），才能自由转调，这于当时以及现在的乐器制造技术与演奏技术方面，均很难应对。随着复音音乐及键盘乐器的发展，介于五度相生律与纯律之间的"十二平均律"（Equal Tem-perament）便应用于大量的音乐创作和演奏实践之中。

三、一叶扁舟渡海峡

2005 年 5 月 23 日，笔者曾和陈其射赴京拜访缪天瑞时，他说："我 50 多年没有回家乡了。你们认识陈乐书[②]吗？"缪天瑞询问的陈乐书曾任教于温州师范学院音乐科。2018 年夏秋之际，笔者梳理了校友陈乐书的相关材料[③]，其间偶得陈乐书的手稿《忆缪天瑞先生》，从中得

[①] 参见福建音乐专科学校校刊《音乐学习》1946 年第 1 卷第 3 期。
[②] 陈乐书（1921—2002）于 1956 年 8 月至 1973 年 2 月任教于温州师范学校。
[③] 参见王文韬《"乐"翁陈乐书》，《温州日报》2018 年 12 月 26 日第 9 版。

知陈乐书曾随缪天瑞一同前往台湾省立交响乐团诸事。现将陈乐书的手稿《忆缪天瑞先生》原文摘录如下：

> 1946年10月，缪先生受台湾省立交响乐团团长蔡继琨先生之邀，准备去台湾就任。他问我去不去，当我知道马思聪先生在那里时，我想一方面可以工作，一方面可以向马先生学习，便欣然答应了。那时温州没有客船，我们要到上海乘船……到了上海我们住在缪先生的朋友钱君匋先生家里，在钱先生家里见到了李凌先生。李先生还给缪先生送来音乐会门票，劝他不要去台湾。但当时缪先生也没有更好的工作，还是去了。

陈乐书随缪天瑞赴台是因小提琴家马思聪而去的，不料等缪天瑞他们到了台湾，马思聪却已离台，故在找不到合适工作之际，缪天瑞建议陈乐书去日本留学深造，但当时苦于没盘缠，两个月之后，陈乐书又回到温州，继续在瓯海中学工作。

上述之事，缪天瑞并未谈及。陈乐书的这篇手稿可算是缪天瑞赴台细节之"新发现"。之前我只知道1946年缪天瑞赴台时，他的胞弟缪天华已于1945年去了台湾。1948年年初，缪天瑞的爱人林賷携不到周岁的小女裴慈也到了台湾。直到1949年5月，40岁左右的缪天瑞，携妻女冒着生命危险乘一叶扁舟渡回家乡。

我曾见过缪天瑞于1948年3月17日给学生颜廷阶[①]的题字"乐者非以娱心自乐，将欲激发人心改造世界也"。该题字前一句出自《史记·乐书》，后一句则是先生对音乐艺术的深刻理解。可见，缪天瑞是这样认识的，他也是这样实践的。

四、提携后学培植来者

2010年5月，在友人的陪同下，笔者与时任温州大学音乐学院党总支书记的刘青松、温州市文化局陈刚一同前往温州市水心汇昌拜访了温州大学的校友林虹。[②]他说："1946年我能到……福建音乐专科学校读书，全靠缪先生的关照。"翌年，林虹受聘温州师范学校教音乐。

在缪天瑞的有生之年，他帮助、提携过多少年轻学者，人们并不知道，但儒雅谦和、质朴善良则是与缪天瑞有过交往的人对他的共识。缪天瑞热忱地关心、支持及培养着人才，一方面在于他是一位教育家，八十多年如一日地重视人才，另一方面在于他把培植来者放在了发展中国音乐事业的战略位置上。

2007年春，为祝贺缪天瑞百岁诞辰，温州大学发绣研究所的孟永国花了近四个月的时间，为这位著名校友创作了发绣像。[③]对创作的这幅发绣像，缪天瑞十分喜欢。2007年岁末，缪天

---

① 颜廷阶，1920年5月出生于印度尼西亚，祖籍为福建永春。台湾著名音乐教育家、指挥家。1941年12月入福建音乐专科学校，为该校第一届本科学生，曾编纂《中国现代音乐家传略》（三册）。
② 林虹（1925—2014），浙江台州人。在宋词歌曲的创作方面贡献卓著。20世纪70年代末，林虹先生在温州创办的《中小学音乐教育》期刊，发行全国，影响颇大。1983年交由浙江省音乐家协会主办。
③ 孟永国甚至还用了缪天瑞自己的几根头发作发绣像。

瑞为温州大学音乐学院题写了院名和"切磋现代乐艺，发扬民族精华"十二字。这是他 60 多年躬耕教坛的经验总结。在 2008 年 8 月 24 日缪天瑞给笔者的来信中写道："学习音乐，技术性极强……学院应以创作新音乐为主要方向。"在该信中他强调："十二个字是几百年欧洲和一百年来我国的经验。"①

缪天瑞从事音乐教育工作 60 余载，他丰富的教学经验以及独到的音乐教育思想，深刻影响着我国音乐教育事业的发展。他先后执教于浙江温州中学附属小学、私立温州艺术学院②、上海新陆师范学校、上海滨海中学、上海同济大学附属中学、中华艺术大学、武昌艺术专科学校、重庆音乐学院、福建音乐专科学校、浙江温州师范学校、中央音乐学院、天津音乐学院、中国艺术研究院。缪天瑞的音乐教育成就泽被了几代音乐学子。

博读可以得到他人的知识，善于思索才能产生自己的识见、思想。缪天瑞的认识是高远的，他认为一切都要实事求是、从实际出发才可获得。

五、音乐文化的普及者

缪天瑞先生秉承的理念是要突出民族音乐教育，而不是全盘西化音乐教育。《小学音乐教材及教学法》③是缪天瑞理论和实践密切结合的教学法专著，其中写道：

> 本国的民歌不能轻视，应视其性质多多采用为教材。普通音乐教育要提高学生对民族音乐的兴趣和鉴赏能力，使他们从不同的音乐体系，不同的时空观念和表现形态中掌握更多的知识。④

缪天瑞的这段文字，意在说明世界各民族音乐的发展，不是单线更替，而是多线并存。

纵观缪天瑞的一生，在创办音乐专业刊物方面贡献突出。缪天瑞通过创办专业刊物，一方面接通、普及外国音乐文化，另一方面挖掘、介绍固有的民族音乐文化，提高我国音乐教育的整体水平。缪天瑞于 70 余年间创办或参与主编了《音乐教育》等 7 种专业刊物。其中，缪天瑞与他的学生陈田鹤一起在重庆共事，并负责参与编辑了音乐期刊《乐风》《音乐月刊》，如表 1 所示。

可见，《乐风》是国民政府教育部音乐教育委员会的会刊，历时 5 年发行 20 期，刊登了 191 位作者之 441 篇文章，其涉及音乐学科的各方面内容，有较高的学术价值。《音乐月刊》刊登了专业性较强的内容，它对读者有一定的音乐理论基础要求。如发表在该刊的音乐作品类

---

① 此信为缪天瑞给笔者的私信，尚未出版。
② 著名温州籍作曲家、音乐教育家陈田鹤（1911—1955），曾于 1928 年就读私立温州艺术学院，其师从缪天瑞，并于以后走上了音乐道路。
③ 《小学音乐教材及教学法》，1947 年由上海万叶书店出版，后来又发行了数版，2008 年人民音乐出版社再版。该著列入《中国学术名著提要·艺术卷》（上海复旦大学出版社 1996 年版）。
④ 《缪天瑞音乐文存》（第 2 卷），人民音乐出版社 2007 年版，第 599 页。

似艺术歌曲，均配有五线伴奏谱。

缪天瑞、陈田鹤这两位温州音乐家合作编辑刊物的共性为，在向国人介绍、传递、普及音乐基础知识的同时，竭力为抗战服务，成为当时音乐文化的普及者。

表1　抗战期间，温州籍音乐家缪天瑞、陈田鹤在重庆参与编辑的音乐期刊

刊名	主办机构	编辑及所处年份	期刊年份及卷期号
《乐风》	国民政府教育部音乐教育委员会	胡彦久、缪天瑞、江定仙、陈田鹤（1940.1） 熊乐忱、缪天瑞（1941.1—1941.9） 熊乐忱、缪天瑞、陈田鹤（1941.10—1941.12） 熊乐忱、陈田鹤、顾樏（1942.7） 熊乐忱、江定仙、段天炯、陈田鹤、张洪岛、杨荫浏（1943.1—1944.6）	1940年第1卷第1期 1941年新1卷第1—9期 1941年新1卷第10—12期 1942年第2卷第4期 1943年第3卷第1—2期、16号、17号、18号
《音乐月刊》	国民政府军事委员会政治部抗敌歌咏团	胡然、缪天瑞、刘雪庵、陈田鹤（1942.3） 缪天瑞、刘雪庵、陈田鹤、江定仙、杨荫浏、顾硕（1942.5—1943.5）	1942年第1卷第1期 1942年第1卷第2—6期

六、现代律学的开拓者

缪天瑞是我国现代律学学科的开拓者之一。缪天瑞对同乡学者潘怀素（1894—1978）非常敬仰，同时，他对潘怀素所遭受的不公平待遇深表同情。在《怀念潘怀素先生——潘怀素先生诞辰百年祭》一文"前言"中，缪天瑞这样写道：

> 潘怀素先生生前，很少对朋友们说起自己的身世，后人对潘先生也鲜有记述。我托人在潘先生的故乡寻觅他的子孙，亦无踪影。所以有关潘先生的生平，只能凭有限的记载和我个人与他接触的生活片段，拼凑成文，从中略窥潘先生的面影。[①]

当笔者看到缪天瑞的这篇文章后，就将此作为一个疑问留在了脑海。2011年，原温州市社科联副主席洪振宁听了笔者的一些研究想法后，建议笔者进行"温州籍音乐家群体"研究。几年过去了，笔者对潘怀素的生平仍然难以进行清晰的梳理。为了撰写本文，笔者与潘怀素的孙女潘露茜取得了联系，并了解到以下内容：

> 潘怀素1894年出生于温州昆阳，曾留学日本、德国，获柏林大学经济学博士。懂英、日、德三国语言，善弹古琴、喜吹箫笛，能演奏钢琴，歌声优美且喜欢唱《送别》……育有长女潘秀秀、小儿潘振华。新中国成立后曾为政务院参事，1953年后辞职专事音乐研究。1978年3月，全国科学大会召开期间病逝于北京。[②]

---

① 缪天瑞：《怀念潘怀素先生——潘怀素先生诞辰百年祭》，《中国音乐学》1995年第2期。
② 据本文笔者与潘怀素之孙女潘露茜2019年12月16日下午的微信交流记录所言。

目前所见潘怀素的译著有《转型期经济学》《敦煌琵琶谱的解读研究》《乐家录（卷九）》，论文著述有《京音乐的历史性与艺术性》《隋唐燕乐的成立、递变和流传》《略谈智化寺的京音乐》《从古今字谱论龟兹乐影响下的民族音乐》《南宋乐星图谱研究》《音乐科学研究必须重视民族音乐的优良传统》，潘怀素还在大量调研与音乐实践基础上提出了"二十三不等分纯正律"[①]。

1975年，当恃才无忌的潘怀素向缪天瑞提出想举办律学报告时，缪天瑞的感受是双重的，一方面他对潘怀素在当时社会环境所表现出的传统文人气质由衷钦佩，另一方面又因自己感到完成此事之种种压力，故缪天瑞在《怀念潘怀素先生——潘怀素先生诞辰百年祭》一文中对"二十三不等分纯正律"有详尽的解析，他不无惋惜地写道："一位热爱祖国、学识精深而又热心弘扬民族音乐文化的知识分子就此含冤而逝！"[②]

七、补记：追忆缪天瑞先生

2009年8月31日，缪天瑞在北京病逝。自他离世后，笔者经常翻阅缪天瑞的《音乐随笔》[③]以及他写给笔者的20多封书信。其中有首于2000年4月30日，92岁的缪天瑞在一张小卡片上写的七言打油诗：

> 人生七十古来稀，
> 我言九十不稀奇；
> 艰危污蔑等闲过，
> 著书立说志不移。[④]

缪天瑞的声音不断萦绕于笔者的耳畔。对缪天瑞了解得越深入、越具体，缪天瑞的形象于笔者脑海中变得越立体，他的人格魅力，深深地影响了笔者。笔者后来陆续收到缪天瑞的长女缪裴芙寄来的关于她父亲的珍贵手稿、照片、文书资料等。对此，笔者及笔者所在的高校决心要用真情为他做点自己力所能及的事。

2011年，笔者和胡敏老师共同完成了温州市文化工程项目"缪天瑞教育思想研究"。2012年年初，笔者和胡敏、刘青松老师共同完成了温州大学文化工程项目"校友缪天瑞研究"。同年5月23日，举办了纪念两位温州籍音乐家缪天瑞、陈田鹤先生的访谈活动，同时，缪天瑞的长女缪裴芙向温州大学校史博物馆捐赠了缪天瑞根据浙东民间吹打曲编的"儿童节奏乐队曲"《十景开场〈琐记〉》等手稿。同年末，温州大学"十二五"校园文化提升工程将为缪天瑞

---

① 缪天瑞《律学》（第三次修订版），人民音乐出版社1996年版，第160—162页。
② 缪天瑞：《怀念潘怀素先生——潘怀素先生诞辰百年祭》，《中国音乐学》1995年第2期。
③ 《音乐随笔》中收录了2000年以后缪天瑞撰写的研究及回忆性文章。参见《缪天瑞音乐随笔》，人民音乐出版社2009年版。
④ 2000年4月30日，92岁的缪天瑞在一张小卡片上写的七言打油诗。缪天瑞对"艰""危""污蔑"分别做了旁注。

塑铜像之事正式列入。2013 年 4 月，温州大学举办了"纪念校友缪天瑞先生诞辰 105 周年"的系列活动，包括铜像安放仪式、百岁学人缪天瑞图片展及学术交流等。

在音乐学院原院长赵玉卿的积极筹划下，2015 年 10 月 16 日，缪天瑞研究会在温州大学成立，赵玉卿于会上当选为首任会长，并主持了"首届天瑞音乐博士论坛"。2018 年 4 月，温州大学举办了"纪念缪天瑞先生诞辰 110 周年"系列活动：缪天瑞研究会资助出版了《音乐美学要义》(修订版)[①]和《乐坛鸿儒缪天瑞》[②]；举办了专场音乐会并上演了缪天瑞于 90 年前创作的《月儿轻轻》《这相思仿佛寒暖》[③]等作品；为让更多人了解缪天瑞，笔者撰写了题为《逝者如斯，弦歌相承》[④]的纪念文章，并提供相关图文、视频资料，协助温州电视台"文化温州"栏目，为缪天瑞制作了一期题为《百年乐章，弦歌不辍》[⑤]的专题片。缪天瑞的小女林剑看了电视专题片后评价道："片子虽不算长，但是内容丰富，有概括、有细节，有历史、有现实，每句话、每个镜头都引人入胜，让人看后还想看……"2018 年 10 月 26 日，笔者受邀参加"瑞安先贤与近现代中国"学术研讨会[⑥]，并于会上宣读了《天涯多芳草　流水有知音》[⑦]一文。当晚，在瑞安大会堂上演了温州大学音乐学院师生编排的缪天瑞的部分早期作品。

2019 年，举国庆祝中华人民共和国成立 70 周年之际，笔者不由得想起缪天瑞曾因保护进步青年学生而"自请离职"，又为生计赴台工作，再到中华人民共和国成立前冒着生命危险返回，实现其音乐教育理想的往事。从 2019 年 5 月初开始，来自音乐学院的近 20 名师生，创编小型音乐舞台剧《乐坛鸿儒缪天瑞》，为中华人民共和国成立 70 周年献礼。该剧获浙江省大学生艺术展演专业组二等奖。之后，这批师生还参加了温州原创歌剧《五星红旗》的两场演出，观众反响热烈。值得一提的是，这批师生们在深受相关教育的同时，舞台表演水平也有了较大提高。

时光飞逝，转眼间缪天瑞已离开十年有余。作为一名深受缪天瑞人格魅力所影响的普通教师，笔者清晰地意识到他的为人品格、治学精神当生根、发芽，影响教育更多年轻的师生，故自 2018 年 4 月以来，举办了"听文韬讲故事"之系列活动。故事人物多为与缪天瑞有交往的温州音乐家，如潘怀素、陈田鹤、林虹、邹伯宗、陈乐书、姜嘉锵等。他们在不同时代、不同领域为我国音乐事业发展做出了一定的贡献。他们中的几位还是笔者的忘年之交，当力所能及地讲好他们的故事。

当和杰出人物在同一天地共呼吸时，未必能真正认识其价值，待斯人一朝谢世，时光老人将不断拉大他与后辈的距离，其光彩才逐渐凸显。缪天瑞的杰出，不是浮名，而是人品与贡

---

① 此为温州大学音乐学院缪天瑞研究会资助项目的部分研究成果。在附录，增加了金经言译的胡戈·里曼作品《"音想象论"思想》，代百生译的胡戈·里曼作品《"音想象论"新论》。参见胡戈·里曼《音乐美学要义》(修订版)，缪天瑞、冯长春译，上海音乐出版社 2018 年版。
② 王文韬:《乐坛鸿儒缪天瑞》(温州大学音乐学院缪天瑞研究会资助项目)，西南师范大学出版社 2018 年版。
③ 浙江音乐学院音乐工程系青年教师王新宇博士，将缪天瑞的同名歌曲编配为小提琴、钢琴二重奏。
④ 王文韬:《逝者如斯，弦歌相承》，《温州晚报(副刊，墨池坊)》2018 年 5 月 13 日第 7 版。
⑤ 温州电视台《文化温州》栏目，2018 年 5 月 18 日。
⑥ 周琳子、陈京子:《弘扬瑞安先贤精神，走在改革发展前列》，《浙江日报》2018 年 10 月 26 日第 12 版。
⑦ 王文韬:《天涯多芳草　流水有知音》，《天津音乐学院学报》2018 年第 4 期。

献！他以"人生朝露，艺术才是千秋"的紧迫感，以学贯中西、通古晓今的气质，以锲而不舍、刻苦钻研的探索精神，构筑起中国音乐学的理论丰碑。缪天瑞一生躬耕于我国的音乐事业，他严谨的治学态度和人格魅力值得我们学习，他倾心于桑梓乐教的点点滴滴同样值得我们铭记。

原载《温州大学学报（社会科学版）》2020 年第 6 期

王文韬：生于 1971 年，温州大学音乐学院副教授

缪天瑞与《音乐教育》

汪 洋

一、《音乐教育》简介及其办刊宗旨

《音乐教育》（月刊）杂志创刊于 1933 年 4 月，由江西省推行音乐教育委员会（隶属于江西省教育厅）主办，为该会会刊。自创刊号到 1937 年 12 月终刊号，历时 5 年，共出刊 5 卷计 57 期，即 1933 年第 1 卷 1 期至 9 期，第 2 卷至第 5 卷 1 期至 12 期。创刊时的主编为萧而化[①]先生，从第 1 卷第 6、7 期合刊起，由缪天瑞先生负责编辑，从第 3 卷第 1 期起，由缪先生担任主编。

主编缪天瑞先生 1908 年 4 月 15 日出生在浙江省瑞安市莘塍南镇村，1923 年考入上海专科师范学校[②]音乐科学习，1926 年开始参加工作。在已走过的近 80 年的音乐人生中，缪天瑞先生先后从事过普通音乐教育、专业音乐教育；先后主编过《音乐教育》、《乐风》[③]、《乐学》[④]、《人民音乐》等学术性刊物，以及《中国音乐词典》（正编、续编）、《中国大百科全书·音乐舞蹈》（副主编）、《音乐百科词典》等大型音乐辞书；先后翻译、编译过《钢琴基本弹奏法》

[①] 萧而化，江西人，音乐理论和音乐教育家，早年留学日本，1942 年秋至 1943 年夏担任国立福建音专的教务主任，1943 年夏至 1944 年年底担任国立福建音专的校长。
[②] 上海专科师范学校由吴梦非、刘质平、丰子恺三人创办，后多次更名，缪天瑞毕业时为"上海艺术师范大学"，像吴梦非、丰子恺、宋寿昌、钟慕贞、毛月娥等先生都曾在这个学校任教。
[③] 《乐风》由重庆中华国民政府教育部主办，1941 年为月刊，1942—1944 年为双月刊。
[④] 《乐学》是台湾省交响乐团音乐期刊，于 1947 年 10 月创刊。

([俄]列文原著）、《乐理初步》（[英]柏顿绍原著）、《音乐的构成》（[美]该丘斯原著）、《西方音乐美学史鸟瞰》（[英]格雷原著）等著作；先后出版过《小学音乐教材及教学法》《律学》《儿童节奏乐队》《基本乐理》等专著。可以说，缪天瑞先生在普通音乐教育与专业音乐教育、音乐刊物与音乐辞书的编纂、音乐理论翻译、《律学》及《基本乐理》等多个音乐理论研究领域都做出了卓越的成就和贡献。[①]《音乐教育》月刊是缪天瑞先生在音乐刊物编辑领域中第一次担任刊物编辑和主编。

《音乐教育》月刊在当时能持续五年之久，并在教育界、音乐界产生重要影响，主要原因就在于杂志定位的准确。一方面是由上而下。杂志每一期都刊登一批适合中小学音乐课使用的歌曲和乐曲，同时还将国外的音乐知识翻译、介绍过来；另一方面是由下而上。缪先生当时是江西省推行音乐教育委员会的中小学音乐视察员，合唱队的钢琴伴奏，他与中小学音乐教师的联系比较密切，所以就刊登的歌曲和乐曲是否适用于中小学、国外的音乐和教学方法是否能"本土化"等问题，能够经常相互交流，同时也可将从音乐教学第一线的许多内容反馈在《音乐教育》上。就这样"由上而下、由下而上两个方面，而不是孤立地编写《音乐教育》，同当时的音乐教师相互联系，了解他们的情况，发现他们的问题，然后和国外介绍进来的音乐理论和方法联系起来，组织、编写相关文章，帮助他们解决音乐教学中的实际问题"[②]。由此可见，《音乐教育》杂志当时办刊宗旨是面向普通音乐教育的，它的读者大部分是普通音乐教育工作者。

二、从普通音乐教育角度看《音乐教育》的主要栏目及内容

作为《音乐教育》的主编，缪先生对该杂志所设置的栏目都经过慎重地考虑，刊登的内容也是经过精心地挑选，这一切都是围绕着该杂志的办刊宗旨而来。在《音乐教育》中，有乐谱、文字、附刊等栏目，刊登包括歌曲、音乐论文、音乐教育、音乐技术、音乐史料、音乐家传记及故事、音乐评论、音乐问答、音乐消息等多方面的稿件。其中代表性的有以下两类：

（一）乐谱

主要包括小学歌曲、中学歌曲、一般歌曲、合唱曲及轮唱曲、器乐曲、民间歌曲、学校乐剧和儿童节奏乐队用曲等几个小栏目。每一期都刊登一批歌曲和乐曲，为中小学提供音乐教材；同时该刊所载的歌曲谱例全都采用五线谱，并配有钢琴伴奏。刊载的歌曲主要有以下两类：

第一类是儿童所用歌曲。如陈田鹤的《晨歌》和《春天的歌》（廖辅叔词，1934年第2卷第1期），青主的《在叫化婆的怀中》（青主词，1935年第3卷第1期）、《今年的雨水很足》（青主词，1935年第3卷第4期），贺绿汀的《吃糖果》（儿歌，1935年第3卷第7期）等。缪

[①] 参见乔建中《在〈缪天瑞先生学术思想研讨会〉开幕式上的讲话》，载高燕生、刘连捷主编《缪天瑞音乐生涯》，河北教育出版社2000年版，第1页。

[②] 摘自笔者与缪先生的谈话记录，2005年1月31日上午10点于北京市朝阳区广泉小区缪先生寓所。

先生所选用的此类歌曲（包括创作和翻译的），从歌词到曲调都基本符合小学生、初中生、高中生的实际接受能力，而且具有鲜明的艺术性。特别要提到的是，每一首歌曲后都有歌曲原作者写的"歌曲说明"，这为教学者和学习者准确地阐述歌曲内容提供了参考。此外，还有一些适合儿童表演的音乐剧，如《猴儿酒》（坪内逍遥原作，周作人译，程懋筠改编并作曲），《皇帝的新衣》（钱光毅编剧，廖辅叔词，陈田鹤作曲）。

第二类是符合时代特征的歌曲，主要体现在 1936 年第 4 卷第 11 期的"抗日救亡歌曲特辑"和 1937 年第 5 卷的"一般歌曲"栏目。如陈洪的《上前线》（第 4 卷第 11 期），老志诚的《民族战歌》（高滔词，第 4 卷第 11 期），章枚的《万里长征曲》（第 5 卷第 5 期），邓尔敬的《抗敌战士悼歌》（任钧词，第 5 卷第 9、10 期）等，这类歌曲的刊出正值国难当头之时，具有强烈的时代特征。

（二）音乐教育

杂志围绕"普通音乐教育"这一中心，刊登了大量有关普通音乐教育的文章，特别像《小学音乐教育》（第 2 卷第 1 期，1934 年 1 月）、《乐曲创作》（第 3 卷第 1 期，1935 年 1 月）和《音乐教育情况》（第 5 卷第 11、12 期，1937 年 12 月）等专号更能说明此问题。

《音乐教育》刊登的这些内容，从普通音乐教育角度归纳起来主要体现在以下三方面：

一是直接属于小学、初中、高中音乐课的内容。像每 1 卷第 1 期中所发表的小学歌曲、中学歌曲、合唱曲及轮唱曲、器乐曲、学校乐剧和儿童节奏乐队用曲等乐谱都属于这一类。如《小学音乐教育》（1934 年第 2 卷第 1 期）专号中的《低年级的音乐教育》（易之）、《小学音乐教学的环境和方法》（刘忠谋）、《选择小学唱歌教材的标准》（李垂铭）等；《音乐教育情况》专号中的《半年来矫正儿童错误的经过》（赵鸿章）、《中学音乐教学经验谈》（刘已明）（1937 年第 5 卷第 11、12 期），程懋筠的《关于学校唱歌科的对话》（1933 年第 1 卷第 1 期），青主的《小学唱歌问题》（1935 年第 3 卷第 2 期）也都属于这一类。

二是为音乐教师提供进修、提高的内容。像基础音乐知识和音乐技术理论，如萧而化的《简易识谱法》（1933 年第 1 卷第 1 期）；像音乐史及音乐家故事，如柯政和的《中国音乐的发达概况》（1933 年第 1 卷第 8、9 期）、廖辅叔的《贝尔约》[①]（1935 年第 3 卷第 7 期）；像声乐、器乐演奏，如谢崇琛的《风琴的弹奏法》（1933 年第 1 卷第 3 期）；像音乐评论，如萧而化的《怎样才是好音乐》（连载，1933 年第 1 卷第 2 期至第 1 卷第 4、5 期）等都属于这一类。

从以上两方面可以看出，缪先生选用文章始终考虑是否符合当时中小学音乐教育的实际现状，始终注意将提高音乐实践教学水平与加强音乐理论知识修养相结合。特别值得关注的是，他还将当时国内外学者们最新的音乐教育研究成果以连载的形式介绍给大家。如《小学音乐教学法》（[美]岐丁斯原著，欧漫郎译）、《音乐教育论》（[日]青柳善吾原著，易之译）等。

三是音乐通讯、问答。在每一期中，缪先生都留出了一定篇幅开设这个栏目，这是理论指导与实际教学最好的结合点。读者们所提问题也基本集中在有关音乐实际教学和音乐基础

---

① 贝尔约，今译为"伯辽兹"（笔者注）。

知识的一些问题上，如"听唱法与视唱法"（如答蔡敏然君来函，1933年第1卷第4、5期）；"五线谱与简谱"（如答李福臻问：五线谱翻简谱法，1937年第5卷第9、10期）；等等。通过"问""答"形式，一方面解决中小学音乐教师在具体教学工作中出现的问题，另一方面也通过读者所提的问题，了解到基层音乐教师和音乐教学的实际情况，为刊物选择性刊登相关文章提供了参照。

三、《音乐教育》对普通音乐教育的贡献

综观整套《音乐教育》杂志，笔者认为该杂志在音乐教育研究探索方面对普通音乐教育做出了突出的贡献，具体表现在以下几方面：

第一，《音乐教育》杂志非常注重将国内外音乐教育最新的研究成果介绍给音乐教师。在5卷57期中，连载了《小学音乐教学法》（美国岐丁斯原著，欧漫郎译），《音乐教育论》（[日]青柳善吾原著，易之译），《儿童音乐生活的内容及其指导》（[日]北村久雄原著，曾葆译），《音乐教育心理学》[①]（邹敏、铁明合著），《儿童音乐教育讲座》（胡敬熙著）。这些研究成果可以说是当时世界音乐教育研究的"前沿"，《小学音乐教学法》原著出版于1928年，《音乐教育论》原著出版于1933年，《音乐教育》杂志翻译、刊登这些音乐教育理论是非常及时的，这无疑对我国音乐教育研究产生积极的影响，同时也为缪先生《小学音乐教材及教学法》一书的撰写奠定了基础。正如缪先生所言："远在抗战之前，我便开始本书的材料的搜集，那时我在江西省推行音乐教育委员会主编《音乐教育》月刊，同时担任中小学音乐视察工作。《音乐教育》要经常登载学校音乐教育学方面的文字。因此我从国内外的书籍上搜集音乐教学法方面的理论，从视察工作上记录实际教学的情形，想在《音乐教育》上先行发表，预备将来出一本专书。"[②]

第二，《音乐教育》杂志发表了相当一批探讨音乐教学经验和音乐教育的文章，以及一批对各地音乐教学活动的评论和报道。这些文章对当时的音乐教学活动起到了积极的交流促进作用。可见《音乐教育》杂志在如何让刊物的音乐理论水平与音乐教育实际相结合方面为我们今天的音乐教育研究树立了榜样。

第三，《音乐教育》杂志中发表了多篇有关如何选择中小学音乐教材的文章。这些文章都极力呼吁教材的选择要富有民族性，歌曲的音域要完全根据儿童的发声器官来确定，歌词的内容要通俗易懂，作曲配词要依照艺术的朗诵法等，从中我们看出音乐教材作为音乐教育的客观必要材料，必须以学生为本，必须非常适合学生实际，这样才能收到良好的教学效果，这对今天的音乐教育仍有一定的指导意义。

第四，《音乐教育》杂志具有很强的时代性，刊登了多篇探讨中国音乐发展的文章，并出

[①] 这本著作主要参考、借鉴于美国1931年出版的穆塞尔和格林合著的《音乐教育心理学》一书，此外还以其他国外研究成果作为参考。

[②] 缪天瑞：《小学音乐教材及教学法》，上海万叶书店1947年版，第5页。

版了《中国音乐问题》（1934年第2卷第8期）专号。"介绍、推广西方音乐"和"坚持中国音乐传统"这两者的关系，是我国音乐和音乐教育中带有方向性的基本问题。不论是青主的《我亦来谈谈所谓国乐问题》（1934年第2卷第8期），还是柯政和的《新国乐的建设》（1934年第2卷第8期）。这些文章都清楚地表明在当时社会大背景下，要发展、振兴我国音乐，必须研究西方音乐，整理传统音乐，建立音乐教育机构，统一乐谱。时至今日，两者之间的关系问题仍是值得我们研究的课题。

当然，《音乐教育》在某些方面还有一定局限性，如关于谱式（五线谱和简谱）和唱名法（固定唱名法和首调唱名法）的问题。1932年颁布的小学和初中音乐课程标准[①]在1929年标准的基础上更为强调"必须完全用五线谱，绝对不许用简谱"，并规定"应废除首调唱名法，代以各国现行之固定唱名法"。[②]因此，《音乐教育》杂志遵循课程标准的要求，刊登了大量有关此类问题的文章。显然，在这个问题上，有值得商榷的地方。

四、缪天瑞作为主编对《音乐教育》的贡献

《音乐教育》是20世纪三四十年代发行数量最多、发行时间最久、内容最丰富的音乐杂志之一，这与作为主编的缪先生的音乐思想、音乐修养、文字编辑经验和敬业精神是分不开的，主要表现在以下几方面：

第一，缪天瑞先生对《音乐教育》稿件采录是极为认真的，强调并坚守按质论稿的用稿原则；同时，刊物的编辑工作也甚为严谨，从"本刊投稿规约"的两次修改就可窥知一二。正是由于缪先生在主编《音乐教育》之前所积累的普通音乐教育经验和丰富的刊物编辑经验，才使这本杂志吸引了音乐教育界乃至社会音乐界人士的广泛关注，进而使该杂志在社会音乐生活中产生积极影响。像萧友梅、王光祈、青主、程懋筠、老志诚、赵元任、陈田鹤、江定仙、刘雪庵、贺绿汀、廖辅叔、陈洪、柯政和、蔡继琨、李元庆、钱君匋、陆华柏、唐学咏、萧而化、胡周淑安、李树化等专业音乐家群体都积极为《音乐教育》撰稿。[③]

第二，缪天瑞先生能及时把介绍、翻译国内外最新音乐理论（包括音乐教育研究理论）的文章刊登于《音乐教育》杂志上。这些文章基本上做到了与世界同步。由此看出，缪先生在《音乐教育》杂志上选用的音乐理论及其音乐教育研究理论都处于世界前沿。特别是在音乐教育理论方面，说明了当时我国音乐教育研究基本与世界同步，可是，在以后相当长的时间内，我国音乐教育研究却"与世隔绝"，时隔半个世纪之后，我国才陆续出版相关的音乐教育研究著作和文章。如1983年章枚先生翻译出版了新中国成立后第一本《音乐教育心理学》（美国穆

---

① 五四运动后产生了第一个由音乐教育家刘质平起草的《新学制课程纲要小学音乐课程纲要》《新学制课程纲要初级中学音乐课程纲要》（1923年）。在此基础上，1929年、1932年和1936年又先后三次颁布了新的中小学音乐课程标准。特别是1932年的音乐课程标准从小学制订到高中，目的在于构建一个比较完整的国民音乐教育的课程体系，这恰恰就是《音乐教育》杂志当时编写的指导性文件。
② 王安国、吴斌：《全日制义务教育音乐课程标准解读》，北京师范大学出版社2002年版，第184页。
③ 《音乐教育》杂志曾经在1936年第4卷第1期集中刊登部分撰稿者面影。

塞尔、格连合著，四川人民出版社出版，后更名为《中小学音乐课教学法》)，但这离《音乐教育》刊登邹敏、铁明合著的《音乐教育心理学》已整整46年。因此，在如何及时、有效地刊登与出版当今世界音乐教育研究之成果方面，《音乐教育》杂志早为我们树立了楷模。由此可见，缪先生在当时编辑、发表这些音乐教育研究文章时非常具有学术远见。

缪先生对《音乐教育》的贡献是巨大的，反过来，《音乐教育》在缪先生音乐贡献中也占有重要的地位。可以这样说，缪先生其后的学术研究均能在《音乐教育》中找到根由，如20世纪50年代编译出版的该丘斯音乐技术理论丛书，开始就以讲座的形式在《音乐教育》发表；专著《小学音乐教材及教学法》的部分资料准备工作也在《音乐教育》里完成；2005年4月出版的译著《音乐美学要义》(德国里曼著，与冯长春合译，上海音乐出版社出版)的部分内容也在《音乐教育》中以"音乐表现的原质底要素"为名做过翻译发表（1934年第2卷第7期和第10期）。

《音乐教育》是一本集普及性与提高性、综合性与针对性、基础性与学术性、理论性与实践性紧密结合的优秀的音乐刊物。其主编缪天瑞先生对《音乐教育》做出了重要的贡献。虽然《音乐教育》只发行了短短5年的时间，离我们也已有70余年，但该刊不仅对于当时普通音乐教育起到一定的推动作用，更重要的是它在中国音乐教育发展史上具有开拓性的意义。

原载《湖州师范学院学报》2006年第6期

汪洋：生于1976年，浙江音乐学院副院长、教授

缪天瑞与《音乐教育》

国 华

我国近现代史上的音乐教育体系，自五四运动渐趋完善。许多从事音乐理论、教育、表演艺术的前辈，为此付出了艰辛的劳动，缪天瑞就是其中有代表性的一位。他任主编、编辑的《音乐教育》月刊，就是他为音乐教育事业的发展身体力行的典型事例。

一、《音乐教育》的成刊及特点

江西省政府推行音乐教育委员会成立于1933年3月7日（以下简称"音教会"），隶属江西省政府教育厅。"音教会"创办的《音乐教育》月刊，是以普及传播西方音乐理论知识、促进普通音乐教育、关注指导社会音乐生活为宗旨的专业刊物。从1933年4月创刊至1937年12月终刊，历时5年，发行5卷计57期。即1933年第1卷1至9期至第5卷1至12期。"音教会"负责人程懋筠，创刊主编萧而化。自第1卷第6、7期（合刊）起由缪天瑞担任主要编辑工作[①]。在那个战乱频仍的时代中，像《音乐教育》这样连续发行57期，长达5年之久的，十分少见，若不是因为抗日战争，该刊不会停刊。[②]

《音乐教育》之所以在当时的音乐界产生了较大影响，主要原因有：一是程懋筠与江西省

---

① 该刊主编由"音教会""干事"兼任，缪天瑞实际从萧而化1933年离职后接任"干事"职务（见该刊1933年6、7合刊的第136页），因此，他担任主编应从接任"干事"职务之日算起。该刊此前一直没有署名主编者，"主编人"从第三卷第1期开始署名。许多学者误认缪天瑞从1935年开始任主编。

② 参见程懋筠、缪天瑞《写在终刊号之后》，《音乐教育》（1937年12月第5卷第11、12期合刊终刊号）。

教育厅厅长程时烺的亲属关系①，保证了"音教会"的办刊资金和物质条件。二是主编者的工作能力。自第 1 卷第 6、7 期合刊起，采、编、写的整套繁重工作，均由缪天瑞一人独揽，如果不是他在文字编辑、音乐知识和敬业精神等方面的特殊才干，定难完成。三是刊物具有针对社会层面的准确定位，即中小学音乐教师。四是内容对普通音乐教育工作者面临的实际问题，具有指导意义。五是拥有一支学术水平和社会影响力较强的撰稿队伍，使刊载内容具有"前沿性"和相当的学术含量。

缪天瑞出任主编的历史缘由首先是，此前，他一直在中小学和专业音乐院校任教。1926—1927 年在浙江温州中学附属小学任音乐教师；1928—1933 年在上海滨海中学、上海同济大学附中、中华艺术大学、武昌艺术专科学校等任音乐教师，对基层音乐教育状况有较深入的了解。近十年任教于普通、专业音乐教育的工作经验，使他对社会层面的需求有直观的认识，进而翻译和编写了许多专业音乐知识的文章书籍，先后发表有《中国音乐略史》(《音乐杂志》，北平国乐改进社编，1928 年 10 月第 1 卷第 4 期)、《中国古代音乐的流弊和现代音乐的趋向》(《新乐潮》，北平爱美乐社编，1928 年 4 月第 3 卷第 1 期) 等文章。出版有《作曲入门》(1930 年)、《风琴钢琴合用谱》(1930 年)、《简易看谱法》(傅彦长校阅，1930 年)、《小学音乐教学法》(缪天瑞、金世惠合编，1933 年)、《对位法概论》(1933 年)，以及 J. 列文著、缪天瑞译《钢琴基本弹奏法》(1929 年) 等专著和译著。

《音乐教育》刊载的文章，始终结合教育现状，刊载了许多具有现实意义的国内外音乐教育研究论著和教学经验交流类文章。如［日］青柳善吾著、易之译《音乐教育论》(1935 年 7 月第 3 卷第 7 期)，邹敏、铁明《音乐教育心理学》(1937 年第 5 卷第 6 期) 等。它们涉及教育实践及研究的各方面，对教学活动起到交流促进作用。其次，及时刊载当时音乐教育和音乐社会活动的评论及相关报道等。包括民众音乐、学校音乐、戏剧、管弦乐队、音乐会节目单等。如《1936 年全国乐坛鸟瞰》(张沅吉，1936 年第 4 卷第 12 期)。刊物还连载了音乐技术理论和音乐知识讲座，如"和声学""曲调作法""音乐理论初步""乐式学讲座""音乐史"等，如张葆诚、巴淑的《音乐及其名家》(1935 年 7 月第 3 卷第 7 期)、郭鸣皋《歌声训练法》(1935 年第 3 卷第 3 期) 等。美国该丘斯、英国柏顿绍、日本田边尚雄、大田黑元雄等在国外也是较新的著述，都及时得以译介。该丘斯的音乐理论知识丛书，20 世纪 20 年代才在美国出版，30 年代缪天瑞就及时翻译出来，为音乐界提供了前沿的学术著作。这一译著是他日后系统翻译该丘斯的理论丛书，行文简洁明了特征的最初表现。

---

① 熊式辉先生主持赣省时，闻其名，乃指示教育厅程时烺厅长（即程先生之叔父）谓："党歌作曲者程懋筠先生系江西籍，不在江西执教，实为最大遗憾。"因邀而其归省，并成立音乐机构——江西省教育厅音乐教育推行委员会，程氏任主任委员，凡九年之久。其间，并出版《音乐教育》月刊，动员全国乐人撰稿，为我国发行最多、维持最久、内容最丰富之音乐杂志。选自台湾省政府教育厅儿童读物编辑小组主编《中华儿童百科全书》第六册，台湾书店。

二、《音乐教育》的栏目和内容

刊物栏目和文章内容有：文论（论著、译著等）、问答栏、音乐教育、音乐家故事、评论、音乐新闻、工作报告（指"音教会"）、乐谱、乐曲说明等。较有代表性的有：

文论栏目：理论性论著、知识性文章，内容主要针对音乐现状。有时事评论、音乐理论、音乐表演及演奏方法、音乐教育等相关论著和文章。

乐谱栏目：设有一般歌曲、儿童歌曲、钢琴曲、民间歌曲、电影歌曲、歌曲说明等子栏目。所载谱例大部分采用五线谱[①]，附有钢琴伴奏，体现出编辑者尊重艺术规律和推崇科学的精神。乐谱印刷质量清晰，为当时所少见。所选儿童歌曲，有翻译和创作的，曲调和歌词符合不同年龄段儿童的领悟能力，与"学堂乐歌"时期的歌曲相比，从曲调、歌词直至内容，有了质的飞跃。时代特征的歌曲类，反映了当时的社会历史重大事件。如《打杀汉奸》《工人之歌》《纺织娘》等；"学校乐剧"栏目，发表了《皇帝的新衣》（钱光毅编剧、廖辅叔词、陈田鹤作曲）[②]和《猴儿酒》（坪内逍遥原作、周作人译、程懋筠改编并作曲）等适合儿童表演的音乐剧。除歌曲外，另有歌曲作者撰写的"歌曲说明"栏目，将创作特点、适合演唱的年龄群体均加以介绍，为教学者准确诠释歌曲内容，提供帮助。

问答栏目：编辑通过"问答"互动形式，对音乐工作者工作中出现的实际问题，进行理论指导，具有答疑和解惑特征。如1937年第5卷第1期的"问答"中有两个问题，一是"音乐辞典"（曾仲坚问、缪天瑞答）；二是"和弦记示法·转调·顶点"（纪华问、缪天瑞答）。主编通过读者所提的问题，深一步了解基层教师和音乐爱好者掌握的音乐知识情况，为刊物选择相关文章提供依据。

缪天瑞对读者的要求，认真负责地回答。如主编《写在"读者意见"之后》（1937年第5卷第1期94页）一文。读者对主编的意见和建议包括方方面面，有"想把世界的名曲，改编成中国乐器（二胡、新笛、三弦等）合奏的谱子""每期或隔期为我们选编世界名曲的口琴独奏曲合奏曲等"，有要"关于音乐教学法的论著"的，有要"视唱与练耳"和"指挥法"教材的，还有的读者要求"写一篇唱歌法之类的长稿""多登国防歌曲"等，更有读者急切要求刊物改为"半月刊，十日刊""出合订本"以利于学习和收藏，从读者以上所提的要求中可以反映出他们对该刊给予了殷切的期望。难能可贵的是，主编者在力所能及的范围内，基本满足了读者的求知要求，成为读者的良师益友。

三、《音乐教育》专号的意义

缪天瑞针对现实社会问题编辑了《小学音乐教育》（1934年1月）、《中国音乐问题》（1934

[①] 在个别文论的谱例中，因为印刷和排版的简洁而使用简谱——见《音乐教育》。
[②] 在1935年第3卷的第1、5、6期分三次刊载。

年8月第2卷第8期)、《湖滨音乐堂落成纪念》①（1934年10月第2卷第10期）、《乐曲创作》（1935年1月第3卷第1期）、《救亡歌曲》(1936年10月)②、《苏联音乐》（1937年7月第5卷第7期)、《音乐教育情况》(1937年12月第5卷第11、12期合刊终刊号）等专号。

"专号"距今已半个多世纪，今天阅读，仍能体会主编和当时的知识分子对社会问题的关注。如1934年《小学音乐教育专号》有：适合小学教学的歌曲20首，作者有陈田鹤、贺绿汀、江定仙等。论著有：《低年级的音乐教育》(易之)、《苏联的小学音乐教育》(黑田辰男作、吴承均译)、《小学音乐教材的今昔》(钱君匋)等6篇，缪天瑞《适用的小学音乐科用书》。漫谈栏目有：《小学音乐教学漫谈》(光毅、穆静③)、《瓦格纳的童年》(廖辅叔)。专门开辟"教师论坛"，为交流教学经验和探讨教学法提供理论平台：《唱歌的引导法》(晏即曙)、《小学音乐教学的环境及方法》(刘忠谋)、《选择小学唱歌教材的标准》(李垂铭)、《小学音乐教育要点》(蔡敏然)等7篇文章。

采编文稿时，缪天瑞始终围绕教育这条主线，把国内外相关的研究成果介绍给读者，刊载连载的教育论著有：《小学音乐教学法》([美]岐丁斯著，欧漫郎译)、《音乐教育论》([日]青柳善吾著，易之译)、《音乐教育心理学》(邹敏、铁明合著)、《儿童音乐教育讲座》(胡敬熙著)等④。

缪天瑞常将某期刊物的内容集中于一个"社会事件"。目的一是提示创作者多创作现实题材的作品；二是让学者多写与现实社会"热点"问题有关的论著；三是促使音乐艺术及时地反映和作用于现实社会，充分利用"艺术"作用于"社会"的功用。从以上专号名称，可以看出与当时"历史事件"的密切关系，体现出主编具有的历史社会责任感（虽然他一再向笔者强调，所有的工作成绩，受"外因"影响很大："都是被逼出来的"）。面向现实的编辑思想，贯穿在他所编的各类刊物中，如他主编《人民音乐》(1950年创刊号) 的"编后"所写：

> 缺乏的材料还很多，譬如照片、器乐曲、有伴奏的歌曲……都是我们急切需要的，希望各方面多多供给我们，最近将出"唱法专号"，第三期为"星海逝世五周年纪念"，都希望各方面供给材料。

刊物设立"专号"的意义，促使音乐界（理论研究、表演创作等）围绕现实社会开展工作，体现出主编希望音乐界关注社会问题的良苦用心。

---

① "音教会"为了使广大市民能够欣赏到音乐而在江西南昌湖滨公园修建的音乐堂。见"为湖滨音乐堂落成纪念告市民诸君书"，《音乐教育》(1934年10月第2卷第10期，第8页)。
② 原名《国防歌曲》，主管部门审查时认为"国防"为共产党的口号，故改为现名。
③ 缪天瑞笔名之一。
④ 参见《音乐教育》"小学音乐教育"专号（1934年1月第2卷第1期）。

四、从《音乐教育》撰稿人评价刊物的学术含量

音乐教育界和社会音乐界给予《音乐教育》以极大关注。撰稿队伍包括了最强的理论家、作曲家阵容：萧友梅、王光祈、赵元任、青主、陈田鹤、胡周淑安[①]、李元庆、李焕之、吕骥、贺绿汀、程懋筠、萧而化、江定仙、廖辅叔、蔡继琨、刘天浪、陆华柏、钱君匋、陈洪等，还有许多热爱音乐的知识分子如物理学家钱学森等人。[②] 他们的观点、视角及研究方法，在当时都十分"前沿"。缪天瑞虚心接受撰稿人建议，不断调整办刊思路。他回忆道：

> 30年代我在江西省推行音乐教育委员会工作，并主编《音乐教育》月刊。他（指吕骥）来信对我的刊物提出建议：首先是封面加注拉丁化拼音文字，当时国共两党对待拉丁化新文字的态度截然不同，共产党提倡，而国民党禁止，所以在封面上加注新文字就是一种态度；又希望经常刊登中国民歌。这些建设性的意见对我的思想触动很大，我都欣然接受了，并且每期都照办，直至停刊为止。他还经常给刊物投稿，有一组绥远民歌，还有关于中国音乐的文稿（署名穆华），我都一一刊登了。后来马思聪采用绥远民歌中一首作为主题，写成小提琴独奏曲《思乡曲》。[③]

他不畏强权，欣然接受先进的科学文化。因其如此，他后来主编的《乐风》（中华民国政府教育部主办，1941年第1卷第1期）因介绍延安鲁艺的文章被迫停刊整顿。因此，新中国成立前夕他毅然决然离开台湾[④]，一家三口搭载一叶孤舟，冒着生命危险在海上漂流100多个小时，回到百废待兴的祖国大陆，投入建设新中国的行列中。[⑤]

缪天瑞用稿以质量为原则。如首先刊载的《流水》（贺绿汀）、《岁月悠悠》（江定仙）等优秀歌曲，产生了较大影响，并因此结交了许多真挚的音乐家朋友。

> 20世纪30年代初期，定仙（指江定仙）在陕西省教育厅从事振兴中小学音乐教育的工作。当时我在江西省推行音乐教育委员会工作。由于两人工作性质相同，我们很自然地结成了"文字交"，互相交流经验，交换所编的刊物。记得他寄给我他所选编的教材，我也寄给他我主编的《音乐教育》月刊，后来我还在《音乐教育》上发表他创作的歌曲《岁月悠悠》等。[⑥]

缪天瑞的严谨的学风和工作作风，得到音乐界同人的认可。

---

① 即周淑安。
② 参见钱学森《美国通信》《机械音乐》，《音乐教育》1935年第3卷第7期、第8期。
③ 缪天瑞：《回忆吕骥同志》，《人民音乐》2002年第2期。
④ 缪天瑞1946年10月至1949年5月在台湾交响乐团任副团长、编辑室主任，主编《乐学》（双月刊）。
⑤ 缪天瑞回国后被安排在中央音乐学院工作，历任该院研究室主任、教务主任、副院长，天津音乐学院院长等职。中国音乐家协会主办《人民音乐》月刊（1950年创刊）的第一任主编。
⑥ 参见缪天瑞《回忆往事 赏读作品——怀念定仙老友》，《中央音乐学院学报》2002年第3期。

五、缪天瑞本人在《音乐教育》中发表的文章

编辑刊物的同时，他撰写了许多学术文章和翻译著作，发表于《音乐教育》的歌曲、论著、讲座、漫谈、问答、文字等栏目的文章有：

翻译歌曲：1933 年第 1 卷第 8、9 期合刊中，以笔名"徘徊"发表德国民歌《春声》《小猫》，同期以缪天瑞为名，发表英美儿歌《孩子的梦乡》。1933 年 10、11、12 月第 1 卷合刊有四首是他翻译的为数不多的外国儿歌。

连刊的技术理论和知识讲座有《乐式学讲座》（十一次）[①]、《音乐解剖学》《曲调作法》《音乐理论初步》《和声学》《音乐史》等。翻译文章有《音乐表现的原质底要素》（[德] H. 里曼）、《历代哲人们的音乐观》（[英] Cecil Gray）、《近代音乐的倾向》（[日] 大田黑元雄）等。

[美] 该丘斯（P. Goetschius）的音乐理论丛书，对缪天瑞的学术研究具有深远影响。译著最早发表于《音乐教育》1935 年 4 月第 3 卷第 4 期的《曲调作法》之一《长调曲调的作法》。1941 年缪天瑞在福建音专任教务主任和音乐技术理论教师时，将该套丛书大部分加以系统翻译，用作教材。20 世纪 50 年代前后，由钱君匋所办万叶书店系统出版。[②] 该套丛书在中国音乐的发展上，起过重要作用。为弥补该套丛书编译中的不足，2000 年，他以 92 岁的高龄，又综合该丘斯音乐理论编译了《起曲和毕曲——欧洲著名作曲家怎样处理乐曲的开始和终结》一文（《黄钟》2000 年第 3 期）。

缪天瑞还编译了英国音乐理论家柏顿绍（T.H.Bertenshaw）的《音乐理论初步》，于 1936 年第 4 卷第 1 期始分七次刊载。版本译自《郎文音乐学习全书》（*Longmans' Music Course Complete* 1928，伦敦）。他介绍翻译过程时说："我最初印这书，是 1929 年，在一个学校用作教本。"[③] 据此，缪天瑞介绍柏顿绍的音乐理论知识，与英国出版发行时间只相差一年，可见他的前瞻眼光。但因多种因素，从翻译到《音乐教育》刊载，相差了八年。

缪天瑞还开辟了"音乐史讲座"1934 年 2 月至同年的第 2 卷第 7 期分七次刊载。作者以比较简要的文字，介绍西方音乐的主要发展历程。另有 R.O.Morris 作，缪天瑞编译的《和声学讲座》等。

缪天瑞善于将同一个学科不同理论家的文章介绍给读者，使之了解该学科的不同理论观点。以《曲式学》为例，1934 年 6 月第 2 卷第 6 期，根据 [日] 伊庭孝著《音乐形式原论》[④] 章节，翻译为《乐式学讲座》，分 11 次刊载。1935 年第 3 卷第 1 期，他又将 [日] 门马直卫《音乐解剖学》[⑤] 章节，翻译《音乐解剖学》《音乐的样式解剖》分两次刊载。除以本名外，还以

[①] "乐式学""音乐解剖学"是现今"曲式学"的不同称呼。
[②] 后因工作的原因，缪先生将该丘斯音乐理论丛书的其余两本交予他人翻译出版，分别为许勇三译《大型曲式学》（人民音乐出版社 1982 年版）、陆华柏译《应用对位法》（上卷·创意曲）（人民音乐出版社 1986 年版）。
[③] 缪天瑞译：《音乐理论初步》，《音乐教育》1936 年第 4 卷第 1 期。
[④] 该书"大体根据普娄德（E. Prout，普劳特）所说，对他的著作多有引例"。《音乐教育》1934 年，第 38 页。
[⑤] "本书是根据德国理论家葛拉波纳（H. Grabner, 1868 年）著《音乐解剖教科书》写成。"《音乐教育》1935 年第 3 卷第 1 期。

"穆静""天澍""徘徊""穆天澍"等笔名发表了若干文章。

缪天瑞最重要的贡献之一就是翻译了大量的音乐理论著作，尤以该丘斯的技术理论丛书为代表。从20世纪20年代末，他就开始写作论述性文章，但30年代后，却集中于翻译，什么原因使他专事翻译？他1934年撰写的《答仰衡书》①一文，或许提供了答案；文中除了回答提问者关于音乐教育中如何处理"新音乐"与"俚俗的音乐"从形式到内容在学习矛盾问题外，还对自己从关心"新音乐"形式到关心"新音乐"具体内容的转变原因进行阐述，文中说：

> 我已有四五年不写这种议论的文字了，在四五年以前，我确实写过好些这类文字，散载在《音乐潮》《阿波罗》《开明音乐专号》等刊物上。事后想起来，觉得自己未免过于大胆妄为了，后悔着。虽说一个人发表了一点文章，不论是有价值的或无价值的，都一样仿佛是在广漠无垠的沙漠里呐喊了几声，只听得那叫声的微弱的余声消失在虚空里；但我总觉得信口乱说是不太好的。从这种大胆妄为觉醒过来以后，我就转向了翻译方面。我不能担保我的翻译会怎样有裨于他人，但总比胡说八道的谈论来，总要较为切实的了。

可以看到，缪天瑞对当时社会制度的糜烂和统治者的堕落有着清醒的认识，作为一位爱国学者与其无力地议论、呐喊，还不如为新音乐的理论建设做一些具体的翻译工作来得痛快。

缪天瑞2004年翻译了[德]H.里曼的《音乐美学要义》②，1934年7月的第2卷第7期和同年10月的第10期，以《音乐表现的原质底要素》为名作过章节翻译。从中国近现代美学学科资料建设的角度看，这是较早将国外音乐美学译文介绍到国内的文章之一。

他重要学术专著《小学音乐教材及教学法》（上海万叶书店1947年版），是20世纪30年代"中小学音乐视察员"工作的总结。该书"自序"说：

> 远在抗战之前，我便开始本书的材料的搜集，那时我在江西省推行音乐教育委员会主编《音乐教育》月刊，同时担任中小学音乐视察工作……工作开始不久，抗战就开始，《音乐教育》也停刊了。我回到故乡，当一个师范学校的教师……将音乐教学上若干问题，试作实验。二十九年（指民国，1940年）我赴重庆主编《乐风》……于是我又继续搜集音乐教学法方面的资料……这时教育部在国立音乐院举办一个"音乐教员讲习班"……我就根据历年所搜集的音乐教学法资料，写成一个大纲，作为讲义。③

1942年至1945年在福建国立音专任教期间，又将原有资料"重新整理一次，作为教材"。最终于1946年完成书稿，1947年由上海万叶书店印制成书。该书除集中了作者对基础音乐教育的教学和研究成果，还在理论研究的角度做了较大创新，如该书加入了"中国调式"的应

---

① 《音乐教育》"中国音乐问题"专号（1934年第2卷第8期）。
② 与冯长春合作翻译，计划由上海音乐出版社出版发行。
③ 缪天瑞：《小学音乐教材及教学法》，上海万叶书店1947年版。

用、"徵调式和声"的示范等具有创新意义的内容。

可以看出，这本书的产生经历了理论—实践—理论—再实践的严谨过程。在特定历史条件下对于普通音乐教育产生了巨大的影响力，出版不到一年就连续印刷三版。《小学音乐教材及教学法》的出版，标志着缪天瑞学术研究的一个新的里程碑，用他自己的话说：

> 我在当小学教师二十几年后，写成的《小学音乐教材及教学法》一书，既实现了当年的宿愿，也总结了普通音教的生涯。①

1979年出版的《基本乐理》（人民音乐出版社）也可见到此种学风的延续。"前言"中写道："本书原是为天津音乐学院音乐专业的同学写的讲义，初稿写于1972年，后来经过多次修改。"由此可见，他对"教材"建设始终如一的严谨态度。

他编译、编著的林林总总的书籍中，无不体现着这一态度。以《律学》为例，出版于1950年②，迄今已修订、增订三版，由最初的80页增加到326页（1996年版），学术含量今非昔比，堪称"是中国现代音乐史中真正的律学专著"③。再版与修订版区别甚大，前者是在基本不改变原有书名和内容的基础上的再次印刷，后者则是在不改变原书名的基础上将原有内容进行较大改动，某种意义上无异重写一本专著。《律学》的两次修订、一次增订，均将各历史时期律学研究的成果加入其内，使之成为律学研究领域的集大成者，用赵宋光的话来讲："这本书已经不仅仅是我们自己民族的，而且是世界各民族的，具有人类文化总汇的气势。"④

结语

主编《音乐教育》一事，在缪天瑞的学术经历中占有重要位置，是他其后几个学术领域发展的起点。《音乐教育》集采、编、研、译于一身的巨大工作量，为他养成严谨的工作作风和"为乐不可以为伪"⑤的学术风格，奠定了基础。这一工作使他得以结交音乐界同人，对之后的工作变动和学术研究方向有很大影响。《音乐教育》虽然只存在了短短5年，但在传播西方音乐理论知识、社会音乐问题研究和建立教育体系方面起到了巨大的作用。

缪天瑞在音乐事业中的重要贡献，似可概括如下几点：他在音乐教育的岗位上工作了50余年，培养了许多卓有成就的学生；翻译该丘斯音乐理论丛书，对中国音乐理论的建立和完善产生了不可磨灭的贡献；研究成果《律学》对中国律学研究队伍的成长，起到积极的推广作用；参编和主编的《中国大百科全书·音乐 舞蹈》、《中国音乐词典》（正编、续编）、《音乐百

---

① 笔者2004年4月18日将本文稿交与缪先生看后，他以96岁的高龄写给作者信中的一段话。
② 1947年成书，1950年1月上海万叶书店出版发行，1965年第一次修订，1983年第二次修订（因增幅较大，又称为增订版），1996年第三次修订。
③ 李焕之主编：《当代中国音乐》，当代中国出版社1997年版，第569页。
④ 高燕生、刘连捷主编：《缪天瑞音乐生涯》，河北教育出版社2000年版，第9页。
⑤ 1994年缪天瑞为中国艺术研究院音乐所建所40周年题词。

科词典》等工具书，为音乐学界建立基本的术语规范产生了深远影响，是 20 世纪学术发展史上一块块坚实的里程碑。

原载《中国音乐学》2005 年第 2 期

国华：生于 1963 年，首都师范大学教授

对缪天瑞《律学》与吴南薰《律学会通》的比较

刘 曦

缪天瑞的《律学》于1950年初版，1996年第三次修订，修订版与初版有较大的区别，本文进行对比所使用的《律学》是1996年的第三次修订版。吴南薰的《律学会通》出版于1964年。为方便起见，以下简称缪天瑞的《律学》为缪书，称吴南薰的《律学会通》为吴书。

从结构上说，缪书共有十章，其中前五章着重介绍律学原理，后五章则是关于律学应用的内容。吴书分四卷，分别为"卷一、律学研究之预备""卷二、古今律学评说""卷三、历代黄钟音之比较""卷四、中外古今律学之会通"。

缪书脉络清晰：前半部分是专业基础知识，其中包括律的定义、发声原理、测音仪器的介绍、涉及音律计算的各种数值的说明以及对三种律制（即五度相生律、纯律和十二平均律）的详细介绍。前半部分是阅读者必须掌握的理论知识，也是理解后半部分内容的坚实基础。后五章的律学应用着重介绍了世界各国不同律制、乐制的特点和历史发展过程及律制的应用等问题。这是作为拓展性的知识，供阅读者全面地了解律学之用。

吴书的开始部分也侧重专业基础知识讲解，其"卷一、律学研究之预备"相当于缪书的前五章内容。不同的是，除了中国本土的三种律制，吴书还增加了西洋律学纪要，对西方的五度相生律、纯律及十二平均律做了介绍；卷二、卷三着重阐述中国古代律学的发展脉络，并特别单列一卷对历代黄钟宫的位置及测量做了较为详细的说明，这在同类别的书中是不多见的，为阅读者研究比较古代律制提供了方便（鉴于学术严谨的需要，笔者认为这仅作参考可，用于具体数据计算则不可。后文将陈述理由）；卷四的标题是"中外古今律学之会通"，显然其目标是要将古今中外的律学融会贯通，立意很好。不过可惜其"外"几乎只涉及了印度，范围未免窄了些，于这个"外"字颇有些名不副实。再者，古今之说又与卷三有重复之嫌。这使该书在结构逻辑上稍显混乱。从内容来看，两本书虽都是介绍律学，但侧重点不同。缪书内容比较均衡，从入门知识的讲解到对三种律制的解说，从各地律学的历史发展到乐制、律制的应用，几乎面面俱到而又繁简适中。该书是站在较为客观的立场去看不同时代、不同区域的各种律制，基本做到无所偏颇。

  吴书旨在探寻中国古代简律（也即三分损益律或五度相生律）与纯律的使用情形，以此来说明中国古代并非只用简律，纯律当与其有着并重的地位。因此，吴书的内容偏重于有关简律和纯律等自然律内容的叙述，而对于十二平均律等人工律的介绍相对就少些。此外，吴书侧重于对律学史学意义的考察，这可以从他卷一的第一章"律学之历史意义"以及书中花费大量篇幅对中国古代律学发展进行梳理中看出来。吴书在对这些内容的叙述中常常带有比较浓重的个人观点，是以笔者自己的眼光去看待古今中外的各种律制，主观意识较强。

  在体例方面，缪书相对规范，吴书却不那么拘于形式。缪书中图表的使用比较清楚，注释、参考文献、书名人名的索引等也都较为详细。相比之下，吴书由于大量引用古代文献加之其对外来书籍的翻译与我们所习惯的翻译方式不太一样，因此阅读起来稍稍有点麻烦。例如，吴书中称三分损益律为简律，这显然不是我们现今通用的说法，也不规范，而对外国人名的翻译也常常要揣摩一番才能与我们所熟知的名字对上号。

  此外，在语言风格上，缪书使用普通白话文，这种语言在对专业知识进行科学的解释方面有着较强的优势，容易理解；而吴书的略带文言色彩的近代白话文则与其偏重史学性的特征较为符合，自有其语言的特点。不过在理解上显然不如白话文那么通俗易懂。

  两者的区别还体现在资料的引用上。缪书中引用的大量专家学者提供的资料或音律测算方法均有明确的出处，有据可寻，因而其准确性与科学性基本是值得信赖的。相对而言，吴书在语言的规范，数据的精确和资料的来源上可能就会略逊一筹了。例如上文所提到的吴书所列举的历代黄钟宫的位置及测量数据基本是来源于他自己对古书籍的翻译。且不论不同书籍对于律学记载的不统一，单是由古语译成今文就会产生很多歧义。因此其资料的准确性上是有疑问不太可靠的。

  需要特别提出来的是，缪书在初版时是以纯律为标准来阐述其他律制的，这与吴书不谋而合。纯律由于自身成律的特性很早就被应用到音乐实践中，并且在历史上长期与其他律制混合使用，具有很强的融合特质。因此用纯律作为参照标准是有一定的道理的。这也可算作两书唯一的共同之处了。后来缪书的修订以十二平均律作为标准来介绍五度相生律与纯律大约是出于考虑到照顾大多数读者的理解需要，毕竟十二平均律才是现今社会通用的律制。

  综上所述，以笔者之观点，缪天瑞的《律学》结构清晰、内容翔实而均衡、语言平实易懂，是一本既适用于专业学习又能满足非专业阅读的教科书性质的著作，特别适合入门学习之用。

而吴南薰的《律学会通》无论从其体例结构还是叙述风格上都不适合作为普通教材使用。然而对于专业律学研究者或史学研究人员来说该书却有其独特的意义：其结构上虽有些乱，但可以前后联系起来阅读，如把卷一中对西方律学的解说汇合到卷四中来，而把卷四中的古今之说并入卷三中去，也就一目了然了；其资料的使用虽缺乏一定的科学依据，但却可促使读者更多地查阅相关资料以作确实；再者其鲜明的主观见解虽不可尽信之，但作为一家之言也有其道理可循，不失为一本有专业价值的律学专著。

原载《大众文艺（理论）》2009 年第 5 期

刘曦：南京师范大学泰州学院教师

根深叶茂　庇荫后人
——记缪天瑞对我国音乐术语标准化和词典编纂工作的贡献

韩宝强

缪天瑞（1908—2009）是我国著名音乐教育家、音乐学家。今年恰逢先生去世 5 周年，受《音乐创作》之邀特撰此文，以表怀念。

一、从乐器译名说起

熟悉音乐史的读者都知道，今天我们使用的很多西洋乐器早先并不叫现在的名字，譬如，小提琴根据原文 Violin 被译作"怀娥铃"，钢琴译为"批阿那"（Piano），长笛译为"富吕德"（Flute）等。20 世纪初，西洋乐器刚传入中国时，有些译者对这些乐器的演奏方式和音响特点并不熟悉，常按其原文发音直接音译，受到译者口音和音乐水平的局限，翻译过程中不时会出现一件乐器多种译名的现象，譬如，小提琴当时除了叫"怀娥铃"外，还被译作"梵哑铃""维奥林"，钢琴除被译为"批阿那"外，还有"皮亚农""皮亚诺"等。总之，当时乐器命名是五花八门，杂乱无章。

今天如果我们遇到上述情况，首先想到的可能就是去查看一下音乐词典，因为"引经据典"才能让我们胸有成竹。但 20 世纪初的中国还处于西乐东渐的初期，市面上很难找到一本音乐词典。即便找到了，质量也难有保证，因为词典的编纂者不是不懂音乐，就是不通外语，或者两者皆无。例如，著名文史学家黄人（1866—1913）不满 16 岁就考中秀才，是清末有名的少年才子。1911年曾编纂了一部《普通百科新大辞典》，涵盖政治、法律、经济、历史、地理、哲学、心理、文学、图画、雕刻、音乐、数学、光学、医药、动物、植物等67门学科。其中音乐词典部分收入了很多现代常用音乐事项，已故音乐史学家廖辅叔先生认为该书收录的音乐条目是当时所有音乐类辞书中数量最多的。[①] 然而就是在这本词典中，编者由于不懂音乐常常闹出笑话。例如他把Horn（号角）直接音译成"好伦"，解释为："洋乐用喇叭之类，金属制。有英吉利式与法兰西式之别。"前面的话固然没错。可接下来的解释就有问题了。所谓英吉利式与法兰西式，无疑是指English horn与French horn，虽都用horn，但我们知道English horn今称"英国管"，不属于号角，而是双簧类的木管乐器；French horn才是真正的号角，今称"圆号"。类似这样的错误在当时的音乐词典中不在少数。譬如在1935年商务印书馆出版的《音乐辞典》由当时的音乐教育家刘诚甫编纂，由于编者外语不灵光，把大名鼎鼎的德国作曲家Beethoven译成了4个不同名字的音乐家：贝多芬、悲多汶、裴德芬、白堤火粉。当时即有人评之"错得伟大"[②]。

针对这种音乐术语混乱情况，时任江西《音乐教育》主编的缪天瑞先生以文章形式提出了许多有益的建议。譬如1937年，缪天瑞在《关于翻译音乐名词的通信》中首次指出："有人把Violin译为'小提琴'，把Cello译为'大提琴'，同时把Viola译为'中音提琴'，把Double Bass译为'低音提琴'。前两者是根据乐器的形状（大小）来译，而后者则根据音域来译。这四种有密切关系的弦乐器，在译语上实有系统化的必要。照音域译，很难确定，如Viola在管弦乐中虽常为中音（Alto），有时亦为次中音（Tenor），Cello虽常为次中音，有时亦为上低音（Baritone）。故不如都照形状译为：小提琴（Violin）、中提琴（Viola）、大提琴（Cello）、最大提琴（Double Bass）。"[③]

1948年，缪天瑞在译著《乐理初步》的"译者序"中更为明确地提出了自己对西洋乐器译名的观点："书中的名词的译语，我尽量在已流行的译语中，选用其合适者。……惟在乐器一项，我试用一种新的译法，即将直吹木管乐器一律译作'管'，再视其性质与大小，而（分）别'单簧管'（Clarinet）、'双簧管'（Oboe）、'大管'（Bassoon）、'英国管'（English Horn）、'萨氏管'（Saxophone）。铜管乐器一律译为'号'，依大小长短而（分）别为'短号'（Cornnet）、'小号'（Trumpet）、'长号'（Trombone）、'大号'（Tuba）、'法国号'（French Horn）等。这样可与已有的弦乐器与横吹木管乐器上的大小长短的译法——'小提琴'（Violin）、'中提琴'（Viola）、'大提琴'（cello）、'最大提琴'（Double Bass）、'短笛'（Piccolo）、'长笛'（Flute）相一致，而易于一般人的理解与记忆。"[④]

表面上看，对外来乐器名称的翻译仅仅是音译还是意译的问题，但它反映的却是中西音乐理论如何对接的问题。我们知道，让两种不同文化对接起来的最好方法，就是找到一种能够

---

① 参见廖辅叔《中国近代最早收入大量音乐条目的百科词典》，《音乐研究》1991年第3期。
② 怀玉：《一塌糊涂的刘诚甫的音乐辞典》，《音乐教育》1936年第4卷第1、2期。
③ 欧漫郎、缪天瑞：《关于翻译音乐名词的通信》，《音乐教育》1937年第5卷第4期。
④ 缪天瑞：《乐理初步》译者序，上海万叶书店1948年版。

沟通两种文化的中介物。如果用音译的方式把 Violin 译成"维奥林",表面上看似简单、准确,但却无法让中华音乐文化与西方音乐文化有机对接,因为中华音乐文化语境中找不到与"维奥林"对接的因素,那么我们就难以在大脑中建立起对 Violin 的任何想象。而翻译为"小提琴",中国人马上就能意识到"这是一件小型弓弦乐器",因为"琴是弦乐器"的概念在中国人脑海里已经根深蒂固,"提琴"是中华弓弦乐器的旧名,用一个"小"将其定型,一下就让两种音乐文化有机对接起来。

通过乐器的译名可以看出,科学而艺术的翻译不仅要求译者对所译对象有充分的了解,有时还要对所属学科有整体认知。缪先生首先对所译乐器本身特性有了全面了解,同时能够从乐器声学和乐器法角度出发对每一类乐器有着本质认识。在此基础上兼顾中文乐器语词、语义特点,才制定出目前的乐器命名方案。也正是这种兼顾科学、艺术、语词规律的翻译工作,才能让西洋乐器译名沿用至今。我也曾经把缪先生对西洋乐器的命名方式讲给一位德国音乐教授,他非常感兴趣,认为这种命名方式非常科学,应该引进到德国。

二、用《律学》沟通古今中外律学理论

首先说一下《律学》与律学的区别:前者指缪天瑞先生的专著,后者指律学学科。

律学是中国特有的学科,若从春秋时代的乐官州鸠谈论有关乐律问题算起,中国的律学研究至少已有 2000 多年的历史。涉及律学的文献汗牛充栋,单就《二十四史》来说,其中就有十六部单辟章节记述乐律问题,其他讨论律学的著作亦多不胜数。虽然律学的起源就是为了解决"十二律旋相为宫"问题,但中国古代文人常喜欢将它与度量衡、天文、历法、算数、阴阳五行,甚至风水占卜等学问混杂在一起阐述,故律学又有"绝学""玄学"之名。文人雅士多以谈音论律作为彰显学问的方式,而律学与音乐的联系反被日益冷落。于是就有了这样一种奇怪的现象:本来与音乐联系最密切的律学,却让绝大多数音乐人望文生畏,以致望而却步。

直到 20 世纪 50 年代初,一本仅有 80 页的薄书改变了人们对律学的认识,这书就是缪天瑞先生所著的《律学》。正如著名漫画家、音乐普及先行者丰子恺先生在为《律学》所作的序中所言:"今观缪天瑞之稿,条理井然,文字畅明,使音乐学者,人人可读,此诚今日音乐界之福音也。"丰先生的话既是对《律学》的评价,也道出了缪先生的初衷,即要写一本为"一般音乐学习者而写的有系统的入门书"(该书"自序")。

正是在这一理念的支撑下,他以清晰、简明的语言,将律学从古代天象、历法、度、量、衡、阴阳五行,乃至社会政治等诸多事物中剥离开来,与学科的母体——音乐——紧密结合起来。众多读者由此意识到:律学并非常人无法企及的"玄学",更不具诠释天地宇宙之道的功能,其研究的全部问题和解决方法皆来自活生生的音乐实践。

1965 年,缪天瑞先生又出版了《律学》修订版,其主要变化,是改变了初版《律学》中对纯律作用的看法。如作者在"后记"所言:"旧版提出以纯律为标准。这种论点是不切实际的。纯律只是一种理想,过去是否严格实行过,是个疑问。"(见该书"后记")修订版的另一

特色，则是充实了有关律的应用方面的内容，尤其对中国民族音乐实践中存在的乐律问题以及解决方法的建议，对当时民族音乐理论界颇具启发。著者在书中提出的"十二平均律是能够适应我国民族音乐风格"的论断，已经被今天的音乐实践证实。

时隔 18 年之后，缪先生《律学》增订版（第二次修订版）于 1983 年问世，该版的突出特点是从民族音乐学角度，重视世界各国的律制、乐制的特点和历史发展过程，专设"中国律学简史""欧洲律学简史""四分之三音体系史料"和"亚非地区几种民族乐制"等章节，为律学和民族音乐学研究工作者提供了丰富的乐律学资料，以及观点、方法上的启发。该书让人不胜感慨的另外一个因素，是作者对律学孜孜以求的执着精神。众所周知，在 1963—1986 年之间，中华大地曾经发生过一场"文化大革命"，此时的中国学术界，就像时钟突然停摆一样陷入死寂。而对于时任天津音乐学院院长的缪先生来说，头顶"反动学术权威"的帽子，批判、劳改之事自然无法逃脱。但就是在那样的恶劣环境中，缪先生依然没有停止对律学问题的思考和写作。由此，笔者不禁联想起中国历史上另一位著名乐律学家、十二平均律计算方法的首创者——明世子·朱载堉。嘉靖二十九年（1550），在父亲朱厚烷被其伯父诬告而削爵、禁锢于安徽凤阳之后，朱载堉"筑土室宫门外，席藁独处者十九年"。在此期间，朱载堉依然发奋攻读，写下了大量乐律著作。两相对照，古今学者品格如出一辙。

1996 年，《律学》第三次修订版再次问世，该书全面反映了这位律学老人的不倦思索。特别值得注意的是，书中加入了"律学研究的新时期"一节，历述 1911 年以来音乐家和学者致力于律学研究的成果和律学研究机构、教学等发展的形势，不仅使人们对律学这门古老学科的生命力有了新的认识，同时也能体会到这位年逾古稀的音乐老前辈对学科发展反应之敏锐。

记得在 1984 年召开的我国首届律学学术讨论会上，许多与会者由衷感言：正是缪先生的《律学》打消了我们对古代律学的恐惧，把我们领进了律学的大门。其实，《律学》一书不仅拉近了现代人与古代乐律理论的距离，它也为中西生律理论的对接起到了桥梁作用。像"The circle of fifth"（五度相生律）、"The equal temperament"（平均律）、"Pure temperament"（纯律）、"The tuning system"（律制）、"Temperament"（调律）等外来律学术语，都是通过《律学》走进了我国音乐基础理论的教材，让我国音乐工作者和学生知道了外国律学起源和发展情况。

此外，《律学》还对那些准备学习中国音乐理论的外国人起到了一定启蒙作用，因为乐律是中国音乐理论的基础，要学到中国音乐的真经，必须要懂得这个基础。现在日本、韩国已经把律学译成他们国家的文字。正是《律学》把古今中外律学理论融会贯通、应用于音乐，我国著名音乐理论家和教育家赵宋光认为：《律学》一书"不仅仅是我们自己民族的，而且是世界各民族的，具有人类文化总汇的气势"[①]。

[①] 赵仲明：《世纪人生 百年学问——为缪天瑞先生百岁诞而作》，《中国音乐学》2007 年第 2 期。

三、兼具战略和战术能力的音乐词典学家

缪先生为人一贯谦逊、平和，似乎与我们脑海中那些叱咤风云的战略家、战术家不搭界。但如果把音乐词典编辑工作放到建立一种知识体系的高度加以深入分析的话，我们会说它对人的脑力、毅力和精力的要求一点也不比打一场战役来得轻松。

在人类思想发展史上，词典、百科全书一类的辞书历来有"无声的导师""没有围墙的大学"之美称，因为好的辞书往往就是浓缩众多学术精英智慧的结晶体。正式因为辞书有此价值，古今中外的有识之士无不把编辑辞书当作阐释学术之理，提升学科地位的重要举措。在18世纪的法国，以狄德罗为代表的一批启蒙思想家因推崇用编纂百科全书的方式来开启人类智慧之窗，推动人文和数理科学的进步而被称为"百科全书派"。

与近现代欧洲相比，我国在音乐辞书编纂方面落后很多，前面已经介绍了20世纪初我国音乐辞书处于萌芽时期的一些窘况。对一直抱有教育救国、知识救国理念的缪先生来说，自然也会萌发编纂音乐词典的念头。早在20世纪30年代初，当缪天瑞还是一名初出茅庐的青年时，就尝试性地编译过一本袖珍《音乐小辞典》。正当上海开明书店为该辞典刊出了广告、投入排版之际，缪天瑞却突然感到自己的水平尚无法编出合格的词典而毅然收回了文稿，为此还赔偿了开明书店的排版损失。但执着的他并没有因此放弃，之后他又编纂了一本约5万字的《音乐小词典》。1932年上海"一·二八"事变后，为避战乱，他将包括这部小词典在内的所有文稿送到了友人钱君匋家中保存。但不幸的是，日军侵占上海后，这本未出版的词典连同其他文稿竟然一起遗失了。两次编辑音乐辞书遇挫并没有让缪先生止步。20世纪60年代初他在天津音乐学院工作时，受人民音乐出版社之约又重新开始了音乐词典编纂工作。正在他完成了全部词目选定和部分释文写作之时，"文化大革命"开始了，又使出版计划夭折。当时除了词目与部分释文初稿尚有油印本保存外，其余卡片均在"文革"中全部散佚。

常言道："事不过三。"然而对缪天瑞这样的虔诚的"学术守望者"来说，纵然三次词典遇挫也不可能消减他要编纂音乐词典的热情。"文革"结束后，他重新开始了编纂中国音乐辞书的"梦之旅"。从1983年起至1998年，他一直不间断地主持三部大型音乐词典的编纂工作：作为执行主编编纂了《中国大百科全书·音乐 舞蹈》[1]；作为第一主编编纂了《中国音乐词典》（正编、续编）[2]；作为唯一主编编纂了《音乐百科词典》[3]。他从75岁一直工作到了90岁高龄，虽然终日埋头于词条编审当中，但他却如鱼得水，乐在其中。他的女儿缪裴芙称他为"词典迷"："他几乎是没日没夜地在工作室'爬格子'，连吃饭睡觉都要去喊。星期天和节假日，整座办公楼没人，他却图个安静，一早就钻进了工作室，看门的工友以为楼里没人，竟几次把他

---

[1] 中国大百科全书总编辑委员会、《音乐舞蹈》编辑委员会编：《中国大百科全书·音乐 舞蹈》，大百科全书出版社1989年版，缪天瑞任副主编。

[2] 中国艺术研究院音乐研究所、《中国音乐词典》编辑部编：《中国音乐词典》，人民音乐出版社1985年版；《中国音乐词典续编》，人民音乐出版社1992年版，缪天瑞任主编。

[3] 缪天瑞主编：《音乐百科词典》，人民音乐出版社1998年版。

反锁在楼内。"① 这或许就是所有追梦者特有的精神状态吧。

追梦是一种精神，而实现梦想不仅需要付出时间和精力，更要具备一定的条件。作为一本词典的主编来说，首先就是宽广的专业知识和极强的组稿、审稿能力。缪先生主编的三本词典各具特色，《中国大百科全书》的"音乐舞蹈卷"属于分卷型大型专业词典类型，词条一般具有数量少、体量大（单条一般在500字以上）、引证材料多、举例翔实等特点，大百科词条的后面必须署上词条写作者姓名。《中国音乐词典》属于中型综合性专业词典，词条一般数量多、体量适中、引证材料少而精、较少举例等特点，词条后面不出现词条编写者姓名。《音乐百科全书》则属于大型综合性专业词典，兼有前面两种词典的主要特征：词条数量多、体量大、引证材料多、举例翔实，词条后面要有条目作者署名。由此而言，在三本词典中，《音乐百科全书》的编纂工作无疑最具挑战性，它不仅考验主编是否具有顶层设计、协调学科的战略掌控能力，还考验编者对条目筛选、体例风格、内容增删，以及插图形式编辑审定的基本功（该词典收录了6000余个词目，参与写作、编辑者百余人）。《音乐百科全书》最终顺利出版发行、并得到音乐界和出版界交口称赞②的事实证明，缪先生是国内为数不多的兼具上述两种能力的音乐词典学家，他为建立中国音乐词典学派做出了卓越贡献。

四、知识在云端？

缪先生在《音乐百科词典》后记中说："中国终于有了中国人自己编写的音乐百科词典，希望它能为中国音乐事业的腾飞起到有益的作用，并希望它能成为年青一代的铺路石，让他们去谱写更美好的篇章。"

在我的印象中，缪先生从不自夸。然而对于《音乐百科词典》，缪先生用"中国终于有了中国人自己编写的音乐百科词典"来评价自己的工作成果，足见其对这本词典的期待之高、付出之重。或许可以这样说，一本《音乐百科词典》不仅将中外音乐知识融汇其中，同时也是缪天瑞对自己学术人生的总结，那就是：进取、求真、平和、达观。

进入21世纪，随着互联网的迅速普及、电子信息技术的进步、互联网技术和信息存储技术迅猛发展，进入"大数据"时代后，日益膨胀的信息数据已经远远超过现实中任何一种事物的承载能力，同时也催生了一批新概念的出现。例如云存储技术。这个概念的核心，是用"云"的形式（也就是超级信息数据库），为人们提供所需要的一切信息。有了它，你只要有一个移动终端，譬如手机，就可以随心所欲地得到世界上所有信息。自然，有了这个终端，你也就不再需要什么纸质的图书，更不需要厚厚的词典了。这个说法是不是很迷人？

对此，我持两个观点：

第一，以"云技术"为代表的大数据分析概念是一种比较先进的信息存储、分析手段和工

---

① 缪裴芙：《爸爸是个词典迷》，《台湾省交乐讯》，1994年。
② 该词典获得2000年"第十二届中国图书奖"，成为"149种获奖图书中唯一的一部音乐书目"。

具,但它不能真正解决人们对知识的求解,更不能提升人们的智力。

第二,当我们有了"云技术"之后,最要警惕的,就是不要将那种"把一个 Beethoven 翻译成多位音乐家"的垃圾知识不加筛选地一股脑地抛向云端,给现代社会造成新的"高技术文盲"。

(致谢:中国音乐学院音乐科技系硕士研究生赵子萱同学对本文写作亦有帮助,特此致谢。)

原载《音乐创作》2014 年第 11 期

韩宝强:生于 1956 年,中国音乐学院音乐科技系原主任、教授

关于缪天瑞先生开掘音乐能力测试训练的一则史科

姜 夔

我在1951年考进中央音乐学院,从那时起到缪天瑞老师去世,我在他的教导与领导下学习和工作了58年。在这58年里,我从缪天瑞老师那里学习做人,学习专业,受益一生,收获多得说也说不完。

今天在纪念缪天瑞先生逝世周年之际,我只想说一件有关音乐能力测试和训练的事。这是一条史料吧。那年我参加中央音乐学院的入学考试,有一场考试是音乐听觉能力测试。那天早上,大礼堂里摆了很多课桌课椅,考生们都坐在那里等着考试,大概心里都在打鼓,我也有好像是在等着拿化验结果似的心情。8点钟,主持考试的缪老师来了,穿着一身棕色西服,态度很和蔼,一看就是一位平易近人的长辈。他一说话,我感觉考场里的紧张气氛立刻就放松下来了。他用美国心理学家西绍尔的一套测试材料考我们。里面有很多项目,包括节奏异同的辨别、旋律中个别音级改变的辨别等,还有一项是微小音高差别辨别的测试。内容是呈现几十组两个高度不同的音,要我们在答案纸上用箭头标示出每个组里的第二个音是高于第一个音还是低于第一个音。两个音的音高差别从大到小,越来越小,到最后我们都觉得几乎很难分辨。这时,缪老师大概是看出了考生们情绪的变化,很温和地提示了一句"里面没有两个音是相同的"。这一项是要考查考生在音高差别辨别能力方面的阈限,就是要看考生在辨别音高差别方面最小能听到什么程度。西绍尔认为人在这方面的阈限是天生的,后天不能改变,因此他断言一个人的阈限要是大到某一个数值,这个人就根本别想学音乐。但这个论断是不正确的。实际上，降低阈限在一定范围里是可以训练的。缪老师在批判地借鉴西绍尔的测试方案的基础上，设计了一套更合理、更全面的音乐听觉能力测试方案。1965年夏天，缪老师组织了几个他的当时已经是教师的学生，我记得里面有王仁樑、张光华、郑世昌、姜夔和老师的同事曹悦荪老师等人，按照他的方案制作一套测试材料。那可不是换汤不换药的方案，其中有很多改变，最明显的是老师增加了一项辨别表演得好不好的测试。很有意思的是曹老师和郑老师在演唱和演奏的时候，要他们做得尽善尽美很容易，但要他们做得不好就得事先仔细计划，在什么地方要出点儿什么样的毛病了，不很容易。在测试微小音高差别辨别的项目里，分的是四个档次：100音分、75音分、50音分和25音分。为制作这一部分，学校从天津乐器厂借来一个下面带有脚踏风箱的，用来试听手风琴簧片的经过改造的小桌子。我们就在设备很简陋的条件下开始工作了。当时天气很热，可缪老师却常常来检查和指导我们的工作。就这样，用了几个星期，工作完成，缪老师很高兴，我们也学到了很多平时在课堂里学不到的东西。过了两个月左右，要招生考试了。考试中用不用这套材料来考查考生的听觉能力呢？由于当时的政治情况，有争论。传闻好像是有人说用这套材料测试考生是要卡工农兵。详情我不知道，反正结果是没有使用这套材料，也没有留下做做测试给日后学术研究做参考的机会。事情到此没有完，暑假过后，在董兼济老师的领导下，办了一个短期训练班，学员全部是从农村基层招来的贫下中农青年。参加这个班工作的有章民瞻、廖胜京和姜夔。在这个班开学不久，我们就用缪老师设计的材料给学员们做了一次测试。这些从来没有经过音乐学习的学员成绩都不错。可惜当时的成绩单没有保留下来。经过十年"文革"，缪老师经过深思熟虑、精心设计的音乐听觉能力测试材料也已经不知道在什么地方了。这是非常可惜又无法挽回的重大损失。但我相信当年参加过、支持过这项工作的同志，尽管现在都已经是80岁上下了，但他们绝不会忘记缪老师做过的贡献。我在这几十年里也在学着照老师的路继续走下去，研究、实践，训练学生的听觉。但我怎么能望老师的项背呢，连多少有一点形似也做不到啊！

  缪天瑞老师离开我们一年多了。他的言教和身教一直在鞭策着我、激励着我。我不仅要自己别辜负老师的期望，同时，作为一名教师，我明白有责任和我的学生们共勉，以缪天瑞老师为榜样，向他学习做人，力求逐渐接近他的境界——那样干净，那样晶莹，还要努力学习、研究，不怕干扰，大胆实践，在学术上做出应有的贡献，以告慰老师在天之灵。

原载《天津音乐学院学报》2010年第4期
姜夔：生于1931年，中央音乐学院作曲系教授

缪天瑞与该丘斯作曲理论体系在中国的编译和传播

汪 洋

在 20 世纪初中国社会形态发生重大变化和西方音乐大规模传入的双重背景下，中国近代音乐教育开始启蒙。借鉴日本明治维新的经验，把西方音乐文化知识介绍给国人，是当时最为迫切也是最为常见的一种方式。李叔同作为中国近代音乐史上的第一代音乐教育家，他和他的学生丰子恺等人，秉持艺术教育思想，通过翻译著作和文论传播西方音乐文化和知识，普及音乐审美理念和教育功能，以实现其美育的社会理想与目标。同样，缪天瑞追随老师丰子恺的步伐，在时代浪潮的席卷下，以高度的文化自觉性，以同样的载体方式，向国人译介了大量优秀的国外音乐理论成果，译著 11 部，译文 80 余篇，涉及音乐美学、作曲技术理论、音乐史学、键盘演奏艺术与技巧、音乐教育学等多重领域。特别是该丘斯作曲技术理论体系的翻译影响深远，从 1935 年 4 月《音乐教育》第 3 卷第 4 期的第一篇译文《长调曲调的作法（曲调作法 1）》开始，一直到 2000 年《黄钟》第 3 期刊登的最后一篇译文《起曲和毕曲——欧洲著名作曲家怎样处理乐曲的开始和终结》，持续了 65 年之久。这套著作是"20 世纪中国专业音乐教育的教科书，为中国作曲技术理论的逐渐成熟和广泛传播奠定了基础，影响了几代学人"[2]。

如今，中国音乐理论家的作曲技术理论教材也逐渐取代了几十年前各专业院校通用的外国

---

[1] 本文同为浙江省哲学社会科学规划一般课题"浙江省近现代音乐声像图谱志研究"的阶段性成果（项目批准号：21NDJC182YB），浙江省文旅创新团队"近现代浙江籍音乐家群体研究"的阶段性成果之一。

[2] 张振涛:《百岁学人缪天瑞》,《人民音乐》2007 年第 8 期。

教科书,同样,西方音乐理论体系的翻译与传播在中国早已司空见惯,但缪天瑞当年的行动却是自觉承担起中国音乐现代性转型启蒙者与奠基者的历史担当之实践。基于这样重要的价值,有必要全面考察、分析与阐述该丘斯作曲技术理论丛书的翻译对于西方音乐理论在中国的启蒙与传播所具有的广泛影响与历史意义。

一、该丘斯作曲理论丛书翻译的背景

"1942年我到福建音乐专科学校任教,兼教务主任。那时学生水平又提高了一步,我教和声、曲式、对位都是十分吃力的。我听说黄自先生是怎样教和声的,我自感比不上他。当时还没有供专业用的和声教科书,我根据在江西音教会所知道的外国几本有名的和声学,从中选择该丘斯的和声学,自己先阅读,做习题,对着该书所附的习题选答,在风琴上弹奏听效果,然后编译该书作教材。根据学生的理解和反映,把译本修改得更为清楚,后来正式出版。我依照该丘斯以分析作品为基础的方法,对西方作品从曲式和对位两个方面详细分析,然后又编译该丘斯的《曲式学》和《应用对位法》(一部分)作为教材。"[①]

在缪天瑞所有翻译的著作中,以该丘斯系列丛书的影响最大。从上述缪先生的回忆当中,我们看到当时该丘斯音乐理论丛书翻译和出版的片段回忆。按照缪先生自己的说法,这套丛书部分是在江西紧张的工作中翻译的,部分是在重庆桐油灯下翻译的,部分是在福建音专繁重的工作中翻译的。其实,从江西省推行音乐教育委员会任职期间开始,他已经在陆续翻译《曲调作法》的相关章节并予发表。

表1 《曲调作法》连载十五期

《音乐教育》(1935—1936)			
序号	题目	卷数期数	页数
之一	长调曲调的作法	3:4	77
之二	长调曲调的作法(续)	3:5	56
之三	短调曲调的作法与曲调上的节奏变化	3:6	90
之四	曲调的构造	3:7	74
之五	曲调中的变化音	3:8	89
之六	曲调的转调及其他	3:9	69
之七	(附)Goetsohius博士略历及其音阶论等	3:9	93
之八	曲调中的非本质音	3:11	79
之九	曲调中的延留音	3:12	65
之十	曲调中的先现音	4:1	183
之十一	曲调中的经过音1	4:2	105
之十二	曲调中的经过音2	4:8	57

---

① 业务自传,藏于缪天瑞家中。

续表

《音乐教育》（1935—1936）			
序号	题目	卷数期数	页数
之十三	曲调中的邻接音	4∶10	67
之十四	曲调中的倚音	4∶11	75
之十五	曲调的演化及其他	4∶12	72

该丘斯作为美国 20 世纪初最为著名的音乐理论家之一，"他在其理论著作中所建立的作曲理论体系对 20 世纪以来众多作曲家和音乐理论家持续产生影响，总体推动了 20 世纪美国音乐创作与音乐理论的发展"[①]。他一生共著有十部作曲技术理论著作，分别是两部关于和声的著作：*The Material used in Musical Composition*（1882）和 *The Theory and Practice of Tone-Relations*（1892）；两部关于对位法的著作：*Counterpoint Applied in the Invention、Fugue、Canon and Other Polyphonic Forms*（1902）和 *Exercises in Elementary Counterpoint*（1910）；五部关于曲式理论的著作：*Models of the Principal Musical Forms*（1894），*The Homophonic Forms of Musical Composition*（1898），*Lessons in Music Form*（1904），*The Large Forms of Musical Composition*（1915）和 *The Structure of Music*（1934）；以及一部关于旋律写作的著作 *Exercises in Melody Writing*（1900）。

那缪天瑞为什么会选择该丘斯这套丛书进行翻译？笔者根据曾经与缪天瑞的交流以及相关的文字记载，认为有以下几个缘由：其一，编译者在江西省推行音乐教育委员会任职期间，了解到一些在国外比较有影响力的作曲技术理论书籍，其中该丘斯这套丛书名列其中。其二，经过阅读，发现该丘斯把复杂的音乐理论处理得比较简明扼要。其三，适合初学者学习，适合普及。所以就根据当时中国音乐和音乐教师的实际状况、作曲状况的现实以及后来福建音专学生的实际水平，选择了这套丛书的五部进行编译，按时间先后分别为《音乐的构成》（*The Structure of Music*）、《曲调作法》（*Exercises in Melody Writing*）、《曲式学》（*The Homophonic Forms of Musical Composition*）、《和声学》（*The Theory and Practice of Tone-Relations*）以及《对位法》（*Exercises in Elementary Counterpoint*）；他曾经节译过 *Counterpoint Applied in the Invention、Fugue、Canon and Other Polyphonic Forms* 作为讲义在福建音专使用，后终由于没有时间而作罢，最后由陆华柏翻译出版。

表 2

书名	美国出版时间	中国初版时间及出版社	中国修订版时间及出版社
《音乐的构成》（*The Struclure of Music*）	1934	1948 年 8 月，上海万叶书店	1953 年 10 月第 2 版，新音乐出版社；1964 年第 3 版，音乐出版社，到 1978 年 6 月已是第 9 次印刷，2002 年再版（近十万册）

[①] 闵讷、王旭青：《该丘斯曲式理论及其教学体系研究》，《美育学刊》2017 年第 1 期。

续表

书名	美国出版时间	中国初版时间及出版社	中国修订版时间及出版社
《曲调作法》	1900年初版、1922年改订	1949年5月，上海万叶书店	1963年，音乐出版社；1963年6月第2版，到1984年3月已是第5次印刷（一万五千余册）
《曲式学》	1898年初版	1949年5月，上海万叶书店	1985年10月第2版，人民音乐出版社（一万五千余册）
《和声学》	1892年初版、1900年改订第十一版、1916年重订第十五版、1931年增补为第二十四版	1949年11月，上海万叶书店	1953年7月第1版，新音乐出版社；1954年12月第2版，到1962年7月已是3版第6次印刷，音乐出版社（一万五千余册）
《对位法》	1910年初版	1950年7月，上海万叶书店	1964年第2版，音乐出版社；后在《缪天瑞文存》中改名为《基本对位法》

"若干年前，天瑞同志曾告诉我，他因羁于杂务，希望我把这本《应用对位法》继续译出来，并将他所藏原本及部分译稿寄我。我当时作了一些翻译此书的准备工作，可惜这一切均毁于'文革'浩劫。我现在是另找原书，重新编译的。"① The Large Forms of Musical Composition 最后也由许勇三以《大型曲式学》为名翻译出版。

"我把该丘斯的理论名著译成后，适逢当时书业的萧条，幸承老友钱君匋作为万叶书店经理慷慨相助，调剂出版教科书的收入，刊行我的显然赔本的学术译书。君匋的盛情，我至今记忆犹新，在此谨致谢意，以慰君匋亡灵于万一。"② 当年也幸亏有钱君匋的帮助，才得以出版，才会出现后面如此之大的影响。

图1 缪天瑞编译的该丘斯系列丛书
（上海万叶书店版）

二、五本著作内容及其整体音乐理论体系概览

从出版的时间来看，《音乐的构成》编译本最早在中国出版，但该丘斯最早出版的是《和声学》著作。这部著作如根据英文标题应翻译为《音关系的理论与实用》，1892年初版，1900年改订为第11版，1916年重订为第15版，1931年增补为第24版。

---

① 陆华柏：《编译者序（创意曲）》，载［美］柏西·该丘斯《应用对位法》（上卷），陆华柏编译，人民音乐出版社1986年版，第Ⅲ页。
② 引自家中《难忘在昏暗的油灯下度过的岁月——〈曹安和音乐生涯〉序》手稿的第一稿，正式成文时被作者删去。

本书原本为什么称为"音关系的理论与实用"呢？——著者以为音乐上凡有的结合，都是"音与音的关系"，即"音关系"；和声是音的结合的最基本的方法，所以著者用这样的书名。但这书名，不易为一般读者所理解，故译本改用普通的名称"和声学"。[①]

该丘斯认为把一个音只作为单音来看的话如同单一个字母，丝毫没有意义，但如果把音与音组合起来，有一定的进行，那么就会形成"音关系"，他采用"五度相生法"作为"音关系"的理论基础。他根据音的五度相生法，来构成大音阶，即"通过从 C 音开始的连续上行五度与从 C 音的一个下行五度，便构成了 C 大调音阶"[②]，并用此测定各和弦比较上的重要性即各和弦根音离纯五度关系的主音远近，以及各调的相互关系远近，即主音的五度音程关系远近。所以他认为一个调最重要的三个和弦是主和弦、属和弦和下属和弦，是和弦进行的基础，其他和弦的重要性都次于这三个和弦。同样，该丘斯以此为准则划分不协和和弦以及规定变化音体系，并对和弦音与和弦外音作了规定，且利用广义邻音的原则把和弦外音都归入"邻音"范围内。此做法目的只有一个，使其和声理论简化。本著作和他另外一部更早出版的和声学著作《作曲素材》(*The Material used in Musical Composition*) 区别在于，后者是低声部习题，而前者是高声部习题，即练习和声时根据高音部的曲调，自行选择和弦，配置下方三声部。

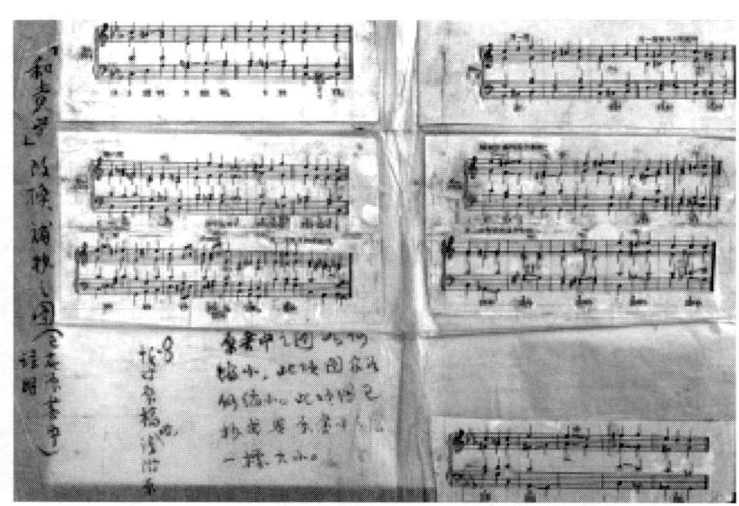

图 2 《和声学》
（音乐出版社，1962）

图 3 《和声学》的谱例手稿

《曲式学》是接着《和声学》之后出版的一部著作，原名为《主音音乐曲式学》(*The Homophonic Form of Musical Composition*)，被认为是 20 世纪初美国最优秀的音乐分析著作之一，初版于 1898 年。国内出版之前仅在 1947 年《乐风》节选部分内容四期连载。著者在后来

[①] 缪天瑞：《和声学》编译者序，载[美]柏西·该丘斯《和声学》，缪天瑞编译，上海万叶书店 1949 年版，第Ⅳ页。

[②] 倪军：《美国和声理论发展简述》，《中国音乐学》1998 年第 3 期。

《音乐的构成》一书中对曲式有着非常精辟的解释：

"在有些音乐爱好者的心目中，以为音乐的曲式好像铁厂里的模型，熔铁注入，便铸出与铸模里的模式一样的铸件。这种对曲式的看法是完全错误的；正如另一种相反的看法，以为不如把熔铁泼在地上，任其所之，是同样的错误。"……音乐"需要'井然有序，均齐相称'这种曲式的法则作为范限；但这种法则决不是顽固的束缚，而是富有柔性，可以自由伸缩。"①

原著者把整个曲式学分为三个层面：一是"主音音乐曲式学"，即"以一个曲调为主，加以和声伴奏而构成"②的一种曲式类别，像歌曲式、乐段式和乐句式都属于这一类；二是"复音音乐曲式学"，即"由两个或两个以上的独立曲调交织而成"③的一种曲式类别，像创意曲式、赋格曲式和卡农曲式都属于这一类；三是"大型混合曲式学"将以上两种曲式作混合发展，构成回旋曲、奏鸣曲等宏大结构。显然，该著作就属于第一类"主音音乐曲式学"，选用18、19世纪欧洲古典音乐作品中的主调音乐作品进行分析归类。该著作最大的一个特点就是从小到大、从简到繁，逐步"叠加"的叙事脉络，即从乐句形式开始，至乐段形式，至歌曲形式，至联合歌形式，至回旋曲形式，至奏鸣曲形式；从较小形式发展到较大一级形式，不断扩大，直至由数个乐章构成的乐曲为止。同时对每一种形式内的不同类型即总体框架和细节都作了十分细致的分析。因此，这样的曲式理论叙述方式非常简洁明了，易于学习。

必须提起的是，各音乐理论家对于某种曲式的定义，常不相同；往往这一理论家视为二段式的乐曲，另一理论家视为三段式。如果把本书著者该丘斯的曲式理论与普劳特（E.prout）的曲式理论加以比较，可以看出，前者对于曲式结构所用的成分较为短小，后者较为长大。例如，该丘斯用乐句（普通四小节）作为曲式结构的基础，而普劳特则用乐段（普通八小节）作为曲式结构的基础，再加上其他原因，就使该丘斯的三段式（例如雏形三段式［本书正文§127］、完全三段式［§128］），在普劳特仅为二段式；该丘斯的五段式［§186］和三段式［§198］，在普劳特仅为三段式。④

这一段序言中，译者缪天瑞特别就不同的曲式分析理论对同一作品产生不同分析结果做出阐释。这里特别提到的是该丘斯著作中"雏形三段式""五段式"以及三种"回旋曲式"等都是其独特的理论观点，一直为后来曲式学分析理论界关注的热点。不管如何，该丘斯提出的乐

---

① 缪天瑞：《曲式学》（修订版）译者序，载［美］柏西·该丘斯《曲式学》（修订版），缪天瑞编译，人民音乐出版社1985年版，第1页。
② 倪军：《缪天瑞翻译的该丘斯的音乐理论体系简介》，《天津音乐学院学报》1999年第2期。
③ 倪军：《缪天瑞翻译的该丘斯的音乐理论体系简介》，《天津音乐学院学报》1999年第2期。
④ 缪天瑞：《曲式学》（修订版）译者序，载［美］柏西·该丘斯《曲式学》（修订版），缪天瑞编译，人民音乐出版社1985年版，第3页。

段及其分句概念:"乐段由两个乐句构成。所以正规的乐段由八个普通小节以中庸速度构成。如果乐句由两小节或八小节组成,则乐段应由四小节或十六小节组成。"[1] 在国际上得到了比较广泛的认可,并在后来杨儒怀的著作《音乐的分析与创作》中得到鲜明的体现。

《曲调作法》是缪天瑞最早开始翻译的一部著作,这本著作的部分章节内容在1935年以连载的方式刊登于《音乐教育》上。据笔者推测,当时缪天瑞作为《音乐教育》主编,翻译此书部分章节内容应该是为一线教师如何进行音乐创作主要是声乐创作而给出的指导参考。他在译者序中说,如果从英文原题 Exercises in Melody Writing 来翻译的话,应为《曲调制作的练习》,但为简明起见,改为《曲调作法》。

《曲调作法》是该丘斯唯一一本关于旋律创作的著作,原书成稿于1899年,初版于1900年,修改于1922年。该著作以欧洲古典作曲家巴赫、亨德尔、海顿、莫扎特、贝多芬、舒伯特、韦伯、舒曼、门德尔松、肖邦、勃拉姆斯、威尔第、瓦格纳、比才、圣桑的作品,抽出他们曲调构成的原则,并用他们的曲调为实例而写成。该著作从本质音(和声音)和非本质音(非和声音)两篇来阐述旋律的写作。在"本质音"篇中,从大调与小调及其变化音、正规进行与不正规进行、分解和弦进行、正规节奏与非正规节奏、例外的半收束、曲调的构造与半音阶曲调、乐段与复乐段方面结合实例讲述旋律的写作要领;在"非本质"篇中,主要对先现音、单经过音与连续经过音、邻音与作为倚音的邻音、双倚音和倚音与曲调胚胎的演化等和弦外音如何在旋律中使用给予详细的分析,最后特别强调了曲调的表情即由各种曲调构成法所表现出的各种不同感情以及声乐曲调写作的几个要点,以便于学习者同时注意旋律写作的技术要领以及情感表达的互相配合。该丘斯还认为"曲调作法可在和声学之前学习,但最有效果的,还是两者(曲调作法与和声学)同时学习。可以一开始就同时学习两者,亦可以在学习和声学的中途,加入曲调的学习。注意按照内容,配合学习"[2]。由此可见,原著者认为和声是旋律产生的源泉,是纵向与横向音关系的两种形式,两者随时需要融合。

《对位法》是翻译该丘斯音乐理论体系丛书中后期完成的一部著作,原著完成于1910年,这距离缪天瑞从事教学工作已经近五十年,是该丘斯根据自己的写作经验与长期教学实践融会贯通的富有独创性的著作。在此之前,另有一本对位法著作 Counterpoint Applied in the Invention、Fugue、Canon and Other Polyphonic Forms(译成《应用对位法》)于1902年出版,更强调对位法的运用,而前者更多关注对位法的基本练习,但也涉及对位法的初步运用。原著者打破了"先学和声,后学对位"传统,认为"和声与对位是不能分开的"。因而,在该书中如每逢涉及和声时就讲述有关和声的结构,然后联系有关和声而阐述对位法中二声部、三声部以至四声部的构成。著作说明和声与对位只是方法上的不同,同样在和弦的基础上,"和声学"着重和弦的连接,"对位法"着重各声部的曲调进行,两者并无显著的简繁之分。

从著作的目录中可以看出该书与以往其他的对位法书籍不同,不分"单对位"与"复对

---

[1] [美]柏西·该丘斯:《曲式学》(修订版),缪天瑞编译,人民音乐出版社1985年版,第63页。
[2] 缪天瑞:《曲调作法》(修订本)译者序,载[美]柏西·该丘斯《曲调作法》(修订本),缪天瑞编译,人民音乐出版社1984年版,第2页。

位",也不分"自由对位"和"严格对位"。他从一开始就运用了复对位的"转位"(第四章两曲调的结合),同时在方法上,也非常接近自由对位。所以学完二声部对位之后,就作实际的运用,创作二声部创意曲,到三声部、四声部都是如此。原著者时时刻刻没有忘记把基本练习与实践作曲相联系。由于主要选用巴赫《十二平均律钢琴曲集》作为对位法创作手法的参考实例,所以本著作的最终目的也是撰写短小的创意曲。

《音乐的构成》是该丘斯最后出版的一本著作,是他在81岁高龄的时候写的一部可谓他音乐理论体系的鸟瞰之作。而缪天瑞翻译该丘斯作曲技术理论系列丛书正式出刊单行本的,这是第一部也是出版时间上离得最近的一部。可见,编译者首先给大家一个关于该丘斯音乐理论的整体介绍,而后分类进行翻译介绍。

本书原著者以其专著的"绪论"的内容,用小品文文体写成此书。此书包含音阶、音程、和弦、变化音、曲调、节奏、和声外音、转调、对位、曲式等十三章,这些都是该丘斯认为的音乐作品不可或缺的基本构成要素或表现手段。

书中讲解每项音乐构成要素,著者常在其博古通今的功底上旁征博引、阐述成章,有时还杂以有趣的故事,妙趣横生,使音乐理论不再枯燥无味,而成为生动活泼、引人入胜的读物。无怪时人称著者"既是撰写大本音乐理论教本的权威,又是对音乐小品妙手回春的能手"[①]。

著作一开始,原著者就用"五度相生法"作为元理论根源,把他当作大音阶(笔者注:大调)产生的基础。后来又应用此方法作为变化音体系将大音阶变为小音阶,从而确立"音阶一元论"和"和声一元论"的基础。继而广泛应用"五度相生法"作为和弦关系的准则以及调关系的根据。

除上述出版的该丘斯著作之外,缪天瑞还节选了该丘斯音乐理论的部分内容发表在《乐风》《音乐月刊》上。特别是50年之后,他还专门翻译该丘斯《起曲和毕曲——欧洲著名作曲家怎样处理乐曲的开始和终结》一文发表于《黄钟》2000年第3期上。可见,缪天瑞对于该丘斯音乐理论体系的关注与推崇。这篇文章从欧洲古典、浪漫主义时期著名作曲家的作品分析出发,阐明乐曲如何开始、如何结尾,明确主和弦的主导作用。

表3

篇名	期刊	卷数	年代
《音程的故事》	《乐风》	第一卷第五、六期	1941
《和弦的构成及其连接》	《乐风》	第一卷第七、八期合刊	1941
《变化音的构成》	《乐风》	第一卷第十期	1941
《音乐中节奏的机能》	《音乐月刊》	第一卷第一期	1942
《曲调活动上的事实与神秘性》	《音乐月刊》	第一卷第二、三期合刊	1942
《小调的成立》	《音乐月刊》	第一卷第四、五期合刊	1942

---

① [美]柏西·该丘斯:《音乐的构成》译者序,缪天瑞编译,载《缪天瑞音乐文存》(第3卷)下册,人民音乐出版社2007年版,第1027页。

从上面所有缪天瑞翻译的该丘斯音乐理论体系内容来看，显然，该丘斯是以自然法则中纯五度循环作为元理论的根源。从"音阶一元论"与"和声一元论"出发，突出主音音乐分析体系，进而强调和声与曲调的互补关系、和声与对位的结合关系。因此，该丘斯将繁复的音乐理论处理得比较简洁，并且用一条主线或者说一个主题串联起整个体系，这是其音乐理论体系的优点，也正是缪天瑞进行翻译的初衷之所在。"该丘斯的理论体系的长处，一言以蔽之，即简单。一般由于分析名家作品，加以归纳而成。该丘斯把分析所得、归纳成极简单的原则；甚至有把已经很简单的原则，再行合并，成为更简单的原则。"[1] 另外，从该丘斯选择的乐谱实例来看，他改变了作曲理论研究界多年来对于文艺复兴时期音乐织体与严格复调写作手法过多倚重的做法，而是更多关注当时即18—19世纪的作曲技术理论原则及其作曲家们的创作实践，然而这一点后来却为音乐史学家所诟病。

三、该丘斯音乐理论体系丛书翻译特点及传播历史意义

> 我从1935年起，开始翻译该丘斯的曲调作法，想把他一个人的同一体系的各种基本的音乐理论，作一个有系统的介绍。对于这工作，我进行得非常慢，"通论"性质的音乐的构成，到1942年才完成，以后才开始和声学、曲式学与应用对位法的编译。对位法这本书，是1946年底开始编译的，为别的事情所耽搁，最后数章一直没有完成，直到最近才把它完成付印。回溯开始翻译第一本曲调作法的时间，已过了15个年头。为完成这一系统的介绍工作，我虽费了相当的力气，可是在时间上确是拖得太久了。[2]

从1935年《音乐教育》第3卷第4期刊载《长调曲调的作法》（选自《曲调作法》1）开始，一直到他以92岁高龄编译的《起曲和毕曲——欧洲著名作曲家怎样处理乐曲的开始和终结》一文为止，他对该丘斯音乐理论体系的译介持续了65年，过程之中不断修订、完善。

缪天瑞的著作翻译初衷在当时应该是非常简单的，从工作实际出发，传播西方音乐文化，以普及专业知识为主要目的，以中国人能理解作为其翻译出发点。笔者从其翻译的文字以及序言中概括出以下三个特点。

第一，科学编译之方法，以研究的角度来对待和处理翻译，所以他的编译可谓对该丘斯音乐理论体系的"二度再创造"，或加标题，或加小注释，甚至于重写、补写。

> 我编译《和声学》讲义时，借鉴编译《乐理初步》的经验，凡是学生对译稿看不懂，或屡次提出问题，或在练习中屡犯错误，我就专研原著，重新翻译，或加注释。许多学生

---

[1] 缪天瑞：《音乐的构成》编译者序，载 [美] 柏西·该丘斯《音乐的构成》，缪天瑞编译，上海万叶书店1948年版，第1页。
[2] 缪天瑞：《对位法》编译者序，载 [美] 柏西·该丘斯《对位法》，缪天瑞编译，上海万叶书店1950年版，第1页。

问要怎样从和声学进入作曲，这个问题在当时一时难以解决，因为我不可能重写教材，而学生程度也不齐，于是我在刊行单行本《和声学》时，引用原著者其他著作中有关章节（笔者注：指该丘斯的《作曲素材》），写成《和声学的应用》附录于书后，以为补充。[①]

甚至于连《和声学》的习题选答的注释，几乎全部是译者所加。又如《音乐的构成》第二版修订时，根据该丘斯的曲式理论体系配上谱例，并加以详细说明，从而让读者更加领会原著者的音乐理论体系。再如《曲式学》译者序中他也提到，即使找不到参考谱例，仍旧可以阅读此书，因为编者将他自己所认为的最为重要的谱例全部补充进去了。

第二，翻译的文风以中国读者理解为准绳，阐述较为清晰，行文较为流畅。

> 1939年我到重庆音乐教育委员会工作，就开始翻译该丘斯作为他的理论著作的"绪论"《音乐的构成》。当时正是抗日战争时期，为避免日本飞机的骚扰，我们迁至乡间工作。乡间无电灯，连煤油灯都没有，我们都在只有如豆的光源的油灯下工作。音教会的许多同事们都精通英语，应尚能先生是美国留学生，李抱忱、张洪岛都精通英语。我翻译工作中遇到困难，随时可以请教他们。而且一提到该丘斯，他们都是知道的。应先生曾提出该丘斯的译名问题，说"该"字可以译为"盖"字。我说我是按照商务印书馆出版的外国姓氏译音标准书翻译的，应先生叹了一口气，点头称是。当我译到原书中讲到由于改动标点，引起了语义相反的一段文字时，我一时译不出，去问李抱忱，他笑着说："该丘斯喜欢说俏皮话，没想到外国人翻译时有多么困难呀！"[②]

他在译者序言中常常表达翻译要尽量简洁明了这种观点。例如著作名称的问题，《音关系的理论与实用》改用《和声学》更为读者所容易理解；同样缘由，《主音音乐曲式学》改为《曲式学》。《曲调写作的练习》也从简明角度考虑，改为《曲调作法》。关于和弦标记，缪天瑞也采用最为简单的一种，即将各和弦以罗马数字记，不分大小增减。另外有关和弦名称也均采用最为通用的称谓，以明白易懂为目的。"'四六和弦''五六和弦'等，有人作'六四和弦''六五和弦'等。照英文译，固如后者（Chord of six-four、Chord of six-five）；但照和声学中数音程时由下向上的习惯，或照俄文与德文译，就应当如前者。本书采用前者，因为译者觉得前者较合理。"缪天瑞每一次的修订就是为了让翻译更加准确，并力图使条理更清晰、文字更平易。

第三，思考如何批判地借鉴西方作曲技术理论，更好地服务于中国音乐创作和音乐理论的建设。缪天瑞的西方音乐理论体系的翻译不是为翻译而翻译，不是为了要全盘接受西方，不假思索地加以使用，而是要学习并消化，从而在中国的语境下观照中国音乐的创作与音乐理论问

---

① 引自个人简介，藏于家中。
② 缪天瑞：《在油灯下译作——抗日战争时期的音乐生活》，载《缪天瑞音乐文存》（第1卷），人民音乐出版社2007年版，第239页。

题。拿缪天瑞自己的话来说："本书是根据大小两音阶的近代西洋音乐的和声学。拿这种和声的方法，来配置大小音阶之外的其他许多'调式'（如我国的羽调式），不能完全适用，是可想而知的。"① "既然原著者据以归纳的作品是欧洲十八、十九世纪作曲家的作品，那么，他所归纳出的曲调构成法则，对我们来说，就只能作为借鉴，不能原封不动地应用于我国民族民间音乐的曲调上。这一点，初学者务须注意。"② "尽管我们承认欧洲18、19世纪的音乐成就对国际音乐（包括我国在内）有不可忽视的影响，但是如果把欧洲的音乐法则等同于具有'不可变性'的自然法则，那么对于其他各国、各民族音乐的发展会发生消极的作用，也对欧洲各国、各民族本身的音乐的发展产生不良的影响。"③ "该丘斯所著的《音乐的构成》《和声学》《对位法》毕竟是总结西欧作曲家的作曲规律而写成的，我们创作时不可能原样搬用，只能把它作为一般规律（如和声、对位），或参考它的分析法（如曲调作法），这才符合我编译各书的初衷。"④

正如一开始所述，该丘斯所建立的音乐理论体系推动了20世纪美国音乐创作与音乐理论的发展。但同时，缪天瑞所翻译的该丘斯音乐理论丛书在20世纪下半叶也对中国的音乐创作和音乐理论发展产生重大影响，主要表现在以下三点：

第一，为当时国内音乐界提供了比较新的、符合实际需求的国外音乐理论研究成果。如《音乐的构成》美国初版是1934年，而缪天瑞的翻译初版是1948年；《曲调作法》美国初版时间是1900年，缪天瑞翻译时间约为1933—1934年，真正单行本翻译初版是1949年；《对位法》美国初版是1910年，缪天瑞的翻译初版是1950年；《曲式学》美国初版是1898年，缪天瑞的翻译初版是1949年；《和声学》美国初版是1892年，缪天瑞的翻译初版是1949年。从上可知，翻译时相距时间最短的是14年，在当时已经相当不容易，中间两部为三四十年，最长的是57年。正如缪先生自己所述，如果不是时局不稳以及各种事务缠身的话，笔者认为翻译出版时间应该会大大提前。

第二，为中国高等音乐教育的人才培养起到了"培土夯基"之作用。缪天瑞从福建音专教学开始就选用该套丛书中《和声学》、《曲式学》、《应用对位法》（节译）内容作为授课讲义。从1948年第一本正式出版一直到2002年还在发行，《音乐的构成》已经出版10万册左右，其他四本书的总印刷量也在5万册左右，可见此套音乐理论丛书的流传时间之长，传播力之大，影响力之大。应该说，该丛书的出版影响了一代的音乐学子，成为许多人学习音乐的启蒙之书。天津音乐学院原院长姚盛昌教授曾对笔者说，他们这一代人基本上是学这套丛书成长起来的，《音乐的构成》改变了他一生的道路。"在那个作曲技术理论匮乏的年代，此书的编译出版，曾经令多少音乐学人受益匪浅。"⑤ 在20世纪的下半叶，特别是"文革"以后，许多音乐院

---

① 缪天瑞：《和声学》编译者序，载［美］柏西·该丘斯《和声学》，缪天瑞编译，上海万叶书店1949年版，第3页。
② 缪天瑞：《曲调作法》（修订本）编译者序，载［美］柏西·该丘斯《曲调作法》（修订本），缪天瑞编译，人民音乐出版社1963年版，第1页。
③ ［美］柏西·该丘斯：《音乐的构成》译者序，缪天瑞音乐编译，载《缪天瑞音乐文存》（第3卷）下册，人民音乐出版社2007年版，第1027—1028页。
④ 引自家中《难忘在昏暗的油灯下度过的岁月——〈曹安和音乐生涯〉序》手稿的第一稿，正式成文时被作者删去。
⑤ 姚恒璐：《九本书的管窥之见——中国大陆1930—1949年音乐理论著述出版掠影》，《乐府新声》2019年第3期。

校和高师院校音乐专业都选用这套丛书作为教材。甚至在台湾地区，也以"缪天水"之名盗版发行，重版、发行时间近20年。

表4

书名	出版社初版时间	备注
《音乐的构成》	台北淡江书局，1957年11月	以"缪天水"名义出版。1960年淡江书局第二次印刷出版（是不是全套书籍？笔者目前只找到《和声学》）。1971年淡江书局第三次印刷出版（是不是全套书籍？笔者目前只找到《曲调作法》《曲式学》《和声学》《音乐的构成》）。1979年第四次出版（是不是全套书籍？笔者目前只找到《对位法》）
《和声学》	台北淡江书局，1957年8月	
《曲式学》	台北淡江书局，1957年8月	
《曲调作法》	台北淡江书局，1957年12月	
《对位法》	台北淡江书局，1957年8月	

第三，为中国近现代音乐理论体系建设做出了开拓性贡献，并成为重要的一支。该丘斯音乐理论体系作为20世纪上半叶首批输入中国的西方作曲技术理论，缪天瑞本着严谨的态度、研究的态度、精益求精的态度，从部分到全部，从单本到一套，从理论到实践，再到理论，再回到实践，不断编译出版，并持续修订、完善，"低调而又高雅"。根据笔者调研，该丘斯这套音乐理论丛书是国内少数的重要的几套音乐理论丛书之一（除日本、苏联体系外），其对中国新音乐创作及其发展起到了重要的启蒙作用，更为关键的是对中国的音乐理论体系从"引介—吸收—理解—自主"的建立与发展具有重大的历史意义，从而推动了西方音乐理论体系中国化、本土化的历程。

缪先生翻译的美国音乐家该丘斯的系列音乐理论著作《音乐的构成》《曲调作法》《曲式学》《和声学》等，是20世纪中国专业音乐教育的教科书，为中国作曲技术理论的逐渐成熟和广泛传播奠定了基础，影响了几代学人。历史上，一件事情的做成，往往需要一个特定的群体，一种风气的转变，往往需要一批新的学术著作。翻译国外教科书是迅速改变中国近现代音乐教育状况最简便、最快捷的途径之一。如今中国音乐学家撰写的教科书逐渐取代了几十年前音乐院校通用的外国教科书，但大家都明白，这是一个必须经过翻译、消化、创作的过程，最初搬来那几块基石的人，就是手勤脑勤的缪先生。这些充满文化自觉意识的工作没有人要求他去做，但他却自觉担负起承前启后者的责任。[①]

表5

1912—1966年翻译的欧美相关音乐理论书籍（不完全统计）				
作者	书名	译者	出版社	出版时间
亨德米特（德）	《传统和声学》	罗忠镕译	文光书店	1950
普劳特（英）	《和声学理论与实用》	贺绿汀译	商务印书馆	1936
普劳特	《普氏曲体学》	朱建译，沈敦行校	新文艺出版社	1952
普劳特	《单对位法与卡农》	孟文涛译	音乐出版社	1955

---

① 张振涛：《百岁学人缪天瑞》，《人民音乐》2007年第8期。

续表

1912—1966年翻译的欧美相关音乐理论书籍（不完全统计）				
作者	书名	译者	出版社	出版时间
普劳特	《复对位法与卡农》	孟文涛译	音乐出版社	1955
普劳特	《应用曲体学》	中央音乐学院华东分院编译室	音乐出版社	1956
理查生	《调式及其和声法》	杨与石译，沈敦行校	上海万叶书店	1953
勃克	《和声处理法》	吴增荣译，沈敦行校	上海万叶书店	1953
玄堡	《和声的结构功能》	茅于润译	上海音乐出版社	1958
腓·约·雷曼	《和声分析》	顾连理译	新音乐出版社	1954
柏顿绍	《乐理初步》	缪天瑞编译	上海万叶书店	1948
柏顿绍	《和声与对位》	陆华柏译	新音乐出版社	1953
辟斯顿	《配器法》	沈敦行译	上海文艺出版社	1962
辟斯顿	《辟氏和声学》	丰陈宝译，沈敦行校订	新文艺出版社	1951
C. W. 皮尔思	《简易对位法》	赵渢译	中国函授音乐学院油印	1947
莱曼	《和声分析》	赵渢编译	新音乐社	1945
奥列姆	《和声学初步》	赵渢编译	香港前进书局	1948
奥列姆	《赋格初步》	赵渢编译	香港前进书局	1948
麦克弗森	《曲调与对位》	赵渢译	新加坡新南洋出版社	1949
列姆	《转调法》	姚以让译	石印	1948
库恩	《和声原则》	兆丰编译	音乐教材供应社油印	1946
韦治	《应用和声学》（上、下）	汪培元译	上海万叶书店	1949
韦治	《键盘和声学》	汪培元译	上海万叶书店	1952
迦特纳	《迦氏作曲法》	顾连理译，沈敦行校订	新文艺出版社	1952
迦特纳	《作曲法》	顾连理译	音乐出版社	1957

原载《音乐文化研究》2021年第4期

汪洋：生于1976年，浙江音乐学院副院长、教授

缪天瑞的音乐编辑思想研究

——以台湾音乐期刊《乐学》为例

王阿西

一、《乐学》的创刊过程

台湾"光复"后，吸引了一大批的大陆人士前往台湾进行重建。其中，自然也包括一些音乐家。首先，以福建音专校长蔡继琨、福建音专教务主任缪天瑞、中华交响乐团首任指挥马思聪、"新音乐社"的负责人李凌以及汪精辉、叶葆懿等为代表，先后到台湾热情参与音乐建设。其中最突出的一项成就是争取了当时台湾当局的支持，创办了交响乐团[1]。历任团长为蔡继琨、王锡奇、戴粹伦、史维亮、邓汉锦、陈澄雄等。在该团创办初期，缪天瑞曾任副团长兼研究室主任，马思聪曾任首任指挥。《乐学》就是由台湾省行政长官公署交响乐团依照《台湾省行政长官公署公报》台湾省交响乐团组织规章第11条"本团得出版及发行各种音乐书谱刊物，暨设立乐器修造工厂，其办法另订之"的相关规定发行的。至1948年左右，随着中国政治形势的变化，一批来台湾进行音乐建设的人士均陆续撤出，这个团就全部由留在当地（包括1949年前后从大陆赴台定居）的音乐家组成。

---

[1] 乐团名称的具体演变如下："台湾省警备司令部交响乐团"（初名）→"台湾省行政长官公署交响乐团"（1946年更名）→"台湾省政府交响乐团"（1947年更名）→"台湾省政府教育厅交响乐团"（1950年更名）→"台湾省交响乐团"（1991年正式定名）→"台湾交响乐团"（现名）。

《乐学》是战后台湾的第一本音乐期刊，创刊于 1947 年 4 月，双月刊，25 开本，发行人是蔡继琨，主编为缪天瑞，一共出版四期，在第四期中有一个专号。《乐学》原本定名为《乐报》，正当其准备出刊的时候，得知福建国立音乐专科学校也出版了一本名为《乐报》的期刊，所以为避免重名而临时更名为《乐学》。"至 1948 年，因为中国时局巨变，乐团工作十分困难，我也急于离开台湾，蔡（继琨，编者注）也最终离团远行"[1]，马思聪等人均陆续返回大陆，《乐学》随即宣告停刊。刊物中所包含的内容不仅有台湾本地的音乐信息，也有大陆的音乐信息。"《乐学》发行的时间与数量虽然不算多，但在战后百废待兴的这种环境下，这份刊物为我国近代音乐史研究保存了翔实的资料。"[2]

二、创刊宗旨

作为交响乐团团长的蔡继琨在谈到《乐学》的创刊目的时曾说："为了配合我们的交响乐团演奏方面的音乐听赏教育，我们创办《乐学》这个刊物，作为深化有理智的音乐教育的基础。"[3] 因此，有人可能会说《乐学》在初创时期只是作为一个辅助公众欣赏音乐会时的一个基础刊物而已。蔡继琨也认识到了这个问题，因此他在《乐学》的发刊词中说道："在音乐艺术走深化的途径上，单单的乐团演奏显然不能尽到音乐教育的能事。第一，听者欲充分理解所演奏的作品，必须知道作曲者的时代，他的风格，作品的内容与结构。第二，倘若是一个精细的音乐会出席者，他可能还要知道一点像'音乐的本质是什么'这类哲学的问题。这是对一般的听者而言。至于对音乐从业者，或未来的音乐专业者，那更是需要一种更深化，又包括多方面的音乐教育。"由此可以看出，蔡继琨在这里已经特别强调了对于一般听众的音乐教育问题，而且也提到了针对不同的音乐教育对象应该采取不同深度的教育手段。接着他又说道："我们在推行音乐教育时，需要大量的音乐会听众，我们要有大量的音乐从业者与未来的音乐专业者，但我们更需要能充分理解音乐的音乐会听众与知识丰富，目光远大，技术精到的音乐从业或专业者。我们的音乐教育，要能达到这样的目标才算是成功。就是为了走向这个目标，我们才来创办《乐学》这个刊。"[4] 在这段话中，蔡继琨一步步地吐露了《乐学》的最终目的：这份刊物不仅要培养出一大批台湾"光复"初期的音乐会听众或者是音乐爱好者，引导他们逐步地走上音乐教育的基础建设道路，而且还要通过这个刊物发行部分具有深度的文章并开辟一些专号，能够为专业音乐者提供一个学术建设和交流的平台。

---

[1] 《缪天瑞音乐文存》(第 1 卷)，人民音乐出版社 2007 年版，第 293 页。
[2] 薛宗明：《台湾音乐辞典——〈乐学〉条目》，台湾商务印书馆 2003 年版。
[3] 《乐学》(第一号)，1947 年 4 月，台湾省交响乐团编印，第 1 页。
[4] 薛宗明：《台湾音乐辞典——〈乐学〉条目》，台湾商务印书馆 2003 年版。

三、缪天瑞在《乐学》中的音乐编辑思想实践

在《乐学》创刊宗旨的指导下，缪天瑞作为《乐学》的主编，毫无疑问，在大的方向上要遵循着刊物宗旨而进行。但是由于这本刊物是由一个交响乐团发行的（当时这个交响乐团实质上主要是以演奏西方古典音乐为主），而且在台湾"光复"初期由于受到日本和西方教育的影响较为严重，一时间不易向大陆文化转变。因此，它与大陆文化的融合是需要一个磨合时期的。我想，缪天瑞也正是考虑到了这些因素，所以在挑选文章进行编辑时，他有意地在前几期中加大了西洋音乐理论介绍的比例。

表1

<table>
<tr><th colspan="7">《乐学》</th></tr>
<tr><th colspan="2">期号
种类</th><th>第一期
（共95页）</th><th>第二期
（共77页）</th><th>第三期
（共73页）</th><th colspan="2">第四期
（共81页）</th><th>第五期
（预告）</th></tr>
<tr><td colspan="2">1. 介绍中国音乐理论</td><td>2篇</td><td>3篇</td><td>3篇</td><td>开辟专栏《中国乐学特辑》</td><td>2—3篇</td><td>5篇</td></tr>
<tr><td rowspan="2">2. 介绍西洋音乐理论</td><td>译著</td><td>5篇</td><td>3篇</td><td>2篇</td><td colspan="2">3篇</td><td>—</td></tr>
<tr><td>国人自己所写</td><td>0篇</td><td>2篇</td><td>2篇</td><td colspan="2">1篇</td><td>2篇</td></tr>
<tr><td colspan="2">3. 歌谱</td><td>4篇（中国）歌谱后面有第二期的目录内容预告，其他几期都没有</td><td>4篇（中国）</td><td>5篇（中国）第三期出现了大陆人为台湾写的《台北市民歌》</td><td colspan="2">4篇（中国）其中有一首是根据民歌改编而来的钢琴曲</td><td>5篇</td></tr>
<tr><td colspan="2">4. 每刊最后的乐讯</td><td>（1篇）包含音乐教育方面、社会音乐方面、研究与出版方面（结尾处）</td><td>（6篇）分别放在每篇文章的后面刊登</td><td>（3篇）分别放在第一、二、四篇文章的后面登出</td><td colspan="2">（1篇）综合，放在歌曲之前的中间位置</td><td>有乐讯</td></tr>
<tr><td colspan="2">5.《乐学》稿约中的稿费价格</td><td>乐曲每页"国币"15000—30000元，文字每千字10000—15000元</td><td>乐曲每页"国币"40000—50000元，文字每千字20000—30000元</td><td>乐曲每页"国币"60000—70000元，文字每千字30000—35000元</td><td colspan="2">乐曲每页"国币"60000—70000元，文字每千字30000—35000元</td><td>—</td></tr>
<tr><td colspan="2">6. 推荐新书或新刊介绍（第四期新加）</td><td>—</td><td>—</td><td>—</td><td colspan="2">（5条）随机放在某些文章之后</td><td>—</td></tr>
<tr><td colspan="2">7. 缪天瑞自己的译著及所写著作数目</td><td>1+1＝2篇</td><td>1+1＝2篇</td><td>2+1＝3篇</td><td colspan="2">2+1＝3篇</td><td>1+1＝2篇</td></tr>
</table>

从表1的数据统计（第1、2条）中，我们也可以看到：刊物中对西洋音乐知识（包括译著和国人自己所写的西方音乐文章）的普及介绍，远远大于对中国音乐理论介绍的文章数目。但到了第3期时，对西方音乐理论介绍的文章数目和与介绍中国文章的数目比例却在逐渐地缩小。第4期之时，编辑缪天瑞则直接开辟了一个"中国乐学特辑"专号，专门来介绍中国音乐理论知识。虽然第5期没有出版，但是从后面的目录预览中我们可以看到，对中国音乐理论知识的介绍比例已经远远超出了对西洋音乐的介绍。

据此分析可知：缪天瑞在全面掌握台湾"光复"初期的音乐建设背景中，为推行台湾初期的音乐教育建设，并促进台湾与大陆的音乐文化融合，采取了一种循序渐进的编辑思路，让两岸的音乐融合能够在潜移默化中逐步形成。

另外，在（表1）中我们不难发现每期都会有4—5首歌谱的出版（五线谱形式），这些歌谱所涉及的类型和题材多样：既有通俗易懂的儿童歌曲和较具艺术性的艺术歌曲，也有来自台湾和大陆不同地区的民歌曲调，甚至还有根据民歌改编而来的钢琴曲；既有独唱歌曲也有合唱歌曲。但是这些歌曲全部是中国歌曲，并没有西洋歌曲。作为团长的蔡继琨每期也都会在《乐学》上发表一首自己的创作歌曲，来配合推进当时台湾的音乐教育事业。

表2

期号 歌曲性质		第一期 （4首）	第二期 （4首）	第三期 （5首）	第四期 （4首）	第五期 （5首）[①]
艺术歌曲		1.《太阳说的话》 2.《晚春》	1.《我啊！为什么还在彷徨》（二部合唱） 2.《秋令》	1.《黄昏》 2.《忆家山》（古诗词艺术歌曲） 3.《造桥歌》	1.《我愿》 2.《长相思》（古诗词艺术歌曲）	—
儿童歌曲		3.《摇篮曲》		4.《燕语》	—	
大陆民歌		4.《想卿卿》（绥远民歌）	3.《紫竹调》（二声部女生合唱） 4.《祝英台》（云南民歌）			
	改编曲	—	—	—	3.《割莜麦》（绥远民歌改编而来的四声部合唱曲）	—
台湾民歌		—	—	5.（台北市民歌）	—	
	改编曲	—	—	—	4.《狩猎之歌》（高山民歌改编而来的钢琴曲）	—

从表2中可以清晰地看出，歌曲的难易程度或者说是体裁形式多样化的变化幅度，在每期的介绍中逐步地走向了一个更加复杂的程度：第1期中的歌曲介绍相对来说比较简单，基本是一些较容易演唱的艺术歌曲、儿童歌曲和朗朗上口的地方民歌。这些歌曲都较易演唱，一些音乐爱好者在听几遍后也能学会演唱。到了第2期，歌曲形式呈现了一种较为复杂的状态，开始出现了二声部合唱的歌曲体裁介绍以及一些艺术性较高的艺术歌曲，这些歌曲需要有一定的音乐基本乐理知识的人才能把它演绎出来。第3期的歌曲在这四期中是处于一个转折点的位置，因为若从歌曲的难易程度上讲，它的确是稍稍回归了一些（例如，又加入了一些儿童歌曲），但是在回归的同时也加入了创新（艺术歌曲采用了古诗词填词，形成了古诗词艺术歌曲的初步引介）。不仅如此，在这期的歌曲中还首次发表了台湾地区的创作民歌——《台北市民歌》。

台湾本土歌曲的创作意味着大陆音乐家在推进台湾"光复"初期的音乐教育工作上基本进入了系统化建设阶段；同时也预示了台湾和大陆的音乐教育在刊物中开始逐步地走向融合。台

---

① 由于第5期没有出版，只知道歌曲名字，并不知道歌曲的性质，所以这里不再列出。

湾音乐教育作为大陆的一部分开始逐渐地纳入大陆的体系中。

第 4 期则继续继承了第 3 期的创新之处，不但介绍了古诗词艺术歌曲，而且还引入了一种新的歌曲类型——改编曲。到了这时，几乎比较重要的歌曲体裁和类型都已经给读者介绍完整：不论是二声部的还是四声部的合唱曲以及从民歌改编而来的钢琴曲。这些声乐曲和器乐曲的难度已经不再是音乐从业者可以轻易驾驭的了，例如四声部的合唱曲演唱和钢琴曲的演奏，是需要当时真正的音乐专业者或者是一些演奏员和歌唱演员才可以做到的。不仅仅是在歌曲的介绍上，即使是在中外音乐理论的文章研读上，第 4 期的刊物内容也已经走向了一个更高层次或者说是更加学术化的领域。因此，有学者也称《乐学》是台湾第一本具有学术性的音乐期刊。

综上可见，缪天瑞在挑选这些歌曲的时候是煞费苦心的，每种类型的歌曲选择以及歌曲的难易程度都是经过他细细斟酌后的结果，这样的结构安排，也正符合了当时台湾音乐教育初步建设的步伐：从易到难，从引导音乐兴趣到真正地走向音乐道路的学习，从业余爱好者到一个真正的音乐专业者的培养，都在他的编辑思想中体现得淋漓尽致。这看似一本不起眼的刊物体现了一个编辑者对中国近代音乐教育建设的用心程度。

在《乐学》的内容含量中，除了中外音乐理论和歌曲的介绍外，还有一项内容也占有重要的分量，那就是缪天瑞自己所写的律学文章和他的《曲式学》译文。《律学》和《曲式学》后来都分别形成了专著，并由上海万叶书店出版发行。这两本专著对中国音乐理论的学科体系化建设都做出了不可磨灭的贡献。

在这 5 期（第 5 期是从目录预告中看到的）中，缪天瑞每期都发表一篇关于律学和曲式学的译文。笔者经查阅出版的《律学》和《曲式学》专著发现，这些文章在期刊《乐学》中的发表顺序与专著（初版）的目录编排顺序是一致的。

由于本刊物只发表了 4 期，所以呈现在读者面前的律学内容仅有四章，也即是后来《律学》专著的前四章，只介绍到"平均律"章节就停刊了。后来，这本著作又经过了三次修订：初版是于 1950 年由上海万叶书店（人民音乐出版社的前身）出版发行，1965 年第一次修订，1983 年第二次修订，1996 年第三次修订。尽管经过了三次修订，但该书的编写体制并没有大的变动，只是总体结构有所调整，篇幅从初版的 80 页扩展到 122 页（第一次修订版）、283 页（第二次修订版）、326 页（第三次修订版）。每一次修订都有国内外关于律学的新成果的添加，目的是让国人了解到律学界的最新发展动态。"缪天瑞在《律学》一书中，对东方律学的研究，涉及了中国、日本、阿拉伯、伊朗、土耳其、缅甸、印度等九个国家之多的乐制研究，为律学的研究树立了新的旗帜，并在中国古人创建律学学科的基础上，拓展了具有现代化和国际化的律学学科。因此，缪天瑞被后人称为是现代律学界的一代宗师和现代律学学科的开拓者。"[①]

《曲式学》在本刊中共被介绍了六章，由于它每章的内容不是太多，所以有时候一期会介绍两个章节。《曲式学》被介绍的章节顺序也与后来该书在大陆出版的初版（编译本）目录内

---

① 冯宇：《缪天瑞编辑实践与编辑思想研究》，硕士学位论文，西安音乐学院，2012 年，第 27 页。

容相一致。这本著作可以视为是 18 世纪和 19 世纪的欧洲古典音乐作品中音乐曲式的总结，既有分析，又有归纳，可供作曲学习者和理论学习者分析研究欧洲古典音乐时阅读。该书在理论体系建设方面主要有两大特点：第一，著作在阐述曲式的发展时（乐句式—乐段式—联合歌式—回旋曲式—奏鸣曲式等）都是循着一条路线进行；第二，书中的分析十分细致，对曲式中从小到大的各种扩充手法和不同类型都作了十分细致的分析。阅读过后，让人对曲式结构的整体及细节都能把握得非常清楚。

缪天瑞在《曲式学》（修订版）的译者序中曾说："这个编译本最初刊行于 1949 年，以后每次再版时，都稍加修改。1963 年作了一次较为全面的修改，因'文化大革命'使编印工作中途停止。这次做了较大的修改，大部分初译时删略的地方，这次都按照原书加以补充；疏忽的地方则加以改正。对原书来讲，这次修改时，大部分在文体方面加以简化，仅有小部分删略。原书的篇、章结构都一仍其旧；但为了读者便于阅读和翻查起见，译本中增加了一些小标题。同时把全部的条数目加以改动了。"①

这两本著作对后来中国音乐界律学和曲式学学科体系建设所起的重要作用，也正体现了缪天瑞当时为把台湾早期的音乐教育建设得更加科学和体系所做出的努力与贡献，同时也体现了他作为一位编辑，在创办台湾第一本音乐期刊时表现出的编辑思想和学术眼光。

表 3　上海万叶书店当时销售出版缪天瑞著作的情况，其中包含上述 9 本

《乐学》期刊（缪天瑞主编）	上海万叶书店经售	1947 年
《小学音乐教材及教学法》（缪天瑞译著）	上海万叶书店出版	1947 年
《乐理初步》（[英]柏顿绍原著）	上海万叶书店出版	1948 年
《音乐的构成》（[美]该丘斯原著）	上海万叶书店出版	1948 年
《曲调作法》（[美]该丘斯原著）	上海万叶书店出版	1949 年
《曲式学》（[美]该丘斯原著）	上海万叶书店出版	1949 年
《和声学》（[美]该丘斯原著）	上海万叶书店出版	1949 年
《律学》（缪天瑞原著）	上海万叶书店出版	1950 年
《对位法》（[美]该丘斯原著）	上海万叶书店出版	1950 年
《应用对位法》（[美]该丘斯原著）	上海万叶书店出版	1950 年
《儿童节奏乐队》（缪天瑞原著）	上海万叶书店出版	1950 年
《音乐学概论》（缪天瑞译著）	上海万叶书店出版	不详
《音乐散论》（缪天瑞译著）	上海万叶书店出版	不详

除上述几点重要的论述外，其实在《乐学》的其他栏目设置中，也有很多地方能体现出缪天瑞的编辑思想和策略。例如：表 1 中的"乐讯"栏目和第 4 期新加入的"新刊、新书推荐"栏目等。

"乐讯"在每期中的位置都不是固定的，而且它所包含的音乐讯息也是多样化的。除第 1

---

① [美]柏西·该丘斯：《曲式学》（修订版），缪天瑞编译，上海万叶书店 1963 年版，第 5 页。

期有隶属于"乐讯"的下属分标题外（见表1列出，并且集中出现在每期期刊的末尾），其他几期都没有再设置分标题。在第2期中，"乐讯"是跟在每篇文章的末尾而随即列出的；第3期中，它被放置于第一、二、四篇文章的后面列出；到了第4期，它又被集中起来，大概位于期刊页数的中间位置。从"乐讯"在每期位置中的变动，可以看出，一个好的编辑是需要根据环境和条件的不同，随时对期刊的编排做出合理调整的。当然，这也从侧面反映了《乐学》作为台湾的第一本音乐期刊，它在创刊初期时所做出的实验性探索。

"新刊、新书推荐"栏目，按照严格意义来说，在性质上它们其实是隶属于"乐讯"的。但是在第4期中，缪天瑞并没有把它们放在"乐讯"栏目之下，它们的出现有点儿类似当代期刊中广告或赞助商的性质。在这类新书推荐栏目中，有一类书是不得不提的——"缪天瑞的音乐理论系列译著"（共9本，由钱君匋[①]任编辑的上海万叶书店当时即将出版）——因为这套译著对我国当时音乐教育的学科体系化建设起到了无法忽视的作用（见表3）。

四、文章中还有待推敲之处

细心的读者可能已经发现，笔者在表1所列的条目中，还有一列（关于《乐学》稿约中的稿费价格变化）在上述的论述中并没有提及，但是依然被列在了表格中。这是因为笔者觉得这部分内容除了与当时出版界的经济走向有关外，还与缪天瑞的编辑理念存在着关系。因为笔者并没有找到有关这方面的研究资料，所以对这一问题的论述不敢妄下结论。笔者在这里仅仅是想提出自己的几点看法，具体原因还有待考证。

从表1中不难看出，《乐学》每期的稿费价格都在不断地甚至成倍地上涨。按照一般的推理，随着《乐学》不断地高质量发展，应该会有越来越多的学者来投稿，编辑所选择的余地也会越来越大，那么价格上自然也不会有大幅度的变化。但是，作为主编的缪天瑞却一再地提高价格，来吸引更多的学者投稿，这是为什么？

笔者认为，这正是缪天瑞作为一位有远见的编辑，在为保证期刊的高水准长远发展上，而使用的一种明智手段。以提高稿费价格吸引更多的优质学者来投稿，并从这些文章中筛选出较有水平的文章进行刊登，逐步提高《乐学》的学术深度，打造出期刊《乐学》的品牌意识。笔者做出这样的推测也并不是毫无根据的。从前文的论述中，我们已经知道《乐学》从第1期做到第4期时，不论是期刊的内容丰富性上还是学术深度上，都在沿着一个稳步上升的趋势进行。这种效果的提升除了与创办期刊的这批团队本身的精神素养有关外，也不可能离开外部的辅助手段。当然，稿费价格的变化其实也仅仅只是外部辅助手段的一个方面，可能还有更多其他的因素有待考究。但是从《乐学》的原始资料中笔者只看到了这一个层面的因素，以及就此

[①] 钱君匋（1907—1998），我国现代音乐出版事业的开拓者和奠基人，上海万叶书店的总编辑，也是人民音乐出版社的首任社长，与缪天瑞曾经是同学，是一位非常有学问和素养的出版人兼编辑。据文献记载，钱君匋在出版缪天瑞的这套译著时，赔了很多钱，但是他考虑到国内当时的音乐学科建设急需这批书籍，宁愿赔钱也要出版。"以普及养提高"是钱君匋的一大经营之道，那时他就有了这个指导思想。

而做出的如上推论，具体事实还有待探究。

由此也可以看出一位编辑对于创办一本期刊或是图书的重要性。编辑的思想水准和精神素养将会直接影响这本读物的文化内涵！

结语

"编辑"是出版工作的重要组成部分，是出版工作的核心。编辑工作者既是文化建设的把关人，也是维系文化市场正常秩序和健康发展的重要关口。我们所讲的音乐编辑一般可分为"学术型、商业型和开拓型"[①]，开拓型音乐编辑兼有前两者的特点，既注重编辑成果的学术性和高层次性，又努力让更多的人理解、吸收这些高品位的音乐文化，使音乐文化的经济价值和艺术价值得到双赢。[②] 音乐编辑架起了音乐与受众之间的桥梁，正确的价值取向和编辑思维将会影响受众对音乐的认识和理解。

缪天瑞在这里显然是属于"开拓型的音乐编辑"。他作为《乐学》的主编，在台湾"光复"初期，为全面推行台湾的音乐教育建设，在对音乐文章筛选工作上，依据台湾当时的政治环境和民众条件做到了循序渐进、合理引导。为了期刊更长远的学术发展，他还针对音乐专业者开辟专号，推动期刊走向更深的领域。同时为促进音乐教育的前沿性和多元化，他又积极引进欧洲的音乐理论，但是他并没有全盘西化，而是在西为中用的前提下，以西作为过渡，积极推进台湾和大陆音乐教育的融合。他在《乐学》中具体的编辑思想体现，可总结为以下几点：与时俱进，适应需求；积极引导，循序渐进，逐步走向专业音乐体系；多元文化互融，突出中国式传统。

通过研究期刊《乐学》，笔者发现缪天瑞在主办《乐学》时的整体思路与他第一次主编的大陆音乐期刊《音乐教育》[③]，在期刊的整体框架设置上颇为相似，但是具体到内容细节上又有很大差别。这两本期刊集采、编、研、译于一身的巨大工作量，都为他日后养成严谨的编辑工作作风和"为乐不可以为伪"的学术风格奠定了基础。

原载《人民音乐》2015 年第 11 期

王阿西：生于 1989 年，北京顺义区马坡中心小学老师

[①] 曾遂今：《关于音乐编辑科学定位的思考》，《黄钟》1997 年第 4 期。
[②] 参见冯宇《缪天瑞编辑实践与编辑思想研究》，硕士学位论文，西安音乐学院，2012 年，第 27 页。
[③] 江西省教育委员于 1933 年创办的《音乐教育》月刊，是以普及传播西方音乐理论知识、促进普通音乐教育、关注指导社会音乐生活为宗旨的专业刊物。从 1933 年 4 月创刊至 1937 年 12 月终刊，缪天瑞任主编，期刊内容分为"文论"栏目、"乐谱"栏目、"问答"栏目等。

缪天瑞在"福建音专"的历史及其贡献

张昱煜　赖登明

1942—1945年间,缪天瑞任福建音乐专科学校(后简称"福建音专")教授兼教务主任。他常说"国立福建音专和天津音乐学院是我生活、工作最重要的两个地方"[1]。缪天瑞的女儿缪裴芙写道:"当时90岁高龄的父亲在他漫长的经历中,工作单位将近20个,时间长短不一,短的一年半载,长的达数十年。而半个世纪前在福建音乐专科学校度过的四年时光,是新中国成立前给他留下印象最深刻的一段日子。他时常跟我们讲那时(福建音专)的工作和学习,讲那里的同事和学生。……他说,这是那种特殊的环境里,师生在同甘共苦、团结一致、共同奋斗中凝结成的友谊;这种友谊特别纯洁,特别深厚,所以经久不衰。"[2]缪天瑞在"福建音专"时期的学生叶林更是深情地回忆道,"这些年来,我们福建音专的在京校友,每逢春节都喜欢在缪老师的家中团聚,特别是每逢缪老师生日的时候,更是及早相约,趋前祝贺"[3]。

"福建音专"时期是缪天瑞音乐生涯一个重要的转折点。他细致入微、卓有成效的教务和教学工作,为"福建音专"教学的稳定性、连续性起了关键性的作用,更为"福建音专"逐渐成为中国近现代专业音乐教育领域的知名院校打下了良好的基础,为海峡两岸暨香港、澳门的中国音乐事业的发展做出了积极贡献。关于缪天瑞在"福建音专"的这段历史及其贡献,高燕生、刘连捷《缪天瑞音乐生涯》,叶林《艺德双馨——祝贺缪天瑞师百龄华诞》,中共永安市委宣传部《弦歌相承——国立福建音专纪念文集》,国华《缪天瑞音乐贡献评述》等均有所涉猎,

---

[1] 汪洋:《淡泊谦逊、求真求实》,《中国音乐》2010年第3期。
[2] 高燕生、刘连捷主编:《缪天瑞音乐生涯》,河北教育出版社2000年版,第51页。
[3] 叶林:《艺德双馨——祝贺缪天瑞师百龄华诞》,《人民音乐》2007年第8期。

但大都浅尝辄止。本文以缪天瑞抗战后期辗转"福建音专"的来龙去脉为线索，对其在"福建音专"的教育管理和教学工作进行论述，以纪念这位学贯中西、为中国近现代音乐事业发展贡献了毕生精力的音乐家。

一、缪天瑞辗转"福建音专"始末

缪天瑞辗转"福建音专"缘于他与蔡继琨的交往。

1936年，缪天瑞在"江西省推行音乐教育委员会"主编《音乐教育》月刊。一天，缪天瑞得知蔡继琨的管弦乐曲《浔江渔火》在日本获"国际作曲家同盟交响曲征募"首奖的消息，便想方设法找到了蔡继琨的通信地址，写信请他介绍获奖作品及创作情况。不久，蔡继琨寄来《我作〈浔江渔火〉的经过》，缪天瑞把该文发表在1936年第12期的《音乐教育》上了。虽然未曾谋面，他们却从此书信不断，成了文字之交。

1936年年底，蔡继琨从日本东京帝国音乐学院管弦乐指挥系毕业后回国，即被福建省政府聘为省参议兼省教育厅音乐指导。鉴于福建省中小学音乐教师紧缺的现状，蔡继琨呈仪要发展音乐事业，可以先从训练中小学音乐师资入手，以顺应音乐教育和抗战之需。1937年12月，"福建省音乐专科教员训练班"（又称"福建省第一期音乐师资训练班"，以下简称"训练班"）在福州举办，创办人蔡继琨任班主任。1939年10月，第二期音乐师资训练班在福建省临时省会永安举办。然而，"训练班"治标不治本，不能从根本上解决音乐教育和音乐尖端人才的培养问题，更不能满足激励全民抗战之急需，蔡继琨奉命以"训练班"为基础，筹办省立福建音乐专科学校。几乎同时，1939年年底，缪天瑞受聘重庆国民政府教育部，在音乐教育委员会任职，与江定仙、陈田鹤、胡彦久共同编辑《乐风》双月刊（后改版为月刊）。由于1940年第1期《乐风》刊登了介绍延安鲁迅艺术学院的文章，还刊登了李凌、赵沨主编的《新音乐》的广告，被国民党政府勒令停刊整顿。复刊后，缪天瑞被社长熊乐忱推荐为《乐风》月刊主编。

1940年4月1日，福建省立音乐专科学校在永安县（现永安市，隶属三明市）上吉山正式成立，成为当时国内仅有的三所高等音乐学校之一，蔡继琨为首任校长。上海沦陷后，东南数省有志于音乐的学生，纷纷来到"福建音专"，使这个僻静的小山村成了培养音乐人才的摇篮。"福建音专"成立之初，教学设备简陋，师资严重匮乏，学校的发展和教学遭遇瓶颈。为争取学校急需的教学设备，蔡继琨不但冒犯了福建省教育厅厅长，还得罪了省政府主席，遭遇牢狱之灾。出狱后，蔡继琨深感"省立""福建音专"在经费和管理等方面的局限，认为只有争取"国立"才有发展的希望。

1941—1942年间，缪天瑞兼任重庆（青木关）国立音乐院讲师，任教乐理、和声及钢琴。1941年冬，蔡继琨来重庆，办理"福建音专"从"省立"改"国立"的事。因此前蔡继琨与缪天瑞"神交已久"，已有所了解，所以他们一见如故。蔡继琨跟缪天瑞谈及"福建音专"师资十分缺乏的状况，希望他能去那儿帮忙。蔡继琨求贤若渴的真诚态度和"福建音专"的发展前景打动了他，稍作考虑，缪天瑞就决定去了。① 由于《乐风》自由的言论被扼杀，为了自身安全，缪天瑞只有另寻他路。

1942年3月，缪天瑞从重庆起程赴闽。当时交通非常困难，颠沛流离20多天后，他抵达闽中永安，正式就任"福建音专"教授兼教务主任。缪天瑞不但具有丰富的办学经验和号召力，而且还有正确的办学思想和方法。他清楚加强师资队伍建设是保证教学质量的根本，办好学的关键是师资。在缪天瑞的感召下，"福建音专"的师资力量逐渐加强，教学规模进一步扩大。即使在烽火连天的战争岁月，缪天瑞始终坚持学校以教学为中心的理念，悉心管理、认真教学，保证教学秩序和规范，按照艺术教育规律办学，"福建音专"的教学很快走上了正轨。

抗战后期，社会矛盾日益尖锐复杂，"福建音专"发生了逮捕学生、殴打教师事件。由于缪天瑞始终站在进步师生一边，同情并救助被捕学生，不免被国民党当局找去谈话，并加以威胁。1945年9月，缪天瑞终于被令"自请离职"。缪天瑞被迫回到温州师范学校任教。1946年10月，应台湾省交响乐团之聘，缪天瑞辗转台湾，先后任台湾省交响乐团编译室主任、副团长，主编台湾本土第一个音乐期刊《乐学》（季刊）。1949年5月，缪天瑞避开审查，乘一叶小舟，冒生命危险，经千难万险，从台湾返回大陆。

二、缪天瑞在"福建音专"

1942年4月至1945年8月，缪天瑞担任"福建音专"教授兼教务主任期间，除了事无巨细的教务管理工作之外，他还先后担任对位法、曲式学、和声学、钢琴和音乐教学法、音乐欣赏等课程的教学，并在极为艰苦的条件下，系统翻译该丘斯音乐学著作作为授课讲义，为中国音乐提供了前沿的学术著作。

（一）广揽人才，稳定教学

"福建音专"地处闽中永安郊外偏僻的小山村，时值抗战，师资非常缺乏。缪天瑞刚到"福建音专"的时候，他除了力所能及地多开几门课之外，就是"利用"主编《音乐教育》和《乐风》、任职教育部音乐教育委员会的"人脉"，四处发函，招贤纳士。仅1942年上半年，他一次就向全国发出30多封聘请书，正可谓求贤若渴。

不拘一格，广揽人才。当时，李嘉禄还是一个不知名的青年。缪天瑞回忆道："有一天，一个素不相识的青年来找我，说自己能教钢琴。他抱了一捆乐谱，还有演出节目单，都是西方古典、浪漫乐派名家的经典作品给我看，他就是李嘉禄先生。我看他天真而有朝气，手掌大，手指长，正是天生的钢琴人才，就大胆地介绍给卢前校长。"② 在缪天瑞的极力推荐下，李嘉禄当即就被"福建音专"留下，任钢琴教授。1949年后，李嘉禄成为上海音乐学院钢琴系副主任，培养了顾圣婴、朱贤杰等钢琴名家。

---

① 参见高燕生、刘连捷主编《缪天瑞音乐生涯》，河北教育出版社2000年版，第53页。
② 缪天瑞：《悼念蔡继琨先生》，《人民音乐》2004年第8期。

黄飞立一生从事音乐工作，是从"福建音专"这个转折点开始的。[①]1941年年底，太平洋战争爆发，上海沦陷。1943年年初，上海沪江大学生物系毕业并留校任教的黄飞立一行决定逃离日寇占领区，去重庆工作。由于水陆交通都被破坏，他们取道福建，途经南平，辗转永安，造访新成立的"福建音专"。黄飞立从小便随上海工部局交响乐团副首席兼上海音专小提琴教授盖索夫斯基学习小提琴，曾先后参加中学、大学和教会的管弦乐队、室内乐队演出，参与电影配音，因此他的演奏非常规范。当缪天瑞和卢前校长知道这些情况后，热情地挽留了他们，说"福建音专"很需要他们，在这里也可以为抗战服务。"福建音专"之旅，彻底改变了黄飞立的人生轨迹。1949年后，黄飞立先后担任中央音乐学院管弦系主任、指挥系创系主任。从此，我国少了一个医生或生物学家，而多了一个享誉国内外的指挥家。

缪天瑞利用自己的影响和魅力，不久就请来了顾西林、顾宗鹏（国乐、昆曲）、刘天浪（基本乐理）、李嘉禄（钢琴），挽留了途经福建永安的黄飞立（指挥）、章彦（小提琴）、程静子（视唱练耳），后来又请来了陆华柏（作曲、和声）、薛奇逢（声乐）、徐志德（小提琴）、萧而化（作曲、和声）、王沛纶（国乐）等人，教师队伍不断充实，日益扩大。由于缪天瑞没有门户之见，人缘好，很能团结人，被聘的老师总是乐意接受，"福建音专"一时人才鼎盛，高手云集。虽然学校数度更换校长，但由于缪天瑞始终主持学校的教务工作，一直坚守教学岗位，为"福建音专"教学的稳定发展做出了重要贡献。

（二）洋为中用，编创教材

缪天瑞一生翻译和撰写了大量的西洋音乐技术理论与音乐学理论著作，是我国著名的音乐理论翻译家。缪天瑞提倡洋为中用，他的译著和教学密切结合，大多离不开教学实践。美国现代音乐理论家该丘斯（P.Goetschius，1853—1943）的音乐理论知识丛书，20世纪20年代才在美国出版。受聘"福建音专"期间，为解决学校教材困难的问题，缪天瑞陆续翻译了该丘斯《对位法》《和声学》与《曲式学》等著作，为国立福建音专和声、曲式、对位等课程的教学教材和讲义。

正值抗日战争时期，科研条件十分艰苦，晚上只有昏暗的灯光。还因为供电不足，缪天瑞的翻译工作更多的时候只有在如豆的油灯下进行。[②] 许多时候都是在初稿完成之后，又经过了从"讲义到修订"的反复修订和增补中完成。在教课前，缪天瑞总是先把书中的习题预做几遍，把和弦连接的几种可能都掌握好，在琴上弹奏试听效果，并加以比较，做到真正的理解、掌握。此外，为适用于音乐院校的课堂教学又方便自学，缪天瑞的《和声学》还附录了"习题选答"，大大减轻了学习上的困难，加强了教材的实用性特点。

缪天瑞主张译文应该从实际出发，强调力求在忠实原作的前提下，完整、系统地阐释原作的学术体系。为使读者方便阅读，缪天瑞对该丘斯《曲式学》一书进行了多次修订，在修订过程中，他常常补充整个段落甚至重写整个部分：增加了各章节的小标题，在末尾附录"参考书

---

① 参见中共永安市委宣传部编《弦歌相承——国立福建音专纪念文集》，海峡文艺出版社2015年版，第174页。
② 参见缪天瑞《在油灯下译作——抗日战争时期的音乐生活》，载《缪天瑞音乐文存》（第1卷），人民音乐出版社2007年版，第236—238页。

目",列出了该书引用的乐曲,甚至配上乐谱详细说明——这"已经远远超出翻译或一般编译的范围,是缪先生在彻底理解、掌握该丘斯理论体系以后的再创造"①。

缪天瑞的译著并不是照章硬译,而是尽量把书的内容阐述清楚,加以实用性的通俗化,新颖的观点、严密的逻辑及其译文的清晰通畅,深入浅出。在遇到相关音乐理论知识与中国音乐实践相结合的问题时,缪天瑞则通过"译者序"的方式加以阐述。如在《和声学》的"译者序"中,他就专门讲到了"中国音乐"的和声问题,并在《和声学》的书末加入附录"和声学的运用",这是缪天瑞从原著者另一本和声学书籍中引来加入的,就是为了使读者从和声进入学习作曲时可起桥梁作用。而在《曲式学》的"译者序"中讲到"和声学"是建筑材料,"曲式学"是告诉学习者如何运用这种材料,并把书中阐述的技术手法如何在音乐中的具体运用进行了详尽的叙述。②可见他的编译本,具有"再创造"的性质。③1948—1949年间,缪天瑞翻译的《和声学》《曲式学》《应用对位法》,由上海万叶书店出版发行,为后来作曲家们学习音乐创作做出了重要的贡献,也标志着缪天瑞学术研究的一个新的里程碑。

自缪天瑞任江西省"中小学音乐视察员"以来,他就开始了对国内外"中小学音乐教材及教学法"相关资料的收集工作,并对中小学音乐教育进行了系统和细致的研究。受聘"福建音专"期间,缪天瑞再将该研究成果进行了从理论到实践、再从实践到理论的升华,整理成《小学音乐教材及教学法》一书,作为"福建音专"师范专业的教材。该教材对小学音乐教育中五六种常用的教学法做了较为详细的阐述,并针对各种教学法的特点和优劣进行评析,如听唱法和视唱法的问题、使用简谱还是五线谱的问题、固定唱名法和首调唱名法的问题等对普通音乐教育中国普遍存在的问题均有所论及,并提出了许多切实可行的建议。1947年,该教材由上海万叶书店印制成书,出版不到一年,就连续印刷三版。《小学音乐教材及教学法》既继承中外优秀音乐教育理论,又有个人创新的普通音乐教育理论探索,集中体现了缪天瑞对基础音乐教育的研究成果,得到时间的检验,对20世纪中叶我国普通音乐教育产生了巨大的影响力。

缪天瑞《小学音乐教材及教学法》倡导重视"本国的民歌",应"多多采用为教材",认为学校音乐教育必须"以音乐审美为核心、以兴趣爱好为动力、面向全体学生、注重个性发展、重视音乐实践、鼓励音乐创造、弘扬民族音乐、完善评价机制"的教育观点,就是在今天仍然有它的学术价值和指导意义。

(三)中西并存,开放办学

缪天瑞主张在专业上互相尊重、互相切磋,提倡教学内容体系的多样化。以"福建音专"理论作曲课的教学为例,缪天瑞、萧而化、陆华柏三人采用"三家"不同的理论体系教学:缪天瑞使用该丘斯的音乐理论体系,萧而化全力介绍普劳特(E. Prout)的音乐理论体系,陆华柏则极力推荐柏顿绍(T. H. Berten shaw)的音乐理论体系。这种各人介绍一家理论体系的做法,实际上暗合了新中国提倡的"百花齐放、百家争鸣"的艺术方针,这在当时的音乐学院的

---

① 倪军:《缪天瑞翻译的该丘斯的音乐理论体系简介》,《天津音乐学院学报》1999年第2期。
② 参见国华《缪天瑞音乐贡献评述》,首都师范出版社2007年版,第160页。
③ 参见高燕生、刘连捷主编《缪天瑞音乐生涯》,河北教育出版社2000年版,第19页。

教学上是很少见的。

该丘斯的《对位法》《和声学》以巴赫的创意曲、赋格的创作实践为基础。他认为"和声与对位是不能分开的",把和声与对位融为一体,在学对位同时学和声,打破了"先学和声,后学对位"的通常惯例。而该丘斯《曲式学》的结构单位短小,从乐句式到联合歌式的一系列曲式的各种扩充法和不同类型,都作了十分细致的分析,有利于初学者掌握。

萧而化全力介绍的普劳特《曲体学》与《应用曲体学》是最早翻译成中文的国外教材。普劳特的教材优点是内容丰富,很多作品分析,该曲式学已不是单纯地作为一种作曲技法,而是成为分析音乐作品的手段。缺点是曲式结构没有分类,理论不够清晰,体系缺少归纳、提炼。

而陆华柏觉得柏顿绍的音乐理论体系更适合音乐师范专修科的程度和需要。柏顿绍《和声与对位》(陆华柏译)灵活运用和声,主要讲述为低音配和声,具有音乐创作的成分。此外,该教材习题中列有改错题,给出四部和声进行的片段,要求学生指出错误并改正。把"和声与对位放在一起同时学习的方法,仍然值得现代的音乐教育家们深思"[①]。

缪天瑞清醒地认识到,借鉴西方的作曲技术理论研究,但不能照搬西方,借鉴的目的是构建中国民族音乐理论体系。这些不同的理论体系为后来的音乐理论家们建立更加科学、完善的音乐理论体系做出了开拓性的贡献。强调"洋为中用"和发展民族音乐,践行音乐教育的民族化,是缪天瑞音乐教育的出发点和准则。

在缪天瑞的提倡和鼓励下,抗战后期的"福建音专",中西并存,小提琴与二胡相互学习,钢琴与昆曲并行不悖。1944年夏,"福建音专"教授陆华柏为刘天华十大二胡独奏曲编配钢琴伴奏,更是开创了钢琴为二胡曲伴奏的先例。陆华柏"二胡、三弦、钢琴三重奏"的革新尝试,更是轰动一时。顾西林、顾宗鹏的"昆曲研究会""国乐练习音乐会",顾西林与刘天浪、王沛纶等的国乐合奏《灵山梵音》,陆华柏清唱剧《汨罗江上》《白沙献金》的演出,以及师生每年暑假省内外的巡回演出,充分展示了"福建音专"中西并存,开放办学的阶段性成果,提升了"福建音专"的教学质量和社会影响。

(四)爱护学生,关心时事

缪天瑞11岁的时候,父亲英年早逝,年少的他尝尽了人间的艰辛。所以,他对在生活上有困难的学生总是关怀备至。1943年年初,"福建音专"计划招收2名公费5年制本科生,当时有3人通过了考试,其中一位是靠亲属资助路费才有机会赴考的穷学生,如果自费,只能弃学,乞讨回乡。当缪天瑞知道了这个学生的窘况后,召集教务会议讨论对策,最终将3人都作为公费生录取。当缪天瑞听说一位广州考生没考上,又身无分文,走投无路时,他就想方设法安排该考生在教务处刻蜡板,边工边读,准备来年再考。一次,国民政府教育部下文,说"福建音专"的学生有的学历不合规定,不准入学。缪天瑞就赶紧找校长商议,与教务处的同事们一起把学历不够的学生档案,分别加以"改造",或改名字或换学历等保留住学籍,使之"符

---

① 倪军:《缪天瑞翻译的该丘斯的音乐理论体系简介》,《天津音乐学院学报》1999年第2期。

合"上面的规定。① 缪天瑞不但时时为师生着想，在学生前途的问题上，也总是为学生做力所能及的实事，深受全校师生的尊敬和爱戴。

缪天瑞关心时事，倾向进步，这一点从他早期选择翻译《论音乐艺术的阶级性》中有所反映，而在其主编《乐风》创刊号就有介绍延安鲁迅艺术学院的文章和《新音乐》的广告。1942年，他还与其弟缪天华共同创作了《从军别》，宣传抗日。他总是抽空学习新思想、新理论，与师生们一起讨论左翼刊物《文艺思潮》，学习鲁迅作品。1944年年初，缪天瑞应邀参加进步学生组织的校外活动，与同学们漫谈文艺与音乐的关系，做了有关国内音乐形势的讲话——这次会议被国民党当局认为是"福建音专"共产党组织的一次重要集会。当进步学生把《新华日报》及其转载的《在延安文艺座谈会上的讲话》拿给缪天瑞看时，他看后肯定地说："蛮好的嘛！"②

抗战后期，社会矛盾日益尖锐复杂，"福建音专"多次发生逮捕学生、殴打教师事件。当学生因为参加进步活动被逮捕时，许多人缺衣少食，缪天瑞总是不顾个人安危，想法设法给关押在监狱的学生送衣送饭。缪天瑞总站在进步学生一边，据理力争，替师生说话。由于，缪天瑞始终坚定地站在师生一边，保护进步学生，国民党当局就不断地恐吓他、排挤他，甚至在墙上刷了"打倒缪天瑞"的大标语，加以威胁，并含沙射影地对他施加压力。1945年9月，缪天瑞终于被国民党当局要求"自请离职"。

结语

从1937年12月"训练班"的举办，到1950年8月"福建音专"并入中央音乐学院华东学院（今上海音乐学院），"福建音专"只有短短的13年历史。在缪天瑞和历任校长的悉心管理下，"福建音专"以正规和高质量的教学，造就和培养了一大批卓有成就的音乐家：中央音乐学院黄飞立教授、赵方幸教授、王连三教授、朱永宁教授，上海音乐学院沙汉昆教授、汪培元教授、杨民望教授、李嘉禄教授，武汉音乐学院孟文涛教授，文化部艺术局专员、音乐舞蹈处原处长叶林，北京电影乐团副团长池志立，中央实验歌剧院首席小提琴唐敏南，广州音乐学院作曲系副主任苏细克，广州音乐学院教务主任方耀枚，广西艺术学院院长甘宗容，广西艺术学院音乐系副主任罗慧南，以及台湾"最早设立唯一音乐高等学府"——台湾省立师范大学音乐系主任萧而化、台湾省交响乐团团长邓汉锦、台南师范专科学校音乐科主任颜廷阶、台北市交响乐团团长陈镦初、台湾省音乐学会负责人汪精辉、香港清华书院音乐科主任杨育强等优秀音乐专家，为海峡两岸暨香港、澳门中国音乐事业的发展做出了积极贡献。

从1942年3月到1945年9月，缪天瑞在"福建音专"只有短短的三年半时间，但缪天瑞在"福建音专"逐渐形成的中西并存、洋为中用、开放办学、提倡国乐的校风，以及重视师资

---

① 参见福建省艺术研究所编《国立福建音专校史资料集》，福州，内刊，1988年，第137页。
② 福建省艺术研究所编：《国立福建音专校史资料集》，福州，内刊，1988年，第51页。

建设、尊重艺术规律、强调艺术实践的办学传统，对今天的中国音乐教育仍具有现实的指导意义。在当下重文凭、轻能力，重职称、轻水平，重技能、轻理论的"实用主义"背景下，"福建音专"的优良办学传统和"精神风貌"，更是一种宝贵经验，一种精神财富。[①] 我们今天怀念缪天瑞，怀念短暂而又辉煌的"福建音专"历史，最重要的就是要像缪天瑞那样去为人，像抗战后期的"福建音专"那样去为学，以重新唤回学术的灵魂和根本精神。

原载《天津音乐学院学报》2018 年第 1 期
张昱煜：生于 1981 年，南京师范大学音乐学院副教授
赖登明：生于 1962 年，三明学院教育与音乐学院教授

---

① 陆华柏：《抗战后期的"福建音专"》，《音乐艺术》1990 年第 2 期。

对缪天瑞先生治学观的研究

陈 思

缪天瑞先生是我国当代著名音乐学家和音乐教育家,他在我国音乐理论研究,尤其是在律学研究方面做出了杰出贡献。为构建当代中国音乐理论体系,创建新音乐文化做出了奠基和开拓性的成绩,他是我国"20世纪以来杰出的有高度音乐文化自觉性的音乐新星"[①],是我国音乐学界爱戴和仰慕的一代宗师。今天我们研究他的治学观念,反思在音乐学治学过程中的不良观念和行为,无疑对推动音乐学教学和研究起到了重要的作用。本文论述缪天瑞的唯物、比较、人本三大治学观念,以求裨益后人后学效仿楷模,在反思中前进。

一、唯物治学观下的后学反思

唯物治学观是缪天瑞治学思想的精髓,也是后学最值得效仿和最需要反思之所在。缪先生遵循古代乐人"为乐不可以为伪"[②]的遗训,一丝不苟、身体力行、求真务实。在别人眼里他的专著《律学》已十分完善,他却慎之又慎,对其著后五章[③],他先用油印本送各地专家传阅,在吸收李纯一、吉联抗等多人意见后,方才交稿排印。他始终保持求实、求是、求理、求严的唯物治学精神,敢于直面存在的问题和错误,不断修正,不断追求研究成果的完美性。他说:

---

① 乔建中:《在〈缪天瑞先生学术思想研讨会〉开幕式上的讲话》,载高燕生、刘连捷主编《缪天瑞音乐生涯》,河北教育出版社2000年版,第5页。
② 这也是缪先生在中国艺术研究院音乐研究所成立40周年庆祝会上的题词。"为乐不可以为伪"出自《乐记》。
③ 第六章"中国律简史"、第七章"欧洲音乐简史"、第八章"四分之三音体系"、第九章"亚非地区几种民族乐制"、第十章"今天各种律制的应用问题"。

"我所做的事和书中所写的，错误是不少的，希望大家都能指出来。……我每次把自己初版、再版的书改了又改，但是漏洞还是不少。……指出这些错误对后一代有好处。"[1]为达到成果的完美，哪怕是很小的问题，他也从不放过。对《律学》增版，他广泛吸收了李元庆的小提琴音律问题、黄康元七平均律问题、吕自强秦腔苦音的律制问题、秦鹏章音分值上的纠误等。对第三次修订版，他公开欢迎饶文心指出的人物国籍之误[2]和陈正生指出的管律误差[3]。在《律学》初版第八章结论中，缪先生认为："倘问今后的律的趋向应该怎样……纯律倾向总是存在，只要乐器制造技术再进一步，解决乐器制造的困难，并解决演奏的困难，则纯律的充分应用，也就不难实现了。"[4]而在 1965《律学》修订本"后记"中他果断地修订了自己的看法，认为"以纯律为标准是不切实际的，以纯律的角度看阿拉伯系统乐制也是不对的"。在 1983 年增订版中他进一步说明："当时以纯律为标准是律学研究很肤浅的缘故，初版《律学》只是一本读书摘记而已。"缪先生律学研究的发展就是在不断纠正自身缺点和错误的过程中不断提高和完善的。这种坦荡胸怀、直面缺点、慎业敬业的治学态度正是唯物治学观的真谛，也是缪先生几十年贯彻始终的原则，这一原则为后学反思浮躁学风建立了楷模。众所周知，一个好的学风往往需要在不断地反思、在不断地纠正谬误的过程中获得发展和新生。然而，当今音乐研究者的著述累累，却谬误多多。举不胜举的例证告诫后学，坚持反思是纯净学风的动力。

唯物治学观坚持实践第一，认识第二。缪先生真正在治学理念上将音乐实践放到了首位。在《律学》的不断修订中，不仅增加了十二平均律的应用，我国民族音乐中的实用律制，还增加了小提琴、钢琴演奏实践中的音律探讨，声乐演唱实践中的音律研究，管弦乐队的音律分析等。并坦诚告知后学他尚未解决的问题，如琴律、民间多声部中纯律音程、中立音的协和性、戏曲音乐的音律、民族器乐腔音音律规律性、我国民族民间音律计算和律制核定等问题。缪先生这种严谨而审慎的治学精神使后学望尘莫及。《律学》不断吸收学科前沿新成果，引导了我国音乐理论研究者用律学手段进行多方面的学术研究，随之成长起来了一批年轻学者，以至于掀起了 20 世纪 80 年代我国律学研究的高潮。[5]缪先生的杰出贡献与其始终走在学科前沿的与时俱进的唯物治学观是分不开的。面对后学大量脱离实际违背历史的拍脑袋想当然的文章、重复性的垃圾论著，文字游戏的复制性文章，更觉得反思的重要意义。譬如在贾湖骨笛的钻孔分析上，不少学者便提出了想当然的看法。想 8000 年之前怎么可能有某种特定比例关系的计

---

[1] 缪天瑞 1998 年 10 月 5 日在《缪天瑞先生学术思想研讨会》开幕式上的讲话。
[2] 参见缪天瑞《律学》（第 3 次修订版），人民音乐出版社 1996 年版，第 358 页。
[3] 参见缪天瑞《律学》（第 3 次修订版），人民音乐出版社 1996 年版，第 9—10 页。
[4] 缪天瑞：《律学》，上海万叶书店 1950 年版，第 80 页。
[5] 律学研究形成高潮有三个重标志：一是全国律学学会成立；二是朱载堉《律学新说》成书 450 周年纪念会；三是一批以律学分析为主体的高质量的文章问世。

算①；也不可能是经过精确计算②留下的计算刻度③；更不可能产生十二平均律④、六声清商音阶、六声或七声下徵音阶⑤和多宫六声音阶或七声音阶⑥。其骨笛小孔透露了最早旋宫转调的信息⑦更是离奇。这种严重脱离实际，违背历史的现象，值得后学深刻反思。

二、比较治学观下的后学反思

不同文化的音律，受到了民族爱好、文化思潮、科技力量、自然法则的支配，形成了不同的表现样式。缪先生认为"比较出真知"。他用比较的眼光站在文化相对论的高度比较了世界各国音律，从中抽象出共同面和差异面，取长补短，熔世界三大音体系为一炉，在比较中吸收了各国律学研究的最新成果，构建了全面、周密而系统的现代律学学科框架。使《律学》一书成为名副其实的世界律学汇通。他说："以中国律学史与欧洲律学史相比，都以五度相生律开始，以十二平均律结束，但在这中间相当长的时期内，中国与欧洲的律学发展道路，却完全不同。……中国方面出于旋宫⑧的需要，促进了对新律的探求；而欧洲方面，则由于多声部音乐的兴起，引起了纯律的研究和应用。"⑨在比较中提出了"按倍音列原理来制定一种'规范化'乐制，作为标准"的研究方法⑩，以及"音乐中所用的各种高度的音（或律），视律制的不同，或多或少地根据于倍音原理，倍音原理属于自然法则。在律制中，自然法则是基础；但是必须看到，在律制中对自然法则在一定程度内进行调整，是完全可能的。所以，律制并非都是照原样地依照自然法则。……在律制中，对自然法则也是有所选择的。……在音乐艺术中应用自然法则时，即受民族爱好或当时的文化思潮的支配，并为当时的科学技术的力量所左右"⑪的主张。采用了德国克累尔（Stephan Krehl）将世界音律三分（五度相生律、纯律和十二平均律）分类法。缪先生在比较中将世界律史宏观上分为古、中、近三个时期，使后学在比较中认识了世界三大音体系各民族共时律学成果及其表现特征。通过比较，他大量吸收西方科学的研究方法，用倍音分析法剖析了"中立音"的成因，创见性地指出中立音产生与倍音列有关。他指出："关于中立音的起源问题，可以认为，中立音发生于某些倍音，至少与倍音有关。……就四分之三音的本身来说，可以认为是11倍音距12倍音的音程。……中立六度（835音分）

---

① 童忠良指出："不少骨笛的音孔旁尚存钻孔时设计的横线刻记。可以看出，开孔前的刻线显然是根据某种特定的比例关系计算好了的。"《舞阳贾湖骨笛的音孔设计与宫调特点》，《中国音乐》1992年第3期。
② 参见张居中《考古新发现——贾湖骨笛》，《音乐研究》1988年第4期。
③ 参见萧兴华《中国音乐文化文明九千年——试论河南舞阳贾湖骨笛的发掘及其意义》，《音乐研究》2000年第1期。
④ 参见张居中《考古新发现——贾湖骨笛》，《音乐研究》1988年第4期。
⑤ 参见黄翔鹏《舞阳贾湖骨笛测音研究》，《文物》1989年第1期。
⑥ 参见童忠良《舞阳贾湖骨笛的音孔设计与宫调特点》，《中国音乐》1992年第3期。
⑦ 参见夏季、徐飞、珺燧：《新石器时期中国先民音乐调音技术水平的乐律数理分析——贾湖骨笛特殊小孔的调音功能与测音结果研究》，《音乐研究》2003年1期。
⑧ 以黄钟等十二律轮流作为主音来构成各种调式的方法古代称为旋宫，亦称旋宫转调。
⑨ 缪天瑞：《律学》（第3次修订版），人民音乐出版社1996年版，第101页。
⑩ 缪天瑞：《律学》（第3次修订版），人民音乐出版社1996年版，第236页。
⑪ 缪天瑞：《律学》（第3次修订版），人民音乐出版社1996年版，第17页。

就其在音阶中的位置来说，可以认为与 13 倍音（841 音分）有一定的关系；就其频率 $\frac{18}{11}$ 比看来，又可视为 11 倍音距 18 倍音的音程。"[1] 在中国和阿拉伯两种中立音的比较研究中，他认为二者虽非同一文化现象，但实质相同："中国的中立音徵调式与阿拉伯中立音七声音阶极其相似，只是音阶（调式）中后一个中立音的位置有所不同罢了"[2]；"中立音徵调式"中的"中立三度"（$\frac{11}{9}$）347 音分，"比札尔札尔[3]中指奏出的中立三度（$\frac{27}{22}$）355 音分稍低（低了 8 音分），但在实质上两者是相同的"[4]。在西方与阿拉伯音乐的比较研究中，他认为："阿拉伯音乐一旦与西方乐队结合，对四分音等理应采取积极态度，作为特征来处理，因为特定调式中的特殊音律，正是民族音乐的基础。在世界性的音乐语言中有了四分音等显示出阿拉伯音乐的特征，这才是阿拉伯音乐健康发展的道路。"[5] 缪先生也比较分析了日本民族律制，认为日本使用的十二律制体系是西、中、日共同的，"顺八逆六""顺六逆八"法与西方五度相生法极似。在标准音高上，日本的标准音黄钟 (a^1=439.1) 与国际音高 (a^1=440) 仅差 0.9 个音分，几乎同高。在调式上，他认为日本音阶是明治年代的音阶与西方大、小音阶融合后产生的无半音五声调式"大调性去四七音阶"和有半音五声调式"小调性去四七音阶"[6]。并认为田边尚雄提出的"阳音阶""阴音阶"的阴、阳之分与西方的大、小调，中国的徵、羽调式之分是类似的。缪先生用比较治学观认识了印度乐制，印度 16 世纪南方阿马特亚采用由毕达哥拉斯律中的两种半音构成的十二不平均律，代替二十二平均律；17 世纪马基仿效古希腊的四声音列，制定了南方音阶体系；北方阿霍帕拉·彭迪达依照中、西生律法的样式，用 $\frac{2}{2}$、$\frac{1}{3}$、$\frac{2}{3}$ 三种分弦法产生不规则十二律。在以中、西为参照系的比较中得出印度是一种多变化的七声音阶体系的结论。[7] 通过音程的微观比较认为印尼甘美兰乐制中的某些类似四分之三音程与由中立音造成的四分之三音有着本质上的区别。

缪先生放眼世界的宽广的治学眼光，闪烁着他摒弃"欧洲音乐中心论"的思想光芒。反思当今一些学者，所缺少的恰恰是这种比较治学观，在西方强势文化面前失去了自我，"身在庐山中不知庐山真面目"，不能在比较中认识不同音乐的深层内蕴，在行为和观念中自觉或不自觉地奉行了"欧洲音乐中心论"。视欧洲音乐为最高典范，视西方音乐法则是"放之四海而皆准"的真理，以至于形成了"多声"先进而"单声"落后，定量记谱先进而定性记谱落后，交响乐先进而民乐落后，美声先进而民族声乐落后等观念。甚至少数学者从根本上否定民族音乐在当代发展的可能。"指出中国传统民族音乐无可回避的当代困境，从而使那些至今仍然把复

---

[1] 缪天瑞：《律学》（第 3 次修订版），人民音乐出版社 1996 年版，第 219 页。
[2] 缪天瑞：《律学》（第 3 次修订版），人民音乐出版社 1996 年版，第 237 页。
[3] 波斯乌德琴名手兼音乐理论家，生年不明，卒于公元 791 年。
[4] 缪天瑞：《律学》（第 3 次修订版），人民音乐出版社 1996 年版，第 237 页。
[5] 缪天瑞：《律学》（第 3 次修订版），人民音乐出版社 1996 年版，第 237 页。
[6] 缪天瑞：《律学》（第 3 次修订版），人民音乐出版社 1996 年版，第 243 页。
[7] 参见缪天瑞《律学》（第 3 次修订版），人民音乐出版社 1996 年版，第 247—268 页。

兴中国传统民族音乐视为振兴所谓民族精神的人们，能够稍微醒悟一些。"[1] 这些观念根深蒂固影响了音乐学界对不同文化的正确认识，其害无穷。何不用缪先生的比较治学观反躬自省呢？从反思中定会获得启迪和教益的。

三、人本治学观下的后学反思

"人本"即"以人为本"。缪天瑞的人本治学观奠定了他在当代中国音乐教育事业中的先驱和开拓地位。他认为"音乐教育应以育人为本；教育必须尊重自身规律；教育应有符合社会的具体定位；应突出各自的特色"，"使儿童对歌唱发生兴趣，从唱歌中得到快乐"[2]，"以唱歌表现自我"，促进"儿童的自发活动"和"创造性的表现"[3]。这种"寓教于乐"突出培养素质和个性的治学观，对反思当下急功近利的教学行为有着极其重要的指导意义。目前，我国音乐教育在多年的改革之后，仍然是"技能至上"和"唯科学"艺匠化观念的一统天下，其使命严重错位。授其业而不解其惑，授其技而不解其艺，授其能而不解其情。拆卸拼装、分课递进的课程结构似乎成了必由之路。而对"以人为本"、关注和尊重学习者的个人情感、感受和个性发展的新理念、新行为却少人问津。由此不断强化了艺匠的、功利的、共性的、人技分离的教学观念和行为。

缪先生人本治学观主要体现在四个方面：一是突出个性的音乐教育。"普通音乐教育的目的在于培养对音乐的兴趣爱好，发展感受、表现音乐的能力"，把表现学习者的自发行为、自身感受和自我意兴的表达变成素质教育的重要组成部分。二是突出民族的音乐教育。"本国的民歌，不能轻视，应视其性质，多多采用为教材"[4]，"普通音乐教育思想方面应力主实现'民族音乐的教育'的目标"[5]。三是创新的音乐教育。他认为应突出音乐的"创造性表现"，"引导儿童创作歌曲"在创造中"可能有新鲜的感情，与独出心裁的音进行"。四是突出美育的音乐教育。"首先是美育教育"[6]，"普通音乐教育的本质（核心问题）是向学生进行审美教育"[7]。由此，在人本治学观上缪先生提出了个性化、民族化、创新化、审美化四个内容，这四方面恰是当下从应试向素质教育，从精英向大众教育的转型中亟待解决的问题，也是当今各层次音乐教育所追求的目标。反思当今音乐教育，音乐个性化教育十分低弱，学生在老师制定的学习框架中循规蹈矩，个人的想象、联想和内在潜力失之殆尽，音乐教育将"形而上的东西转变成形而下的东西，把内在的东西转变成外在的东西，把心灵的探索转化为技术的探索"[8]。师生们自然而然地将"技术基本功"和"技术程度"作为追求的方向，大大削弱了灵感、情感、意念、想象、

---

[1] 赵健伟：《艺术之梦与人性的抉择》，《中国音乐学》1989 年第 2 期。
[2] 缪天瑞：《小学音乐教材及教学法》第四章《歌唱一般教学法》，上海万叶书店 1947 年版。
[3] 缪天瑞：《小学音乐教材及教学法》，上海万叶书店 1947 年版。
[4] 缪天瑞：《小学音乐教材及教学法》，上海万叶书店 1947 年版，第 11 页。
[5] 高燕生、刘连捷主编：《缪天瑞音乐生涯》，河北教育出版社 2000 年版，第 15—16 页。
[6] 缪天瑞：《小学音乐教材及教学法》，上海万叶书店 1947 年版。
[7] 缪天瑞主编：《音乐百科词典》"普通音乐教育"条，人民音乐出版社 1998 年版，第 478 页。
[8] ［美］赫伯特·马尔库塞：《审美之维》，李小兵译，广西师范大学出版社 2001 年版，第 89 页。

心灵等因素在音乐教育中的作用。音乐艺术在无形中与音乐技术画上了等号，突出地表现为模仿代替了创新，先验代替了即兴、科学代替了艺术、他娱代替了自娱、真实代替了虚拟、技能代替了想象，程式代替了创造。这些与"以人为本"治学观相悖的音乐教育，必然导致专业的细化和相互封闭，必然促使音乐技术的艺匠化和功利化，必然引导作曲理论课和音乐表演课埋头训练技术的牛角尖。师生们变成了音乐之外的技术单维人，音乐音响代替了音乐精神，音乐技术手段被理性化和目的化了。这种机械式的音乐教学模式是音乐"技术崇拜"和"技术爱欲"的结果。这种崇拜和爱欲，不仅迫使当代音乐教育各个领域俯首称臣，也在音乐创作、表演、欣赏等方面使人性特征、情感蕴积、生命意向臣服于技术之下。由此，更加无法看到"化技为情"、高扬人性、宣泄情感和透视生命的有效手段。步履艰辛的音乐教育已经走到了非突破不可的时刻。可见学习缪先生的人本治学观，坚持反思的重要。

缪先生多方面的辉煌成就和卓著贡献，使他成为 20 世纪中国新音乐文化的先驱人物和最杰出的代表。研究他的治学风范，令人敬仰。在他埋头治学长达 80 年的音乐人生中，对所从事的音乐教育、音乐理论研究、音乐翻译、音乐刊物和大型音乐辞书编纂的各项工作，都能兢兢业业、一丝不苟，他治学的方方面面都闪烁着敬业、勤业、慎业的光芒。他洁身自爱、与世无争、一心治学、朴实无华、平易近人、求真务实、严谨慎行、淡泊名利、正直不阿，早已成为我国学人的偶像。愿我们能从缪先生的治学观念、人格魅力和蕴蓄无限生命力的学术成就中反躬自省，汲取营养，携手努力，共同促进中国音乐的新发展。

原载《天津音乐学院学报》2013 年第 2 期
陈思：生于 1975 年，女，温州大学音乐学院副教授

纪念

贺缪天瑞先生百岁华诞

钱仁康

缪天瑞先生皓首穷经，著作等身。今年4月是他的99岁诞辰。昔人称99岁为"白寿"。谨以四言诗嵌"天瑞白寿"四字相贺，并致敬意。

天之骄子，
瑞气祥彩。
白发朱颜，
寿山福海。

2007年2月

原载中国艺术研究院音乐研究所、温州大学音乐学院、中央音乐学院编《百岁学人缪天瑞——庆贺缪天瑞百年华诞影集》，人民音乐出版社2007年版，第Ⅲ页
钱仁康（1914—2013），上海音乐学院音乐学系原系主任

我和缪天瑞同志

李 凌

1938年，我在延安鲁迅文学艺术学院（延安鲁艺）音乐系毕业，调到高级研究班继续学习。音乐班有李焕之、李鹰航、谌亚选、梁寒光和郁天风。郁天风原是上海美术专科学校毕业，曾在缪天瑞同志主编的《音乐教育》（江西省出版的音乐杂志，1933—1938）月刊上发表过文章，已是一个音乐理论工作者。

当时，我仍然很不安心，觉得学得不多，总想到陕北公学高级研究班研究政治。郁天风总对我耐心劝说，并把他带来的一套《音乐教育》杂志及有关音乐书籍给我读，还把当时全国的音乐形势告诉我，希望我和他一道研究音乐理论。

我当时对音乐系主任吕骥同志讲的《新音乐运动史纲》很欣赏，觉得他把音乐与中国革命运动、抗日战争、建立新中国等问题结合起来的论点很有意思。郁天风同意我的看法，但觉得较笼统，还需要把想法加深研究、扩大、发展。更重要的是要结合当时的革命实践和群众运动，并更有系统地深入发挥。还有什么"声乐时代"，如何对器乐给予支持，也值得研究。郁天风认为我们俩人合作会有前途，在他半劝半诱导中使我安下心来。

后来，在桂林的林路同志寄来他主编的《每月新歌选》，并嘱我们帮他选稿，写文章。我们回信建议，最好在《每月新歌选》上刊登一些音乐评论，号召读者一起为抗战及发展中国的音乐事业奋斗。林路则来信要求我们派出一个人到国统区共同开创这个事业。

我得到当时工会主席邓发同志及艾思奇同志的帮助，决定到重庆去，参加"读书出版社"经理黄洛峰同志发行《新音乐》月刊的工作。最后决定由郁天风、林路和我3个人主编，后来郁天风来信说"我人在延安，出任主编对这个新刊不利"，最后决定由我和林路同志主编。

我带了天风的信到重庆找缪天瑞同志，他们两人是很知心的朋友，因此，我一见到缪天瑞同志就感到是一个很熟悉的友人一样，没有什么隔阂。我把延安鲁艺音乐系情况和想在重庆出版《新音乐》月刊开展国统区的新音乐运动，以及天风的具体嘱托都告诉他。他很热情地帮助我认识了同在重庆音乐教育委员会（音教会）工作的张洪岛和李元庆，他们两人也是进步的朋友。其后又通过缪天瑞同志会见了小提琴家黎国荃和音教会的李抱忱。

我初到重庆时，主要有几个渠道与音乐家联系：吕骥同志介绍我找贺绿汀同志；星海同志介绍我和当时在郭沫若同志领导的文委会工作的赵启海及李广才联系；杜矢甲同志介绍我找在重庆中央训练团音乐干部训练班教钢琴的范继森。而更多的则是靠缪天瑞同志联系当时音乐界的上层音乐家。

当《新音乐》月刊创刊号出版，黄洛峰同志出资，在一家酒店宴请当时在渝的音乐家，缪天瑞、江定仙、张洪岛、李抱忱、陈田鹤、刘雪庵、李元庆、范继森等人参加。还有沙梅、盛家伦和李广才。这个名单是缪天瑞、李元庆和我3个人商定的。

会上由田汉同志代表，向参加的朋友表示感谢，并希望大家对这个新生的幼小的刊物多多关心、写稿。其后，缪天瑞同志第一个在《新音乐》月刊上发表了《论简谱记录系统问题》的文章[1]，显示了他对这个刊物的关心。他的文章发表后，中国的简谱记法（包括民族器乐的记谱法）才逐渐系统化。其后，我们常常来往，商量不少问题。通过他和李元庆，我又认识了指挥家郑志声、大提琴家朱崇志等。

缪天瑞同志当时在音教会参加主编《乐风》双月刊，但因为刊登了介绍延安鲁艺音乐系情况的文章，《乐风》被迫停刊了。

经过半年多的共同交往，互相了解，我们暂时选定了缪天瑞、黎国荃、张洪岛、范继森4位朋友为党的统战对象，由张颖同志向周恩来汇报，并由她联系。

1940年年底"皖南事变"，我流亡到缅甸仰光。不久，缪天瑞也到福建，在蔡继琨先生办的国立福建音乐专科学校（福建音专）任教务主任。

就在整个进步工作受到迫害的时期，周恩来同志提出，不如把部分干部送到国民党办的音乐院校读书，为将来培养一些专才，对革命工作会有好处。我们就把李广才、宋军、苏克、许文辛等人送到福建音专学习。

郗天风同志身体一直不太好，我临离开延安时，他的肺病已很严重。后来听说他已住进医院，不久就接到他妻子来信，郗天风不幸去世了。我听到这消息哀痛万分，我失去了一位导师，最亲密的战友，也失去了工作上最主要的支柱。当时的确非常难过，甚至有些惶恐之感，有点像一个信徒面临危难，仰望苍天高喊"我今天走路问谁做主呢"？

1945年8月中，抗日战争结束，我奉命抢先到上海租赁地方，协助陶行知先生创办"上海夜大学"，会见过瞿希贤等朋友，继续出刊《新音乐》(歌选)，然后借蔡继琨（他也是缪天瑞的好友）要创办台湾省交响乐团请我当编辑的机会，我去台湾为台湾省交响乐团演出编刊了

---

① 编者注：缪天瑞在《新音乐》月刊1940年第5期发表《从教唱法讲到简谱系统问题》一文。

专刊。我去信和缪天瑞同志联系，请他任乐团编辑室主任，我任副主任。因为我接到陈云枫来信说，陶行知先生已来上海，在吕班路租了办事处，急着需我回去协助工作。我急迫地写信去缪天瑞家乡，催他速来台湾，但未接到复信。

这时，马思聪先生在沪来信说，这里不想久留，虽然上海选了他当上海音协主席，但工作开展困难。我就回信说，台湾省交响乐团刚开始工作，已公演几次，如果他愿意，可以来看看，并担任独奏及指挥，做些短期的工作。他同意了。

马思聪先生到台北后，我为他找到了很好的住宅，陪他会见一些熟人。台北各音乐家宴请他和我，蔡继琨团长也很高兴，我们共同筹划了4天。但未见缪天瑞来到，我就回上海了。

回到上海，我忙于帮助陶先生办"夜大学"，不久，缪天瑞同志从家乡到上海，准备去台北。他在上海期间，介绍我认识他的老朋友钱君匋先生，他是万叶书店的总编辑兼经理，酷爱文艺、美术，也关心音乐，帮缪天瑞出版了不少音乐理论书籍。

钱先生很好客，后来成为我的朋友，也是指导我学印刻的导师。

缪天瑞同志去台湾后，为台湾省交响乐团出版了《乐学》音乐杂志。但不久，台湾爆发"二二八"事件，蔡继琨先生去了菲律宾，后来他也回到家乡。

1949年正月底，我到了北京，出版了《新音乐》月刊，参加筹备第一届中华全国文学艺术工作者代表大会；全国第一届音乐工作者协会召开，缪天瑞同志未能赶来参加。大会选举出常委会，并选出了吕骥、马思聪、贺绿汀为主席、副主席；当常委会和其他部门选举负责人时，大家推选我任秘书长，我再三再四地推辞，我认为最好由向隅同志担任此职，他是我的老师，在音乐界很有影响，经过10多分钟的争执，大家只好同意。当推选编辑部负责人时，大家也推选我当主任，我一再解释，一定请缪天瑞先生担任，他的编辑能力、经历都很好，他当主任，我和赵沨当副主任。工作分配就这样定下来了。

后来，中央音乐学院成立，我也主张缪天瑞先生当主任，我任副主任，还请刘恒之同志当管理学生思想工作的教务副主任。

缪天瑞同志对他所担任的工作，不管是什么工作，他一答应下来就拼死拼活地干下去，大事小事都悉心操劳。因为当时的教务主任协助院长领导各个系、班（作曲系、声乐系、钢琴系、管弦系及少年班），工作范围宽，任务重，又处在草创时期，其吃力之处是可想而知的。加上教师、学生、工作人员都是四面八方凑合，各有各的历史关系、作风要求、特性，合在一起难免有许多分歧。除教师的团结工作由我多负一些责任外，一切都是由缪天瑞同志设想、组织、安排、计划、推行。好在有一个很有经验的教务科科长王宗虞同志协助他安排课程和学生练琴的工作，但其他的重要计划、组织讨论，都落在缪天瑞同志身上，他的艰苦是可想而知的。

教学方面，南京音乐院、北平艺专音乐系、鲁艺和中华音乐院各有不同，要求也各不一样。好在当时国务院发下通知："所有的高等院校的教学，除增加马列主义政治课外，所有原来的教学规章、课程、教学方法，不要变动……"这使新的音乐学院在教学规章、内容、方法上得到保障，比较安定地稳步进行。但仍有少数问题引起过一些微波。如有人主张声乐系应以民族、民间歌唱方法为主，引起一些教师、学生思想波动，说："原来声乐系的教师、学生都是按照美声唱法实践，如改为以民族民间方法为主，那么必然变内行为外行，即转为中国戏曲、曲艺、民间唱法还要有一个过程。中国传统的歌唱教学是口传心授，没有一套有体系、有课本的教科书可循；贸然行事势必搞得很乱。"

缪天瑞同志和我当时也有怀疑，我就写了一篇《两种努力，一路向前——唱法问题杂谈》（这篇文章可能刊在当时的《新音乐》上），讨论这个问题。并提出可以在教员中选出一些同志进行试验，如中央音乐学院的汤雪耕、中南艺术学院音乐系的叶素、陕西的白秉权、上海音乐学院的王品素等，要先向老艺人学习我国的戏曲、曲艺民歌，整理出可靠的、有系统的民族唱法，写出教材，才好招生。这事就渐渐平静下来了。

但对管弦乐队，如何搞中西合璧（混合乐队）没有定下来，交由音乐工作团（音工团）去逐步实验。

我和缪天瑞同志共事了一年。1951年年底，我调任中央音乐学院音工团工作。我觉得还是搞音乐演出和音乐运动对我比较合适。后来，我争取到在中央广播局的徐迈进同志的帮助，把音工团搬到北京，担任广播新作介绍和表演节目；同时开展北京的社会音乐活动，如大中学生歌咏活动和工人、市民音乐生活，又与全国各地连成一片，活跃各地的音乐生活。

临分手时，我召集从上海调来的中华音乐院的教师开了一个小会，说"我调了工作，《新音乐》月刊（由上海作家书屋出版发行），由赵沨在京主编：新音乐社是国统区抗战和解放战争中组织起来配合解放区工作的。如今全国解放了，新音乐历史任务已经完成，《新音乐》月刊打算停刊，'新音乐'一词应该停止使用。所有从上海中华音乐院来的同志，应在中央音乐学院党的领导下，团结一致共同为发展学院事业奋斗"等话。

其后，我忙于成立中央歌舞团，并担任几次出国艺术团的筹备和陪同出国访问，没有多少日子在国内，我和缪天瑞同志见面少了。

缪天瑞同志不管担任什么工作总是认真负责。他当教务主任除了开会，总是坐在办公室处理各种各样的工作。我则负责校舍的扩建，如修建大量练琴室；又与教师商谈，解决个别教师之间的矛盾。更多的时间是倾听几个较好的同学的弹唱和排练曲目等事情。

缪天瑞同志白天那么忙，他总是起早贪黑继续翻译或写作他的文章。可是留给他的时间太少，他是非常苦恼的。他多次向我提出希望摆脱这个工作，但他是不会不服从上级的意见的。

后来，在1958年后，中央音乐学院迁京时留下一部分教师，他担任新成立的天津音乐学院的院长。

1961年我陪一位外国专家到天津观光，专门去探望他。他看见我来，推开桌子上的文件，起身来迎接我。我问他近来怎样。他说："你看这一大摊事。"又苦笑一下。我知道缪天瑞同志是一个书生气很浓的学者，由他担任这么繁重的领导工作，一定会弄得他焦头烂额。

我说："还写东西吗？"他说："写东西！我能转过来已经不容易。曾经在一段时间里摆脱事务，由出版社派专人来与我一起搞音乐词典，但由于人力不足、方法不对，还是没有结果。但我还能起早贪黑收集一点材料。"

不久，"十年动乱"开始，大家失去了联系。

"十年动乱"过后，我先在中央歌舞剧院任党委书记，不久回到中央乐团。

20世纪80年代我才知道他已调来北京，参加主编《中国音乐词典》和《中国大百科全书·音乐 舞蹈》。我到中国音乐研究所他的办公室去看他，他正在埋头伏案，起草《中国大百科全书·音乐 舞蹈》的词目。这种工作虽不是著书立说、翻译名作，但对他是适合的。

继这两部辞书编成之后，他又开始主编《音乐百科词典》。这部词典牵涉面很广，中外古今，包括人物、创作、教育、表演、研究等门类。他接受这个具有巨大意义的工作，我们都很高兴。他是个博学多才、严格认真的工作者，特别对于编辑工作细心耐劳、审核细致，又能任劳任怨，一定会把这一工作做得很好。

缪天瑞同志为人诚恳、真挚、谨慎，思想进步，忠心耿耿地为党的音乐事业而奋斗。他治学严谨，做事认真；对他所担负的工作总是兢兢业业，扎扎实实，力求比较完美地去完成。

他从20世纪30年代起，写下不少包括音乐各个领域的著作和翻译，如《小学音乐教材及教学法》《基本乐理》《律学》《钢琴弹奏的基本法则》《乐理初步》《音乐的构成》《和声学》《曲式学》《对位法》等，又编辑了几种期刊。

这些著作和翻译，在我国音乐文化荒芜的年代，对我国爱好音乐的学生、青年，也包括我们一些从事革命音乐的工作者，所起的启蒙作用是巨大的。我从他的著作和翻译中得益不少。

他晚年退出了音乐教育工作，专门从事音乐辞书的编辑工作。他在"十年动乱"后的10多年间，一直埋头在这巨大而有意义的事业中，直至他身体衰弱，年老生病，身在医院仍念念不忘。据悉，他主编的《音乐百科词典》最后一个附录的内容，是在医院的病床上完成的。

1992年我中风住在北京市朝阳医院，听说他也住在这医院的干部病房里，我特意去看他。我俩都有坏习惯，见面说不了几句话就要分手。后来我的病房搬到他旁边与他成了邻居，常常见面，但两人都要输液治疗，交谈不多就分别回病房了。

今年，正在着手写关于他的随笔，知道他正过90寿辰，因而用了两天时间写了这篇纪念文章。我的视力已不中用，不但写的字歪歪扭扭，写了自己也看不清楚，有时一行写在另一行上面也不知道，使得为我打字的外孙女非常辛苦，女儿妲娜也说，"为了你一个人写文章，我们一家四五个人都得跟着忙"。但我觉得，为我们在国统区一起奋斗的黎国荃、张洪岛、范继森等所敬爱的战友缪天瑞同志为之一生奋斗的事业和贡献，我表示一点敬意和爱心，辛苦一点也很值得。

当大家看到他在90岁高龄，仍赶到天津，由天津音乐学院的年轻院长搀扶着走进该院40周年校庆会场，一介书生，白发苍苍却满脸笑容，朋友们的心中是无限愉悦的。

1999年1月3日

原载高燕生、刘连捷主编《缪天瑞音乐生涯》，河北教育出版社2000年版，第21页
李凌（1913—2003），曾任中央歌舞团副团长和中央乐团团长、中国音乐学院院长

我们敬爱的老师缪天瑞

何 方

缪天瑞先生别名穆静、穆天澍、徘徊，是我国著名的音乐教育家、理论家、翻译家。

他在国立福建音乐专科学校工作期间（1942—1945），校长曾五易其人，而缪先生一直担任音乐理论教授兼教务主任。这对于保持教学的稳定性、连续性，起了相当的作用。先生忙于繁重的教务，还教授和声学、对位法、曲式学、音乐欣赏、音乐教学法等课程。在教学思想上，他很重视基础训练，坚持学用一致。如对视唱练耳、普通乐理等基础学科，不仅配备高水平的教员，并对学生有严格的要求。对师范专修科的课程，从实际需要出发，围绕着如何培养合格的音乐师资来安排。

当时，每个学生都必修钢琴、声乐、音乐理论，还要选修一两种乐器。这样培养出来的学生，不仅会弹、会唱、会作曲，而且会演奏一两种西洋或民族管弦乐器。因此，学生掌握的专业知识比较全面，且根据各人情况，有所专长。为了学用一致，加强艺术实践，每学期都要举行各种形式的音乐会，师生都踊跃参加。缪先生曾创作过一首优美的合唱曲，由缪天华先生作词，题为《从军别》，内容是宣传抗日的。由叶林、李惠莲同学分别担任男、女声独唱，缪先生还亲自弹钢琴伴奏。

先生授课，深受同学欢迎，他讲解透辟、生动，使学生很快掌握要领。他那认真、细致、严谨、勤奋的治学精神，给同学留下深刻的印象。当时没有适合供专业用的和声学教科书，他就动手翻译美国音乐理论家该丘斯的一系列音乐理论著作。他翻译该丘斯的《和声学》时，并非照本宣科式地直译，而是先通读原著，并亲自把每一道和声练习题做一遍，在琴上弹奏听效果，然后才进行翻译；考虑到学生的理解力和循序渐进性，根据教学需要，对原文作某些修改，甚至重定某些章节。他还依照该丘斯以分析作品为基础的方法，对西方音乐作品，从曲式和对位两个方面详细分析，然后编译了该丘斯的《曲式学》和《应用对位法》（一部分）作为教材。他认为一个音乐理论家，必须具有高度的视奏能力，但学校钢琴很少，他只好在一架风琴上坚持每天勤奋练习，后来与别人合买一架钢琴。为了解决对位法教学的需要，应用巴赫的重要作品《十二平均律钢琴曲集》作为曲例，当时没有唱片，他就是凭自己弹奏给同学聆听效果来理解。

先生待人诚恳、宽厚，善于团结人一道工作。那时，福建音专在音乐理论教学上，同时有普劳特、该丘斯、柏顿绍等几种不同的理论体系并存，但都能互相尊重、互相切磋，没有门户之见。他对同学平易近人，和蔼可亲，大家不仅喜欢上他的课，还经常在晚上聚集在他的宿舍里听唱片，欣赏音乐。同学有困难，他鼎力相助。如 1943 年暑期，有相当一部分同学因学历不合格，按教育部的规定必须退学。缪先生会同教育处的有关人员，替同学出主意想办法，以同等学力、改名字等办法保留住学籍，使他们能继续就读。

多年的清贫生活，使先生养成艰苦朴素的作风。当时音专师生的生活十分清苦，学生每餐一筒糙米饭加盐水煮黄豆。作为教授的缪先生也不例外，偶尔吃一盘烧豆腐，或买一小盘甜糕点，那就算是改善生活了。

先生的政治思想，早就具有鲜明的倾向性。早在 20 世纪 30 年代，他曾翻译过日本兼常清佐有关普罗（无产阶级）音乐的文章，发表在上海北新书局的《北新》月刊上，该刊物因刊出左派文章而遭查封。20 世纪 30 年代在江西省推行音乐教育委员会主编《音乐教育》月刊时，在吕骥、李元庆等同志的帮助下，与新时代的思想结合，出版了《小学音乐教育》《中国音乐问题》《乐曲创作》《救亡歌曲》《苏联音乐》等专号，以及刊登《哀悼一位民族解放的战士》（悼念鲁迅）的文章。后来，在重庆国民政府教育部编辑《乐风》双月刊时，曾刊发有关延安鲁艺的文章，同时刊登了《新音乐》的广告，由此，刊物被停刊。到福建音专后，他同情进步同学，支持他们的课外活动。1944 年元旦，同学们举行野餐，他出席并作了关于国内音乐形势的讲话。他得到同学们的信任，一位同学，曾把《新华日报》转载的毛主席《在延安文艺座谈会上的讲话》秘密传给他阅读。1944 年初夏，音专发生逮捕学生事件，他和一些同学一起请求校长萧而化出面保释被捕的同学。由于这些情况，有一天，福建省国民党当局找他和郑书祥先生去谈话，含沙射影地加以威胁。此后，校园内曾出现了"打倒缪天瑞"的标语，他终于在 1945 年 8 月被迫离开了福建永安国立福建音专。

半个多世纪以来，缪天瑞先生在音乐理论方面的译著达 30 余种，尤其是《律学》的著述得到了国内外的赞誉，并产生了深刻的影响。在音乐教育上，他主张一专多能，重视中小学和幼儿音乐教育，使普及和提高相结合；强调洋为中用和发展中国民族音乐。他为建立和完善音乐教育体系、改革教材和教学方法做出了卓越的贡献，造就了大批音乐人才。近几年来，他投入《中国音乐词典》《中国大百科全书·音乐 舞蹈》以及《音乐百科词典》等辞书的编撰工作，实现着他多年来的夙愿。他现已年逾八旬，仍孜孜不倦，伏案笔耕，老骥伏枥，壮心不已，仍在为振兴和发展我国的音乐事业，做出更多的贡献。

原载《福建音专校友通讯》1992 年第 6 期

何方：女，原北京电影乐团副团长

一张珍贵的照片

——引起我的回忆与思考

张 翼

已经过去整整 40 个年头了（1956—1996）……每当我打开相簿，首先看到的就是校友群体照。面对着它，常激起我思绪万千，难以平静……

那是 1949 年新中国成立后一次空前的盛会，它标志着音乐工作者的大团结、大促进和音乐事业的大发展！

在第一届全国音乐周期间，党和国家领导人毛泽东、周恩来、朱德、陈毅等，在怀仁堂亲切接见全体与会代表并合影留念。周总理还特设冷餐晚会招待各省市部分代表。据说这是新中国成立后中央领导人第一次正式接见文艺界人士。

我们国立福建音乐专科学校的校友抵达首都聚集，因有得天独厚的条件：在担任中央文化部艺术局音乐舞蹈处处长叶林的精心安排下，大家在颐和园参观游览，聚餐叙旧并合影留念。这就是这张珍贵照片的由来。

照片是历史的见证和记录。如果说，33 年后——1989 年 11 月 11 日校友总会成立，首届代表大会在福州的合影是新里程碑的历史记载，那么，1956 年部分校友相逢在北京的合影，也同样具有深远的历史意义和历史价值。它反映了我们校友师生之间的亲密团结和情深谊长，尤其在当时的历史条件下，更重要地说明了，在新中国成立还不久的 1956 年，新中国成立前的国立福建音乐专科学校竟有那么众多的校友师生被各地选为代表，出席第一届全国音乐周，这是何等的光荣！由此足以证明我们的母校在我国音乐教育战线上所起的重大作用和不可磨灭的历史功绩。她为新中国培育了这么一大批有用的人才。

我深爱这张珍贵的照片，它常带给我欢乐和对往事的美好回忆，与此同时，也使我在内心产生惆怅和悲痛……照片中的章彦老师和夫人程静子，还有顾西林、刘天浪、陆华柏诸位敬爱的老师和何为、萧而化等亲爱的同学均已先后离开了人世……他们和蔼可亲的音容、谆谆教诲，以及同窗学友的话语和朗朗笑声仍历历在目，响在耳际，岂能不使我们发自内心深深地怀念与追思?!

在当年，照片中的所有老师和同学，绝大多数年龄都才三四十岁，而如今，40年过去，都已是七老八十的人了。虽然我们并无忧伤情绪，但随着年龄的增长，体质的客观变化，一般多少有点力不从心的感慨。然而，我们最敬爱的老教务主任缪天瑞老师，如今已届87岁高龄，仍在著书立说，孜孜不倦地勤奋工作。缪老师的精神深深激励着我们大家。正如叶林所报道的《北京校友祝贺缪老师寿辰》中的一段话："我们敬仰缪老师的学术成就和崇高的品德，他是我们毕生追随和学习的好榜样。"（见《福建音专校友通讯》第10期）我们要始终如一地接受缪老师对我们的言教和身教，今天虽老而不服老，振奋起精神，发扬母校的优良传统，在耄耋之年仍须老骥伏枥，志在千里，发愤图强，做出自己的贡献。愿我们在校友总会的带动与统筹下，加强海内外校友之间的紧密团结，增进友谊，共同进步！

原载《福建音专校友通讯》1996年第11期
张翼：生于1922年，原江西省歌舞剧院院长

缪天瑞教我当院长

——为庆贺缪老九十华诞而作

厉 声

1958年，中央音乐学院准备迁往北京，将当时在天津的院址和部分设备支援河北省，并应河北省的要求，留下一些教师骨干为省里新建一所音乐学院，这就是后来天津音乐学院的诞生。缪天瑞先生应河北省的邀请，主动留下来担任天津音乐学院的院长职务。而当时还只有29岁的我，受河北省文化局的委派，调去负责新学院的筹建工作，并任筹建班子的党支部书记。一年后，我因多次对当时党委某些领导同志在执行党的教育方针和党的知识分子政策上的"左"的偏差提出批评意见，结果反而自己在党内受到了批判，1959年的反右倾运动给我做出的结论为："思想右倾，反对党的教育方针……"（20年后全部平反），并给予了"撤销党内外一切职务和留党察看两年"的处分。有趣的是，在给我处分的决定中加了一条附注："从此不许从事政治工作，只许给业务院长（指正院长缪老）做秘书工作，但不能叫秘书。"这一条附注却使我因祸得福了。因为，从此我可以深入教学的最基层去学习如何管理教学工作了，而"指派"给我的老师就是从事音乐教育工作资深、经验丰富、学识渊博的缪老。如此，我还不是当了有福之人吗？

自此以后，我跟随缪老学习音乐学院的教学管理工作达二十四五年之久。像我这样一个没有上过一天正规音乐学院的人，后来居然能挑起中国音乐学院院长的重担，这全是缪老20多年来手把手言传身教的结果。他的教导之恩，我是一辈子不会忘记的。所以，我早就想把体会到的缪老领导教学工作的方法总结一番，作为不才之徒在古稀之年向恩师做出的一份迟交的试卷。

20世纪80年代初，当缪老离开天津时，我曾总结过一句话："天津音院的20多年的工作证明，凡是我们正确贯彻了党的教育方针和知识分子政策、充分发挥了缪老对教学工作的领导作用时，学校的教学质量就得到提高，教师的积极性就得到充分的调动，教学秩序就稳定，学校声誉就与日俱增。"从我们在天津音乐学院工作的20多年历史实践证明，这种黄金时期就是在1961年中央召开宣传工作会议和党内反对"左"的五风之后到八届十中全会之前的三四年间。这是有目共睹的事实。

为什么缪老对于教学工作质量能发生如此重大的、决定性的作用呢？我以为主要有四条原因：

第一，缪老对党的教育方针和文艺方向的贯彻十分自觉。这一方面是由他本人的觉悟决定的，体现了他对党的信服和对党所领导的事业的忠诚；另一方面因为他是结合了长期从事音乐教育工作的实践经验来认识党所提出的真理的，因此理解得最深。正因为他是从实践出发来认识真理，又总是把党的方针切实落到实处（我们在实际工作中很少听到缪老在重复文件上的语言，而在他发表的意见中却令人感受到处处都渗透着党对教育工作的要求），所以，在他的领导下工作就是在扎扎实实地贯彻着党的教育方针。他既不是空谈政治，也不是人云亦云，更不是"照猫画虎"。

第二，缪老对办音乐教育事业有极为丰富的正反两方面的经验积累。他不但长期从事过国民音乐教育工作，而且早年也曾是福建音专的创办人和领导人之一。他是我国第一代的音乐教育专家，充分掌握了音乐教育的规律。他亲自编译了一整套高等音乐院校的基本教材。他的工作作风十分踏实，在他的任期内，每一个教学进程计划都是由他亲自动手研究制订的，每一位专业教师的授课计划他都要亲自审定，每学期期中他都要对各系的教学进行一次集中的检查。又如在天津音乐学院建院初期，他主张对学院的图书唱片采用新的编目方法，以便于师生查目。但工作人员并不熟悉新的方法，他就把图书管理人员召集起来亲自传授方法，帮助编目。人手不足时，他就把缪师母请来，无偿地默默为学校工作了好几个月。

第三，缪老知识十分渊博，理论根底雄厚，音乐行里的知识可以说无所不晓、无所不通。按说他是足以对各门学科进行指导的，但他十分谦虚。各专业行里的事情，他从来不自以为是，遇到问题总是和专业老师商量，十分尊重专业老师在本专业上的知识和教学经验。他在对专业老师提出教学指导性意见时，不了解情况的人还以为他在向专业老师请教什么事情。正因为如此，专业教师在接受缪老的指导意见时，总是心悦诚服。他能够全面关心教师，尤其关心年轻教师的成长。在他的领导下，教师的教学主动性和积极性能得到最充分的发挥。他十分注意师资队伍的梯队建设。当时还没有实行教师的退休制度，但他对新老教师的交替已做到了"未雨绸缪"。

第四，缪老品格高尚，从不追名逐利，没有任何私心杂念，全身心地扑在教育事业上，以培养好学生为他最专心致志的任务。我们知道，建校时缪老已是50岁开外的人了，而且还患有严重的胃溃疡，但他从来都是按时到校，埋头工作，有时中午也不回去休息，随身带来一个小饭盒和一瓶氢氧化铝，两样都吃完了又继续工作了。

尽管我们这一代学音乐的人，大都是读缪老的课本入门的。可是我以为，缪老以他自己的言行写成的这本活的教材，更值得我们认真地读读。无论是他对党领导的事业的忠诚，他的敬业精神，他的全心全意为人民服务的高尚品质，都是值得我们认真学习和继承的。

缪老在领导教学工作上已经形成了一套成熟的、行之有效的管理方法，根据我的体会，可以概括如下四个要点：

首先，对一所学校要做出一个准确的定位。从实际出发，根据客观的需要，对学校的性质特点、主攻方向、毕业生规格等战略性的指导思想，都要有一个明确的要求和全校上下统一的认识。有了这个明确的目标，才能做到心中有数。当然，在进行这件工作时，缪老是以充分的调查研究为前提的，而这个调查研究的过程也就是统一思想的过程。比如天津音乐学院建院初期，因为多数教师和业务干部都是从中央音乐学院留下来的，所以在进行各项工作时都难免沿用中央院的一套做法。缪老当时就告诉大家："中央院的许多做法都是我们所应该学习的，但是在学习的过程中要经过我们自己的消化。因为我们是地方性院校，面对着和他们不同的实际和客观需要。我们的一切设想都要从我们的实际出发，这不是孰高孰低的问题。"当时河北省委和省文化局非常赞赏缪老的这套教育指导思想，后来还请他担任了河北省文化局副局长，为的是想请他在省的文化工作上也全面发挥指导作用。以后的教学实践也证明，当年培养出来的学生分配到地方上，很能适应工作的需要，他们现在大都已成为河北省各类音乐部门的业务骨干和领导人。

其次，要制订一个相对稳定的教学进程计划。开展任何一项重大的工程，事前必须要有一张细致和准确的蓝图，才能做到在施工前心中已有了一个成品的构想。这也正是马克思所谓的"人与蜜蜂"的区别所在。对于学校来说，这张蓝图就是全院各专业的教学进程计划（我以后还真的遇到过拿不出一份完整的或稳定的本校各专业教学进程计划来的高等院校，可见这项工作并没有受到所有高校领导人的重视）。在这个计划中，要对各专业的学生全学程所学各类课程的门类、它们之间的不同比重、科目设计、各课程总学时和各学年的课时分配、练（自）习学时的规定以及考核方式等，都做出设计。这种设计当然要体现从实际出发、学以致用、少而精和加强基础知识、基本理论和基本技能的教学等教学的基本原则。正因为在这个设计中全面体现出设计者的教育思想，所以，领导人的思想水平和实际经验，对于计划本身的优劣起着决定性的作用。此外，为保证有一个稳定的教学秩序，这个计划也必须具有相对的稳定性。试想，如果计划朝令夕改，教师忙于改教材、备新课，教学质量的提高又从何谈起。人们也还会记得，五六十年代是"风起云涌"的时代。年初刮起了北风，不到年底也许转为南风了。如果领导人心里无数，总是"随风倒"，就不可能会有一个相对稳定的教学进程计划。所以在这种时候特别需要像缪老这样根子深的稳重老手来掌舵，才可能产生既相对稳定又不断有所发展和改进的教学计划来。

再次，加强师资队伍的建设是保证教学质量的根本。缪老经常和我们说："要开设一个新的专业甚至就是想要开设一门新的课程，也首先要准备好称职的和足够的师资。让他们先编出教材，经过开副科或开讲座的方式进行试用，可以了，再正式开设。在这个问题上是不能有盲目性的，只讲需要不看可能是不行的，否则就要误人子弟。"在实际工作中，他首先根据学校的定位和专业设置的规划，制订出相应的师资建设计划。能请进来的请进来，请不到的自己专门培养，或者选派优秀学生到中央院和上海院，请他们代培。有些还没有专业教师的民族、民间专业课程，就把民间的教师请进来，为他们配备年轻助教，一方面帮他们整理教材，另一方面也让这些年轻人专门继承民间教师的知识才能。经过这样一两轮的教学，我们自己新一代的专业教师也就涌现了。

天津音乐学院建院初期，民乐专业的师资力量较弱，而民乐又是我院所拟重点发展的专业。针对这种需要，缪老亲自为首届民乐专业学生拟订了教学计划，按师资建设的目标进行培养，将教学实习作为重点课程，有的还专门派出去上课。果然，三五年后学生都出息了，这才将民乐专业从器乐系分出来，独立创建成民乐系。又如施光南所在的那个班，附中毕业后全部升入了本科，而且将其中的大部分学生每周送到北京，请中央院的名教授给他们上专业课。学校之所以如此"不惜血本"，就是因为看中了这班人才，要把他们培养成为学校的理论作曲教师的班底。可惜这些美好的计划，在"十年动乱"中被彻底破坏了。这些计划的实施反而成了缪老的一条"培养修正主义苗子"的罪状。

在培养新的师资的同时，缪老还十分注意对原有教师的再提高。每学年伊始，教师在上报本学年授课计划的同时，还要一并上报一份本年度的进修计划，这个计划一经批准，所需的全部费用（如请教师的兼课费、去外地的路费等）均由学校支付。这一措施不但为本校教师所赞赏，也为兄弟院校教师所羡慕，但要得到这种优惠也不容易，因为进修教师每学期必须做公开的学习汇报，是凑合不得的。

缪老不仅考虑到当前的需要，而且放眼未来，考虑到长远的师资建设，做了教师队伍的长远规划。

最后，坚持一套严格的教学检查制度。在音乐专业教学中，以一对一方式进行的个别课教学占着很大的分量。这种课程都是分散进行的，课时又常常变动，很难管理，也难检查，更难保证质量。而这些课程都是"主科"，所以就成为抓教学质量的主要矛盾。为有效解决这个主要矛盾，缪老要我们严格坚持一套以做好授课计划为中心的教学管理制度（我这里用"坚持"二字，是为说明这种制度本来是音乐学院管理教学的传统制度，后来有的学校不注重坚持了；而缪老从历史的经验体会到这制度的优越，要求坚持并有所发展）。为此，他把我们专门派到中央院和上海院去采访，我们从在上海查阅当年黄自先生主持上海音专的教务工作历史档案开始，学习了几十年来教学管理的经验，缪老饶有兴趣地听取我们的汇报，并拟定了自己的管理方法。以后我把这种方法概括为"以做好授课计划为中心的教学检查管理制度"，为的是要使它形成制度。

这套制度执行起来并不复杂，只是贵在坚持。它的第一环是新生入学后被分配的主导（科）教师要对学生做充分的调查研究，分析学生的专业特点、程度、优势和弱点，提出所拟采取的教学措施和教材（乐曲、练习曲等），并对各学年作出教学进度计划（全学程的计划可概括些，第一学期的要具体）。初步形成教学计划后，举行学生的入学音乐会。本教研组成员、系主任和院长都出席，对照学生的艺术表现，审视老师的教学计划，然后在音乐会后召开的教研会上进行讨论，会上不做结论，所有意见都提供主导教师参考，以充分发扬艺术民主和发展教师教学的个性（实际上，好的意见都会被教师本人采纳）。会后主导教师对计划再做补充修订，如此一份集中集体智慧又发挥个人聪明才智的计划就诞生了。这是教好学生的第一步，也是系主任、院长对教学发挥领导作用的关键一步。接着，教师在每上一次课后都要在计划的附页上做出书面的授课记录。

第二环是在每学期中必定要进行一次各专业的期中教学检查，方法与前一次相同（也可以随堂进行）。这次检查的中心是检查授课计划的执行情况和可能发生的问题。通过教研会的分析，可以发现教学中产生的问题是由于教师教学上的原因还是学生学习的原因，甚至是学校领导上的原因造成的，然后有针对性地及时做出改进。在期终考试时采取同样方法做第三次检查。如此，学校领导就能把教学进度、学生学习的进展、教师教学的效果都"尽收眼底"，便于及时指导。而教师在这过程中得到了相互学习的机会和每教过一个学程就会有一个系统的经验积累，做到了教学相长。而对我们这些教学管理人员来说，更是一次次进入了难得的、从"干中学"的课堂，缪老就是这样把我们从外行培养成内行的。

记得有一次新学年开始时，缪老要我把全院教师的教学计划都收集起来，并要我看过后对每份都提出具体意见，然后再交给他审定。我意识到这是院长要给我上课了，就趁正在休病假的时机，一口气读了七八十份计划，对每份都提出了具体意见，还对普遍性的问题做了综合评述，一并向院长做出书面报告，得到了缪老的称赞。为了鼓励我，他亲自出面召开了全体教师会，让我做"如何做好授课计划"的专题报告。这就是缪老鼓励我、教导我学会管理教学的一个例证。

20多年中，我所得到这样的受益机会太多了。除了在工作中学习外，平时他还指导我自学音乐。比如我在他的指导下读（听）了许多音乐文献，重要的"大、洋、古"的作品几乎都接触到了，尤其对列入教材的更分外留心。缪老还经常给我介绍一些在书本上看不到的背景材料。缪老就是这样，凭着他对年轻人的满腔热心、恒心和耐心，花费了20多年的心血，终于把我这样一个朽木也雕成材了。

原载《人民音乐》1998年第12期

厉声（1929—2007），中国音乐学院原党委书记、院长

深切缅怀缪天瑞先生

徐荣坤

2009年8月30日晚，我刚从旧金山探亲返回天津，次日出门，竟意外得知缪天瑞先生于8月31日凌晨去世的消息，当时我的心里咯噔了一下，悲痛难舍的心情猛然涌上心头，有关缪先生的许多回忆也一下子全都浮现在脑际。

缪先生是我最尊敬最爱戴的老师和长者之一。早在1949年新中国成立前，我就学习过他的《小学音乐教材及教学法》《音乐的构成》等著译，并且约略地听说：缪先生是一位非常勤奋的学者，抗战时期他在福建音专执教时，曾坚持在昏暗的油灯下翻译和编写了不少教材。另外，还听说他是一位思想进步而正直的民主教授，1945年抗战胜利后曾因同情和救助被捕的进步学生而遭到迫害……1954年9月我考入中央音乐学院理论作曲系本科，当时缪先生是学院的副院长，因而在教学楼办公室的走廊里，常常能够见到心仪已久的缪先生。缪先生那时才40多岁，温文尔雅，给人以温和善良的很好印象。

有一次缪先生和张洪岛先生（当时是教务主任）一同来听刘烈武先生给我们上的和声课。课间休息时，缪先生坐到钢琴前，随手弹了几个和弦，然后憾惜地笑着说："荒废了，全都荒废了。"（很多年以后我们才知道，原来缪先生年轻时是主修钢琴的，而且还担任过演奏员的工作）当时，大家也一起跟着缪先生笑了，教室里的气氛一下子便变得轻松随和起来，大家心目中都觉得缪先生是一位非常平易近人、谦恭和蔼的好领导和好老师。

1958年中央音乐学院迁京，缪先生留任天津音乐学院院长。1959年9月我也被留在天津音乐学院作曲系任教，是系里的青年教师，我们接触的机会就比较多了。当时缪先生经常到我们系里参加每周一次的政治学习。在接触中，大家既把缪先生看作尊敬的院领导，同时也把他看成自己爱戴的、亲切的老师。缪先生也特别温和谦恭，从不以领导和长辈自居。特别值得一提的是：缪先生对待当时系里几位政治上处于逆境的同志（都是中央音乐学院留下来的师生），从来都不歧视和另眼相看。具体到我来说：20世纪60年代初，学院曾经出过两期院刊（缪先生是主编，编辑部主任大概是厉声同志），这两期院刊都曾约我写了署名的稿子。1963—1964年编纂《中国民间歌曲集成河北省分卷》（当时天津市是河北省省会），缪先生是分卷的主编，编辑部主任大概还是厉声同志。他们两位竟然不顾当时社会上"左"的思潮的压力，大胆地把我作为编纂集成的主要业务骨干来使用。经常让我参加省里多个地区的民歌会演，经常到多地去采访和收集民歌，经常给多个地区的群艺馆或文化馆的音乐干部办班培训讲课，而且还让我执笔撰写集成分卷的概述（后来我才知道，其他省市撰写集成分卷概述的，大抵都是当地音乐界的权威人士，例如地方的音协主席或有关领导等）。在缪先生和其他有关同志的支持和鼓励下，我的工作进行得很顺利，个人的收获也很大，"四清"运动前我已经写完了概述，并且已经获得编委的通过而油印成册。如果不是后来接踵而来的"四清"和"文革"，民歌集成河北省分卷可以说基本上已经成型、能够进入上交总编辑部审阅和通读校勘的收尾阶段了。几十年后的今天，当我已成为一个耄耋老人而回忆起这个阶段里的许多事情时，我的心里仍是充满对缪先生和有关同志的不胜感激之情。

应该说明的是：缪先生虽然十分和蔼谦恭、平易近人，但缪先生绝不是一位没有什么原则、碌碌无为的"好好先生"。下面的几件事情就很能说明问题。先说新中国成立前的两件事情。其一是抗战胜利后1945年8月缪先生因同情并救助被捕的进步学生而遭到"自请离职"的迫害；其二是1949年5月缪先生为响应中国共产党的号召，毅然携带妻子和3岁幼女，租乘十几吨的小轮船险渡台湾海峡回归大陆工作。这两件事情都是要冒极大风险的，如果没有高度的政治觉悟、坚定的信念和勇敢决断的精神，岂能做出如此不同寻常之举？！再说后来在担任天津音乐学院院长的那些日子里，缪先生在处理工作和待人接物方面，也是一贯既温和谦恭而同时又是十分认真负责讲求原则的。据我所知：缪先生对学院里个别工作不够认真负责而又缺乏进取精神的教师，就曾诚恳地提出过批评和改进的意见，并不因为怕得罪熟人而留情面；1963年年底（或1964年年初），缪先生率领河北省部分民间歌手赴京汇报演出时，个别民间歌手在台上随意添改歌词，态度不够严肃。缪先生发觉后，就让省群艺馆的同志及时对这位歌手进行教育帮助，加以克服；"文革"后期，缪先生恢复院长职务后，当时"四人帮"安插在天津的死党把持着文教工作的大权，专横跋扈，乱发号令乱指挥，学校的教学工作很难正常进行，缪先生对来自上面的那些倒行逆施的"指示"就常常加以抵制，令我们这些熟悉他的晚辈暗暗地为他担心。此外，还有一件性质不太相同的事情，也是做得非常决断果敢而不同一般的。1983年7月，缪先生为了实现编辑中国自己的音乐辞书的多年夙愿，竟毅然决然地辞去政协天津市委员会副主席、天津市文化局副局长、天津音乐学院院长、天津市文联名誉主席、天津市音协名誉主席等一系列职务，离开坐落在天津市和平区博爱道的花园小洋楼，甘愿前往北京担任中国艺术研究院音乐研究所的一名研究员，甘愿借住友人的一套位于一楼的三居室普通单元房，一心扑在编写音乐辞书的工作之中。这件事也是一般人所难以想象和难以做到的。

此后几年里，缪先生超然物外、心无旁骛，以其学贯中西的博学睿智、严谨求实的学术精神，在另几位专家的合作下，先后编纂出版了《中国音乐词典》（正编、续编），并在 1998 年 90 岁高寿的那一年主编出版了《音乐百科词典》，为我国音乐界规范化学科语言平台的构建奠定了坚实的基础，为我国音乐事业的建设发展做出了巨大的贡献。

缪先生刚去北京的最初几年，每年我还总有几次机会去北京看望他，后来我离休了，和他见面的机会就比较少了。但是，我们彼此还是常常互相惦记着。2007 年 7 月 12 日，中国艺术研究院音乐研究所、中央音乐学院、天津音乐学院等单位在北京隆重举办庆祝缪天瑞先生百岁华诞座谈会暨《缪天瑞音乐文存》《百岁学人缪天瑞》首发式。那天我同学校的几位领导同志一起赶赴北京参加了这次盛会。会议结束时，工作人员发给我们每人一套《文存》和"纪念册"。孰知过了一些日子，缪先生又托人给我捎来了一套，原来是缪先生以为我没有领到这套书，因此特地又从出版社给他的样书中带了一套给我。缪先生在《文存》首卷的第二页上，亲笔工整地写下"荣坤同志留念　缪天瑞〇七年八月"这样一行题款。看到缪先生熟悉的字迹，我感到无比的温馨和亲切。2008 年 10 月，学校 50 周年校庆前夕，我将 60 岁以后所写的有关传统乐学方面的 18 篇论文汇集成册，出了一本名为《中国传统乐学探微》的论文集。集子出版后，我给缪先生寄奉了一本，请他指正。没想到的是：过了几天，缪先生竟给我写了一封热情洋溢的来信，令我深为感动。这封信不仅给我以热情鼓励，而且还谈了一些重要而又独到的看法。考虑到这封信的篇幅不长，我干脆把它全部抄录如下：

荣坤同志：您好。大作《中国传统乐学探微》收到，正在拜读，至感你专心研究。中国士大夫精于书画者多，真正懂得音乐的实际很少，有的人还夹入易经之类，而且当时就对某一论题各人意见分歧。如京房根据焦延寿（易经）提出六十律，就被朝臣所非议，奏上皇帝，帝信之，杀京房于四十余岁。足见意识形态真是你死我活的斗争。今天我们研究传统音乐时，在可据"资料"一节，就十分困难。大家意见不同，亦是好事，真理愈辩愈明。我多年来想写"犯调"，未成。去年赶出"十景开场"[①]表示我信道士传曲，加入现代手法。你看对不对？祝

艺安

缪天瑞 08.1.9

读完缪先生的这封来信，除了对缪先生的热情鼓励深感温暖亲切和感激外，同时深为缪先生对学术的专注和虚怀若谷的态度而感动不已。今年农历春节初二，陈伟和章民瞻两位老师在我家小叙时，我们曾说好等我从美国探亲回来后，选一个合适的日子一起去看望缪先生，孰知我 2009 年 8 月 30 日刚从国外返回天津，第二天就得知了缪先生去世的噩耗，真是令人十分悲痛惋惜和难舍。

---

① 见《缪天瑞音乐文存》（第 1 卷），人民音乐出版社 2007 年版。

敬爱的缪天瑞老师，您虽然驾鹤西去和我们永别了，但是，您的治学风范和为人的高风亮节，永远是我们学习的楷模，您永远存活在我们这些晚辈的心中。

原载《天津音乐学院学报》2009年第4期
徐荣坤：生于1930年，天津音乐学院原副院长、教授

仁者寿

——敬贺缪天瑞先生百岁华诞

王次炤

凡从事音乐理论研究的人，对缪天瑞先生的名字都不陌生，因为在每个人的书架上或多或少都能找到先生的学术著作，从音乐词典到专业教科书，从基本乐理到作曲技术理论，从律学到美学。先生的音乐专著和译著涉及多个领域，在音乐界稍有学识的人，几乎是无人不知。而从另一方面说，人们对缪先生又很陌生，因为先生长期埋头治学，心静如水，很少抛头露面，又难得参与媒体关注的社会活动，更不会张扬自己，人们虽久闻其名，却难见其人，对广大音乐工作者来说，这的确是一件憾事。

今年恰逢缪先生百岁华诞，音乐界有识之士提议出版缪天瑞先生纪念性庆贺影集，我认为很有学术意义，值得称道。此举不仅表达了我们对先生的景仰之心，有利于了解先生百年来的音乐人生道路，同时对中国现代音乐史建设也具有重要的文献价值。缪先生所经历的年代，正是中国音乐发生急剧变化的时期，中西之间、雅俗之间、传统与现代之间、激进与保守之间在音乐观念、音乐创作和音乐教育体系上发生了前所未有的激烈碰撞与相互融合。出版缪先生的生平图片，可为人们了解这一时期的音乐活动，提供一份难得的形象性背景资料。

作为中央音乐学院早期建设的重要参与者，缪先生曾任我院教务主任、研究室主任和副院长，是我的老前辈，从某种意义上说也是我的老领导。惭愧的是，由于时代和工作环境的变迁，加之专业方向的不同，作为晚辈的我，对先生了解不多，交往更少。读了这本影集，先生的形象在脑海中也愈加清晰起来。我由衷钦佩缪先生能够历经中国音乐界八十余年风雨沧桑，而又始终胸怀豁达,恪尽职守,专注学术,心无旁骛,终成为学贯中西的耄耋泰斗。在当前音乐理论界和教育界普遍存在急功近利、心态浮躁、学风不正的情况下,我以为在缪先生身上有以下两大优点最值得我们晚辈学习。

一、朴实无华、注重实效的学风

近年来,随着现代西方社会科学著作的引入,新概念、新名词层出不穷,这一点在音乐理论界也有体现。但我们时常也会发现,有些"创新词汇"与新生事物并无关联,它不过是名词创造者对旧有事物的一种"时尚化"包装而已,有些甚至是对原著的误译所致。记得语言学大师吕叔湘曾以"心境"(英文 mental frame)被误译为"心理框架"为例,指出在这种华而不实文字游戏的背后,反映出译者知识的浅薄。

缪先生从 20 世纪 20 年代就从事西方音乐理论书籍的翻译引进工作,我们今天所熟知的许多音乐术语皆为缪先生当年所创用。最近,有幸拜读缪先生新近翻译的里曼《音乐美学要义》(与冯长春合译,上海音乐出版社 2005 年版),从这本由九旬高龄译者翻译的美学著作中,我们深深感受到译者那严谨、求实的学术精神和朴实无华、言简意赅的文字底蕴。特别值得称道的是"译者序"部分,先生用较长篇幅对里曼美学思想做了深入细致的分析和归纳,其价值不啻一篇见解独到的研究性论文。

纵观中西音乐文化交流史,以缪先生为代表的老一辈音乐家在引进外来音乐理论方面为音乐界奠定了丰厚的学术基础。作为后辈,我们有责任将这一优良传统发扬光大。

二、超然物外、专注学术的人生追求

缪先生淡泊名利、超然物外的心态,在音乐界有口皆碑。1949 年,当时在台湾省交响乐团工作的缪先生响应共产党的召唤,冒着极大风险返回大陆,随即受到国家重用,历任中央音乐学院教务主任、研究室主任(该研究室即为中国艺术研究院音乐研究所前身)、副院长、天津音乐学院院长、天津政协副主席等职,行政级别不可谓不高。但在 20 世纪 80 年代初,缪先生却做出了令常人不可思议的决定,放弃天津音乐学院院长的优厚待遇,以一个普通研究员的身份移师北京,主持《中国大百科全书·音乐 舞蹈》编辑委员会及日常编纂工作。

众所周知,任何学科的发展都离不开规范的学科语言平台,词典正是构筑规范化学科语言平台的基础。18 世纪的法国曾经出现了一批启蒙思想家,他们在编纂《百科全书》的过程中,形成了崇尚理性、反对迷信的百科全书思想派别,对推动当时欧洲的文化思想和工业技术进步起到了积极作用。中国古代记述音乐事物的文献汗牛充栋,但直到 20 世纪 70 年代,我国还没有一本能够供现代音乐学习者使用的音乐词典。出于为中国音乐界编纂一本高质量现代音乐百科全书的愿望,缪先生遂做出上述抉择。此后,又先后担任《中国音乐词典》和《音乐百科词典》主编一职,呕心沥血十余年,终于将这三大部头词典哺育成书。这三部词典内容丰富、翔实，并带有鲜明的中国色彩，早已成为音乐理论工作者的案头之宝。然而谁又能想到，就是这样一位学术成就卓著的资深学者，却长期住在一栋 16 层高楼住宅的顶层，出了电梯还要爬一层才能到家；冬天暖气不足时，白天工作常常要披上毛毯御寒。然而先生为了中国的辞书事业却处之泰然，笔耕依旧，一住就是 19 年。经过音乐界同人的努力，最后终于解决了先生的住房问题，先生终于能够在舒适的环境下工作。我们作为后生晚辈，无不欣然开颜。

看着眼前这本影集中缪先生鹤发童颜、博学睿智的面容，我不由得想起《论语·雍也》中"仁者寿"三个字。我为中国音乐界即将迎来又一位百岁学者而欣喜，同时我衷心祝愿有更多的音乐前辈，加入到百岁这个行列中来。

在缪先生影集出版之际，我真诚祝福先生寿比南山，快乐无疆。

2007 年 3 月 1 日

原载中国艺术研究院音乐研究所、温州大学音乐学院、中央音乐学院编著《百岁学人缪天瑞——庆贺缪天瑞百岁华诞影集》，人民音乐出版社 2007 年版，第 Ⅳ 页

王次炤：生于 1949 年，中央音乐学院原院长兼党委书记、教授

等闲识得东风面

——怀念缪天瑞先生

姚盛昌

2009年7月11日，做事细致认真的缪先生，给我寄来了他在21世纪的几年中所写的文章结集《音乐随笔》，信封是他亲笔所写，扉页上还有亲笔题词，一丝不苟，清清楚楚。已经101岁的缪先生还如此健康，我深深为之高兴，同时感动于他始终如一的为人，在每一件小事上都不折不扣地体现出来，"圣人气象"，令人神往。8月31日，我接到电话，被告知缪先生驾鹤西行。当时，我仿佛被当头打了一棒，不敢相信，不愿相信，眼泪不由自主地悄悄流下来。我的心痛，我的思绪纷繁，沉浸在对缪先生的无尽思念中。

缪先生从1958年开创天津音乐学院时任院长，到1982年离津去北京中国艺术研究院音乐研究所，在天津工作了25个年头，他的人格精神、思想境界、学术风范和工作态度，都为这个学校的发展留下了深刻而久远的影响。我在缪先生让我写的《缪天瑞音乐文存》的序言中已经概括地写了一些。在这里，我想重温缪先生的办学理念和具体做法，一方面纪念缪先生，另一方面也让我们思考如何把学校办得更好，以告慰缪先生的在天之灵。

缪先生强调办学的核心是培养高质量的学生。当年，他利用一切可以利用的条件，采取各种各样的措施，请进来、送出去、抓基础、抓实践，培养出以施光南为代表的一大批优秀人才，在全国，特别是在华北地区，发挥了重要的作用。

缪先生紧抓师资队伍的高水平不放松，为保证和提高教学质量打下了根本的基础。在学院初建的时期中，缪先生既充分发挥中央音乐学院留下老师的积极作用，又不拘一格、千方百计调各种人才进校，还将好苗子送北京各有关单位学习深造，有计划地培养青年师资，使师资队伍形成了可持续发展的良好梯次结构。缪先生本人学识渊博、著作等身，自然希望教师们也能和他并驾齐驱。尽管他一贯和蔼可亲，中青年教师在他面前仍是战战兢兢，不敢造次，都在暗中加劲努力，不敢辜负了老院长的期望。

缪先生既强调基础教学，又注重开放性办学，让学生最大限度地接收各方面的营养。在规范视唱练耳、乐理、和声等基础课的同时，打开校门，请民间艺人、戏曲曲艺的艺术家、兄弟院校的老师来授课，送学生到工厂、农村、山区、牧区去采风，积极参与文艺单位和社会的创作、演出，培养学生多方面的能力，让他们早日成才。

缪先生始终坚持高标准、严要求的办学规范，一丝不苟、精益求精。从每一堂基础的视唱练耳课，到毕业时的专业考试；从个别回课的作业，到发表的论文和作品；从继承中外优秀传统，到有所改革、有所创新……都坚持学术规范、坚持专业标准，不马虎、不降低、不讲情面，没有讨价还价的余地。高标准、严要求，是为了学生的长远利益，体现了真正的爱。

缪先生特别重视图书音响资料的建设，他认为这是教学和研究的物质基础。我院图书馆大量的英、俄、日、德文资料和大量名家名团演奏的音响，以及20世纪中国二三十年代的老唱片和采风的录音都弥足珍贵。2007年春节我去看缪先生，他说："图书馆的资料，因为经费实在有限，积累得很可怜啊，对不起你们啊。"可见缪先生的"丰富"意味着什么了。当时，我深深感到缪先生的期待，暗下决心，要不懈努力去做得更好。

从1996年到2009年，每逢春节，我都要去拜望缪先生，每去一次，都如沐春风，都有宋朝朱熹所言"胜日寻芳泗水滨，无边光景一时新"之感。今天，敬爱的缪先生仙逝了，我们的心中很悲痛，我们会永远缅怀他。我们天津音乐学院的师生，我们音乐界的同人们，一定会继承和发扬缪天瑞先生的精神和风范，做好我们的工作。"等闲识得东风面，万紫千红总是春"，缪先生，您永远活在我们的心中！

2009年10月19日于天津华苑

原载《天津音乐学院学报》2009年第4期

姚盛昌：生于1950年，天津音乐学院原院长、教授

我的良师　我的榜样

罗秉康

我与缪先生相识已经 50 年了，其中有近 40 年是在他直接领导下工作。1949 年后，新中国第一所高等音乐学府在天津成立。首任院长是马思聪，副院长是吕骥，其他领导有刘恒之、李元庆、李焕之、李凌等同志，他们大都是延安时期的老干部和在白区从事地下工作的同志。缪先生当时任研究室主任，1952 年后任教务主任，后任全面负责教学的副院长。直到中央音乐学院 1958 年迁京后，留任天津音乐学院院长。

他是一位慈祥善良、和蔼可亲、平易近人的师长；他学识渊博、经验丰富，有许多音乐理论专著和译著，是令人敬佩的学者；他品德高尚，从不追名逐利；他的生活俭朴，是音乐学院同人们众所周知的。我在和他长期接触中，他给我留下的印象十分深刻，他的这些优秀品质都是我们多年一直效仿的榜样，对我们和我们的晚辈都有巨大的潜移默化的影响。拿我自己来说，我从青年时代起就在他的直接领导下学习、工作。所以，他是我的老领导，而我更愿意称他是我的良师。

一、与苏联专家的接触

中央音乐学院建院初期，缪先生对于聘请苏联专家为我国培养青年音乐家方面的指导思想明确，很多青年学生和教师经过短短几年，在专家的培养下，在国际比赛中频频获奖，成了国际知名的音乐家，以后又成了音乐教育家。而缪先生是非常具体地领导苏联专家教学工作的。他除了通过各系和教研室来贯彻培养目标、了解情况外，还经常亲自找苏联专家谈话，交流情况，提出要求。当时，中央音乐学院共有专家六七人，加上有些夫人也参加教学工作，总共十多位。缪先生和大部分专家都有接触，尤其和苏联专家组长巴拉晓夫（Vassily Balashov，1909—1989，指挥家）接触更为频繁，我院的培养目标和具体要求都是通过专家组长贯彻下去的。他也多方面听取专家意见，共同研究，不断改进工作，同时对专家们的生活给予力所能及的照顾。我那时担任巴拉晓夫的翻译，也就和缪先生有更多的接触机会。缪先生在和专家接触中，不卑不亢，落落大方，既坚持原则，又灵活掌握，实事求是，充分显示出学者风度。举例说，在一次公开演出后，一个专家的学生在返场中唱了中国作品，苏联专家夫人在后台以质问的口气问缪先生：为什么不唱苏联作品？缪先生只是微笑不语。专家曾对我说，缪先生对音乐各专业无所不知，学识渊博，专家们都很敬佩他。

为了借鉴苏联音乐教育经验，缪先生指派编译室系统地翻译了苏联音乐院校各专业的教学大纲和资料，为发展我国音乐教育事业、建立自己的音乐教育体系提供参照。

二、把我留在天津

缪先生待人谦和，在政治上也不随波逐流。他总是客观清醒地、实事求是地对待人和事。回想 1957 年我说了一些"不合时宜"的话，被扣上"右派"帽子，遭受厄运 20 多年。在此期间，缪先生一直以慈祥师长的态度对待我、信任我，想方设法让我工作，丝毫没有任何歧视。我刚被打成"右派"不久，1958 年随中央音乐学院下放到天津小站劳动，缪先生不怕别人非议，更不顾可能承担的风险，曾先后两次调我回院给他担任翻译。同年中央音乐学院迁往北京，是缪先生提议让我留在天津音乐学院任俄语课教师，那几年有时也有些苏联专家来校访问，他总要让我当翻译。

在天津音乐学院期间，缪先生特别重视图书馆的建设，他曾指定我和他一起制定一个新的音乐书谱分类法。由我起草，然后由他审阅并提出修改意见。研讨时，他完全是以平等的态度对待不同的看法，遇到问题总是一起研究商量，从不以权威自居。我帮助缪先生制定的比较便于分编、管理和借阅的分类法，在天津音乐学院图书馆使用了很多年。

缪先生很重视文化基础课教学，他经常强调加强文化课的重要性，重视抓编写教材和提高师资水平。那时的俄语教研室主任由键盘系主任朱世民教授兼任。缪先生亲自过问俄语教学工作，指定由我编选音乐专业俄语教材，在朱先生的直接指导下，我用了两年时间编写完成初稿，经由朱先生审阅修订，然后用作大学本科各班正式教材，还被两个教师俄语进修班采用。直到 20 世纪 80 年代，还被我院教师评职称的外语补习班采用。

因为我过去没教过附中俄语课，缪先生曾建议我和另一位老师到普通中学去听课，学到了许多好的教学方法。缪先生和朱先生经常亲临课堂听课，尤其对公开教学所取得的成绩和我们使用的教学方法给予肯定和鼓励。

三、在徐水县劳动

1969年下半年,"文化大革命"已进行了三年多。天津音乐学院"走资派""反动学术权威"和"牛鬼蛇神"中的一部分人被下放去干校劳动,大部分人则赴保定市徐水县"战备疏散"。我和缪先生在后者之中,属于年老体弱之列,允许乘车前往。到达驻地巩固庄中学后,即分配缪先生和我去干烧开水的差事,我们俩合顶一个劳动力,值一个班,另一班由食堂的董师傅干。我和缪先生都不会烧锅炉,董师傅耐心地教我们很快学会了活计。那时的农村没有自来水,要从井里用辘轳汲水来用。井口极大,井底很深,一不小心就有掉下去的危险,如若手不把紧,握井绳的手一松,飞快倒转的辘轳把手打在身上,也有致命的可能。所以,绞辘轳挑水是一种危险活计,就连当地老农民也轻易不做。而缪先生那时已是年逾六旬又体弱多病的老人,被逼无奈硬着头皮干这种生死攸关的活儿,其内心的痛苦和超负荷的身体负担该有多么严峻。我和董师傅都非常心疼他,主动抢着去挑水,尽量安排他干一些轻活。

巩固庄中学的水房和食堂厨房同在一个院子里,缪先生和工人们的关系非常好,大家都尊敬他、爱护他,有时也常和他开玩笑。那时都称呼他作"老缪",后来许多人都这样叫他,一直延续了十多年。

缪先生早就患有胃病,又严重失眠。在徐水住集体宿舍,吃普通食堂饭菜,这对他来说是件不容易的事情。当时大米白面供应极少,三天两头还要吃白薯面窝头,大家起名叫"黑桃A"。

我和缪先生都勤劳肯干,有时也听到工军宣队表扬的话,其实我们当时心里是不求有功但求无过。只要不再遭受批判,保住性命,就念阿弥陀佛了。谁想,到快要离开徐水之前,又开展了"一批三查"运动,又有人要把大棒举向"反动学术权威"和"有问题"的人。我们早已学会了"夹着尾巴做人",他们也就无从下手了。那年春节前,领导让我参加下乡宣传毛泽东思想小分队,我和缪先生就暂时分开了。

四、在干校当淘粪工

刚过春节,接上级指示,徐水的队伍迁到天津南郊大苏庄农场(原劳改农场),与先下放该地的部分天津音乐学院教师、干部会合,后又让迁到西郊设在工农联盟农场内的"一〇四"干校。这里聚集了好几个单位的人,有音乐学院、美术学院的师生和文艺界知名人士(如作家袁静、柳溪等)。我院的大部分师生半天搞学习、批判,半天劳动,另又组织了以劳动为主的两个小队。缪先生和一些老先生被分在积肥队,我被分在园田队。缪先生干的积肥工作真是脏、臭、累。我经常看到缪先生和其他一些老先生一起,脱光上衣赤膊淘粪,干得那么认真,怎么吃得消。后来我才知道,从那以后,他的胸部一直疼了好几年。

缪先生生活很俭朴,非常珍惜劳动果实,当他见到有人把很好的大白菜扔掉,就捡回去掰去菜帮子,将菜心洗净当生菜吃。

在干校时，缪先生和我们十多个人住在一间大房子里，每天下工后，在院子里洗刷，说笑，也只有在这时才忘了劳累、苦恼和烦闷。

记得那时工军宣队常派缪先生贴标语，刷大字报，他总是提前将糨糊桶和刷子准备好，很仔细地把标语贴平整，干完了还要把工具刷洗干净，准备下次再用。这多像他严谨治学，那么一丝不苟。

五、想编写音乐词典

1970年秋的一天，他想听听我对编写音乐词典的看法。我很理解他，也很愿意协助他翻译一些资料，做他的助手，但考虑到当时的政治形势，唯恐又惹起麻烦，怕被人说成"阶级斗争新动向"，我只能建议他缓一缓，看看政治局势发展如何再做打算。

缪先生想编写音乐词典早有计划，在20世纪60年代初期就曾让我和其他同志翻译过一批资料，这项工作因"文化大革命"而中断了。1976年"文化大革命"结束后，他在编辑出版《中国音乐词典》和《中国大百科全书·音乐 舞蹈》（音乐部分）之后，又编了《音乐百科词典》并第三次修订《律学》专著。这一阶段，自1978年党组织给我落实了政策，并遵照缪先生要求把我调回音乐学院以来，我决心弥补损失了20多年的时间，全身心投入工作中，翻译了一批音乐理论专著和各类文章资料，同时继续协助缪先生做了大量的资料工作。我曾向缪先生表示过，只要他的工作需要，不论什么事情，我一定全力以赴。我虽然已年过六旬，享有教授职称，但我仍心甘情愿为他做一名资料员和助手。

六、关于修订《钢琴基本弹奏法》

1979年年初，他决定再版1929年根据英文翻译出版的《钢琴基本弹奏法》。这本书在20世纪50年代曾修订再版过。为了更新完善，他让我根据1978年才刊行的俄文本进行核对。为此，他亲自把原中译本拆开，将每一页贴在白纸上，留出边页空白，以便我修改。我按俄文原书逐字逐句进行核对时，每核对完一遍他都仔细审阅，认真修改，对疑问之处总要和我一起讨论。有时，为了一个词的更准确、更恰如其分的译法，甚至要琢磨好几天。缪先生还让我把俄文版 G. M. 柯岗的注释全部译出，缪先生还在有些地方深思熟虑地加了汉译注释。例如，为了说明休止符在音乐中的重要性，他特别引用唐朝诗人白居易《琵琶行》的诗句"别有幽愁暗恨生，此时无声胜有声"，就为这两句诗，他曾让我反复核对原诗多次，直至确定无误。又如，为选用一张 A. 鲁宾斯坦演奏钢琴姿势的插图，他让我几乎翻遍了图书馆全部有关书籍，最后选中这张图片。至于这次修订本的书稿，缪先生让我核对了三遍，最后再由我全部抄清并亲自送交人民音乐出版社总编辑黎章民同志付印，书名也改成《钢琴弹奏的基本法则》。通过这次为缪先生当助手的经历，我真正学习到缪先生对待任何一点细微之处一丝不苟的严谨治学的态度。这种精神在我以后工作中一直起着重大的影响作用。

七、关于《音乐百科词典》

20世纪80年代初，缪先生开始主编《音乐百科词典》，我又有幸被吸收参加这一艰巨的工作长达10年，到1993年才基本完成。起初，根据缪先生制定的分类和词目，计划全书100万字规模，后来逐渐扩充增加词目达到近10000条，完成了总共200万字的中型辞书。这在我国音乐辞书史上是前无古人的壮举。

第一次分配给我的任务是撰写俄罗斯和苏联作曲家词目释文，近60条。同时给了我一份由缪先生亲自写的"撰写音乐词典词目释文的条例"和样文。因为我过去没有独立撰写词目释文的经验，为慎重起见，每当我写完几条就送给缪先生批改。他对每一条的姓名译法、年代、史实、艺术特点、有代表性的主要作品都仔细审阅，并进行文字修改甚至连标点符号都要求绝对准确，真是一点儿纰漏都不放过。改好以后，又让我根据《新格罗夫音乐与音乐家辞典》（第20版）再仔细核对。要求对作曲家每件主要作品的确定都必有根据。为了确切起见，他向我提供了两本日文版音乐唱片目录，对一些不甚了解的作品，可根据这两本目录所列作品演奏出版情况来取舍。在每撰写一条几百字的释文时，都需要参阅几千字的资料。其中大部分还需先译成中文，然后进行整理加工。在缪先生悉心教导下，我学会并掌握了撰写词目释文的方法和规格，后来让我撰写的词目内容也逐渐扩大到音乐院校、演奏团体、协会、作品简介等，一些东欧作曲家的词目也让我来撰写，大概总共写出20万字吧，这是我没敢想到的。为写成这些词目，我参考的辞书主要有《苏联音乐百科词典》（6卷本）、《苏联小百科词典》（1卷本）、《苏联小百科词典》（3卷本）、《苏联大百科全书》（50卷本）、《新格罗夫音乐与音乐家辞典》（20卷本）、《牛津简明音乐词典》、《柯林斯音乐百科词典》、《贝克音乐词典》等20多种。为了完成《音乐百科词典》的撰写工作，我购买了在国内能见到的几乎所有音乐辞书和相关参考资料，为我后来的其他工作增添了一大笔财富。

缪先生对每一词目的内容都要亲自确定和阅核，在反复修改过程中，他对我的要求非常严格。例如在写民主德国（民主德国和联邦德国统一后，改为德国）的音乐院校和演奏团体时，因参考材料太少，释文写得比较简单。缪先生想方设法从各种渠道帮我找到散见的资料，才逐渐充实起来。对释文的修改，他在天津时，我遇有问题能随时向他当面请教。1983年他调北京以后，只得靠信件来往，忙时一周需要往返二三封信，都是缪先生亲自书写，短则一页，长则二三页，缪先生的夫人林萛也帮他收发信件，处理编纂事务。到快要脱稿时，缪先生还觉得全书对于乐曲简介部分的比重不够多，又让我和高燕生赶写出近300条词目补充进去；临交稿时，缪先生又要求我俩把全部外文人名、曲名、年月日等，根据《新格罗夫音乐与音乐家辞典》再核对一遍，遇有错漏一律更正和补齐，直至缪先生放心为止。这更足见他一丝不苟、严谨治学到何等高的境界！

我要衷心感谢缪先生对我的教导、帮助和信赖。若没有他的关怀，我根本没有机会也不可能参与完成撰写《音乐百科词典》的任务，更不可能在做这件事中学习、提高，也不会凭空去买20多部音乐辞书。而这些辞书不仅够我用一辈子，更珍贵的是，从缪先生那里学到的治学精神和科学方法，也将使我受用终身。

缪先生是一位多么勤奋的学者，当《音乐百科词典》即将完稿之际，他又投入第三次修订《律学》专著的工作。1996年，他的《律学》第三次修订本竟先于《音乐百科词典》(1998年10月)出版发行了。

1999年3月

原载高燕生、刘连捷主编《缪天瑞音乐生涯》，河北教育出版社2000年版，第132页

罗秉康：生于1929年，天津音乐学院音乐研究所教授

可敬的缪天瑞先生

王士达

1998年金秋，散布于海内外的众多校友纷纷奔回母校，参加天津音乐学院建院40周年校庆。在10月4日上午的庆祝大会上，当主持人介绍在主席台就座的90高龄的缪天瑞先生时，校友们兴奋地仰望着白发苍苍、精神矍铄的老院长，用格外热烈、经久不息的掌声，表达着对先生的深深敬意和深爱之情，那激动人心的一幕，给人们留下了难忘的深刻印象。校友们永远不会忘记老院长为学院的建设和发展付出的辛勤劳动，做出的重大贡献，更不会忘记老院长那忠厚善良、慈祥可亲、堪为师表的高尚人格魅力。

缪天瑞先生是天津音乐学院的首任院长，而且在天津音乐学院整整工作了25个年头。作为音乐学者，如果专做学问，他本可以取得更多的成果。但是，他肩负党的重托，出任院长，就把精力都放在学院的领导工作上。他参加全国人民代表大会时，敬爱的周恩来总理曾对他说："天津音乐学院要办就要办好。"他牢记周总理的殷切嘱托，为把学校办好，毅然撇下自己的写作工作，勤勤恳恳地埋头教学行政管理，办出了地方音乐院校的特色，培养出一批社会实际需要的音乐文化人才。他主张要因材施教、加强实践环节、发展学生的特长、培养一专多能型人才的教育思想，在天津音乐学院的教学建设中起到的推动作用，至今仍不失指导意义。

1965年11月，根据河北省委"为了探索办学的新路子"的指示，全院师生在参加农村"四清"运动以后不久，又全部开赴河北省昌黎县五里营村搞"下乡教学"。现在想来，这样的举措当然是违反教育规律的"左"倾错误路线的产物。当时年近花甲的缪先生虽然十分清楚，"下乡教学"必然要打破刚建立的一整套教学秩序，会给学校建设造成巨大损失，也将会大大改变自己的工作、生活习惯，但他还是毅然决定随校前往。到农村之后，他和大家一样住在农民家中，睡在土炕上，因为有胃病，只要求吃软饭和软蔬菜。在师生到周围农村土台子露天演出时，缪先生也不顾天气寒冷，在夜间站在土台前农民听众中，了解群众对演出的反映。对缪先生这种严于律己、率先垂范的精神，大家都很佩服。一个青年农民带了一支旧单簧管来找缪先生，要求他介绍一位老师教他吹奏，他马上找人给辅导，又有几个女青年向缪先生反映她们喜欢"表演唱"，只是苦于无人教，缪先生立即找人培训。缪先生认为，在农村培养音乐骨干，可以使音乐在农村起播种植根的作用。

缪先生调往北京后，仍然一直关心天津音乐学院的发展。他继续担任天津院的研究生导师，培养音乐学硕士研究生，不时给学校赠送图书资料。学校有些工作，也不断派人到北京去征求先生的意见，得到先生的支持。我不止一次地担负这样的任务，每次去都受到缪先生的热情接待，并对所提出的问题认真详细地讲述自己的意见。到吃饭时，缪先生怎么也不让我到外面餐馆去，总要留我在他家吃饭，使我十分感动。

这次借40周年校庆之机，学院举办了"缪天瑞先生学术思想研讨会"，缪先生以90岁高龄亲临，大家都喜出望外。盼望50周年校庆时能再次见到爱戴的缪老。

1999年3月

原载高燕生、刘连捷主编《缪天瑞音乐生涯》，河北教育出版社2000年版，第167页

王士达（1934—2011），天津音乐学院教授

缪天瑞先生办学思想一二

狄少华

我是1956年分配到中央音乐学院附中任文化教师的，1958年秋留在新建的天津音乐学院任教，后因病转在教务处做教学管理工作。

回顾天津音乐学院40年来走过的曲折道路，经历了1959—1963年初建时的生机勃勃、1964年"四清"运动以后的混乱萧条、1975年"整顿教学"至20世纪80年代中期的恢复发展到90年代逐渐兴旺发达四个时期，可以说是几度兴衰、几经沧桑。而在1964—1974年"农村四清"运动、"下乡办学"（1965年，昌黎五里营）和"文化大革命"（1966—1976）这十多年间，缪天瑞先生虽名为院长，却几乎根本无法领导教学，形同虚设，这对事业是莫大的损失。此前，虽也经受过1958年"大跃进"的冲击和1961—1964年那么严重的三年困难时期，缪院长总还能在院党委的支持下集中有限的财力抓基本建设、派出少量学生到中央音乐学院深造、狠抓教学秩序和建章立制等，为学校各方面管理的规范化打下较好基础，为师资队伍的建设和专业配置逐渐完善创造了较好的条件。短短五年间，支起了五个系共27个专业大学、中学、小学和成人教育一条龙的框架，各类在校学生1300人的规模。其教育思想的突出特点表现在以下几方面。

一、从建院初始，缪先生就主张地方院校要根据自己的实际定位，培养人才要特别重视打好全面基础，严谨的教学管理机制是提高教学质量的根本保障，要培养学生一专多能，教学必须与实践紧密结合等。但在极左思潮泛滥的那些年里，他的主张难以实施，而他从不气馁。

二、他倡导在音乐学校建立手风琴专业。约在1959年，是缪先生倡议学校买进多台手风琴，鼓励钢琴专业的学生都要学会，又动员钢琴教研室主任郭汀石兼任手风琴教师，不久就开设了手风琴专业副科。"文革"前下厂、下乡演出辅导的机会很多，手风琴很轻便，又人人都会拉手风琴，演出科再也不用为配备伴奏乐器而发愁了。那时，观众普遍需要花样多的音乐演出，为了丰富艺术实践演出的节目，缪先生鼓励师生同台、小合唱、重唱、齐奏等多种形式并举。演出形式多样，势必带动音乐创作的活跃，一大批由作曲系学生和表演专业教员创作的歌曲、器乐曲、歌表演（表演唱）、歌伴舞等过去在专业音乐院校从未采用的新鲜节目如雨后春笋般不断涌现。初期，这类节目都是在课余时间由师生们自发组织创作排练的。大家不仅打破了系级界限，增进了彼此了解，加强了友谊和团结，更在这样活泼热烈的艺术创造氛围中陶冶了情操，增长了才干。学校师生的眼界开阔了，整体素质也明显提高了。由于大家的热情很高涨，演出科的老师们积极配合，新创编的节目大多很快就有演出机会，而且颇受基层群众的欢迎。

三、缪先生一手狠抓基础教学，尽力避免演出和劳动冲击教学，同时又鼓励提倡艺术创新和勇于实践，强调艺术实践和教学的紧密结合。初时纯课余的创作排练和以学生为主的活动，很快感染到许多热心的教师也参与进来，并渐渐部分地引入了课堂。有教师的悉心指导，又能在理论指导下进行实践，学生们的学习主动性和学习的目的性也有显著提高，这就进一步促进了教学质量的迅速提高。短短几年的努力，天津音乐学院的整体实力显著增强。兄弟院校常来我院走访，天津市许多重要的庆典演出，市领导也主动要求我院参加，规模大小不一的音乐演出团体也都乐意来我院参观访问或就在我院礼堂演出。师生们对自己工作、学习的意义和价值因此而有了更深刻的认识，自强进取的信心和决心随之增长。1961—1964年间，天津音乐学院的社会影响力逐渐扩大。

四、1961年7月，在为庆祝中国共产党成立40周年举办的天津市第一届音乐周上，天津音乐学院专场演出展示了一部分专业尖子，如声乐教师周美玉、夏重恒，钢琴教师毛贞平，指挥教师丘天龙，扬琴学生高增培等。理论作曲系师生集体创作的清唱剧《海河之歌》，以恢宏的气势和庞大的演出阵容引起了轰动；施光南创作的女声小合唱《双革花儿处处开》和《公社姐妹逞英豪》，受到观众热烈欢迎。1963年10月，我院以四台音乐会的规模参加天津市第二届音乐周，较全面地展示了我们的人才和创作实力。天津市文化局副局长程瑞征撰文赞扬我院在"革新和发展方面取得了可喜的进展""在西洋传统歌唱方法的民族化和群众化方面……音乐学院取得了较好的成绩"。中国音乐家协会书记处书记、文化部艺术局局长周巍峙对上海音乐学院院长贺绿汀说："老三要赶上来了，你们要警惕啊！"

五、缪先生作为这届音乐周艺术委员会的主任，在音乐周的热烈气氛中，他早在为演出冲击正常教学而担心了。在1963年10月20日举行的座谈会上，他说："这次大会准备时间较长，但是当初对音乐周的中心方向不明确。例如，在天津音乐学院，当初是介绍作品与介绍新人（指演出的人才）并重。最后才明确以展览新创作为主，以'一性二化'为方向。提出这次大会不同于一般音乐会。这种做法对不对？好不好？请大家提出意见。"由于"准备时间长……学校里教学和演出产生矛盾。虽然说，艺术实践为教学服务，但实际是妨碍了教学，如曹克恩（现山东艺术学院钢琴教授）已半年没有上课。……"从这不难看出，缪先生身为一院之长，他赞成"艺术实践为教学服务"，但主张学校必须确保正常的教学秩序，根本目的是为培养专门人才打好坚实基础。为此，艺术实践的开展必须要有明确的方向和目标，并且要做适度的安排。

六、他把"一专多能"的教育思想视为全面打好基础的一个组成部分，是培养人才具有广泛适应性和真正高质量的教育体系的长远需要，绝非"赶浪潮""追形势"的急功近利之举。这从我院参加天津市第二届音乐周的演出活动也可以得到一些证明。应该承认，早在1959—1963年逐渐普及手风琴专业副科的基础上，才可能推出手风琴合奏那样实力雄厚的演出新形式；建院初期在基本保证课堂教学的前提下，艺术实践活动的异常频繁而活跃，使师生经受各种舞台演出实践的锻炼，才使我院在音乐周的演出显得较为成熟，效果突出、观众反响强烈；在积极鼓励和扶持师生创作的大环境下，不仅产生了为数众多的新作品，又由这些新作品的内容和形式需要，影响到如梁少嫄那样在演唱演奏方法上的创新和突破，进而更新着课堂教学的观念，推动了教育的向前发展。这些可以从天津音乐学院后来正式设立手风琴专业、1964年声乐系毕业班作为表演课考试正式排演出七场歌剧《江姐》（省略其中第三、五场）和八场歌剧《夺印》（全部）而后成立起民族声乐专业得到明证。

七、转眼间，30多年过去了，在1998年10月天津音乐学院校庆活动期间，有人又向缪先生问起"一专多能"的看法。他回答说："一专多能是我在教学上一直主张的大方向问题，它不只是个教学方法改革或关系就业的问题。我早在天津音乐学院多次提出，却无人赞同，所以从来没有认真实施过。这是造就音乐人才的大问题，现在中国的教育改革也正朝着这个方向走。过去上海专科音乐学校（1949年以前）就设有主科和副科（不知道现在如何）。美国也早就重视'多面教育'，一个学生从一个大学毕业以后，还可以再读不同专业的第二个大学。世界各国的大人物，包括马克思，都是多能的。我知道日本有一所医科大学，不仅有学生交响乐队，连指挥、独奏全是业余的，但是水平很不错。日本国立音乐大学附中毕业生可以顺利地考入其他专业大学。我们过去也是如此，就连江南丝竹老艺人都是一专多能的。而眼下我们的学生却入学是《十面埋伏》，大学毕业考试还是《十面埋伏》！据说，现在的音乐院校，文化与外国语水平已经降到了最低点，这怎么得了！连文化都没有了，那还谈什么'一专多能'。听说高等院校将要有大调整，不同专业间的隔膜将要被撕破，我非常支持这样的改革。要想把金字塔造得高，就要把底盘打得宽，'博'是'高'的基础，这难道不是尽人皆知的道理嘛！1996年，我曾将日本国立音乐大学附中开设文化课的情况，书面介绍给天津音乐学院附中，并希望他们改变'单打一'的局面，不知后果如何。我始终坚信，无论叫'一专多能''多面教育'或'素质教育'，要加强文化基础，拓宽专业知识面，都切合今日的教育体制改革，而且都有利于今日的教育体制改革，有利于人才的培养和民族素质的提高。"

缪先生以90岁高龄，慷慨激昂地力陈他坚定不移的教育思想，他一生倡导的"一专多能"的主张恰似警钟长鸣。我回想20世纪60年代天津音乐学院走过的艰难历程，追忆那在非常困苦时期亲身参与取得过的"辉煌成就"，在为一大批早已成才的当时学生们欣慰的同时，我要一再感谢缪先生为他们付出的艰辛。我也坚信今后的孩子们定将伴随着教育改革的进程，迅速茁壮成长。他们的未来会更美好、更光明、更幸福！

1999 年 4 月 2 日

原载高燕生、刘连捷主编《缪天瑞音乐生涯》，河北教育出版社 2000 年版，第 159 页

狄少华（1931—2002），女，天津音乐学院副教授

师资建设二三事

王柏华

几十年来，缪先生以丰富的学识和经验、忘我献身的工作态度，以高系数的成才率，为国家培养出一批又一批高质量的音乐人才，为我国音乐事业做出了重大的贡献。我想就他注意教师队伍建设的几件事简述如下：

教师队伍的建设是教育事业中的重中之重。缪先生深知，要办好学校，没有人才，没有好的教师队伍是不行的。

1958年天津音乐学院（初名河北音乐学院）建院时，他任院长。在那年中央音乐学院迁京时，出任院党委书记的孙振同志，也是中央音乐学院原来的院领导，他俩都熟知中央音乐学院师资队伍的内情。经过两校协商，他们首先把原中央音乐学院附中以四年制理论作曲专业（新中国成立后首届）为主的25名高才生留下，让他们直接升入天津音乐学院本科，为他们提供和创造尽可能好的学习条件，送一部分人去北京等地进修。这些学生后来都成为专家、教授、硕士生和博士生导师，不仅为天津音乐学院的师资队伍奠定了良好基础，也为我国音乐战线输送了高质量的人才。

缪先生针对有些系师资力量较弱的情况，还从其他班级的院部和附中学生中择优加速培养。如在那时民乐系三年级学生中选调的王玉芳、居文郁、范国忠、张寄平、何宝泉等，从附中民乐专业学生中选调的赵砚臣、王超然、李泽昆等。这些学生在当时不仅是我院的优秀人才，而且在中央音乐学院也是"挂了号"的，中央文化部也曾几次来津要求调他们中的一些人去充实某些部属文艺团体。这些学生毕业留校后，院领导还继续为他们提供优越的学习条件，或请进来，或走出去，找名师继续为他们深造。王玉芳多年来就一直师从中央电影乐团著名板胡、二胡演奏家刘明源学习。那时有许多著名的二胡、古筝、琵琶等专业的教师经常来我院授课，因此，我院民乐系教师的水平和教学质量在当时和以后，一直在全国各音乐院校的民族器乐专业中名列前茅。

缪先生不仅重视专业教学，也非常重视学生的文化课学习。他总说，必须提高学生的整体文化素质，应该培养真正的音乐人才，而不是音乐工匠。中央音乐学院迁京时，经他协商，不仅留下了严正平、黄雅、郑会勤、丘天龙等优秀的专业教师，并把原中央音乐学院深受学生敬爱的王正中、俞怀亮、常（音员）铮、狄少华、言穆勰等许多优秀的文化课教师留下。这些文化课教师在当时，与天津市一些重点中学相比，也可以说是出类拔萃的。所以，那时附中学生的文化素质普遍较高。许多学生不仅能歌善舞、多才多艺，而且能不时地出口成章、文采流溢。例如，附中1963届毕业生韩伟是学习小提琴专业的，但是由于文化课底子打得好，通过实践的锻炼，后来成了著名词作家；施光南生前创作的许多好歌曲，都采用韩伟创作的歌词。

在院部方面，为提高本科生文化课的修养，他在"文革"前先后调入了张俊、王士达、景霶、冯贵俪等一大批优秀教师，充实了文学、外语、哲学、教育学等基础课的师资队伍，委以重托并悉心关怀。突出的例子是在"文革"以后，恢复专业职称评定工作（1980）时，缪先生特别嘱咐，要重视对文化课各教师的职称评定，要与市内相应大学取得平衡，以免在我院滋长重艺术、轻文化的思想，也防止文化课教师产生自我轻视、心理不平衡等消极情绪。

缪先生为提高教师队伍的质量，还广罗人才。例如，原在天津歌舞团任演奏员的陈继续同志，毕业于匈牙利李斯特音乐学院，小提琴专业水平较高，是我院急需的专业人才。但他是天津文化局的人，而我院当时属河北省文化局领导，人事关系完全属于两个系统。缪先生和当时任副院长的王莘同志听说陈继续已毕业回国，中央音乐学院正想调他去任教的消息后，立即赶到北京去找中央文化部的主管部门负责人极力争取，面对中央音乐学院的竞争又据理力争，强调"要雪中送炭，不要锦上添花"。缪先生这样合情合理的迫切要求，终于说服了中央文化部的领导，同意把陈继续调入天津音乐学院任教。这不仅为提高我院教师队伍的质量注入了一份活力，也发挥了陈继续本人的专长，调动了他的积极性。历史证明，此举非常正确，陈继续教授至今仍在培养硕士研究生的岗位上活跃着。

正是在缪先生的领导下，天津音乐学院"文革"前培养了大批在国内外有影响的人才，如著名作曲家施光南、阿拉腾奥勒（蒙古族），大提琴演奏家董金池，古筝演奏家何宝泉，歌唱家石惟正，音乐理论家梁茂春等，一大批学者、教授和音乐界的领导。优秀人才遍及我国大江南北，也散布在海外。

1999年2月

原载高燕生、刘连捷主编《缪天瑞音乐生涯》，河北教育出版社2000年版，第164页

王柏华：天津音乐学院原党委宣传部干部

记缪天瑞先生几件事

胡立峰

我从1949年中央音乐学院刚建校时便在缪先生的领导下工作。那时他任中央音乐学院研究室主任，我是他领导下的资料员。当时我刚从学校走向社会，对一切都陌生，研究室又刚从上海、南京、北京各艺术院校汇集到许多音乐书籍、杂志、报纸等，急需尽快整理、修补和妥善保存。同时，为提供各部门参阅，还要随时从各个方面收集、剪贴一些资料供音乐研究和其他工作参考。这些最简单不过的工作，我那时不知如何去做。缪先生看出我的难处，就主动把在许多报纸、杂志上看到的有关音乐方面的文章用红笔画出，并在旁边注明"音乐评论""歌曲创作""戏曲音乐"等类别，然后让我按照他画的剪下来分类汇集成册。

记得有一次，他让我修补破损的音乐书，我从来没干过，只胡乱给缝上了事。缪先生一看，微笑着拿起那本书，很诙谐地说："这像不像一个带皱的核桃。"然后他详细地告诉我应该如何穿针引线，如何修补装订。他虽然没有一句严厉的批评，我却窘得两颊绯红。他慈父般的亲切教导，更使我深深地感动。下班后，我把书、线、针都拿到宿舍，把那本难看的书完全拆掉，再学着缪先生指点的样子重新缝好，我笨手笨脚地干了大半夜。第二天一上班，我就拿给缪先生看，他很满意地说："做什么事不要怕麻烦，只要认真去做，就会成功的。"

我过去不懂音乐，偏偏被安排到音乐学院来管理资料，经常碰到不明白的问题。我常向缪先生请教，他也总是不厌其烦地详细讲解，直到让我听懂了、明白了为止。后来，他亲自签名送我一本他的《乐理初步》和《音乐的构成》，我深知此举实为鼓励我好好学习。缪先生在领导研究室时期和大家相处非常和谐，有时，他为了调节气氛，常会开个玩笑，使大家总感到愉快舒畅。

1958年中央音乐学院搬到北京，缪老留在天津成了天津音乐学院院长，我被调到附中教务处工作。缪先生非常关注附中的教学工作，他主张，必须要配备高水平的教师担任附中的课程，教学重点要放在文化和音乐基础课上。他还总抽时间来参加附中各学科举办的学习演奏会、演唱会，亲自参加附中的期末考试和毕业音乐会等。每次活动结束时，他总要和各科老师共同研讨学生们的成绩及演奏、演唱的曲目。他曾提出，学生从入学开始，每学期的演奏演唱会、期末考试和毕业音乐会的曲目应该录音保存下来，这样可以让学生们能够听到自己过去和现在的演奏、演唱，找出自己的优点、长处和不足，这对学生的学习进步会有很大益处。在缪先生的倡议下，附中教务处和唱片室将此作为制度，一直坚持执行到1965年附中去徐水县下乡办学，才不得不中断。

缪先生经常深入专业课和文化课堂听课，带动了附中校领导及学科主任深入课堂，形成了一种校风，有效地调动了全校师生工作、学习的积极性。

为了加强科学的教学管理，缪先生要求附中和本科一样，必须制定教学大纲，教师都必须有教学计划，教务处也必须制定出学生学籍管理的一整套规章制度。他要求每个学期教师制订的教学计划都应经过审阅检查。他还提出，各类学生的专业教学要以学习演奏会、演唱会等形式进行期中教学检查；文化课要以公开教学形式由学科主任、教务处主管领导和校长听课来检查教学。几十年来，附中一直遵照执行这种制度，为大学输送了一批接一批的合格学生。有很多学生分配在北京、上海和各省市的艺术团体、艺术院校工作，发挥出专业骨干的作用。其中不少学生还走上了行政领导岗位。这些成果都和缪先生深入贯彻党的教育方针和文艺方向、正确推行一整套行之有效的音乐院校管理系统紧密关联。就我个人的成长和工作取得的一点成绩，也和缪先生的教导帮助密不可分。我衷心地感谢缪先生，并敬祝他健康、长寿。

1999年2月

载高燕生、刘连捷主编《缪天瑞音乐生涯》，河北教育出版社2000年版，第140页

胡立峰：生于1926年，天津音乐学院附中原教务主任

回忆缪老在天津音乐学院

马金山

恰逢缪老九十华诞,天津音乐学院召开"缪天瑞先生学术思想研讨会",真是功德无量。它将起到承前启后、继往开来的历史作用。

我因病不能参加这次盛会,只得就我记忆所及,写出这篇小文,尽我一份力。

我是 1955 年调到中央音乐学院工作的。当时我对音乐教育一窍不通,可落在教务处一干就是 40 来年,在缪老的领导下工作 30 多年,学到许多好思想、好作风、好经验。实在讲,缪老也是我的启蒙老师。

一、建院初期

1958 年秋,中央音乐学院迁京。许多留在天津的教师和干部思想上背上沉重的包袱,情绪灰溜溜的。缪老非常重视人才,对他们做了大量深入细致的思想工作,放手发挥他们的专长,并热情指导帮助他们改进教学工作。同时千方百计物色人才充实教师队伍。为了后备师资培养,他协同院党委把中央音乐学院附中即将毕业的国内首届理论作曲专业班全部留做建校第一批学生,1959 年他们毕业后纳入教师编制,拿着工资继续读大学,并兼做一些教学工作;后来又陆续安排部分学生在中央音乐学院学习作曲、音乐学和指挥等。这样,短短两三年的时间,专业和教师队伍已经配套,各系和教研室建制已经基本齐全。

二、排除干扰，建立教学秩序

缪老领导天津音乐学院的初期，受政治大环境的严重干扰，教学秩序相当混乱。例如，为贯彻"调整、巩固、充实、提高"的方针，院里"开走"了一大批刚考入不久的低年级学生；上边提出"民族化"口号，各地院校纷纷"砍杀"了和西洋相关的专业；讲要"学习工农兵"，就整月整季度地下乡、下厂、下部队，把教学拆得七零八散，后来索性连大学带附中统统拉到农村去，在老乡炕头上办学。缪老在这样的环境下，敢于担着风险，坚持按教育规律办，以对人才培养和国家前途高度负责的态度，推行实施了一系列对从严治校、确保教育质量卓有成效的管理措施。

首先，为保证教学有基本够用的稳定时间，他主动提出三种方案：一个月劳动锻炼、一个月艺术实践、两个月放假休整、八个月上课的"1128"制；一个月艺术实践、两个月放假、九个月上课的"129"制；两个月艺术实践、两个月放假、八个月上课的"228"制。这三种方案交给全院上下讨论，引出的议论五花八门。虽有少数人"上纲上线"地妄加指摘，但缪老的管理思想赢得院党委主要领导的支持，批准实施"1128"方案，统一了全院的意志，稳定了教学秩序。

为巩固这一制度，缪老要求我们及时出台了不准随意调课、停课的规定，并狠抓各部门建章立制，成立了以院办公室主任牵头负责的"建立规章制度小组"，从各系、教务处到人事部门、从总务工作直至传达收发等，一整套的管理规章建立起来。

三、初具规模

在建章立制使教学工作的正常开展有了可靠保障以后，缪老便转向提高教育质量方面。对于专业设置，建院伊始，他根据本院地位性质和人才特点的实际，支起了系级建制的框架：钢琴、管弦、声乐、民乐和理论作曲五个系，大体能够适应当时音乐学院的专业布局规模。为了事业的发展，他在理论作曲系里保存下音乐学专业和指挥专业的教师，准备将来独立建系。面对现实社会的广泛需求，他倡导设立手风琴专业，强调钢琴专业要一专多能，把钢琴系改名为键盘系。在"民族化"一风吹的时候，他不仅坚决保留管弦专业，还顶风组建了音乐学院附属的天津乐团，虽然始终没能列入国家正式编制，但却保护了一大批从事西洋乐器演奏的人才；"文革"结束后，他们陆续成为新组建的天津歌舞剧院和天津乐团的专业骨干。对于民族化，他强调民乐专业发挥特色、声乐系增设民族声乐专业，不论器乐、声乐或理论作曲专业，都要努力向民间学习，向戏曲、曲艺等其他艺术学习，扩大知识技能的领域，在继承民族传统和借鉴西方先进知识技术的基础上努力创新，走自己的路。在办学体系上，他积极宣传基础教育的重要性，主张办大学、附中和附小一条龙，强调附小、附中要打好基础。缪老认为，根据我院的情况着眼于抓好附中，比抓大学重要得多。专业教育要与业余教育紧密结合，这既符合音乐艺术人才培养的科学规律，也是社会对音乐艺术人才的实际需要。他的这些主张，得到院党委的有力支持，所以，在 20 世纪 60 年代初，不足五年的短时期内，建立起附小的基本建制，发展了附中和本科，壮大了教职员工队伍，大办业余小学和成人业余部，大体接近了全校师生员工总数 1300 人，其中学生总数 900 人的规模。1958 年建起的附小就已经招收了 20 多名学生，60 年代初期仅各类业余学生就有 400 多人。

四、一整套教学规范

在缪老的领导下，我们和各系各教研室密切配合，工作井井有条，效率很高。20 世纪 60 年代定下的这一整套教学规范，一直沿用到 20 世纪 80 年代，其中体现的主要精神和基本模式至今还有较大的影响力，对今天的教学体制改革仍有指导意义。

他狠抓授课计划为依据的教学内容和教学方法的监督管理机制建设，有一整套院级、系级、教研室级的三级管理制度，中心环节在教研室工作规则。任课教师制订的授课计划直至教材、教案、教法，都要先经过教研室讨论通过，逐级报批。新开课目先经过教研室论证评估，试讲一段时期后，经过审核批准，才能纳入课程设置方案正式开课。系和教研室两级，对教师授课情况，作为制度，要经常监督检查，教务处履行相关的教学日常监督管理职能。对教学中产生的各类矛盾和问题，特别是专业方面的内容和方法，包括教与学的思想矛盾，都要作为教研室工作的重要内容，经过相同或相近课目教师们的集体研讨，妥善解决。特别值得一提的是，为建立独具特色的教学模式，他亲自收集到苏联的、日本的，还有欧美的三套教学方案，放手交给大学讨论。结果是各取所长，无一照搬。例如，专业设置和教学计划以借鉴苏联的模式为主；课程设置除按照国家统一要求外，突出强调体现本院特色；教学内容和方法主张一专多能、因人而异、因材施教；就连视唱练耳也是参照世界先进水平的法国教本由本院自编的。为推动并抓好这方面的工作，缪老几乎和全部相关教师进行过面对面的深入探讨，在平等对话中渗透他的教育思想，使教师能够积极主动地按照统一的规范去从事教学实践。而他本人，不惜花费大量时间和精力，逐一审阅批改全院（大学部）400 多位学生的 600 多份专业授课计划。这种认真、实干的作风，这样负责、细致入微的精神，永远值得我们学习，发扬光大。

五、教学设施建设

关于学校的教学设施建设，缪老特别重视添置乐器和办好图书馆。建院的时候，中央院留下的钢琴和其他乐器大部分是又老又破、对专业教学应该"报废"的东西，唯有大礼堂舞台上的一架大三角钢琴是不错的。那架钢琴原是苏联领导人伏罗希洛夫访华时送给毛主席的礼物，毛主席转送给中央音乐学院使用。中央音乐学院留下的图书、乐谱、唱片和音响设备远远不够用，后来与河北艺术师范学院音乐系合并时搬过来的图书和乐谱则更老更旧些，数量也有限。那时，许多老师备课选材只能自己到书店去找，或到各处去借；许多课程上课时，老师只能把自己手头的资料给学生们传着看，这对教学的影响太大。缪老支持有关部门将政府为建院特拨开办费20万元全都用作购买书谱等，又竭力争取了一大笔购钢琴的专项款。这样，院里的新钢琴一下子占了总数的三分之二，光为音乐会用的大三角钢琴就进了两台，都是世界一流的名牌；没隔几年，图书馆藏书已近10万册，唱片也有好几万张。这样一来，图书馆编目上架等工作严重积压，工作人员经常加班加点也完不成任务。缪老为提高图书馆工作效率，曾亲自和大家一起，为改进编目方法和工作方式出过不少主意，还尽可能调配人力帮助图书馆尽早走上正轨。

那时，为了精打细算节省开支，缪老规定一条制度，添置乐器必须由各系申报、乐器室初审、主管院长审批；买图书资料必须根据国家订单，由教研室以上专业教师圈订，缪老最后亲自审定。就连一本书该买几册，也由他亲自决定后再交图书馆办理。渐渐地，这样形成了习惯，缪老在位的20多年间，几乎年年都照此行事，有效地防止了重复建设和各种浪费现象的发生。

缪老倡导的师生借用乐器的办法、图书馆管理借阅的制度，对保证教学和提高教学质量都发挥了较好的作用。

在20世纪60年代经济困难时期，缪老家住成都道博爱里，每天上班都要经海河过摆渡走到河东区来，很不方便。市机关事务局刘永声同志听说以后非常关心，他说，"即使我们局长不坐车，也得让缪先生坐车"。领导给缪老特批每季度250公斤汽油，这在当时汽油奇缺的困难时期真是非常宝贵。缪老怕汽车绕道路远费油，每天只坐车到海河边，把车存在大光明渡口，过了摆渡的另一段路还是步行。就这样与国家共渡难关，省下的汽油为学校公用。

六、展示教学成果

凡此种种，是缪老付出的心血，是院领导班子对缪老的支持，更是全院师生员工对缪老的充分信赖和尊敬，使刚刚建院不久的整个学校活起来、火起来。

1963年，天津市举行第二届音乐周，全院上下鼓足了劲，各系通力合作排演了四场各具特色的音乐会，充分展示了全院包括附中在教学、艺术实践和创作方面的成果。

第一场是"综合音乐会"，一批教学骨干皆登台献艺，胡雪谷老师演唱一曲《蝶恋花》，轰动了整个天津文艺界。第二场"新人新作音乐会"，推出了各专业一大批优秀学生，显示了他们的才华，施光南创作的女声小合唱《我们给猪当保姆》等一些作品，后来得到较广泛的流传。第三场"西洋管弦音乐会"上，曹克恩的钢琴独奏、董金池的大提琴独奏、丘天龙指挥管文宁演奏的《梁祝》小提琴协奏曲和由缪裴慈、曹克恩演奏的门德尔松钢琴协奏曲，都获得观众的热烈喝彩。第四场以"民族乐器专场"压轴，高胡古筝扬琴三重奏、琵琶弹唱、二胡齐奏等节目都显示了我院的雄厚实力，体现了浓郁的北方民族民间音乐风格。记得那时，天津音协秘书长刘亚陪同文化部艺术局局长周巍峙、中央音乐学院院长赵沨和上海音乐学院院长贺绿汀在场观看，周巍峙同志颇有感触地对两位院长说："老三要赶上来了，你们要警惕啊！"

七、无奈的十多年

　　副院长刘子华和谭思源作为我院党组织的核心，以对非党员院长缪老的尊重和全力支持，切实保障了缪老的治学思想和各项措施的贯彻实施，这在20世纪50年代末至60年代中期的近10年间，在极左思潮愈演愈烈的恶劣政治气候下，实在难能可贵。

　　不是吗？学校红火没几年，刚要跨大步向前奔的时候，1964年让去农村搞"四清"，把大学教师干部和部分学生拉到邯郸地区一直搞了9个多月。转年春天，按上级命令，又把大学部全都拉到昌黎五里营搞"下乡办学"，而附中全都拉练步行到徐水县去待着。一晃又是一年多。1966年6月，又把学校拖回天津，投入了"文化大革命"的深渊。

　　从"四清"到"文化大革命"的10多年间，缪老吃过不少苦，受过许多罪。他管过乐器，扫过厕所，修过舞蹈鞋，挨过打，挂过牌子，游过街，但他从无怨言。

　　这么多年过去了，这类吃亏受屈的事情从未听他本人提起过。有人跟他闲谈回忆某人打过他、斗过他时，他总是一笑置之。我亲眼见他对曾在运动中打过他的一个工人一直很尊重，心里不留一点儿记恨。

　　我清清楚楚地记得，就在"造反派"揪出缪老的时候，院子里站满了人。大家都很紧张，为缪老捏着一把汗，但敢怒不敢言。忽然，远远站在传达室的工人李春台同志大声疾呼："缪院长是好人！他可是个大好人啊！"另一位当时在附中工作的工人陈树枫同志更是斩钉截铁地说："揪缪院长是错的！"这两句话道出了大家共同的心声，也深深印在我心里，连同这场恶作剧，我是永远不会忘记的！

八、第二次创业

　　粉碎"四人帮"后，年近七旬的缪老恢复了院长职务，他为治愈惨重的创伤，开始带领大家第二次创业。这以后的六七年间，人们就像看电影一样，20世纪60年代初的一幕幕不断重现。还是要抓教学秩序稳定，还是要抓教学大纲、教学计划、教学管理制度，还是要抓器材、教材和人才，还是要抓出质量、抓出特色、加快发展。他要把前十年失去的时间夺回来，可是，时过境迁，十年"文革"把人心搞散了，把思想搞乱了，把人才搞跑了，把设施搞废了，恢复起来该有多难。但是饱经沧桑的他，心不乱，劲不减，胆更壮，志更坚。只要给他一分空间，给他行使一点权力的机会，他就要办学。在他颇费周折的竭力争取下，天津音乐学院的校名恢复了。事隔不久，缪老却调离天津，到中国艺术研究院音乐研究所去搞学问。这对天津、对我们学校，实在是莫大的损失。可是细想起来，缪老原本是个学问家，他半生为管理学校而操劳，受尽了苦累，到老能够静下心来干他的本行，继续著书立说，这要比捆在一所学校里抓行政对国家和民族的贡献大得多。

　　我怀念在天津当院长的他，更热爱在北京搞学问的他。我盼望他永无止境地为社会奉献，更祝愿他永远安康，福寿延年。

1998 年 10 月
1999 年 4 月修改

原载高燕生、刘连捷主编《缪天瑞音乐生涯》，河北教育出版社 2000 年版，第 151 页

马金山（1927—2002），天津音乐学院教务处原副处级调研员

音乐教育的先驱　学术研究的楷模

——回忆和纪念缪天瑞先生

刘东升

缪天瑞先生是著名的音乐理论家、音乐教育家，音乐翻译家。是20世纪以来参与创造中国新音乐文化的杰出代表之一。在音乐教育、乐律学、音乐翻译、音乐辞书编纂等领域都做出了突出贡献。

缪先生创建了天津音乐学院。我是天津音院首届本科生，经历了建院初期的艰辛困难。缪先生在天津音乐学院23年（1958—1981），后调至中国艺术研究院音乐研究所26年（1983—2009）。我一直在缪先生身边工作，聆听他的教诲，并直接在他的旌麾下任职，任《中国音乐词典》"乐器、器乐"分科主编和图片编辑，《中国音乐词典·续编》编委，参与《音乐百科词典》撰稿。我尝试以讲故事的回忆方式，重拾经历过的往事和真实的细节，纪念缪天瑞先生。

一、创建天津音乐学院

我1955年至1958年在北京汇文中学（北京第二十六中学）读高中。这是一所始建于1871年（清同治十年）的百年老校，在近代史上有着光荣的革命传统，师资雄厚，教学质量上乘，而且有很多博学多才的老师。如教我们"代数"课的阎述诗老师，是20世纪30年代优秀抗日救亡歌曲《五月的鲜花》的曲作者，作词光未然。此曲当时曾传遍全国，向延生主编的《中国近现代音乐家传》（春风文艺出版社1994年版）有其传略。

汇文中学课余文体活动十分丰富活跃，我喜欢民族音乐，小时学过吹笙，便参加了民乐队。我们这个乐队不但能演奏《翠湖春晓》《净水瓶》《金蛇狂舞》等大齐奏，也能演奏较复杂的《陕北组曲》《瑶族舞曲》等，在北京中学的文艺社团中颇有名气。我在高中二年级时向北京艺术师范学院杨大钧教授学弹琵琶，1958年考入天津音乐学院。

当时考的是中央音乐学院，地址在天津河东区大王庄十一经路，学校正准备迁京。考上的学生分为两处，一部分属中央音乐学院，一部分留天津音乐学院，在一起上课。同学们共同学习了一年，至1959年秋，又留下了一部分教职工，包括教师、教务、行政、校医等，附中留下了高三的一个班，组建天津音院（开始称"河北音院"）。院领导、教师、学生都愿意去北京，缪先生时任中央音乐学院副院长，说："大家都愿意去北京，那我就留在天津吧。"在一次全院大会上，赵沨院长说到分院问题："话说天下大事，分久必合，合久必分，现在我们就一分为二啦！两个学校虽在京津两地，无论何时，我们还是一家人。"缪天瑞被正式任命为天津音乐学院首任院长。党委书记孙振（1919—1987），河北献县人，笔名雪克，曾创作长篇小说《战斗的青春》，"文化大革命"期间被污蔑为"大毒草"，遭受到空前的批判，孙振同志也受到残酷迫害。20世纪80年代得到平反，《战斗的青春》被改编为35集电视连续剧，成为影响深远的红色经典。

当时天津是河北省省会，河北省领导积极出力，愿意在中央音乐学院搬迁的旧址上成立一所新的音乐学院，以满足本地区文化建设的需要。于是1958年10月，河北音乐学院应运而生，在离十一经路不远的七纬路，原"附中"院内召开成立大会，一年后更名为天津音乐学院。

中央音乐学院迁京期间，十一经路院内有数辆大卡车，搬运钢琴、各种教学器材、办公家具等。终日车水马龙，熙熙攘攘，不得安宁。留在天津的同学以羡慕的眼光看着中央院同学忙着搬家，人心浮动，无心上课。不久，学校把我们集中搬到七纬路"附中"院内，停课一个月，开展以端正入学思想为主题的"建院整风运动"。

中央音乐学院彻底搬走后，我们又回到十一经路院部。偌大的校园，学生少，显得有些空旷冷清，这就是草创开拓中的天津音院。但同学们毕竟都是年轻人，很快就乐观起来，1959年的元旦晚会上，留在天津的附中理论学科同学施光南、梁茂春彩扮演出了一个地方戏《武安落子》，反映农村生活的《借髢髢》，两人用全套戏装扮成彩旦和小旦，民乐专业的同学文武场伴奏。演得粗犷泼辣，滑稽可爱，引得大家阵阵哄堂大笑。

1959年年底依省政府安排，原在天津的河北艺术师范学院音乐系合并到天津音乐学院，成立师范系。老师、同学来了很多。老师如黄廷贵（钢琴）、杨今豪（作曲、指挥）、陈重（琵琶、埙）、吉桂珍（二胡）等，都是那时来的。

很多后来非常熟悉的老同学宋国生、王域平、范国忠、张增亮、陆金山、李宝茹、赵家恕、刘刚等，都是那时认识的。学生多了，所有平房的琴房都有人练琴了，中央音乐学院新盖的四层琴楼开始启用，原院墙右侧尚残留的1958年大炼钢铁时的几座小土炉拆除了。清晨校园到处都是练声、练琴声，又恢复了昔日一派欣欣向荣、朝气蓬勃的景象。

1960 年年初，山西省平陆县发生六十一个阶级弟兄食物中毒的重大事件，全国大营救。《一方有难，八方支援》，是一曲共产主义凯歌。学校组织同学们认真学习。说来也巧，时隔不久，约 4 月的一天夜里，离学校不远的天津南货场失火。全院师生员工在睡梦中惊醒，立即奔赴火场抢救物资，奋战了一个通宵，不少人员受伤或中毒，出现了很多动人的事迹。为救治伤员，学生宿舍成了临时病房，此事惊动了文化部和国务院，曾专门派人来院慰问。也说明学校紧抓政治思想教育和同学们觉悟之高。

学校经常组织同学参加各种劳动，如根治海河的劳动，住在工地上，劳动强度很大。还曾去河北省遵化县王国藩公社西铺村劳动，学习老乡在农业合作化时艰苦创业的穷棒子精神，意在鼓励大家要以这种精神创办天津音乐学院。有一年，我们去河北省唐山地区昌黎县劳动，这次劳动强度不大，是在果园摘梨，可以带上小件乐器，以备工余时间练琴，我们班的王健康主科是唢呐，下工后，他拿着唢呐到村外较远的地方练习，天色已晚，地上杂草丛生，看不清路，他走着走着一下掉进白薯井里了，这是一种老乡冬季储存白薯（地瓜）用的枯井，井口很窄，直上直下，也不算浅。他无法喊人，只好用唢呐碗在井壁上挖小坑，脚蹬在小坑上，一点一点爬上来。他满头大汗，浑身泥土跑回家，进门高喊："我掉井里啦！"大家一片哗然。第二天大清早，我们几个同学带着粗绳找到那口井，用绳子把何宝泉缒入井下，取出他的唢呐。王健康是个身体健壮的山西大汉，受到此番惊吓，数日高烧不退，我们只好轮流不上工，在家照顾他，这也是学生时代一段难以忘记的趣事。

建院初期师资匮乏，很多专业白手起家，学校便采取"派出去，请进来"的办法解决主科的学习问题。从大学一年级就选送梁茂春去中央音乐学院学习中国音乐史，派施光南去中央音乐学院向苏夏老师学习作曲，派李祥霆去中央音乐学院向吴景略老师学习古琴，派何宝泉去沈阳音院向赵玉斋老师学山东派古筝。同时，请李庭松老师来学校教琵琶，请客家筝派的罗九香老师教汉乐和客家筝，请河北民间艺人季文艺老师教唢呐。后来，老同学史兆元根据罗九香传谱整理出版了《汉乐筝曲四十首》。居文郁以罗九香传授的筝谱和罗德栽（罗九香之侄，也毕业于天津音乐学院，受罗九香嫡传）所传的椰胡谱为基础，编著了《广东汉乐胡琴古筝曲选》，近年又编著有《广东音乐高胡曲选》，何宝泉编辑整理有《曹东扶河南筝曲集》《潮州筝曲集》，并成功设计研制了"蝶式筝"，成为古筝改革的一朵奇葩。

老同学宋国生多才多艺，毕业不久创作了一首表演唱《老俩口学毛选》，为群众所喜闻乐见。在二胡教学方面成就突出，把女儿宋飞培养成誉满乐坛的"民乐皇后"。王域平使学校的手风琴教学一直处于领先地位，得到国内外同行的赞许。

几十年来，天津音乐学院培养出很多杰出的音乐人才，以上只是举几位建院初期在一起学习过的老同学为例而已，同学们都在自己的专业上做出了令人欣羡的成绩。

天津音乐学院是地方性院校，要从天津和华北地区的实际出发，把学校建成华北地区的音乐教育中心。缪先生曾考察走访河北省的邯郸、保定、石家庄、张家口等地区群众音乐活动情况，了解到培养戏曲音乐人才是当务之急，于是定期举办音乐培训班，学员主要来自剧团和文化馆，做了大量的音乐普及工作。"文革"期间，音研所同志去干校劳动，在天津静海县团泊洼时期，我与中国戏曲研究院刘木铎、安志强、黄在敏，还有美协的两位同志一起去天津杨柳青镇为廊坊地区京剧团、河北梆子剧团辅导样板戏。京剧团的一位鼓师，就曾参加过天津音乐学院培训班的学习，他自幼在剧团学艺，天津音乐学院半年的学习是他唯一的音乐学历，一直引以为荣。

缪先生自小学高年级读书就接触民间戏曲，对戏曲的《十景开场》印象尤深。20世纪30年代，曾把《十景开场》发表在国乐改进社的《音乐杂志》上（缪天瑞《〈十景开场〉琐记》）。缪先生中学时期学过风琴和京胡，一位北京有名的票友郑剑西先生教他拉京胡，还把自己使用多年的京胡送给他。多年后，缪先生曾为丰子恺的女儿伴奏，演唱京剧"青衣"唱段（缪天瑞《学习乐器趁年少——中学时期的音乐生活》）。

天津音乐学院从建院就高度重视戏曲音乐的教学。1960年派孙从音老师参加中国戏曲研究院《中国戏曲概论》编写组工作。派康少杰老师参加中国戏曲研究院1959级研究生班学习。老同学钱国祯学作曲，毕业时分配到天津市豫剧团工作，后回校任教，既有理论又有实践。近年出版了《中国戏曲音乐作品分析》等系列著作，卓有成就。我留校工作之初，学校千方百计让我出去进修，康少杰老师给位于北京东四八条的中国戏曲研究院管教学的刘开宇先生和时任戏曲剧目研究室主任的郭汉城先生写信看能否去进修。此时，恰逢有一个"戏曲理论进修班"，学员来自全国各地文化部门和戏曲团体。学习两年，第一年学习马克思主义哲学和文艺理论，第二年学习"中国戏曲史"和"戏曲艺术概论"，第一年已经过去，我没赶上，允许我参加第二年的学习。上半年学"中国戏曲史"，上午听课，下午课堂讨论。由李啸仓先生从远古串讲到清末，再由余从先生讲"近现代戏曲史"，并请院内专家专题讲座，如黄芝岗先生讲"汤显祖"，王芷章先生讲"清代地方戏"，陶君起先生讲京剧剧目，刘念兹先生讲"牡丹亭"。刘先生可能当时正在研究这一课题，兴之所至，便给我们讲了这一题目，此后他更多的精力是研究戏曲文物。每人讲两至三次。

下半年学"戏曲艺术概论"。张庚先生讲戏曲概述，郭汉城先生讲戏曲文学，郭亮和俞琳先生讲戏曲表演，龚和德先生讲戏曲舞台美术，何为和马可先生讲戏曲音乐。

马可先生中等身材，黝黑而粗壮的体魄，戴一副深度近视眼镜，说话语调亲切而诚恳。第一次上课时，马可先生满面笑容，说"认识大家非常高兴，然后做拱手作揖状，说以后在课堂外见面，我不主动打招呼，不要以为我架子大，那是因为我眼神儿不济，常常不能识别人"，同学们都笑了，肃穆的课堂一下子变得活跃起来。他共讲了三次课，讲了戏曲音乐的历史、发展规律和对未来的展望。又很深入地讲了创作歌剧《白毛女》的过程，讲到很多唱腔是如何从民歌演化而来的，连说带唱，极为生动。为了加深同学们的印象，院里还请中国京剧院刘吉典先生讲京剧《白毛女》的唱腔设计。刘先生讲《白毛女》的唱腔是如何从京剧传统唱腔演化而来，也是连说带唱。这两堂课同学们印象最为深刻。马可先生时任戏曲研究院戏曲音乐研究室主任，给我们讲课之后不久，便奉周总理之命去筹建中国音乐学院了，如此充满激情，畅快淋漓的授课机会恐怕不多了。

一年的学习，中国戏曲研究院一大批灿若晨星的顶尖级专家悉数登上讲坛，为我们授课。

这是一次千载难逢的戏曲理论盛宴,我戏曲方面的知识全是这一年学来的,让我受益终身。

当时还有一位专家没有登上讲台,就是傅惜华先生。他因脑血栓后遗症行动不便。傅先生曾任戏曲研究院图书馆馆长,自己藏书丰富,称"碧蕖馆"。他曾编撰过多种戏曲、曲艺类的书目著作。我调至音研所工作后,为收集明清音乐史料,曾与吴钊兄一起登门请教。他也住在离东四八条不远的一条胡同内,是个小型四合院。院内东厢房是藏书,那是一个风和日丽的上午,书房的门窗都敞开通风,我们看到傅先生收藏了很多印制粗糙的明末清初的民间小唱本,一般收藏家是不会收集这些东西的。

缪先生除多次深入考察调研社会实际状况,制定天津音乐学院建院的方针大计之外,还做了很多具体的教学工作。他为全院学生开设《中国古代音乐史》公共课。王东路老师正在北京西郊"十间房"的中国音乐研究所参加编写《中国近现代音乐史》,每周返津一次,为我们讲"中国近现代音乐史"。学习声乐和中西乐器的同学,每学期至少要有两次"学习演唱会"和"演奏会",实为期中和期末考试。缪先生只要没有外出活动,场场必到,坐在大礼堂台下前几排的正中位置。除授课老师和同班同学之外,并无太多的观众。他一坐就是一整天或两整天,这也绝不是一件轻松的事情。

缪院长为创建天津音乐学院,事无巨细、全力以赴,以超人的精力付出了自己的全部心血。

二、编纂《中国音乐词典》和《音乐百科词典》

1980 年,《中国大百科全书·音乐 舞蹈》成立编委会,缪先生便借调到北京主持工作,办公地点在音乐研究所。1983 年 7 月,缪先生正式调至音研所。中国艺术研究院人事处在音研所二楼楼梯口的"布告栏"贴一"公告",大意是调缪天瑞同志任音研所顾问。缪天瑞曾任天津音乐学院院长,天津市文化局、河北省文化局副局长,天津市政协副主席,享受副部级待遇。"公告"如此说了,其实缪先生并没有受到什么特殊照顾,住房安置在离音研所不远的一栋普通居民楼一层,与元庆同志住对面,面积约 80 平方米,后来迁到西郊昌运宫一个高层楼的顶层第 16 层,电梯只到 15 层,还要步行一层楼梯。每逢大风雨,屋顶漏水,修了多次也没修好,室内成了"泽国"(缪先生语)。直至 2003 年,经音乐界同人的多方努力,才安置到广渠门外广泉小区,有了较舒适的环境。外出活动或看病用车由中国艺术研究院车队统一调配。比起缪先生在天津成都道博爱里所住的精致小洋楼和所受到的照顾,不可同日而语。

首都老百姓流传着一句话:"到了北京才知道自己的官儿小。"在冠盖如云之京华,一个"副部级"真的不算稀罕。缪先生为什么已经 75 岁高龄愿意调到北京,他不是为了享清福、颐养天年,而是为了创造条件编写辞书。他曾说过,"深感自己在气质上不适于做行政工作,而接近于编纂型人员。……告别结下不解之缘的天津音院,毅然奔上曾经屡次失败的音乐辞书编辑工作的新路"①。

编撰中国音乐词典的过程及其细节，我在《音乐学术研究的带头人——忆郭乃安先生》一文中做了较翔实的记述（载《中国音乐学》2018 年第 4 期，后收入《郭乃安纪念文集》）。编《音乐百科词典》是缪先生多年的夙愿。1984 年，王凤歧先生在人民音乐出版社任职时，与缪先生商议此事，缪先生满口答应并很快投入工作。工作时间不长，王凤歧调至中央音乐学院，后续无人相助，艺术研究院和音乐研究所从未给他配备专职助手，因为没有先例，也没有这个条件。缪先生很需要一个助手，便临时借调管谨义先生帮他工作了一年有余。管谨义也是天津音乐学院首届本科生，我们是同班同学。他学声乐成绩很优秀，毕业时分配到宁夏歌舞团。1985 年，天津音乐学院希望他返校任教。缪先生也不愿他荒废了本来的声乐专业，便同意他回天津音乐学院，参与了老同学石惟正的"声乐理论研究室"的工作。他们携手做出很多成绩。石惟正毕业即留校了，当了多年天津音乐学院院长。

《音乐百科词典》在多年编撰过程中自然组合成了有 4 位副主编的班底。

第一位副主编高燕生先生。我们是汇文中学校友，1955 年我入学高中，他初中毕业考上中央音乐学院附中。中学时代已崭露出音乐才华。1956 年"第一届全国音乐周"汇文中学与慕贞女中（北京女十三中）口琴队在音乐周上演出了他创作的乐曲，并请他回来参加演出。这是全国唯一在音乐周演出的学生课余文艺团体。他获得了优秀作品奖和表演奖，毕业后一直任教于天津音乐学院，教学科目广泛。尤以"作曲法""管弦乐法""曲式与作品分析"著称，创作有多种体裁的声乐、器乐作品并多次获奖。

第二位副主编陈应时先生。陈先生毕业于上海音乐学院。"文革"期间，于会泳当文化部部长，权倾一时，陈应时随之调至北京。1973 年夏，我与上海音乐学院的夏野先生同在《中国音乐简史》编写组，被临时抽调去西苑大旅社（又称西苑饭店）工作三个月，任务是为即将出国演出的"中国艺术团"编写节目说明。西苑大旅社是一个庭院式的楼群，是当时各样板戏"剧组"的集散地，也是文艺界众多明星、大腕儿的聚集之所。伙食极好，宽敞明亮的大食堂里，顿顿是十人一桌的宴会餐。有的演员担心时间长了会发胖，二楼有专设的素食餐。一切安排和服务都很细致周到。陈先生常驻此地，负责我们的工作。他为人正派，天资聪颖，办事精干，放在哪儿都是一把好手。陈先生见识过不少大世面，经历跌宕起伏。"文革"后回上海音乐学院任教，潜心治学，颇有成就，成为业内知名学者。陈先生始终不忘缪先生对他致力于乐律学研究的提携帮助，曾动情地说："我这一生有很多波折，但是缪先生在我最低谷的时候把我拉起来，在我最困难的时候帮助我，使我在乐律学方面做出些成绩，这些都始于缪先生最初的帮助，我对缪先生是衷心感谢，对缪先生永远怀念。"②

第三位副主编吕昕先生。其父是著名翻译家，北京第二外国语大学教授吕千飞。其家学深厚，年轻时就有很好的英语基础。吕先生任职于人民音乐出版社辞书编辑室，是《音乐百科词

---

① 缪天瑞：《我在天津音乐学院的二十三年》，《天津音乐学院学报》2008 年第 3 期。
② 王文韬编著：《乐坛鸿儒缪天瑞》，西南师范大学出版社 2018 年版，第 71 页。

典》的第一任责编，与缪先生一起制定编辑纲要、立框架、约稿、初审。完成全书统一体例、译名，拟写凡例、中外文索引及附录等。负责成书阶段各项技术性工作。

第四位副主编范慧勤老师。范老师是音研所"十间房"时期的老同志，曾任《中国音乐词典》（正编、续编）主编助理。她参与了两本词典编撰的全过程，协助缪先生校对文稿，收发往来信件，分担了大量烦琐的事务性工作。

可以看出，这个编辑班子有着雄厚的研究基础和辞书编撰的经验。它不是某一单位的精心筹划，而是在编撰过程中自然形成的，是缪先生亲和力、感召力感化而来。《音乐百科词典》撰稿者95人，凝聚着三代人的集体智慧，缪先生作为旗帜性人物，一呼百应。近百人共同为编撰中国音乐辞书做出了贡献。缪先生和每一位参与者都无愧于时代赋予的历史使命，为广大读者提供了准确而专业的中外音乐知识，填补了我国综合性音乐辞书的空白。

我除了参与《中国音乐词典》《音乐百科词典》的工作之外，还参与了中国艺术研究院另一重点科研项目《中国艺术百科辞典》的编撰。该书由冯其庸先生任总主编，乔建中所长任《音乐卷》主编，我任副主编，由商务印书馆出版。因为出版工程浩大，出版社专门成立了"项目组"，从交稿到出版，长达5年（见该书"出版说明"）。审稿期间，我多次参加商务印书馆编辑部召开的"碰头会"。在一次会上，一位资深的出版界前辈说，我们搞工具书的有一笑谈，知识分子犯了错误，不必用别的办法惩罚他，就让他编词典。因为大家都知道这是一个苦差事，要常年坐冷板凳。《辞海》对读者来说是知识的海洋，对编者来说那是个"苦海"。我想到音乐学界十分幸运，居然有一位德高望重的前辈学者缪先生是个"词典迷"，甘愿做这种单调繁杂的工作。"释妥一个字，捻断数根须"，皓首穷经，乐此不疲。缪先生用生命诠释了音乐学界的工匠精神，这就是缪先生令人景仰的性格风骨。

2021年4月23日，中国出版集团为"世界读书日"发布一份经典书单，从19家知名出版机构出版的万种精品图书中选出80种为"镇社之宝"，展示中国出版百年来的优秀成果。音乐研究所三本书入选，即《中国音乐词典》《音乐百科词典》《中国音乐史图鉴》。我作为《中国音乐史图鉴》的编撰者之一，深受鼓舞，更为以缪先生为首编撰的两部词典入选而振奋（见《一张书单浓缩中国出版百年精华——中国出版集团发布镇社之宝》，中国出版集团公众号，2021年4月23日）。北京新建的"中国共产党历史展览馆"，一层有"新华书店百年书房"，设有中国出版集团"镇社之宝"展台，入选图书轮番展示，并有视频台面，可随时查阅这些图书的介绍资料。

《音乐百科词典》出版后，时光已跨入21世纪。缪先生也已到望九之年，但依然笔耕不辍，陆续写了数十篇长短不等的文章，至2009年6月，出版了《音乐随笔》。此书出版两个月后，2009年8月31日凌晨，缪先生在北京与世长辞，享年101岁。缪先生的亲属家人在广渠门外广泉小区寓所设一小小灵堂，祭奠数日。9月3日上午，我代表尚健在的《中国音乐词典》编辑部的老同志送去大花篮一个，以示悼念。署名者何芸、文彦、乔东君、简其华、许健、周沉、范慧勤、刘东升。那天，在缪先生家中见到了缪先生的小女儿缪裴慈和外孙女贺星（缪先生长女缪裴芙之女）。我们都是天津音乐学院的校友，坐在一起缅怀老院长一世的丰功伟绩。

结语

我曾应约为中央音乐学院《音乐百科全书》（中国大百科全书出版社 2014 年版）撰写"缪天瑞"词目，对缪先生一生的经历、业绩、贡献，做了较为全面的记述和评介。

编撰《中国音乐词典》之初，缪先生坚持"大家都是主编"，绝不同意自己一人挂主编之名，凌驾于众人之上。只当一个平等中的首席，体现了他谦虚的美德。缪先生年高德劭，感召近百人继续奋斗，又编撰了《音乐百科词典》，两部词典成为自 20 世纪百年以来中国音乐辞书的里程碑式的文本。

回望 1958 年天津音乐学院创建时的艰难，启开了封存久远的桩桩往事，很多画面仍然清晰可见，恍如昨日之事。心潮激荡，温度未减，几多思念，几多遐想，心中充满幸福感。幸运自己生正逢时，感恩新时代和母校对我的培养教育。

谨以此文纪念尊敬的缪院长，缪先生！

2021 年 8 月

刘东升：生于 1940 年，中国艺术研究院音乐研究所研究员

感受大师风范　聆听音乐人生

——缅怀教育家缪天瑞先生

王文韬

学者的贡献可体现在影响面与延伸度两方面。前者体现其贡献的共时性，而后者反映其价值的历时性。[1]审视当今我国的音乐教育成果，是与诸多先贤的理论研究与教育实践分不开的。在20世纪中国音乐教育历程中，涌现出了许多先行者，缪天瑞（1908.4.15—2009.8.31）先生便是其一。而今，这位音乐巨子离开我们已三载有余。

缪先生的研究十分广泛，他在教育、办刊、研究、翻译及辞书编纂等领域，成果卓著。其学术研究主要涉及律学、美学、翻译及编辑等方面。[2]1927年就发表了文论处女作《曲的姿和曲的心》[3]。而1929年开始撰写、翻译的《钢琴基本弹奏法》，至今出版发行了82年之久[4]，经受住了共时性与历时性的双重考验。缪先生的代表作《律学》[5]，迄今已修订、增订了三版，由

---

[1] 国华：《缪天瑞音乐贡献评述》之"引言"，首都师范大学出版社2007年版，第1页。
[2] 代表性刊物包括：《音乐教育》（1933—1937）、《乐风》（1940—1944）、《音乐月刊》（1942年3月创刊号）、《乐学》（1947）、《人民音乐》（1950）。
[3] 载《新乐潮》第1卷第5号，北平爱美乐社编，1927年12月。
[4] ［俄］约瑟夫·列文：《钢琴基本弹奏法》，缪天瑞译，上海三民图书公司1929年版。1981年修订版，人民音乐出版社2004年4月、2011年3月印刷。这是缪先生21岁时翻译的、发行了82年的译作，其生命力之强实属罕见。
[5] 《律学》成书于1947年。1950年年初，上海万叶书店出版发行。1965年第一次修订，1983年增订，1996年又进行了第三次修订。

最初的80页增至1996年版的326页，其内容和学术含量逐次彰显。①他参与和主编了《中国大百科全书·音乐 舞蹈》、《中国音乐词典》及《中国音乐词典》(续编)、《音乐百科词典》②等工具书。尤其是《音乐百科词典》③，填补了我国音乐辞书建设中的多项空白；他在20世纪初撰写和翻译的音乐美学类文章，在中国近现代音乐美学发展史上，占有重要地位，先生编译的《音乐的构成》至今仍在出版发行。④

故，在我国现有的音乐著述中，当论及音乐教育、音乐理论研究、律学研究、音乐译著及辞书编纂时，总会提及缪先生。

缪先生在其80多年的音乐人生中，为我国的音乐事业尽心竭力。在1999年文化部"第一届文化艺术科学优秀成果奖"评奖中，缪先生等九位专家学者被授予优秀成果奖，同时他还获得个人二等奖。⑤这是缪先生对我国音乐事业的奠基性、开拓性贡献在国家层面之充分肯定！

一、缪先生是名副其实的教育家

缪先生在教育范围耕耘的时间最长、付出的精力最多。1926年，18岁的缪先生从上海艺术大学⑥毕业，便在家乡的浙江省立温州中学附属小学任教。缪先生在此后的60多年间，先后亲历了小学、中学、师范⑦、大学、研究院（所）等教学、研究工作；担任过钢琴、基本乐理、作曲技术理论、音乐教学法、律学等教学工作；从普通教师到博导⑧，涵盖了我国教育的不同层面；历任中小学音乐视察员⑨、教务主任、研究部主任、副院长、院长等职。他培养了许多优秀的教学、管理、研究和创作人才⑩。

缪先生的主要著述，均与教育工作紧密关联。其著述多为先生不同时期的课程讲义之梳

---

① 赵宋光先生认为"这本书（律学）已经不仅仅是我们自己民族的，而且是世界各民族的，具有人类文化总汇的气势"，参见高燕生、刘连捷主编《缪天瑞音乐生涯》，河北教育出版社2000年版，第9页；另，《律学》"是中国现代音乐史中真正的律学专著"，参见李焕之主编《当代中国音乐》，当代中国出版社1997年版，第569页。

② 笔者在开明书店1932年再版的《孩子们的音乐》（[日]田边尚雄著，丰子恺译）之末页看到，缪天瑞先生的《音乐小辞典》已列为"开明书店出版音乐书目"的"在印刷中"之列。《中国大百科全书·音乐 舞蹈》，中国大百科全书出版社1989年版；《中国音乐词典》，人民音乐出版社1985年版；《中国音乐词典·续编》，人民音乐出版社1992年版；《音乐百科词典》，人民音乐出版社1998年版。

③ 2001年2月，《音乐百科词典》获第十二届中国图书奖，是149种获奖图书中唯一的一部音乐书目。

④ 1948年编译的美国音乐家该丘斯的《音乐的构成》，2001年再版。姚盛昌先生说："这本书（《音乐的构成》）决定了我的人生道路，改变了我的一生。"

⑤ 见《中国文化报》1999年9月25日第一版。

⑥ 编者注：上海艺术专科师范学校于1919年夏创立，由吴梦非、刘质平、丰子恺创办。1923年7月更名为上海艺术师范大学，1925年6月与东方艺术专门学校合并，改名为上海艺术大学。缪天瑞于1923年6月入学，1926年毕业，故他入学时为上海艺术专科师范学校，毕业时为上海艺术大学。后面诸文皆以此改。

⑦ 参见缪天瑞《小学音乐教材及教学法》之"自序"，上海万叶书店1947年版，第5页。

⑧ 中国艺术研究院1985年开始招收律学方向的博士研究生。参见李焕之《当代中国音乐》，当代中国出版社1997年版，第578页。

⑨ 江西推行音乐委员会工作期间。

⑩ 如温州籍作曲家陈田鹤（1911—1955），是缪天瑞先生在温州艺术学院时期的学生，后考入上海国立音乐专科学校作曲科。

理。[①] 深入浅出、通俗易懂成为缪先生著述的重要特征。几十年间，先生以研究促教学，通过研究摸索课程、教材的建设。这类经验值得今人借鉴。

二、缪先生不寻常的教育实践足迹

缪先生的教育实践，漫长而丰富。从 1926 年算起，到 1989 年离休，前后历时 60 多年[②]。可归纳为五个时期：温州至重庆时期（1926—1941）、国立福建音专时期（1942—1945）、中央音乐学院（天津）时期（1949—1958）、天津音乐学院时期（1959—1983）、中国艺术研究院音乐研究所时期（1983—1989）。[③]

1926 年，缪先生毕业于上海艺术大学"音乐科"[④]。此后的 15 年间，缪先生迫于生活，先后在温州、上海、武昌、南昌、重庆等地奔波，或长或短在 11 个单位工作过[⑤]。值得一提的是，1927 年，与同学们一起在家乡创办了温州艺术学院[⑥]，结果负债，一年后被迫停办。然而，有谁知道，对家乡温州的音乐艺术教育事业之牵挂，持续到了先生的生命尽头。[⑦]

1928 年秋始，先后在上海新陆师范、上海滨海中学、上海同济大学附中和上海艺术师范大学教音乐。1930 年至 1932 年任武昌艺术专科学校教师，教"乐理"和"钢琴"。1933 年至 1938 年间，担任江西省推行音乐教育委员会管弦乐队的钢琴演奏员、中小学音乐教学视察员及《音乐教育》主编。[⑧]1938 年《音乐教育》停刊后，缪先生从南昌回到家乡温州，在浙江省立温州师范学校[⑨]任教一年，并为该校谱写了校歌。根据缪先生当时的学生李森南回忆：

"他第一次教我们唱校歌，'在此抗战建国期中，更要修养到……'那种飘逸的神情，是我今生所不能忘的。在夏季里，他穿着一套白帆布的西装，给我印象很深，走起路来，似也具深

[①] 如缪先生编译的美国音乐家该丘斯（P.Goetschius）的《和声学》《曲式学》《应用对位法》等，均为缪先生在国立福建音专时的和声、曲式、对位等课程的讲义。参见以上各译著之"序"，或向延生主编《中国近现代音乐家传》第一卷，春风文艺出版社 1994 年版，第 766 页。而《基本乐理》是天津音乐学院音乐专业的讲义，写于 1972 年，1977 年 6 月修改，1979 年由人民音乐出版社出版，2002 年再版，见该书"序言"。
[②] 本文赞同汪洋先生的研究。1933—1937 年、1939—1941 年的八年间，缪先生未从事实际教育工作，但先后担任《音乐教育》和《乐风》的主编；1933—1937 年还任江西省中小学音乐视察员。故，仍为教育实践。
[③] 有关分期，本文参考了国华的研究成果。但是，国华先生的第一个时期为：从上海至重庆（1926—1941），本文以为与史实略有出入，因为缪先生 1926 年毕业以后即到家乡的省立第十温州中学附属小学教书。故，这一时期当从温州算起。参见《缪天瑞音乐贡献评述》，首都师范大学出版社 2007 年版，第 12 页。
[④] 1923 年入校时为上海艺术专科师范学校，师从于吴梦非、刘质平、丰子恺、徐希一、钟慕贞等人，专修钢琴。参见缪天瑞《致力办学的音乐理论家吴梦非老师——纪念吴梦非老师逝世 25 周年》，载《音乐随笔》，人民音乐出版社 2009 年版，第 255 页。原文刊登于《天津音乐学院学报》2005 年第 4 期。
[⑤] 这 15 年间，缪天瑞先生出版了以下著述：1929 年出版了自己创作填词的《中学新歌》(上海三民图书公司），1929 年编译出版了俄国钢琴家列文的《钢琴基本弹奏法》(上海三民图书公司），1935 年编写了《世界儿歌集》（上海开明书店）。
[⑥] 1927 年，与同学王公望、陈垂平、张闻天、吴成钧、金作镐、侯中谷在温州中山公园旁边创办了私立温州艺术学院，缪天瑞任教务主任。关于这所学校，缪先生 2005 年 6 月 22 日给本文作者的一封信中写道："没靠山，一年后就负债停办了。"
[⑦] 缪先生 2009 年 6 月 22 日给笔者的信中，还提到"温州大学应该办音乐附小"的事情。
[⑧] 1933—1938 年，缪天瑞先生除主编《音乐教育》外，还担任江西省中小学音乐教学视察员，并利用《音乐教育》杂志这个平台，对当时普通音乐教育工作者面临的实际问题，提供一些解决办法以及指导性的意见，并出版"小学音乐教育"专号。
[⑨] 即今天的温州大学，创办于 1933 年。

情雅致。他只管自己教课，其他学校琐事，一概置于身外。我极欣赏他的教学及从业态度。"[1]

1939 年 10 月，缪先生在重庆教育部音乐教育委员会工作。他与江定仙、陈田鹤、胡彦久先生等主编音乐杂志《乐风》（双月刊）。[2] 从 1941 年 8 月开始，缪先生兼任重庆国立音乐院讲师，教乐理，同时还兼授音乐教员教习班的音乐教学法。1942 年 3 月，应国立福建音专蔡继琨校长之邀，赴福建永安任该校教务主任，直到 1945 年 8 月。在国立福建音专工作的三年多时间，给缪先生留下了深刻的印象。[3] 缪先生教钢琴、和声、对位、曲式等课程，并担任师范科的音乐教学法。1945 年 9 月，因同情并救助被捕学生而遭"自请离职"，离开福建音专回到家乡，在温州师范学校任教。[4]1946 年 10 月，又应蔡继琨先生之邀，到台湾任台湾省交响乐团编辑室主任，主编《乐学》杂志，后任副团长，一直到 1949 年 5 月回大陆。

1949 年 8 月之后，缪先生到中央音乐学院（天津）担任研究室主任、教务主任，后任副院长[5]，直到 1958 年中央音乐学院迁到北京。这九年间，缪先生一直抓教学管理工作，为我国的音乐教育事业培养了大批人才。

1958 年，中央音乐学院迁京，他受河北省政府邀请，留任天津音乐学院院长，直至 1983 年。在天津音乐学院的 25 年是缪先生最重要、最辉煌、最坎坷的 25 年。[6] 缪先生始终以人才培养为中心，狠抓教学管理、师资队伍、教学设施等建设，使天津音乐学院的教学质量得到全国同行的肯定。

1983 年 7 月，赴中国艺术研究院音乐研究所任研究员，直到 1989 年 5 月离休。这六年间，缪先生专注于辞书的编纂工作。[7] 与此同时，缪先生仍不忘音乐教育[8]，同时还担任博士生的导师。

三、缪先生有科学的教育思想

缪先生教育思想之核心——尊重教育规律，育人为本。这也就是本文提出先生"科学"教育思想之原因。音乐与科学相通，艺术与科学联合，从孩子抓起，提高全民素质，则是缪先生教育思想的目标总括。

---

[1] 李森南，青年求学在温师，见温州大学校庆 75 周年时编写的《学府梦寻：温州大学 75 周年》，浙江摄影出版社 2008 年版，第 171 页。本文作者按：省略号的内容是"个个是文化战士，民众先锋"。
[2] 《乐风》以中小学音乐教师为对象。
[3] 当时的国立福建音专在永安，这里相对偏僻、远离战火。缪先生专注教学、管理和研究工作。他广揽人才，黄飞立、刘天浪、陆华柏、唐学咏、萧而化、李嘉禄、王沛纶、德国籍曼哲克夫妇、保加利亚籍尼格罗夫等都在该校教书。培养了一批音乐家：汪培元、孟文涛、颜廷阶、陈暾初。这期间缪先生翻译了该丘斯的理论丛书《和声学》《曲式学》《应用对位法》，作为教学讲义，这也从国立福建音专北京校友的聚会及为先生的多次祝寿可以观之。
[4] 参见叶林《回忆原国立福建音专的反蒋斗争》，《福州党史通讯》1992 年第 2 期。
[5] 参见汪毓和《中央音乐学院院史》之"中央音乐学院大事记"。缪天瑞先生开始在中央音乐学院任下列各职的起始时间为：1949 年 11 月 15 日始任研究室主任，1950 年 4 月 24 日始任教务主任，1954 年 5 月 26 日始任副院长。
[6] 汪洋先生将缪天瑞先生在天津音乐学院工作的 25 年概括为：辉煌的 1958—1963 年，遭遇无奈的 1964—1976 年，面临第二次创业的 1976—1983 年。参见汪洋《缪天瑞音乐教育思想研究——纪念缪天瑞先生逝世二周年》，《中国音乐》2011 年第 4 期，第 83 页。
[7] 缪天瑞先生任《中国大百科全书·音乐 舞蹈》副主任、《中国音乐词典》主编、《音乐百科词典》主编。
[8] 在缪天瑞先生主编的《音乐百科词典》中，有关"音乐教育"的词条达 100 条，3 万字。

缪先生从事音乐教育的60多年里，教遍了作曲技术理论、音乐史、基本乐理、音乐教学法及钢琴演奏等课程。从小学的一线教师到音乐学院的院长，缪先生参与创办了温州艺术学院（1927年），组建了天津音乐学院（1958年）。这不寻常的教育实践，以及缪先生对我国近百年来社会发展的深刻认识，为他扎根科学的教育思想，奠定了理论与实践基础。从某种意义上讲，则全方位构建了缪先生完整、科学的教育体系。

缪先生的青少年时代，正值中西方文化大碰撞，新旧制度大冲突的时代。缪先生选择了"新学"之道，认识到"欲改造国民之品质，则诗歌、音乐为精神教育之一要件"。"效法西乐，改良旧乐，创造新乐"成先生追求之目标。[①] 作为李叔同先生的支系再传弟子[②]，缪先生视"音乐启蒙"和"教育救国"为己任，始终贯穿于先生的百年人生之中。为了实现以上目标，缪先生的教育实践，突出体现在五方面：第一，注重文化修养，提倡"一专多能"；第二，适应社会需求，突出专业特色；第三，践行音乐教育的民族化是其教育准则；第四，教学为中心、实践出真知，是其教育行动的高度概括；第五，办好学的关键是师资。这，也是缪先生科学的教育思想之主要内容，至今仍有现实指导意义。

（一）注重文化修养，提倡"一专多能"

缪先生把"一专多能"的教育思想视为全面打好基础的组成部分。这是培养具有广泛适应性和真正高质量人才的教育体系之长远需要。[③] 缪先生认为，音乐的学习者、研究者需要具备综合的知识结构。缪先生曾在2004年和2005年先后撰文，纪念他的老师吴梦非和丰子恺两位大师。缪先生明确指出，这是为了"提倡一种'综合'或'融合'的艺术教育思想"。

在2002年年末，缪先生给本文作者的来信中，谈到了李岚清副总理在中央音乐学院庆祝教师节音乐会上的讲话。缪先生说："李岚清副总理对艺术教育、素质教育一直以来很关心，很重视，这是有远见的。"音乐教育工作者应是一个"通才"而非"专才"。在缪先生眼中，丰子恺、吴梦非等艺术教育家都是通才而非专才。在这两篇文章中，缪先生很少提及自己与业师之间那鲜为人知的情谊，而用大量的笔墨叙说着两位老师实施艺术教育之史实。在缪先生看来，人才培养的最高境界是：音乐与科学相通，艺术与科学联合。笔者理解，就普通教育而言，重视音乐艺术与科学精神的培养，就是"素质教育"。这或许就是对缪先生科学的教育思想的另一种诠释。这也是一个近百岁的音乐老人，对音乐与科学、艺术教育、素质教育等事关

---

① 梁启超：《饮冰室诗话》，《新民丛报》1902年。
② 缪天瑞先生师从吴梦非、丰子恺，而吴、丰皆师从李叔同先生。缪先生是李叔同的支系再传弟子。参见杨和平《先觉者的足迹——李叔同及其支系弟子音乐教育思想与实践研究》之"缪天瑞的教育思想与贡献"，上海音乐出版社2010年版，第133—147页。
③ 参见狄少华《缪先生办学思想一二》，载高燕生、刘连捷主编《缪天瑞音乐生涯》，河北教育出版社2000年版，第162页。

国家与民族发展问题的牵挂、呼吁和担忧。①

缪先生认为，现今的艺术教育分工过于明细，老师和学生的知识结构越来越单一。

"要想把金字塔造得高，就要把底盘打得宽，'博'是'高'的基础，这难道不是尽人皆知的道理嘛！1996 年，我曾将日本国立音乐大学附中开设文化课的情况，书面介绍给天津音乐学院附中，并希望他们改变'单打一'的局面。不知后果如何。我始终坚信，无论叫'一专多能''多面教育'或'素质教育'，要加强文化基础，拓宽专业知识面，都切合今日的教育体制改革，而且都有利于今日的教育体制改革，有利于人才的培养和民族素质的提高。"②

艺术与文化永远要并进，学生整体的文化素质的提升，是培养真正音乐人才的前提。"一专多能"要建立在此基础之上。"若连文化都没有了，那还谈什么'一专多能'。"③

在缪先生眼里，专业音乐教育和普通音乐教育无高下。缪先生以为，提高全民素质才是包括音乐教育在内的所有教育的主要目标。他认为，整个中国音乐事业的提高，必须要有民族整体音乐素养的明显提高作为依托。专业音乐教育与普通音乐教育，只是具体教学的内容和培养的方法不同，培养性质的不同。缪先生认为普通音乐教育是"提高全民族的音乐素质、面向广大年轻一代而实施的音乐教育"④，强调"普通音乐教育的本质是向学生进行音乐审美教育"⑤，提高民族音乐文化素质，要注重激发和培养儿童的学习兴趣，适合儿童特点以及其发展的需要。普通音乐教育应以如何更好地实施美育为出发点和归宿点。在专业音乐教育上，他则强调系统性、基础性和规范性，要定位准确、突出特色，要有相对完整、稳定的教学进度计划以及以授课计划为依据的教学内容和教学方法的监督管理机制，要重视师资队伍建设等。同时，缪天瑞先生认识到社会业余音乐教育的重要性。强调要开放办学，通过多层次、多渠道的举办各种类型的进修班、专修班、函授班、夜大学等，提高全社会的整体音乐文化素质，从而推动全民族的整体音乐水平。⑥ 这，便是缪先生科学的教育思想的完整阐释。

缪先生一直强调普通音乐教育是专业教育赖以发展的基础。他提倡附小、附中、大学一条龙的办学模式，确保专业人才的良好基础。即，办好附小、附中是高等音乐教育自身发展的基

---

① 1998 年 10 月，天津音乐学院 40 周年校庆期间，缪天瑞先生对某些同志说："一专多能是我在教学上一直主张的大方向问题，它不只是个教学方法改革或关系就业的问题。我早在天津音乐学院多次提出，却无人赞同，所以从来没有认真实施过。这是造就音乐人才的大问题，现在中国的教育改革也正朝着这个方向走。过去上海音乐学院（1949 年以前）就没有主科和副科（不知道现在如何）。美国也早就重视'多面教育'，一个学生从一个大学毕业以后，还可以再读不同专业的第二个大学。世界各国的大人物，包括马克思，都是多能的。我知道日本有一所医科大学，不仅有学生交响乐队，连指挥、独奏全是业余的，但水平很不错。日本国立音乐大学可以顺利地考入其他专业大学。我们过去也是如此，就连江南丝竹老艺人都是一专多能的。而眼下我们的学生却入学是《十面埋伏》，大学毕业考试还是《十面埋伏》。据说，现在的音乐院校，文化与外国语水平已经降到了最低点，这怎么得了！连文化都没有了，那还谈什么'一专多能'。"参见狄少华《缪先生办学思想一二》，载高燕生、刘连捷主编《缪天瑞音乐生涯》，河北教育出版社 2000 年版，第 162、163 页。
② 狄少华：《缪先生办学思想一二》，载高燕生、刘连捷主编《缪天瑞音乐生涯》，河北教育出版社 2000 年版，第 163 页。
③ 2006 年缪先生给本文作者的一封信里，先生谈道："你一定要做个有学问的人。现在有的博士想去当警察，人家还不要。"
④ 缪天瑞主编：《音乐百科词典》之"普通音乐教育"词条，人民音乐出版社 1998 年版，第 478 页。
⑤ 缪裴言：《音乐教育研究的一位不倦的开拓者——缪天瑞先生音乐教育思想研究》，载高燕生、刘连捷主编《缪天瑞音乐生涯》，河北教育出版社 2000 年版，第 45 页。
⑥ 天津音乐学院在 20 世纪 60 年代初期，有各类业余学生达 400 多人，当时该校的全日制学生不到 900 人。

础。① 在天津音乐学院初创之时，他就主张着眼于抓附中。缪先生认为，普通音乐教育的发展，从战略高度来看，不仅影响着专业音乐教育，而且关系到全国人民的文化素质，绝不能可有可无、等闲视之。普通音乐教育为专业音乐教育发现、准备人才的同时，也为专业音乐的发展提供了受众与欣赏者。反之，专业音乐教育应该关注普通音乐教育，要与有经验的普通教育音乐工作者联手，推动普通音乐教育的相关教学、科研与创作。

专业音乐教育和普通音乐教育无高下的观念，深入了缪先生的认识深处。这在先生不同时期的著述中，时有体现。如反映缪先生普通音乐教育实践的总结之作《小学音乐教材与教学法》，在中央音乐学院期间完成出版的《儿童节奏乐队》，以及 2012 年出版的《中小学音乐教育词典》②。1984 年，缪先生 76 岁高龄时还去日本专门考察中小学音乐教育，归国后把访问所得，"书面告知天津音乐学院附中，作为课程改革的参考"③。

（二）适应社会需求，突出专业特色

缪先生提出，办学一定要建立在调研的基础上。办学要根据社会需求以及实际可能来定位。地方院校要根据自己的实际情况，突出专业特色，而非求大、求全、求同。1958 年，天津音乐学院组建初期，大部分的教师和员工都是从中央音乐学院留下来的，所以大家在工作中不自觉地采用原中央音乐学院的做法。缪先生当时就说："中央院的许多做法都是我们所应该学习的，但是在学习的过程中要经过我们自己的消化。因为我们是地方性院校，面对着和他们不同的实际和客观需要。我们的一切设想都要从我们的实际出发，这不是孰高孰低的问题。"④

为寻求符合当时实际的教学模式，缪天瑞先生收集苏联、日本和欧美的三套教学方案，通过民主讨论，各取所长，自成一体。培养了一批符合社会要求的人才。为了解决社会文艺活动的需求，1959 年，缪天瑞先生提出在音乐学院开设手风琴专业，并要办好这个专业。他认为，手风琴便捷正好适合社会大众文娱所需。并鼓励钢琴专业的学生要学会手风琴，要求钢琴系开手风琴副科，等成熟之后再开主科。至今，天津音乐学院的手风琴专业已成为国内最有影响的专业之一。

今天，全国各个音乐学院都在办师范专业，却很难突出"师范"特色。缪天瑞先生早在 60 多年前，在国立福建音专任教务主任时，即对师范专业之办学予以准确的社会定位。他认为师范生的就业方向主要是普通音乐教育，故，教育方式不可一味地按照表演的模式走。

"对师范专修科的课程，从实际需要出发，围绕着如何培养合格的音乐师资来安排……这样培养出来的学生，不仅会弹、会唱、会作曲，而且会演奏一两种西洋或民族管弦乐器。学生

---

① 自 2005 年以来，缪先生在与本文作者的通信中，三次提到"你们学校要考虑办音乐附小、音乐附中"。在 2008 年 8 月 24 日的一封信中，先生说："我也读了有关全国 80 多所音院开会的情况，很有感触。我认为音院'大跃进'不是件好事。我认为，学习音乐，技术性极强，胜过绘画、雕塑等不知多少，花钱较多，要从小学起。初中学生开始学钢琴已太晚。"2005 年 5 月 21 日，本文作者前往北京看望缪先生，先生再次强调说："你们是地方大学，要把握地方性特点，办学上不要照搬专业音乐学院。"

② 缪裴言、章连启、汪洋主编：《中小学音乐教育词典》，上海音乐出版社 2012 年版。有缪天瑞先生 2007 年 6 月 1 日作的"序"。

③ 缪天瑞：《回忆吕骥同志》，载《音乐随笔》，人民音乐出版社 2009 年版，第 278 页。

④ 厉声：《缪天瑞教我当院长——为庆贺缪老九十华诞而作》，载高燕生、刘连捷主编《缪天瑞音乐生涯》，河北教育出版社 2000 年版，第 146 页。

掌握的专业知识比较全面，且根据各人情况，有所专长。"[1]

（三）践行音乐教育的民族化

践行音乐教育的民族化，是缪先生的教育准则。这或许源自缪先生幼年、少年时代，浙南民间音乐文化对他如磁场般的熏陶。[2] 缪先生翻译过大量的作曲理论、音乐学及钢琴演奏等理论著述。或许正是他谙熟西方的音乐技术理论，在另一高度认识到了技术与文化间的关系：技术只是阐释文化的手段。故，在缪先生的教育实践中，不走西化之路，而是"洋为中用"。在教材的编写、音乐理论研究、音乐创作及专业建设诸方面，缪先生始终强调音乐教育的民族化。

"用民歌、民间音乐作为中小学音乐教材，这样就在吸收国外教育理论和方法的同时，避免了'洋化'的倾向。"[3] "本国的民歌，不能轻视，应视其性质，多多采用为教材。国外音乐教师多将民歌照原或配以新词，作为小学唱歌教材，这些民歌的教材，常被国人翻译或另填新词而介绍过来。但是在另一方面，却有人反对采用本国民歌为教材，以为俗而不雅，舍自己的民歌而不唱，却唱外国的民歌，即使头脑最简单的人，也知其为不合理。我国有许多优秀的儿童民歌（儿歌、童谣），为历代人们精选、加工而流传下来……属音乐艺术的珍品。"[4]

缪先生践行了他的音乐教育民族化之理想。这在其专著以及他在江西主编的《音乐教育》，便可见一斑。在《小学音乐教材及教学法》之附录"唱歌教材举例"的37首歌中，选用江西、湖北、四川、广东、山东、北京、内蒙古等不同地区及民族的民歌10首，为教材的民族化起了示范作用。另外，缪先生的专著《基本乐理》中也选用了大量的民族音乐谱例，践行其"洋为中用"的教育思想。在江西省推行音乐教育委员会工作期间，他主编的《音乐教育》上登载各地民歌，以供当时的教学和研究之用。[5]

缪先生认为要借鉴西方作曲技术理论，以利于整理、研究我们的民族音乐，创造具有民族性的新音乐，但不能照搬西方。缪先生说："从传统的里面吸取新的东西。从传统走向创新，这并不等于没有根。根据传统走向创新，不是没有根的创新。"[6]

缪先生在《欧洲音乐的和声史述要》中，论述"继承传统与创新相结合的和声"时，引用了蔡特金《列宁印象记》之"列宁论文学艺术"中的一段话："即使美是'旧'的，我们也必须保留它，拿它作为一个榜样，作为一个起点。为什么只因为'旧'，就要抛弃真正的美，拒绝承认它，不把它当作进一步发展的出发点呢？为什么只因为那是'新'的，就要把新的东西

---

[1] 何方：《我们敬爱的老师缪天瑞》，载高燕生、刘连捷主编《缪天瑞音乐生涯》，河北教育出版社2000年版，第48页。
[2] 2008年4月修改完成了《〈十景开场〉琐记》。足见家乡的民间仪式音乐在百岁学人心中的重要地位。参见缪天瑞《音乐随笔》之"音乐随想篇""回忆篇"，人民音乐出版社2009年版，第21、231、233页。
[3] 缪裴言：《音乐教育研究的一位不倦的开拓者——缪天瑞先生音乐教育思想研究》，载高燕生、刘连捷主编《缪天瑞音乐生涯》，河北教育出版社2000年版，第46页。
[4] 缪天瑞：《小学音乐教材及教学法》，上海万叶书店1947年初版。参见天津音乐学院《缪天瑞音乐文存》编委会编著《缪天瑞音乐文存》（第二卷），人民音乐出版社2007年版，第599页。
[5] 参见汪洋《缪天瑞音乐教育思想研究——纪念缪天瑞先生逝世二周年》，《中国音乐》2011年第4期。
[6] 吴静：《音乐创作的民族化问题——缪天瑞先生采访报告》，《音乐创作》2006年第3期。

当作供人信奉的神一样来崇拜呢？那是荒谬的，绝对是荒谬的。"①

缪先生以此为据，来论证传统与创新的关系问题，强调了传统的重要。

缪先生就民族音乐理论的重要研究，集中在《律学》中。通过对我国民族音乐律制的探讨，指出我国民间多声部音乐纯律音程存在的可能，以及戏曲音乐和民族器乐中滑音应用的音律规范性，并提出，要组织研究秦腔、花鼓戏等民间音乐的律制核定等。这些对我国民间音乐的研究具有一定的科学性指导意义。

缪先生的民族化教育理想，还体现在他主持天津音乐学院时的专业建设上。为了让学生掌握民族乐器，他创造条件成立了民乐系，而在声乐系设民族声乐专业，鼓励作曲专业的学生，努力学习民间音乐，聘请民间艺人到学校讲学，在继承民族传统的同时，借鉴西方作曲技术，走自己的创新之路。缪先生对民间音乐及民间艺人的重视，是发自内心的。故，在选编《百岁学人缪天瑞》百年华诞影集时，先生为未能找到一帧民间艺人来天津音乐学院授课的相关影像资料而遗憾。②

"切磋现代乐艺，发扬民族精华"是缪先生在他百年诞辰之际，为温州大学音乐学院的题词，这是先生对发扬中国民族音乐的真知灼见。③

（四）教学为中心、实践出真知

教学为中心、实践出真知。这是对缪先生教育历程的高度概括。缪先生在60年的教育历程中，始终以教学为中心，重视音乐实践。缪先生以为，以教学为中心，是办学秩序能够规范的保障，这是不可改变的艺术教育规律。故，无论他在国立福建音专还是中央音乐学院，以及他亲手创办的天津音乐学院，即便在1964年的"四清"运动、1965年春天的"下乡办学"等特殊年月，都丝毫不能动摇缪先生的教学中心理念。另外，缪先生提倡开放办学。在国立福建音专任教务主任期间，对当时的教学体系多样化状况，他主张互相尊重、互相切磋。就理论作曲教学而言，缪先生与萧而化、陆华柏采用了不同的理论体系。④

缪先生非常关注艺术实践和教学的紧密结合，提倡强化艺术实践和创新能力的培养，但前提是学校必须确保正常的教学秩序，根本目的是为培养人才打好坚实的基础。故，艺术实践必须按教学计划进行，按不同专业，规定适度的时间和适当的方式，这样才能配合教学，有利于教学。在此理论指导下，学生们的学习主动性和目的性有了显著提高，同时极大地提高了教学质量。天津音乐学院在建院四年后，就显示出了教学的重大成果。以至于周巍峙先生对原上海音乐学院院长贺绿汀说："老三要赶上来了，你们要警惕啊！"⑤

---

① 缪天瑞：《欧洲音乐的和声史述要》，载《音乐随笔》，人民音乐出版社2009年版，第106页。
② 参见汪洋《缪天瑞音乐教育思想研究——纪念缪天瑞先生逝世二周年》，《中国音乐》2011年第4期。
③ 这是2008年8月25日的信（按：当时先生写了两页信，其一落款日期为2008年8月24日，其二为2008年8月25日），缪先生写道："去年温大有人来，叫我写几个字给你院，我就写了十二个字（见上页。按：即8月24日的信）。这人可能认为我是说'空话'，所以没交出，其实我不说空话，有针对性。这是几百年欧洲和一百年来我国的经验，未必一无是处。"
④ 缪天瑞先生全力介绍该丘斯的理论体系，萧而化介绍普劳特的理论体系，陆华柏介绍柏顿绍的理论体系。
⑤ 狄少华：《缪先生办学思想一二》，载高燕生、刘连捷主编《缪天瑞音乐生涯》，河北教育出版社2000年版，第161页。

（五）办好学的关键是师资

缪先生认为，一所学校要提高知名度，就得培养出高质量的学生，而高质量的学生是高水平的老师培养出来的。缪先生很清楚加强师资队伍建设是保证教学质量的根本。1945年，缪先生刚到国立福建音专时，该校师资缺乏，先生便到处发信，广揽人才。知名教育家顾西林、顾宗鹏、刘天浪、黄飞立、章彦、卢前、陆华柏、薛奇逢、徐立德、李嘉禄等都在国立福建音专工作过。[1] 天津音乐学院建院初期，各方面的师资奇缺。缪先生说："要开设一个新的专业甚至就是想要开设一门新的课程，也首先要准备好称职的和足够的师资，让他们先编出教材，经过开副科或开讲座的方式试用，可以了，再正式开设。在这个问题上是不能有盲目性的，只讲需要不看可能是不行的，否则就要误人子弟。……能请进来的请进来，请不到的自己专门培养，或者选派优秀学生到中央院和上海院，请他们代培。"[2]

缪先生关心家乡音乐教育师资建设。2005年5月21日，笔者去北京拜访缪先生时，先生颇为激动地问："温州大学音乐学院的师资怎么样？……西方的音乐教育很发达的，但西方任何一个国家都没有中国的音乐学院多，听说我们现在有八十多个音乐学院了……"他以自己从事专业音乐教育的经历，和当下专业音乐教育的现状进行对比后，语重心长地说："办学要有方向，要有长远计划——30年，50年，100年……现在的音乐教育，因为扩大招生和一些院校师资力量的薄弱，教学效果不及以前学生少的时候了。这样下去，会给社会带来了许多不安定的因素……我根据多次办学的经验，认为你院可以不急于向高，搞国家什么计划，而应先向低，创办'音乐小学'，打好师资、生源的长远基础。这样，三十年后，你就有大量人才。"

缪先生心系年轻教师的成长。他知道笔者教音乐技术理论，故，在几次来信中提及："你要教有声音的音乐，你自己也要多听音乐。""暑假时可以选择去上海进修，你们学校若不善于推荐，你就告诉我，我来推荐。"有一封信中还特别给笔者建议："四部和声的教学可以从对位开始，陈洪先生的教材很好……如无感性基础（视唱练耳、钢琴、和声），也是学不好的。"最令笔者感动的是，缪先生赠给笔者的三卷本"文存"，在多处用红色笔批注过，甚至连乐谱上的小装饰音都不放过。想想缪先生的晚年，每天坚持写作两个小时的情况下，拿着放大镜作如此细致的批注，不知费了缪老多少心血……缪先生作为一位长期从事音乐教育的老音乐家，足见其对年轻后学的真切关爱，也从一个侧面反映了缪先生对师资建设的高度关注。

总之，缪天瑞先生的教育实践及科学的教育思想之形成，与中国音乐文化的百年发展同步。作为李叔同再传支系弟子的缪先生，继承了丰子恺等人的教育思想，在其教育实践过程中凸显着音乐教育的社会教育功能。通过对缪先生科学的教育思想之梳理，反观其教育实践，反思其教育内涵，我们发现，60多年来缪先生强调的中心即为——音乐教育的内涵要与民族兴衰等社会内涵同呼吸、共命运。在与缪先生书信往来的10多年间，笔者感触最多的，是缪先

---

[1] 参见汪洋《缪天瑞音乐教育思想研究——纪念缪天瑞先生逝世二周年》，《中国音乐》2011年第4期。
[2] 厉声：《缪天瑞教我当院长——为庆贺缪老九十华诞而作》，载高燕生、刘连捷主编《缪天瑞音乐生涯》，河北教育出版社2000年版，第147页。

生对目前中国教育中依然普遍存在的应试教育、功利教育思想及缺乏良性循环的社会宏观调控诸问题的忧虑。这，或许是缪先生科学的教育思想给当今音乐教育的重要启迪，应当警觉、值得反思。

原载《天津音乐学院学报》2012年第4期

王文韬：生于1971年，温州大学音乐学院副教授

天涯多芳草　流水有知音

——纪念音乐学家缪天瑞先生诞辰 110 周年

王文韬

在中国音乐百年发展历程中，不断涌现具有高度文化自觉之先行者，他们孜孜以求、研习古今、著书立说、不断开拓，为中国音乐事业的发展和创新做出了突出贡献，音乐学家缪天瑞堪称其中的杰出代表。

缪天瑞先生在律学研究、音乐教育、辞书编纂、编译音乐著述、创办刊物等方面，有着卓越的成就。他曾是第三、四、五、六届全国人民代表大会代表，历任国立福建音专的教务主任，中央音乐学院教务主任、副院长，天津音乐学院院长，天津市文化局副局长，天津市政协副主席，中国艺术研究院研究员，是国务院批准的第一批硕士、博士研究生导师。1999 年 9 月 10 日，中华人民共和国文化部授予缪天瑞先生"文化部第一届文化艺术科学优秀成果奖特别奖"；2001 年 5 月，中国文学艺术界联合会、中国音乐家协会为缪天瑞先生颁发了首届中国音乐金钟奖"终身荣誉勋章"。

一、百岁学人，皓首穷经

缪先生是我国现代律学学科的开拓者。缪先生一生致力于律学研究，该学科经缪先生的探索与梳理，得以在 20 世纪重发新枝，从只有极少数人掌握而显得晦涩难懂的隐学，变为浅明易懂的显学。他的学术专著《律学》①曾四次修改增订,从 1947 年成书到 1996 年版的修改,可谓"十年辛苦不寻常",该书一经出版便成为普及律学知识的畅销书,终成我国近代音乐学术史上一部律学匠心之作。

缪天瑞先生是杰出的音乐教育家。缪先生从事音乐教育工作 60 余载,先后执教于浙江省立温州中学附属小学、私立温州艺术学院、上海新陆师范学校、上海滨海中学、同济大学附属中学、中华艺术大学、武昌艺术专科学校、重庆国立音乐学院②、国立福建音乐专科学校、浙江省立温州师范学校、中央音乐学院、天津音乐学院、中国艺术研究院。缪先生强调办学的核心是培养高质量的学生,他关怀音乐启蒙教育的普及工作,创作出版了《中学新歌》③,编选了《风琴钢琴合用谱》,在收集中外民歌、名曲基础上,编辑出版了《中国民歌集》《中外名歌一百曲》《世界儿歌集》④等基础音乐教育必需的教学资料。《小学音乐教材及教学法》⑤是理论和实践密切结合的教学法专著,被收入 1996 年 11 月复旦大学出版社出版的《中国学术名著提要·艺术卷》。

缪天瑞先生是我国社会音乐普及教育的探路人。缪先生除学校音乐教育外,还致力于社会音乐教育。缪先生积极创办、主编或参编过 5 种音乐专业刊物,通过普及、推广、传播音乐知识,为音乐学术研究探路。如主编《音乐教育》(1933 年,江西)⑥,与胡彦久、江定仙、陈田鹤编《乐风》⑦(1939 年,重庆),主编《乐学》⑧(1946 年,台湾),主编《人民音乐》(1950 年),曾任《中国音乐学》名誉主编(1985 年)等。缪先生在中国音乐教育方面的建树与成就影响深远,泽被几代音乐学子。

缪天瑞先生是"百科全书"式音乐家。缪先生编撰了多部中国音乐辞书,为构建当代中国音乐学知识体系做出了奠基性和开拓性的贡献。温州记者金辉先生曾向缪先生请教养生之道,

---

① 缪天瑞的《律学》,收入周谷城主编的《中国学术名著提要·艺术卷》,复旦大学出版社 1996 年版。其中"音乐编"共收录自先秦至现代的音乐著述 63 部(现代名著 16 部)。其实只有 14 部,因为吴梅的《顾曲麈谈》属戏曲概论,吴晓邦的《新舞蹈艺术概论》不应列入音乐编。在 14 部名著中,缪天瑞先生的《律学》《小学音乐教材及教学法》列入其中。
② 1941 年 8 月,缪天瑞兼任重庆国立音乐学院讲师,为音乐教员讲习班教《乐理》。
③ 1928 年下半年,缪天瑞在老师傅彦长先生的帮助下,为上海的一家书店谱写活页歌,部分作品 1929 年 1 月以《中学新歌》为名,在上海三民图书公司结集出版。傅彦长(1891—1961),湖南宁乡人。早年曾在上海专科师范学校、上海务本女校等校任教,讲课颇受欢迎,被学生们称为"富于精神和爱,可亲的先生"。后曾游学美国和日本,1923 年 2 月回国,在上海艺术师范大学、中华艺术学校、中国公学、同济大学等校,教授艺术理论和西方艺术史,并出任上海音乐会会长。是 20 世纪 20 年代知名的自由派作家,对西方艺术较有研究,特别是在现代音乐史研究方面颇有影响。
④ 《世界儿歌集》,1935 年由上海开明书店出版。钱君匋先生设计为五线谱、简谱对照,读谱便利。在当时属于较新颖的排版,深受读者欢迎。
⑤ 《小学音乐教材及教学法》,1947 年由上海万叶书店出版,后来又发行了数版,2009 年人民音乐出版社再版。该著列入《中国学术名著提要·艺术卷》,复旦大学出版社 1996 年版。
⑥ 《音乐教育》是月刊杂志,创刊于 1933 年 4 月,由江西省推行音乐教育委员会(隶属于江西省教育厅)主办,为该会会刊。自创刊号到 1937 年 12 月终刊号,历时 5 年,共出了 5 卷计 57 期,即 1933 年第 1 卷 1—9 期,第 2 卷至第 5 卷 1—12 期。创刊时的主编为萧而化先生,从第 1 卷第 6、7 期合刊起,由缪天瑞先生负责编辑,从第 3 卷第 1 期起,由缪先生担任主编。
⑦ 《乐风》从 1940 年 1 月创刊到 1944 年 6 月停刊,历时 5 年,共办刊 20 期。其中,1940 年 1 月的创刊号,由胡彦久、缪天瑞、江定仙、陈田鹤负责创办;1941 年复刊后由熊乐忱任社长,缪天瑞任编辑主任;1941 年第 1 卷第 10 期、11—12 期,熊乐忱任社长,缪天瑞、陈田鹤任编辑主任;1942 年,熊乐忱任社长,陈田鹤、顾樑任编辑主任;1943 年、1944 年,熊乐忱任社长,江定仙、段天炯、陈田鹤、张洪岛、杨荫浏为编辑委员。
⑧ 《乐学》从 1947 年 4 月 30 日创刊至 1947 年 10 月 31 日,6 个月共出版 4 期。

先生认为是"舍得放弃"。1983年7月，75岁高龄的缪天瑞先生"放弃"了天津市政协副主席、天津音乐学院院长之职，作为普通研究员到中国艺术研究院音乐研究所工作，默默耕耘于中国音乐学术研究之沃土。在中国艺术研究院工作的26年间，缪先生倾其全部精力于音乐辞书编纂，先后完成了《中国音乐词典》（正编、续编）、《中国大百科全书·音乐 舞蹈》、《音乐百科词典》[1]以及《英汉辞海》（译部分音乐条目）的编写与主编。在以上辞书之音乐术语及概念的规范厘定等方面，无不浸透着缪天瑞先生的汗水与心血。

缪天瑞先生在编译西方音乐著述上贡献卓著。20世纪20年代，我国音乐理论研究刚刚起步，缪天瑞先生便开始翻译介绍英、美、俄、日等国的音乐理论成果，其编译的著作涉及钢琴演奏、作曲技术理论、音乐美学等诸多领域。缪天瑞先生的专著、编著及译著，迄今已出版近30部。其中，他编译的美国现代音乐理论家该丘斯（P. Goetschius，1853—1943）的系列著作，包括《音乐的构成》《曲调作法》《曲式学》《和声学》等，成为20世纪中国专业音乐教育的重要教材，同时也大大促进了我国专业音乐创作以及作曲技术理论的发展。值得重视的是，缪先生在规范西洋乐器译名上，也做出过重要贡献。如对提琴类乐器的命名，缪先生因其大小依次命名为大提琴、中提琴、小提琴等，这与朱自清先生在其散文名作《荷塘月色》中提到的梵婀玲相比，缪先生的译法更直观、更形象；缪先生在98岁时，仍然游走于他钟爱一生的音乐翻译事业，与青年学者冯长春合作出版了萧友梅先生的导师、德国音乐家胡戈·里曼（H. Riemann，1849—1919）的《音乐美学要义》[2]，缪先生认为该著当列入名著之列[3]。缪先生翻译的著述，审慎严密、深入浅出，影响了几代学人。

缪先生视学术为圭臬的高尚品格，令人肃然起敬，先生以"人生朝露，艺术才是千秋"为其立身、治学、谋事之矩，兼济中西、博古知今的学者风范，在音乐理论研究的发展和创新上孜孜以求，独树一帜。

二、天之骄子，瑞气祥彩

"音乐知识要学，音乐技能要练，而乐感要靠熏陶，要在不求甚解中慢慢感受音乐。"这是缪天瑞先生对自己初识音乐及学习过程的追忆。受祖父缪寿枢的影响，缪天瑞先生自幼酷爱音乐。早年的缪天瑞就有了丰富的音乐实践，这为其日后成为"百科全书"式的音乐家奠定了实践基础。在缪天瑞先生1933年发表的文章《我的幼年时代的音乐生活》[4]中，记录了缪先生15岁前的诸多音乐生活场景。缪天瑞先生在这篇近3000字的文章中写道：

---

[1] 《音乐百科词典》，2000年获得第十二届中国图书奖。
[2] 《音乐美学要义》（修订版），作为温州大学音乐学院缪天瑞研究会资助项目，2018年7月由上海音乐出版社出版。其中新增了两篇译作，分别是：金经言译《"音想象论"思想》、代百生译《"音想象论"新论》。
[3] 缪天瑞先生2005年6月给笔者与陈其射先生各赠一本新出版的《音乐美学要义》。2006年1月22日，缪先生在信中写道"这是一本近代同类书中较好一本，可挤在世界名著行列中，较难译，我们译得不够好，还是难读"。
[4] 缪天瑞：《我的幼年时代的音乐生活》，《读书杂志》1933年第3卷第1期，第1—10页。（该杂志每篇文章都重新编排页码，实际页码应为612—621页。）这篇"自述"性质文章，记录了缪天瑞先生15岁从事专业音乐学习之前的音乐生活。

> 我是一个从小就爱好音乐的人……七岁时候，祖父教我吹笛子。祖父是非常欢喜音乐和工艺的，少年时代，据说曾为了奏乐特地在家里的小花园中造了一间小楼，招来一些朋友，整天在那里吹奏，大有文艺复兴时代佛罗伦萨的王孙公子们之风。只不过所吹奏的，是些中国的原始式的音乐，更谈不到新贡献，改革。祖父筒箫吹得最好。我当时要他教我吹筒箫，他不许，他说筒箫要比横笛难，费气力大，孩子们学不得的。他教我吹横笛，我学了大约半年多，似乎还只知道三个小调。……但不久也就吹"落胴"了……而且也就居然学会了三首小调了。①

缪先生因上高等小学，由南镇村来到聚星小学读书，并住在一户喜欢音乐的亲戚家里。"受了家人的告诫，我没有把乐器带到他家里去。但我很是忍难。离校不远，有一所剃头店，店里的司务，时常聚着吹笛子，拉胡琴；大约因为也是那店的顾客，我不久之后居然便和店里一个吹笛子的司务十分相熟了。以后自然，我就在他们面前试我的技术了。他们称赞我吹得那般'落胴'，但是批评我吹的调子完全不对。我得到这样一个处所，我觉得十分欢喜，我于是便把自己的笛子拿到店中去，放了学就到店中去吹。"②

缪天瑞先生就读瑞安中学之初，便向"四绝才人"郑剑西先生（1901—1958）学习胡琴。③从此，学乐器之兴趣逐渐由横笛转向了胡琴。缪先生的胡琴热一直持续到中学毕业。他曾这样回忆自己学习胡琴的点滴：

> 有一段时间，每日下午有一班喜唱京剧的人聚在我住所处唱京戏。拉京胡的叫郑剑西先生，是久居北京有名的票友（业余京剧家），他京胡拉得很好，唱戏的人都找他伴奏。
> 　我请郑先生教我拉琴，他答应了。……后来郑先生把他自己拉奏用的北京制造的京胡送给了我，我走到哪里带到哪里，十分爱惜。我在上海艺术专科师范读书时，带到上海，挂在临街的门窗上，被人偷走了，我难过了好几天。但是郑先生的琴声永远在我耳际响着，他传授给我的京胡演奏艺术，我永远记着。④
> 　到中学二年光景，我的京胡已经拉得相当地纯熟。⑤

而在缪先生听了正式的歌唱——美声后，其音乐思想有所转变。缪先生说：

> 听了正式的歌唱以后，才对于胡琴（京胡）失了兴趣。起先只为了京调的唱法——尤

---

① 《读书杂志》1933 年第 3 卷第 1 期，第 1—2 页。
② 《读书杂志》1933 年第 3 卷第 1 期，第 2—3 页。
③ 郑剑西（1901—1958），名冈达，字剑西，浙江瑞安人，出身于名门望族，青年时客居北京，从陈彦衡学习京胡。由于他天赋高，悟性好，颇有"胜蓝"之誉。中学时的缪天瑞先生曾向他学习京胡演奏技术。缪先生 2007 年 8 月 23 日曾给笔者寄来一封信，写道："中小学应以钢琴、小提琴为主（二胡等年纪大了还来得及学）。"这当是缪先生早年学习胡琴的经验之谈。
④ 缪天瑞：《学习乐器趁年少——中学时期的音乐生活》，载《音乐随笔》，人民音乐出版社 2009 年版，第 234 页。
⑤ 《读书杂志》1933 年第 3 卷第 1 期，第 9 页。

其是旦角的假声唱法，感到了不快，但后来不知怎的，连清奏的胡琴，都厌弃了。①

缪先生还学过月琴、唢呐、大正琴、敲琴、埙、提琴、口琴、风琴及钢琴等乐器。但是，许多乐器都是一上手，马上便觉得无味了。缪先生自己动手制作过筒箫、大三弦、竹制胡琴等。他说：

为了做竹胡琴，我几乎把家中的帐竿都斫光了。为了这事，同时也为了买木材偷了母亲的钱，被母亲打骂了一顿。这是难怪她生气的，那时我已是高小二年级，差一年就要毕业，毕业后要去考中学，可是我那时候，每天只做这些顽皮的玩意儿。不过，另一面，他们也是太不了解我的苦心了。②

关于西洋乐器钢琴，缪先生认为中国人的手普遍较西方人的小，弹奏有些作品客观上存在困难。故，缪先生很自信地提出了改造钢琴键盘之设想。缪天瑞先生认为：

为中国人能便利运用西洋乐器，我觉得，也有把西洋乐器改造（？）一番的必要。这是怎么说的呢？我是说，要把钢琴的各键的距离改得较近一点。我的手指并不怎么样短，但我初学钢琴的时候——其实现在有时也何尝不如此——总觉得自己的手指不够长，我的熟人中大多有同样的遗憾，尤其是女子。西方人一般体格总比我们东方人为雄伟，手也要大得许多。所以有些乐曲，在他们弹来是十分便易，在我们却是难乎其难，不过，这改革，大约很不容易实行。③

写作以上文字之前的1929年7月，年仅21岁的缪天瑞先生已翻译并出版了俄国钢琴家列文（Josef Lhevinne）的《钢琴基本弹奏法》④。故，以上见解是缪先生大量钢琴演奏实践及音乐理论研究之所得，并非随意想想。

在他的琴友中，有一个较自己年长四岁的朋友陈小鲁⑤喜读古书，缪天瑞先生向他借阅了各种各样自己颇感兴趣的音乐古书。

"到了中学毕业，叔父看见我只专注意于音乐，便索性带我到上海来学习音乐。最初进的学校只有钢琴，我便开始习钢琴了。这时我是十五岁，我的正式的音乐学习，算从这时候开始了。"⑥

---

① 《读书杂志》1933年第3卷第1期，第7页。
② 《读书杂志》1933年第3卷第1期，第8页。
③ 《读书杂志》1933年第3卷第1期，第4页。
④ 这是一本十分畅销的钢琴演奏指导专著。后来再版时缪天瑞先生将该书的内容予以修订并改名为《钢琴弹奏的基本法则》，从1981年5月北京第1版，到2011年3月北京第17次印刷，该书印数已达115925册。
⑤ 陈小鲁（1904—1951），浙江瑞安人。温州艺术学校、温州中学的创办人，著有《皮黄琴谱》。
⑥ 《读书杂志》1933年第3卷第1期，第10页。

缪天瑞先生十分赞同李叔同、丰子恺等先生的综合或融合的艺术教育思想。缪先生认为，现在我国的艺术教育是有问题的，关键在于分工过于明细，故，老师与学生的知识结构都越来越单一[①]。缪先生说：

> 李叔同先生提出"艺术综合论"，丰老师（丰子恺）是身体力行者，做得特别好。……我们学了苏联有过之而无不及，把许多课分得越分越细。我认为这是个方向问题。李岚清同志的主张，你一定看得清楚，我觉得他有眼光（先见之明）。[②]

从上文可以看出，缪先生所言也蕴含了当下跨学科及其交叉的视野与方法。缪先生对艺术教育的顿悟，对当今音乐教育现实的洞察，对当下的音乐文化发展潮流，是有远见的。

丰子恺先生以其师李叔同先生为楷模，全面继承了李叔同的艺术思想，并通过著书立说、艺术创作，将李叔同的思想发扬光大。缪天瑞先生作为我国艺术教育的第三代学人，续师长前贤之思想血脉，在艺术理念、音乐研究及教育实践中加以贯彻，成就斐然。在缪先生看来，基础音乐教育就是要通过各种音乐实践达成实施美育之教育目的。即，美育是基础音乐教育的根本目的。但是，缪先生也指出：

> 直到今天，在我们的中小学音乐教材中，依然存在过于强调音乐为其他目的服务乃至流于说教、失于美育的现象。[③]

缪天瑞先生对我国音乐教育存在之症结，看得何等深刻！

三、乐坛鸿儒，桑梓情深

1997 年，笔者任教青海师范大学时，因请教一些音乐理论问题，与时年 90 岁的缪天瑞先生开始了长达 11 年的忘年之交，在此期间书信、电话往来不断。

缪先生给笔者的深刻印象——儒雅、谦和、质朴。

2005 年 5 月 23 日，笔者与原温州大学音乐学院院长陈其射教授赴京拜访先生。我们真不敢相信这位鹤发童颜、神清气爽，身着蓝色中式对襟上衣，穿老式布鞋，却周身透着儒雅气的大学者已是历经沧桑近百岁的老人。缪先生神态十分平和、慈祥，家乡温州去的我们，显然勾起了先生深深的思乡之情，他缓缓地说："我离开温州已经 56 年啦！"先生开始拉家常了，这使我迅速摆脱了内心深处因过于崇拜和敬慕先生而带来的些许拘谨与不安。缪先生通达谦和、

[①] 冯长春：《乐坛夫子　学苑师范——贺缪天瑞先生百岁华诞》，《人民音乐》2007 年第 8 期。
[②] 郭树群：《百岁学人的百岁耕耘——缪天瑞先生百岁之年学术研究的回忆》，《天津音乐学院学报》2009 年第 4 期。
[③] 冯长春：《乐坛夫子　学苑师范——贺缪天瑞先生百岁华诞》，《人民音乐》2007 年第 8 期。

宁静致远、思维敏捷，说话逻辑缜密，令我钦佩、感叹不已。与缪先生的交流中，我们还谈到将来要成立缪天瑞研究会的事，缪先生慈祥地笑道："我贡献不多，错误不少。"缪先生博闻强识，儒雅谦和的特性如此和谐，从而塑造出这样令人敬羡的一个人。坐在先生旁边，即便是先生无语之时，也会让我敬佩不已。

2006年至2007年间，百岁学人缪天瑞先生依然一丝不苟地将自己83年间[①]完成的学术成果予以修订，最终结集为《缪天瑞音乐文存》，共三卷四册。我没想到的是，缪先生把亲笔仔细修改、校订过的一套音乐文存最终寄给了我……这，或许是我有生之年能得到的最高奖赏！我与缪先生的最后交往当是2009年6月22日。这普通的一天则让我记忆犹新——先生从北京给我寄了他新出版的《音乐随笔》[②]，我从温州给先生寄出了一封挂号书信[③]。再后来，我便接到了9月1日由中国艺术研究院寄给我的先生离世的讣告……我翻阅着先生给我的20多封书信、聆听着我拜访先生时的录音，"盼你教学相长，不断提高""你要有真正的学问，这是最重要的""你要学我"的声音萦绕于耳畔……更使我难以忘怀的是，缪先生对我的教学有直接的指导：

> 你教的和声，我意不要从四部和声开始，可从二部和声开始，以陈洪著《对位化和声学》为主。因为和声练习要"落笔闻声"，不能"纸上谈兵"。[④]

我反复问自己：应该用什么来寄托对缪先生的哀思？

2011年笔者完成了温州市社会科学研究课题"缪天瑞教育思想研究"；2012年完成了温州大学文化工程项目"校友缪天瑞研究"；同年5月23日，笔者邀请了缪先生的长女缪裴芙老师，在温州大学演播厅为这位著名校友举办了以"感受大师风范，聆听音乐人生"为主题的访谈式纪念活动；2013年4月15日，适逢缪天瑞先生诞辰105周年之际，温州大学为缪先生举行了铜像安放仪式，举办了"缪天瑞先生百年音乐人生"图片展及学术沙龙等系列活动，以纪念这位德高望重的学界泰斗；2015年10月16日，在温州大学音乐学院院长赵玉卿教授的积极筹划下，"缪天瑞研究会"在温州大学成立，终于兑现了10年前笔者与陈其射教授拜访缪先生时许下的诺言；2018年4月18日，在缪天瑞先生诞辰110周年之际，为缅怀先贤，传承文脉，温州大学举办了"'守望经典，传承文脉'纪念校友缪天瑞先生诞辰110周年"系列活动，

---

① 2018年9月29日笔者在撰写本文的过程中，通过微信与缪天瑞先生的长女缪裴芙老师进行了沟通。她说："父亲一生干了别人两辈子的活，有效工作时间80多年。"

② 据缪天瑞先生的长女缪裴芙老师说："父亲去世以后，我发现他案头的一本《音乐随笔》，许多页是折了角的，其中还加了修改的字条。扉页上写着'若能再版，照此本修改'。我估计是8月上旬写的。"参见《新天地》2010年第6期。

③ 2012年6月，缪天瑞先生的长女缪裴芙老师把这封信拍照发给了我，信上有两处先生阅读时留下了圈点、横线等。那正是我给先生信中提到的两件事：其一，为2010年温州大学音乐学院承办的第五届中国律学会议写个书面发言；其二，遴选一张自己满意的照片，悬挂在温州大学音乐学院，激励温州的音乐学子努力学习。

④ 摘自2007年8月23日缪天瑞先生给笔者的来信。

并成功上演了缪天瑞先生之《中学新歌》中的若干作品。① 当天，笔者编著的传记式图文小册《乐坛鸿儒缪天瑞》由西南师范大学出版社出版、首发；2018 年 10 月 22 日至 23 日，浙江省社会科学联合会第四届年会在缪天瑞先生的家乡浙江温州瑞安市举行，主题为"瑞安先贤与近现代中国"，以纪念孙诒让、洪炳文、缪天瑞等六位先贤，笔者受邀全程参与了学术研讨会的筹划工作，并用 40 分钟时间在学术研讨会发表《天涯多芳草　流水有知音》的主题报告。

"缪天瑞先生在经历过文化变迁的欣喜与苦痛，亲历过中国的积贫积弱，执教经验的积累使他十分明了中国音乐教育的状况，在音乐教育思想上形成了独到的见解。"②

1927 年，缪天瑞先生与同学一起创办了私立温州艺术学院，翌年，因缺乏经费而停办③；1938 年至 1939 年间，缪天瑞先生在浙江省立温州师范学校（今温州大学）工作，并为该校谱写了校歌；1945 年至 1946 年间二次任教于浙江省立温州师范学校。2007 年岁末，缪先生百岁之时，还根据自己多次办学的经验，为温州大学音乐学院书写了院名，留下了"切磋现代乐艺，发扬民族精华"的题词。缪天瑞先生一直强调：要突出民族音乐教育，而不是全盘西化音乐教育。缪天瑞先生在《小学音乐教材及教学法》中写道：

本国的民歌，不能轻视，应视其性质，多多采用为教材。④

他认为，普通音乐教育要提高学生对民族音乐的兴趣和鉴赏能力，使他们从不同的音乐体系，不同的时空观念和表现形态中掌握更多的知识。

近年来，温州大学音乐学院举办了以"天瑞"命名的系列学术研究、艺术展演活动。姜嘉锵、倪洪进、储望华、鲍蕙荞、孙以强、山翀等表演艺术家曾在"天瑞名家讲堂"施教；温州大学音乐学院的师生打造的"走进天瑞音乐厅""走出天瑞音乐厅"系列音乐公开讲演活动，很好地服务了温州地方文化建设，活跃了校园文化氛围，"天瑞讲坛"成为温州大学音乐学院教师汇报最新研究成果的科研平台；为了纪念两位温州籍音乐家缪天瑞、陈田鹤先生于 20 世纪 40 年代初主编音乐专业杂志《乐风》，时任温州大学音乐学院党总支书记的刘青松先生，在 2011 年 9 月纪念缪天瑞先生逝世两周年之际，创建了温州大学音乐学院"乐风"微信平台。八年以来，"乐风"微信平台成了温州大学音乐学院对外交流、宣传的窗口……

今天，通过对缪天瑞先生音乐文化的梳理，既加强了温州大学音乐学院的对外交流，又引发了极大的凝聚效应。以缪天瑞音乐教育思想为核心内容的温州大学音乐学院之学科建设、专业发展稳步提升，"走进天瑞音乐厅""走出天瑞音乐厅"等音乐舞蹈展演品牌也逐步形成。

2018 年是缪天瑞先生诞辰 110 周年，也是缪先生曾工作过 23 年之久的天津音乐学院办学

---

① 缪天瑞词曲，王新宇编配了二重唱《月儿轻轻》；王新宇博士根据缪天瑞先生《中学新歌》同名曲编配了小提琴、钢琴二重奏《这相思仿佛寒暖》。
② 《百岁学人缪天瑞：人生朝露，艺术才是千秋》，国乐频道（网络 http://www.wenhuacn.）。
③ 缪天瑞先生曾给笔者说起私立温州艺术学院仅存一年便夭折，其原因主要是"没有后台"。就是这所私立学校，引领着青年陈田鹤步入了音乐之门。
④ 《小学音乐教材及教学法》，载《缪天瑞音乐文存》（第二卷），人民音乐出版社 2007 年版，第 599 页。

60周年之喜庆之年。在这特殊的年岁，我们缅怀缪天瑞先生，旨在倡导缪先生科学严谨的治学态度，发扬缪先生立德树人之精神。在2007年7月12日缪天瑞先生百岁华诞时，时任文化部副部长的赵维绥先生十分求实地对缪天瑞先生的学术造诣给予了高度评介：

> 缪老百年如一日，累积的深厚学术造诣，充分体现在他所编纂的《中国音乐词典》（正、续编）、《中国大百科·音乐 舞蹈》卷、《音乐百科词典》及令我们高山仰止的《律学》等学术著作中，这些巨著在中国音乐界具有"开先河"及规范音乐学科的意义！从人品而言，对照当今的浮躁心态，在做学问时，能否像缪先生百年如一日、淡泊名利、不计得失、兢兢业业，或50年间反复修改一本书，反观那些在极短时间内滥造学术垃圾的所谓学者，我们更加感到缪老品格的高尚。[①]

缪天瑞先生淡泊名利，初心不改。缪先生的杰出，不是浮名、地位，而是人品与贡献！"人生朝露，艺术才是千秋"是缪先生的人生感悟。而今，斯人已去，唯其人生足迹中铭刻之精神将永远激励我们！

原载《天津音乐学院学报》2018年第4期
王文韬：生于1971年，温州大学音乐学院副教授

---

① 赵倩:《世纪学人的音乐遗产——怀念音乐理论家、教育家缪天瑞》,《中国文化报》2009年9月19日。

勤奋好学的一生　笔耕不辍的一生

——怀念父亲缪天瑞

林　剑

父亲走过了 101 年 4 个月又 15 天的漫长岁月，于 2009 年 8 月 31 日停止了人生的脚步。年过百岁的老人离开我们，按说也在意料之中。可就在半个月前，他还是那样谈笑风生，起居自如，每天自己穿衣、做操、洗澡、看书、读报，然而在医院仅仅过了 13 天就离我们而去了……就好像一棵茂密的大树，忽然吹过一阵风就轰然倒下了！所有的亲友得知这个噩耗，都感到惊讶不已，至今我们还无法接受这个现实。

一、"自学成才"的学者

在我们极度悲痛的时候，父亲的工作单位及曾经工作过的单位领导、老友、学生纷纷来家里看望。我十分崇敬的周广仁先生和老伴刘硕勇先生，也相扶着来到家里，向父亲的遗像鞠躬告别，他们是父亲生前最好的朋友之一。周先生说："我特别敬重你爸爸，他是一个真正的学者、好人。"她又说："我仔细看了老人家的简历，他几乎全靠'自学成才'。"周先生的这句话让我心里为之一动，她说出了我曾经想过但又说不清楚的感受。

父亲 15 岁时（1923 年 6 月）考入由吴梦非先生创办的上海艺术专科师范学校音乐科，主修钢琴，18 岁毕业。这就是他专业学习的全部学历。然而你怎能把这个学历和他能够阅读和翻译英语、日语、俄语以及德语、法语的文献联系起来？你又怎能把这个学历和编译 26 本音乐理论书籍、创办4种音乐刊物、主编4部大型音乐辞书联系起来？我想，这固然有上天的眷顾，让他具有敏捷的思维能力和超强的记忆力。但更重要的是，父亲一生都在孜孜不倦地学习，一生都注重实践、勤奋工作。

记得父亲和我说，现在的英语课本编得多好啊，我小时候学英语，老师什么都不讲，就是要我们死记硬背，发音也不准确。我的日语是跟邻居学的，学得很刻苦，每天早上起床都要背，后来几乎能用日语思维。"有一位同济大学的工作人员某先生（姓名已忘）与我常有来往，我知道他在德国学习多年，德语造诣很深，我把自己自学德语时，将歌德、席勒等描写歌人的诗作译文连同原文给他看，请他修正。"（见《音乐随笔》中《音乐实习所——在江西音教会的音乐生活》）"音教会的许多同事都精通英语，应尚能先生是美国留学生，李抱忱、张洪岛都精通英语，我翻译工作中遇到困难随时可以请教他们。"（见《音乐随笔》中《在油灯下译作——抗日战争时期的音乐生活》）

父亲18岁就开始工作了。"当年在艺术专科师范教我们《艺术通论》的傅彦长老师……教导我说：'在工作中学习也是学习。'"25岁那年，在朋友的介绍下，他到江西南昌"推行音乐教育委员会"去工作。"最初我只编辑《音乐教育》月刊，后来又担任了管弦乐队和室内乐的钢琴演奏员，兼合唱队与声乐、器乐的钢琴伴奏，最后兼任全市中小学的音乐视察员。"（见《音乐随笔》中《音乐实习所——在江西音教会的音乐生活》）在江西的这段时期给父亲留下的印象太深了，他经常给我描述那时的情景：工作非常繁忙，白天要写稿子，翻译文章，晚上还要参加演出。由于许多演出曲目不熟悉，每天还要抽出几个小时练钢琴。虽然很忙，但是他心情愉快，干得非常起劲儿。他说那段时期对他的锻炼最大了，也为他以后的工作打下了坚实的基础。

二、希望子女不断进取

父亲对子女的关爱，就是希望我们不断进取，许多事情让我难以忘怀。在父亲的书房里，除了一面墙是装满了书籍的大书柜之外，其他的柜子上放满了各个音乐院校的学报和各种音乐报章、杂志等。所有的刊物，每期他都翻看过，重要的文章还做上记号。我有时也喜欢翻一翻，他说："这边都是新到的，你看吧。"他还跟我说："某某这篇文章写得很好，你可以仔细看一看。"我们有时候聊天说到兴头上，他满面红光，嗓音洪亮，底气十足，完全不像一个百岁老人。父亲看似文文静静的，其实他也很开朗、幽默，有时也爱说个小笑话。

父亲对于我因为"文革"没能上大学，始终感到遗憾。记得在"文革"后期（1975年），他对我说："你应该坚持练琴，要继续提高专业水平。"他和钢琴家刘诗昆联系，亲自带我登门拜访，希望他能给我上课。这样我才有幸跟刘诗昆老师学习了两年，正因为有了这两年的提高，我才能考上上海音乐学院钢琴系进修班，圆了我上大学的梦想。每当我回想起这一切，我对父亲都是心存深深的感激。

父亲晚年主编的《音乐百科词典》，是他在参与主编《中国音乐词典》及其续编、《中国大百科全书·音乐 舞蹈》后，总结了编纂这几部词典的经验和不足，组织全国近百名专家学者共同完成的一部巨著。当时他身边没有助手，我大姐裴芙就主动帮着整理稿子，统一体例，疏通文字。她在父亲的指导下边干边学，逐渐熟悉了编写词典的程序，成为父亲的得力助手。父亲对这部词典是比较满意的，经常用来查对资料，这是他案头必不可少的工具书。他说，通过编纂这部词典他学到了很多东西，并且和我说："你最好每天都看一点，这样你就能够积累很多音乐知识了。"

1996年，父亲要把《基本乐理》进行第二次修订出版，由于这次修订在内容、章节、谱例方面都有较大的修改，他希望我能协助他完成这项工作。他要我找到合适的乐曲替换和增补第一版的谱例，我原以为这个工作挺简单的，但是他的要求非常严格，常常是找了很多都不符合要求。他经常亲自动手把一些乐曲移到合适的调上（对于一位将近90高龄的老人，在细小的五线谱上做这项工作是很不易的），并且注明比原曲升高或降低了几度音。他是如此认真，尊重原著。在增补"意大利术语"时，他要求我把《贝多芬奏鸣曲集》全部仔细翻看一遍，将常用的音乐术语整理出来供他选择。通过协助他修订这本书，我深切体会到他细致、严谨，精益求精、有条不紊的工作作风。《基本乐理》修订版出版以后，他对我说："这本书到底编得好不好，是要经过教学实践的。你将来最好亲自用它讲一讲课。"父亲这一要求，我还没有做到，今后我会努力按照他的愿望去做。

三、"生命的奇迹 生命的骄傲"

父亲81岁时（1989年5月）才离休。离休以后，他反而更加专注地投入工作——
1992年6月，《中国音乐词典》（续编）（与吉联抗、郭乃安、李佺民合编）出版；
1996年1月，《律学》第三次修订版出版；
1998年10月，《音乐百科词典》（高燕生、陈应时、吕昕、范慧勤任副主编）出版；
2002年1月，《基本乐理》第二次修订版（与林剑共同修订）出版。

然而就在2004年5月，我们93岁的母亲病逝了。那时父亲已经是96岁高龄。父亲和母亲相知相伴，走过了风风雨雨的75载，他们是尽人皆知的恩爱夫妻。当时我们真怕父亲经受不住这么沉重的打击，可是他反而安慰我们说："你们不要为我担心，我会安排好自己的生活。"其实他是极度伤心的，在很长一段时间里，他经常做噩梦，半夜被惊醒。"我昨天梦见你妈妈了，她没有说话，向我走过来……"他努力用工作来调整心态，转移自己的悲伤。在这以后——

2005年4月，《音乐美学要义》（[德]里曼著，与冯长春合译）出版；
2006年7月，将进入21世纪以来发表的20多篇学术论文、回忆录和纪念文章，加上少数旧文稿，整理编成《音乐随笔》；
2007年6月，由他亲自编辑审阅的100万字的《缪天瑞音乐文存》三卷本出版；
2009年4月，《儿童节奏乐队》（修订版，与缪裴言共同编著）单行本出版；

2009年6月，《音乐随笔》单行本出版；

2009年7月，《小学音乐教材及教学法》（修订版，与缪裴言共同修订）单行本出版。

这时他已经过完101岁的生日了！正如中国艺术研究院音乐研究所所长张振涛先生说的："他是生命的奇迹！他是生命的骄傲！"

纵观父亲一生80多年的音乐生涯，他从最基层的小学音乐教员做起，直至成为中国艺术研究院研究员、博士生导师；他从一个大专毕业生，成长为一位学贯中西、著作等身的著名学者，这在当今的社会，好像是不可思议的事情。他不唯学历，只求真才实学；他不图虚名，只想认认真真地做学问。正如我哥哥裴言在父亲的告别式上所说的："爸爸一生谦虚平和、为人诚恳、宽以待人、严以律己。他对我们从来没有空洞的说教，更没有豪言壮语，而只有默默地做着自己的事情。"他用自己的所作所为告诉我们应该怎样做事、怎样做人。

他留下遗嘱，去世后"不开追悼会，不搞遗体告别仪式，丧事一切从简"。这是父亲的睿智，也是他经历了漫长而曲折的人生后的大彻大悟。他在我们心目中既是一座高大宏伟的丰碑，也是一位和蔼慈祥、善良可爱的普普通通的老人。我们为失去敬爱的父亲而无比悲痛，同时也为我们以及我们的子女拥有如此令人敬佩的长辈而感到无限欣慰。

亲爱的父亲，我们永远怀念您！

原载《人民音乐》2010年第2期

林剑（缪裴慈）：生于1947年，女，曾任河北省邯郸市文工团演奏员，原河北省艺术学校（今河北省职业艺术学院）教师、音乐科副主任

一叶扁舟险渡海峡

缪裴芙

抗日战争胜利后，父亲应蔡继琨之邀，于1946年10月赴台湾省交响乐团工作。一年后，妈妈带着刚满周岁的小妹妹也来到台北与父亲一起。我及弟妹在老家浙江瑞安乡下与年届古稀的祖母一起生活。当时我上高中，妹妹上初中，弟弟上小学，均寄宿在学校和亲戚家。时局动荡，生活清苦，祖母及我们几个孩子都盼望父母早日归来，一家人得以团聚。

1949年年初，人民解放军取得了"辽沈""平津""淮海"三大战役胜利，长江以北的国民党残部向江南溃退。4月下旬，百万大军渡过长江，解放了国民政府所在地南京。在我的家乡，5月初，浙南游击纵队向温州进军；5月7日凌晨，温州宣告和平解放。

温州解放的消息很快传到台湾，正在想方设法尽快离开"孤岛"的父母更是心急如焚，他们当即决定马上返回家乡。

其实，那年年初北平解放后，父亲的老友李元庆（原延安鲁迅艺术学院音乐系教员，后任中国艺术研究院音乐研究所所长）就找到赵年魁（父亲在江西省推行音乐教育委员会时的同事），让赵写信给儿子赵普恒（台湾省交响乐团演奏员），"转告老缪""速速回家"，暗示他们迅速离台。接着，赵沨、李凌也从香港给父亲写信，让他去香港。还有朋友提出让他从上海转温州，但当时上海尚未解放，交通也不便。父亲带着家眷在台湾生活，经济并不宽裕，绕道回去路费不堪负担。看来，要回家乡只好"抄近路"了。台湾与福州、温州隔海相望，中间是台湾海峡。从港口基隆到温州，直线距离不到200海里。

"吉人自有天相"，正当他们一筹莫展时，叔叔天华打听到有一条小船要运糖到瑞安去，货主是父亲的中学同学，名叫林立。这样一来，乘他们的便船可以直达家门，当时真以为归途竟能如此顺利！

5月10日左右，他们收拾好简单的行李，为避人耳目，不敢从乐团的大门出去，只好从篱笆墙缝隙钻出，由天华叔和乐团的总务主任陈景春陪伴，乘坐乐团的大卡车，直驶基隆港（这是当时唯一对外开放的港口）。离团手续托陈景春补办，免得申请离境会生枝节。

在海边找到了林立租用的小帆船，了解到小船载重只有17吨，没有机动装置，只靠风力行船。当他们的几件行李搬上船后，船就沉下一截。天华叔说："这么点儿大的船，怎能过海峡呢！太危险了，不如再等等，有较大的船再走。"但是船老大（船主兼船夫）说："现在是风平浪静的季节。不久前，我们这条船在瑞安和基隆之间跑了好几个来回，都平安无事。你们放心吧！"船老大的话使他们消除了疑虑，想到如果暂回乐团再走，还要办手续，怕惹麻烦，终于下定了决心，立即动身。

父母带着3岁的小妹妹上了船，坐在甲板上，同船除了林立外，还有一位同乡妇女带一个5岁的小男孩加上船夫三四人，船上总共10来个人。这时水上警察来船内检查，船老大对他们说，船开往福州（当时尚未解放），并塞给他一点钱，他们看了看船上只有寥寥数人，就回到岸上去了。当晚，大家在船上安安稳稳地睡了一宿。醒来一看，怎么基隆灯塔仍在原来的位置？问船老大才知道昨夜无风，船出不了海。直至傍晚起风了，才扬帆出海。

入夜后，风浪越来越大，船老大说：进了台湾沟（台湾海峡的俗称），总有点风浪，不碍事的。哪知到天亮时（已是上船的第三天了），浪头像一座座小山似的压过来，小船的帆和舵都已失去作用。船像一片叶子在海面上随风漂荡，船上大人小孩都开始呕吐，先吐吃下的食物，后吐带胆汁的黄水，大家预感到情况不妙。

风还在增大，一个浪头过来，把小船抛得高高的，又狠狠地摔下来，海水涌进了船舱，小船随时有被海水覆没的危险。此时父亲除了呕吐外，又加上泻肚子，妈妈只是发愁，问船上有无什么药品，可是连万金油之类的都没有。这时船老大也着慌了，拿出几张什么纸片，到船头烧起来，口里还念念有词，祈求龙王保佑。他又与林立商量，是否把船舱里的糖扔到海里去，以减轻船身负担，保全人命。林立迟疑着，许久才说了一句："再等一会儿吧！"

当夜幕再次降临时，风浪逐渐趋于平缓，风向也由东北转东南，正好把小船送向温州方向，这时大家紧紧揪着的心才稍稍得到放松。船老大熟练地扬帆、操舵，天大亮时，小船终于越过了海峡，向目的地前进，不久就在瑞安东山地区靠岸。船老大告诉大家，在无大风浪的季节，这段航程一昼夜即可到达，这次由于风向不利，风浪过大，走了将近100个小时。他还祝贺大家平安到家。

小船在海边停靠后，一个民兵模样的人检查了父母所带的行李，记下住家的地址。他们三人又登上一条内河的小船，船桨在平静的河面上划着，而内心都为将要到家而激动，只有这时，才真正相信，家就要到了。当我和弟妹们在老屋的河埠头迎来父母及小妹妹时，见他们疲惫不堪，衣衫不整，完全没有了我们脑海中往日的风采。祖母忙着给他们做些家乡饭菜，他们吃不了多少就急忙休息了。翌日醒来，他们如大病初愈一般。当父亲向我们叙述几天来在惊涛骇浪中颠簸、死里逃生的经历时，仍不免心有余悸，越发感到后怕。只有我们的小妹妹来到新的环境,来到众多亲人中间,却是愈加兴奋、愈加活泼了。

原载高燕生、刘连捷主编《缪天瑞音乐生涯》,河北教育出版社 2000 年版,第 122—124 页

缪裴芙:生于 1931 年,女,北京市十一学校教师

艺德双馨

——祝贺缪天瑞师百龄华诞

叶 林

  这些年来，我们福建音专的在京校友，每逢春节都喜欢在天瑞老师的家中团聚，特别是每逢缪老师生日的时候，更是及早相约，趋前祝贺。今年喜值缪师百年华诞，更加不比寻常，心中的激动，实在难以言表。

  缪天瑞是当今在世仅有的年纪达百龄的音乐先驱，他既是当代新音乐发展的见证人，又是其中孜孜不倦、埋头工作的耕耘者。他艺德双馨，为音乐界所崇敬。

  记得远在 9 年前，1998 年 10 月，欣逢天津音乐学院 40 周年校庆，同时举行了"全国第三届律学学术讨论会"和"缪天瑞先生学术思想研讨会"。这三个活动都和缪老先生有密切关系：缪先生是天津音乐学院的首任院长，又是中国律学学会的名誉会长，中国现代律学科的开拓者。缪先生当时以近 90 岁的高龄，曾专程赴天津亲临会议。我是缪老师的学生，以福建音专校友会的名义前往参加了全过程，4 天的活动感触很深。会前会后，综观缪天瑞老师一生所走过的道路以及他对音乐理论研究所做的贡献，至今仍然铭记在心。现在更值缪师百龄华诞，仅就下列的几个方面，谈谈我们作为后辈的一些感受。

一、缪天瑞所走过的道路是中国新音乐先驱具有代表性的一种类型，其历史作用和学术贡献不可忽视

20 世纪上半叶的中国，面临反帝反封建的两大任务的殊死斗争，这两对深刻矛盾相互交织，此起彼伏，决定了几代中国人的命运。以上海为发源地的左翼音乐是中国共产党领导的革命文艺思潮和组织活动的重要组成部分，聂耳、冼星海等人的音乐作品成为时代的号角，是一代音乐运动的主流。与此同时，在这时代的特定环境下，中国优秀的知识分子也在选择自己的道路。他们有许多人当时并不是马克思主义者，生活在国民党统治区，但是有民族觉悟，有艺术良知，不与反动势力同流合污，努力耕耘，做音乐启蒙普及和培养专业人才的工作，同时也参与了抗日救亡的呼号，创作了不少优秀作品，包括音乐作品和理论专著。这类音乐精英人才不是少数，他们所做出的历史贡献也应该浓墨重彩大书一笔。

缪天瑞先生是音乐界这一类先驱中有突出表现的佼佼者。他虽然不是摇旗呐喊的活动家，却是辛勤踏实地做实事的人。他一贯以"科学救国""教育救国"为己任，坚持音乐启蒙工作。这并不是空洞的言论，而是从他的音乐实践中体现出来的。缪天瑞先生 19 岁从丰子恺、吴梦非、刘质平等创办的上海艺术大学音乐系毕业后，一生都没有离开过音乐教育和音乐学术研究。毕业后的 6 年间，他开始进行音乐的编写和翻译引进工作，出版了《论音乐的阶级性》《对位法概论》《钢琴基本弹奏法》《中国民歌集》《世界民歌集》《中学新歌》《小学新歌》等达 8 种。平均每年都出一种以上，十分勤奋。他的理论贡献和音乐教育一开始就结合得非常紧密，他的治学精神也开始为人所知。1933 年便被江西省推行音乐教育委员会聘请，接替萧而化主编《音乐教育》月刊，直至 1938 年，5 年内共出版了《音乐教育》57 期，内容涉及古今中外音乐的各个领域。5 年间出版 57 期刊物可不是一个很小的数字，其影响遍及音乐界。这期间，他接触到李元庆、张贞黻等进步人士，并和吕骥取得联系，出版了《苏联音乐》专号。还先后出版了《中国音乐问题》《救亡歌曲》《小学音乐教育》等专号，充分体现了知识分子的时代感和艺术良知。

1939 年他赴重庆，与江定仙、陈田鹤等共同编辑《乐风》双月刊。在第一期就发表了向隅、唐荣枚介绍延安鲁迅艺术学院的文章，刊登了李凌、赵沨主编的《新音乐》广告，这一来，马上就被国民党勒令停刊整顿（等于被禁）。一年后，他们又另设"乐风社"，改为《乐风》月刊，由缪天瑞主编。可是这个刊物要由国民党教育部次长亲自审稿，并要申报作者的住处，工作困难重重。

1941 年冬，缪天瑞受聘到福建音乐专科学校任教授兼教务主任，直至 1945 年被迫离校，共三年多时间，获得了全校师生的尊敬和爱戴，桃李满门。他除了繁忙的教务主管工作外，还先后讲授和声学、曲式学、对位法、音乐欣赏、音乐教学法等课程。福建音专曾五度更换校长，而缪天瑞始终坚守岗位，一直主持教务多年，对教学的稳定性、连续性起了重要作用。这期间，社会矛盾日益加深，音专屡发逮捕学生、殴打教师事件。缪天瑞都站在进步学生一边，被国民党当局找去谈话，加以威胁，终于被点名令其"自请离职"。缪天瑞辗转到了台湾，在

省交响乐团先后任编译室主任和副团长，主编该团出版的《乐学》季刊，并整理出版了《音乐的构成》《曲调作法》《和声学》《曲式学》等理论译著。

国民党全面败退时，有的人忙于奔逃台湾，追随国民党。而缪天瑞却反其道而行之，避开审查、扣押，不办离境手续，搭乘小舟，历经艰险，从台湾"偷渡"回到大陆，为新中国的音乐教育埋首耕耘，竭尽全力，至今又是 60 个年头。

中华人民共和国成立后，缪天瑞先后首任中央音乐学院副院长、天津音乐学院院长兼天津市文化局副局长、天津市文联名誉主席、天津市政协副主席，第三至六届全国人大代表。离休后仍任中国音乐研究所研究员，主编《中国音乐词典》两卷，并担任硕士、博士研究生的导师。任《中国大百科全书·音乐 舞蹈》编委副主任。他的学术工作至今从来没有中断过。

缪天瑞先生所走过的道路，是中国这一类型知识分子走过的一条具有代表性的道路。作为非马克思主义者，他一直是中国共产党的朋友，并且最后成为中国共产党党员。作为音乐教育家和理论家，他辛勤劳动了 70 年，为音乐事业贡献毕生，硕果累累。作为音乐的先驱和长者，他的思想品质、道德风貌、艺术良知，堪为一代师表。

二、缪天瑞的学术贡献和治学风范，堪作我们音乐界学习的楷模

缪天瑞音乐著作和译著甚丰，计达 30 种之多，所编刊物和学术文章还不计在内。他的译著最突出的一点是关怀普及启蒙音乐教育，使普及与提高相结合。他重视编歌集，编音乐普及教材，编简明音乐词典，考察日本中小学音乐体制，创作《小学音乐教材及教学法》一书，无不与此有关。其次，他的译著大多离不开教学实践，和教学相结合，洋为中用。他编译的《歌曲作法》（E. 纽顿著）、《对位法概论》（伊庭孝原著）、《作曲法》（黑泽隆朝著）、《乐理初步》（柏顿绍著）以及美国近代音乐理论家该丘斯在 20 世纪出版立论较新的一整套系列理论著作《音乐的构成》《曲调作法》《曲式学》《和声学》《对位法》共 5 种，出版前在福建音专的时候，就作为我们的音乐理论教材。缪天瑞的译著并不是照章硬译，而是加以实用性的通俗化，尽量把书的内容阐述清楚，容易弄懂。在福建音专的时候，缪先生在教课前还做充分准备，经常先把书中的习题先预做几遍，把和弦连接的几种可能性都掌握好，并加以比较，态度十分认真，因而学生的进步很快，获益很多。

缪先生研究律学已超过半个世纪，可以说是自王光祈以后的当代第一人。60 多年前，我们在福建音专创办了名为《音乐学习》的刊物，第一期就刊登过缪先生的文章《升 C 音和降 D 音一样高么？》，这是我所知道的缪先生最早发表的有关律学的文章。按照音乐常识，搞弦乐的人都知道，他们的演奏并非采用纯粹的十二平均律。小提琴在演奏临时升记号音时，手指总是向半音程的上方音靠拢，演奏降记号音时则向半音程的下方音靠拢，而不是把手指按在全音的中间，这样才会感到更准。这就是升 C 总比降 D 高，它们是不相等的。不过，为什么会是这样的，要弄清这里的道理，就要靠律学。原来这里面有纯律与十二平均之分，有各种民族乐制的差别，这里面有七平均律，五度相生律，还有三分损益律和纯律并用的琴律等，相当复

杂。缪先生的研究不断深入，1950年就出版了他的理论专著《律学》。

我们有些人出了一本书，就想喘一口气，过快地画上句号。缪先生可不是这样，他锲而不舍，从未停止继续探索。60年来，在《律学》初版的基础上，竟然重写了3次，每一次都不是小修小改，而是大拆大卸。1965年，时隔初版15年后，缪先生刊行了第一次修订版，改变了以纯律为标准的观点，改用十二平均律为出发点，从新的角度来考察乐律的问题，这是等于重写的大改动。1983年，时隔第一次修订版18年之后，缪先生又刊行了第二次修改版，这次修改版又是大拆大卸，把八章增至十章，把律学原理和律学的应用放到同等重要的地位，既重视它的历史面貌，又重视它的实践意义，把原来的第一次修改版又一次提高到一个崭新的水平。到了1996年，又相隔了13年，《律学》的第三次修改版又出版了。这次的修订又出现了新的内容和新的面貌，增加了各民族乐制的新材料和运用情况。从以上的简略介绍中，可以看出缪先生对乐律的认识在半个多世纪以来正在不断深化。从这三个版本修订充实过程中，充分显示出他锲而不舍的治学精神和虚怀若谷、兼容并茂的学术眼光。

律学是一门艰深的音乐基础理论。目前通行的以键盘乐器为代表的十二平均律，在欧洲是一次历史性的大变革，统治了世界乐坛数百年。有了十二平均律，才有可能对乐音的相互关系以及和声的功能体系得以规范和不断完善，产生了难以数计的各种音乐流派的音乐作品，发展和丰富了世界音乐文化。然而，十二平均律并不是唯一的乐律，许多其他乐律仍然并存，对不同地区、不同民族的音乐风格和艺术特色起着不可忽视的作用。它们又是和不同地区、不同民族的社会文化、审美习惯紧密相连的。对它的研究，还需要向更深层次扩展，从艺术美学、艺术社会学、艺术心理学和民族学上进行考察，强调它的实践性和现实意义，它既是兼容的，又是实践的，既不能和世界割裂，也不能和实践割裂。缪先生的研究，其最可贵的地方，正在于此。他一版比一版向这目标靠近，第二次修改版就把律学的原理和应用实践放到同等的地位；第三次修改版则大量地介绍世界各国律学研究的进展情况和材料。这个研究方向如果得到重视和宣扬，这种"五十年磨一剑"，咬定青山的韧劲如果得到肯定和发展，我们律学界的研究进展一定会更加迅速，队伍一定会更加壮大。

三、缪先生对后人的影响，不仅是学术上的影响，而且具有艺德方面的影响、做人的影响和思想风范的影响

他默默耕耘，数十年如一日。如众所周知，在工作中，缪先生极少在公开场合露面，有些活动即使参加了，也是沉默寡言，只是在注意听，注意思索，从不居高临下，不高谈阔论。他谦虚谨慎，平易近人，待人处世都十分谦逊，自律极严，既重视言教，更重视身教。那次在"缪天瑞先生学术思想研讨会"上，他的发言说的全是他的不足之处，说他做了那么长时间的工作，译著过那么些理论，待人接物，肯定有不少错误，要求大家帮助。这完全是发自肺腑之言，不是客套，令人十分感动。我还清楚地记得，在我们起草国立福建音专校史的时候，他多次告诫，要实事求是，特别是对他的评述，不要夸大，因为许多事情都是经过大家研究一起做

的，不是他一个人的功劳。还有一件事特别令人难忘：那年春节，北京的福建音专校友聚会，集体审读校史稿。缪先生闻讯也欣然参加，他以 90 岁的高龄，竟和大家一起坚持坐了整整三个多钟头，听我们把草稿通读了一遍。这种认真的态度对一位 90 岁的老人来说，实在是难以想象的。他在听过了以后，只说了一句话，要我们注意核实史料，实事求是。这种默默贡献、谦和勤奋、实事求是、沉着踏实的思想作风和工作作风，贯穿在缪先生的一生。几十年来，我从来没有听到缪先生说过半句自我居功的话，有的只是谦虚和实事求是的精神。

这使我们认识到：音乐的思考绝不应只是一种孤立的思考，它必须和社会的思考、做人的思考结合起来，这就是"艺德双馨"。艺与德的关系应该是前者服从后者。有些洁身自爱，与世无争，只是集中精力关门搞学问的一类艺德，固然也是可贵的，因为它最低限度在过去不与落后势力同流合污，在今天也不为音乐的单纯商品化出卖自己的灵魂。但是，作为艺德崇高要求，这还不够。它需要我们把音乐这种力量用身体力行的风范体现出来，让人们从言教和身教中受到影响，懂得追求什么和鄙弃什么，懂得应该怎样做人。这就是说，要懂得音乐，首先要懂得怎样做人，懂得把做人的准则和自己的音乐结合得更好。这才是我们毕生所追求的一种崇高的艺德。缪先生过人的地方，正是由于他十分重视这种艺德，身体力行，他所给予后人的这种影响，是不能低估的。现在我们这个社会，在艺德方面，令人失望的东西比令人珍惜的东西要多，因而也就感到令人珍惜的东西更加可贵！缪先生对后人的影响，不仅是学术上的影响、治学风范的影响，而且有做人的影响、艺德的影响。这是一种时代的华彩，它是无价的。

缪先生健居北京，在中国艺术研究院音乐研究所工作，正在沉迷于编纂辞书，最近以近百岁的高龄，还编译出版了一部音乐美学专著。他对音乐事业的贡献，影响及于后世，不是可以用年龄来衡量的，千言万语，也无法表达出我们此刻的心意。值此缪老师百龄华诞，我们谨以崇敬的心情，衷心地祝他健康长寿。

原载《人民音乐》2007 年第 8 期
叶林（1922—2016），文化部艺术局专员、音舞处原处长

父亲的四次"百岁"生日

缪裴芙

我的父亲缪天瑞生于1908年4月15日。他生前历来不在意过生日,所以在他百岁之前,家人几乎没为他庆祝过生日,直到近年父亲才终于同意大家给他祝寿。从2006年起,他"被迫"过了4次不同"类型"的"百岁"生日。

一、2006年的聚会最温馨

按老辈人的习惯,百岁生日"过九不过十",2006年父亲98岁,虚岁正好是99岁。年初开始,他的同辈弟妹们就酝酿一定要给他过百岁生日。我作为在京的长女,义不容辞地投入这一"大工程"的协商、筹备工作。父亲起初对祝寿持反对态度,但禁不住大家的劝说:同辈多为高龄老人了,难得有机会来京团聚,且只限家庭内部聚会,除同辈亲人外,其他人"一概谢绝"。他想了想,终于同意了这一安排,并提出大家不带任何礼品。

在商定相聚的日子,客厅摆了百朵玫瑰的花篮,正面墙上是红色大"寿"字。来自福州、鞍山、湖州、温州、台北等地的亲友们久别重逢,千言万语也难以表达亲情。老人中多个耳背,语言南腔北调,这些也没有妨碍他们的交流。

寿宴丰富、温馨而热烈,席间大家频频举杯相互祝福,还给老寿星戴上了生日蛋糕的"头饰",相机摄下了老人孩童般的笑容……

二、2007 年的庆典最隆重

2007 年 7 月 12 日，由文化部、中国艺术研究院、中央音乐学院、中国音乐家协会等联合主办的《缪天瑞音乐文存》《百岁学人缪天瑞》首发式暨缪天瑞百年华诞庆典活动在人民大会堂浙江厅举行。

文化部、中国艺术研究院、中国音协的领导，全国部分音乐、艺术院校领导及音乐界理论家、艺术家和学者 200 余人出席。大会在《生日快乐》的歌声中开始，接着各方面代表相继发言，艺术家们纷纷献艺……

早在一年多前，出版《缪天瑞音乐文存》和影集《百岁学人缪天瑞》的准备工作就开始了。我怕父亲累着，不断地从旁劝解。他却说："我不能明明知道书中有问题而不改呀！"于是除了几本修订版书外，他把其他收入《文存》的书全部校订了一遍，如期交出全部书稿。

三、真正的百岁生日不想过

2008 年老人真正 100 周岁了，我们问他生日怎么过，他说："都过了两次百岁生日，不用再费事了。"其实他不想过生日的真正原因是他太忙了。他的生日期间三四部书正值交稿前夕，他整天埋头书桌修订《音乐随笔》中的文章，连吃饭都要喊他几次。

4 月 15 日生日当天，在晚辈们的簇拥下，他还是坐着轮椅来到附近的全聚德，美美地吃了一顿烤鸭和美味佳肴。

文化部和中国艺术研究院的领导、同事及亲友们都没有忘记他的生日，纷纷来家祝贺，客厅里摆满了鲜花，祝贺电话响个不停，贺卡来自海内外……

四、一直工作到最后的生日

2009 年父亲 101 岁生日前后，众多的祝寿者如期而至。4 月 15 日当天，中央音乐学院教授、父亲的博士生韩宝强先生带着他的多个研究生来了，音乐研究所所长张振涛及副所长国欣又带着一大群博士生、硕士生来了，足足三十多人，他们为老人唱起了《生日快乐》，客厅里洋溢着欢快、热烈的气氛。年轻的学子们一一向老人自我介绍，父亲耳背，只是看着他们，欣慰地含笑点头。这回老寿星当起了摄影模特儿，每人都要与他合个影。

韩宝强向大家介绍父亲的长寿经："缪先生最大的特点是脑子里没有杂念，他思考的问题很单一，都是业务范围内的，所以心境特别平和，这就是他的养生之道。"

父亲去世以后，我发现他案头的一本《音乐随笔》，许多页是折了角的，其中还夹了修改的字条。扉页上写着"若能再版，照此本修改"。我估计这是 2009 年 8 月上旬写的。

人活百岁已属不易，而父亲从 18 岁开始工作，直至辞世前十多天才搁笔，在他漫长的一生中，工作了 80 多年。正如中国艺术研究院音乐研究所所长张振涛先生所说："他是生命的奇迹!他是生命的骄傲!"

原载《新天地》2010 年第 6 期

缪裴芙:生于 1931 年,女,曾任南京师范学院教师,北京六十七中、北京十一学校教师

我的大哥有写作狂

缪天华

在中国音乐界，大概都会知道缪天瑞这个名字，因为他曾经著、译了不少的音乐理论书，编过（包括参与编过）几部音乐词典，又主编过几种音乐杂志。

现在要从我大哥的童年时候说起。

他小时候很顽皮，也很聪明，好动，家里待不住，老喜欢往外面跑，常带我出去做一些淘气的事。譬如叫我替他把风，趁没人看见的时候，把搁在后门角落里的船桨偷偷地背出来。漆着浅蓝色的小船向着大树荫的深潭那里划去。我们在绿波上荡漾着，漂摇着，打了好几个圈子，还觉得不过瘾。小船通过一座板桥后，又是一座石桥，向大河划去。那里往来的船只很多，得特别小心，以免被别的船撞到。尤其是那艘汽船，它一来，掀起一片大浪，浪花向小船的船舷打进，所以小船需及早回避，掉过船头，船尾向着它，可以避开汹涌如小山般的浪头。在僻静的小河里，大哥有时候也让我学习划船，这种运动和冒险，对我的童年生活是有益处的。

当我们回去正要把桨搁在原处，往往被祖父碰到，他准会暴躁而严厉地责骂我们一顿。这一来是怕我们不小心掉到河里，二来也担心他那只精致的小船让外行的我们给撞坏了。

我5岁那年的年底，父亲在日本突然病故。大哥比我大6岁，已经11岁了。叔父是学医的，毕业于日本千叶医科大学，思想比较开通。他要负担我大哥读大学的费用，就问我大哥将来想考哪个大学？喜欢学什么科？大哥从小喜欢音乐，二胡拉得很不错，就回答说：要学音乐，想投考艺术大学。祖父也很赞成，他的房间里壁上挂着一支洞箫，无事时常拿下来吹着，也是蛮喜欢音乐的。

一、苦练钢琴

中学（旧式4年制）毕业后，大哥就到上海入上海艺术专科师范学校音乐科，主修钢琴。学校里钢琴不多，又没有排定练琴的时间表，同学们都抢琴练习。他一早就起来，拿了一大杯开水放在钢琴上，一连练两三个钟头，没有离开琴。每天如此，四年下来，他对钢琴的技巧打下了很好的基础。

就读上海艺术专科师范学校的前后，他的性情突然变沉静了。寒暑假回家，除了弹琴（家中没有钢琴，弹的是风琴）外，就是伏案在写什么。他整天不出门，沉默寡言。书架上摆着林语堂译注的《卖花女》、丰子恺译注的《自杀俱乐部》等多种英汉对译本。此外，他也爱看小说、散文等各种文艺书。后来家里书架上摆满了许多中外小说、戏曲……都是他陆续买来的。

"大哥，我看你整天伏在案头写着，写着，你准知道将来会有哪家书店肯把这些都印出来吗？"有一天，我以童稚的好奇心唐突地问他。

"只要我的翻译能够做到正确，文字流利，我想总会有书店愿意出版的呀。"他很有信心地回答道，"现在何必想得那么多呢？"

上海艺术师范大学（即上海专科师范学校）毕业（1926）翌年，他翻译的《钢琴基本弹奏法》（[俄]列文原著）出版了。这是他第一本译书，在民国十六年（1927，注：应为1929年，上海三民图书公司出版）。

他回到故乡温州，和同学们创办温州艺术学院。不料债台高筑，不久就停办了。年轻的时候，他长得很清秀，笑时有两个酒窝，远近有美男子的声誉。他曾经在一所女中教音乐，受到许多女孩子的包围，而弄得他很窘……因此只好离开了女校。

民国十八年（1929）春天，他到杭州求职不成，转到上海。那时我爱慕自由，独自到了上海，寄居在巨泼勒斯路一个同学的寓所里。大哥到时，脸色憔悴，袋里空空如也。两人都要挨饿了。他老是用手帕擦着手汗，一句话也不说。

"你为什么不写信拜托以前的教授替你介绍工作呢？"我平时胆子小，一碰到困境，倒会出馊主意。

"对啦！傅彦长教授。我听过他的课。"他忽然想到，说，"他交游很广，也许有办法"。

上海艺术大学就在我们寓所附近，我常到那里旁听文学课程。傅彦长教授开的是艺术论。他上课说一口上海话，很特别。他像平时面对面一样，侃侃而谈，取材渊博，言语超脱动听。我最喜欢听他的课。第二天上午，我就把大哥的信送给他。

二、谱写歌曲

过了几天，回信来了。傅教授接洽好，要大哥给一家小书店谱曲（活页古词爱情歌曲），每首稿费20元。大哥费了两个夜晚的工夫，谱成一首歌曲。送到书店里，竟被采用了，领到20元稿费。隔了两个星期，他又完成了第二首曲子。一天傅教授约我们兄弟二人在一家广东馆子吃饭。他叫了两客饭请我们吃，自己却只要一杯咖啡，陪着我们。这样的请客很特别，他的一切都不同流俗。

之后，他又介绍我的大哥去同济大学附中任教，月薪 80 元。到了年底，大哥在吴淞镇上租了几间房子，把大嫂也接出来同住。从此，他暂时脱离了穷困，过比较安定的生活了。

民国二十二年（1933），他从武昌艺术专科学校转到江西省推行音乐教育委员会任职。他的工作非常繁重，一身兼三职：一是主编月刊《音乐教育》；二是担任钢琴演奏；三是视察中小学音乐教育。那年初夏我到了南昌，住在推行音乐教育委员会内一间斗室里，在湖滨公园中。他怕我在家乡生活太懒散，所以叫我出来换换环境。我闲他忙。光是月刊，就琐碎不堪。又有钢琴演奏，一场音乐会完毕，他几乎没有离开露天音乐台。因为重奏、独奏都需要钢琴，而钢琴专职演奏员只有他一人。这样，他的身体累坏了，神经衰弱很厉害，夜里常失眠。可是，我帮不上他一点忙。

这时他开始翻译该丘斯的《曲调作法》，在《音乐教育》上连载。又向国外订购了许多音乐书刊，将资料分寄作家，约他们撰稿。《音乐教育》的内容比以前丰富多了，各方都纷纷寄稿来，以能够在此刊物上发表作品为荣。

有一次，他到我的小房间里，看见我在写什么。他说："你写得太慢。……我倒担心以后有哪个机关肯用你呢！"

我没抬头，也没回答。我自知迟缓是自己的缺点、致命伤，只是一时改不过来——这缺陷直到许多年后编《大众副刊》时才稍微改正过来——大哥这几句话，在我的心中留下了鲜明的、永不磨灭的烙印。

我在推行音乐教育委员会的时候，跟北平李元庆最谈得来，他在乐队里拉大提琴。我把西洋流行歌曲的英文词译成中文，又叫李君用钢琴伴奏试唱一次，改动了一些不好唱的字句。一连译了好几首，陆续在《音乐教育》上刊登。记得还有一首小夜曲，也是我译的歌词，曲调非常优美。1942 年，有一位女高音在音乐会里演唱它，效果很好。

到了秋天，我离开了南昌。

抗战时期，他到了重庆。主编《乐风》双月刊，同时在国立音乐院兼课。

三、编译教材

民国三十一年（1942），蔡继琨任福建音乐专科学校校长，聘大哥去永安吉山，任该校教授兼教务主任。那年夏天，日机滥炸铅山，我任职的学校被迫解散，我携家眷也流亡到了永安，暂作栖身。当时音乐人才极缺乏，大哥一个人要开许多门课，如和声学、对位法、曲式学、钢琴等。深夜还要编讲义、改作业。有一次编译完和声学一章，出去解手，回房时稿子不见了，遍找不到。后来在墙角里发现一团纸灰，才知道开了门风吹稿纸被油灯烧掉了。只好重写一遍。第二天他把这桩事告诉我，两人只有徒叹倒霉。

他在教学方面，因为资料丰富，又能以深入浅出的方法，使本来艰深枯燥的学科变成轻松易解，所以很受学生们的喜爱，这是做教师的人唯一的快慰。

他曾经编过几个音乐刊物，结交了许多音乐界的朋友，经由他的延揽，福建音乐专科学校的师资逐渐充足起来，而人事也就较复杂了。不过这时已接近抗战胜利了。

1945年后，蔡继琨任台湾省交响乐团团长，又邀大哥去台北，任编辑室主任、副团长，并主编《乐学》季刊。……蔡氏后来离职赴菲律宾，大哥也就回家乡了（1949年）。这时候他在家静心地整理他的译著。

这些译著大都是编译该丘斯的音乐理论书：《音乐的构成》《曲调作法》《和声学》《曲式学》《对位法》。当时都由上海万叶书店出版。

1949年以后，我和他之间完全隔绝了。我的母亲在瑞安乡下，从此也接不到她的来信了。

后来我渐渐知道，他到北京去了，在中央音乐学院任教。……"文革"期间，听说他在天津，任天津音乐学院院长。这使我格外为他担心……

大概在20世纪80年代间，偶然碰到一个从大陆来的学人，从她的谈话中，得知一些关于大哥的消息：

"文革"的时候，他正做天津音乐学院院长。一个邻居因为每天看见他出入乘汽车，不觉眼红，就写了一封黑函检举他，说他是台湾派来的，他的兄弟现在还在台北，还有同事……你要知道，在那个时代，一封信就是证据。他就被关在音乐学院里，不给他什么东西吃。有一位女同事，知道他是无辜的，她冒了大险，扔给他几个馒头，使他不致挨饿。……随后他又被揪出来，遭受着人间地狱的折磨。……到事平后，又给他复职。可是经此打击，他的身体已被整坏，满头白发，没有从前的风采了。……

我听了，心里更加难过。

我的朋友万君对我说："在大陆，学人给揪出来戴了写着'牛鬼蛇神'的高帽子，或者挂上什么牌子，游街示众：这都是'家常便饭'。你何必耿耿于怀呢？"

到了1986年秋天，万君在东京碰见我大哥的孙女缪力，那时她在东京国际音乐学院学习钢琴。他回来告诉我说：她长得亭亭玉立，亲切可爱。我与缪力通了电话。尽我的绵力，我接济了她一些零用和学费。

四、主编音乐词典

后来大哥托人带给我一部他与同事主编的《中国音乐词典》。内附精美的彩色插图48页，其中有长沙马王堆汉墓出土的古乐器图、殷墟妇好墓出土的鸱鸮纹石磬图、敦煌莫高窟壁画摹本唐代伎乐人乐舞图等，都是极珍贵的资料。

去年（1992）春天，我到北京，在他第16层寓所里逗留了半日。我们阔别了40多年，一时不知从何说起。我们谈了一些老家的旧事，对于大陆的情形，他真是守口如瓶。他说："这个寓舍，在顶层，倒还清静，只是逢着大风雨，就成了泽国，修也修不好！"

他所著译编辑的书刊共有 30 余种，这里我不想赘录。读者如果要知其详，请参看颜廷阶编《中国现代音乐家传略》第 156—157 页（台北绿与美出版社）。其他短文常用天澍、穆天澍、穆静、徘徊等笔名，都未辑集，散见于各音乐刊物。他近年出版的著作和编译书，台湾几乎都有盗印本。台湾的盗印本，把缪天瑞的名字改为缪天水，其实缪天水并不是他的笔名。

上月，他写信给我说："我根据最近的新资料，把《律学》作第三次的修订，现已完成了。"律在音乐上是这么重要，而却是最易被人误解的一门理论。就是为此，他立意写这本书，他又告诉我说，他正在主编一本《音乐百科词典》，共收中外古今音乐名词、人名等近 1 万条，约 200 万字，不久可以问世。

大哥生于 1908 年，今年 85 岁了，精神还很爽朗。"我的爷爷有写作狂"，他的孙女缪力从东京给我的信里这样说。她这话我想倒是真实不虚。在他有生之年，他是不会停止写作的。

原载《中央日报》1993 年 6 月 29 日副刊，后收入缪天华著《桑树下》，
（台北）三民书局 1995 年版
缪天华（1914—1998），台湾师范大学文学系教授

爸爸是个词典迷

缪裴芙

爸爸生病住进了医院，在病榻上喜读来自海峡彼岸的叔叔（缪天华）的来信及《我的大哥有写作狂》一文。多日紧蹙的眉头渐渐舒展了，露出了欣慰的笑容。

我望着爸爸，叔叔的文章引发了我的思绪，一些零碎的往事逐渐连成一片，不由得提起笔来，模仿叔叔文章的标题和体例，来个邯郸学步，权作叔叔文章的回响。

一、我与爸爸两度师徒

在我少年时期，爸爸在外地工作，妈妈带着我和弟妹们在温州乡下外婆家，只有暑假全家才能相聚。但即使在假期里，爸爸每天仍在小阁楼上伏案写作，我们在楼下嬉闹时总要被大人喝止，这使我们大为扫兴。唯一让我们欣喜的时光，便是午睡后我们跟爸爸到屋后小河里游泳了。爸爸特别喜欢游泳，还爱在河岸上跳水，每跳一次总要让我们评论一番跳得怎样。当我们一个个兴高采烈地扑向水面时，妈妈便拿着长长的竹竿，坐在岸边，专注地观望着，生怕哪个呛了水好把竹竿及时递过去。

爸爸的蛙泳姿势挺优美，经他一番指点，我也终于学会了蛙泳，而且游得还不错。20世纪50年代我在南京工作时，全市举行游泳比赛。当时，女孩子会游泳的不多，水平也不高，我居然拿了个100米蛙泳冠军。这奖赏应该归于我的启蒙教练——爸爸。

以后的20多年里，我和爸爸一南一北，天各一方，干着各自的工作，连见面的机会也不多，直至20世纪70年代，我从南京调到北京工作。到了20世纪80年代，爸爸也因参加编写《中国音乐词典》和《中国大百科全书·音乐 舞蹈》调到北京，才得以接触爸爸的生活和工作。

此时的爸爸，虽已年逾古稀，却以极大的热情投入词典编辑工作。他参加编写的大中型音乐词典一部又一部，前两部均集体主编，第三部却是他独自担当起主编重任。后期他身边没有助手，一切具体事务，诸如查阅资料，甚至抄写、校对等均得自己动手。每当我走进他的工作室，看到他从书橱上搬下十几斤重的工具书，放在写字台上艰难地寻找着，笨重的身躯在书橱和写字台之间迟缓地、不停地来来回回，我实在不忍心袖手旁观，于是我这个外行只好滥竽充数当起了他的助手。

爸爸让我边学边干，在实践中熟悉编词典的一套工序。慢慢地，除了干些事务性的具体工作外，我也帮着看稿子，因词目的作者众多，释文体例往往不能按要求取得一致，于是我就着手统一体例、疏通语言文字等工作。我边问边干，重大的修改都要与爸爸商榷，从工作中我确实学到不少东西。一段时间后，我终于能勉强担当起助手的工作了；像40年前在爸爸的指点下学会游泳一样，我又在爸爸的指引下走进了一个新天地。

二、"此生不编成音乐辞书死不瞑目！"

"此生不编成音乐辞书死不瞑目！"这话是何年何月说的，他记不清了，但多人证实他的确说过。

20世纪80年代初，爸爸离开了天津音乐学院院长之职，到中国艺术研究院音乐研究所工作。在常人看来，古稀之年该颐养天年了，爸爸却道出了这样的豪言壮语，并且义无反顾地投入了一部又一部音乐词典的编写工作。十多年中，他以近乎狂热的劲头，一口气参与编成3部4本音乐工具书。

首先是叔叔文中赞许的那本《中国音乐词典》(1985年版)，这部词典是他和音乐研究所同人齐心协力合作的成果。由于大家认识一致，情绪高昂，干劲十足，编写工作进行得非常顺利，只花了三年时间就编成了。人民音乐出版社也积极支持，印刷堪称精致。这部词典博得海内外一致好评，台湾出版商也很识货，不久就被更换封面（深蓝色改为红色），改变词目编排，以"丹青图书有限公司"的名义出版了，还声明"版权所有，翻印必究"。爸爸拿到台湾友人寄来的台湾版本，笑着对我说："你看释文都一字不差，可惜插图翻印后远不如原来的清晰鲜艳了。"

接着，大体上原班人马又编出了《中国音乐词典》(续编)，于1992年出版。

与《中国音乐词典》同期进行编写的就是《中国大百科全书·音乐 舞蹈》，他担任编委会副主任，负责制定全卷的词目初稿，并审阅部分释文。此书容量大，结构复杂，主编、编委及撰稿者人员众多，工作头绪纷繁，困难重重，所以这一鸿篇巨著虽已于1989年出版，但爸爸总觉得没有尽到应尽的责任，为没能使它达到理想境地而无限遗憾。

以上2部（3本）词典成书后，爸爸还感到不过瘾，已近耄耋之年的他，居然立下雄心壮志，还要编一部兼容中外的百科性的音乐词典。主编这部词典，他真是做到了呕心沥血。从全书词目的制定、聘请撰稿人，直至对稿件逐字逐句地斟酌修改、重写，爸爸夜以继日地忙碌了六七个春秋，终于完成了那部200万字的词典。该书现定名为《音乐百科词典》，人民音乐出版社正在排印中，预期不久可以面世。（注：已于1998年10月出版）。

除以上3部书外，这期间，他还为王同亿主编的大型工具书《英汉辞海》（1988年出版）翻译部分音乐词目的释文，并任该书编委，他自己说这个编委是挂名的。

几部词典的编就，使他在晚年得以实现夙愿，他感到无比的兴奋和宽慰。

三、原来早就是个词典迷

爸爸长期从事音乐教育工作，在教学过程中，他深深感到音乐工具书对教学双方是多么迫切的需要，他默默地开始了准备工作，收集资料……

追溯他正式着手编词典的历史，那还是在20世纪30年代初。当他还是个初出茅庐的青年时，就不知深浅地独自编写了一本袖珍式的《音乐小辞典》，上海开明书店已开始排版，还刊出了广告。后来他自己反复琢磨，终感水平太低，半途让书店停排，并且掏钱赔了一笔排版费。

在这本夭折的小词典的基础上，他立即又编成了一本5万字左右的《音乐小词典》初稿，1932年"一·二八"事变，将稿件送存友人钱君匋家，日本侵略者武装侵犯上海，这本未完成出版的词典连同其他稿件，竟在钱家全部失落了！

第三次编词典是在20世纪60年代初，当时在天津音乐学院工作。音乐出版社派了两位编辑协助，准备编一部中型的音乐工具书，三人曾编订词目初稿一本，写出部分词目的释文，并选择了一部外国音乐词典的部分释文，这些材料的油印本目前尚存。他又将一本苏联音乐词典的词目全部做成卡片，作为日后编辑词典的参考，可惜这些卡片毁于"文革"中！这部词典当时因人手不够，时间精力分散而告流产。

三次失败并没有使他这个词典迷从此罢休洗手不干，相反地，要编成音乐词典的愿望始终在他脑际萦绕，他更执着地企盼着有朝一日能重展宏图。这就是为什么在半个世纪后，当中国音乐研究所及大百科全书出版社邀请他参加编写词典时，他会那么激动，那么兴奋，并立即把家从天津的高级住宅（一所带花园的精致楼房）搬到北京的几近简陋的寓所。

此后的10多年里，爸爸为编音乐词典真是倾注了他的全部心血。

四、痴迷仍不减

刚到北京那几年，住所离工作室不远，他几乎是没日没夜地在工作室"爬格子"，连吃饭睡觉都要去喊。星期天和节假日，整座办公楼没人，他却图个安静，一早就钻进了工作室，看门的工友以为楼里没人，竟几次把他反锁在楼内。这些年里，无论是生病住院、开会、外出疗养，去哪儿他都带着稿子、书籍。有一个严冬，他住所的暖气锅炉坏了，室内温度降到零下10多度，他用毛毯裹着全身，却仍手不释卷。

就是这样，爸爸像一台高速运转的老机器，有时也会出些毛病，需要检修。这不，这回就生病住院了，而且一住住了一个多月。

他也时常叨念着："这几年，视力下降太快了，手发抖，小字也写不好了……"但和一般人相比，他真算得上是眼不花耳不聋，而且头脑清楚，思维敏捷。爸爸的视力比我还好，我要戴老花眼镜才能查字典，他却至今不戴老花镜，只是偶然用一下放大镜看外文词典。他的听力更是出奇地敏锐，出于职业的爱好，他真是"听不厌精"，于是音响换了一套又一套，总是嫌"高频失真呀""低频不够呀"等，直至今年年初我的侄女（他的孙女）缪力从日本给他购来了一套，这才算是令老人基本满意了。

爸爸头脑冷静，治学严谨，我这个"助手"是深有体会的。他对来稿的审查非常严格，有时甚至是苛求。但他并不是一概退还给作者去改写或重写了事，而绝大多数情况下，他自己逐字逐句地修改，整段整段地重写。有的稿子经他修改后，原来的文字所剩无几，但他为了尊重别人的劳动，仍署上原作者的姓名。

最后这部《音乐百科词典》内容包括中外古今，要使全书各方面达到统一实非易事，如体例、译名、格式等要统一，特别是如何处理好中外关系，使他煞费苦心。举个一鳞半爪来说，有些词目中外可以合写，如音乐美学、音乐社会学、音乐图像学、音乐文献等，而声乐中的"唱法"则中外有同有异，就无法合写了。诸如此类的问题很多很多。

爸爸对释文用语也很讲究，审稿中经常为一句话表达不好或一个词运用不妥而搜索枯肠。有时我们两人为一个意思设计了几种表达方式，他一定要找到一种最适当的表达才肯罢休。

几部词典均已竣工，该给爸爸这个词典迷的历史画个句号了吧。问爸爸今后还有什么打算，他说，如果精力许可，他计划再编《音乐教育词典》和《钢琴音乐词典》。原来还是"执迷不悟"呢！我按捺不住喊了起来："你难道忘了自己已经是85岁高龄了？"在家人和学生们的竭力劝阻下，他才答应"退居二线"。后来他指点弟弟裴言搜集资料，着手编写《音乐教育词典》。又听说蒋博彦正打算编《钢琴音乐词典》，他由衷地高兴。

他对音乐词典的痴迷仍不减当年。

本文作于1993年7月

原载《台湾省交乐讯》（1994年节选）及《福建音专校友通讯》1995年第9期

缪裴芙：生于1931年，女，曾任南京师范学院教师，北京六十七中、北京十一学校教师

怀念外公缪天瑞

贺 星

2009年8月31日5时6分，您平静、安详地离开了我们，走得坦然、从容。您百寿仙逝，是上天对您一生为人德厚、治学严谨、报效国家的最好回馈。

您在新中国成立前夕、国民党军队封锁最紧之时，以一叶扁舟，举家自台湾基隆漂泊近百小时，抵达家乡瑞安东山地区，开始为新中国音乐教育、音乐理论研究、音乐文化出版事业多领域、全方位的建设和发展默默耕耘。直至去年百岁华诞之际还撰写、修订《音乐随笔》《儿童节奏乐队》《小学音乐教材及教学法》3本专著，并于今年7月见书。自您17岁翻译、编写音乐文章始，笔耕不辍八十又三载。

您在音乐教育思想上，主张一专多能；重视中小学和幼儿音乐教育，使普及与专业相结合；强调洋为中用，发展中国民族音乐。您施教八十载，在院校、国家研究机构教书育人，为国家培育了众多杰出的音乐艺术人才，桃李芬芳。

您通晓日、英、德几种外国语言，治学严谨、著作等身。您撰写《律学》《基本乐理》等多部专著，翻译《钢琴弹奏的基本法则》《音乐美学要义》、美国"该丘斯"作曲系列等多部外国学术专著、主持编纂多部国家级重要工具（辞）书。其中一些专著已成为20世纪中国专业音乐教育领域最早的教科书，时至今日还在出版。您先后主编《人民音乐》《音乐教育》《乐风》《乐学》等刊物。

您德高望重，宽以待人。无论何时何地何境，您平易近人、实事求是。您爱护他人，即使在非常岁月，您也以规避方式保护他人，不牵连他人；您平日提携众多后学、后人……您的人格魅力赢得了大家的尊重、信任和爱戴！

亦因此，全国音乐界各方力量（专业院校、研究机构人员）在您的主持和组织下，完成了《中国音乐词典》及其续编、《中国大百科全书·音乐 舞蹈》《音乐百科词典》等重量级工具（辞）书，并为我国音乐出版界赢得了 2000 年"第十二届中国图书奖"。

您的每每谈话，内容围绕音乐院校及其图书馆建设、学科建制和发展、理论研究方向、音乐出版的长远发展。是您成就了至交、世交钱君匋先生万叶书店公私合营，于 1954 年 10 月 11 日成立了音乐出版社，也就是今天的人民音乐出版社；是您在出版社成立 35 周年之际，参观激光照排乐谱设备，关注音乐文化出版事业的发展。

您爱家人。2004 年 5 月外婆林蕡、您 75 载的结发之妻去世，您写的《思蕡》，其中追忆"她一生以……多帮我做事为乐"，"帮我抄稿、绘乐谱，写了一部《儿童节奏乐队》的全部乐谱"。您关心子女生活、后代的成长……

您每天翻阅报刊、关注时事，关心国家社会生活。您思维敏捷，与当代年轻学子交流、畅谈、书信往来。您才是真真正正、名副其实的"与时俱进"！

您的恩师丰子恺的后人丰一吟致电宽慰，说您百寿仙逝是功德圆满。尽管如此，对爱戴、敬重您的我们——您的亲人而言，心底里还是充满依依不舍之情，如果有来世，还希望仍然做您的子孙后辈，承欢于您膝下，陪伴于您左右，聆听您的教诲！

外公，您一生荣获"金钟奖"等多项国家荣誉。2008 年，您荣获的最后一个奖项是由中国文联主办的"第七届造型艺术成就奖"。其中对您有这样一段评价："缪天瑞对国家和人民的深情与奉献令人感动敬佩，广博深厚的学术造诣令人高山仰止，精益求精的治学精神、注重实效的学术风范堪称学界楷模。他百年如一日的朴实无华、高风亮节、道德文章，受到同人和学子的齐声赞誉，名扬国内外。他既是生命的奇迹，更是中国文艺界的骄傲！"

外公，您的敬业精神、为人之道、学术思想我铭刻于心！在我们眼里，您是慈爱的长辈、可亲的友人、可敬的老师！外公，我们爱您，我们敬您，我们想您！

愿您安息，愿您与外婆相守长眠！

孝挽。

2009 年 9 月 1 日夜

原载《中国音乐学》2009 年第 4 期

贺星：生于 1970 年，女，就职于中国艺术研究院

缪天瑞先生九十华诞随笔

高燕生

1998年农历三月十五，欣逢缪天瑞先生九十华诞。10月5日，天津音乐学院主办"缪天瑞先生学术思想研讨会"，叶林、赵宋光、陈应时、乔建中、向延生等著名学者，以缪先生一贯身体力行的实事求是精神，客观评介并热情讴歌缪先生对当代音乐事业的杰出贡献。我获益良多，特以"随笔"为题写成本文。文中引用多位学者的论文处，谨此致谢。

缪先生出生在历史悠久的浙江省瑞安县（今改市）莘塍南镇（村）。11岁父亲病故后，在叔父抚养和祖父支持下，1923年入上海艺术专科师范学校（吴梦非先生创办，后更名上海艺术师范大学、上海艺术大学）音乐科，师从吴梦非、丰子恺、宋寿昌、钟慕贞、毛月娥等，主修钢琴。1926年毕业后，在温洲中学附属小学任音乐教师。次年与同学们一起创办温州艺术学院，任教务主任，教钢琴和乐理。该校一年后因债台高筑，被迫停办。1928年秋，得傅彦长先生（上海艺术师范大学教师）相助，为上海一家小书店谱写活页歌曲维生，又在几所学校教音乐。1929年1月首次出版个人创作和填词的《中学新歌》，7月首次出版翻译《钢琴基本弹奏法》（[俄]列文原著）。

1929年春至1932年任武昌艺术专科学校教师，教乐理和钢琴，发表《西洋音乐故事》（《北新》半月刊连载，共11章），译文《论音乐艺术的阶级性》（[日]兼常清佐原著）等。1933年至1938年3月，任江西省推行音乐教育委员会钢琴演奏员，接替萧而化先生任《音乐教育》月刊主编，集采编、征稿、撰稿和印刷出版于一身，5年共出版57期。此间结识李元庆、吕骥等音乐家，刊载多首救亡歌曲，介绍苏联音乐；又发行"中国音乐问题""音乐教学情况""小学音乐教育"等专号。著有《中国音乐史话》，译有《对位法概论》《歌曲作法》《音乐美学》(载《音乐教育》《乐学》期刊)。

1939年10月，他赴重庆教育部音乐教育委员会参与主编《乐风》(双月刊)，因创刊号载有介绍鲁迅艺术学院的文章和《新音乐》(李凌、赵渢主编)的广告，被停刊整顿；1941年至1942年改为月刊，他终因工作困难而离开。

1942年3月，缪先生应国立福建音乐专科学校的聘请，任该校教务主任、教授，主教和声、对位、曲式、作品分析、钢琴等多门课程。1944年夏，因同情并救助被捕进步学生遭"自请辞职"。1946年10月，受台湾省交响乐团邀请，先后任该团编译室主任和副团长，主编台湾省首种音乐期刊《乐学》(双月刊)，其中连载专著《律学》开头几章，具有特别重要意义。此后数年间，相继出版专著《小学音乐教材及教学法》、译本《乐理初步》、该丘斯原著的《音乐的构成》《曲调作法》《曲式学》《和声学》《对位法》和专著《律学》等。

1949年春，缪先生从台湾返回大陆，在天津任刚刚组建的中央音乐学院研究室主任和教务主任，后任该院副院长。1958年中央音乐学院迁京，他接受河北省政府邀请，留任天津音乐学院院长（初建时名为河北音乐学院），兼任河北省文化局副局长。至1983年7月赴北京任中国艺术研究院音乐研究所研究员，硕士、博士研究生导师。1989年5月离休。此间为新中国音乐高等教育辛勤耕耘40载。同时陆续修订出版了他的全部重要著作和译著，参与主编《中国音乐词典》《中国大百科全书·音乐 舞蹈》(任编辑委员会副主任之一)，出版专著《基本乐理》，为《英汉辞海》译部分音乐词目等。离休后仍笔耕不息，他的《律学》第3次修订版于1996年1月面世，译文《西方音乐美学史鸟瞰》于1996年7月发表。他从1983年起主编的、全部由中国人自己编写的、汇集音乐多门学科新成果并充分显示中国特色的首部《音乐百科词典》（各项词目近1万条，250余万字，撰稿者200多位），也由人民音乐出版社于1998年出版。

缪先生为中国音乐事业，在大半个世纪间竭尽心力，锲而不舍，贡献卓著，是备受尊崇的音乐教育家、理论家和翻译家。

对于中国音乐教育事业，缪先生是一位开拓者。他从1926年（18岁）任小学音乐教师起，直至1989年（81岁）离休的63年中，从事中小学音乐教育（含中等师范教育和艺术中专教育，1926—1932、1938—1939）7年，高等音乐专业教育（1941—1945、1949—1989）44年，从事各类音乐学校教学管理（1927—1928、1933—1938、1942—1945、1949—1983）43年，教遍钢琴演奏、作曲技术理论、音乐史、音乐教学法、基本乐理等众多学科的主干课程，亲手创建过艺术学院（温州，1927年）和参与建立音乐学院（天津，含附中、附小，1958年）并任过中小学音乐视察员（1933—1938）、文化局副局长（1955—1963）等职务。他对中国社会的深刻了解和异常丰富的音乐教育实践经验，是他形成科学的音乐教育思想和构建完整的音乐教育体系的根基。

缪先生撰写出版的第一部专著《小学音乐教材及教学法》(1947年)，是他集中阐述社会音乐教育（特别对少年儿童音乐启蒙教育）思想和方法的重要著作。书中论及唱歌教材选择法、听唱教学法、视唱教学法、唱歌一般教学法、发声法与音高矫正法、合唱教学法、音乐测验与记分法、设备及其他;强调歌唱与欣赏、唱游、器乐、知识、创作相结合,务求适合儿童(对象)兴趣、能力和发展的需要;提出"本国民歌,不能轻视,应视其性质,多多采用为教材";教法要"以普及音乐教育为目的","使儿童对唱歌发生兴趣,从唱歌得到快乐","养成唱歌上所需的各种技术","以唱歌表现自我",倡导"儿童的自发活动"和"创造性的表现","先有应用,后有理论",等等。综合体现出他在普通音乐教育思想方面力主实现的三个目标,即"首先是美感教育""必须适应儿童特点"和"民族音乐的教育"。这一思想体系"旨在向青少年进行音乐审美教育,提高民族音乐文化素质"(详见他主编的《音乐百科词典》"普通音乐教育"条)。引用钱君匋先生为《小学音乐教材及教学法》所写的"序言":"我们这样大的一个中国,而又复有如此多的音乐教育工作者,前此竟无像这样一本好书出现……对于音乐教学法谈得如此周详而新颖。"在半个世纪后的今天来看,这个评价仍极贴切。缪先生那时的思想与当前"从应试教育向素质教育转轨"的教育方针又多么合拍。

缪先生的高等音乐专业教育思想体系,突出表现在他任天津音乐学院院长25年的成果中。他一整套科学的、行之有效的管理方法,其要点其一是从实际出发,在充分调研的基础上,对学校的性质特点、主攻方向、培养目标定位,并以此统一全院人员认识。其二是制订相对稳定的教学进程计划。为确保稳定的教学秩序,完整地设计全学程课目门类的比重、总学时、学年课时分配(含作业学时)和考核方法等。他一贯强调应不断拓宽知识结构,鼓励一专多能和因材施教,以理论与实践的紧密结合、加强基础知识和技能培养、授课方式坚持少而精和启发式。其三是一贯重视师资队伍建设。包括系统的师资建设长远规划,选定重点发展的专业学科,制订新老教师的培养进修计划,新课程正式开设的法定程序(确定足够的师资、先编出教材、经过研究或讲座试用、经教研室以上逐级审查合格后,纳入教学总计划),教研室工作以充分开掘艺术民主和教学个性、提高教育质量为中心等。其四是坚持一整套以实施授课计划为核心的教学管理制度。如强调要求教师对学生做充分调研,向教研室提出分析报告和教学计划,经广泛听取各方面意见建议,由教师修订教学方案后实施,授课记录定期接受主管部门检查等。

缪先生的音乐专业教育思想总体上把握4条原则。即在社会需要和实际可能之间准确定位、突出特色;在基础建设和长远规划之间力求眼前短期行为与总目标的协调一致,注重决策的前瞻性和保持后劲;在办学不可或缺的人才、物力方面坚持以教学为中心带动学院各项工作健康发展;在办学规模和效益的关系方面强调健康稳定持续的发展,力主大学、中学和小学"一条龙"(现阶段狠抓中小学打好基础,比抓大学更重要),以完善的管理机制和不断改善的教学条件作保证。正是由于他充分掌握音乐教育的自身规律,从长期的实践出发来认识真理,故而总是能够十分自觉地贯彻党的教育方针和文艺方向,并使之切实落到实处。其次,他从不追名逐利,虽知识十分渊博、理论根基颇深,却格外谦虚谨慎、虚怀若谷,故而能够紧密团结群众,最大限度地调动全体师生员工的积极主动精神,赢得人们的尊敬和信赖。

作为著名音乐理论家,缪先生尤其对乐律学的研究有突出贡献,是举世公认的我国现代律学学科奠基人之一。

"律学"作为独立学科，在我国，早在明朝朱载堉已经提出。到现代刘复、王光祈、杨荫浏等学者也做出过不少贡献，但他们并未做系统而周密的考虑。在西方，对律学的研究，往往只作为音乐声学、音乐史学或和声原理研究的一部分，没有真正形成独立的学科。而缪先生最重要的著作《律学》从1947年成书，1950年出版，后3次修订出版（1965、1983、1996），历时半个世纪，记录了他呕心沥血为开拓现代律学学科所做的努力。该书从初版起一直保持的5方面基本内容（律学的研究范围和基本原理、律学的研究方法、律制的构成、律学的发展历史和律制的应用），为我们构建了现代律学学科完整体系的框架，从而把朱载堉创立的律学学科，开拓成为具有现代化和国际化的一门学科。同时，为把一般音乐学习者引进律学之门，该书独具教科书般系统全面和循序渐进的特征。

《律学》初版共8章，由浅入深地讲授律学基础知识和世界古今存在的种种律制，并教会初学者在掌握音律计算法后，能较易识别各种律制和理解各个学派的律学理论。缪先生在初版"自序"中指出："我相信本书是关于律（学）的全盘学问最浅显的书，读过本书，以后在别处看到关于律（学）的理论，就不致再发生困难了。"

如果说初版《律学》是一本"律学入门"，随着缪先生自己研究的不断深入，他为使该书成为普及和提高相结合的律学专著而一再修订。3次修订版本虽在总体结构上有所调整，而编写体例无大改变。内容不断充实和更新，篇幅也由初版的80页扩展到首次修订为122页（调整章节布局，新增亚洲非洲若干民族乐制、今天律的应用问题和附录音律表）、第2次增订为263页（律史扩充为中国律学简史、欧洲律学简史、四分之三音体系史料，附录加入音分值和频率对照表、专名人名索引），直至第3次增订达326页（按第2次增订版结构做内容修订和补充）。修订各版广泛吸收国内和世界范围内律学研究的新成果，使人们看到他一直站在律学研究的前沿，在为该学科建设而不懈努力。

缪先生的《律学》对东方乐制的论述，涉及中国、阿拉伯、伊朗、日本、印度、印度尼西亚、泰国、缅甸、土耳其9个主要国家和地区的民族乐制研究，是其律学研究的独具特色的重要组成部分。这不仅是该领域独树一帜的贡献，更将为推动民族音乐学对东方音乐的研究，发挥持久的重要基础作用，奠定下坚实硕大的理论基石。

自从缪先生的《律学》问世，过去律学研究仅限于少数专家的情况根本改观。该书以其可读性和知识性，向广大读者有效地传授了律学基本知识，引导音乐界甚至科技界许多人士步入律学研究的殿堂，大批青年学者成长起来，并在20世纪80年代形成了我国律学研究的一次高潮。耐人寻味的是，一部《律学》著作造就出一批批律学研究的生力军，而他们研究的新成果又被吸纳入《律学》的各次修订版。这不仅是缪先生治学数十载所始料未及的大收获，更是当今世界一大奇妙美景。

缪先生作为著名翻译家，译书涉及音乐的各个方面。他精通日、英两国文字，21岁（1929年）出版首部译本《钢琴基本弹奏法》。此后为编辑和教学工作需要，翻译或编译过大量文献，涉及作曲技术理论、键盘演奏艺术与技巧、音乐史学、音乐美学等广泛领域；翻译音乐理论书籍多达11种，尤以该丘斯原著5种作曲技术理论教材（见上文）影响颇深。此系列编译本未出版前就曾用作福建音专（1942—1945）和声学、曲式学等课程的教材。

缪先生译作一贯主张从实际需要和易被我国读者理解出发，强调在忠实于原著者学术体系和内容的前提下，力求文笔流畅，表述清楚，通俗实用。这一特点，在缪先生编译该丘斯一系列作曲技术理论的各书中，表现得特别显著。为了便于读者，他常在书中加入"译者注"或小标题，必要时加入整个补充部分，以至调整其部分而重写。例如，他编译《曲式学》（修订本）全书一仍其旧的各节内，另加小标题；并于书末加入附录"参考曲目"，列出书中引述的乐曲，以便读者遇到时查阅。又如，《和声学》书末加入附录"和声学的应用"，这是译者从原著者另一本和声学中引来加入的，对读者从和声学进入学习作曲时可起桥梁作用。再如，《音乐的构成》（第二次修订版）编译本全书突出原著者对各种音乐表现手段的理论体系的总述，并把最后一章根据原著者曲式理论体系，用乐谱详加表述。诸如此类，可见缪先生的这套作曲技术理论的编译本，具有"再创造"的性质。

缪先生对译文观点和文字表述的正确持异常审慎的态度，这充分体现在他主编《音乐百科词典》的众多词目释文中。他对撰写外国音乐部分的释文，无论人名或物名，都坚持要求撰文必须对照3种以上不同文字的外国音乐词典，特别要仔细对照英文《新格罗夫音乐与音乐家辞典》和俄文《音乐大百科词典》等。遇有相互矛盾处，更须经专门调查研究，分析论证，并亲自参阅多部外语词典和史料审定，务求去芜存菁，一丝不苟。

缪先生事业各方面的成就辉煌，贡献卓著。他的人格魅力和治学风范更是为人所敬仰。他大半个世纪的埋首耕耘，从事每项工作的最根本目标，总在于为了推进中国音乐事业的健康发展而育人。在教学岗位，他一贯鼓励学生放眼全社会，用社会思考来指导音乐思考，强调音乐的历史内涵和社会内涵，与民族兴衰和社会同呼吸共命运。他洁身自爱，与世无争，虽一心治学，却以朴素的良知救助过进步学生。他朴实无华，平易近人，从不颐指气使、居位自傲，待人谦和，虚怀若谷。他对工作一贯实事求是，严肃认真，在知识和科学面前人人平等，从不居高临下。他要求别人做到的必先自己做好。为抓教学质量管理，他曾亲自审阅批改过全部专业教师的授课计划；为确保他主编的《音乐百科词典》的质量，他亲自审定修改几乎全部的文字，以求尽量减少或防止错漏。他淡泊名利，正直不阿，高风亮节。无论他邀别人撰文或在《音乐百科词典》中，凡由他审改的文稿，甚至由他重写的文稿，总要按原作者署名。凡由他主编的词典，从不列主编人自己的人名词目。

缪天瑞先生值得世人学习的方面还有很多很多。我敬佩他的灼见真知，尊崇他的治学风范，更仰慕他的人格魅力。他曾这样说过："一个人本身及其著作（作品）能否留传后世，非由个人'人造'决定，得由历史和后人决定。人不仅要放眼看世界，也应放眼看'自己'。"

我衷心祝愿缪天瑞先生福寿无疆！

原载《人民音乐》1998年第12期
高燕生（1940—2013），天津音乐学院教授

逝者如斯　弦歌相承

——缅怀温州籍音乐家缪天瑞先生

王文韬

瑞安莘塍南镇村的缪氏家族是当地的望族。这个家族中名人辈出，杰出代表有音乐家缪天瑞、眼视光专家缪天荣、环保专家缪天成等，他们在各自的学科中独领风骚，为国家和社会做出了非凡贡献。温州大学著名校友缪天瑞先生学贯中西，所涉及的学术领域极广，尤其在律学研究、音乐教育、音乐翻译、大型音乐辞书编纂等方面，创下了辉煌业绩。

1997年年初，笔者因请教一些乐理问题，便与时年90岁的缪天瑞先生有了书信往来，直至2009年先生离世。2001年秋，缪先生得知我来温州师范学院工作，便在电话的那边激动地说："我们是校友啊！"

缪先生给我深刻的印象是儒雅、谦和、质朴。无论是10多年的电话、书信往来，还是2005年5月出差去北京时满怀激动地登门拜访莫不如此。当我和时任温州大学音乐学院院长的陈其射教授一同初访缪先生，真不敢相信这位鹤发童颜、神清气爽，身着蓝色中式对襟上衣，穿老式布鞋，却周身透着儒雅气的大学者已是历经沧桑的近百岁老人。先生神态十分平和、慈祥，家乡温州去的我们，显然勾起了先生深深的思乡之情，他缓缓地说："我离开温州已经56年啦！"先生开始拉家常了，这使我迅速摆脱了内心深处因过于崇拜和敬慕而带来的拘谨与不安，但老人通达谦和、宁静致远以及敏捷的思维、缜密的语言逻辑，则令我钦佩和感叹不已。与先生的交流中，我们还谈到将来要成立缪天瑞研究会的事，缪先生慈祥地笑道："我的贡献不多，错误不少啊。"

缪先生百岁高寿仍然笔耕不辍。2007 年，值先生百岁华诞之际，老人依然孜孜不倦地亲自将自己 80 年来数百万字的学术成果逐字修订、逐篇归类为《缪天瑞音乐文存》，而先生把亲笔仔细修改过的一套文存最终寄给了我……这，或许是我有生之年能得到的最高奖赏了！我与先生的最后交往当是 2009 年 6 月 22 日。这普通的一天则让我记忆犹新——先生从北京给我寄了他新出版的《音乐随笔》，我从温州给先生寄出了一封挂号书信。再后来，我便接到了 2009 年 9 月 1 日由中国艺术研究院寄给我的先生离世的讣告……我翻阅着先生给我的近 20 封书信，聆听着我们拜访先生时的录音，"你要向我学习"的声音萦绕于耳畔。我反复问自己"应该用什么来寄托对先生的思念"？2011 年我完成了温州市社会科学研究课题"缪天瑞教育思想研究"，2012 年我与刘青松先生完成了温州大学文化工程项目"校友缪天瑞研究"。同年 5 月 23 日，音乐学院邀请了缪先生的亲属，在温州大学演播厅为这位著名校友举办了以"感受大师风范，聆听音乐人生"为主题的访谈式纪念活动。从 2010 年开始，刘青松先生协同温州大学有关部门，积极筹措缪天瑞先生铜像的设计、铸造及安放事宜。应天津音乐学院副院长方建军教授的建议，地处缪先生故土的温州大学，向缪先生创办并工作了 23 年之久的天津音乐学院捐赠一尊缪先生的铜像。两尊孪生铜像，将温州大学与天津音乐学院紧系一处，携手发展。2013 年 4 月 15 日，适逢缪天瑞先生诞辰 105 周年之际，温州大学为缪先生举行了铜像安放仪式，举办了"缪天瑞先生百年音乐人生"图片展及学术沙龙等系列活动，以纪念这位德高望重的温州籍学界泰斗。2015 年 10 月 16 日，在温州大学音乐学院院长赵玉卿教授的积极筹划下，"缪天瑞研究会"在温州大学成立，终于兑现了 10 年前笔者与陈其射教授拜访缪先生时许下的诺言。

缪天瑞先生生前十分关心温州大学音乐学院的发展。先生在经历过文化变迁的欣喜与苦痛，亲历过中国的积贫积弱，执教经验的积累使缪先生十分明了中国音乐教育的状况，在音乐教育思想上形成了独到的见解。2007 年岁末，先生百岁之时，还根据自己多次办学的经验，为音乐学院书写了院名，留下了"切磋现代乐艺，发扬民族精华"的题词。近年来，温州大学音乐学院举办了以"天瑞"命名的系列学术研究、艺术展演活动。姜嘉锵、倪洪进、山翀等曾在"天瑞名家讲堂"施教；温州大学音乐学院的师生打造的"走进天瑞音乐厅""走出天瑞音乐厅"系列音乐公开课堂，很好地活跃了校园文化氛围、服务了温州地方文化建设；"天瑞讲坛"成为温州大学音乐学院教师汇报最新研究成果的平台；音乐学院的"乐风"微信平台成了对外交流的窗口……通过对缪天瑞先生音乐文化的梳理与建设，既加强了音乐学院的对外交流，又引发了极大的凝聚效应。以缪天瑞先生音乐教育思想为核心内容的温州大学音乐学院之文化品牌逐步形成。

缪先生一生与世无争、淡泊名利、心怀璞玉，平和面对每一天。他的勤奋没有功利目的，这绝非常人所能做到的。"人生朝露，艺术才是千秋"是缪先生的人生感悟。时间飞逝，2018 年 4 月 15 日到了，为表达对缪先生的敬仰，在先生诞辰 110 周年之际，缅怀先贤，传承文脉，温州大学将于 4 月 18 日晚在天瑞音乐厅举办"'守望经典，传承文脉'纪念校友缪天瑞先生诞辰 110 周年音乐会"。近期，温州大学音乐学院的师生以高度的热情，积极地投入这台有着特殊意义之音乐会的准备中。值得一提的是，这台音乐会将上演缪天瑞先生自己作词作曲的《中学新歌》（1929年1月由上海三民图书公司出版）中的若干作品。笔者曾向缪先生的大女儿、88岁高龄的缪裴芙老师询问先生作品的上演情况，她说："福建国立音专有过。"这意味着新中国成立后，缪先生的音乐作品还没有在舞台上正式演出过。2018年4月初，笔者撰写的《乐坛鸿儒缪天瑞》由西南师范大学出版社首发，我托著名作曲家储望华先生请其挚友、作曲家鲍元凯先生题写书名。鲍先生是天津音乐学院的著名教授，也是缪先生的学生、同事，前几天鲍元凯先生还说："缪先生对我有恩，是你给了我纪念缪先生的机会"……情切切逝者如斯，意绵绵弦歌相承！我愿以此薄礼敬献给德高望重的温州籍乐坛鸿儒缪天瑞先生。

原载《温州晚报》2018年5月13日第7版

王文韬：生于1971年，温州大学音乐学院副教授

忆缪天瑞老师

游任遂

那是抗日战争全面爆发的第二个年头，全国已有一些城市被日寇侵占，当时在江西省推行音乐教育委员会任职的缪天瑞老师，因日寇进攻南昌而回到家乡瑞安，来到平阳郑楼师范学校担任音乐教师。

1949年前，平阳郑楼是一个很偏僻的乡村。温师校舍和教学设备虽很简陋，但学校环境却还幽静，四周环绕着树木、河流、稻田。离校约30米处，在一道宽阔的河流岸旁，建有一个跳台，那是学校的"天然游泳池"。缪老师喜爱游泳，常和一位姓方的体育教师一起在这里游泳。我们经常看见他身穿游泳衣，从游泳池里出来，全身湿漉漉地赤着脚走回自己的寝室。那时，缪老师30岁刚出头，个子不高，留着长发，远看像一位年轻的女郎。

音乐课在师范学校是较重要的课程，每周有两节。缪老师不仅乐理造诣很深，而且是弹钢琴的好手（他在江西当乐队钢琴演奏员），可惜学校没有钢琴，音乐课只能弹奏风琴。第一学期，他先让学生熟悉五线谱C、F、D等调及较易视唱的歌曲，随后逐渐学习复杂的歌曲，同时插讲一些基础乐理。上课时，他一边弹琴，一边示唱，声音特别圆润响亮，即使跟学生一起唱，也能清楚地听到老师的声音。他每周除了担任全校20多节课外，还组织课外音乐兴趣小组，让各班级中爱好音乐的学生学习较深的乐理，如和声学、对位学等。

当时，我们唱的都是抗战歌曲，一学期能唱几十首歌，聂耳、冼星海、吕骥、贺绿汀、陈田鹤……都是我们熟悉的名字。为了平时多练唱，每天三餐前，全校学生在操场上集队，每桌先出来一人去饭厅盛饭，这时队伍中走出一位"指挥"，领唱一两首歌后才进饭厅。

不久，学校课余时间到处扬起抗战歌声："我们都是神枪手，每一颗子弹消灭一个敌人""大刀向鬼子们的头上砍去""老百姓会打枪,才能保住家乡!"……整个学校沉浸在抗日爱国的浓烈气氛之中。学生热爱祖国、憎恨敌人的情绪,在这气氛中潜移默化地被激发出来。简直令人难以置信,音乐艺术的感化,竟能产生如此巨大的力量!缪老师的教学效应可以想见。

记得一天晚上,我在寝室拉胡琴,隐约看见窗外有黑影,我起身向窗外望去,见缪老师从窗下悄悄离去。原来他来听我拉琴。第二天,他对我说:"你的胡琴拉得还不错嘛,你对音乐课为何不大爱好呢?会弹琴吗?"我答:"会一点,弹得不好。"他要我弹风琴给他看,我弹了一首简单的两部合奏曲,他点点头表示满意。可惜我那时不安心读师范,认为教书没出息,因而没有虚心向缪老师求教,认真学音乐。现在回想起来,真是坐失良机,懊悔莫及!

缪老师在温师仅一年多便到重庆任《乐风》编辑,后来到福建永安音专任教。1949年后,任天津音乐学院院长。1980年以后,在北京从事编辑《音乐词典》的工作。

"名师出高徒",缪老师在温师时间虽短,但已替家乡培育出不少音乐人才,如张定璋、池志立、钱华崇、张守华、林华、胡秀玉、吴闻菊等,有的是中小学优秀音乐教师,有的是乐团指挥。

原载温州大学编《学府梦寻:温州大学75周年》,浙江摄影出版社2008年版,第240—241页

游任遴:生于1919年,原温州市第十二中学教师

音乐编辑家缪天瑞的精彩人生

龚 蓓

缪天瑞是我国著名音乐学家、音乐教育家、音乐翻译家、律学家、音乐编辑家和管理家。他将毕生的精力奉献给了中国音乐事业，在音乐理论研究、音乐教育、音乐翻译、音乐编辑诸领域都取得了成效，是我国"二十世纪以来杰出的有高度音乐文化自觉性的音乐新星"。他以"为乐不可以为伪"的务实理念，以"人生朝露，艺术才是千秋"的理想，以学贯中西、通古晓今的做学问的气势，以锲而不舍、刻苦钻研的研究精神，构筑了音乐学界的理论丰碑。尤其是他在音乐编辑方面做出的奠基性和开拓性的举措，为 20 世纪中国音乐事业发展做出了巨大贡献。

一、音乐编辑生涯

缪天瑞 1926 年从上海艺术大学毕业后便登坛施教，开启了长达 60 余年的音乐教育生涯。他先后任教于浙江省立温州中学附属小学、温州艺术学院、上海新陆师范学校、上海同济大学附属中学、上海中华艺术大学、武昌艺术专科学校，教授钢琴、基本乐理、作曲技术理论、音乐教学法、律学等课程。从最初的小学教师到博士生导师，缪天瑞的音乐教育实践极尽丰富。虽然教学对象与教学课程不断变更，但不曾改变的是他对音乐教育事业长久以来默默耕耘的本心。在踏上执教之路开始，他就致力于音乐教育。他不仅立足教学实际撰写、翻译了大量音乐教学法和理论著作，培养了一批音乐人才，而且其卓有成效的教学管理工作为多所学校的音乐教育发展夯实了基础，对我国音乐教育事业的发展产生了重要影响，是名副其实的音乐教育家。

缪天瑞长期以来作为音乐教育家和音乐学家而为人们所熟知，但他从事音乐编辑工作长达60余年却鲜有人关注。他精通英、日、德三种语言，一生笔耕不辍，以其深厚的学养和孜孜不倦的治学情怀投身于编辑事业，出版了大量学术专著、译著。为应对当时国内音乐教材稀缺的现实困境，缪天瑞迎难而上，翻译了俄国列文著作《钢琴基本弹奏法》《西洋音乐故事》等，并出版了由自己创作和填词的《中学新歌》。1930年，上海三民图书公司出版了《风琴钢琴合用谱》；同年，他又翻译了日本兼常清佐著的《论音乐艺术的阶级性》。

缪天瑞常根据教学实际与读者的诉求，不断对译著进行调整。因此，他翻译的此类国外著作，往往在多年后又经历了修订及再版的过程，这些著作无不显示出缪天瑞对待音乐编辑工作的耐心、负责以及一丝不苟的敬业精神。除此之外，缪天瑞还主持参与了《中国音乐词典》《中国大百科全书·音乐 舞蹈》《音乐百科词典》等编辑工作。当时已80岁高龄的缪老仍专注编写音乐辞书并将其视为毕生的学术守望，如今想来我仍深深地为他所怀有的治学精神与历史责任感所感动。

毫无疑问，要在卷帙浩繁的引证材料中梳理和编撰出一部兼容中外、具有致用意义的音乐百科词典并非一桩易事，更何况是对于这样一位已迈入古稀之年的学者，其编写过程中所耗费的精力与心血定是常人难以想象的。

二、音乐编辑实践

缪天瑞从事编辑工作长达60余年，其间经由他编辑的有《音乐教育》《乐风》《人民音乐》《乐学》等音乐类刊物，以及《中国音乐词典》和《中国音乐词典》（续编）、《中国大百科全书·音乐 舞蹈》、《音乐百科词典》等辞书。

（一）音乐杂志

《音乐教育》杂志于1934年由江西省推行音乐教育委员会创办，在中国近代音乐期刊出版史上具有重要地位。在众多音乐期刊中，《音乐教育》内容广泛，持续时间较长，期数多。自1933年4月起，缪天瑞担任《音乐教育》杂志的主编，知名书画家钱君匋担任封面设计，由音乐界知名的音乐家及音乐学者撰稿。《音乐教育》的办刊宗旨为"普及音乐知识，提高欣赏程度，纠正错误观念，供给适用作品"。自发刊之日起，该杂志就始终奉行其办刊宗旨，其内容选择与之紧密相关。

20世纪30年代，"江西省推行音乐教育委员会"在江西南昌成立。该委员会成立之初，旨在以音乐为武器和宣传手段教育民众，唤起同胞们的爱国热情，希望在危难之际通过音乐来振奋民族精神。因此缪天瑞结合时代需求，在《音乐教育》中加入了"救亡歌曲特辑"。此外，当时的中国正处于各种音乐思潮活跃交融的阶段，音乐界将目光投注于学习西方音乐、改进国乐及救亡音乐思潮、国乐与西方音乐的关系、音乐的社会作用、音乐如何振作国民精神等社会问题，择其热点内容进行讨论，具有极强的时代性。

在《音乐教育》杂志中，缪天瑞根据内容分类设置了乐谱、论著、调查、乐评、通讯、音教会要闻、工作报告、规程、音乐要闻等诸多栏目，总体呈现简洁清晰的特点。杂志所涉内容具有广泛的范畴，诸如音乐美学、音乐史学、音乐评论、音乐欣赏等不同领域，且主编秉承兼收并蓄的学术态度，坚持为读者呈现多元的学术观点。为更好地服务读者，缪天瑞还开设了"问答栏"，旨在为读者答疑解惑。与此同时，编辑人员也能够从中获取读者的直观反馈，从而对杂志内容做出及时调整，使其更趋完善。

《乐学》创刊于1947年4月，发行人为蔡继琨，由缪天瑞担任主编，被称为中国台湾第一份正式的音乐期刊。该杂志创刊之初是为配合地方交响乐团演奏方面的音乐听赏教育，倡导针对不同的音乐教育对象应当采取不同深度的教育手段，引导一般听众逐步走上音乐教育的基础建设道路。另外，还要通过这个刊物发行部分具有深度的文章，并开辟一些专号，以此为专业音乐者提供一个学术建设和交流的平台。缪天瑞考虑到台湾"光复"初期受到日本和教育西化的影响较为严重，具有一定的文化特殊性，因此首先在《乐学》的内容设置上采取了由西洋音乐理论逐步向中国音乐理论过渡的模式，试图在循序渐进中促成中国台湾与大陆的音乐文化之融合。其次，从受众读者的认知需求出发，该杂志的内容呈现由易至难的态势，且以多样性的体裁展现音乐文化，符合读者对音乐理论知识的认知规律，具有较强的可读性。从中可见，缪天瑞在编撰过程中所付出的心血，无论是杂志的内容设置、栏目安排、逻辑结构，还是其中所选曲目的体裁类型，都是其仔细斟酌后的成果。

（二）音乐辞书

1998年，由缪天瑞主编、百余名专家学者共同参与撰写的《音乐百科词典》出版，在中国近现代音乐的发展历史上具有里程碑式的意义。这部辞书自开始编撰到付梓问世，经历了13年时间。它熔铸了缪天瑞60余年的编辑经验，汇集了当时国内百余位专家学者的共同努力。在20世纪初期我国音乐辞书建设的起始阶段，这部辞书基本上可以说是这一时期我国音乐辞书建设整体水平的真实反映，同时也标志着中国音乐辞书建设步入了一个全新的阶段。

整部辞书共计收录条目6600余条，加之索引部分及附录，共计8000余条，所含信息数量之多远超同期其他音乐类辞书。其内容涉猎极为广泛，涉及音乐家、理论、乐器及制作公司、教育机构、重大音乐决策、音乐活动、音乐组织、乐派等各个方面。可索引的人名包括指挥家、理论家以及演奏家和作曲家等。除此之外，还包含一些较为知名的音乐团体。

虽然这部辞书所收录的词条数目极其庞大，但缪天瑞并不降低对内容的要求，在编写过程中几番经历扩充、保留重点、再度凝练。值得关注的是，这部辞书内容之简洁、索引方法之合理在当时都是极具创新性的实践。因为辞书收录词条数目庞大，总篇幅多达200余万字，故而编写时兼用汉语拼音、首字母以及笔画三种排列方式，极大地提高了读者在使用时的阅读效率和查找的准确度。

三、音乐编辑思想

缪天瑞在长期的音乐编辑实践中，逐步确立起具有自身特色的音乐编辑思想，主要表现在如下方面。

（一）立足读者需求，讲究读与编互动

音乐期刊的编者与读者构成了音乐文化传播活动相互影响的重要主体。缪天瑞在从事编辑工作的过程中，坚持秉承服务于读者，促进编者与读者积极互动的互利模式。他始终坚持充分尊重读者群体，能与读者在交流中共享知识。如他在早期编写《音乐教育》杂志时，就基于此种编辑思想，设置了"问答栏"。这一独具巧思的安排，为读者与编者搭建了交流互动的桥梁，编者可以通过读者的提问与反馈及时了解其对杂志内容的接受程度，直观地了解读者真实的阅读需求，听取读者的宝贵意见。对于读者来说，这一栏目的设置无疑是搭建了一个学界名家答疑解惑的平台，杂志特聘请廖青主、钱君匋、江定仙、吕骥、廖辅叔等专家学者来回答读者的提问，在极大程度上促进了音乐刊物的持续长远发展。

（二）立足本土音乐，彰显传统文化

我国是一个具有悠久历史和灿烂文明的文化宝库，缪天瑞始终以传承中华民族传统音乐文化为从事编辑工作的使命所在。如他在编写《中国音乐词典》时由于一些历史原因，未能收录柯政和、钱君匋、程懋筠等几位为中国早期新音乐发展做出较大贡献的音乐家，后期编写《音乐百科词典》时将其补充收录，弥补了曾经的遗憾，使其内容更为全面。除此之外，缪天瑞十分重视推崇中国音乐作品，在《音乐百科词典》中收录了大量从古至今的优秀本土作品，如《梅花三弄》《醉渔唱晚》《红色娘子军》《东方红·音乐舞蹈史诗》《沙家浜》等，贯穿从古代到近现代的历史脉络，所涉作品极尽丰富。正是这样的编辑思想，才使缪天瑞在编辑实践中取得了如此的成就。经由他编辑的音乐刊物能够贴近群众、服务读者，更好地满足人民群众的精神文化需求，与时代共进，充分印证了时代的风貌。

缪天瑞在长达60余年的编辑工作历程中，数十年如一日地践行一丝不苟的敬业精神与严谨踏实的编辑作风。正如缪老的长女缪裴芙戏称他为"词典迷"，缪老用几十年的时间完成了想要编撰一部音乐百科词典的承诺。为了实现这一夙愿，缪老历经曲折，但始终不曾退却。早在20世纪60年代，音乐出版社曾计划让他编纂一部中型的音乐词典。当缪老开始着手前期准备工作时，"文化大革命"的爆发叫停了编辑工作，他已经搜寻到的资料也未能保全，直到1998年，《音乐百科词典》才得以出版发行。缪老从未懈怠一日，始终对编辑事业报以高度的专注与热情，一世追求真知。这种潜心学术的执着和严谨踏实的作风，使其最终将优秀的文明成果传播向社会，同时也为中国音乐编辑事业的建设做出了卓越的贡献，成为中国音乐编辑发展史上的一座高峰。

原载《音乐爱好者》2019年第8期

龚蓓：上海音乐出版社主任

人生朝露，艺术才是千秋

李 煞

中国传统社会中，一个名门望族在地方上所起的表率作用是举足轻重的。瑞安莘塍南镇缪氏家族，是当地的望族，多年来，这个家族中名人辈出，缪天瑞、缪天荣、缪天华和缪天成等就是其中的杰出代表。他们中，有闻名天下的音乐家，有四海扬名的眼科专家，有台湾省高校的中文教授，有环保专家等，他们均在各自专业领域独领风骚，不仅为国家做出了贡献，同时也为家乡赢得了名誉，成了地方文化的代表人物。如今南镇村缪宅旧址被瑞安市列为文物保护单位。

今天所要谈及的是缪氏家族中的百岁学人缪天瑞先生。

缪天瑞，中国音乐教育家、理论家、翻译家。1908年4月15日出生于浙江省瑞安市莘塍南镇的一户殷实人家。1923年进入上海艺术专科师范学校音乐科，从吴梦非、丰子恺学习音乐理论，从钟慕贞等学习钢琴。1926年毕业后，在多所大、中、小学任教员，从事音乐教育工作。1933年至1942年先后从事《音乐教育》《乐风》等月刊的主编工作。1942年至1945年在国立福建音乐专科学校任教授兼教务主任。1946年任台湾交响乐团编辑室主任、副团长，主编《乐学》（双月刊）。后赴天津，曾任中央音乐学院研究部主任、教务主任、副院长，1958年任天津音乐学院院长、天津市政协副主席、兼任天津市文化局副局长和河北省文化局副局长、天津市音乐家协会名誉主席。曾当选为第三、四、五、六届全国人大代表。1983年任中国艺术研究院音乐研究所研究员、博士研究生导师。自1991年起享受政府特殊津贴。1999年荣获文化部第一届文化艺术科学优秀成果特别奖，2001年获首届中国音乐金钟奖"终身荣誉勋章"，缪天瑞是我国著名的音乐律学奠基人之一。

已达期颐之年的缪先生谦和自律、光明磊落。他为中国的音乐理论研究倾注一生，呕心沥血80载，即使其学术研究已硕果累累，开创的学科已蔚为壮观，即使已获得了无数的赞誉与褒奖，却始终如一地保持着平易谦和的学术品格与超人的治学毅力，功成不居、荣辱不惊。

有幸见过缪先生是在2006年老人99岁寿诞之时，在中国艺术研究院音乐研究所国欣老师的精心安排下，我们这些来自五湖四海进京求学的后生满怀激动，渴望踏入缪先生的家门。初见先生，简直不敢相信，这是位历经百年沧桑的老人。他的个子不高，身着一件深蓝色中式对襟上衣，老式的布鞋，一身简朴。虽已满头白发，依然是鹤发童颜、神清气爽，周身透着一份儒雅，给人以仙风道骨的感觉。从他高高的鼻梁、开阔的天庭、饱满的双颊和炯炯有神的眼睛里，依然可以看到他年轻时俊朗的影子。

大家落座在缪先生周围，与其攀谈起来，先生神态平和、慈祥，缓缓地叙说，使我们迅速摆脱了内心深处因过于崇拜和敬慕而带来的拘谨、不安。气氛由最初的紧张沉闷转而活跃起来，对于接连不断的问题老人家均给予耐心而认真的解答，虽然他的听力已下降很多，但对于我们说的每一句话都仔细地侧耳聆听，当遇到无法轻易作答的问题时时常抱歉地说"对不起"，一句一句诚恳的抱歉反倒使我们这些晚辈后生无所适从。交谈中，老人敏捷的思维、缜密的逻辑令众人叹为观止。在座的每一位无不被先生那种通达谦和、宁静致远的大家风范折服！

缪老先生一生学贯中西，所涉及的学术领域极广，开创出了中国音乐学一个又一个的领域，尤其在律学研究、音乐教育、音乐翻译、大型音乐辞书编纂四大领域里创下辉煌业绩与独特建树。

乐律学是音乐学中技术最繁难的领域，它强烈的民族特性和数理规律相互掺涉，长期以来被误认为"绝学""玄学"。缪先生在学术领域的代表作《律学》将中国古代律学第一次置于世界性律学研究的学术平台，书中的叙述深入浅出，以简驭繁，尤其是后期著述中对欧洲中心主义的超脱，对世界各民族"音体系"的平等叙述，使民族性的学术理念彰显出来，揭示出律学背后的规律，撩开其神秘面纱，极具提纲挈领、揭秘释滞之功。正如著名音乐学家杨荫浏所言："深入浅出，用生动的文笔写成本书，头头是道，一丝不乱地由开卷写至书末，由前面准备后面，由常识引到专门问题的了解。"正是立此一规，古歌今唱，一理兼通。

缪天瑞萌发写作《律学》的初始念头缘起于20世纪30年代中期，对弦乐器和键盘乐器上 $^{\#}c$ 和 $^{\flat}d$ 两个音不解的困惑。令人难以置信的是，对这一音高现象的困惑，竟让缪天瑞苦苦探寻了10年，并从此开始了他在律学领域长达60年的学术研究与探索，"律学"也永远与缪天瑞的名字联系在一起。

《律学》被四次增订，整整历经半个世纪。1950年1月，上海万叶书店首次出版发行时，全书仅80页，缪天瑞42岁刚过不惑之年；第一次修订版1965年出版时，全书122页，缪天瑞57岁已近花甲；第二次修订版1983年出版时，全书283页，缪天瑞75岁年逾古稀；而第三次修订版1996年出版时，全书增至326页，缪天瑞竟已是85岁高龄的耄耋老人。缪先生这种绝不故步自封、不断超越的进取精神、扎实治学的态度，不能不发人深省。如今快餐式、炒菜式的著作泛滥天下，而"五十年磨一剑"的《律学》，其真正意义已远远超出它本身的价值。

值得欣慰的是，在缪先生及其《律学》的引导下，半个多世纪以来中国律学领域人才辈出，成果丰硕，律学研究及其学科建设蓬勃发展。其奠基性的研究成果，让具有古老传统却未按现代学术理念重新梳理的研究领域，在 20 世纪学开新境，变绝学为显学，缪天瑞的名字被载入中国近现代音乐史册，与中国近现代史那些创立了一个个新兴学科的先贤们相提并论。

如果说在音乐理论研究的空间中不断解惑学术难题是他人生目标之一，那么，在教育的空间中普及音乐则成为他人生追求的另一目标。

缪先生从 1926 年上海艺术师范大学毕业后历任过小学、中学、大学的音乐教师，从最初从事普通音乐教育，到后来转为专业音乐教育，一直兢兢业业、孜孜不倦地耕耘着。特别是 1949 年后和改革开放以来，他为中国专业音乐学院的建设立下了殿军之功，成为改革开放后国务院批准的第一批硕士、博士研究生导师。缪先生已不记得指导过多少篇学术论文，也不记得写过多少篇指导评语，更不记得资助过多少穷苦学生，但一代一代曾深受其教导、恩惠的晚辈后学始终铭记他的鼓励之词，感受着他的人格魅力，以他为人生典范。

经历过文化变迁的欣喜与苦痛，亲历过中国的积弱，执教经验的积累使他十分明了中国教育状况，在音乐教育思想上形成独到见解。他主张一专多能，强调洋为中用和发展中国民族音乐，亦十分重视中、小学和幼儿音乐教育。这些思想在他丰厚的著作中有所体现。《小学音乐教材及教学法》一书，不仅是他的第一本专著，也是今日音乐教育领域里具有很高学术价值的经典。曾在出版史上创下奇迹：1947 年 6 月由上海万叶书店首版发行，至 1949 年，两年间历经数次重印，1992 年被收入由上海复旦大学出版社编辑出版的《中国学术名著提要·艺术卷》之中。该书是在广泛吸收借鉴当时国内外可及的音乐教育理论及其研究成果的基础上，对自己长期从事大量教学实践的经验总结与理论升华，在今天看来仍是极具个人创见性、进步性的普通音乐教育通论。

缪先生一生著述等身，仅著作就有 20 余部（期刊论文除外），其中译著占 12 部。与前人和同代学人不同的是，缪先生从未有过出国留学经历，却反而有着诸多西方音乐理论编译著作，这不能不让人心悦诚服地称之为奇才。缪先生翻译的美国音乐家该丘斯的著作《音乐的构成》《曲调作法》《曲式学》《对位法》《和声学》等，为中国作曲技术理论的逐渐成熟和广泛传播奠定了基础，并影响了几代学人。仅从他对该丘斯作曲技术理论著作的系列编译，可以看出先生试图在为建立一种体系、一种标准而努力，此举无不说明他作为学者深邃、缜密的体系化学术思考与科学、规范的治学态度。

缪先生另一斐然成就就是由他主持的《中国音乐词典》（正编、续编）、《中国大百科全书·音乐 舞蹈》、《音乐百科词典》、《英汉辞海·音乐类词目》等辞书的编辑工作。早在 20 世纪 80 年代初期，完成这项由杨荫浏先生表达出的所有中国音乐家夙愿的使命，义不容辞地落在了以缪天瑞先生为代表的一大批心同此愿、志同道合的战友们身上。其实编辑辞书的情结早在 20 世纪 30 年代初就已在先生心中生根，而终因历史原因，遭受三次挫败而未果，因而十年动乱结束后，先生倍加珍惜中国音乐学界、图书出版界托付他参与编纂几部大型辞书的重任。1983 年夏天，75 岁高龄的缪天瑞卸下了中国人民政治协商会议天津市委员会副主任、天津音乐家协会名誉主席、天津市文联名誉主席，以及天津音乐学院院长等职，携家人搬离了天津一所带花园的高级住宅，搬进了北京市朝阳区新源里居民小区昏暗狭小的寓所。缪先生以超常的勤奋与毅力埋首于这项烦琐繁杂、千头万绪的工作中，他深知一个学科的工具书代表着此学科的学术水平，更代表着一个国家在某一研究领域是否成熟的标志性成果之一，大到知识体系的梳理，小到一个术语的规范厘定，这是一项多么任重而道远的工作。因此，缪先生义无反顾地以超乎常人的精力，废寝忘食地投入在心中萦绕半个多世纪，并极具开拓性和突破性的宏大学术构想之中。15年后，由缪天瑞主编、近百位学者参与撰写条目，中国音乐界第一批具有民族性、世界性、科学性、前瞻性的辞书面世了。从1983年起至1998年，缪先生不停劳作，从75岁一直工作到了90岁高龄，他无丝毫抱怨，反而乐在其中，因为他不仅完成了自己大半生的夙愿，完成了老朋友杨荫浏先生的夙愿，也完成了所有中国音乐家的夙愿，更完成了历史赋予他的使命。

如今，缪先生已达百岁高寿，仍然笔耕不辍，在跨入21世纪后的几年间写出10余万字，更令人惊叹的是，值先生百岁华诞之际，老人依然孜孜不倦地亲自将自己80年来数百万字的学术成果逐字修订、逐篇归类为《缪天瑞音乐文存》。先生一生与世无争、淡泊名利，至今仍在诚信治学，他的勤奋没有功利的目的，这绝非常人所能做到的。而心怀璞玉，平和面对每一天，恰是这位百岁寿星长寿的秘诀。"人生朝露，艺术才是千秋"是缪天瑞的人生感悟，也是他的人生写照。

原载《传记文学》2007年第6期

李煞：生于1975年，女，就职于上海音乐出版社

缪天瑞于温州二三事考

陈 莹

浙江作为沿海富庶之地，历来人才荟萃。尤其在近代，浙江音乐家不仅在浙江音乐发展的过程中起到引领潮流的作用，更为重要的是他们走出家乡、立足全国、放眼世界，活跃在中国近代音乐史的舞台上，做出了许多的贡献。缪天瑞老先生作为中国近代音乐史上地位颇高的泰斗级人物，近年来关于其人生轨迹的研究已经数不胜数。然而，有关其在家乡——温州的活动轨迹却不太受人们的关注。而本文就是对缪天瑞老先生在浙江温州期间的主要活动进行的考察。

缪天瑞（1908—2009），别名穆静，浙江瑞安人，著名的音乐教育家，音乐理论家。

缪天瑞出生于浙江瑞安莘塍镇南镇村的缪家老宅。缪家是瑞安的名门望族，他的母亲是温州著名教育家刘绍宽先生的外孙女。缪天瑞的父亲在他很小的时候就去世了，他由祖父和叔叔带大，因此祖父对他的影响很大。祖父擅长吹奏洞箫，爱好音乐，经常会组织一些业余乐手在家中合奏，这深深地影响了年幼的缪天瑞。1914年，6岁的缪天瑞就读于他祖父创办的莘塍聚星小学。学校教音乐的是钟老师，性情温和，教唱歌，教弹琴，使得缪天瑞在学校里受到了良好的音乐启蒙教育，培养了对音乐的兴趣，为日后走上音乐道路埋下了伏笔。

1920年，缪天瑞进入县立瑞安中学读书，住在他的叔叔家。他的叔叔缪晃毕业于日本千叶医科大学，回国后在瑞安城内开设诊所（医院）。叔叔有过留学经历，学习现代文化，思想开明，非常支持缪天瑞学习音乐，并从学校借风琴给他弹奏，从日本购乐谱给他练习。祖父也经常来听缪天瑞的风琴弹奏。当时瑞安中学提倡学生课余组织一个兴趣小组，用今天的话说就是支持素质教育，缪天瑞便选修了京胡和二胡。当时瑞安城内郑剑西先生拉京胡出名，唱戏的人都找他伴奏。缪天瑞请郑先生教他拉琴。缪天瑞在郑先生的指导下，受到较为严格的音乐训练，进步很快。后来郑先生把他自己拉奏的北京制造的京胡送给缪天瑞，缪先生走到哪里带到哪里。瑞安中学音乐教师段江尘见缪天瑞天赋异禀，非常适合学习音乐，推荐他考入上海艺术专科师范学校音乐科（后改名为上海艺术师范大学，学制三年）。在校期间，他师从吴梦非、丰子恺、宋寿昌、钟慕贞、毛月娥等，主修钢琴，为日后的专业教学打下了扎实的基础。

毕业后，缪天瑞回到温州，在温州中学附属小学担任音乐老师。1927年，缪天瑞与同学王公望、陈垂平、吴成均，同乡金作镐、侯宗谷等人在温州自办温州艺术学校，他担任教务主任，并兼教乐理、钢琴。由于经费问题，这所学校仅仅维持一年就停办了。温州艺术学校虽然仅仅办了一年，却是温州近代最早的艺术院校，也培养出了一些艺术人才，这其中就包括后来在音乐界颇有名气的作曲家、音乐教育家陈田鹤。

抗战期间，他曾于1938年和1945年先后二度执教于平阳郑楼省立温州师范学校。据他的一名学生回忆："1938年的缪老师30刚出头，个子不高，留着长发，远看像个年轻女郎。他喜欢游泳，常见他身穿游泳衣从学校的'天然游泳池'里上来，全身湿漉漉地赤着脚走回自己的寝室。缪老师上第一节音乐课，每个学生必须经过他的听音检查，发现个别'单音'的同学，要他坐在音乐室的另一端听课，以免唱歌时影响整体。他上课时一边弹琴，一边示唱，声音特别圆润响亮，即使跟学生一起唱，也能清楚地听到他的声音。当时他教的都是聂耳、冼星海、吕骥、贺绿汀、陈田鹤等人创作的歌曲。他那和蔼亲切的教态、浑润的音色、深入浅出的乐理传授，赢得了同学们的尊敬和爱戴。"

缪天瑞生在温州，长在温州，可谓土生土长的温州人。他日后从事音乐道路与其在瑞安成长期间所接受的音乐启蒙教育是分不开的，这也反映在他日后关于这段时期的回忆录中。而缪先生自上海艺术专科师范学校毕业之后，亦在温州执教了相当长的一段时间，分别任教于温州师范附小、温州艺术学校、温州师范学校，受到学生的爱戴，为温州培养了一大批的音乐人才，促进了近代温州音乐教育的发展。可以说，温州以至浙江近代音乐历史的发展，跟缪老先生是分不开的。我们应该铭记这段历史，对这位音乐家为我们浙江音乐教育所做的贡献怀有一份感恩之情。

原载《文艺生活（文艺理论）》2012年第7期
陈莹：浙江师范大学音乐学院2010级硕士研究生

两位温州籍的中国音乐家

——陈田鹤与缪天瑞的故事

洪振宁

厚厚的一部《中国大百科全书·音乐 舞蹈》，介绍的中国近现代音乐家并不多，其中就有两位温州籍音乐家：缪天瑞和陈田鹤。

说起缪天瑞先生，许多温州人都知道，而对陈田鹤先生，当代的温州人大多很陌生。

一、生长在瑞安的缪天瑞

1908年4月15日生于瑞安莘塍南镇村的缪天瑞先生，是著名的音乐教育家、音乐学家。其父缪炯17岁时带着13岁的弟弟自费留学日本，后来在1919年的日本流感大流行中病逝。缪天瑞自小跟随祖父和叔叔一起生活，祖父对他的影响很大。祖父擅长吹奏洞箫，是铁杆的音乐爱好者，经常会组织一些业余乐手在家中合奏，这深深地影响了年幼的缪天瑞。

1914年，6岁的缪天瑞就读于他祖父创办的莘塍聚星小学。小学几年，学校教音乐的是钟老师，性情温和，教唱歌，教弹琴，使得缪先生到晚年还专门写了一篇回忆录《难忘的钟老师——小学时期的音乐生活》，说"自己很幸运，在穷乡僻壤有这么一位好老师做我的音乐启蒙老师"。

缪天瑞的叔叔缪晃（1891—1945）是在日本学医回来的，熟悉现代文化，也很支持缪天瑞学习音乐。当他进入瑞安县立中学读书时，叔叔从学校借风琴给他弹奏，从日本购乐谱给他练习。祖父也经常来听缪天瑞的风琴弹奏。当时瑞安城内郑剑西先生以拉京胡出名，唱戏的人都找他伴奏。缪天瑞请郑先生教他拉琴。郑剑西（1901—1958），瑞安人，在北京任职时曾学京胡及谭派唱工，对琴棋书画及古典文学均有较深造诣。著有《京剧演奏基础》《二黄寻声谱》及续集，后二书被视为京剧曲谱的开山之作。

缪天瑞在郑先生的指导下，受到较为严格的音乐训练，进步很快。后来郑先生把他自己拉奏的北京制造的京胡送给缪天瑞，缪先生走到哪里带到哪里。那时，学校提倡学生课余学习音乐，演奏乐器。瑞安中学音乐教师段江尘欣赏缪天瑞的才华，推荐他考入上海艺术专科师范学校音乐科（后改名为上海艺术大学）。

二、音乐把他们连在一起

从 1923 年到 1926 年，缪天瑞就读于上海艺术专科师范学校（多次易名，毕业时名为上海艺术师范大学），师从吴梦非、丰子恺、宋寿昌等音乐教育家学习音乐理论。毕业后，缪天瑞于 1926 年 9 月回到温州，在温州中学附属小学教音乐一年。大约是 1927 年 9 月至 1928 年 6 月。20 岁上下的缪天瑞与同学王公望、陈垂平、吴成均，同乡金作镐、侯宗谷等人在温州自办温州艺术学院，他担任教务主任，并担任乐理、钢琴的教学工作。维持一年，学校就停办了，他负了一身的债。可也就是在这一年中，陈田鹤就读于这所学校。两个年轻人的友谊当是从这里开始的。

陈田鹤，原名陈启东，1911 年 12 月 8 日生于温州城区，家境清贫，1927 年在浙江省立第十中学肄业。陈田鹤进入温州艺术学院先学国画，后正式转到音乐班学习。

后来他们两人都为谋生而奔波，为音乐事业而奋斗。

1930 年 8 月，陈田鹤考入上海国立音乐专科学校，师从著名音乐家黄自，选修作曲课。大学读书时，他在住处的墙上挂着贝多芬的画像，上面有他题写的贝多芬的格言："我所关心的是人类痛苦的解救，其他都是余事。"在音乐专科学校求学期间，他因家庭经济困难曾三次辍学。1931 年开始在《乐艺》上发表歌曲作品。他对鲁迅尊崇备至，对诗词有相当高的鉴赏能力。1932 年他任教于上海两江女子体育学校，为音乐教员，经萧友梅和黄自特许在上海国立音乐专科学校随堂听课，不注册，不交费，不算学分。1934 年，俄罗斯作曲家齐尔品在上海举办了征集具有中国风味的钢琴曲作品的比赛，陈田鹤创作的《序曲》获得二等奖。1937 年中华书局出版他的歌曲集《回忆集》。研究者认为，在黄自的四大弟子（贺绿汀、江定仙、陈田鹤、刘雪庵）中，陈田鹤的声乐作品最出色地体现了业师黄自那种优美抒情、精致含蓄的美，特别是对和声的处理和钢琴织体的写法比贺绿汀、江定仙等更接近黄自。

1933 年，缪天瑞受聘于江西省推行音乐教育委员会，接替萧而化主编《音乐教育》月刊。刊物总负责人是程懋筠，缪先生晚年有关于他的回忆文章。《音乐教育》是当时唯一由政府出资主办的音乐刊物，是登载音乐理论文章与音乐作品的综合性音乐期刊。研究者认为，《音乐教育》是 20 世纪三四十年代发行数量最多、发行时间最久、内容最丰富的音乐杂志之一。1938 年，缪天瑞离开江西回到温州，任温州师范学校音乐教师，创作了温师校歌曲谱。

现在我们翻阅《音乐教育》这一杂志，可以看到，1933 年 4 月 15 日创刊，至 1937 年 12 月终刊，共办 5 年，计 57 期（其中有 10 期合刊，实出 52 本）。第 1 卷第 6、7 期合刊起由缪天瑞编辑，自第 3 卷第 1 期起，缪天瑞任主编。

《音乐教育》相继刊登陈田鹤创作的歌曲有《燕子的歌》《天神似的英雄》《晨歌》《春天的歌》《棹歌》《好国民》《春游》《月下雷峰》《木马》《杜鹃与月》《小鳄鱼》《米色白》《植树节》《飞机》《春天》《蚂蚁》《亲爱》《三只小猫》《种花》《雁子》《星星》《秋天的梦》等 20 多首，又连载了改编自安徒生及叶圣陶的童话的儿童剧《皇帝的新衣》（钱光毅编剧，廖辅叔词，陈田鹤曲），还刊登了陈田鹤获得"有中国风味之钢琴曲"征集二等奖的乐曲《序曲》。

1936 年鲁迅逝世之后，陈田鹤在济南收到自称是鲁迅的"小学生"的陈梅魂寄来的歌词《鲁迅悼歌》，他谱曲后，寄给《音乐教育》，发表在第 4 卷第 10 期上，编者改题为《哀悼一位民族解放的战士》，影响很广。

音乐学家廖辅叔 1935 年 2 月 28 日发表了《记陈田鹤》一文，说："他对和声的熟练和对诗的忠实，是值得特别提出的。这星期的播音节目里面有他的三首乐歌，大家到时候可以留心听听。他有舒伯特的忠厚、舒曼的热情和胡戈·沃尔夫的沉郁。碰巧他们就是德意志歌乐的三王，拿来做比较自然是最适合也就是指出他的标的了。至于傻干和硬干，那是凡做艺术家的都应该有的精神，他也当然拥有一份。"

三、共同主编音乐杂志

1938 年，陈田鹤从上海绕道赴重庆。1939 年陈田鹤在重庆的教育部"音乐人员训练班"任和声教员，后在教育部"音乐教育委员会"的音乐刊物《乐风》编辑部做责任编辑，他介绍缪天瑞到重庆任编辑，一同共事的还有江定仙、胡彦久。四人共同编辑《乐风》。《乐风》原定双月刊，因第 1 期刊有荣森所作《鲁艺音乐系近况》一文而被迫停刊。1941 年 1 月复刊后，常不能正常出刊，至 1944 年 6 月停刊时，实际共出 18 期。1943 年 3 月，重庆大东书局出版了陈田鹤的《剑声集》，是《乐风》丛刊之一。

1942 年，在重庆，缪天瑞与刘雪庵、陈田鹤又共同主编《音乐月刊》。3 月出版发行了创刊号。同月，缪天瑞从重庆启程去福建音专任教，直至 1945 年离校。现在看到的《音乐月刊》中，1942 年出版发行的第 1 卷第 4、5 期合刊和第 6 期，主编署名有缪天瑞、刘雪庵、陈田鹤三人。《音乐月刊》连载发表了陈田鹤创作的大型清唱剧《河梁话别》（卢前词），该剧根据"苏武牧羊"的故事改编，以苏武象征民族气节，有六乐章，1943 年福建音专出版了单行本。

1946 年 10 月，缪天瑞应邀赴台湾，任台湾省交响乐团编译室主任和副团长，1947 年主编《乐学》双月刊。《乐学》由台湾省交响乐团编印，上海万叶书店总经售。1947 年 8 月出版的《乐学》第 3 号刊载了姜琦作词、陈田鹤作曲的《台北市民歌》。

姜琦是著名的教育学家，温州城区人，1919 年 7 月温州创立永嘉新学会，他当选为干事长，写过《新学报》的发刊词。1946 年他先于缪天瑞到台湾，先后在台北市教育局、台湾省编译馆任职。《台北市民歌》类似台北市市歌，歌词雄壮，乐曲激越，很能鼓舞人奋进。这时的陈田鹤在南京国立音乐学院任教。三个温州人，是如何合作的，其中细节已不得而知了。可悲的是，这后来也成为他的"历史问题"之一。但历史上的温州人总是靠集群运作并在合作中共生，这种品格留给我们不少的启迪。

四、两位音乐家的不同人生

1949年南京解放前夕，陈田鹤送家小回温州老家，因铁路不通，回不了南京，他由温州转道去福建，在福建音乐专科学校任教。1949年8月福州解放，他被选为福州市第一届人民代表大会代表，并去华东革命大学学习半年。

也是在1949年8月，从台湾回到大陆不久的缪天瑞，自温州北上天津，任刚组建的中央音乐学院研究室主任、教务主任，后任该院副院长。

1950年，缪天瑞写信给陈田鹤，希望他到中央音乐学院任教。当时已经解散的福建音专合并到中央音乐学院华东分院。陈田鹤为了创作更多的音乐作品，受邀调到北京人民艺术剧院工作，后来也同时在北京师范大学音乐系兼课。全家四口挤在冰渣胡同一间15平方米的昏暗的房子中。直到1952年，才还清家小来北京所借的路费。

1955年7月，陈田鹤因痢疾及心脏病突发入院抢救，手里还拿着一叠五线谱纸。当年10月23日病逝，终年44岁，英年早逝。

而缪天瑞先生，在1958年中央音乐学院迁京时，他留在天津，1959年起担任天津音乐学院院长。专著有《小学音乐教材及教学法》《律学》等，编译《音乐的构成》《和声学》等多种，主编《音乐百科词典》。1998年，缪天瑞先生学术思想研讨会在天津音乐学院举行。2007年6月，人民音乐出版社出版了三卷《缪天瑞音乐文存》，有厚厚的四册。缪先生过了100周岁，于2009年8月31日逝世，艰难中快乐而长寿。

1981年，廖辅叔在《人民音乐》发表《追怀田鹤》；1985年，常罡的长篇论文《论陈田鹤及其歌曲创作》在《音乐研究》上刊登；1991年，人民音乐出版社出版《陈田鹤歌曲选集》，同年，他的作品《山中》被香港中国艺术歌曲演唱比赛定为指定曲目；1993年，东方出版社出版梦月著《音乐之子——陈田鹤大师传》；1995年，陈田鹤逝世40周年，纪念音乐会在中央音乐学院举行；2011年5月，陈田鹤诞辰百年纪念活动在中央音乐学院举办，并召开了陈田鹤学术研讨会，《中央音乐学院学报》（季刊）第3期封面刊登陈田鹤照片，又刊载了论文《1949年后的陈田鹤》。

两位温州籍的中国音乐家，都对中国音乐事业有着很大的贡献，但也有所不同：陈田鹤有不少的乐曲创作，生前仅出版了3部乐曲集；缪天瑞则偏重于音乐教育和理论研究，专著和译作很多，且一印再印。

原载《温州日报·人文周刊》2011年11月17日第13版

洪振宁：1954年生，温州大学兼职教授，温州市社科联原副主席

访谈录

缪天瑞谈怎样写成他的《律学》

——访问记

黄大岗　黄礼仪

音乐理论家缪天瑞在中、小学读书时，学习过中国乐器和西洋乐器。1923年入上海艺术专科师范学校音乐科（后改名上海艺术师范大学、上海艺术大学等），从吴梦非、丰子恺、宋寿昌等学习音乐理论和日语，从钟慕贞等学习钢琴。1926年毕业后，他一直从事音乐工作。既做过音乐教师，也做过音乐院校行政工作；既做过演奏工作，也做过编辑工作。1983年任中国艺术研究院音乐研究所研究员，其间曾率小型民族器乐团赴日本演出，并考察日本中、小学音乐教育的历史和现状（1984年）。

缪先生是第三、四、五、六届全国人大代表，他在代表会议上曾多次提出发展我国音乐事业（包括中、小学音乐教育）的各项建议。

他毕生工作努力，著作、翻译、编辑达30余种，他在中国音乐研究所工作时期，不论星期日和假日，不论刮风下雨，他不顾道路难行，每天总到办公室里埋头工作，有时直至晚间才回宿舍。我们钦佩他这种辛勤工作、孜孜不倦地钻研学问的精神，祝愿他长寿健康！

1988年初夏，在一个风和日丽的下午，我们访问了缪先生，请他谈谈撰写和修改《律学》一书的经过。

记者：《律学》从1947年成书，于1950年初版，1965年刊行修订版，1983年又刊行增订版。在漫长的近40年间，您是怎样进行这一工作的？

缪：真是说来话长。20世纪30年代，我在江西省推行音乐教育委员会工作，当时我的任务之一是给小提琴、大提琴独奏者弹钢琴伴奏，也演奏小提琴、大提琴和钢琴三重奏等乐曲的钢琴部分，定期或不定期举行音乐会。最初我感觉到，在小提琴和大提琴上与在钢琴上的 $^\sharp C$ 和 $^\flat D$ 两音是不相同的。这两音在钢琴上是同一个琴键，可是在小提琴上，两个音的高度略有差异。后来，我与拉大提琴的张贞黻、李元庆同志交谈，他们告诉我， $^\sharp C$ 和 $^\flat D$ 两音在大提琴的按弦位置就是不一样。他们连说带示范地告诉我，他们在奏 $^\sharp C$ 音时，常把 $^\sharp C$ 音紧靠上方的 D 音；奏 $^\flat D$ 音时，常把 $^\flat D$ 音紧靠下方的 C 音。我又找到拉倍大提琴的人，也说 $^\sharp C$ 和 $^\flat D$ 两音的按弦位置截然不同，并在琴弦上按弦给我看，我发现这两个音的距离比在大提琴上更远。当时我的工作较多，除任钢琴伴奏之外，还主编《音乐教育》月刊。那时我虽然接触到音乐理论的各个方面，但还无力研究这个有关律学的问题。

记者：这时您对 $^\sharp C$ 和 $^\flat D$ 两音的高度差异当是您写《律学》前的最初感性认识吧？

缪：是的。当时只停留在感性认识。到 20 世纪 40 年代初期，我在国立福建音乐专科学校任教（1942—1945），遇到章彦同志，他当时是小提琴教授。我问他对 $^\sharp C$ 和 $^\flat D$ 两音怎样处理，他给我讲，他的老师告诉他，把 C 音和 D 音之间分作 9 个单位， $^\sharp C$ 音在第 5 个位置， $^\flat D$ 音在第 4 个位置。 $^\sharp C$ 音高于 $^\flat D$ 音，紧靠 D 音，以便倾向于 D 音， $^\flat D$ 音低于 $^\sharp C$ 音，紧靠 C 音，以便倾向于 C 音。章彦同志的这一番话，给我很大的启发。

当时我的工作和兴趣，已由钢琴弹奏渐渐转到钻研音乐理论。我细读了王光祈先生有关律学的书，也看了英文、日文的这方面的书籍，特别是日本田边尚雄的《音乐原论》等，使我知道了 $^\sharp C$ 之所以高于 $^\flat D$ 的缘由。原来，这是由于演奏小提琴等弓弦乐器用的是五度相生律（即"三分损益律"）所致。我慢慢地把感性认识化作理性研究，又把两者结合起来，把 $^\sharp C$ 和 $^\flat D$ 两音和其他一些音作了数学计算，写成《升 C 音和降 D 音一样高么？》一文，发表在福建音专学生刊物《音乐学习》第 1 期（1946 年）。

记者：这篇文章该是《律学》成书的先兆吧？

缪：正是。以后数年间，我随时收集有关律学的材料，做局部计算工作。但是，这本书应当用怎样的分类法才可使初学者容易阅读理解呢？这个问题当时曾困惑了我，几乎使我中止了工作。其间，我偶然翻阅德国音乐理论家克雷尔（Stephan Krehl，1864—1924）的《音乐通论》（日文译本）中讲到律的一章，看见他把律分作基本的 3 类，即十二平均律、五度相生律和纯律，这才使我恍然，决定采用这种分类法，研究这 3 种律制的不同（其实，当时欧美音乐词典对 3 种律制已有阐述，但我当时没有机会看到）。我按这 3 种律制，分别写成了 3 篇文章（同时写好全书的初稿），于 1947 年连同导论，发表在我主编的《乐学》季刊（台湾省交响乐团刊行）上。当时我所用的测算工具和方法都是十分落后的。别说电子计算器，连计算尺也没有，就是有也不适用；我几乎全用笔算。测验工具当然谈不到现代化仪器，我是用小提琴，或在一块木板上钉两个钉子，中间张一条弦来测音。1950 年 1 月，《律学》由上海万叶书店刊行初版。

记者：初版《律学》在当时对初学者还是有用的。您在 1965 年《律学》修订本"后记"中认为以纯律为标准是不切合实际的，又认为以纯律的角度看待阿拉伯系统乐制也是不对的。

您现在怎样看待这种观点呢？

缪：我现在对这种观点没有改变。这点，你们在1983年的增订版中可以明白。至于当时我为什么会以纯律为标准，这是因为我那时对律学研究还很肤浅。初版《律学》实际上只是一本读书摘记。

记者：在1965年修订版中，您除了改正初版的缺点，又提出重要的论点，就是：律的"自然法则，是在社会意识的制约下，服从于音乐实践的"。又增加了亚洲和非洲若干民族乐制，又提到我国民族音乐应用律制问题，这比初版已经完善了，您为什么还出版1983年增订版的呢？

缪："文化大革命"结束后，我听说人民音乐出版社要再版我的一些译著，我就想把《律学》再修改一次。这事不知怎的被一些朋友（包括未见面的读者朋友）知道了，纷纷来信提出修改的意见。例如，秦鹏章同志想纠正我音分值计算上的错误，李元庆同志提供给我小提琴的音律问题，黄康琳同志（业余音乐理论家）提供七平均律的资料，吕自强同志提出秦腔苦音的律制问题，许多同志强调中国民族律制及其与调式的关系，还有人提出在写法上深入浅出的问题，等等。我接受许多同志的建议，着手整理、补充有关资料，写成《律学》增订版。写成之后，对后5章（第6章"中国律学简史"、第7章"欧洲律学简史"、第8章"四分之三音体系史料"、第9章"亚非地区几种民族乐制"、第10章"今天各种律制的应用问题"）还是不放心，恐怕出错，我就把后5章先油印出来，分送各地的音乐理论家。不久就接到李纯一、吉联抗等许多同志的意见。我采纳了他们的宝贵意见，根据油印稿作了一些修改，交出版社排印。打出清样之后，我又请教黄翔鹏同志改正燕乐调式的问题，又请陈应时同志提供古代纯律问题。我真是感谢诸位同志的帮助，使我能把《律学》增订版改得比较完善。当时所用测算工具和方法仍然十分落后。我请天津乐器厂吴天放同志为我特制一架手风琴式的测音器，发音簧片用不锈钢制成。这架测音器不久就受空气腐蚀，音就不准了，不如陈应时同志模仿中国古代的"准"制成古琴式的测音器。音分值计算仍用笔算，必要时用对数表。最后才由陈平同志将附录"音分值和频率对照表"用电子计算器作了复查。

记者：《律学》增订本确实费了您不少精力。听说您还要修订一次，是吗？

缪：是准备再修订。因为在我国现行戏曲音乐，如秦腔苦音、湖南花鼓等的律制，在《律学》增订版中都未曾较好地解决，现在还存在着不同意见，需要进一步解决，一定要有初步定论（或几种站得住的结论）。中国古代编钟的新发现，也要补充进去。近年来，律学研究新成果，都有待于归纳收入。这个工作，我已委托陈应时同志帮我做，我自己没有精力和时间。

记者：您能说说目前国内律学研究的情况吗？

缪：在20世纪50年代，对《律学》初版有人认为太难读。最近几年来，不仅没有人再说《律学》难读，而且对律学研究有兴趣的人越来越多了。刊物上经常发表有关律学的文章。1984年在北京开了第一次律学会议，在会上宣读和送来的文章有几十篇。1986年，在郑州为纪念朱载堉诞辰450周年，举行第二次律学会议。会议期间成立了律学学会，又建议音乐学院要设律学课程。此事，在星海音乐学院已经实行。中央音乐学院已开设律学选科。天津音乐学院已有 2 名律学专业的研究生。音乐研究所设立声学研究室，备有现代化仪器，专事律学研究。我国传统文化之一的律学，势将复兴。现在律学已打入乐器制造和出土乐器研究的领域，我估计将来还会广泛地进入民歌、戏曲研究和演唱、演奏领域中。随着音乐事业和科技的发展，律学的广泛应用，势在必行。

原载《音乐研究》1989 年第 1 期
黄大岗：生于 1943 年，女，《音乐研究》原副主编
黄礼仪（1942—2006），女，人民音乐出版社编辑

《音乐百科词典》

——第一部中国人的音乐百科辞书

赫 兴

在过去的一个世纪里，国内外出版了诸多形形色色的辞书。大型辞书有《中国大百科全书》《不列颠百科全书》《新格罗夫音乐与音乐家辞典》（简称"格罗夫"）等，它们的鸿篇巨制令世人瞩目，叹为观止；像《现代汉语词典》《牛津简明音乐词典》等单卷本辞书，则以其小巧、实用让人难离须臾。

在单卷本辞书中，有一本《音乐百科词典》，作为第一部中国人自己编纂的、服务于中国读者的、现代意义的百科性音乐辞书，它的出版在中国音乐文化发展的进程中具有划时代的意义。

《音乐百科词典》的主编缪天瑞在我国音乐界德高望重。他笔耕不辍七十余载，先后参与编纂了《中国音乐词典》《中国大百科全书·音乐 舞蹈》《中国音乐词典》（续编）三部音乐辞书。

《音乐百科词典》的编写、出版，伴随着这位老者走过了从近80岁到90岁的暮年人生。缪天瑞在耄耋高龄以非凡的勇气和精力完成这项艰辛工作的动力，源自数十年前学生托他购买台湾出版的一本《音乐词典》（其对中国音乐几无涉及），这使他萌生了编一部从内容到使用真正属于中国人自己的音乐工具书的想法。前三部音乐词典的编纂工作使他积累了一些经验，更为他明确了这部音乐词典的编纂思想，即内容"突出中国，突出苏联，涉及音乐的方方面面，适合中国读者的需要"。

一、突出中国

　　1985年《音乐百科词典》的编纂工作开始。"突出中国"从内容和具体写法两方面来体现。"内容"一方面从宣扬我国民族民间音乐文化的角度出发，设立民间歌曲、民间歌舞、民族器乐、戏曲及说唱音乐等传统音乐文化类的条目。其中，仅中国民歌类条目达百余条，包括民歌体裁、民间演唱活动等类别的条目；民族乐器类条目涉及了我国各民族的代表性乐器，如壮族的马骨胡、蒙古族的马头琴、京族的独弦琴、维吾尔族的独它尔等，并介绍它们的形制、音域及其演变、改革的主要情况，同时配有图片，图文并茂。另一方面从历史发展的角度出发，收录了从中国古代至近现代的音乐理论、音乐机构、音乐院校、演出团体、人物、作品、音乐活动等条目。词典中有数十条词目，介绍1949年前一些机构、活动和人物，是我国近现代音乐史的重要组成部分。如"鲁迅艺术学院音乐系""陕甘宁边区作者协会""中国民间音乐研究会""北平左翼音乐家联盟""民众歌咏会""抗日救亡歌咏运动""秧歌运动"等。

　　另外还有十数条词目，介绍了为中国音乐建设做出重大贡献的外籍音乐家。一部分是20世纪20—30年代在中国传播西方音乐的专家，如创建上海工部局的意大利指挥家、钢琴家梅帕器，对中国钢琴专业教学起过奠基作用的俄国钢琴家查哈罗夫，师从著名演奏大师卡萨尔斯，先后任教于华东大学艺术系、山东大学艺术系、南京艺术学院的德国大提琴家曼哲克等。20世纪50年代来自苏联的音乐专家如梅德韦杰夫、古洛夫、巴拉晓夫、克拉芙琴科，这些专家为新中国成立初期的专业音乐教育做出了贡献，为我国培育了众多的音乐艺术人才。这些人才日后成为我国音乐艺术事业发展的中坚力量，有的至今仍然活跃在国际乐坛，肩负国际音乐文化交流的重任。

　　在谈及这类条目的撰写时，缪老先生讲述了下面这段小插曲：

> 这些人的资料极难找到，到文化部查都查不到。像梅德韦杰夫，他本人去世了，夫人去世了，又没有子女。只好请文化部颁一个文，到苏联大歌剧院把他的档案找出来，并请巴拉晓夫办理把档案抄出来；为此，巴拉晓夫还特地从莫斯科去了梅氏乡下一所住处……收集工作难度相当大，但编委们还是尽可能地查找。为中国音乐事业做出贡献的外籍人士并不只是词典中收入的十几个人，实在是因为资料的不健全或者根本无从查找资料而作罢，这很遗憾。不过，从立目的这些人的成就和他们所处的环境、活动范围看，还是有代表性的，能够反映出中国近现代音乐事业初始、发展的一定情况。

　　西方音乐文化因其在世界范围的广泛影响，成为音乐工具书必不可少的组成部分。为突出"中国音乐百科"的风格，关于这一部分条目的释文没有照搬外国音乐词典，而是选择适合中国读者需要的内容，深浅适度、繁简得当。如欧洲作曲家条目，没有像某些词典对作曲家的各类作品的特点分别罗列，而是抓住作曲家创作的主导思想，并对其加以分析和提炼，作品表也是根据国际性唱片和录音资料以及我国的需要，重新制定的。

词典中对一般综合性词目的撰写，也很注意介绍该词目所涉及的中国音乐的情况，突出中国音乐辞书的特色。如"和声学"，条目释文简要、明晰地阐述欧洲和声学多种体系后，又介绍了和声学被中国作曲家运用和发展的情形，且附有重要谱例。"音乐史学"的撰写，将欧洲和中国音乐史学发展并列展开，互为参照，使读者对二者及其相互关系有准确的认知。"广播音乐""电影音乐"是20世纪发展起来的新的音乐艺术体裁，它们的发达程度可以被认为是社会音乐文化事业发展的参考依据之一，它们在我国从无到有及发展的过程，在这两个词条中有翔实的介绍。

二、突出苏联

《音乐百科词典》出版过程中苏联解体，"突出苏联"的原则并没有因此而改变。对此，缪先生认为："苏联音乐在专业音乐及非专业音乐两方面对我国的影响都是重大的、极其深远的。不能说苏联解体了、没有了，它的文化就不存在了，音乐也给排挤掉了。1949年前，就有许多苏联的群众歌曲传到中国；1949年后，有更多优秀苏联音乐为中国人民所喜闻乐见。与从美国翻译过来的书相比，从苏联翻译过来的音乐图书更是大量的，从普通乐理到和声学、曲式学、美学……什么书都有；苏联专家来了那么多，对我们的影响是很大的。还有，我们的很多说法是从苏联过来的，比如说'严肃音乐'和'轻音乐'。我觉得这样的分法很好，大的界限分得很好。就像音乐美学里分自律、他律，这一分就很清楚啦。不过，'严肃音乐''轻音乐'（界限）并不绝对。苏联音乐的好多名词'格罗夫'里没有，'严肃音乐'在我手头上的西方词典里都没有，像'红旗歌舞团'，欧美词典里见不到。我们立目的人名包括了理论家、作曲家、指挥家、演奏家等，还有苏联国家交响乐团等演出团体，莫斯科大剧院等剧院，出版机构，音乐组织，音乐院校、作品、群众歌曲，等等。这些都是曾经与我们发生过联系的，甚至是深入我们社会、生活中的事物，我们理应收入。"

《音乐百科词典》收入的苏联理论家有斯波索宾、阿萨菲耶夫等，作曲家有肖斯塔科维奇、卡巴列夫斯基、阿鲁秋年、杜纳也夫斯基等。《红莓花儿开》《喀秋莎》《莫斯科郊外的晚上》等歌曲在我国群众中广为传唱、家喻户晓，也被列入词典中。

三、"百科"的体现

《音乐百科词典》正目有6600余条；在释文里出现、没有单独立目的人名都列入"参考人名索引"，再加上"附录：常用表演术语"，总计8000余条，洋洋洒洒200万言，是一部中型的"案头百科"。

《音乐百科词典》的编纂力求把音乐的方方面面都涉及。像音乐家、理论、乐器及制作公司、教育机构、重大音乐决策、音乐活动、音乐组织、乐派等，这是从大的内容上说的；具体说，比如"音乐图像学""音乐电声学""电影音乐""广播音乐""音乐词典""音乐奖""音乐季""音乐欣赏""音乐能力"等。时间和地域上，古今中外（亚非拉）都包括。

近些年对非欧洲地区音乐文化的研究正逐渐成为一种潮流，但在工具书中见诸笔端的微乎其微，尤其是亚洲音乐。在这方面，这部词典还是客观的。在日本音乐内容中可以看到理论家、作曲家、小提琴家、钢琴家、指挥家、歌剧活动团体、电影歌剧等类别的条目。其中，"门马直卫""岸边成雄"等理论家条目的撰写，比日本工具书中的介绍要详细、准确；"岸边成雄"这个条目的原稿则是请理论家本人亲自审核确定的。词典中介绍了朝鲜古代音乐史上的三大著名音乐家，这在一般音乐词典中是很少见的。此外收录的朝鲜唱剧《春香传》、歌剧《卖花姑娘》，都曾给中国人民留下深刻印象；而韩国的小提琴演奏家郑京和不仅为中国音乐观众所熟悉，更为世界音乐大舞台所了解。菲律宾的竹琴、印度尼西亚的加美兰乐队、泰国的马荷里乐队、西亚的乌德琴等具有代表性的乐器、律制、人名、音乐剧目都列入了这部词典中。这些表明非欧洲音乐文化在《音乐百科词典》中占有一席之地。这些内容在世界文化普遍受到欧洲文明影响的情况下是来之不易的，具有极珍贵的认知价值。

"音乐形象""音乐语言""构成要素（表现手段）"等是平时见诸笔端、口头的用语，由于被频繁使用也被收入词典当中。

《音乐百科词典》还收录了普通音乐教育类词目 80 余条，涉及音乐教育理论（如"普通音乐教育""儿童早期音乐教育"等）、音乐教学法（如"达尔克罗兹音乐教学法"等），还选择了像《我们的田野》《我们是共产主义接班人》等一批少儿音乐作品立目。这一做法使词典在具备专业高度的同时，又具有专业的广度，将专业性与普及性很好地兼容于一体，适合不同层面读者的需要。

另外，在词典的使用上，《音乐百科词典》的索引有"参考人名索引"（人名之后注明其所在条目名称）、"汉字笔画索引"、"西文索引"三种，为读者提供了多种检索方式。一些重要条目采用"参见"的编辑手法，既起到丰富、补充该词目的作用，让读者建立起立体化的音乐知识框架，又弥补了没有分类词目表的设置。

四、作者的话

采访之余，我常常被这部书的编者们深深打动。这是几代中国音乐学人，团结协作、群策群力，站在世界大文化的高度、以严谨的科学态度为中国人编纂的第一部音乐百科词典。融于其间的文化使命感和崇高的敬业精神，令人为之动容；这部书的独特价值也常让人想起那句老话："对音乐艺术而言，只有民族的才是世界的。"

在采访期间，欣闻《音乐百科词典》荣获"中国图书奖"，又逢缪老先生 93 岁华诞，祝缪先生健康长寿，祝一切为音乐出版事业付出心血的人们永远年轻。

原载《中华读书报》2001 年第 21 期

赫兴：贺星，生于 1970 年，女，就职于中国艺术研究院

缪天瑞谈《音乐百科词典》

贺 星

《音乐百科词典》（以下简称"小百科"）历经13载付梓、出书，这对该书主编、已耄耋之年的缪天瑞来说，有着非同寻常的意义。缪先生在乐坛笔耕不辍70余载，从事音乐词典的编纂工作始自20世纪80年代初。受《人民音乐》编辑部之托，我采访了缪先生。

采访时间：2000年4月16—18日

地点：北京西三环北路昌运宫缪宅

星：您参与编纂的《中国音乐词典》《中国大百科全书·音乐 舞蹈》《中国音乐词典》（续编）在20世纪80年代中、后期和90年代初先后出版。编了这几部音乐辞书后，是什么原因又让您编纂了这部"小百科"呢？

缪：这个事最初是人民音乐出版社词典编辑部、也叫"五编室"，是他们提出来的。

星：那是在什么时候？

缪：是1984年，约稿合同是在1985年签订的。

星：您那个时候年近80岁了，以您这样的年龄还从事词典工作，您是怎么想的？

缪：多年来我有个愿望，就是编一部音乐百科词典。所以，当出版社的王凤岐同志找我商量编这么一部词典时，我觉得自己身体还不错，精力还允许，很快就答应下来了。还有，就是以前编的词典后来看，有不够满意的地方。

星：为什么呢？

缪：编前几部词典时，没有涉及音乐教育方面的内容，没有把这方面内容收进去。

星：您觉得"小百科"与其他的音乐工具书有什么不同？

缪：内容突出中国，突出音乐教育，突出苏联。

星：请您具体说说。

缪：每个国家编词典的时候，都会在一定程度上突出自己国家的文化。英国的词典就宣扬英国的文化，美国的词典就宣扬美国的文化……这是很自然的事情。

"音乐教育"呢，我一直都有把音乐教育这部分内容收入词典的想法，而且每次都提出来了，遗憾的是没有被采纳。

星："小百科"有关音乐教育[①]的篇幅有多少？

缪：立目的大约有100余条。涉及音乐教育理论、教学法（如"奥尔夫音乐教学法""达尔克罗兹音乐教学法"）、我国中小学音乐教学大纲、唱歌教学、器乐教学等等。

星：是不是可以理解为您个人认为音乐教育很重要？

缪：我认为这是一门独特的学问，不是我认为重要它才重要，而是它本身的教育范围有着很大的广泛性。普通音乐教育牵扯到千千万万的人的素质问题，我们应当重视。国外是注意这方面的教育的。

一些人的观念认为它是"小儿科"，不能与专业音乐相比，上不得词典。我不认为有谁高谁低的问题。像达尔克罗兹[②]、科达伊[③]都从事专业音乐创作，他们又都创建了对世界有影响的音乐教学法，他们在音乐教育上的贡献不亚于他们的创作成就。

星：不同的教育对象与目标并不是判断水准的依据。

缪：所以不能这么比。

星："小百科"出书过程中苏联解体，"突出苏联"的侧重有没有变化？

缪：没有。（那个时候已经交稿了。喏，这是图书出版合同，时间是1990年12月。）不能说苏联解体了、没有了，它的文化也就不存在了，音乐也给排挤掉了。这是台湾某些人的看法和做法。

1949年前，就有许多苏联的群众歌曲传到中国；1949年后，更是一边倒。你看现在美国翻译过来的书要少得多，苏联翻译过来的是大量的；苏联专家来了那么多。书呢，从普通乐理到和声学、曲式学、美学……什么书都翻过来，对我们的影响是很大的。

星：几十年来，音乐学院的和声课用的是斯波索宾的《和声学教程》。

缪：还有，我们的很多说法是从苏联过来的，比如说"严肃音乐"和"轻音乐"。我觉得这样的分法很好，大的界限分得很好。

星：为什么这么说？

缪：就像音乐美学里分自律、他律，这一分就很清楚啦。不过，"严肃音乐""轻音乐"（界限）并不绝对。当时，编辑部的一位同志不同意，说外国词典里没有"严肃音乐"。我说，

---

① 习惯上，平时把音乐教育理解成普通音乐教育，是幼儿、中小学音乐教育，属于艺术普及教育范畴。从严格意义上讲，它包括普通音乐教育和专业音乐教育。

② 达尔克罗兹：瑞士作曲家。

③ 科达伊：匈牙利作曲家、音乐学家、音乐教育家。

他说的那个外国，指的是美国。

苏联音乐的好多名词"格罗夫"①里没有；"严肃音乐"在我手头上的西方词典里都没有。欧美对苏联的东西是看不起的。像"红旗歌舞团"呀，等等，欧美词典里都找不到。

星：这部词典里涉及了苏联音乐的哪些方面？

缪：立目的人名包括了理论家、作曲家、指挥家、演奏家呀，等等。还有苏联国家交响乐团、苏军歌舞团②等演出团体，剧院、出版机构、音乐组织、作品、群众歌曲，等等。这些都是曾经与我们发生过联系的，甚至是深入我们社会、生活中的事物。"大百科"里收的有关苏联的不够，并没有专门去考虑这个问题。

星：至今，您已经编了四部音乐辞书，这些辞书容量大小不同，"小百科"属于哪一种？

缪：应该算中型词典，篇幅有 200 万字吧。

星：收有多少条目？

缪：正目有 6600 余条。在释文里出现、没有单独立目的人物，都列入"参考人名索引"，再加上"附录：常用表演术语"，有 8000 余条。

星：立目的基本标准是什么？

缪：在中国常见的、常用的、常说的，都立目；在中国不大常见的，如阿拉伯音乐的律制、乐器，中国人并不太了解，但在音乐历史上又有价值、有作用，就收进这部词典里。当然要选重要的、突出的、有代表性的，不是一股脑都收进来。因为这毕竟是中型词典，需要有取舍，否则就成了"格罗夫"了。

星：注意取舍的同时，"百科"又是怎么体现的呢？

缪：编这部词典的时候，力求把音乐的方方面面都涉及。像音乐家、理论、乐器及制作公司、教育机构、重大音乐决策③、音乐活动、音乐组织、乐派，等等，这是从大的内容上说的；具体说，比如"音乐图像学""音乐电声学""电影音乐""广播音乐""音乐词典""音乐奖""音乐季""音乐欣赏""音乐能力"，等等。时间和地区上古今中外（亚非拉）都包括。

在"格罗夫"里，不要说中国的东西收得很少，日本的也有限。西方人并不看重东方文化。从这个角度说，"小百科"还是客观的。尤其是东方的，亚洲这部分。

其中，日本内容多一些，理论家、钢琴家、小提琴家、指挥家，歌剧活动团体、电影歌剧……朝鲜收得也不少，像《春香传》呀，等等。不过古代的比重大一些。像菲律宾的竹琴、印度尼西亚的加美兰乐队、西亚的乌德琴，这些具有代表性的乐器、律制、人名、音乐剧目、古代人物都收进来了。在"小百科"里，非欧洲音乐文化占有一席之地。这些内容在世界文化普遍受到欧洲文明影响的情况来看是得之不易的，所以更为珍贵。

星：在十几年前，广播事业还远没有今天如此发达，您怎么想到"广播音乐"这个条

---

① 全称《新格罗夫音乐与音乐家辞典》(*The New Grove Dictionary of Music and Musicians*)，英国大型音乐辞书，1980 年第 6 版，20 卷本。
② 即前面提到的红旗歌舞团。
③ 指联共（布）中央 1932 年决议、联共（布）中央 1948 年决议、苏共中央 1958 年决议，是对苏联的音乐社会生活有重大影响的三个专门文件。

目的？

缪：广播可是大事情，人们天天都要听的，它是传输手段、文化交流的手段。广播音乐事业的发达，可以说是社会音乐文化事业发展的参考依据之一。还有，这个条目在外国词典里比较常见。作为一种事物，有必要把它的来龙去脉介绍给广大读者，特别是在目前我国广播事业如火如荼的发展阶段。这个条目没人写，最后我找到一个电台的人写的，我做的加工。他写中国的（部分），我写外国的（部分），我自己的名字没有署上去。

还有一种条目，在中外字典里都没有，而我们写文章、口头语常用到的，比如音乐形象、音乐语言、构成要素（表现手段）等，这些也都收进来；电影歌曲在中国社会有很大的势力，因而也收入其中，这在"大百科"、《中国音乐词典》是没有的。

星：词典的具体写法和编排上有哪些考虑？

缪：所有的考虑都出于适合中国读者的需要。例如和声学这条，既讲外国学派，又讲中国风格。将中国风格提出来——有谁写过作品、有谁写过文章……类似这样的条目都采用这种写法，脉络清晰，让人一目了然。

条目的取舍、内容的写法、检索方式都从读者的阅读习惯、使用角度、实际应用等出发。同时，还要如实地反映出中国音乐的全貌及其发展的轨迹。

说到这儿，我还要补充的，就是不少外籍专家对中国近现代音乐的发展有重要的推动作用。像梅帕器[①]，他是个很有才能、很有名的人，他不只是指挥家，他钢琴同样弹得很好。可是外国词典里没有收他，因为他一直在东方活动，外国人把他忘了，我们没有忘记他。还有查哈罗夫、富华、阿甫夏洛穆夫、曼哲克、梅德韦杰夫、苏石林、阿拉波夫、巴拉晓夫、克拉芙琴科这些来自意大利、俄国、德国、苏联的音乐专家，本身就有很高的水平——不是一般的水平。比如说梅德韦杰夫这个人，苏联派他到好几个国家当专家。他不是一个普普通通的声乐家，是一位在苏联很有地位的教师，原来是歌剧院的演员。这些人不是随随便便收进词典的，像阿拉波夫，"格罗夫"也收有他。他们在乐团、音乐学校、学院从事教学方面的工作，为中国培养了相当一批人。

有关这些人的资料极难找到，就是到文化部查都找不到。像梅德韦杰夫，他本人去世了，夫人也去世了，没有子女。怎么办呢？只好请文化部颁一个文，到苏联大歌剧院把他的档案找出来，并请巴拉晓夫办理把档案抄出来；为此，巴拉晓夫还特地从莫斯科去了梅氏乡下一所住处……收集工作难度相当大，但还是尽可能地查找。为中国做出贡献的外籍人士不只是词典中收入的十几个人，实在是因为资料的不健全或者根本无从查找资料而作罢，这的确很遗憾。不过，从这些人自身和他们所处的环境、活动范围看，还是有代表性的，能够反映出中国音乐事业初始、发展的一定情况。

星：您是怎么看待词典编纂工作的，或者说这项工作需要注意的是什么？

---

① 梅帕器（1878—1946）：也译"梅帕契""梅百器"，意大利指挥家、钢琴家，曾担任托斯卡尼尼的助手。在中国的近30年，创建上海工部局管弦乐队、举办合唱团，担任指挥并从事私人教学。

缪：词典是工具书，它的作用是提供资料，让人们对与音乐相关的事物有基本的了解。那么，资料的准确、客观、严谨就很重要了。我想这应该是编纂的过程中最需要注意的。

像20世纪80年代后期国内出版的《外国音乐词典》，它主要依据的是《柯林斯音乐百科词典》。原版在国际上没有太大的影响。问题在什么地方呢？和其他一些重要词典相比，条目中主观批判的写法多了，而且是写字典的人的看法。我觉得这不是写词典的办法，这会使词典失掉作为工具书应有的作用。这本英国人撰写的字典影响不大，不如人民音乐出版社选用的原版《牛津简明音乐词典》。词典主要是一种供人参考的资料性工具，提供史实、事实，是参考依据。当然，重要的观点是可以提的。

另外，在收入人名的时候，应该注意兼顾到相同类别、不同身份的音乐家。拿声乐家人名来说，先后改了4次，因为既要适当照顾到各个国家，又要照顾到声乐教师、室内乐声乐演唱者、歌剧舞台表演者。我想这样会更全面些。

星：这部词典已经问世，您对它怎么看？

缪：我很高兴看到它出版，有些想法终于实现了。但是，也有遗憾的地方。后来发现英国作曲家人名相对太少了，东欧的也是。做了补充，现在看起来又多了，矫枉过正了。还有，出书时间的延长多多少少会影响有些内容的时效性。比如科普兰的卒年，是后来补充上去的。像这样的修正和补充尽可能都做了。

词典工作是相当烦琐、艰辛的，所以，我也想借这个机会，在这里对参加这部词典工作的每一位同志表示感谢。也谢谢《人民音乐》编辑部，让我有机会讲述"小百科"的"故事"。

我希望"小百科"能起到它应有的作用。

星：谢谢您接受这次采访。

原载《人民音乐》2000年第11期
贺星：生于1970年，女，就职于中国艺术研究院

历任院长访谈录

吴新伟　吴晓丹

记者： 各位老领导，在过去50年的风风雨雨中，您几位呕心沥血，为学院的发展倾毕生之力，带领师生们创造了一个个辉煌的业绩。我们想先请各位院长谈谈在任职期间，就学院的发展着力推动了哪些工作？

缪天瑞： 我于1958年到1981年在天津音乐学院工作，在1958—1973年任院长。在任职之初，学院底子较薄，多数工作是围绕建立完备的音乐教学体制进行的。首先是充实、完善教师队伍。其次，在课程与学科建设方面，设立了民族声乐、手风琴专业等，并要求先写出教学方案、教材，然后再进行教学，以免草率开课。同时对于民族乐器（二胡、笛子）专业，一边进行教学，一边进行乐器改革，由教师亲自动手改革工作。另外，我们在学院年度教学计划中规定艺术实践（包括演出）的时间，将艺术实践列为教学计划的组成部分。但是非常遗憾的是，学院建设刚刚起步就遭遇了"文化大革命"，使学院的持续发展遭到破坏。

张森林： 我是1975—1978年任院长，并于1981—1983年任代理院长。在我任职期间所做的重要工作有两个方面。首先是在改革开放的浪潮中，领导调动群众的积极性。20世纪80年代初，改革开放的浪潮使人们心情振奋，思想非常活跃。一些教师给市委写信或口头汇报反映情况，希望院领导能及时进行教学改革，发展工作。基于这种情况，我们首先召开了全员教职工和学生大会，并作了以"提高教学质量"为中心的报告。大家围绕这个中心纷纷谈情况、提意见，从而把群众引导到以教学工作为中心的轨道上来。分析归纳当时学校工作中存在的一些问题，我们毕业生质量有待提高，教学大纲、教材、教师队伍、乐器老化，教室和宿舍陈旧、不足等。之后，如再次召开会议，针对学生培养目标，我作了"基础要厚些，知识面要广些，适应性要强些"的报告，以此改进工作。这些都大大激发了教师和学生的积极性和主动性。其次，我们针对存在的问题逐个解决，取信于群众。1. 讨论决定建立师范系。我院与教育局达成协议，每年招生50人，毕业后由教育局分配到中小学担任音乐教师。2. 围绕提高教学质量开展工作。组织教师对各系的教学大纲、教材进行修改，由系研究报主管院长批示；对教师队伍进行补充和提高，将增加研究生导师、增招研究生纳入规划。3. 更新乐器。在市教委的支持下，在中国银行天津分行的帮助下，我们以30多万元的价格购买了两台德国"斯坦威"大三角钢琴，同时还进口了两架手风琴和一套铜管乐器。乐器的更新，大大促进了教学质量的提高。4. 改进教学楼和学生宿舍条件。在市委、教委的支持和帮助下，教学楼、宿舍、食堂陈旧不足的问题得以逐步解决。

杨今豪：我于1983—1990年任院长。此前曾担任过作曲系主任、教务处长等职。在我任职期间具有开拓性意义的事情主要有五个方面。第一是多渠道、多层次办学。在我当院长之前，天津音乐学院主要是本科和研究生教育。我在职期间，先后在院内推行了在职进修、夜大、专接本等不同层次的音乐教育，这在很大程度上对学校经济紧张情况起到了缓解作用。第二是成立了音乐研究所，并创办了学报，为学院的科研建设打下了一定的基础。第三是建立师范系。1983年上海音乐学院已经建立了师范系，当时中央音乐学院也没有。我们是国内第二个建立师范系的音乐学院，为国家培养了一批音乐教育人才。第四是加强对外交流。缪院长在任期间，因当时社会环境的原因，对外交流非常困难。我上任时，正值改革开放初期，借此大好时机，我们派老师、学生到香港、美国等地区和国家交流、访问和演出，大大开阔了眼界；同时还请了一些国外知名音乐家到学校来讲学，活跃了艺术氛围和学术气氛。第五是重视艺术实践。1988年，我院30周年校庆时，谭利华还担任我们学校的指挥，他指挥学校交响乐团演出了"贝九"的第1—3乐章，请一个美国指挥家指挥第4乐章。其他艺术实践的成果还包括排演了歌剧《波希米亚人》的第二幕。当时石惟正同志在声乐系工作，他们还排演过一些民乐歌剧。我们当时举办了两次"华北地区音乐周"，学校自己做服装，到太原等地演出，组织民乐队到北京演出，等等。

石惟正：我在1990—1997年任天津音乐学院院长。在我任职期间开展的主要工作有四项：一是抓教师队伍质量；二是抓学校招生；三是扩大学校硕士点；四是建教学主楼。我院当时很多中年教师有着丰富的教学经验，但是学历较低，后来在学校教务处、人事处的组织下，让他们再一次系统学习。在我任职之初，本科招生全部是公费生，随着高校教育教学改革，我院由公费生改为自费生，这在很大程度上解决了办学经费问题。自我院成为第一批艺术学位授予单位起，硕士招生点一直限于作曲、音乐学等专业，在我任职期间扩展到当时的所有专业。此外，北院教学主楼的建设已经获批立项并打桩，但一直没有动工。后来在市委领导的支持下，给我院增加了经费，用了两年时间建成，并于20世纪90年代中期开始使用。

姚盛昌：我是1997年8月上任的，至今已经在这个岗位上工作了11年。1998年是我们40周年校庆，当时正值全国高教大发展时期，我们抓住了这个机遇，在校舍、教学设施、专业方向、人才队伍等多个方面都进入了一个快速发展时期。学校从占地40亩到今天的140亩，建起了图书综合楼和学生宿舍；相关的配套设施亦跟随建设；顺应社会需求，拓展了专业方向，如艺术管理系、舞蹈系、戏剧影视系、现代音乐系等；在师资队伍建设上相继引进了一大批拥有博士、硕士学位的人才，这些为学校整体办学水平和教学质量的提高起到了重要作用。在1996年、1997年时天津音乐学院每年招生100多人，现在每年招生人数在600多人。天津在舞蹈专业、戏剧影视专业没有本科教育，我们参照国外音乐学院的模式，在音乐学院中开设了这些专业方向；同时将手风琴键盘系和民族声乐系独立出来，也是为了给这两个专业方向以更大的发展空间。在我任职期间，我院还连续三次得到天津市高校"九五""十五""十一五"综合投资规划的支持，这对学校发展起到了极大作用，解决了很多实际困难。目前我院固定资产是1998年的17倍，达到两亿三千多万元。我们的国际交流更加广泛深入，如莫斯科、圣彼得堡、敖德萨、那不勒斯、汉诺威，已经同美国、日本、韩国、澳大利亚、波兰等地的音乐学院建立合作关系。每年来访讲学、演出的专家给老师同学们新鲜的信息，使学院和国外同行保持密切的联系。

记者： 再请问各位院长在任职期间，就师资队伍建设方面推动了哪些工作？

缪天瑞： 关于我任职期间师资队伍建设的工作，在《我在天津音乐学院的二十三年》一文中详细谈过。当时主要是以中央音乐学院留下来的教师及河北师范学院艺术系音乐组的教师为班底，通过"请进来"（聘请兄弟院校的专家、社会上的艺人来院短期任教）和"派出去"（有才能的学生送至兄弟院校培养）的方法，外加其他方式，重新组建了天津音乐学院（当时名为河北艺术师范学院）的教师队伍，使其能够适应音乐学院的教学。例如：从各地聘请不同流派的弹筝艺人来院演奏等，以融合各派艺术风格，培养筝的师资；聘请天津时调演唱人员来院教唱，以帮助培养民族声乐的师资；在钢琴专业设手风琴副科，以求逐步达到造就手风琴专业人才的目标；聘有特殊专长的附中学生暂时充作本科生的辅助指导员，以充实专业化的学生工作队伍；为提高钢琴教师的修养，从日本长期订购钢琴月刊《新音乐》，供其阅读；把有才能的声乐系学生送到中央音乐学院请声乐专家培养，作为声乐师资的后备力量；此外，为使青年教师安心教学，有夫妇分居过远者，将其配偶调来京畿；等等。

石惟正： 硬件建设对于学校办学来说固然重要，但是回想一下老中央音乐学院就知道，在硬件很差的条件下一样能培养出优秀人才，由此可看出师资队伍建设和校风建设的重要性。在我任职期间，第一个方面是狠抓基础课教学和基础课教师队伍的培养。召开了视唱练耳教学会议，请中央音乐学院教师讲座，办一个视唱练耳提高班，如现在的视唱练耳老师王欣等都参加了，对基础课教学起到促进作用。第二个方面是多渠道培养师资：1. 对"文革"后留校的一些教师进行培训提高，使一些来自部队文工团、"五七"艺校的教师获得了本科同等学历；2. 将一些教师送到中央音乐学院、上海音乐学院代培，如顾之勉等；3. 将培养的高学历人才留校。这个思路到现在一直在延续。

姚盛昌： 在师资队伍建设上，我们注重三个方面：学缘关系、录用标准、学历层次。学缘关系是师资队伍不断提高，保持活力的关键因素之一。师资队伍长期"近亲繁殖"是有害无益的。天津音乐学院的师资队伍，最初是以来自50年前中央音乐学院迁址北京后，留下的一批优秀教师为主体。现在当初的教师仍有不少在教学岗位上工作，但是目前的师资结构已经有了较大变化。一方面有许多是我院自己培养的，另一方面也有中央、上海等兄弟艺术院校引进的人才；此外还有许多毕业于海外艺术院校。我们还每年自筹经费送青年教师出国学习，可以说目前的师资队伍在学缘结构上较为理想。我们在引进师资时始终坚持严格标准，都要经过考核及层层筛选。在人才的学历层次上以引进拥有硕、博学位为主，个别特别优秀的本科生可先留校，然后边学习边提高。目前我们逐渐形成了一支以中青年教师为主体、科研能力强、教学效果好、结构合理的教师队伍，尤其是35岁左右的教师潜力突出。从20世纪90年代至今每年至少有10名外籍教师在我院长期任教。同时我院实践育人的特色更加突出。近几年来，音乐、戏剧、舞蹈的演出每年超过600场，校园文化和社会实践丰富多彩。

近年来我院师生屡次在国内、国际比赛中获奖。例如：

2007年11月2—4日，天津音乐学院手风琴键盘系双排键电子琴专业本科三年级学生赵伟成在日本举行的"雅马哈双排键电子琴国际大赛"总决赛中夺得桂冠。"雅马哈双排键电子琴国际大赛"是国际上双排键比赛的最高赛事，这也是我国选手在此项1962年开始的比赛中获得的最好成绩。

2007年11月7—10日，声乐系青年教师方春月在第十一届希腊国际声乐比赛中荣获第一名，并被赛会组委会邀请参加2008年雅典的歌剧演出。

2007年10月和12月，天津音乐学院附中古典吉他专业高二年级学生陈曦分别在"第七届泰国曼谷国际吉他比赛"和"第七届新加坡国际吉他艺术节暨第三届新加坡国际吉他比赛"中获得第一名。赛后陈曦和她的指导教师何青被邀请参加2008年意大利Moisycos国际吉他艺术节和2008年泰国国际吉他艺术节，并举办专场音乐会。

2007年11月22—26日，钢琴系二年级研究生陈蕾获得由中央音乐学院、上海音乐学院及美国耶鲁大学音乐学院共同主办的第一届"院长杯"音乐表演奖——钢琴比赛银奖。

2007年12月20日，声乐系青年教师于萍丽获"第六届中国音乐金钟奖"声乐（美声组）比赛铜奖；外籍专家维克多利亚·帕依金娜获优秀钢琴伴奏奖。

2008年3月，天津音乐学院青年合唱团在第十三届CCTV全国青年歌手大奖赛合唱组的总决赛中获得优秀奖。

2008年5月，我院管弦系一年级学生陈翟在"2008第三届中国国际小号艺术周暨首届中国亚太地区国际小号比赛"中获得亚太地区国际组比赛第三名（银奖）。

记者： 请问现任院长，您如何看待教学与科研的关系？它们在学院整体办学水平中起到怎样的作用？

姚盛昌： 教学与科研相辅相成，互相助益，是提高办学水平和教学质量的关键。首先，对于教师来说，不仅要能够创作、演奏和教学，同时还要思考、解决教学中的问题，不断创新。如果教师没有此能力，所教学生就会被抛下，小进就是退。这两年我们在科研方面有所发展，去年和今年拿到了一个全国重点项目和三个全国项目就说明了这一点。

这些对学校的整体学术氛围作用重大。

记者： 请问现任院长，您觉得目前天津音乐学院在建设中最应该关注的工作有哪些？

姚盛昌： 我觉得最应关注两个方面：1. 提高教学质量；2. 增强综合实力。这也是一直以来我们的根本任务。实现这两点，人才建设是基础：一方面高端人才要更多、更好；另一方面要更团结、更有上进心。硬件建设是保障，要在教室、校舍、宿舍等配套设施建设上跟进，以优质的硬件条件让家长、学生和社会满意。制度建设是根本。在制度建设上要考虑到青年人目前面对的社会环境，要在制度和心理上为他们提供保证；在国际交流日益频繁的情况下为他们提供平台；在市场经济的冲击下为他们解决后顾之忧。在不断完善人才、硬件和制度建设的基础上要有具体规划项目和资金，如学报要以成为核心期刊为目标，科研工作要多争取国家级科研项目，课程和学科建设要以国家级精品课以及国家级重点学科为目标。要充分发挥学科带头人的作用，坚持高标准、追求高水平。最主要的是要达成共识、同心同德、共同奋斗。解放思想、干事创新、科学发展的基点要放在使学校不断提高、前进上。

随着大学本科教育的扩招，高校教育的培养目标已经逐渐发生变化。我们的总方针是精英教育与大众教育相结合，以高端带动大众。在我院教学质量得到保障并稳步提升的情况下，近年来表演专业师生屡获国内外重要赛事奖项，而就业情况也一直保持良好。这在很大程度上依赖于天津市委、教委近年来对学院建设的大力支持，以及学院制度建设、管理建设的不断完善和全体教职员工的共同努力。

记者： 最后，请各位老院长谈谈对天津音乐学院今后发展的希望和寄语？

缪天瑞： 我衷心祝愿天津音乐学院在未来岁月里，沿着科学发展的道路不断创新、前进。

张森林： 我觉得现在天津音乐学院发展得不错，现在的领导班子也很不错，像徐建栋书记、姚盛昌院长等。现在天津音乐学院建院50周年了，按孔夫子的说法是进入了知天命之年，已经发展到了一定的程度。我觉得我们现在要由"量"向"质"的方面发展，建设创新型的音乐学院，培养创新型的人才，培养像施光南那样"站得住"的人才。我们的建设要"抓住机遇求发展"；突出特色，发扬专业的长处；把教学质量放在工作的中心。同时，思想工作非常重要，而且必须联系实际。培养学生要因材施教，把眼光看得高一些，远一些，既要抓一般，又要抓重点，对于有天赋的人才要重点培养；还要强化德育，打好文化基础，以培养德高文厚、艺术精湛、德艺双馨的人才，为中华民族的复兴伟业做出贡献。争取在二三十年内把我们天津音乐学院建成创新型的音乐学院！

杨今豪： 我想主要有两点。首先是要明确培养方针。应该以培养一专多能的学生为目标，根据目前社会对音乐人才需求的特点，调整课程设置。比如声乐系学生要以能够演歌剧为目标，而不是培养音乐会演员。其次，学院党委在指导思想上应该注重联系社会实际。这可以从音乐表演和音乐创作两方面着手。在音乐表演方面，我们应该积极参加诸如电视歌手大奖赛等社会影响较大的赛事和活动。我们在这方面总是上不去。我想应该找苗子，早培养。我们在音乐创作方面也要加强，应该多出自己的作品，多出好作品。30周年校庆时，我们上演了贝多芬的《第九交响曲》，还有刘炽创作的《祖国颂》；40周年校庆时，演出了《生日快乐》，而没有自己的作品。再比如这次四川地震，我们有没有与之相关的音乐作品出来。我认为应该派任务，不一定与政治有关，但一定要联系社会实际。艺术活动要与社会生活紧密结合。

石惟正：中国自改革开放以后发展很快，经济发展差不多连年实现两位数增长，但是也有不平衡之处，如东西地区发展不平衡、贫富差距加大等。文化的发展同样如此。在当今高校发展建设过程中如何克服浮躁、减少浮夸，做到形式与实质都不断提高是我们在今后应该一直关注的问题。从我任职到现在，一直在纠正办学目的。我们不是为了挣钱，而是为了培养高素质人才，要警惕经济利益的侵蚀。一定要避免落入贷款—买地扩建—扩招—还贷的恶性循环。在学校发展中要考虑到学生质量、教师承受能力和教学质量的关系。现在学生多，平均素质在下降，教师的要求也会随之下降。要狠抓学风，不能把高校招生当成单纯制造文凭的过程；同时要坚决杜绝招生中的不正之风。还要考虑到教师的心理承受能力和生理承受能力。学生素质降低、教师工作量加大，都会影响教师的责任心。当教学工作超过教师的身心承受能力时，会导致教学质量迅速下降。应该让教师对质量严格把关，在招生中宁缺毋滥，严把毕业证书关，主科考试呈形式化的趋势是令人担心的。建立学生评老师制度，要维护、保持教师形象，树立威信，以良好的师德感染人。建立用人单位对学生的评价反馈制度，以全体学生水平的提高为目标，不能因个别学生获奖而沾沾自喜。以上问题我任职时就存在，学校一直在抑制，目前还要下大力气解决。

原载《天津音乐学院学报》2008年第3期
吴新伟：生于1976年，天津音乐学院音乐学系教师
吴晓丹：生于1979年，女，《天津音乐学院学报》编辑部编辑

仁慈智慧　学术人生

韩宝强

韩宝强：缪先生，您作为音乐界老前辈可能已经接受过多次采访，这次我们没有明确的采访任务，是不是可以轻松一下，就当作随便聊天，聊聊您近来的情况，音乐圈里许多人都挺惦记您的。

缪天瑞：聊天好。我也怕那种很正式的采访，每次事先都给我采访提纲，还要提前准备，好像演戏。当然，不准备也不行，我现在脑瓜不灵了。

韩宝强：目前音乐界90岁以上的老人很少，仍然工作的更少，是不是？

缪天瑞：可能是吧。曹安和[①]先生比我大，今年好像96岁了。我今年93岁，虽说还能写东西，但工作效率很低。

韩宝强：您现在正在写什么？

缪天瑞：正写一篇《西方和声史略》，已经基本写完，正在誊写。写这个东西很费力，因为我不是照西方人常用的方式来写。西方人都是从纯技术角度来总结和声发展史，而我是从社会文化发展的角度来看待和声的发展。因此可以参考的现成资料很少，需要从很多资料中的边缘部分去挖掘。

韩宝强：写出来会很有价值。什么时候能最后完成？

缪天瑞：可能今年（2001）下半年吧，尽量争取。完成之后，我还有一项翻译的工作要完

[①] 中国艺术研究院音乐研究所资深研究员。

成。翻译里曼①的一部关于美学的著作，我和一个年轻人合作搞。但愿我能顺利完成这两项工作，93岁的人，说不好哪天就死了（笑）。

韩宝强：像您这么通达的人，老天爷没法限制寿命。除了要写这两个东西以外，还有什么要做的？

缪天瑞：一是关心关心《中国音乐词典》②修订的工作，再就是《律学》③第三版需要做的修订工作。

韩宝强：《律学》还要再修订？

缪天瑞：因为又有新材料出来了，比如说关于曾侯乙编钟的测音数据，你们不是又做了新的测量吗？还有人对陕西的戏曲音乐也做了新的测音。我一直在搜集有关的材料，还有人提出书中存在的一些问题，有些很有价值。但我确实没有把握能不能完成这项工作（指《律学》第三版之后的修订工作），只能是"活着干，死了算"。

韩宝强：您每天的作息时间表是什么样的？我们想从您这取长寿的真经。

缪天瑞：我的作息实际上非常简单。早晨7点多钟起床，第一件事是喝一杯白开水。然后做15分钟左右的操，然后再吃早点。如果老伴没有什么事，吃完早点我就开始干我的工作④，一直干到中午，下午我要睡午觉，起来后活动活动，以前还可以爬爬楼梯，最近因身体原因不怎么爬了。然后看看报纸、专业杂志、写写信什么的。晚上基本不做事。

韩宝强：看电视吗？

缪天瑞：极少看。

韩宝强：刚才您说到写信，现在电话这么普及，为什么还要写信？

缪天瑞：净是生人来的信，只有地址，没有电话号码，所以只好写信。几乎每天都有来信，有的是问问题，大量的是要买我的书。许多人来自偏远地区，那里买不到音乐方面的书，我觉得我有义务帮助他们。⑤

韩宝强：您在饮食上有什么秘诀？⑥

缪天瑞：我的秘诀就是一日三餐，定时定量，没有什么特别的地方。不过我觉得有一件事或许对我的身体有益处：我每天临睡前一定要擦身、洗澡。我觉得讲卫生还是一件非常重要的事情。⑦无论春夏秋冬，我都坚持擦身、洗澡。另外，我觉得喝用中草药"决明子"沏的水，

---

① 德国音乐学家。
② 该词典是中国目前唯一的专门解释中国音乐的辞书，缪天瑞主编。
③ 律学是音乐理论中最为基础一个学科，缪天瑞先生的《律学》自1950年第一次出版后，几经再版、重印，影响了中国几代律学工作者，缪先生被尊称为"中国现代律学启蒙之父"。
④ 缪师母多年病卧在床，虽有保姆在旁，但缪先生仍时常亲自照顾，可谓相濡以沫。
⑤ 保姆曾抱怨缪先生"傻"，费时、费力又费钱为那些陌生人寄书。其实，先生不是正在实践"积善成德，而神明自得"吗？
⑥ 这个问题我是明知故问，主要是为了满足读者的需要。缪先生的饮食可以用"平淡无奇"来概括：主食一般是非常软的米饭（近乎稠稀饭），副食以清淡的素菜为主，稍加荤菜。我在读研究生时，由于在先生家上课，曾数次与先生共餐。讲老实话，每次吃完饭，不到2小时肚子就饿。
⑦ 缪先生在卫生方面确实是众人楷模，无论什么时候，这位九旬老人都是衣着整洁。据说在"文化大革命"时作为"反动学术权威"被勒令打扫厕所，卫生状况也是一流。

可能对我的视力也有好处，这是一个大夫让我喝的，你们也可以试试。其他就没有什么秘诀了（笑）。

韩宝强：我想您还有一个最重要的秘诀。

缪天瑞：什么秘诀？

韩宝强：心胸豁达，进退自如。

缪天瑞：这是性格所致吧，我对权和钱没什么兴趣。

韩宝强：您当年从台湾冒着风险返回大陆，出于什么信念？

缪天瑞：对马列主义的信仰，对共产党的信赖，对毛主席的崇拜，即便现在我觉得我的写作也是在运用唯物辩证法的观点。

韩宝强：从您对律学研究的兴趣来看，您似乎对数理的东西比较感兴趣，能不能说，如果您当年没有搞音乐，就会搞理工了呢？

缪天瑞：可能不会。如果当年没搞音乐，我可能会从事文学工作，因为我年轻时非常喜欢文学。

韩宝强：在走上音乐事业这条道路上，谁对您的影响最大？

缪天瑞：我的父亲对我有一定影响，他喜欢听我唱歌，他还有一把小提琴，但是他不会拉。他去世也比较早，我觉得对我从事音乐事业影响比较大的是丰子恺，他是我的音乐老师，他讲课的水平非常高。我觉得他在中国音乐教育方面的历史地位好像没有受到应有的重视。

韩宝强：您喜欢什么体育运动？

缪天瑞：年轻时喜欢游泳，游泳让我精力充沛。在江西的时候，我每天要给10个人弹钢琴伴奏，还要准备自己的独奏曲目，还要负责编辑出版一个刊物，就我一个人负责，你看这是多少工作。直到现在，我还是在天天工作，没有周末，没有节假日。我觉得人不能懒，人懒脑子就笨。现在的人条件比较优越，容易发懒，所以不容易出人才。

韩宝强：除了工作，您还有什么业余爱好？

缪天瑞：喜欢京剧。我的京胡拉得不错，什么二黄、反二黄、西皮我都能拉，年轻时给别人伴奏，还演出过。

韩宝强：您现在听力下降了，还能听音乐吗？

缪天瑞：不能了。但是我发现可以利用我的音乐记忆，也就是内心听觉来继续欣赏音乐。比如贝多芬的《第六交响曲》，我可以在大脑里将乐曲"听"一遍。我去年还专门写了一篇文章，解释这种音乐现象[①]。这属于音乐心理学领域的问题，值得重视和研究。

韩宝强：如果条件允许您现在再学习一门新东西，您会选什么？

缪天瑞：计算机，我想我一定会学好它的[②]。

[①] 刊登在《交响》2000年第2期。

[②] 我知道缪先生此言非戏谈，作为一个音乐发烧友，缪先生有着极强的动手能力。但是我确实不希望缪先生暮年再沾电脑这个"东西"，因为，你从电脑中得到多少快乐，它就会从你那里"偷"走多少时间，而时间对缪先生来讲，已经不是以"年"作为单位了。

韩宝强：今年是（中国）艺术研究院建院50周年，您对此有什么感想？

缪天瑞：我祝全院同志身体健康，万事如意。祝艺术研究院的科研事业蒸蒸日上。

韩宝强：谢谢。

（2001年3月7日上午，缪天瑞同志在家中接受采访。）

原载中国艺术研究院院庆50周年筹委会编《名家访谈录》，2001年，第17页

韩宝强：生于1956年，中国音乐学院音乐科技系原主任、教授

音乐创作的民族化问题

——缪天瑞先生采访报告

吴 静

采访时间：2005年12月12日、12月20日

采访地点：缪先生寓所

采访记录如下（已经本人审阅）：

乙酉年年末，迎着刺骨的北风，我满怀敬意，在北京东城一个静谧的小区里，拜访了我国音乐理论界德高望重的理论家、律学家、教育家缪天瑞老先生。在古朴的书房里，我见到了心中仰慕已久的老先生。缪老先生虽已是97岁的高龄，但给我的印象是精神矍铄，行动自如，只是听力有些不大好。考虑到缪老先生年事已高，采访的时间不宜太长，所以访谈分两次进行。

第一次访谈：2005年12月12日

吴静（以下简称吴）：缪先生您好，作为音乐理论界的老一辈专家，我这次应《音乐创作》之约请您谈谈音乐创作方面的有关问题。首先感谢您接受我的采访，您的身体看起来不错，我们也为您高兴。这是我的采访提纲，主要有两个问题，一个是请您谈谈音乐的民族性和民族风格问题，另一个是音乐创作中创新与继承民族传统的关系。

缪天瑞（以下简称缪）：谢谢。这阵子牙痛，晚上睡不着。我对音乐创作方面研究得不多。你以前学的是什么专业，老家在哪里？

吴：我本科和研究生阶段都是声乐专业，老家在湖南长沙。

缪： 你老家是湖南的，《刘海砍樵》听过吗？你觉得它的调式有什么特点，现在的演唱和过去有什么不同？

吴： 真是三句话不离本行呀，一开口就把问题引向您多年研究的律学中去了。

缪： 我认为湖南的《刘海砍樵》还有河南的豫剧《女驸马》是中国的传统调式，如中间的微升 Sol 音、微升 Re 音，这些调式的特点，就是传统音乐的特点，不光是湖南、河南的这些剧种，包括京剧里面也有微升音的存在，这些音乐都带有传统调式的特点，应当保存下来。而现在的问题是这些音乐（律制）都向钢琴（十二平均律）靠拢。钢琴是一种基础训练，传统调式不要和基础训练放在一起，训练和传统是两回事，不能混为一谈。这是音乐教育中的一个问题。这两个是矛盾的统一，不一致，怎样统一起来，这是一个值得研究的问题。我认为这些矛盾是现实的，一时之间是统一不起来的。但要把两个问题研究清楚，传统调式和十二平均律，传统不能一下子取消，平均律也要好好学习，合得了的就合，合不了的就不合，将来再说，现在的任务是充分地研究。而我们现在的缺点是把传统调式一概取消，把传统调式的特点如微升、微降一概取消，这是一种错误的做法。我们的时代是新时代，怎样对待传统是一个重要问题。不能把整个传统的东西都抹掉，聪明的耳朵，知道这是两个问题，同时聪明的人也会很好地把这个问题解决，而不是把传统一概抹杀。不能够统一的就不统一，能统一的就要统一起来，这在创作中是一个比较突出的问题。你学的民族声乐，唱法问题也是这样，在解放初期，中国的土唱法、洋唱法也叫美声唱法，两个争论得很厉害，后来周恩来总理要大家不要闹，主张"先分后和"，先把土唱法研究透，然后把洋唱法研究透，两个都研究透了，不合就不合，他这个话和我这个话是一个意思。这里的问题很复杂，我们老了，我已经满了 97 了，保守的东西比较多，我们前面一代做了好多的工作，希望你们能用聪明的脑袋把这些工作好好做下去。

第一次访谈结束。（待续）

第二次访谈：2005 年 12 月 20 日（续上）

缪： 我仔细看了你这个提纲，《音乐创作》要做这个访谈，我现在已写不出来了，但我找来了一些资料给你看。

吴： 我太感动了，您为了这次访谈找了这么多材料。

（**按：** 材料有：缪天瑞《欧洲音乐的和声发展述要（下）》，《中国音乐学》2002 年第 1 期，第 5—24 页；赵如兰编《赵元任音乐作品全集》，上海音乐出版社 1987 年版；缪天瑞《基本乐理》，人民音乐出版社 1985 年版）

缪： 第一个问题给你一个参考，这个书（指《基本乐理》）是我写的，这里头有几章你可以看看，一个是和声，在第十五章，一个是曲式，在第十四章，还有转调，在第十三章。另外再看看《中国音乐学》2002 年的第 1 期，和声史的第十五节。这两本书你看一下，琢磨一下。还有一本是《赵元任音乐作品全集》，他有好多和声方面的写法、做法很好。我找一个例子给你看，如第 205 页的作品《尽力中华》，他的和声是用了曲调的，这里是 sol-fa-fa，这里也是

sol-fa-fa，这里就变一点，变成 fa-fa-sol，就是说他的和声也有曲调，他们的方法都很好，可以参考。我的意思是说，他的和声也是用曲调写的，这是一个很好的例子。我举这些例子给你看，就是讲和声怎么样曲调化，把和声写成曲调的样子。赵元任这方面的处理是很好的，我在和声史的第十五节里也讲到，就是讲怎么样把和声写得曲调化。

吴：和声是纵向的，而中国的曲调大多是单线条的，它们是如何结合的呢？

缪：和声既有纵向的发展，又有横向的发展，横向就是曲调化，纵向就是和弦，这样子就都各民族曲调化了，民族化，不论是纵向的结合还是横向的结合。过去苏联音乐理论家特别强调和声中要有曲调，常使和声中产生新的和弦；又因各和弦连接时加强各声部曲调的流畅，要加入经过音、延留音与先现音等，形成许多新的不协和和弦。所以他们认为曲调是音乐中最重要的要素。强调和声中须有曲调，甚至提出"要有几个美好的曲调"。

吴：那您认为横向的旋律与中国的语言的关系是怎样的？

缪：关于中国语言的关系赵元任这里有一篇文章，书里的附录谈到了，可以看看。赵元任早期的和声创作，在民族化方面做了好多的探索。

吴：您感觉我们的音乐要从传统音乐中吸取哪些东西？

缪：还是这个意思，从传统的里面吸取新的东西。从传统走向创新，这并不等于没有根。根据传统走向创新，不是没有根的创新。

吴：您怎样理解继承传统和创新的关系呢？

缪：这只能靠我们自己去找了，给你的资料都讲到了。我的文章《欧洲音乐的和声发展述要（下）》里面就讲到，当时列宁就提出了继承传统与创新相结合的方针。他指出，人类文化艺术的发展是一个在继承以往优秀成果的基础上不断创新的历史过程。"即使美是'旧'的，我们也必须保留它，拿它作为一个榜样，作为一个起点。为什么只因为'旧'，就要抛弃真正的美，拒绝承认它，不把它当作进一步发展的出发点呢？为什么只因为那是'新'的，就要把新的东西当作供人信奉的神一样来崇拜呢？那是荒谬的，绝对是荒谬的。"[1]列宁还说："无产阶级文化不是从天上掉下来的……应当是人类……创造出来的全部知识合乎规律的发展。"[2]所以在此后的半个多世纪里，苏联在音乐方面，既重视俄罗斯民族音乐，又重视其他各民族音乐，兼顾到了古代传统音乐与民间音乐两个方面。

吴：您的这个意思我理解了。还有一个问题，是不是把配器、和声、曲式这些技术上的东西学好了，就能创作出好的音乐？

缪：配器、和声、曲式这些都是技术方法，而作曲是要讲创新、创造。要走一条新的道路，这是两个事情。创作是从技术里发展出来，创作出新的东西。（和声、曲式、配器）都是传统的，别人用过的东西，而创作，自己要有新的思想。这里面我都说了，要学习别人的东西，学习完了，自己创作，创造新的东西。我的理解是这样的。比如说施光南，他用了一些民

---

[1] 中国社会科学院文学研究所文艺理论研究室编：《列宁论文学艺术》，人民文学出版社1983年版，第434页。
[2] 中共中央马克思恩格斯列宁斯大林著作编译局编：《列宁选集》第四卷，人民出版社1972年版，第285页。

族的东西，但很多是他自己的创新，又比如说德彪西，他学习的和声学，都是传统的，但他创作的东西，如印象派的东西，却是新的。但他根却是古典浪漫派传统的东西。

技术与表现也是两个问题。技术的东西也必须有，要没有技术，像钢琴，这些东西弹不下来。但技术的东西终究不是创作。如弹车尔尼的东西和贝多芬的东西感觉是不一样的，贝多芬创造出来的东西有他独特的个性，和舒曼等是不一样的，可是车尔尼的东西全部是技术。同样声乐方面也有这个问题，如它的练声曲《孔空》。但是歌唱是要表现出感情的，这得用自己的脑子了，一个人唱出来，要有一个人的风格。道理是一样的。作曲也一样，自己的创作要有个人的表现，唱歌也是这个样子，技术必须要学，但是唱的时候就要注意个人的表现了。我们听西方人的演唱，如卡鲁索、迦丽·库琪，每个人都有个人的特点，这就不是技术的问题了。当然技术都是美声唱法，但是每个人表现出来都有个人的特点。这个道理与音乐创作、钢琴演奏是一样的，每个人表现出来都是不一样的。如弹贝多芬和舒曼的东西，装饰音的弹法都不一样。

从创作方面讲，可着重看一下赵元任的创作，然后比较比较黄自的就不一样。唱法里面，拿周小燕和喻宜萱比一比，也不一样。黄自民族化刚刚开始他就死了，而赵元任是一开始就写民族化的东西。黄自的年纪比较轻，他正在要转变的时候，刚刚摸索中国的东西就不幸去世了，如果他的命长一点，可能也会有好多民族化的东西，问题是他死得太早了，有这么一个问题。你看他的许多作品，慢慢走向民族化了。现在大家都在探索。新的东西我听得很少，这几年没有听新的东西。

吴：我想知道您是如何看待民族化这个问题的？

缪：这个很难说得出来，现在对于民族化也有不同的理解，比方说：黄自的《旗正飘飘》是民族化的，还是不是民族化的，怎么理解？有人说是的，也有人说不是的，每个人的理解不一样。也还有人说孟姜女不是民族的呢，一个人理解的先后不同，不同的人理解也不相同。赵元任创作的东西，从曲调开始，他是一个语言学家，从前的吟诗有一种调式，他把中国吟诗的方法用到音乐上来，用到曲调上来，然后他又想到和声也有曲调，他做得比较现实，也在探索这条道路，可以说他是中国最早进行民族化探索的老先生。这本书你可以仔细看看，他的文章和曲子，我这里（指《基本乐理》）也引用了他好多的东西，这个《劳动歌》的曲调写得很有意思，这个曲调是从京戏唱腔里演化出来的，但是这个曲子的和声完全是西方的，和声没有民族化，是西方的。赵元任用了中国的调式，曲调完全是中国的调式，是F古宫调式。又比方说这个《白毛女》，用的是徵调式。还有马思聪的《思乡曲》用的是小调的调式，用小调的调式来解决中国的调式问题，可以好好看一下这几个人的东西，都写在里头了。

另外，中国的转调也是很有特点的。我的书（按：《基本乐理》第二次修订版）第十三章里头讲到了中国的转调，中国的转调方法很多和西方的不一样，有"单借""双借"等。在第152页里可以找到。另外，中国的曲式和外国的也不一样，民族传统的曲式是上下句。上句、下句、上下句，这里既讲了中国的也讲了西方的，可以比较，它的体系、想法，和西方人是很不一样的，这都属于民族风格。

但我认为，中国人和外国人虽然有不一样的地方，但有些东西，大的原则还是相同的。不是说中国人和外国人完全隔离，不一样，因为人同此心，心同此理，只要是人，许多想法就会有相同的地方，都是统一的，但在具体的做法上，就不一样了。比方说，中国有各种各样的调式，外国有大小音阶，按道理都是一样的，但我们的音阶和外国的音阶不一样，从前的音阶和今天的音阶也不一样。就是说大的问题都一样，比方说二拍子、四拍子，中国有外国也有，但具体处理二拍子、四拍子中国人和外国人就不一样了。有许多相同的，也有许多分歧，所以大家在好多问题上争得不可开交，就是这样的一个问题，但是你有你的意见，我有我的意见。我认为这个问题是不要紧的，因为许多问题是要有争论，才能够搞清楚，争论才有好处，事情才会慢慢明白。每个人都有每个人的意见，每个人之间应该有争论，才是正常的，不能大家说得都一样。

吴：已经占用了您不少的时间，谢谢您！您刚才讲的，里面有许多精辟的见解，也是我们平时难以听到的。感谢您对《音乐创作》的支持，我再一次代表他们表示感谢，同时望您多保重身体，欢度晚年。

（**补：**从缪老先生的家中出来，我的心久久不能平静，脑海里不由得想起"太上立德，其次立功，其次立言"这句出自《春秋左氏传》里的话。这句话，用在缪老的身上，也许是再恰当不过了。当他用微颤的手递给我为这次访谈准备的资料，又一本一本逐个耐心地解释给我听的时候，我的心被深深地震撼了！这只是一次平常不过的访谈，老人家却一再谦和地说自己不是专门研究音乐创作的，很多地方只是个人的一点看法，还建议底下说说可以，没有必要公开发表。我一方面为先生严谨的态度所打动，另一方面觉得文中有许多观点处处充满了一个长期从事音乐理论工作者的真知灼见，对于音乐理论、创作、表演等多方面具有不可替代的指导作用，这一点，尤其显得弥足珍贵。思索再三，我觉得还是很有必要让更多的人了解、学习的。所以发表出来，供大家学习、参考。）

原载《音乐创作》2006 年第 3 期

吴静：生于 1973 年，女，湖南师范大学音乐学院教授

年表

缪天瑞年谱简编[①]

1908 年（清光绪三十四年）

4月15日 农历戊申年三月十五日生于浙江省瑞安市莘塍镇南镇村。家中兄弟姐妹4人，排行老大。

曾祖父缪鹿坪是当地有名的乡绅。祖父缪寿枢（字仲昭，1866—1929）思想开明、乐善好施，在当地创办学校，送子女去日本留学；并筑桥修路、兴修水利。祖父喜好音乐，善吹洞箫，并组织业余选手合奏丝竹乐，对缪天瑞幼年的音乐启蒙产生了一定的影响。祖母项氏（1869—1949），瑞安县城大户人家，相貌端庄，虔诚的佛教徒。

父亲缪炯1903年带着13岁的弟弟缪晃自费赴日本留学，1919年即将毕业之时，因大流感病逝于日本京都。母亲钱蕴华（1883—1958）知书识礼，温良敦厚。

缪氏老宅现为瑞安市文物保护点，老屋廊柱挂着乡贤孙衣言撰写的对联"高松拔地三千年，大翼垂天九万里"。

[①] 本年谱由汪洋编写，选自其博士学位论文《缪天瑞研究》（上海音乐学院，2021年），主要依据缪天瑞个人履历表、《缪天瑞音乐生涯》《百岁学人缪天瑞——庆贺缪天瑞百年华诞影集》等著作、文章、手稿汇编而成。

1914 年

入莘塍聚星小学读书，后转入瑞安县立小学，跟随音乐老师钟老师学习唱歌、表演和弹风琴。钟老师性情和气，耐心细致，热爱学生，因此，他受到了较好的音乐启蒙教育。同时，经常在为死人超度的道场中学习各种民间音乐。

1920 年

进入瑞安县立中学学习，寄住于县城舅公项允轩家（父亲的舅父）。叔父缪晃曾留学日本学习医学，回国后在瑞安县城开诊所，支持其课余时间学习音乐。跟随京剧票友郑剑西学习京胡，为后来的专业音乐学习打下一定的基础。

1923 年

6 月　中学毕业，在叔父的支持与帮助下，考入上海艺术专科师范学校音乐科学习（初名上海艺术专科师范学校，由吴梦非、刘质平、丰子恺三人于 1919 年 6 月创办，多次易名，先后用过上海艺术专科师范学校、上海艺术师范学院、上海艺术师范大学、上海艺术大学等名。缪天瑞入校时为上海艺术专科师范学校，毕业时为上海艺术师范大学），师从吴梦非、丰子恺、刘质平、钟慕贞、宋寿昌、徐希一、傅彦长等，主修钢琴。

在上海艺术师范大学学习期间，几乎每周都去聆听上海工部局管弦乐队的星期音乐会；同时练琴刻苦，经常在校内外音乐会上担任钢琴独奏或伴奏。当年，温籍同学王宗、唐贽在学校公演昆曲《琴挑》，他（拉二胡）曾和王公望（吹笛子）担任伴奏。

1926 年

6 月　毕业于上海艺术大学音乐系。在上海未找到合适工作。

9 月　回到家乡温州，在浙江省立第十中学附属小学担任音乐教员，兼任温州瓯海中学音乐教员。

1927 年

9 月　与同学合作创办温州艺术学院，教授钢琴、乐理等课程，并担任教务主任。一年后因负债停办。兼任温州女子中学、瑞安中学音乐教师。陈田鹤入温州艺术学院学习。

1929 年

上半年　在杭州找工作，未果，后到上海。

5—8月　在上海卿云图书公司经常与傅彦长交流，常去新雅茶室、海军青年会吃饭。此期间接触的人有黄震遐、郭文骥、程碧冰、谭抒真、朱希圣、吴振寰、周大融、叶秋原、李青崖、冼星海、李俊昌等人。

下半年　与林蕡（1911年2月9日—2004年5月5日，浙江平阳人）结婚。

9月　经傅彦长老师介绍，任上海同济大学附属中学音乐教师，兼任上海中华艺术大学音乐教师。其间经常与同济大学一工作人员交流德语的学习。为上海一家小书店（也是傅彦长老师介绍）写活页歌曲维生。

1930 年

9月　武昌艺术专科学校（原名为私立武昌美术专门学校，设艺术教育科与艺术师范科，贺绿汀、吕骥、陈田鹤等曾在此校任过教）专任教师，教授乐理和钢琴。教学工作之时，刻苦学习英语与日语。

1931 年

秋　从武昌回到上海，在上海新路师范、上海滨海中学任音乐教师。

1932 年

年内　"一·二八"事变后，由上海去杭州"避难"，和叶姓朋友去监狱看望中学同学、中共党员郑馨后被特务抓去，不久被释放。

1933 年

3月下旬或4月　受萧而化的邀请，赴江西南昌接替萧而化担任江西省推行音乐教育委员会月刊《音乐教育》编辑，并任推行音乐教育委员会干事（程懋筠担任主任，委员有萧友梅、王易、李中襄等），后升任委员，直至1937年12月，共出刊5卷57期，25开本。办刊宗旨面向普通音乐教育，曾出版《小学音乐教育》《中国音乐》《乐曲创作》《救亡歌曲》《苏联音乐》《音乐教学》等专号。后又担任管弦乐队钢琴演奏员，南昌市中小学音乐视察员。

年内　参加中华口琴会慰问将士音乐会，演出钢琴四重奏。参加纪念"新生活运动"会，并演奏钢琴。从本年一直到1937年，每年寒假，参加江西教育厅主办的全省教师修养会招待演出，演奏钢琴。

1934 年

年内　兼任南昌女子职业学校音乐教师。参加江西"行营"举办的"新生活运动"联欢会。

1935 年

4 月　在江西省推行音乐教育委员会第 20 次音乐会上，为李元庆的大提琴独奏舒伯特《摇篮曲》钢琴伴奏。

6 月 15 日　出席江西省推行音乐教育委员会工作座谈会，并与程懋筠、钱曾葆、李元庆、李九仙一起担任南昌各中学暑期学校音乐教学指导，为期一个月。

6 月 15 日　参加音乐会，为程懋筠的男高音独唱《抗敌军歌》弹钢琴伴奏。

7 月 21 日　参加励志社南昌分社的音乐会，为李元庆的大提琴独奏《金婚式》弹钢琴伴奏，并参与重奏节目。

夏　以江西省教育厅名义在庐山为全国教育会议作招待演出，担任领队，同时演奏钢琴五重奏节目，并为大提琴、小提琴节目钢琴伴奏。

10 月 10 日　参加音教会"庆祝双十节"音乐会演出。

1936 年

6 月　在江西省推行音乐教育委员会与南昌女中的联合音乐会上为程懋筠的男高音独唱《小夜曲》、李元庆的大提琴独奏《加伏特舞曲》弹钢琴伴奏。

7 月 18 日　在江西省推行音乐教育委员会举行的音乐会上，为李元庆的大提琴独奏瓦格纳《今宵明星歌》钢琴伴奏。

10 月 10 日　参加音教会"庆祝双十节"音乐会演出。

1937 年

3 月　到上海拜访老同学钱君匋，在钱君匋家中第一次见到吕骥，当时吕骥将要去陕北解放区延安，路费无着落，无法成行。其间另一同学吴成均提请钱君匋代筹钱款 150 元相助。但吕骥因将钱款放在后裤袋乘电车时被小偷偷走，所以万般无奈，只好又找钱君匋借了 150 元。

10 月 10 日　参加音教会"庆祝双十节"音乐会演出。

1938 年

3 月　南昌抗战爆发，离开江西回家乡温州。李元庆跟随其到温州老家养病。

9 月　任温州郑楼师范学校（后改名为温州师范学校）音乐教员，直至次年 7 月。其间创作了《浙江省立温州师范学校校歌》。

1939 年

10 月　赴重庆任音乐教育委员会（陈立夫兼任主任）编辑，另有陈田鹤、江定仙、熊乐忱、张洪岛等编辑。

1940 年

1 月　与胡彦久、江定仙、陈田鹤共同主编《乐风》双月刊一期，大东书局发行，16 开本，以研讨音乐教育问题为中心。因第 1 卷第 1 期刊登延安《鲁艺音乐系近况》一文而被迫停刊整顿。

同月，《新音乐》月刊创刊，黄洛峰请客，宴请在重庆的音乐家缪天瑞、江定仙、张洪岛、李抱忱、陈田鹤、刘雪庵、李元庆、范继森、沙梅、盛家伦、李广才等人参加，名单由缪天瑞、李元庆和李凌三人商定。

下半年　和黎国荃、张洪岛和范继森四人被李凌等人选定为中国共产党的统战对象，并由张颖同志联系，向周恩来总理汇报。筹备新《乐风社》，任编辑主任，熊乐忱任社长，陈振铎任发行主任。

年内　加入国民政府抗敌联合会会员，并参加该会主办的"捐献"音乐会。加入"中国音乐学会"，并被推为理事。

1941 年

1 月　主编复刊后的《乐风》月刊（标注新 1 卷第 1 期）、《乐风》副刊，共 12 期。

4 月 1 日　参加重庆教育部为响应全国精神总动员第一周纪念活动"千人大合唱"，李抱忱、郑志声、吴伯超、金律声任指挥。

8 月　兼任重庆青木关国立音乐院讲师，教授乐学、风琴以及和声学（代李抱忱）等课程。

年内　兼任国立音乐院附属音乐教员讲习班讲师，讲授《音乐教学法》课程。

1942 年

3月　受到蔡继琨先生邀请，担任福建音专教务主任。从重庆到福建永安，交通不便，花费了20多天时间，同行的还有去报考福建音专的李广才等二位学生。

11月11日　在永安上吉山校园内参加卢前校长到校欢迎大会。

11月17日　参加福建音专校务会议，提出新建琴房事宜。

11月26日　参加曼哲克教授60寿辰化装舞会。

1943 年

1月1日　在永安中山堂与卢前校长一起参加冀野乐章演奏会。

1月16日　与卢前校长一起恳请章彦、黄飞立、程静子留于福建音专教书。

1月至次年3月底期间　缪天瑞未担任福建音专教务主任，由萧而化担任。

2月　参加"庆祝平等新约及劝募滑翔机基金音乐演奏会"。

3月3日　参加卢前校长生日纪念活动，在学校食堂聚餐，并观看音乐会。

3月6日　参加李嘉禄老师钢琴独奏音乐会。

3月14日　参加程静子教授独唱音乐会。

4月11日　参加尼哥罗夫教授小提琴独奏音乐会，当天是尼哥罗夫的生日。

4月14日　参加黄飞立教授小提琴、中提琴独奏音乐会。

4月18日　参加尼哥罗夫、曼哲克、曼哲克夫人、章彦、黄飞立五位教授室内乐演奏会。

5月　和萧而化一起在中山堂参加"为响应冯玉祥将军白沙献金抗日的号召"而举行的规模较大的义演音乐会。

5月2日　参加曼哲克教授大提琴独奏音乐会。

6月　参加李嘉禄、尼哥罗夫、黄飞立、章彦、程静子教授在永安中山纪念堂举办的音乐会。

8月　参加"为纪念'八一三'援助沦陷区音乐界人士撤退来闽音乐演奏会"。

12月　参加李嘉禄、尼哥罗夫、黄飞立教授在永安中山堂举办的音乐会。

1944 年

1月1日　同郑书祥老师、音专文艺组30多位同学一起到下吉山魁星阁参加野餐活动，活动主要内容是漫谈文艺与音乐的关系，在一个大墓坪上作"一年音乐动态"报告。

1月7日　在中山纪念堂参加筹集购置乐器经费举办的师生音乐会。

3月　参加王沛纶老师二胡独奏音乐会。

3月14日　参加在永安中山纪念堂举办的"国民精神总动员五周年纪念音乐会"。

4月　参加"筹款捐助贫病作家王鲁彦、张天翼、蔡楚生及已故作家万湜思之家属的音乐演奏会"。

4月　参加顾宗鹏老师二胡独奏音乐会。

5月29日　在永安中山纪念堂参加"白沙献金"音乐演奏会，响应冯玉祥将军发起的抗战义捐号召。次日一早，许文辛、金希树、周鉴冰、叶翼如、池志立五位学生被捕。

6月3日　陈淙谷、邢育青两名学生被捕。20天以后，许文辛、金希树、周鉴冰、叶翼如、池志立五位学生第二次被捕。缪天瑞为被捕学生送衣物，并动用各方力量想方设法营救他们，还曾写信给当军医的叔父让他给福建方面"关照一下"；并与郑书祥老师一起找萧而化校长请他出面保释被捕的同学。

暑假　与萧而化校长一起参加由音专主办的欢迎陈立夫的音乐会。

10月1日　参加在永安中山纪念堂与永安师范等学校联合举办的"月光音乐会"。

12月　创作的合唱作品《从军别》（缪天华词）在"三师"一年级学生音乐会上上演，由王沛纶指挥，李惠莲和叶林分别担任女高音和男高音独唱，亲自担任钢琴伴奏。

12月　参加在永安体育场由国民省政府主办，国立福建音专、永安师范等学校、战时省会各机关联合举行的"万人大合唱"。

1945年

2月　批准"闽南巡回演奏团"，由李嘉禄、薛奇逢领队，到大田、德化、永春、海澄、泉州、漳州、龙岩等地巡演，目的是筹款捐献滑翔机的任务。

5月25日　参加薛奇逢老师独唱音乐会。

7月12日　参加李嘉禄老师钢琴独奏音乐会。

9月　被福建省政府点名，令其"自请离职"，被"驱逐离境（福建）"，回家乡瑞安。在瑞安、平阳家中整理音乐文稿。

1946年

上半年　想去南京国立音乐院任职，未果。然后去了离家比较近的温州师范学校任教，同时还在温州一所中学兼职音乐老师。

10月　受台湾省交响乐团蔡继琨团长邀请，赴台湾省交响乐团担任编译组主任。途经上海到台北，在上海专程拜访老同学钱君匋。

1947年

4月　主持出版《乐学》双月刊第一号。一直至10月，共出版4期。

年内　妻子林薏和刚满周岁的小女儿缪裴慈到台北。为台湾电影制片厂新闻影片配音乐。

1948 年

年初　参加台湾电台召开的"音乐教育座谈会",并作关于音乐教育法的发言。

5 月　任台湾省交响乐团副团长,配合交响乐团演出,在省交演奏厅、新公园音乐台进行音乐普及工作,举办唱片欣赏会,并在《台北日报》上撰文介绍演出节目的内容。

1949 年

5 月　携妻和 3 岁的小女儿乘坐小帆船险渡台湾海峡回到大陆。

同月,在北京召开的全国第一届文代会,他被选为中华全国音乐工作者协会(后改为中国音乐家协会)编辑部主任,李凌任副主任。

8 月　从温州北上天津,直到 10 月下旬才抵达天津中央音乐学院。到达学校后,吕骥组织抵院老师与学生开欢迎会。

11 月 15 日　中央音乐学院成立学习部、研究部和音工团,担任研究部主任,李元庆任副主任。分管教学、乐器、图书、唱片等工作。和黎章民在京、津等地向柯政和、江文也、王泊生等音乐家收购中外唱片、书籍。

11 月 27 日　参加中央音乐学院第一次院务会议,讨论评级评薪、宁院迁津、1950 年计划、人事调动条例等事项。

12 月 18 日晚　参加欢迎马思聪从苏联回国欢迎会。

1950 年

3 月　与吕骥、赵沨、钱君匋在北京见面。

3 月 17 日、24 日　参加学院第九、十次院务扩大会议讨论教育计划。

4 月　参加第十一次院务会议,讨论组织机构、成立典礼等事项。

4 月 18 日　在学校操场上参加欢迎南京国立音乐院的盛大"团结大会"。南京国立音乐院迁津共有 96 名教职员工,另有部分乐器和书谱。

4 月 19 日　参加全院教员会议,讨论国立北平艺专、东北鲁艺音工团、华大三部、上海香港中华音乐院以及南京国立音乐院迁并天津后课程问题。

4 月 24 日　被任命为教务处主任,李凌、刘恒之担任副主任,李元庆接任研究部主任。

5 月 22 日　参加中央音乐学院第十二次院务会议,讨论修改教育计划、成立典礼延期等事项。

6 月 17 日　出席中央音乐学院(天津)建院开学典礼。吕骥副院长致辞,马思聪院长作关于中央音乐学院教育方针的报告。文化部丁西林副部长、天津市黄敬市长、中央戏剧学院欧阳予倩院长等领导参加大会并讲话。

9月5日　中国音协机关刊物《人民音乐》在北京创刊，任首任主编，张文纲、黎章民任编辑。至1951年12月后停刊，共出15期。

10月20日　参加中央音乐学院第十八次院务会议，讨论教学计划修改事宜。

10月至12月　全院师生积极投入抗美援朝运动中，捐款以及宣传演出。

年内　被邀请为天津市中小学音乐老师作报告，主要讲述专著《小学音乐教材及教学法》内容。

1951年

4月6日　参加第二十四次院务会议，会议决定4月23日召开庆祝中央音乐学院成立一周年的小规模庆祝会。

4月22日　"天津新歌合唱团"成立，由杨今豪、周沛然等人负责指挥伴奏以及学习教导等工作；同时中央音乐学院专门成立了工作委员会，马思聪、吕骥、孟波、朱世民、缪天瑞、李凌、喻宜萱等人担任顾问，协助处理团务工作。

6月1日　参加第二十五次院务会议，通过《教务通则》，并公布试行。

11月　参加欢迎苏联作曲家卡巴夫斯基访问中央音乐学院的欢迎会。

11月4日　参加中央音乐学院为纪念冼星海逝世六周年而举行的座谈会。

11月至次年7月　参加中央音乐学院文艺整风运动以及思想改造运动。

1952年

1月　参加学校"三反"（反贪污、反浪费、反官僚主义）运动动员大会。

7月初至9月初　马思聪任队长，吕骥、缪天瑞任副队长的治淮文艺工作队赶赴皖北参加治淮工程。后来马思聪还创作了交响乐《淮河大合唱》。

8月　燕京大学音乐系师生20余人按全国高等院校院系调整并入中央音乐学院，前期一直由缪天瑞牵头对接。

9月　参加全校开展的"忠诚老实"运动，向组织交代家庭历史问题。与台湾的胞弟缪天华脱离兄弟关系。

11月　参加天津市音乐界举行的"冼星海逝世七周年纪念音乐会"，并作冼星海生平介绍。

1953年

春　参与筹建中央音乐学院民族音乐研究所。

9月26日　出席中华全国音乐工作者协会全体委员扩大会议，被选为53名理事之一。

1954 年

3月5日　参加第四十七次院务会议，会议讨论部分机构调整、少年班等相关事宜。

3月27日　赴北京参加中央音乐学院民族音乐研究所的成立大会，并代表中央音乐学院致祝贺词。参加典礼的还有中共中央宣传部、文化部、中国音协、中央音乐学院以及各协会、各艺术学院领导：林默涵、刘芝明、周巍峙、吕骥、张庚、吴晓邦、孟波、赵沨、沙可夫、艾青、查阜西、蒋风之等。文化部副部长作了指示，张庚也讲了话。庆祝大会后举行了音乐会，还特别邀请了中央民族文工团、中央实验歌剧院演员和民族音乐研究所的研究人员共同参加演出。音乐会曲目包括中国古典和民歌两部分，古曲有《广陵散》、《潇湘水云》（宋代）、《阳关三叠》、《关山月》、姜夔词曲三首；民歌包括太平天国时期的民歌、山西河曲民歌以及少数民族的民歌。

5月12日　与王进德、陈瑜等赴捷克斯洛伐克参加"布拉格之春"国际音乐节。在音乐会期间还作了《关于捷克作曲家安东尼·德沃夏克的创作》的大会发言（2006年11月撰写《布拉格之春》收录于《音乐随笔》）。

6月19日　正式被任命为中央音乐学院副院长，张洪岛接任教务处主任。

6月　在北京参加上海万叶书店公私合营的筹备会议，时任文化部办公厅主任赵沨主持，李元庆、李凌、章枚、孙慎等人一起参加。会议同意在北京成立公私合营的音乐出版社。

7月4日　参加中央音乐学院第三届少年班毕业生音乐演奏会。

10月　被任命为中央音乐学院外国专家办公室主任，汤雪耕、盛礼洪任专家秘书，陈复君、熊克炎、赵宋光任翻译。全面领导苏联专家的教学工作，与苏联专家交流情况，提出要求，尤其与苏联专家组长巴拉晓夫接触较为频繁。同时指派编译室系统翻译苏联音乐院校各专业的教学大纲和资料。

1955 年

2月20日　欢迎在中央音乐学院华东分院（上海音乐学院）任教的苏联钢琴专家谢罗夫来院工作二周。

3月　参加报告会，吕骥向全校师生作报告，号召大家重视学习苏联经验。

春　迎接捷克四重奏团访问中央音乐学院。

5月31日　兼任天津市文化局副局长。

6月27日　参加吕骥作关于"批判胡风思想"的动员报告，随后中央音乐学院开展肃清一切暗藏反革命分子的运动，一直到8月20日结束。

12月25日　天津市文化局与中央音乐学院共同在中国大戏院举行"纪念人民音乐家聂耳

逝世二十周年、冼星海逝世十周年音乐会",缪天瑞致开幕词。

年内　在天津儿童剧院欢迎日本艺术家到访。

年内　搬到天津市和平区成都道博爱里 1 号居住。

1956 年

5 月 26 日　在学校礼堂参加声乐系举办的由苏联声乐专家梅德韦杰夫和他的夫人梅德韦杰娃、指挥专家巴拉晓夫等人具体指导、排演的柴可夫斯基歌剧《奥涅金》公演，梁美珍、魏启贤等主演，黄飞立指挥，中央音乐学院管弦乐队伴奏。后赴北京作汇报演出，影响很大，这是新中国成立后中国人首次用中国语言演唱外国古典歌剧，意义深远。

8 月 1—24 日　赴北京参加第一届全国音乐周，发表论文《音乐理论科学工作应大力改进》，并参加了 8 月 24 日毛泽东等党和国家领导人的接见会。

8 月 29 日至 9 月 1 日　出席中国音乐家协会召开的第二届理事会（扩大）会议。

8 月　与福建音专校友在全国音乐周期间聚会，游览颐和园并合影留念。

10 月 13 日　陪同日本音乐学家田边尚雄及其儿子田边秀雄到民族音乐研究所陈列室参观考察。

11 月 8 日　赴北京参加库克琳娜举办的个人独唱音乐会，演唱曲目包括欧洲古典主义、浪漫主义歌剧选段，俄罗斯、东欧民歌以及俄罗斯民族乐派作曲家作品。

年内　到青岛疗养。

1957 年

5 月　根据中央发出的"关于整风运动"的指示以及天津市委的部署，中央音乐学院成立整风运动七人领导小组，分三批参加整风运动。

6 月 1 日　参加中央音乐学院附中成立大会并合影。

9—10 月　全校性的"反右"运动开始，历时 40 余天。

9 月　参加苏联著名钢琴家李赫特尔、著名小提琴家奥依斯特拉赫的访问演出。

9 月 27 日　和中央音乐学院民族音乐系全体工作人员欢送刘恒之赴西安音专工作，并合影留念。

秋　缪天瑞携夫人、小女儿裴慈以及罗秉康陪同苏联专家米基强斯基（小提琴家）、巴拉晓娃（苏联专家巴拉晓夫随员，讲俄罗斯文学）、苏联专家巴拉晓夫的女儿热尼娅、苏联专家塔图良（钢琴家）、苏联专家罗敏（塔图良夫人、钢琴家）游览天津塘沽新港。

秋　和赵沨一起出任中央音乐学院第一届学术委员会副主任，委员有江定仙、喻宜萱、章彦、黄源澧、张洪岛、黄飞立、萧淑娴、许勇三、陈培勋、廖辅叔、易开基、朱工一、陈振铎、吴景略、黄国栋、汤雪耕、刘恒之、方堃、刘光亚、韩里、李菊红、李荻苏等人。

11月28日　参加中央音乐学院与中国音协联合举办的刘天华逝世二十五周年纪念会。

12月8日　参加中央音乐学院与中国音协联合举办的纪念挪威作曲家爱德华·格里格逝世五十周年音乐会。

下半年　参加天津市委"整风运动"活动，就党群关系向党员提意见。

1958 年

1月24日　参加院务会议。会议决定建立院长、系主任集体办公制度，每周集体办公两小时。会议还提议建立系主任听课制度，教研组要定期研究教学问题。

4月2日　学校开展"交心运动"。

5月7日　参加周扬、林默涵来中央音乐学院视察工作的教师座谈会，并聆听周扬所作的有关"土洋之争"报告。

7月　学校开展"拔白旗"运动。

10月3日　河北音乐学院成立，院址设于天津市河东区七纬路。缪天瑞任河北音乐学院院长，孙振任党委书记，刘子华任副院长。正式任命书于1959年6月16日签发。

12月23—29日　出席中国音协理事扩大会议，讨论当时音乐工作中的一些重要问题，如繁荣创作问题、发展音乐评论问题、青年音乐家培养问题等。

1959 年

7月　中央音乐学院各系部陆陆续续迁京后，河北音乐学院正式更名为天津音乐学院。大学部迁入天津市河东区大王庄十一经路办公，中学和小学部仍留在七纬路。

7月23—24日　参加在学校礼堂举行的天津音乐学院附属音乐中学部、小学部"红领巾音乐会"。

9月20日　参加"迎接建国十周年广场音乐会"。

10月　参加与天津人民歌舞剧院联合举办的"秋季音乐会"。

1960 年

3月　创建"天津市业余艺术学院"，由天津市文化局副局长黎砂任院长，缪天瑞任副院长。

4月中旬　在"赞美人民公社、歌颂技术革命"热潮中，与王莘、刘亚、丁辛等人组成创作小组，到兴安路、鸿顺路人民公社和印染公司所属各工厂单位去调研创作新的歌曲和乐曲。

4月　参加天津音乐学院文艺整风学习运动，并在全院文艺整风辩论大会上发言。

7月　参加在北京举行的第三次全国文学艺术者代表大会、中国音乐家协会第二次会员代表大会。

8月15日　兼任河北省文化局副局长。

10月30日　参加在天津音乐厅举行的"纪念人民音乐家聂耳逝世二十五周年、冼星海逝世十五周年"音乐会。

1961年

4月　在北京饭店参加由中宣部召集的全国高等院校文科和艺术院校教材编写计划会议，陆定一部长、周扬副部长分别发表讲话。

7月　参加为庆祝中国共产党成立40周年举办的天津市第一届音乐周，其间天津音乐学院专场演出展示了部分专业尖子，引起轰动。

8月　在北京香山饭店参加全国音乐史论和作曲理论教材审议会，林默涵作报告，周巍峙、吕骥、赵沨、王子成等出席会议。其他参会的老师和专家有40余人，分别来自中央音乐学院、上海音乐学院和天津音乐学院。

10月　参加在天津音乐学院召开的首届"全国音乐艺术学院（校）笛子专业教材会议"，并在大会上发言，主张注重遗产。

11月26日　在北京中央音乐学院中国音乐研究所与孙慎、吉联抗、赵沨、李元庆、杨荫浏等人共同讨论有关如何编写音乐词典问题。

1962年

5月18日至6月20日　参加在上海锦江饭店召开的"音乐院校教学方案讨论会"，文化部王子成主持。

年内　为天津市音协纪念毛泽东《在延安文艺座谈会上的讲话》发表二十周年撰写文章《音乐教育中的几个问题》。

1963年

10月　作为艺术委员会主任，组织、领导天津市举办第二届音乐周，天津音乐学院演出了四场各具特色的音乐会，展示在教学、艺术实践和创作方面的成果。

1964年

11月　当选为第三届全国人民代表大会代表。

年内　毛泽东两个"批示"下达，文艺界再一次整风。

1965 年

11 月　到邯郸地区的昌黎县五里营进行下乡教学，住在农民家，睡在土炕上。师生除教学外，经常在晚间进行音乐演出。还经常帮助农村音乐骨干找老师辅导。为此，后来将艺术实践列为学校教学计划的组成部分。

1966 年

夏　被贴"大字报"，说他是台湾派来的。红卫兵抄家，被关在音乐学院内，拔过草、挨过打、游过街、扫过厕所……受尽折磨。

1969 年

11 月　下放到保定市徐水县劳动"战备疏散"，在驻地巩固庄中学，干烧开水的差事。至 1970 年 3 月结束。

1970 年

年内　迁往天津南郊大苏庄农场，后又迁到西郊设在工农联盟农场内的"一〇四"干校，在积肥队干活。还经常被军宣队指派贴标语、刷大字报。

9 月 1 日　在"四人帮"的主导下，天津音乐学院作出《关于对缪天瑞同志的处理决定》，对其进行批判。

9 月　天津音乐学院、河北艺术师范学院和天津戏曲学校等被强行解散，同时从各校只抽调一小部分教职工另建"天津五·七艺术学校"，缪天瑞院长职务被剥夺。

1973 年

9 月　天津音乐学院更名为天津艺术学院，任副院长。

1975 年

1 月　当选为第四届全国人民代表大会代表。

1976 年

年内　粉碎"四人帮"之后，带领音乐学院师生第二次创业。

1978 年

2 月　当选为第五届全国人民代表大会代表。

9 月　在天津音乐学院大礼堂参加李其芳钢琴音乐会。

11 月　天津艺术学院发布《关于缪天瑞同志的复查报告》，撤销 1970 年的处理决定，为其平反，恢复名誉，消除影响。

年内　职称评定为教授。

1979 年

12 月 12 日　在北京召开编纂《中国大百科全书》音乐部分的筹备会议建立了由吕骥、贺绿汀、缪天瑞、赵沨等 24 人组成的筹备委员会。

10 月　当选第四届中国文联全国委员会委员并出席第四次代表大会。

11 月　当选中国音乐家协会第三届理事会常务理事。

1980 年

3 月　复名天津音乐学院，任院长、教授、硕士研究生导师。

5 月　在北京参加中国音协主办的"中国古代史工作座谈会"。

开始参与编纂由中国艺术研究院音乐研究所负责的《中国音乐词典》，该词典由杨荫浏任顾问，缪天瑞、吉联抗、郭乃安任主编。

6 月　当选中国人民政治协商会议天津市第六届委员会副主席（1980.6—1983.4）。

国务院批准天津音乐学院有权授予硕士和学士学位，缪天瑞被批准为硕士研究生导师。

1982 年

年内　任天津市音乐家协会名誉主席，天津市文联名誉主席。借调到北京中国艺术研究院音乐研究所编辑《中国大百科全书·音乐 舞蹈》音乐部分和主编《中国音乐词典》。在北戴河与吕骥、汪毓和、李佺民等人商讨《中国大百科全书·音乐 舞蹈》中国近现代音乐部分。

9 月　在天津音乐学院招收硕士研究生。

10 月　开始编纂《中国音乐词典》（续编），与吉联抗、郭乃安、李佺民一起担任主编。

1983 年

2 月　当选为第六届全国人民代表大会代表。

4 月　当选中国人民政治协商会议天津市第七届委员会副主席（1983.4—1985.12）。

5 月　在北京新源里寓所，接待陈洪、孟文涛、汪培元、肖远、蒋博彦，共同商议《中国大百科全书》音乐部分。

7 月　正式调离天津到中国艺术研究院音乐研究所工作，任顾问、研究员，并被批准为硕士、博士研究生导师。

1984 年

1 月　国务院第二批公布中国艺术研究院电影历史及理论、舞蹈历史及理论专业为硕士授予点专业；缪天瑞与张庚、郭汉城 3 位研究员为音乐学、戏曲历史及理论博士导师。

夏　参加中国艺术研究院音乐研究所建所 30 周年学术研讨会。

11 月 2—19 日　带小型民族器乐演奏团访问日本武藏野市，并考察日本国立音乐大学以及国立音乐大学附中等音乐教育机构。回国后，把日本国立音乐大学附属中学的课程设置（包括音乐和文化课）送给天津音院附中作为参考。

1985 年

4 月　与黄翔鹏、郭乃安、李纯一、何云任中国艺术研究院音乐研究所学术委员会委员。

5 月 11—17 日　出席中国音乐家协会第四届会员代表大会，当选为常务理事。

5 月 13 日　参加曹安和先生 80 寿辰及其从事民族音乐研究和教学 56 周年庆祝会。

7 月　在中国艺术研究院招收音乐学专业博士生一名（韩宝强）；招收音乐通论专业硕士两名。

9 月 18 日　以联合签名方式发表"关于加强学校音乐教育的建议书"：吕骥、贺绿汀、李焕之、孙慎、严良堃、吴祖强、李凌、施光南、赵沨、瞿希贤、张肖虎、姚思源、刘淑芳、周大风、孙继南、李博文、张文纲、曾雨音、霍存惠、卜锡文、米黎明、张洪岛、谭林、刘放、薛淑琴、缪天瑞、储声虹、张中祥、傅天满、张鸿勋、潘振声、于坤、谢功成、苏扬、周荫昌、汪立三、李群。

12 月　音乐研究所主办的学术性季刊《中国音乐学》创刊，担任顾问。

1986 年

5 月至 6 月　选入中国艺术研究院音乐研究所职称评审委员会，并被评为研究员。

6月　指导的天津音乐学院硕士研究生韩宝强毕业，硕士学位论文题目为《论陕西民间音乐的律制》。

年内　在中国艺术研究院招收律学专业博士一名；在天津音乐学院招收律学专业硕士一名。

年内　当选中国律学学会名誉会长。

1987年

5月　在福建于山参加"国立福建音专校史讨论会"，并在开幕式上致辞"要赶快把校史写下来"。

7月　《中国音乐词典·续编》交稿。

12月15日　参加《中国音乐学》第一届中青年作者优秀论文奖颁奖大会暨新闻发表会，并为一等奖论文《我国音乐创作"新潮"纵观》作者王安国颁奖。

年内　参与翻译《英汉辞海》（上下册）部分音乐词目（由杨雁行协助），由国防工业出版社出版。

年内　搬到北京市海淀区昌运宫4号楼16层1602室。

1988年

7月　指导的中国艺术研究院音乐研究所硕士研究生孙川、何建军毕业，硕士学位论文题目分别为《论音乐音高结构的审美基础——兼及"他律论"与"自律论"在音乐音高基因层次的客观融合》《谭小麟作品研究》。

10月　参加天津音乐学院建院30周年纪念大会，并致辞。

11月8—12日　在北京参加中国文学艺术界第五次全国代表大会。

1989年

2月　参加音乐研究所黄翔鹏申报的中国艺术研究院重点研究课题"中国乐律学史"论证会。

5月　离休。

11月11日　为福建音专校友会首届校友代表大会发贺信，并任名誉顾问。

12月5日　参加由音乐研究所主办的中国音乐史学家、民族音乐学家杨荫浏诞辰90周年、逝世5周年；音乐学家李元庆诞辰75周年、逝世10周年暨音乐研究所成立35周年纪念活动。参会的有文化部代部长贺敬之、中国艺术研究院副院长李希凡、中国音乐家协会领导吕骥、孙慎、李凌及专家学者阴法鲁、江定仙等。

1990 年

12 月 7 日　与人民音乐出版社签订《音乐百科词典》出版合同，参与人有黎章民、戴于吾、倪和文、曹炳范、王九丁。

1991 年

年内　参加中国音乐学院 1988 级研究生刘勇答辩。答辩小组成员有冯文慈、樊祖荫、黄翔鹏、何昌林、张静蔚、管建华。

年内　开始享受国务院政府特殊津贴。

1992 年

3 月 31 日　胞弟缪天华从台北到北京，到访昌运宫寓所，看望 43 年未曾相见的哥哥。

1993 年

4 月　和黄翔鹏、郭乃安一起指导的中国艺术研究院音乐研究所博士研究生韩宝强毕业，博士学位论文为《音乐家的音准感——与律学有关的听觉心理研究》。

8 月 9 日　国际音乐教育学会会长高荻保治等来北京昌运宫寓所访问。

1994 年

1 月　参加中央音乐学院建校 45 周年纪念会。

3 月　为中国艺术研究院音乐研究所建所 40 周年纪念活动题词"为乐不可以为伪"。

1995 年

6 月 5 日　参加中国艺术研究院音乐研究所曹安和先生 90 华诞庆祝会。

1997 年

4 月　中国艺术研究院音乐研究所同人到寓所为其庆贺 89 岁生日。

1998 年

3 月　参加天津音乐学院北京校友会成立大会以及"缪天瑞院长九十华诞纪念活动"。

4 月　中国艺术研究院音乐研究所同人到寓所为其庆贺 90 岁生日。

10 月 4 日　参加天津音乐学院建院 40 周年校庆，并致辞。

1999 年

4 月　原福建音专校长蔡继琨到访昌运宫寓所。

9 月　参加文化部首届文化艺术科学成果奖的颁奖大会，并获特别奖。《中国音乐词典》获文化部首届文化艺术科学优秀成果奖一等奖。

2001 年

5 月　获首届中国音乐金钟奖"终身荣誉勋章"。

2003 年

5 月　搬到北京市朝阳区广渠门外大街甲 28 号广泉小区。

2004 年

5 月　妻子林赟去世（享年 93 岁）。

10 月　为人民音乐出版社成立 50 周年题词"乐扬四海、艺贯千秋"。

2005 年

5 月　为妻子林赟扫墓，每年坚持，直到 2008 年清明。

2006 年

4 月　亲属在丰泽园饭店为他庆祝 98 岁寿辰。

年内　对收录于《缪天瑞音乐文存》（三卷本）的 11 部专著、译著逐一进行审定。

2007 年

6月15日　出席由中央音乐学院、西安音乐学院、中国艺术研究院音乐研究所、中国音乐家协会理论委员会、江西省新建县人民政府主办的纪念音乐教育家、作曲家、指挥家、歌唱家程懋筠逝世50周年学术活动，并撰文《纪念程懋筠先生》。

7月12日　参加在人民大会堂隆重举办《缪天瑞音乐文存》《百岁学人缪天瑞——庆贺缪天瑞百年华诞影集》首发式以及缪天瑞百年诞辰纪念会，并发言。

12月　为温州大学音乐学院题词："切磋现代乐艺，发扬民族精华"。

年内　担任《中小学音乐教育词典》顾问。

2008 年

10月　获由中国文联主办的第七届造型表演艺术成就奖（表演艺术成就奖）。

2009 年

8月18日　因身体不适到北京朝阳医院检查，确诊为胰腺癌晚期。

8月31日凌晨5点6分　在北京朝阳医院逝世（享年102岁）。与夫人林蕢树葬于北京十三陵景仰园墓地，骨灰存北京八宝山革命公墓。

汪洋整理

缪天瑞著作年表

文论

一、撰写文章

1.《曲的姿和曲的心》,《新乐潮》(北京爱美乐社编)1927年第1卷第5号,1927年12月。

2.《中国古代音乐的流弊和现代音乐的趋向》,《新乐潮》(北平爱美乐社编),1928年第3卷第1期,1928年4月。

3.《音乐和国民性》,《开明》1928年第1卷第6期,1928年6月。

4.《中国音乐略史》,《音乐杂志》[①]1928年第1卷第4期,1928年10月。

5.《浪漫时代的音乐》,《雅典》1929年第2期,1929年2月。

6.《中国音乐略史(续):中国乐器之发达及变迁》,《音乐杂志》1929年第1卷第6期,1929年3月。

7.《二十万人的音乐祭典——维也纳举行的许贝德百年纪念祭》,《雅典》1929年第4期,

---

① 民国时期,《音乐杂志》有四种:其一由北京大学音乐研究会编,音乐杂志社出版(月刊),1920年创刊;其二由北平国乐改进社编辑刊发(月刊,断续),1928年创刊;其三由国立音乐专科学校音乐艺文社编,上海良友图书印刷公司刊印(季刊),1934年创刊;其四是上海音乐杂志社编,1946年创刊,仅出两期。缪天瑞的文章皆发表在国乐改进社编辑出版的《音乐杂志》上。

1929 年 4 月。

8.《小学唱歌之研究》,《浙江大学教育周刊》1929 年第 58 期,1929 年 5 月。

9.《许贝尔德及其作品》,《音乐杂志》(国乐改进社出版) 1929 年第 1 卷第 7 期,1929 年 8 月。

10.《许贝尔德及其作品》(续),《音乐杂志》(国乐改进社出版) 1930 年第 1 卷第 8 期,1930 年 1 月。

11.《许贝尔德及其作品》(续),《音乐杂志》(国乐改进社出版) 1930 年第 1 卷第 9 期,1930 年 1 月。

12.《"关于淫乐"》,《开明》1929 年第 1 卷第 12 期,1929 年 12 月。

13.《京昆等不适合于音乐教材》,《开明》1929 年第 1 卷第 12 期,1929 年 12 月。

14.《"骂"和我们》,《开明》1929 年第 1 卷第 12 期,1929 年 12 月。

15.《调和东西艺术中的中国音乐》,《亚波罗》(杭州国立艺术院编) 1932 年第 8 期,1932 年 5 月。

16.《我的幼年时代的音乐生活》,《读书杂志》1933 年第 3 卷第 1 期,1932 年 1 月。后收录于《学生时代》(力行文学研究社 1941 年版)、《作家的童年》(简明出版社 1945 年版)、《我的童年》(简明出版社 1946 年版) 等书。

17.《产生旋律的要素》,《艺术》1933 年第 1 期,1933 年 1 月。

18.《给爱好音乐者》,《读书中学》1933 年第 1 卷第 1 号,1933 年 1 月。

19.《中欧的音乐》,《读书中学》1933 年第 1 卷第 3 号,1933 年 3 月。

20.《西洋音乐故事》(西洋音乐史) 十章[①] 连载,《青年界》[②] 1933—1934 年 (10 期),具体如下:

(1)《古代的音乐(西洋音乐故事之一)》,《青年界》1933 年第 3 卷第 2 期。

(2)《中世的音乐(西洋音乐故事之二)》,《青年界》1933 年第 3 卷第 3 期。

(3)《十七世纪的音乐(西洋音乐故事之三)》,《青年界》1933 年第 4 卷第 1 期。

(4)《十八世纪前期的音乐(西洋音乐故事之四)》,《青年界》1933 年第 4 卷第 2 期。

(5)《十八世纪后期的音乐(西洋音乐故事之五)》,《青年界》1933 年第 4 卷第 3 期。

(6)《浪漫派的音乐(西洋音乐故事之六)》,《青年界》1933 年第 4 卷第 4 期。

(7)《华格纳时代的音乐(西洋音乐故事之七)》,《青年界》1933 年第 4 卷第 5 期。

(8)《国民音乐的发生(西洋音乐故事之八)》,《青年界》1934 年第 5 卷第 1 期。

---

① 《缪天瑞简明年表》(载高燕生、吴连捷主编《缪天瑞音乐生涯》,河北教育出版社 2000 年版)、国华编《缪天瑞的著述目录》(载国华著《缪天瑞音乐贡献评述》,首都师范大学出版社 2007 年版)、《缪天瑞撰写、翻译、编辑书籍文稿存目》(载《缪天瑞音乐文存》第 1 卷附录 1,人民音乐出版社 2007 年版) 及《缪天瑞著述翻译编辑的书刊目录》(载缪天瑞《音乐随笔》附录,人民音乐出版社 2009 年版),均言《西洋音乐史》十一章于 1929—1930 年在《北新》半月刊杂志上连载,经核实有误,乃为十章,最后一章文末注明"西洋音乐故事之十,完全"。1933—1934 年在《青年界》(上海北新书局出版) 杂志连载。其为翻译英国 W.H. 哈多的著作,但原期刊刊登时,并未注明是翻译,故仍按照原貌处理。

② 民国时期,《青年界》杂志有两种:其一为上海北新书局出版(月刊),1931 年创刊;其二为华中东亚青年联盟南昌县分会主编(月刊),1942 年创刊。缪天瑞文章皆发表在上海北新书局出版的《青年界》上。

（9）《华格纳以后的音乐（西洋音乐故事之九）》，《青年界》1934 年第 5 卷第 3 期。

（10）《现代的音乐（西洋音乐故事之十，完全）》，《青年界》1934 年第 5 卷第 5 期。

21. 徘徊[①]：《中世吟游乐人的一面观：一个音乐的故事》，《音乐教育》1933 年第 1 卷第 8、9 期合刊，1933 年 12 月。

22. 天澍：《关于钢琴的话》，《音乐教育》1933 年第 1 卷第 8、9 期合刊，1933 年 12 月。

23. 《审查小学音乐科用书报告：适用的音乐科用书》，《音乐教育》1934 年第 2 卷第 1 期（小学音乐教育专号），1934 年 1 月。

24. 光毅、缪静[②]：《小学音乐教育漫谈》，《音乐教育》1934 年第 2 卷第 1 期（小学音乐教育专号），1934 年 1 月。

25. 《音乐史》（讲座）连载，共七回，《音乐教育》1933—1934 年（7 期），具体如下：

（1）《音乐史》（音乐史讲座第一回，第一章 古代的音乐），《音乐教育》1933 年第 1 卷第 8、9 期合刊，1933 年 12 月。

（2）《音乐史》（音乐史讲座第二回，第二章 中世的音乐），《音乐教育》1934 年第 2 卷第 2 期，1934 年 2 月。

（3）《音乐史》（音乐史讲座第三回，第三章 文艺复兴与巴赫以前），《音乐教育》1934 年第 2 卷第 3 期，1934 年 3 月。

（4）《音乐史》（音乐史讲座第四回，第四章 巴赫到贝多芬的古典乐派），载《音乐教育》1934 年第 2 卷第 4 期，1934 年 4 月。

（5）《音乐史》（音乐史讲座第五回，第五章 贝多芬到华格纳的浪漫乐派），载《音乐教育》1934 年第 2 卷第 5 期，1934 年 5 月。

（6）《国民乐派的兴起》（音乐史讲座第六回），载《音乐教育》1934 年第 2 卷第 6 期，1934 年 6 月。

（7）《近代的音乐》（音乐史讲座第七回），《音乐教育》1934 年第 2 卷第 7 期，1934 年 7 月。

26. 《答仰衡书》，《音乐教育》1934 年第 2 卷第 8 期（中国音乐问题专号），1934 年 8 月。

27. 穆静：《斯加底那维亚的音乐》，《音乐教育》1934 年第 2 卷第 9 期，1934 年 9 月。

28. 乐式学讲座十一回连载，《音乐教育》1934—1935 年（12 期），具体如下：

---

① 缪天瑞先生的笔名（曾用名）有多个，中国艺术研究院藏"缪天瑞档案"中的《干部履历表》记载曾用名有"穆静、金世惠、穆天澍"。北京语言学院《中国艺术家辞典》编委会编《中国艺术家辞典（现代第五分册）》（湖南人民出版社出版 1985 年版，第 320 页。）"缪天瑞"条与徐友春主编《民国人物大辞典》（河北人民出版社 1991 年版）"缪天瑞"条均写缪天瑞"笔名穆静、穆天澍、天澍、裴回"。何芸的《为我国音乐学铺路架桥的开拓者——缪天瑞先生传略及业绩》一文指出缪天瑞"笔名穆静、穆天澍、徘徊等"。（载中国艺术研究院音乐研究所编《音乐学文集：纪念中国艺术研究院音乐研究所建所 40 周年》，山东友谊出版社 1994 年版，第 1274 页。）周家珍编著《20 世纪中华人物名字号辞典》"缪天瑞"条"笔名：天澍、裴回、穆天澍、穆静"。（法律出版社 2000 年版）。冯长春《西方音乐美学译介的先行者——缪天瑞》一文，指出缪天瑞"笔名穆静、穆天澍、徘徊等"。（载《冯长春音乐史学文集》，上海科学技术文献出版社 2019 年版，第 53 页。）由此，推测缪天瑞先生笔名（曾用名）包括"穆静、穆天澍、天澍、金世惠、裴回、徘徊"等多个，本年表将以这些笔名发表的文章、歌曲及著作也都一并收录进来。

② 原文为"缪静"。

（1）《乐章与乐句·乐节与动机》（乐式学讲座第一回），《音乐教育》1934年第2卷第6期，1934年6月。

（2）《正规的形式》（乐式学讲座第二回），《音乐教育》1934年第2卷第7期，1934年7月。

（3）《不规则形式与变形拍子》（乐式学讲座第三回），《音乐教育》1934年第2卷第9期，1934年9月。

（4）《二部形式》（乐式学讲座第四回），《音乐教育》1934年第2卷第10期（湖滨音乐堂落成纪念），1934年10月。

（5）《二部形式》（乐式学讲座第四回续），载《音乐教育》1934年第2卷第11期，1934年11月。

（6）《三部形式》（乐式学讲座第五回），《音乐教育》1934年第2卷第12期，1934年12月。

（7）《舞曲形式的乐曲》（乐式学讲座第六回），《音乐教育》1935年第3卷第1期（乐曲创作专号），1935年1月。

（8）《回旋曲形式》（乐式学讲座第七回），《音乐教育》1935年第3卷第2期，1935年2月。

（9）《朔拿大形式》（乐式学讲座第八回），《音乐教育》1935年第3卷第3期，1935年3月。

（10）《朔拿大的连续形式》（乐式学讲座第九回），载《音乐教育》1935年第3卷第4期，1935年4月。

（11）《变化朔拿大形式与回旋曲朔拿大》[①]（乐式学讲座第十回），《音乐教育》1935年第3卷第5期，1935年5月。

（12）《器乐小曲与无定形式》（乐式学讲座第十一回），《音乐教育》1935年第3卷第6期，1935年6月。

29.《编者的话》，《音乐教育》1935年第3卷第1期（乐曲创作专号），1935年1月。

30.《Goetschius博士略历及其音阶论等——〈曲调作法〉的补述与订正》，《音乐教育1935年第3卷第9期，1935年9月。

31.《简直是地狱》，《青年界》1935年第7卷第1期。

32. 天澍：《力度的故事》，《音乐教育》1935年第3卷第11期，1935年11月。

33. 天澍：《Do re mi的故事》，《音乐教育》1935年第3卷第12期，1935年12月。

34. 穆静：《视导报告：视导省会二郎庙小学音乐教育报告》，《江西教育》1935年第3期。

35. 穆静：《视导报告：视导省会积谷仓小学音乐教育报告》，《江西教育》1935年第3期。

---

① 该文在当期杂志目录中题目为《变化朔拿大形式与朔拿大回旋曲形式》，正文题目为《变化朔拿大形式与回旋曲朔拿大》，此处以正文为准。

36. 穆静：《视导报告：视导省会实验小学音乐教育报告》，《江西教育》1935 年第 3 期。

37. 穆静：《视导报告：视导省会经堂小学音乐教育报告》，《江西教育》1935 年第 3 期。

38. 穆静：《视导报告：视导省会大成小学音乐教育报告》，《江西教育》1935 年第 3 期。

39. 穆静：《视导报告：视导省会娄妃墓小学音乐教育报告》，《江西教育》1935 年第 3 期。

40. 穆静：《视导报告：视导省会珠市尾小学音乐教育报告》，《江西教育》1935 年第 3 期。

41. 穆静：《视导报告：视导省会北坛小学音乐教育报告》，《江西教育》1935 年第 3 期。

42. 穆静：《视导报告：视导省会天后宫小学音乐教育报告》，《江西教育》1935 年第 3 期。

43. 穆静：《视导报告：视导省会普贤寺小学音乐教育报告》，《江西教育》1935 年第 3 期。

44. 穆静：《视导报告：视导省会百花洲小学音乐教育报告》，《江西教育》1935 年第 3 期。

45. 穆静：《视导报告：视导省会永建所小学音乐教育报告》，《江西教育》1935 年第 4 期。

46. 穆静：《视导报告：视导省会幼稚园音乐教育报告》，《江西教育》1935 年第 4 期。

47. 穆静：《视导报告：视导省会环湖路小学音乐教育报告》，《江西教育》1935 年第 4 期。

48. 穆静：《视导报告：视导私立葆灵女子小学音乐教育报告》，《江西教育》1935 年第 4 期。

49. 穆静：《视导报告：视导私立女子公学音乐教育报告》，《江西教育》1935 年第 4 期。

50. 穆静：《视导报告：视导私立义务女学校音乐教育报告》，《江西教育》1935 年第 4 期。

51. 穆静：《视导报告：视导私立豫章小学音乐教育报告》，《江西教育》1935 年第 4 期。

52. 穆静：《视导报告：视导省会状元桥小学音乐教育报告》，《江西教育》1935 年第 4 期。

53. 穆静：《视导报告：江西省推行音乐教育委员会二十四年度视导省会各小学音乐教育报告：滕王阁小学音乐教育报告》，《江西教育》1935 年第 14 期。

54. 穆静：《视导报告：江西省推行音乐教育委员会二十四年度视导省会各小学音乐教育报告：棉花市小学音乐教育报告》，《江西教育》1935 年第 14 期。

55. 曲调作法十四讲[①] 连载，《音乐教育》1935—1936 年（14 期），具体如下：

（1）《长调曲调的作法》（曲调作法 1），《音乐教育》1935 年第 3 卷第 4 期，1935 年 4 月。

（2）《长调曲调的作法（续）》（曲调作法 2），《音乐教育》1935 年第 3 卷第 5 期，1935 年 5 月。

（3）《短调曲调的作法与曲调上节奏的变化》（曲调作法 3），《音乐教育》1935 年第 3 卷第 6 期，1935 年 6 月。

（4）《曲调的构造》（曲调作法 4），《音乐教育》1935 年第 3 卷第 7 期，1935 年 7 月。

（5）《曲调中的变化音》（曲调作法 5），《音乐教育》1935 年第 3 卷第 8 期，1935 年 8 月。

（6）[美] Dr.Percy. Goetschius（该丘斯）著，缪天瑞编译：《曲调的转调及其他》（曲调作

---

① 曲调作法十四讲，前五讲为缪天瑞本人所写，后面九讲为他翻译美国该丘斯（Percy Goetschius）的著作，原刊物上六、七讲标注"Dr.Percy. Goetschius 著，缪天瑞编译"，第八讲以后，标注"该舒思著，缪天瑞编译"，"该舒思"现统一译为"该丘斯"，为尊重原文，故仍按照原刊标注作者，并在括号中注明；同时为了连贯，将九篇译作也一并放于此处。

法6），《音乐教育》1935年第3卷第9期，1935年9月。

（7）[美] Dr.Percy. Goetschius（该丘斯）著，缪天瑞编译：《曲调中的非本质音》（曲调作法7），《音乐教育》1935年第3卷第11期，1935年11月。

（8）[美] 该舒思（该丘斯）著，缪天瑞编译：《曲调中的延留音》（曲调作法8），《音乐教育》1935年第3卷第12期，1935年12月。

（9）[美] 该舒思（该丘斯）著，缪天瑞编译：《曲调中的先现音》（曲调作法9），《音乐教育》1936年第4卷第1期，1936年1月。

（10）[美] 该舒思（该丘斯）著，缪天瑞编译：《曲调中的经过音》（曲调作法10），《音乐教育》1936年第4卷第2期，1936年2月。

（11）[美] 该舒思（该丘斯）著，缪天瑞编译：《曲调中的经过音》（曲调作法11），载《音乐教育》1936年第4卷第8期，1936年8月。

（12）[美] 该舒思（该丘斯）著，缪天瑞编译：《曲调中的邻接音》（曲调作法12），《音乐教育》1936年第4卷第10期，1936年10月。

（13）[美] 该舒思（该丘斯）著，缪天瑞编译：《曲调中的倚音》（曲调作法13），《音乐教育》1936年第4卷第11期，1936年11月。

（14）[美] 该舒思（该丘斯）著，缪天瑞编译：《曲调的演化及其他》（曲调作法14），《音乐教育》1936年第4卷第12期，1936年12月。

56. 天澍：《音乐的构成》，《音乐教育》1936年第4卷第5期，1936年5月。

57. 《儿童节奏乐队组织法》，《音乐教育》1936年第4卷第9期，1936年9月。

58. 天澍：乐曲浅说八讲连载，《音乐教育》1936—1937年（8期），具体如下：

（1）《曲调的构造》（乐曲浅说1），《音乐教育》1936年第4卷第6期，1936年6月。

（2）《乐曲形式》[①]（乐曲浅说2），《音乐教育》1936年第4卷第7期，1936年7月。

（3）《奏鸣曲》（乐曲浅说3），《音乐教育》1936年第4卷第8期，1936年8月。

（4）《卡农与复加》（乐曲浅说5[②]），《音乐教育》1936年第4卷第9期，1936年9月。

（5）《变奏曲与幻想曲等》（乐曲浅说5），《音乐教育》1937年第5卷第2期，1937年2月。

（6）《组曲与舞曲》（乐曲浅说6），《音乐教育》1937年第5卷第3期，1937年3月。

（7）《管弦乐曲》[③]（乐曲浅说7），《音乐教育》1937年第5卷第4期，1937年4月。

（8）《声乐曲》（乐曲浅说8），《音乐教育》1937年第5卷第5期，1937年5月。

59. 欧漫郎、缪天瑞：《关于翻译音乐名词的通信》，《音乐教育》1937年第5卷第4期，1937年4月。

60. 穆天澍：乐器浅说四讲连载，《音乐教育》1937年（4期），具体如下：

---

① 该文原杂志目录题目为《歌曲形式》，正文题目为《乐曲形式》，此处以正文为准。
② 此处应该是"4"，原刊物上标注为"5"应该为误标。
③ 该文原杂志目录题目为《管乐弦曲》，正文题目为《管弦乐曲》，此处以正文为准。

（1）《歌声与乐器》（乐器浅说1），《音乐教育》1937年第5卷第6期，1937年6月。

（2）《擦弦乐器》（乐器浅说2），《音乐教育》1937年第5卷第8期，1937年8月。

（3）《拨弦乐器与键盘乐器》（乐器浅说3），《音乐教育》1937年第5卷第9、10期合刊，1937年10月。

（4）《管弦乐与打乐器》（乐器浅说4[①]），《音乐教育》1937年第5卷第11、12期合刊，1937年11月。

61. 程懋筠、缪天瑞：《写在终刊号之后》，《音乐教育》，1937年第5卷第11、12期合刊终刊号（音乐教育情况专号），1937年12月。

62. 裴回：《行政机构问题与人的训练》，《中央周刊》1938年第1卷第19期。

63. 穆静、巴英：《锦城：我们将漠然的分别了！》，《挥戈》1940年第1集第5期。

64.《从教唱法讲到简谱系统问题》，《新音乐》（月刊）1940年第1卷第5期，1940年5月。

65.《调式应用与中国风味》[②]，《乐风》1940年第1卷第1期（创刊号）。

66.《编辑余谈》，《乐风》1941年新1卷第1期，1941年1月。

67.《编者的话》，《乐风》1941年新1卷第3期，1941年3月。

68.《编者的话》，《乐风》1941年新1卷第5、6期合刊，1941年6月。

69.《编者的话》，《乐风》1941年新1卷第7、8期合刊，1941年8月。

70.《作曲练习》七讲连载，《乐风》1941年1—9期，具体如下：

（1）《作曲练习》（一），《乐风》1941年新1卷第1期，1941年1月。

（2）《作曲练习》（二），《乐风》1941年新1卷第2期，1941年2月。

（3）《作曲练习》（三），《乐风》1941年新1卷第3期，1941年3月。

（4）《作曲练习》（四），《乐风》1941年新1卷第4期，1941年4月。

（5）《作曲练习》（五），《乐风》1941年新1卷第5、6期合刊，1941年6月。

（6）《作曲练习》（六），《乐风》1941年新1卷第7、8期合刊，1941年8月。

（7）《作曲练习》（七），《乐风》1941年新1卷第9期，1941年9月。

71.《音乐美学史概观》，《新音乐》1941年第3卷第4期，1941年11月。

72. 穆静：《寒夜闻琴声有感》，《国立福建音乐专科学校校刊》（月刊）1943年第3期，1943年1月。

73. 穆静：《为旅行演奏团说几句话》，《国立福建音乐专科学校校刊》（月刊）1943年第4期，1943年2月。

74.《儿童与唱歌》，《儿童音乐》（香港儿童音乐出版社）第4期，1943年3月。

75.《演奏者与听众的互相了解》，《国立福建音乐专科学校校刊》（月刊）1943年第7期，

[①] 原本"乐器浅说"计划分6期刊登，但由于1937年第11、12期合刊为《音乐教育》终刊号（实际上1941年又重新出1期），故分4期刊登。

[②] 2006年6月修改，收入《缪天瑞音乐文存》第1卷，改名为《中国调式对音乐创作中民族风格所起的作用》。

1943 年 5 月。

76.《♯C 与 ♭D 哪一个高？答福建音专同学一封公开信》，《音乐学习》1946 年第 1 卷第 3 期。

77.《儿童唱歌发声法》，《国民教育指导月刊（台北）》第 1 卷第 6 期，1947 年 1 月。

78.《所谓"和音感教育"》，《国民教育指导月刊（台北）》第 2 卷第 3 期，1947 年 4 月。

79.《儿童与唱歌》，《儿童音乐》（香港儿童音乐出版社）复刊第 1 号，1947 年 4 月。

80.《儿童唱歌一般教学法》（上），《儿童音乐》（香港儿童音乐出版社）复刊第 3 号，1947 年 6 月。

81.《儿童唱歌一般教学法》（中），《儿童音乐》（香港儿童音乐出版社）复刊第 4 号，1947 年 10 月。

82.《儿童唱歌一般教学法》（下），《儿童音乐》（香港儿童音乐出版社）复刊第 5 号，1947 年 11 月。

83.《俾最的〈阿莱城的姑娘〉》，《乐学》（台湾警备司令部交响乐团编印）1947 年第 3 号，1947 年 8 月。

84.《律学》（四章）连载，《乐学》（台湾警备司令部交响乐团编印）1947 年第 1 至 4 号，具体如下：

（1）《律学（第一章　导论）》（1），《乐学》（台湾警备司令部交响乐团编印）1947 年第 1 号，1947 年 4 月。

（2）《律学（第二章　五度相生律）》（2），《乐学》（台湾警备司令部交响乐团编印）1947 年第 2 号，1947 年 6 月。

（3）《律学（第三章　纯律）》（3），《乐学》（台湾警备司令部交响乐团编印）1947 年第 3 号，1947 年 8 月。

（4）《律学（第四章　平均律）》（4），《乐学》（台湾警备司令部交响乐团编印）1947 年第 4 号（中国乐学特辑），1947 年 10 月。

85.《罗西尼的歌剧〈威廉·得尔〉序曲》，《乐学》（台湾警备司令部交响乐团编印）1947 年第 4 号（中国乐学特辑），1947 年 10 月。

86.《释刘天华的二胡作品及王沛纶的演奏》，《台北日报》1948 年，2006 年 6 月修改后收录于《缪天瑞音乐文存》第 1 卷，人民音乐出版社 2007 年版。

87.《谈合唱》，《新音乐》（月刊）1950 年第 8 卷第 6 期，1950 年 1 月。

88.《编后》，《人民音乐》第 1 卷第 1 期（创刊号），1950 年 9 月。

89.《论德沃夏克》，1954 年在捷克斯洛伐克"布拉格之春"音乐节的"德沃夏克国际会议"上宣读，载捷克斯洛伐克刊物 *Hudebri Rozhledy* 13. Ⅶ（1954）。

90.《音乐理论科学工作应大力改进》，《人民音乐》1956 年第 8 期。

91.《祝十月革命四十周年》，《人民音乐》1957 年第 11 期。

92.《深入传统　反映时代　技术革新》，《人民音乐》1959 年第 1 期。

93.《民族器乐教学工作中存在的问题和批判》,《音乐研究》1959 年第 3 期,收录于中国音乐家协会编《音乐建设文集(中)》(音乐出版社 1959 年版)。

94.《肖邦的生平和他的创作道路》,《天津音乐学院院刊》1960 年第 1 期。

95.《论舒曼(1810—1856)》,《天津音乐学院院刊》1960 年第 3 期。

96.《纪念无产阶级伟大音乐战士聂耳和冼星海》,《文艺哨兵》1960 年第 8、9 期合刊。

97.《回忆李元庆同志二三事》,《悼念李元庆同志》专辑,1980 年 4 月,收录《李元庆纪念文集》,文化艺术出版社 2010 年版。

98.《要赶快把校史写下来》,《国立福建音专校史资料集》,福建省艺术研究所 1988 年版。

99.《畅谈往事情更深》,《国立福建音专校史资料集》,福建省艺术研究所 1988 年版。

100.《欣慰的回忆,殷切的期望》,《音乐学习与研究》1988 年第 3 期。

101. 缪天瑞、孙川:《论音乐音高结构的审美基础——兼及"他律论"与"自律论"在音乐音高基因层次的客观融合》,《中国音乐学》1989 年第 1 期。

102.《纪念杨荫浏先生》,载台湾师范大学音乐系编《中国音乐学一代宗师——杨荫浏(纪念集)》,(台北)中国民族音乐学会 1992 年版。

103.《〈钢琴表演艺术〉序》,载李嘉禄《钢琴表演艺术》,人民音乐出版社 1993 年版。

104.《怀念潘怀素先生——潘怀素先生诞辰百年祭》,《中国音乐学》1995 年第 2 期。

105.《格雷评述西方音乐美学史》,《中国音乐学》1996 年第 3 期。

106.《缪天瑞先生在〈缪天瑞先生学术思想研讨会〉开幕式上的讲话》,《天津音乐学院学报》1998 年 4 期。

107.《〈中国古代歌曲概论〉序》,载管谨义《中国古代歌曲概论》,百花文艺出版社 1998 年版。

108.《音乐内心听觉在创作和演奏中的作用及训练问题》,《交响(西安音乐学院学报)》2000 年第 2 期。

109.《四数律浅释》,《中国音乐学》2000 年第 3 期。

110.《欧洲音乐的和声发展述要》(上),《中国音乐学》2001 年第 4 期。

111.《欧洲音乐的和声发展述要》(下),《中国音乐学》2002 年第 1 期。

112.《回忆吕骥同志》,《人民音乐》2002 年第 2 期。

113.《回忆往事 赏读作品——怀念定仙老友》,《中央音乐学院学报》2002 年第 3 期。

114.《民族乐器改良漫谈——韩宝强著〈中国音乐声学理论与实践〉代序》,《天籁(天津音乐学院学报)》2003 年第 3 期。

115.《悼念蔡继琨先生》,《人民音乐》2004 年第 8 期。

116.《集多种艺术于一身的音乐理论家丰子恺老师——纪念丰子恺老师逝世三十周年》,《天籁(天津音乐学院学报)》2004 年第 4 期。

117.《乐曲争鸣 律制常青——第四届全国律学会议书面发言》,《天籁(天津音乐学院学报)》2005 年第 4 期。

118.《难忘在昏暗的油灯下度过的岁月——〈曹安和音乐生涯〉序》,载中国艺术研究院音乐研究所编《曹安和音乐生涯》,山东文艺出版社 2006 年版。

119.《致力办学的音乐理论家吴梦非老师——纪念吴梦非老师逝世二十五周年》,《天籁(天津音乐学院学报)》2005 年第 4 期。

120.《纪念程懋筠先生》,《中央音乐学院学报》2006 年第 3 期。

121.《孔巴略的音乐社会学思想浅释》,《天籁(天津音乐学院学报)》2006 年第 2 期。

122.《我在天津音乐学院的二十三年》,《天籁(天津音乐学院学报)》2008 年第 3 期。

123.《从 18、19 世纪德国诗人诗作中所见的中世纪歌人》,载《缪天瑞音乐文存》第 1 卷,人民音乐出版社 2007 年版。

124.《〈十景开场〉琐记》,载《缪天瑞音乐文存》第 1 卷,人民音乐出版社 2007 年版。

125.《难忘的钟老师——小学时期的音乐生活》,载《缪天瑞音乐文存》第 1 卷,人民音乐出版社 2007 年版。

126.《学习乐器趁年少——中学时期的音乐生活》,载《缪天瑞音乐文存》第 1 卷,人民音乐出版社 2007 年版。

127.《音乐实习所———在江西音教会的音乐生活》,载《缪天瑞音乐文存》第 1 卷,人民音乐出版社 2007 年版。

128.《在油灯下译作——抗日战争时期的音乐生活》,载《缪天瑞音乐文存》第 1 卷,人民音乐出版社 2007 年版。

129.《布拉格之春》,载《缪天瑞音乐文存》第 1 卷,人民音乐出版社 2007 年版。

130.《〈中小学音乐教育词典〉序》,载《中小学音乐教育词典》,上海音乐出版社 2012 年版。

二、翻译及编译文章

1. Faulkner 著,缪天瑞译:《音乐鉴赏须知》,《音乐杂志》1929 年第 1 卷第 5 期,1929 年 1 月。

2. [日]兼常清佐著,穆天树[①]译:《论音乐艺术的阶级性》,《北新》半月刊 1930 年第 4 卷第 12 期,1930 年 6 月。

3. 徘徊译:《音乐地理》,《音乐杂志》1932 年第 1 卷第 10 期,1932 年 2 月。

4. Stanford 著,缪天瑞译:《绝对音乐与描写音乐及其他》,《艺术旬刊》1932 年第 1 卷第 2 期,1932 年 9 月 11 日。

5. [英]Emest Newton 原著,缪天瑞译:《歌曲作法》,《艺术旬刊》1932 年第 1 卷第 4 期,1932 年 10 月 1 日。

6. [日]伊庭孝著,缪天瑞译:《音乐的发生》,《艺术旬刊》1932 年第 1 卷第 11 期,

[①] 此文发表署名"穆天树",或为"穆天澍"之误。

1932 年 12 月 11 日。

7.［日］伊庭孝著，缪天瑞译：《产生旋律的要素》，《艺术》1933 年第 1 期，1933 年 1 月。

8.［日］小泉洽著，缪天瑞译：《音乐美学讲话》四章连载，1933—1935 年，具体如下[①]：

（1）《音乐美学的历史底瞥见》(《音乐美学讲话》之一)，《时事新报》副刊《星期学灯》1933 年 4 月 23 日第 3 张第 3 版。

（2）《音乐的要素》(《音乐美学讲话》之二)，《时事新报》副刊《星期学灯》1933 年 6 月 11 日第 4 张第 1 版。

（3）《音乐的美底享用》(《音乐美学讲话》之三)，《时事新报》副刊《星期学灯》1933 年 10 月 29 日第 3 张第 3 版、11 月 5 日第 3 张第 3 版、11 月 12 日第 3 张第 4 版连载。

（4）《音乐的形式》(《音乐美学讲话》第四章)，载《音乐教育》1935 年第 3 卷第 10 期，1935 年 10 月。

9.［英］C.gray 著，缪天瑞译：《历代哲人们的音乐观》，《音乐教育》1933 年第 1 卷第 4、5 期合刊，1933 年 10 月。

10.［日］青柳善吾作，缪天瑞译：《休止符的价值》，《音乐教育》1933 年第 1 卷第 4、5 期合刊，1933 年 10 月。

11.［日］小泉洽作，缪天瑞译：《音乐神话》，《音乐教育》1933 年第 1 卷第 6、7 期合刊，1933 年 11 月。

12.［日］大田黑元雄作，缪天瑞译：《近代音乐的倾向》，《音乐教育》1933 年第 1 卷第 8、9 期合刊，1933 年 12 月。

13.［英］C.gray 著，缪天瑞译：《关于绝对音乐与标题音乐》，《音乐教育》1934 年第 2 卷第 2 期，1934 年 2 月。

14. R.O.Morris 著，缪天瑞编译：《和声学》，共九章，《音乐教育》，1933—1934 年连载（五期），具体如下：

（1）《和声学（第一、二章）》，《音乐教育》1933 年第 1 卷第 6、7 期合刊，1933 年 11 月。

（2）《和声学（第三、四、五章）》，《音乐教育》1933 年第 1 卷第 8、9 期合刊，1933 年 12 月。

（3）《和声学（第六章）》，《音乐教育》1934 年第 2 卷第 2 期，1934 年 2 月。

（4）《和声学（第七章）》，《音乐教育》1934 年第 2 卷第 3 期 1934 年 3 月。

（5）《和声学（第八、九章）》，《音乐教育》1934 年第 2 卷第 4 期，1934 年 4 月。

15.［德］H.Riemann 著，缪天瑞重译：《音乐表现的原质底要素》，《音乐教育》1934 年第 2 卷第 7 期，1934 年 7 月。

---

① 此处参考冯长春《西方音乐美学译介的先行者——缪天瑞》，《音乐美学讲话》全文共五章，目前所见缪先生翻译有四章，最后一章是否有译文暂不确定，详见本书前文。

16. [德] H.Riemann 著，缪天瑞重译：《音乐表现的原质底要素》（续第 7 期），《音乐教育》1934 年第 2 卷第 10 期（湖滨音乐堂落成纪念），1934 年 10 月。

17. [日] 门马直卫著，穆静译：《匈牙利的音乐》，《音乐教育》1934 年第 2 卷第 10 期（湖滨音乐堂落成纪念），1934 年 10 月。

18. [日] 门马直卫著，缪天瑞译：《音乐解剖学》，《音乐教育》1935 年第 3 卷第 1 期（乐曲创作专号），1935 年 1 月。

19. [日] 门马直卫著，缪天瑞译：《音乐的样式解剖》（音乐解剖学 2），《音乐教育》1935 年第 3 卷第 2 期，1935 年 2 月。

20. [英] 柏顿绍著，缪天瑞译：《音乐理论初步》七讲，《音乐教育》，1936 年第 1—7 期连载，具体如下：

（1）《音乐理论初步》（一），《音乐教育》1936 年第 4 卷第 1 期，1936 年 1 月。

（2）《音乐理论初步》（二），《音乐教育》1936 年第 4 卷第 2 期，1936 年 2 月。

（3）《音乐理论初步》（三），《音乐教育》1936 年第 4 卷第 3 期，1936 年 3 月。

（4）《音乐理论初步》（四），《音乐教育》1936 年第 4 卷第 4 期，1936 年 4 月。

（5）《音乐理论初步》（五），《音乐教育》1936 年第 4 卷第 5 期，1936 年 5 月。

（6）《音乐理论初步》（六），《音乐教育》1936 年第 4 卷第 6 期，1936 年 6 月。

（7）《音乐理论初步》（七），《音乐教育》1936 年第 4 卷第 7 期，1936 年 7 月。

21. 卢塞特（Louie E. De Rusette）著，缪天瑞译：《哲克与摩利——一个引起儿童组织节奏乐队的动机的故事》，《音乐教育》1936 年第 4 卷第 9 期，1936 年 9 月。

22. [苏] S. 彻摩达诺夫著，缪天瑞译：《音乐与经济条件》，《音乐教育》1937 年第 5 卷第 7 期（苏联音乐专号），1937 年 7 月。

23. [美] 该舒斯（该丘斯）作，缪天瑞译：《天然音阶的构成》，《乐风》1940 年第 1 卷第 1 期，1940 年 1 月。

24. [美] 该邱斯（该丘斯）著，缪天瑞译：《音程的故事》，《乐风》1941 年新 1 卷第 5、6 期合刊，1941 年 6 月。

25. [美] 该邱斯（该丘斯）著，缪天瑞译：《和弦的构成及其连接》，《乐风》1941 年新 1 卷第 7、8 期合刊，1941 年 8 月。

26. [美] 该邱斯（该丘斯）著，缪天瑞译：《变化音的构成》，《乐风》1941 年新 1 卷第 10 期，1941 年 10 月。

27. [美] 该邱斯（该丘斯）著，缪天瑞译：《音乐中节奏的机能》，《音乐月刊》1942 年第 1 卷第 1 期，1942 年 3 月。

28. [美] 该邱斯（该丘斯）著，缪天瑞译：《曲调活动上的事实与神秘性》，《音乐月刊》1942 年第 1 卷第 2、3 期合刊，1942 年 5 月。

29. [美] 该邱斯（该丘斯）著，缪天瑞译：《小调的成立》，《音乐月刊》1942 年第 1 卷第 4、5 期合刊，1942 年 7 月。

30. ［德］利曼①著，穆静译：《音乐的构成要素》，《乐学》1947年第1号，1947年4月。

31. ［美］该丘斯（Goetschius）著，缪天瑞编译：《曲式学》四讲连载，《乐学》1947年第1至4号，具体如下：

（1）《曲式学》（一），《乐学》1947年第1号，1947年4月。

（2）《曲式学》（二），《乐学》1947年第2号，1947年6月。

（3）《曲式学》（三），《乐学》1947年第3号，1947年8月。

（4）《曲式学》（四），《乐学》1947年第4号（中国乐学特辑），1947年10月。

32. ［英］格雷（G.Gray）著，缪天瑞译：《西方音乐美学史鸟瞰》，《中国音乐学》1996年第3期。

33. ［美］P.该丘斯著，缪天瑞编译：《起曲和毕曲——欧洲著名作曲家怎样处理乐曲的开始和终结》，《黄钟（武汉音乐学院学报）》2000年第3期。

34. ［德］H.里曼著，缪天瑞译：《音乐美学基础》（上），《音乐艺术》2002年第3期。

35. ［德］H.里曼著，缪天瑞、冯长春译：《音乐美学基础》（中），《音乐艺术》2003年第1期。

36. ［德］H.里曼著，缪天瑞、冯长春译：《音乐美学基础》（下），《音乐艺术》2003年第4期。

三、创作、记谱及翻译歌曲、乐曲

1. 《恨》（失意）、《乌鸦》（歌两首），《音乐杂志》（北平国乐改进社编）1928年第1卷第1号，1928年1月。

2. 缪天瑞记谱：《十景开场（或名十景闹场，俗名十样景）》，《音乐杂志》1928年第1卷第3号，1928年3月。

3. 缪天瑞记谱：《赛月》（琵琶古谱），《音乐杂志》1929年第1卷第7期，1929年8月。

4. 钱君匋词，缪天瑞曲：《这相思仿佛寒暖》（歌曲），《新女性》1929年第4卷第8期，1929年8月。

5. 《三姊妹》（歌曲），《开明》1929年第1卷第8期，1929年2月。

6. 《深夜》（歌曲），《开明》1929年第1卷第12期，1929年6月。

7. 徘徊译词：《晚钟》（英美儿歌），《音乐教育》1933年第1卷第4、5期合刊，1933年10月。

8. 缪天瑞译词：《风》（英美儿歌），《音乐教育》1933年第1卷第4、5期合刊，1933年10月。

9. 缪天瑞译词：《黑羊》（英美儿歌），《音乐教育》1933年第1卷第6、7期合刊，1933

---

① 现译作"里曼"。

年 11 月。

10. 缪天瑞译词：《梦》，J.J.Rousseau 曲，《音乐教育》1933 年第 1 卷第 6、7 期合刊，1933 年 11 月。

11. 徘徊译词：《五月节》(法国民歌)，《音乐教育》1933 年第 1 卷第 6、7 期合刊，1933 年 11 月。

12. J.W.Elliott 曲，徘徊译词：《小明星》(歌曲)，《音乐教育》1933 年第 1 卷第 6、7 期合刊，1933 年 11 月。

13. 徘徊译词：《小猫》(英美儿歌)，《音乐教育》1933 年第 1 卷第 8、9 期合刊，1933 年 12 月。

14. 徘徊译词：《春声》(德国民歌)，《音乐教育》1933 年第 1 卷第 8、9 期合刊，1933 年 12 月。

15. 缪天瑞译词：《孩子的梦乡》(英美儿歌)，《音乐教育》1933 年第 1 卷第 8、9 期合刊，1933 年 12 月。

16. 穆天澍：《新青年》(歌曲)，《文艺综合》1938 年第 4、5 期合刊。

17. 章乃焕作词，穆天澍作曲：《新青年：曲》，《文艺新潮》1939 年第 4、5 期合刊。

18. 缪天瑞曲：《从军别》(合唱加独唱，缪天华作词)，1942 年。

19. 缪天瑞曲：《青年志愿军歌》(混声四部合唱，韩涵作词)，约 1944 年。

20. 穆静：《春天的歌》(诗歌)，《诗前哨丛刊》1944 年第 1 辑。

21. 缪天瑞作：《团结起来(儿童唱歌表演)(附图)》(歌曲)，《儿童音乐》(香港儿童音乐出版社)复刊第 2 号，1947 年 5 月。

22. 唱游《几个唱歌游戏(附歌谱)》，《儿童音乐》(香港儿童音乐出版社)复刊第 3 号，1947 年 6 月。

23. 器乐曲《陆军进行曲》(节奏曲)，修伯特(舒伯特)曲编，《儿童音乐》(香港儿童音乐出版社)复刊第 4 号，1947 年 10 月。

四、杂志问答 / 栏目回答

1.《音乐教育》问答栏：(1)《音乐辞典》，曾仲坚问，缪天瑞答；(2)《和弦记示法·转调·顶点·短音阶(附歌谱)》，纪华问，缪天瑞答，《音乐教育》1937 年第 5 卷第 1 期，1937 年 1 月。

2.《音乐教育》问答栏：《声乐练习法·小学音乐教育》，苏昭道问，缪天瑞答，《音乐教育》1937 年第 5 卷第 4 期，1937 年 4 月。

3.《音乐教育》问答栏：《关于张洪岛译实用和声学》，纪华问，缪天瑞答，《音乐教育》1937 年第 5 卷第 4 期，1937 年 4 月。

4.《音乐教育》问答栏：《儿童作曲·儿童器乐·日本音乐杂志》，葛修人问，缪天瑞、萧而化答，《音乐教育》1937 年第 5 卷第 5 期，1937 年 5 月。

5.《音乐教育》问答栏:《和声学自修·合唱曲作法·二部歌曲》,李福臻问,缪天瑞答,《音乐教育》1937年第5卷第7期(苏联音乐专号),1937年7月。

6.《音乐教育》问答栏:《节奏乐队》,胡顺发问,缪天瑞答,《音乐教育》1937年第5卷第9、10期合刊,1937年10月。

7.《音乐教育》问答栏:《口琴风琴钢琴谱·章枚的作品》,吴觉非问,缪天瑞答,《音乐教育》1937年第5卷第9、10期合刊,1937年10月。

8.《音乐教育》问答栏:《声乐作曲法》,陈乔德问,缪天瑞答,《音乐教育》1937年第5卷第9、10期合刊1937年10月。

9.《音乐教育》问答栏:《作曲自修·乐谱读法》,曾灿问,缪天瑞答,《音乐教育》1937年第5卷第9、10期合刊,1937年10月。

10.《音乐教育》问答栏:《音乐刊物·f(P)·转调·其他》,李福臻问,缪天瑞答,《音乐教育》1937年第5卷第9、10期合刊,1937年10月。

11.《音乐教育》问答栏:《五线谱翻简谱法》,李福臻问,缪天瑞答,《音乐教育》1937年第5卷第9、10期合刊,1937年10月。

12. 缪天瑞答:《乐风》音乐问答二则,《乐风》1941年新1卷第1期,1941年1月。

13. 缪天瑞答:《乐风》音乐问答三则,《乐风》1941年新1卷第2期,1941年2月。

14. 缪天瑞答:《乐风》音乐问答,《乐风》1941年新1卷第4期,1941年4月。

15. 缪天瑞答:《乐风》音乐问答,《乐风》1941年新1卷第9期,1941年9月。

16. 缪天瑞答:《乐风》音乐问答,《乐风》1941年新1卷第11、12期合刊,1941年12月。

17.《新音乐》音乐问答:《什么是大调小调》,钟伯扁问,缪天瑞答,《新音乐》(月刊)1941年第2卷第4期,1941年1月。

18. 缪天瑞:(1)《答孙慎先生》(2)《答罗松先生》(3)《答李凌先生》,《新音乐》(月刊)1941年第3卷第3期(简谱系统问题讨论专页),1941年10月。

书籍

一、著述

1.《小学新歌》(创作),上海三民图书公司1929年版。

2.《中学新歌》(创作和填词),上海三民图书公司1929年版。

3.《简易看谱法》,傅彦长校阅,上海三民图书公司1930年版。

4.《中国音乐史话》,良友图书印刷公司1933年版。

5.《小学音乐教材及教学法》，上海万叶书店①1947年版；修订版（与缪裴言合作），人民音乐出版社2009年版。1947—1948—1950—1951—2009年②。

6.《儿童节奏乐队》，上海万叶书店1950年版；修订版（与缪裴言合编），人民音乐出版社2009年版。

7.《音乐学概论》，上海万叶书店，出版年份不详。

8.《律学》，上海万叶书店1950年版（多次再版）；修订版，音乐出版社1965年版；增订版，人民音乐出版社1983年版；第三次修订版，人民音乐出版社1996年版。1950—1963—1965—1983—1996年。

9.《基本乐理》，人民音乐出版社1979年版；修订版，人民音乐出版社1985年版；第2次修订版（与林剑合作），人民音乐出版社2002年版，1979—1985—2002年。

10.《缪天瑞音乐文存》（三卷），人民音乐出版社2007年版。

11.《音乐随笔》，人民音乐出版社2009年版。

二、译著

1.［俄］约瑟夫·列文（Josef Lhevinne）著，缪天瑞译：《钢琴基本弹奏法》，上海三民图书公司1929年、1951年③版；修订更名为《钢琴弹奏的基本法则》，人民音乐出版社1981年版。1929—1951—1981—1983—2004年。

2.［日］井上武士著，缪天瑞译：《作曲入门》，上海三民图书公司1930年版，1932年订正再版。1930—1932—1948—1951年。

3.［日］门马直卫著，缪天瑞译：《乐谱的读法》，大江书铺1933年版。

4.［日］伊庭孝著，缪天瑞编译：《对位法概论》，上海开明书店1933年版。

5.［英］牛顿（Ernest Newton）著，缪天瑞译：《歌曲作法》，上海商务印书馆1934年版。1934.6—1934.8—1939—1950年。

6.［日］黑泽隆朝著，缪天瑞译：《作曲法》，上海大东书局1935年版。

7.缪天瑞编译：《世界儿歌集》，上海开明书店1935年版。

8.［英］柏顿绍（T.H.Bertenshaw）著，缪天瑞编译：《乐理初步》，上海万叶书店1948出版；修订版，新音乐出版社1953年版；香港绿叶出版社1959年版，1948—1949—1950—1951—1952—1953—1954—1957—1958—1963年。

9.巴利著，天澍编译，蒋息岑校：《巴利童话集》，大东书局1941年第二版④。

---

① 上海万叶书店由钱君匋于1938年7月在上海创立，1953年与上海音乐出版社、教育书店合并，在上海成立新音乐出版社，1954年10月公私合营与中国音协出版部合并，在北京成立音乐出版社，1974年改名为人民音乐出版社。万叶书店陆续出版了缪天瑞的七部音乐译著《音乐的构成》《曲调作法》《和声学》《对位法》《曲式学》《应用对位法》《乐理初步》，以及《律学》等多部著作。

② 为出版与再版年代，下同。

③ 1951年版标注为"初版"。

④ 未见第一版，1947年出版上中下三册本。

10. [美] 该丘斯（P.Goetschius）著，缪天瑞编译：《音乐的构成》，上海万叶书店 1948 年版，新音乐出版社 1953 年版；修订版，音乐出版社 1964 年版，1948—1949—1950—1953—1954—1964—2001 年。

11. [美] 该丘斯（P.Goetschius）著，缪天瑞编译：《曲式学》，上海万叶书店 1949 年版，音乐出版社 1955 年版；修订版，人民音乐出版社 1985 年版，1949—1950—1951—1953—1955—1985—1991 年。

12. [美] 该丘斯（P.Goetschius）著，缪天瑞编译：《和声学》，上海万叶书店 1949 年版①，新音乐出版社 1953 年版，音乐出版社 1956 年版；修订版，音乐出版社 1962 年版，1949—1950—1952—1953—1954—1955—1956—1962—1984 年。

13. [美] 该丘斯（P.Goetschius）著，缪天瑞编译：《曲调作法》，上海万叶书店 1949 年版，音乐出版社 1955 年版；修订版，人民音乐出版社 1984 年版，1949—1955—1963—1984—1991 年。

14. [美] 该丘斯（P.Goetschius）著，缪天瑞编译：《对位法》，上海万叶书店 1950 年版，新音乐出版社 1954 年版。1950—1951—1952—1954 年。

15. 缪天瑞译，杨雁行协助：为《英汉辞海》翻译部分音乐词目，国防工业出版社 1987 年版。

16. [德] H.里曼著，缪天瑞、冯长春译：《音乐美学要义》，上海音乐出版社 2005 年版。

三、编辑（主编）

1. 缪天瑞编：《简易风琴钢琴合用谱》，上海三民图书公司 1930 年版，1930—1933—1936—1947 年。

2. 金世惠②编，缪天瑞校阅：《中国民歌集》，上海三民图书公司 1933 年版。

3. 缪天瑞、金世惠合编：《小学音乐教学法》，上海三民图书公司 1933 年版。

4. 缪天瑞编译：《世界儿歌集》，上海开明书店 1935 年版。

5. 缪天瑞编：《中外名歌一百曲》，上海三民图书公司 1936 年版。

6. 缪天瑞、吉联抗、郭乃安主编：《中国音乐词典》，人民音乐出版社 1984 年版；增订版，人民音乐出版社 2016 年版。

7. 缪天瑞副主编：《中国大百科全书·音乐 舞蹈》，中国大百科全书出版社 1989 年版。

8. 缪天瑞、吉联抗、郭乃安、李佺民主编：《中国音乐词典·续篇》，人民音乐出版社 1992 年版。

9. 缪天瑞主编：《音乐百科词典》，人民音乐出版社 1998 年版。

---

① 上海万叶书店 1949 年还出版发行了[美]乔治·韦治著，汪培元译《应用和声学》（上、下册）。
② 金世惠为缪天端笔名。

说明：本著作年表以国华编《缪天瑞的著述目录》[1]为基础，参考中国艺术研究院音乐研究所编《缪天瑞书目》[2]、缪裴芙整理《缪天瑞著述翻译编辑的书刊目录》[3]以及汪洋整理《缪天瑞的著书、文论总目索引》（未刊行），并查阅缪天瑞档案、民国以来书报杂志及其他相关历史资料勘误、增补而成。

翟风俭整理

---

[1] 载国华《缪天瑞音乐贡献评述》，首都师范大学出版社2007年版。
[2] 载中国艺术研究院音乐研究所编《中国艺术研究院音乐研究所六十年纪念集（1954—2014）》，文化艺术出版社2017年版。
[3] 载缪天瑞《音乐随笔》，人民音乐出版社2009年版。

缪天瑞自述

缪天瑞，1908年3月14日[①]生于浙江省瑞安县。1926年毕业于上海中华艺术大学[②]音乐科。先后任中小学音乐教师，钢琴演奏员，刊物编辑，福建音专教授、教务主任等职。1949年以来历任中央音乐学院教务主任、副院长，天津音乐学院院长，中国艺术研究院音乐研究所研究员。曾任天津市文联、音乐家协会名誉主席。现任中国律学学会名誉主席。著作、翻译及主编辞书、期刊共30余种。重要著作有《小学音乐教材及教学法》《律学》《基本乐理》，编译《乐理初步》及该丘斯系列音乐理论专著《和声学》《曲式学》《对位法》等。

1926年我从艺大毕业时虚龄19岁，足龄只有18岁。受经济之迫，我只有去工作。但我在专业上觉得十分不够，思想上是有矛盾的。一位老师对我说："在学校学习只是打下基础，相对说这是短期的，你以后漫长的一生，要在工作中不断学习，继续提高。"我遵从老师的嘱咐，愉快地踏上了中小学音乐教师的讲台。

我在小学教唱歌时，看见教别的课的教师手中都有一本某某课教材及教学法之类的书，唯独歌唱（音乐）课没有。我想，我如果有这样一本书，那该多好啊。我只得自己在教学中摸索着，积累教学经验，收集零星教材，一边阅读有关儿童唱歌、音乐教学法的书，提高自己的教学能力。20世纪30年代我在江西省推行音乐教育委员会工作时，经常视察南昌市的几十所中小学，对音乐教育状况进行实地考察，后又与音乐教师探讨音乐教学法。在此基础上，20世

[①] 应为阳历1908年4月15日，阴历三月十五日。——编者注
[②] 应为上海艺术大学。——编者注

纪 40 年代我在福建音专教《音乐教学法》课程时，参考中外有关书籍资料，写成了比较系统的讲义，后将讲稿整理出版为《小学音乐教材及教学法》（1947 年）。

20 世纪 30 年代初我到武昌艺专任音乐教师，教理论和钢琴。乐理课我用几年前在新陆师范教书时所编译的《乐理初步》作为教材。武昌艺专学生比起新陆师范的学生来，音乐理论方面要求较高，在我讲乐理课时，学生不断提出问题，我就学生的疑难仔细查对《乐理初步》的英文原文和我的译稿，发现我对原文理解不透彻或译稿有语病。为此，我修改了译稿，在英语学习和翻译方面进一步得到了提高。此书后来在《音乐教育》月刊上分期发表，以后又刊行单行本，1948 年及 1950 年后又多次修订，每次，我都不断加以修改，有时还加入注释，使译本较为完善。

我在国立福建音专任职三年间，先后教和声学、曲式学、对位法、音乐教学法等课程。当时学生已有相当水平。我教和声学、曲式学和对位法是十分吃力的。首先是没有供专业用的教科书。我选择了美国该丘斯的《和声学》《曲式学》和《应用对位法》（一部分）编译成教材。我白天投入教务管理工作和教学工作，只能在夜间编译教材和修改学生作业，一天晚上，我在油灯的微光下工作，其间出去上厕所，回来稿子不见了。东找西找，只找到屋角里一团灰烬，原来稿子被风刮到油灯上烧掉了。没办法，只好再写一次。

我编译《和声学》讲义时，借鉴编译《乐理初步》的经验，对凡是学生看不懂，或屡次提出问题，或在练习中屡犯错误之处，我就钻研原著，重新翻译，或加注释。许多学生问到怎样从和声学进入作曲，这个问题在当时一时难以解决，又不可能重写教材，而且学生水平也不齐，怎样讲，讲多少，都需要仔细考虑。于是我在刊行单行本《和声学》时，引用原著者其他著作中有关章节，写成《和声学的应用》附录于书后，以为补充。

通过几年的教学实践，编译的几本教材得以逐步提高、完善，后来均相继成书出版（《和声学》1949、1962 年版，《曲式学》1949、1985 年版，《对位法》1950 年版），这使我深深体会到"教学相长"的含义，也使我深信几十年前开始工作时老师的嘱咐是多么正确。

工作中我越来越感到工具书的重要性，一心想编一部音乐词典。早在 20 世纪 30 年代，我曾编过一本《音乐小词典》送出版社付排后自觉不成熟，又撤回日后重编一本音乐词典，约 10 万字，又不幸毁于战火。20 世纪 60 年代与友人合作编辑音乐词典，写成词目一本，终因人力不足而夭折。20 世纪 80 年代以后，才有机会从事向往已久的工作。我以极大的热情参加编写了《中国大百科全书·音乐 舞蹈》、《中国音乐词典》（正编、续编）、《音乐百科词典》等。

当我第一次与大百科全书出版社领导姜椿芳同志谈编辑《中国大百科全书·音乐 舞蹈》时，我开口就说："我只有失败的经验，没有成功的经验。"姜老说："失败是成功之母嘛！"这位慈祥的学者对我的勉励，与几十年前老师对我的教导，可以说是异曲同工。在起草《大百科全书》音乐卷词目方案时，我参阅了多种外国音乐词典，注意其编辑方法，并结合中国音乐的特点加以运用。在制定词目时，与各方同行磋商，大大开阔了视野，我增加了古今音乐各方面的知识和学问。特别是主编《音乐百科词典》，该书涉及中外古今音乐，兼顾音乐的各个领域，包括西方音乐词典所没有的一些词目。这使我必须博览群书，更新知识，深入探索，才能编得较为完善。

原载国务院学位委员会办公室编《中国社会科学家自述》，上海教育出版社1997年版，第729页

编后记

缪天瑞先生作为音乐学界泰斗，他的百年人生跨越了整个20世纪，其丰富的人生经历与丰硕的研究成果堪称中国音乐学界的奇迹。为专注于中国音乐的基础理论建设，缪先生在75岁高龄时放弃天津的优厚待遇，毅然到中国艺术研究院音乐研究所做一名普通的研究员，随后带领音乐研究所同事，编撰了《中国音乐词典》（正编、续编）、《中国大百科全书·音乐 舞蹈》、《音乐百科词典》等引领中国音乐界的工具辞书，可谓功德无量！他的博学、勤奋与恬淡的人生态度永远是音乐研究所后辈追寻的榜样！

缪先生生前故后，先后有多本关于他的纪念文集及研究著作出版，包括高燕生、刘连捷主编的《缪天瑞音乐生涯》（2000），中国艺术研究院音乐研究所、温州大学音乐学院及中央音乐学院合编的《百岁学人缪天瑞——庆贺缪天瑞百岁华诞影集》（2007），国华的《缪天瑞音乐贡献评述》（2007），王文韬编著的《乐坛鸿儒缪天瑞》（2018），以及汪洋的博士学位论文《缪天瑞研究》（2020）等。《缪天瑞音乐生涯》是以1998年10月为祝贺缪先生九十华诞在天津召开的"缪天瑞先生思想学术研讨会"会议论文为主体，间又辑入一些回忆文章和照片而汇成的文集；《百岁学人缪天瑞——庆贺缪天瑞百岁华诞影集》是为了庆祝缪先生百年华诞而编著的影集；《乐坛鸿儒缪天瑞》则是在缪先生诞辰110周年之际，由其家乡学者王文韬编著的、介绍其生平及音乐思想的图文集；其余两本专著《缪天瑞音乐贡献评述》及《缪天瑞研究》都是博士学位论文。

除去这些文集和著作，还有许多研究、纪念、评述、访谈类文章散见于各种报刊及专著、文集中。本次编纂《缪天瑞纪念文集》，汇总了《缪天瑞音乐生涯》以及其后发表的各类有关缪先生的文章，以体现最近20年来学界对于缪先生的研究成果。本文集根据文章的性质，分为"学术研究""纪念""访谈录""年表"四个部分。

上文提到的5本著作，均编录有缪天瑞年表，此外《缪天瑞音乐文存》《音乐随笔》以及《中国艺术研究院音乐研究所六十年纪念集（1954—2014）》等也都附有年表。这些年表繁简不一，形式多样，各有侧重，既有生平履历年表，也有著述年表，有的是二者合一，但都不够完备。其中，最为详细的是汪洋博士学位论文编录的《缪天瑞年谱简编》及《缪天瑞的著书、文论总目索引》。本文集所辑缪天瑞年表，将生平履历年表与著述年表分别呈现。生平履历年表采用汪洋先生的版本，经汪洋先生同意，对其中个别地方做了修订增改；著述年表系本书编辑参考以上诸版本，并查阅缪天瑞档案、民国以来的书报杂志及其他相关历史资料勘误、增补而成。

本书的图片部分以《百岁学人缪天瑞——庆贺缪天瑞百岁华诞影集》为基础，按照时间线索，遴选出反映缪先生人生历程中各阶段代表性图片。主要围绕从家乡到海外、求学到治学、工作到生活等方面，以期更加立体、直观地呈现出缪先生澹泊明志、勤奋博学、敦本务实的一生。图片工作得到了中国艺术研究院艺术与文献馆一级摄影师刘晓辉老师的支持与帮助。对以上诸位深表谢意！

刘东升老师倡议此事并拟定了编撰体例。本书编辑过程中，还得到了缪裴芙、缪裴言、汪洋、靳学东、王文韬等老师以及中国艺术研究院艺术与文献馆、文化艺术出版社的大力支持与帮助，在此一并致谢。因能力与时间所限，书中诸多不足之处，恳请大家指正。

翟风俭　陈　乾

图书在版编目（CIP）数据

缪天瑞纪念文集/中国艺术研究院音乐研究所编. —
北京：文化艺术出版社，2023.5
ISBN 978-7-5039-7441-0

Ⅰ.①缪… Ⅱ.①中… Ⅲ.①缪天瑞（1908—2009）
—纪念文集 Ⅳ.①K825.76-53

中国国家版本馆CIP数据核字（2023）第106078号

缪天瑞纪念文集

编　　者	中国艺术研究院音乐研究所
责任编辑	董良敏　刘变梅
责任校对	董　斌
书籍设计	楚燕平
出版发行	文化艺术出版社
地　　址	北京市东城区东四八条52号（100700）
网　　址	www.caaph.com
电子邮箱	s@caaph.com
电　　话	（010）84057666（总编室）　84057667（办公室） 　　　　84057696—84057699（发行部）
传　　真	（010）84057660（总编室）　84057670（办公室） 　　　　84057690（发行部）
经　　销	新华书店
印　　刷	国英印务有限公司
版　　次	2023年11月第1版
印　　次	2023年11月第1次印刷
开　　本	880毫米×1230毫米　1/16
印　　张	33.25　彩插印张　4.75
字　　数	806千字
书　　号	ISBN 978-7-5039-7441-0
定　　价	368.00元

版权所有，侵权必究。如有印装错误，随时调换。